Carina Middel
Schiller und die Philosophische Anthropologie des 20. Jahrhunderts

Quellen und Forschungen zur Literatur- und Kulturgeschichte

Begründet als
Quellen und Forschungen
zur Sprach- und Kulturgeschichte
der germanischen Völker

von
Bernhard Ten Brink und
Wilhelm Scherer

Herausgegeben von
Ernst Osterkamp und
Werner Röcke

88 (322)

De Gruyter

Schiller und die Philosophische Anthropologie des 20. Jahrhunderts

Ein ideengeschichtlicher Brückenschlag

von

Carina Middel

De Gruyter

Gedruckt mit Unterstützung des Förderungsfonds Wissenschaft der VG WORT
Gedruckt mit Genehmigung der Fakultät für Philologie der Ruhr-Universität Bochum

Referent: Prof. Dr. Carsten Zelle, Universität Bochum
Korreferent: Prof. Dr. Wolfgang Riedel, Universität Würzburg

ISBN 978-3-11-065265-9
e-ISBN (PDF) 978-3-11-052494-9
e-ISBN (EPUB) 978-3-11-052322-5
ISSN 0946-9419

Library of Congress Cataloging-in-Publication Data
A CIP catalog record for this book has been applied for at the Library of Congress.

Bibliografische Information der Deutschen Nationalbibliothek
Die Deutsche Nationalbibliothek verzeichnet diese Publikation in der Deutschen Nationalbibliografie; detaillierte bibliografische Daten sind im Internet über http://dnb.dnb.de abrufbar.

© 2018 Walter de Gruyter GmbH, Berlin/Boston
Dieser Band ist text- und seitenidentisch mit der 2017 erschienenen gebundenen Ausgabe.
Satz: Dörlemann Satz, Lemförde
Druck und buchbinderische Verarbeitung: Hubert & Co. GmbH & Co. KG, Göttingen ∞ Gedruckt auf säurefreiem Papier
Printed in Germany
www.degruyter.com

Dank

Textgrundlage dieses Buches ist die geringfügig überarbeitete Version meiner Dissertation *Krise, Schönheit, Lebenskunst. Schillers ästhetische Anthropologie der Freiheit aus der Perspektive der Philosophischen Anthropologie*, die ab Herbst 2011 entstanden ist und die von der Fakultät für Philologie der Ruhr-Universität Bochum im Frühjahr 2016 angenommen wurde. Ohne die großartige Unterstützung der Menschen in meinem universitären wie privaten Umfeld hätte das Buch in dieser Form nicht entstehen können. Mein Dank gilt darum:

Prof. Dr. Carsten Zelle für seine ausgezeichnete, ebenso engagierte wie freundliche Betreuung während der gesamten Promotionszeit; für seine inspirierenden Anregungen, den ermöglichten Freiraum in produktiven und den guten Zuspruch in Krisenphasen.

Prof. Dr. Wolfgang Riedel für seine prägende Lehre während meines Studiums und für die unkomplizierte, aktive Begleitung der Promotion, vor allem auf den letzten Metern.

Kalliope Koukou für ihre ansteckende Begeisterung für Schiller und die Philosophie, ihren Rat und die gemeinsamen Diskussionen rund um die Dissertation.

Den TeilnehmerInnen des Oberseminars von Prof. Dr. Carsten Zelle für ihre kritischen Einwände, konstruktiven Ideen und den gemeinsamen Weg durch die Promotion.

Karsten Strack, Marianne Middel, Anto Marijić, Alexa Schneider, Anne Löcherbach, Dr. Cordula Burtscher und allen weiteren HelferInnen für ihren tatkräftigen Einsatz im Lektorat und bei der Endredaktion.

Ernst Osterkamp und Werner Röcke für die Aufnahme des Bandes in die *Quellen und Forschungen zur Literatur- und Kulturgeschichte* und dem Verlag De Gruyter für die gute Zusammenarbeit bei der Publikation.

Der Studienstiftung des deutschen Volkes für die ideelle und finanzielle Förderung meines Promotionsstudiums sowie der VG Wort für die finanzielle Unterstützung des Drucks.

Und zuletzt, von Herzen: Toni, meiner Familie und allen Freunden für ihr Verständnis, ihre kleinen und großen Hilfen auf allen Ebenen und die vielen lebenswerten Momente neben der Arbeit, die dieses Buch erst möglich gemacht haben.

Sundern, im Herbst 2017
Carina Middel

Inhaltsverzeichnis

Dank V
Einleitung 1

I Menschenbildkrisen 23
   1 Das Menschenbild der idealistischen Geistphilosophie 25
   2 Die Naturalisierung des Menschen in Philosophie und Wissenschaft.. 27
       2.1 Evolutionsprodukt und Lebewesen:
            der Mensch im späten 19. und frühen 20. Jahrhundert 28
       2.2 Maschine, Naturwesen, Wilder:
            der Mensch in der zweiten Hälfte des 18. Jahrhunderts......... 36
   3 Das Irritationspotenzial gesellschaftlicher Umbrüche und politischer
      Konflikte 53
       3.1 Der Erste Weltkrieg und die gesellschaftlichen Turbulenzen am
            Anfang des 20. Jahrhunderts............................ 54
       3.2 Die große Revolution und der gesellschaftliche Wandel in den
            letzten Jahrzehnten des 18. Jahrhunderts................... 58
   4 Die ‚Krise des Menschen' als anthropologisches Narrativ 63
       4.1 Das Menschenbild in der Krise.......................... 65
       4.2 Die Krise im Menschenbild............................. 68

II Perspektiven der Philosophischen Anthropologie 73
   1 Scheler: Lebensdrang, Weltoffenheit und lebendige Geistigkeit....... 74
       1.1 Das Stufenmodell des Organischen und der Mensch als
            Lebewesen.. 75
       1.2 Geistigkeit als Weltoffenheit und ihre ästhetische Dimension.... 79
       1.3 Die historische Existenz des Menschen und das Leben des
            Geistes... 83
   2 Plessner: Exzentrische Positionalität und Freiheit................ 87
       2.1 Die biophilosophische Grundlegung der Anthropologie........ 88
       2.2 Exzentrische Positionalität und Lebenskunst 94
       2.3 Die Freiheit des Menschen und der Spielcharakter seines
            Lebens.. 99
   3 Gehlen: Mängelwesen und Umkehr der Antriebsrichtung........... 102
       3.1 Der Mensch als biologisches Mängelwesen.................. 102
       3.2 Der aktive Aufbau der menschlichen Welt 106

		3.3 Offene Antriebsstruktur als Bedingung ästhetischen Verhaltens..	110
	4	Sechs Denkfiguren der Philosophischen Anthropologie	116

III Schillers ästhetische Anthropologie der Freiheit 125
    Exkurs: Anthropologischer Freiheitsdiskurs der Spätaufklärung 130
        E.1 Naturzustandsmythen und Menschheitsgeschichten 133
        E.2 Rousseau: die Begründung des anthropologischen
             Freiheitsbegriffs 138
        E.3 Herder: der Mensch als ‚erster Freigelassener der Schöpfung' ... 151
        E.4 Kant: Instinktfreiheit, Schönheit und moralische Bestimmung... 164
        E.5 Denkfiguren in der Anthropologie der Spätaufklärung 182
    1 Doppelte Frontstellung und integrative Methode:
       Anthropologie zwischen Naturalismus und Idealismus 185
       1.1 Schillers Ausbildung an der Hohen Karlsschule................ 185
       1.2 Die ‚Mittellinie der Wahrheit' 188
       1.3 Die Kooperation von Philosophie und empirischen
            Wissenschaften.. 190
       1.4 Universalgeschichte zwischen den Fronten................... 195
       1.5 Engagierte Anthropologie vom ‚ganzen Menschen'............ 201
    2 Der Mensch als Lebewesen:
       Einheit des Lebens statt Zweiheit der Substanzen 205
       2.1 Die Mittelkraft als Lebenskraft............................. 207
       2.2 Psychophysische Sympathie und organische Kräfte............ 210
       2.3 Lebensbegriff zwischen Materialismus und Vitalismus 212
       2.4 Die Dichotomie von Geist und Leben....................... 217
    3 Anthropologie von unten:
       die Stufen des Lebens und der Mensch 220
       3.1 Das anthropologische Schichtenmodell...................... 221
       3.2 Vom Schichten- zum Geschichtsmodell 225
       3.3 Kants Dualismus und die Lehre von den Menschentypen....... 230
    4 Die Sonderstellung des Menschen:
       Freiheit als natürliche Nichtfestgestelltheit 235
       4.1 Verlorenes Paradies und sentimentalische Haltung............. 236
       4.2 Zwischen Emanzipation und Handlungszwang 244
       4.3 Menschlicher Wille und Selbsttätigkeit...................... 247
    5 Von der Aisthetik zur Ästhetik:
       triebgebundene Umwelt und schöne Welt 251
       5.1 Ein ‚Akt der Ideierung' 252
       5.2 Menschwerdung durch Schönheit 255
       5.3 Ästhetik der Weltoffenheit................................. 262
       5.4 Kunstautonomie und ästhetische Wirkung................... 268
       5.5 Tierischer Luxus und wilde Schönheit....................... 271

6 Spiel der Kunst und Spiel des Lebens:
  der Mensch als Schöpfer seiner selbst. 279
  6.1 Im Spannungsfeld von Individualität und Persönlichkeit. 280
  6.2 Das Spiel der Kunst. 288
  6.3 Das Spiel des Lebens 293
  6.4 Philosophie der Lebenskunst 299
  6.5 Das Spiel der Geschichte. 304

Schluss 313

Literatur 325
  Ausgaben und Siglen. 325
  Quellen 326
  Forschung. 332

Register. 351

Einleitung

> Erwägen wir endlich noch, welche Naivetät es überhaupt ist, zu sagen „so und so *sollte* der Mensch sein!" Die Wirklichkeit zeigt uns einen entzückenden Reichthum der Typen, die Üppigkeit eines verschwenderischen Formenspiels und -Wechsels: und irgend ein armseliger Eckensteher von Moralist sagt dazu: „nein! der Mensch sollte *anders* sein"? ... Er weiss es sogar, wie er sein sollte, dieser Schlucker und Mucker, er malt sich an die Wand und sagt dazu „ecce homo!"
> *Friedrich Nietzsche: Götzen-Dämmerung*[1]

Bis in unsere Tage ist der Nachhall des Nietzsche-Verdikts zu vernehmen: „*Schiller*: oder der Moral-Trompeter von Säckingen"[2]. All die hochfliegenden Ideen und großen Ideale vom Menschen, die Friedrich Schillers Denken prägen, die Hoffnung der Aufklärung auf eine gesellschaftliche Zukunft unter der Vorherrschaft der Vernunft und eine Vervollkommnung des Menschengeschlechts nach europäischen Leitbildern des 18. Jahrhunderts – sie erscheinen heute fahl und lebensfern. ‚Gottgleichheit' als Bestimmung des Menschen, seine Freiheit als ‚Vernunftwesen', der ‚moralische Wille' und die Würde seiner ‚sittlichen Natur' – spätestens seit dem Bruch der Philosophie mit der Tradition des Idealismus im Verlauf des 19. Jahrhunderts haben solche Vorstellungen ausgedient. So eng scheint das Korsett geschnürt, in das der Weimarer Klassiker den Menschen mit seinen moralphilosophisch ausgerichteten Konzepten der Anmut und der Würde zwängt, dass diesem schlicht die Luft zum Atmen fehlt. Umso eingängiger wirkt da Nietzsches Urteil, das den Moralisten als Lebensfeind und die Moral als „Widernatur"[3] von Grund auf ablehnt. Wer das menschliche Leben als ein Phänomen des reichen Überflusses und spielerischen Wandels der Form betrachtet, dem müssen eindimensionale Menschenbilder und menschheitliche Verpflichtungen im Namen der Moral verdächtig, zumindest aber naiv und überholt erscheinen.

---

[1] Friedrich NIETZSCHE: Götzen-Dämmerung. Oder: Wie man mit dem Hammer philosophiert (1889). In: Ders.: Werke. Kritische Gesamtausgabe. Ca. 40 Bde. in 9 Abt. Hg. v. Giorgio Colli u. a. Berlin, New York 1967 ff. Abt. 6, Bd. 3, S. 49–147, hier S. 80 f.
[2] Ebd., S. 105.
[3] Ebd., S. 76.

„Leicht ist es, Schiller verstaubt zu finden"[4], das stellt auch Jens Jessen in seinem am 4. Januar 2005 in der ZEIT erschienenen Artikel *Spieler mit Ideen* fest. Mit dem ‚realistischen' Weltbild, den ‚lebensnahen' Problemen der modernen Welt und ihrem alltäglichen Pragmatismus scheint Schillers Idealismus nicht mehr viel zu tun zu haben, ließe sich meinen. – Jessen stellt fest, dass dieses Urteil voreilig gefällt ist, und er führt anlässlich des Schillerjahrs die Anwesenheit des Dichters in den gesellschaftlichen Debatten des 20. und 21. Jahrhunderts und die Aktualität seiner Freiheitsidee vor Augen. Weniger um die Gegenwärtigkeit als um den anthropologischen Realitätssinn Schillers, dem eine Verurteilung als Idealist oder Moralist im Stile Nietzsches nicht gerecht wird, ist es der vorliegenden Studie zu tun. Eine Perspektivierung von Schillers anthropologischem Denken durch die Philosophische Anthropologie des 20. Jahrhunderts, die die systematischen Parallelen ihrer Menschenbilder und der sie bedingenden ideengeschichtlichen Konstellationen aufdeckt, bietet hier die heuristische Chance, den Anthropologen Schiller gegenüber dem ‚idealistischen Moraltrompeter' ins rechte Licht zu rücken. Freigelegt werden soll auf diesem Wege eine Anthropologie und ästhetische Freiheitsphilosophie, die die menschliche Wirklichkeit nicht als moralische Veranstaltung unter dem Gebot der Sittlichkeit, sondern – mit Nietzsche – als Möglichkeitsraum eines ‚entzückenden Reichtums der Typen' und einer ‚Üppigkeit verschwenderischen Formenspiels' betrachtet.

Erkenntnisinteresse

„Konvergenzen beruhen nicht immer auf Einfluß. Es wird in der Welt mehr gedacht, als man denkt"[5] – mit diesem Hinweis beschließt Helmuth Plessner das Vorwort zur zweiten Auflage seiner anthropologischen Hauptschrift *Die Stufen des Organischen und der Mensch* (^{2}1944). Es ist eine Feststellung, die ihn selbst wie Zeitgenossen und Nachfolger mit parallelen Denkansätzen vor dem Vorwurf des Ideendiebstahls, wie er in Plessners Fall vonseiten Max Schelers tatsächlich geäußert wurde, schützen soll. Dass Übereinstimmungen zwischen Plessners und Schelers Konzepten, aber auch mit den Theorien Arnold Gehlens und anderer Vertreter der sogenannten Philosophischen Anthropologie vorliegen, überrascht nicht weiter: Mit einer Philosophie

---

4 Jens JESSEN: Spieler mit Ideen. In: Die Zeit, Nr. 2 (4. Januar 2005), zugänglich unter http://www.zeit.de/2005/02/Schilleraktuell (29. November 2015).
5 Helmuth PLESSNER: Die Stufen des Organischen und der Mensch. Einleitung in die philosophische Anthropologie (1928). In: Ders.: Gesammelte Schriften [GS]. 10 Bde. Hg. v. Günter Dux, Odo Marquard, Elisabeth Ströker. Frankfurt/Main 1980ff. Bd. 4, S. 34 (Vorwort zur 2. Aufl.).

vom Menschen verfolgen sie um die Mitte des 20. Jahrhunderts ein einheitliches Denkprojekt, das sie vor demselben wissenschafts- wie mentalitätsgeschichtlichen Hintergrund ausbilden.[6] Weitaus erstaunlicher mag eine andere Konvergenz erscheinen, die erst auf den zweiten Blick einsichtig wird: Auch Schiller entwickelte im Laufe seines Lebens, also rund 150 Jahre früher, ein anthropologisches Modell, das – mit den Ideen menschlicher Lebensgebundenheit, Instinktreduktion und Umweltlösung, einer Gestalt- und Spielfreiheit sowie einer Welt- und Geschichtsoffenheit des Menschen – zahlreiche Parallelen zu den Theorien Schelers, Plessners und Gehlens aufweist und das sich im Freiheitsdiskurs der anthropologisch fundierten Menschheitsgeschichten im 18. Jahrhundert verorten lässt. Wenn nun aber die Analogie der Konzepte in erster Linie nicht auf direktem Einfluss beruht – und davon ist auszugehen: Schiller ist kein primärer Referenzautor der Philosophischen Anthropologen[7] –, dann muss sie sich anders erklären lassen.

Vor diesem Hintergrund orientiert sich vorliegende Studie an folgendem erkenntnisleitendem Fragenkomplex: *Worin bestehen die Parallelen zwischen Schillers Anthropologie und der Philosophischen Anthropologie im Detail? Wie lassen sie sich philosophie- und mentalitätsgeschichtlich erklären? Und was bedeuten sie für Schillers Menschenbild?* Mit dem systematischen Vergleich der anthropologischen Modelle des mittleren bis späten 18. und des frühen bis mittleren 20. Jahrhunderts soll ein bislang so nicht vollzogener ideengeschichtlicher Brückenschlag unternommen werden, der neue Perspektiven auf das Denken des Aufklärungsanthropologen Schiller verspricht. Der Grundimpuls der Studie ist ein hermeneutischer. Wenn gedankliche Konvergenzen auch nicht immer auf Einfluss beruhen, so scheint es doch zu lohnen, ihren Hintergründen genauer nachzuspüren.

---

6   Den Identitätskern der Philosophischen Anthropologie arbeitet Joachim FISCHER: Philosophische Anthropologie. Eine Denkrichtung des 20. Jahrhunderts. Freiburg, München 2008, heraus. Trotz einzelner Differenzen zwischen den Ansätzen lassen sich, so Fischer, die Philosophien Schelers, Plessners und Gehlens sowie Erich Rothackers und Adolf Portmanns als *eine* Denkrichtung betrachten. Vgl. hierzu auch Teil II der vorliegenden Arbeit, einleitende Bemerkungen.
7   Scheler, Plessner und Gehlen verweisen zwar am Rande auf Schillers Anthropologie, wo es in ihren Werken um die Geistigkeit, die Umweltentbundenheit und Freiheit des Menschen geht – in der weiteren Ausbildung ihres Denkansatzes spielt dessen Modell aber keine größere Rolle mehr. Zur Traditionsvergessenheit der Philosophischen Anthropologie vgl. FISCHER: Philosophische Anthropologie, S. 516 f.

Gegenstand und Quellen

Auf Makroebene ist der Gegenstand der Untersuchung zweigeteilt: Auf der einen Seite steht der Denkansatz der Philosophischen Anthropologie[8] mit seinen Hauptvertretern Max Scheler (1874–1928), Helmuth Plessner (1892–1985) und Arnold Gehlen (1904–1976) und dessen gesellschafts- wie ideengeschichtlicher Kontext im späten 19. und frühen 20. Jahrhundert; auf der anderen die Philosophie Friedrich Schillers (1759–1805) vor dem historischen Hintergrund des ausgehenden 18. Jahrhunderts und der zeitgenössischen Anthropologie, vor allem Jean-Jacques Rousseaus (1712–1778), Johann Gottfried Herders (1744–1803) und Immanuel Kants (1724–1804). Weder der eine noch der andere Gegenstandskomplex ist als solcher allerdings unproblematisch.

Zunächst zur Philosophischen Anthropologie: So geschlossen die Denkrichtung in ihrer Darstellung oft erscheint, wird sie weder von ihren ‚Vertretern' noch von der einschlägigen Forschung zu den einzelnen Autoren wahrgenommen.[9] In erster Linie liegen mit Scheler, Plessner und Gehlen drei selbstständige Denker vor, die die Frage nach dem menschlichen Wesen und seiner Stellung im Weltganzen individuell beantworten. Ihre Hauptwerke – Schelers *Die Stellung des Menschen im Kosmos* (1928), Plessners *Die Stufen des Organischen und der Mensch* (1928), Gehlens *Der Mensch. Seine Natur und seine Stellung in der Welt* (1940) – und ihre anthropologischen Aufsätze, Reden und Skizzen[10] bilden eigenständige Beiträge, deren Urheber sich zu Lebzeiten alles andere als einig sind. Die Feststellung, dass die Philosophische Anthropologie „von Beginn an ein heikles Gebilde"[11] ist, stellt auch Joachim Fischer an den Beginn seiner großen Studie zu dieser Denkrichtung – um sie schließlich doch als Phänomen mit einheitlichem Identitätskern vorzustellen. Im Bewusstsein, dass eine homogene Betrachtung individueller Persönlichkeiten und Texte immer das Risiko birgt, die Nuancen zwischen ihren spezifischen Welt- und Menschenbildern, die feinen Unterschiede ihrer begrifflichen wie

---

8   Zur (typografischen) Unterscheidung der *Philosophischen Anthropologie* als Denkansatz des 20. Jahrhunderts von der *philosophischen Anthropologie* als Disziplin vgl. ebd., S. 14; und Gerhart ARLT: Philosophische Anthropologie. Stuttgart, Weimar 2001, S. 8.
9   Vgl. hierzu auch Teil II, einleitende Bemerkungen.
10 Zentral für diese Studie sind: Schelers anthropologische und ästhetische Abhandlungen und Notizen aus seinem Nachlass, vor allem in den 1920er Jahren entstanden, Plessners anthropologische und spieltheoretische Schriften, die auf sein Hauptwerk folgen: *Mensch und Tier* (1946), *Zur Anthropologie des Schauspielers* (1948), *Über einige Motive der Philosophischen Anthropologie* (1956), *Die Frage nach der Conditio humana* (1961), *Der Mensch im Spiel* (1967) und *Homo absconditus* (1969), sowie Gehlens ethologisch-ästhetische Untersuchungen *Ueber einige Kategorien des entlasteten, zumal ästhetischen Verhaltens* (1950) und *Über instinktives Ansprechen auf Wahrnehmungen* (1961).
11 FISCHER: Philosophische Anthropologie, S. 12.

methodischen Voraussetzungen zugunsten einer vereinheitlichten Gesamtschau zu verwischen, schließt diese Arbeit gleichwohl an Fischers Ansatz an – und zwar deshalb, weil er die Möglichkeit bietet, Erkenntnisse zur spezifischen Denkstruktur eines historisch bedingten philosophischen Phänomens zu gewinnen, die über individuelle Erscheinungen einzelner Autoren hinausgehen.

Um das Phänomen der Philosophischen Anthropologie zu verstehen, werden sowohl ideen- und wissenschaftsgeschichtliche als auch gesellschaftliche Hintergründe herangezogen. Von Belang ist hier der Wandel wissenschaftlicher Paradigmen im Verlauf des 19. und frühen 20. Jahrhunderts, mit dem eine zunehmende Lösung der Philosophie von der Tradition der idealistischen Geistphilosophie einhergeht. In diesem Zusammenhang müssen besonders Charles Darwins Beiträge zur Evolutionstheorie sowie die Strömung der Lebensphilosophie berücksichtigt werden, deren Menschenbild durch die subrationale Kategorie des Lebens geprägt ist. Aber auch die sozialen wie politischen Umbrüche und die großen internationalen Konflikte in der ersten Hälfte des 20. Jahrhunderts tragen ihren Teil zur Entstehung der Philosophischen Anthropologie bei, sodass gesellschafts- und mentalitätsgeschichtliche Aspekte in die Überlegungen miteinfließen.

Ähnlich wie beim ersten verhält sich die Problematik systematischer Geschlossenheit auch im Falle des zweiten Gegenstandskomplexes: Weder dessen diskursiver Rahmen, die Philosophie der Aufklärung, noch sein Kern, Schillers Theorie vom Menschen, bilden ein geschlossenes Ganzes. Wie die Anthropologie des 20. Jahrhunderts wird auch Schillers Philosophie der Freiheit erst aus der vielschichtigen Beziehung zu zeitgenössischen Debatten und vor dem Hintergrund aktueller gesellschaftlicher Ereignisse verständlich. Vor allem die Naturalisierungstendenzen der Wissenschaften in der zweiten Hälfte des 18. Jahrhunderts, die auch vor der Betrachtung des Menschen nicht Halt machen, sowie die Schattenseiten der sich ausbildenden modernen Gesellschaft und die desaströse Entwicklung der Französischen Revolution spielen als Verständnisgrundlage im Folgenden eine Rolle.

Mit der Einbettung von Schillers ästhetischer Freiheitsphilosophie in den Kontext der spätaufklärerischen Menschheitsgeschichten soll nur ein, wenngleich ein wesentlicher Hintergrund seiner philosophischen Anthropologie tiefergehend ausgeführt werden. Rousseaus *Discours sur l'origine et les fondements de l'inégalité parmi les hommes*[12] (1755), Herders *Abhandlung über den Ursprung der Sprache* (1772) und seine *Ideen zur Philosophie der Geschichte der Menschheit*[13] (1784–1791) sowie Kants *Idee zu einer allgemeinen Geschichte in weltbürgerlicher Absicht* (1784) und dessen Abhandlung *Muthmaßlicher Anfang der*

---

12 Im Folgenden kurz: *Discours sur l'inégalité*.
13 Im Folgenden kurz: *Ideen*.

Menschengeschichte (1786), deren Kerngedanken der Königsberger in seiner *Anthropologie in pragmatischer Hinsicht* (1798) wieder aufgreift, auch seine *Kritik der Urtheilskraft* (1790) nehmen Einfluss auf Schillers Vorstellung vom Menschen als einem instinkt- und umweltfreien Wesen, das seine Welt und seine Geschichte aktiv gestalten kann. Die geschichtsphilosophischen Debatten sind für die Ausbildung von Schillers philosophischer Anthropologie deshalb so bedeutend, weil in deren Ursprungsszenarien die auch für Schiller so essenzielle Unterscheidung von Mensch und Tier einen systematischen Ort findet: in der Darstellung vom Anfang der Geschichte. Impulse anderer Art, seitens der medizinischen Anthropologie oder der Moralphilosophie der Aufklärung, wird die Untersuchung am Rande berücksichtigen.

Aber nicht nur mit Blick auf ihren heterogenen diskursiven Hintergrund, auch als solche bildet Schillers Anthropologie der Freiheit kein geschlossenes Phänomen, sodass sich von *der* Anthropologie Schillers nur unter Vorbehalt sprechen lässt.[14] Während ihn in jungen Jahren, ausbildungsbedingt, die medizinisch orientierte Anthropologie der sogenannten ‚philosophischen Ärzte' interessiert, wendet sich Schiller im Laufe seiner Entwicklung vermehrt geschichtsphilosophischen, später auch ästhetischen Fragestellungen zu. Im Zentrum der Studie stehen seine Dissertationen, die *Philosophie der Physiologie* (1779) und der *Versuch über den Zusammenhang der thierischen Natur des Menschen mit seiner geistigen*[15] (1780), die geschichtsphilosophischen Schriften *Was heißt und zu welchem Ende studiert man Universalgeschichte?*[16] (1789) und *Etwas über die erste Menschengesellschaft nach dem Leitfaden der mosaischen Urkunde*[17] (1790) sowie sein ästhetisches Werk: die Gedichte *Die Künstler* (1789) und *Das Ideal und das Leben* (1804) und Schriften wie *Ueber Anmuth und Würde* (1793), *Ueber die ästhetische Erziehung des Menschen in einer Reihe von Briefen*[18] (1795) und *Ueber naive und sentimentalische Dichtung* (1795/96). Schillers Denken unterliegt einer Fülle unterschiedlichster Anregungen und Einflüsse, sodass nicht einmal zeitgleich entstandene Werke und einzelne Schriften eine widerspruchsfreie, in sich geschlossene Theorie aufweisen. Das hat Auswirkungen auf seine Philosophie vom Menschen.

Die nachfolgende Darstellung der schillerschen Freiheitsanthropologie, die auf eine werkübergreifende Betrachtung hin angelegt ist, sucht *trotz* und *angesichts* dieser gedanklichen Vielfalt und Veränderung anthropologische Konstanten im Wandel des Werks. Ein solcher Ansatz bietet die Chance, systematische Bezüge zwischen einzelnen Schriften herauszuarbeiten, die bei

---

14 Vgl. hierzu auch Teil III, einleitende Bemerkungen.
15 Im Folgenden kurz: *Versuch über den Zusammenhang.*
16 Im Folgenden kurz: *Was heißt Universalgeschichte?*
17 Im Folgenden kurz: *Etwas über die erste Menschengesellschaft*
18 Im Folgenden kurz: *Ästhetische Briefe.*

einer auf Einzeltexte beschränkten Analyse unberücksichtigt bleiben müssen. Aufgrund der problematischen Gegenstandslage erscheint die methodische Arbeit mit Denkfiguren gewinnbringend.

Methodik

Das Erkenntnisinteresse der Studie, die zum Zwecke eines erweiterten Verständnisses von Schillers Anthropologie der Freiheit deren gedankliche Parallelen zur Philosophischen Anthropologie aufzeigt und sie aus geschichtlichen Analogien heraus erklären will, erfordert eine gemischte Methodik, in der eine systematische Textanalyse mit einer historischen Kontextualisierung der Modelle zusammengeht. Der Blick auf Schillers Theorie vom Menschen aus der Perspektive Schelers, Plessners und Gehlens setzt auf systematischer Ebene zunächst bestimmte Kriterien oder Aspekte voraus, unter denen die Betrachtung erfolgen soll. – Bevor der betrachtete Gegenstand in den Blick geraten kann, muss die Perspektive geklärt werden. Die folgende Darstellung operiert mit Denkfiguren, die sich aufgrund ihrer Flexibilität und ihres Abstraktionsniveaus für Vergleiche zwischen verschiedenen Denksystemen eignen.[19] Der Begriff der Denkfigur soll im Rahmen dieser Arbeit implizite Ideenkomplexe und grundlegende Gedankenkonstellationen bezeichnen, die im Falle der hier verwandten Quellen sprachlich geformt und schriftlich festgehalten sind.

Angesichts der Tatsache, dass die Analyse von Menschenbildern in der zweiten Hälfte des 18. und um die Mitte des 20. Jahrhunderts niemals auf eine geschlossene Darstellung einzelner Schriften oder Theoriegebäude abzielen kann, ermöglicht es die interpretative Arbeit mit Denkfiguren, mehr oder weniger konstante Ideenkonstellationen innerhalb einer insgesamt heterogenen philosophiegeschichtlichen Erscheinung und einer im Ganzen eher diskontinuierlichen Ideengeschichte auszumachen. Dem Phänomen der Philosophischen Anthropologie, deren Status als geschlossene Denkschule umstritten ist, verspricht sie damit ebenso gerecht zu werden wie dem unsys-

---

19 Der Begriff der ‚Denkfigur' taucht in der neueren Forschung fast inflationär auf. Eine einschlägige Reflexion seines semantischen Spektrums und der mit ihm bezeichneten Phänomene existiert meines Wissens nicht, wäre aber wünschenswert. Zu der Tagung „Was sind Denkfiguren? Figurationen unbegrifflichen Denkens in Metaphern, Diagrammen und Kritzeleien" (25.–26. Februar 2011) des DFG-Graduiertenkollegs „Schriftbildlichkeit" der FU Berlin liegt zwar keine Veröffentlichung der Beiträge, allerdings ein Bericht vor: Alexander FRIEDRICH: Bericht zur Tagung „Was sind Denkfiguren? Figurationen unbegrifflichen Denkens in Metaphern, Diagrammen und Kritzeleien". In: KULT_online 27 (2011), zugänglich unter http://kult-online.uni-giessen.de/archiv/veranstaltungsberichte/bericht-zur-tagung-was-sind-denkfiguren-figurationen-unbegrifflichen-denkens-in-metaphern-diagrammen-und-kritzeleien (3. Dezember 2015).

tematischen anthropologischen Werk Schillers, in dem philosophische und literarische, biografische und diverse diskursive Elemente aufs Engste und zum Teil sehr widersprüchlich miteinander verflochten sind.

Die sechs Denkfiguren, die im Fokus dieser Arbeit stehen, werden am Schluss des zweiten Teils aus Einzeldarstellungen der anthropologischen Modelle Schelers, Plessners und Gehlens abstrahiert und im Anschluss zu einem typologischen Vergleich mit Schillers Werk genutzt, das dann im dritten Teil auf diese Denkfiguren hin befragt werden soll: *Lassen sich in Schillers Philosophie Ideenkomplexe finden, die analog sind zu den Denkfiguren der Philosophischen Anthropologie? Wenn ja: Wo tauchen sie auf? In welchem argumentativen Zusammenhang stehen sie? Und werden sie im weiteren Werk wieder aufgegriffen oder abgewandelt?* Auf dem Wege einer systematischen Textauslegung lässt sich Schillers vielschichtiges Denken so auf konkrete Vorstellungseinheiten konzentrieren, ohne dass es darauf reduziert werden soll.

Der Grundansatz der Studie ist ein ideengeschichtlicher.[20] Sie geht von dem Axiom der Historizität von Denkfiguren aus und versteht sie vor dem Hintergrund ihrer jeweiligen geschichtlichen Bedingungen. Insofern stellt sich mit der Feststellung einer Parallelität der Anthropologien im 18. und im 20. Jahrhundert auch die Frage nach einer Analogie ihrer historischen Entstehungsbedingungen. Allerdings kehrt die Studie die übliche Blickrichtung des Historikers um: Anders als klassische ideengeschichtliche Untersuchungen, die die Entstehung und Weiterentwicklung von Ideen im Laufe der Zeit betrachten, bricht die folgende Darstellung bewusst mit der Chronologie. Obwohl die Philosophische Anthropologie als Teil einer philosophiegeschichtlichen Tradition gesehen werden kann (und wurde), die im 18. Jahrhundert ihre Wurzeln hat, soll Schiller hier nicht als ihr Vorreiter behandelt und neben Herder, dem diese Rolle mit Blick auf Gehlen früh zugestanden wurde,[21] in die „Ahnengalerie"[22] der Philosophischen Anthropologie aufgenommen werden (was sicherlich gerechtfertigt wäre). Anstelle eines genealogischen verfolgt der ideengeschichtliche Vergleich dieser Arbeit ein heuristisch-hermeneutisches Interesse: Über die Analogie gedanklicher Konstellationen soll hier ein neuer interpretativer Zugang zu Schillers Anthropologie eröffnet werden.

---

20 Eine fundierte Einführung gibt Andreas DORSCHEL: Ideengeschichte. Göttingen 2010.
21 GEHLEN: Der Mensch, GA 3, S. 30f. u. S. 89–93, stellt diesen Bezug explizit her. Angeregt hat er etwa die Untersuchung von Christian GRAWE: Herders Kulturanthropologie. Die Philosophie der Geschichte der Menschheit im Lichte der modernen Kulturanthropologie. Bonn 1967.
22 Wolfgang RIEDEL: Philosophie des Schönen als politische Anthropologie. Schillers Augustenburger Briefe und die Briefe über die ästhetische Erziehung des Menschen. In: Olivier Agard, Françoise Lartillot (Hg.): L'éducation esthétique selon Schiller. Entre anthropologie, politique et théorie du beau. Paris 2013, S. 67–125, hier S. 90, Anm. 61, fordert, dass Herders Platz in der Vorgeschichte der philosophischen Anthropologie gerechterweise mit Schiller zu teilen wäre.

Die große Chance, auf diesem Wege eine neue Perspektive auf Schillers Philosophie zu gewinnen, soll möglichen Anachronismus-Vorwürfen[23] sowie konstruktivistischen Einwänden[24] entgegengesetzt werden. Im Bewusstsein um die Unhintergehbarkeit der historischen Perspektive unternimmt die Arbeit eine philosophische Analyse des Als-ob[25]: Sie betrachtet Schillers Anthropologie versuchsweise, *als ob* sie eine Philosophie der Weltoffenheit, der exzentrischen Positionalität und des Mängelwesens Mensch wäre, und deckt so Parallelen, aber auch Differenzen zwischen den verschiedenen Modellen auf.

Letztlich gründet die Perspektivierung Schillers durch die Philosophische Anthropologie also auf einem Vergleich,[26] der Beziehungen zwischen

---

23   Ein Ansatz, der zum Verständnis von Ideen und Sinnzusammenhängen in Texten des 18. Jahrhunderts Schlüsselbegriffe und Denkfiguren des 20. Jahrhunderts aufgreift, sieht sich notwendig mit dem Vorwurf des Anachronismus konfrontiert: *Inwiefern ist es überhaupt legitim, in Schillers Anthropologie von ‚Umweltfreiheit' oder ‚Weltoffenheit' zu sprechen, wo diese Begriffe doch explizit dem ideen- und wissenschaftsgeschichtlichen Kontext der 1920er Jahre entspringen? Werden auf diesem Wege nicht Ideen sprachlich konstruiert, die bei Schiller so (noch) nicht existieren, statt bestehende Vorstellungen philologisch korrekt zu rekonstruieren?* Um anachronistische Missverständnisse zu vermeiden, müssten eigentlich alle Begriffe, die aus der Philosophischen Anthropologie und ihrem historischen Kontext in die Darstellung der Aufklärungstheorien übertragen werden, als solche typografisch gekennzeichnet werden – als uneigentliche Ausdrücke und heuristische Werkzeuge, die dabei helfen sollen, bestimmte Denkstrukturen begrifflich klarer herauszustellen. Wenn das im Folgenden nicht in jedem Fall geschieht, dann nur deshalb, weil solche typografischen Hilfsmittel bei starker Frequenz die Lesbarkeit ungemein stören. Gerade die Schlüsselbegriffe der Philosophischen Anthropologie, die der zweite Teil einführt und die als solche erkennbar sind, werden darum ohne Verweis auf ihre Urheber genutzt.

24   So ließe sich einwenden, dass Schiller durch die Anlage der Studie Vorstellungen in den Mund gelegt werden, die er so nicht sagen wollte oder konnte, weil seine historischen Voraussetzungen schlichtweg andere waren. Die hier angesprochene Problematik ist allerdings eine grundsätzliche, insofern nicht nur die Perspektivierung Schillers durch die Philosophie des 20. Jahrhunderts, sondern eigentlich jede Betrachtung eines historischen Gegenstandes durch den jeweils individuellen Standpunkt des Betrachters (jede wissenschaftliche Untersuchung durch den geschichtlich geformten Blickwinkel des Forschers) geprägt ist. Im Falle dieser Untersuchung liegt lediglich eine potenzierte Perspektivierung vor, insofern neben dem Standpunkt der Verfasserin noch ein weiterer Blickwinkel auf den Untersuchungsgegenstand genutzt wird. Eine Interpretation, die einzig und allein mit den sprachlichen und gedanklichen Mitteln der jeweiligen Epoche oder des einzelnen Autors operieren würde, wäre als reine Imitation kaum gewinnbringend, weil sie über ihren Gegenstand nicht hinauskäme. Ein hermeneutisches Verstehen setzt, bei aller Orientierung am Gegenstand, also den Umweg über ein Anderes voraus, seien das nun eigene kognitive und sprachliche Kategorien, die in wissenschaftlichen Darstellungen immer eine Rolle spielen, oder aber – zusätzlich – Modelle und Begriffe anderer historischer Denker oder Denkrichtungen.

25   Vgl. Hans VAIHINGER: Die Philosophie des Als Ob. System der theoretischen, praktischen und religiösen Fiktionen der Menschheit auf Grund eines idealistischen Positivismus. Mit einem Anhang über Kant und Nietzsche. Berlin 1911.

26   Darum wird hier auf komparatistische Vergleichstheorien zurückgegriffen. Für einen Überblick vgl. Carsten ZELLE: Komparatistik und *comparatio* – der Vergleich in der Vergleichenden Literaturwissenschaft. Skizze einer Bestandsaufnahme. In: Komparatistik (2004/2005), S. 13–33.

Schillers (ästhetischer) Freiheitstheorie sowie Schelers, Plessners und Gehlens anthropologischen Konzepten aufzudecken und zu verstehen beabsichtigt, um daraus ein tieferes Verständnis der schillerschen Anthropologie zu gewinnen. Wenn diese Beziehungen – wie oben angenommen – in erster Linie nicht genetischer Natur, also keine Folge eines Einflusses über direkten oder indirekten Kontakt, etwa über die Lektüre und Auseinandersetzung der Anthropologen mit Schillers Werk, sind, dann lassen sie sich nur als typologische Ähnlichkeiten begreifen. Die Anlage der Studie folgt hier den Erkenntnissen Dionýs Durišins, der bereits Mitte der 1960er Jahre zwischen „genetische[n] Beziehungen" und „typologische[n] Zusammenhängen"[27] in der Literatur unterschieden hat. Interessant sind in diesem Kontext seine Ausführungen zu den typologischen Zusammenhängen, bei denen er drei Arten literarischer Parallelität differenziert: „gesellschaftlich-typologische Analogien"[28], die auf sozialen und ideellen Faktoren beruhen, „[l]iterarisch-typologische Analogien", die auf Gesetzmäßigkeiten literarischer Erscheinungen gründen, und „psychologisch-typologische Analogien"[29], die von Parallelen in der psychischen Verfassung der Autoren ausgehen. Insbesondere die gesellschaftlichen und mentalen Ausgangssituationen, die diskursiven Konfliktpotenziale seitens der (Natur-)Wissenschaften und die Reaktionen der Autoren darauf werden im Folgenden zur Erklärung gedanklicher Parallelen herangezogen. Die Untersuchung verfolgt also einen Vergleich, der auf „Kontextanalogien"[30] fußt: Er betrachtet die anthropologischen Modelle des 18. und des 20. Jahrhunderts als Antworten auf strukturell ganz ähnliche Menschenbildkrisen.

Forschungsstand

Angesichts des ungebremsten anthropologischen Interesses der Neueren deutschen Literaturwissenschaft, auch der Philosophie seit den 1980er Jahren[31] und des mittlerweile unübersichtlich gewordenen Forschungsfeldes mu-

---

27 Dionýs Durišin: Die wichtigsten Typen literarischer Beziehungen und Zusammenhänge. In: Gerhard Ziegengeist (Hg.): Aktuelle Probleme der Vergleichenden Literaturforschung. Berlin 1968, S. 47–57, hier S. 48.
28 Ebd., S. 54.
29 Ebd., S. 55.
30 Im Anschluss an Durišin unterscheidet Manfred Schmeling: Einleitung. Allgemeine und Vergleichende Literaturwissenschaft. Aspekte einer komparatistischen Methodologie. In: Ders. (Hg.): Vergleichende Literaturwissenschaft. Theorie und Praxis. Wiesbaden 1981, S. 1–24, bes. S. 11–18, hier S. 14, fünf Vergleichstypen. Beim dritten Typus, der auf „Kontextanalogien" basiert, wird das „tertium comparationis […] durch einen *den verschiedenen Vergleichsgliedern gemeinsamen außerliterarischen Hintergrund*" erklärt.
31 Bereits Wolfgang Riedel: Anthropologie und Literatur in der deutschen Spätaufklärung. Skizze einer Forschungslandschaft. In: Internationales Archiv für Sozialgeschichte der deut-

tet eine erneut anthropologisch ausgerichtete Studie auf dem Grenzgebiet zwischen Philosophie-, Ideen- und Literaturgeschichte zunächst einfallslos an. In den unterschiedlichsten historischen Kontexten ist in den vergangenen Jahrzehnten eine ‚anthropologische Wende' ausgerufen worden; ihr Begriff birgt eine irritierende Vieldeutigkeit.[32] Es ist die Rede von einer ‚anthropologischen Wende' der Spätaufklärung, die mit der Idee vom ‚ganzen Menschen' und dem Namen Ernst Platner assoziiert ist,[33] der aber auch Schiller zugerechnet wird,[34] von einer ‚anthropologischen Wende' der Frühaufklärung innerhalb einer Gruppe von Psychomedizinern aus Halle,[35] ebenso von einer ‚anthropologischen Wende' in der ersten Hälfte des 20. Jahrhunderts, die mit dem Wirken Schelers, Plessners und Gehlens in Verbindung gebracht wird.[36] Mit Blick auf den verstärkt anthropologischen Fokus geisteswissenschaftlicher Disziplinen ließe sich auch von einer ‚anthropologischen Wende' der Literaturwissenschaft und einer ‚anthropologischen Wende' der Philosophiegeschichtsschreibung in den letzten Jahrzehnten des 20. Jahrhunderts sprechen. Ebenfalls entdeckt die Geschichte der Geschichtswissenschaft in den vergangenen Dezennien mit der aufklärerischen Gattung der Menschheitsgeschichte einen genuin anthropologischen Gegenstandsbereich. Aufgrund der Heterogenität und teils widersprüchlichen Vielfalt der Anthropologieforschung, besonders der Dixhuitièmistik ist eine umfassende und systematische Darstellung des Forschungsfeldes an dieser Stelle kaum zu leisten.[37]

---

schen Literatur. SH 6, Forschungsreferate 3 (1994), S. 93–157, hier S. 93 u. 96, bemerkt das anthropologische Interesse, das nach wie vor anhält.

32 Vgl. Anita Horn: Einleitung. In: Anton Hügli (Hg.): Die anthropologische Wende/Le tournant anthropologique (Studia philosophica 72/2014). Basel 2013, S. 13–28, hier bes. S. 13–15.

33 Vgl. Wilhelm Schmidt-Biggemann, Ralph Häfner: Richtungen und Tendenzen in der deutschen Aufklärungsforschung. In: Das achtzehnte Jahrhundert 19 (1995), S. 163–171, hier S. 168. Vgl. hierzu auch den Sammelband, hg. v. Hans-J. Schings: Der ganze Mensch. Anthropologie und Literatur im 18. Jahrhundert. DFG-Symposion 1992. Stuttgart, Weimar 1994.

34 Vgl. Wolfgang Riedel: Die anthropologische Wende: Schillers Modernität. In: Jörg Robert (Hg.): Würzburger Schiller-Vorträge 2005. Würzburg 2007, S. 1–24, hier Titel.

35 Vgl. Carsten Zelle: ‚Vernünftige Ärzte'. Hallesche Psychomediziner und Ästhetiker in der anthropologischen Wende der Frühaufklärung. In: Walter Schmitz, Carsten Zelle (Hg.): Innovation und Transfer. Naturwissenschaften, Anthropologie und Literatur im 18. Jahrhundert. Dresden 2004, S. 47–62, hier S. 52.

36 Vgl. Odo Marquard: Art. ‚Anthropologie'. In: Joachim Ritter, Karlfried Gründer, Gottfried Gabriel (Hg.): Historisches Wörterbuch der Philosophie. 12 Bde. u. 1 Reg.-Bd. Basel, Stuttgart 1971–2007 [im Folgenden: HWPh], Bd. 1, Sp. 362–374, hier Sp. 371; sowie Michael Landmann: Was ist Philosophie? Bonn ³1977 (¹1972: „Philosophie – ihr Auftrag und ihre Gebiete"), S. 271.

37 Vgl. Yvonne Wübben: Aufklärungsanthropologien im Widerstreit. Probleme und Perspektiven der Anthropologieforschung am Beispiel von Hans-Peter Nowitzkis „Der wohltemperierte Mensch". In: Archiv für das Studium der neueren Sprachen und Literaturen 1 (2007), S. 2–29.

Auch ein Überblick über Untersuchungen zu Schillers Anthropologie muss angesichts der Menge einschlägiger Veröffentlichungen notwendig fragmentarisch ausfallen.[38] Vor allem die mit Wolfgang Riedels Dissertation[39] zum Zusammenhang von Anthropologie und Literatur des jungen Schiller eingeschlagene Forschungsrichtung hat eine ganze Reihe weiterer Betrachtungen zu dessen medizinischer Philosophie nach sich gezogen, die um das Problem des *commercium mentis et corporis* kreisen und die grundlegende Aspekte von Schillers frühem Menschenbild aufdecken.[40] Das anhaltend große Interesse daran, Schillers anthropologische Schriften vor dem Hintergrund der spätaufklärerischen Ärzte-Anthropologie zu betrachten und hier ideengeschichtlich einzuordnen, belegt, wie furchtbringend der Ansatz ist.

Allein, die Fokussierung der Forschung auf einen psychophysiologisch verstandenen Anthropologiebegriff, wie er im 18. Jahrhundert durch Platners *Anthropologie für Aerzte und Weltweise* (1772) geprägt wird,[41] versperrt den Blick für weitere, sehr zentrale Momente der Anthropologie Schillers. Eine Interpretation seiner Schriften, die zu sehr auf die Problematik der Leib-Seele-Trennung und die Idee eines psychosomatischen Zusammenhangs konzentriert bleibt, übersieht leicht einen Aspekt, der für Schillers Denken ebenso wesentlich wird: die (von der Leib-Seele-Trennung differente) Dichotomie von Leben und Geist. Mit ihr verschiebt sich der Diskurs um den Menschen aus dem Bereich der medizinischen Anthropologie auf das Feld der philosophischen Anthropologie im engeren Sinne, der es weniger um das Zusammenspiel zwischen körperlichen Strukturen und psychischen Phänomenen

---

38 Entsprechend will die folgende Auswahl lediglich einzelne, für die vorliegende Arbeit zentrale Titel nennen. Weitere einschlägige Literatur findet sich an den entsprechenden Stellen im Fußnotenapparat.
39 Wolfgang RIEDEL: Die Anthropologie des jungen Schiller. Zur Ideengeschichte der medizinischen Schriften und der „Philosophischen Briefe". Würzburg 1985.
40 Etwa Irmgard MÜLLER: „Die Wahrheit von dem ... Krankenbett aus beweisen". Zu Schillers medizinischen Schriften und Bestrebungen. In: Dirk Grathoff, Erwin Leibfried (Hg.): Schiller. Vorträge aus Anlaß seines 225. Geburtstages. Frankfurt/Main 1991, S. 112–132; Gottfried WILLEMS: „Vom Zusammenhang der tierischen Natur des Menschen mit seiner geistigen". Das medizinische Wissen des 18. Jahrhunderts und der Menschenbildner Schiller. In: Klaus Manger, Gottfried Willems (Hg.): Schiller im Gespräch der Wissenschaften. Heidelberg 2005, S. 57–77; Ludwig STOCKINGER: „Es ist der Geist, der sich den Körper baut". Schillers philosophische und medizinische Anfänge im anthropologiegeschichtlichen Kontext. In: Georg Braungart, Bernhard Greiner (Hg.): Schillers Natur. Leben, Denken und literarisches Schaffen. Hamburg 2005, S. 75–86; sowie die diskursanalytisch angelegte Studie von Holger BÖSMANN: ProjektMensch. Anthropologischer Diskurs und Moderneproblematik bei Friedrich Schiller. Würzburg 2005, der das historische wie ästhetische Werk Schillers auf diskursive Formationen untersucht, die sich im Rahmen seiner frühen medizinischen Anthropologie ausgebildet haben.
41 Zum Anthropologiebegriff der Aufklärung vgl. Carsten ZELLE: Anthropologisches Wissen in der Aufklärung. In: Michael Hofmann (Hg.): Aufklärung. Epochen – Autoren – Werke. Darmstadt 2013, S. 191–207, hier bes. S. 192f.

geht als um die Frage nach der ‚Stellung des Menschen im Kosmos', sein Verhältnis zu anderen Lebewesen und sich selbst sowie seine spezifische Art, in der Welt zu sein und sein Leben zu führen.

Auf diesem Feld, dem sich die vorliegende Studie verschreibt, steht die Schiller-Forschung erst in den Anfängen. Gute Grundlagen sind hier in den vergangenen Jahren auf dem Gebiet der aufklärerischen Geschichtswissenschaft und -philosophie gelegt worden, die ein besonderes Interesse an der Frühgeschichte der Menschheit zeigt. Weil im Zuge einer Problematisierung vom Anfang der Geschichte, der im 18. Jahrhundert als Übergangsbereich zwischen Natur und Kultur gedacht wird, auch Fragen nach dem Wesen des Menschen und seiner Stellung im Weltganzen aufkommen, wendet sich die Geschichtsphilosophie ab der Jahrhundertmitte in wachsendem Maße anthropologischen Themen zu. Mit der historisch-anthropologischen Mischgattung der Menschheitsgeschichte, die in der Spätaufklärung in der Nachfolge Isaak Iselins und seiner *Philosophischen Muthmassungen ueber die Geschichte der Menschheit* (1764) einen regelrechten Boom erlebt und der sich auch Herder, Kant und Schiller widmen, ist ein Gegenstand in den Fokus der Literatur- und Geschichtswissenschaft gerückt, der sich zu wesentlichen Anteilen im Diskurs der philosophischen Anthropologie verorten lässt. Im Anschluss an die richtungsweisenden Arbeiten von Werner Krauss[42] und Reinhart Koselleck[43] ist seit den 1990er Jahren mit den Arbeiten von Helmut Zedelmaier[44], Jörn Gar-

---

42 Werner KRAUSS: Zur Anthropologie des 18. Jahrhunderts. Die Frühgeschichte der Menschheit im Blickpunkt der Aufklärung. Hg. v. Hans Kortum, Christa Gohrisch. München, Wien 1979, versteht die Anthropologie des 18. Jahrhunderts vor allem als Frage nach der Menschwerdung und dem Ursprung von Geschichte. Diesem Begriffsverständnis folgen auch die Ausführungen zur Anthropologie der Aufklärung in dieser Arbeit.

43 Reinhart KOSELLECK: Einleitung. In: Otto Brunner, Werner Conze, Reinhart Koselleck (Hg.): Geschichtliche Grundbegriffe. Historisches Lexikon zur politisch-sozialen Sprache in Deutschland. 8 Bde. Stuttgart 1972–1997. Bd. 1, S. XIII–XXVII, legt in seinen begriffsgeschichtlichen Studien einen Umbruch des Denkens im späten 18. Jahrhundert offen, mit dem sich neue Erfahrungen wie eine veränderte Zeitwahrnehmung einstellen, die unter anderem zur Idee der einen Menschheitsgeschichte führen.

44 Helmut ZEDELMAIER: Zur Idee einer *Geschichte der Menschheit* in der zweiten Hälfte des 18. Jahrhunderts. Eine Skizze. In: Winfried Müller, Wolfgang J. Smolka, Helmut Zedelmaier (Hg.): Universität und Bildung. Festschrift Laetitia Boehm zum 60. Geburtstag. München 1991, S. 277–299, stellt das Phänomen der Menschheitsgeschichte als frühe Form der Geschichtsphilosophie vor, die um die Idee kreist, dass nicht nur die Menschheit als Kollektiv aller Menschen, sondern auch die Menschheit als Gattung und menschliche Natur eine Geschichte hat. In der Habilitationsschrift von Helmut ZEDELMAIER: Der Anfang der Geschichte. Studien zur Ursprungsdebatte im 18. Jahrhundert. Hamburg 2003, untersucht dieser speziell das Anfangsproblem in der Geschichtswissenschaft, der Kulturgeschichte und der Geschichtsphilosophie des 18. Jahrhunderts, dessen Aufkommen er durch eine zunehmende Marginalisierung der biblischen Ursprünge in der Geschichtswissenschaft erklärt.

ber[45], Thomas Prüfer[46] und Lucas Marco Gisi[47] eine ganze Reihe an Untersuchungen zum Gegenstandsbereich der Menschheitsgeschichtsschreibung in der zweiten Hälfte des 18. Jahrhunderts erschienen.

Das allgemeine Interesse an der Verschränkung anthropologischen und historischen Denkens in der späten Aufklärung spiegelt sich auch in Veröffentlichungen zum Historiker Schiller, der in den Untersuchungen zur Menschheitsgeschichtsschreibung der späten Aufklärung grundsätzlich eine Rolle spielt. So verfolgt etwa Werner Frick[48] Schillers Konstruktion einer einheitlichen Geschichte der ‚ganzen Menschheit‘ von den frühen medizinischen Schriften bis ins ästhetische Werk hinein und deckt in den 1790er Jahren einen Wandel der zunächst fortschrittsoptimistischen Gattungsgeschichte in Richtung geschichtsskeptischer Ansichten auf, den er auf die Wende der Französischen Revolution zurückführt. Besondere Beachtung verdient auch Thomas Prüfers Studie[49] zu Schillers Vorstellung, dass sich der Mensch im Medium der Geschichte selbst zum Menschen bildet. Die Idee der Selbstbildung stellt eine zentrale Denkfigur der philosophischen Anthropologie seit der Aufklärung dar.

Einen ihrer wichtigsten Impulse erhalten Anthropologie und Menschheitsgeschichtsschreibung im 18. Jahrhundert durch die Konfrontation der europäischen Gelehrten mit fremden Kulturen und Völkern ferner Kontinente in der zeitgenössischen Reiseliteratur. Ethnologische Debatten um die

---

45 Jörn GARBER: Von der „Geschichte des Menschen" zur „Geschichte der Menschheit". Anthropologie, Pädagogik und Zivilisationstheorie in der deutschen Spätaufklärung. In: Christa Berg u.a. (Hg.): Jahrbuch für historische Bildungsforschung 5. Bad Heilbrunn 1999, S. 31–54; sowie ders.: Selbstreferenz und Objektivität. Organisationsmodelle von Menschheits- und Weltgeschichte in der deutschen Spätaufklärung. In: Hans E. Bödeker, Peter H. Reill, Jürgen Schlumbohm (Hg.): Wissenschaft als kulturelle Praxis, 1750–1900. Göttingen 1999, S. 137–185. Garber verweist insbesondere auf die organologische Interpretationsgrundlage der spätaufklärerischen Menschheitsgeschichten.

46 Thomas PRÜFER: Der Fortschritt der Menschheitsgeschichte am Ende des 18. Jahrhunderts. In: Storia della Storiografia 39 (2001), S. 109–118, differenziert die Fortschrittsideen bei Iselin (naiver Fortschrittsoptimismus), Herder (realistischer Idealismus), Kant (transzendental-selbstreferentieller Fortschrittsbegriff) und Schiller (Fortschrittsidee zur narrativen Sinnbildung) und macht ihre Synthese von Anthropologie und Historiografie über die doppelte Innovation einer Historisierung des Menschenbegriffs in der historischen Anthropologie und einer Humanisierung des Geschichtsbegriffs in der anthropologischen Historie verständlich.

47 Lucas M. GISI: Einbildungskraft und Mythologie. Die Verschränkung von Anthropologie und Geschichte im 18. Jahrhundert. Berlin, New York 2007, nimmt vor allem die Funktion analogisch-konjekturalen Denkens bei der Ausbildung einer anthropologischen Historie im Verlauf des 18. Jahrhunderts in den Blick.

48 Werner FRICK: Der ‚Maler der Menschheit‘. Philosophische und poetische Konstruktionen der Gattungsgeschichte bei Schiller. In: Otto Dann, Norbert Oellers, Ernst Osterkamp (Hg.): Schiller als Historiker. Stuttgart 1995, S. 77–107.

49 Thomas PRÜFER: Die Bildung der Geschichte. Friedrich Schiller und die Anfänge der modernen Geschichtswissenschaft. Köln, Weimar, Wien 2002.

Stellung des ‚Wilden' erreichen auch Schiller und prägen, wie Karl Siegfried Guthke[50] zeigt, maßgeblich sein Werk. Dass sich völkerkundliche Reflexionen auch in seiner Kunst- und Schönheitsphilosophie niederschlagen, hat Sebastian Kaufmann[51] zum Anlass genommen, Schillers ‚Ästhetik des Wilden' unter die Lupe zu nehmen. Dabei betont er dessen revolutionäre Aufwertung des Primitiven gegenüber Kants völkerkundlicher Ästhetik – und stellt damit die ethnologische Grundlage seiner ästhetischen Anthropologie heraus. Für die Frage nach der ‚Stellung des Menschen im Kosmos' bildet der ‚Wilde' im 18. Jahrhundert eine unerlässliche Reflexions- und Projektionsfigur.

Schillers anthropologische Ästhetik, insbesondere seine *Ästhetischen Briefe* sind so ausgiebig besprochen worden, dass Helmut Koopmann bereits 1998 nüchtern feststellt, allmählich dürfte die Schrift keine neuen Interpretationsansätze mehr hergeben.[52] Das anhaltende Interesse an der Abhandlung bis heute und die zahlreichen innovativen Untersuchungen zu einzelnen Aspekten der schillerschen Schönheits- und Spieltheorie belegen das Gegenteil. Die beiden Handbuch-Artikel von Carsten Zelle[53] und Rolf-Peter Janz[54] sowie Peter-André Alts Darstellung[55] von Schillers Schönheitstheorie geben einen guten Überblick über den gegenwärtigen Stand der Forschung. Einzeluntersuchungen werden im Folgenden an den entsprechenden Stellen angeführt.

Die Parallelen zwischen Schillers ästhetischer Anthropologie und der Philosophischen Anthropologie des 20. Jahrhunderts sind indes nur von wenigen bemerkt und erwähnt worden: Carsten Zelle[56] macht in seinem Handbuch-Artikel zu den *Ästhetischen Briefen* darauf aufmerksam, dass Schillers ästhetische Ausdeutung der Menschwerdung am Anfang der Geschichte durchaus Ähnlichkeiten zu Gehlens ästhetisch-ethologischer Anthropologie aufweist, wie er sie in dem Aufsatz *Ueber einige Kategorien des entlasteten, zumal*

---

50 Karl S. GUTHKE: Zwischen „Wilden" in Übersee und „Barbaren" in Europa. Schillers Ethno-Anthropologie. In: Reto L. Fetz, Roland Hagenbüchle, Peter Schulz (Hg.): Geschichte und Vorgeschichte der modernen Subjektivität. 2 Bde. Berlin, New York 1998. Bd. 2, S. 844–871.
51 Sebastian KAUFMANN: „Was ist der Mensch, ehe die Schönheit die freie Lust ihm entlockt?" Völkerkundliche Anthropologie und ästhetische Theorie in Kants *Kritik der Urteilskraft* und Schillers Briefen *Über die ästhetische Erziehung des Menschen*. In: Stefan Hermes, Sebastian Kaufmann (Hg.): Der ganze Mensch – die ganze Menschheit. Völkerkundliche Anthropologie, Literatur und Ästhetik um 1800. Berlin, Boston 2014, S. 183–211.
52 Helmut KOOPMANN: Forschungsgeschichte. In: Ders. (Hg.): Schiller-Handbuch. Stuttgart ²2011 (¹1998), S. 864–1076, S. 981.
53 Carsten ZELLE: *Über die ästhetische Erziehung des Menschen in einer Reihe von Briefen* (1795). In: Matthias Luserke-Jaqui (Hg.): Schiller-Handbuch. Leben – Werk – Wirkung. Stuttgart, Weimar 2005, S. 409–445.
54 Rolf-P. JANZ: Über die ästhetische Erziehung des Menschen in einer Reihe von Briefen. In: Helmut Koopmann (Hg.): Schiller-Handbuch. Stuttgart 1998, S. 610–626.
55 Peter-A. ALT: Schiller. Leben – Werk – Zeit. 2 Bde. München 2000, Bd. 2, S. 100–153.
56 ZELLE: *Über die ästhetische Erziehung des Menschen in einer Reihe von Briefen*, S. 434 f.

ästhetischen Verhaltens ausführt. Die von Schiller beschriebene Umwälzung der menschlichen Natur im ‚Wilden' interpretiert Zelle mit Gehlen als ‚Inversion der Antriebsrichtung', die hier wie dort mit der Befähigung zu ästhetischem Verhalten in Verbindung gebracht wird. Wolfgang Riedel[57], der die *Ästhetischen Briefe* und ihren Urtext, Schillers Briefe an Friedrich Christian, Herzog von Schleswig-Holstein-Sonderburg-Augustenburg, vor ihrem politischen Entstehungshintergrund deutet, fokussiert die Denkfigur des Distanzgewinns, die er zum Zentrum von Schillers spezifisch anthropologischem Freiheitsbegriff erklärt, und er zeigt in diesem Zusammenhang Bezüge zur Anthropologie des 20. Jahrhunderts auf: Mit den Ideen menschlicher ‚Weltoffenheit' und eines ‚entlasteten Verhaltens' erscheint hier Schiller, vor allem in seiner Abwendung von Kants Moralphilosophie, als realistischer, pragmatischer und moderner Anthropologe.

Besonders betont werden Bezüge, in diesem Zusammenhang aber vor allem auch grundlegende Differenzen zwischen Schillers und Plessners Philosophie. So erkennt Kai Haucke[58] in Schiller zwar einen Mitstreiter Plessners im Kampf gegen den kantischen Dualismus von Idealität und Realität, Geist und Körper. Von Plessner, der zeitlebens auf die Ambivalenz menschlichen Daseins setzt, unterscheidet er Schiller aber über dessen Hoffnung auf Versöhnung, die ihren Ausdruck in der Anmut findet. Ebenso kommt Hans-Rüdiger Müller[59] nach einer Revision der schillerschen Anthropologie vor dem Hintergrund von Plessners Philosophie und deren Gesetzen der ‚vermittelten Unmittelbarkeit' und der ‚natürlichen Künstlichkeit' zu dem Schluss, dass sich das Menschenbild der Anthropologie Anfang des 20. Jahrhunderts grundlegend von dem auf Harmonie ausgerichteten idealistischen Menschenbild der schillerschen Ästhetik unterscheidet. Auch vertrage sich Plessners liberale Theorie des Schauspielers nicht mit dem moralischen Totalitarismus von Schillers Staatsideal. Ganz in diesem Sinne differenziert schließlich Dirk von Petersdorff[60], der im Rahmen seiner Analyse des Spielbegriffs bei Plessner auf Schillers ästhetische Begriffsbestimmung und ihre gesellschaftliche Dimension verweist, zwischen Anthropologie auf der einen

---

57 RIEDEL: Philosophie des Schönen als politische Anthropologie, hier bes. S. 87–90 u. S. 120–122.
58 Kai HAUCKE: Plessners Kritik der radikalen Gesellschaftsideologie und die Grenzen des deutschen Idealismus. In: Wolfgang Eßbach, Joachim Fischer, Helmut Lethen (Hg.): Plessners „Grenzen der Gemeinschaft". Eine Debatte. Frankfurt/Main 2002, S. 103–130.
59 Hans-R. MÜLLER: Künstliche Natur. Bildungsanthropologische Aspekte bei Schiller und Plessner. In: Birgitta Fuchs, Lutz Koch (Hg.): Schillers ästhetisch-politischer Humanismus. Die ästhetische Erziehung des Menschen. Würzburg 2006, S. 95–114.
60 Dirk von PETERSDORFF: Auch eine Perspektive auf die Moderne: Helmuth Plessners ‚Spiel'-Begriff. In: Carsten Dutt, Roman Luckscheiter (Hg.): Figurationen der literarischen Moderne. Helmuth Kiesel zum 60. Geburtstag. Heidelberg 2007, S. 277–292.

und Idealismus auf der anderen Seite. Während Plessner an der Freiheitsimplikation von Schillers idealistischer Spieltheorie festhalte, werde deren Synthesebehauptung von ihm verabschiedet. – Dass dergleichen Einschätzungen Schillers Realismus nicht voll gerecht werden, soll folgende Darstellung zeigen.

Als Forschungsgrundlage auf dem Gebiet der Philosophischen Anthropologie dient hier neben gängigen Einführungs- und Einzeldarstellungen[61] insbesondere Joachim Fischers fundierte Gesamtstudie[62], die die anthropologische Wende in den 1920er Jahren ins Visier nimmt und die Denkrichtung der Philosophischen Anthropologie real- wie philosophiegeschichtlich bis zu ihrem Ausklang Mitte der 1970er Jahre verfolgt. Traditionslinien und Bezüge zum Idealismus und seinen Kritikern im 18. Jahrhundert, unter Letzteren Schiller, werden hier zwar erwähnt, spielen nach Fischers Einschätzung bei der Ausbildung der Anthropologie im 20. Jahrhundert aber eine nur untergeordnete Rolle. Womöglich vermag vorliegende Studie, die zwei der anfangs erwähnten ‚anthropologischen Wenden' miteinander in Beziehung setzt, auch in das verwirrende Forschungsfeld zur Geschichte der anthropologischen Disziplin etwas mehr Klarheit zu bringen.

Argumentationsskizze

Bevor den Protagonisten der Studie die Bühne geräumt wird, gilt es, die Antagonisten und die Kulissen in den Blick zu nehmen, vor denen sich im 18. wie im 20. Jahrhundert der anthropologische Diskurs abspielt. (*Teil I*) Hier wie dort, so die Hypothese, ist es eine Menschenbildkrise, die die anthropologischen Modelle der Philosophen motiviert. Die Parallelität der Denkarten Schelers, Plessners und Gehlens auf der einen und Schillers auf der anderen Seite lässt sich aus einer strukturellen Analogie der jeweiligen Krisen- und Konfliktsituation verstehen. Ein sich mit den erstarkenden ‚Naturwissen-

---

61 Ausgewählt, zur *Philosophischen Anthropologie*: MARQUARD: Art. ‚Anthropologie'. In: HWPh, Bd. 1, bes. Sp. 371; Karl-S. REHBERG: Philosophische Anthropologie und die „Soziologisierung" des Wissens vom Menschen. In: Kölner Zeitschrift für Soziologie und Sozialpsychologie, SH 23 (1981): Soziologie in Deutschland und Österreich, 1918–1945, hg. v. Mario R. Lepsius, S. 160–198; und Gerhart ARLT: Philosophische Anthropologie. Stuttgart, Weimar 2001. Speziell zu *Scheler*: Paul GOOD: Max Scheler. Eine Einführung. Düsseldorf, Bonn 1998; sowie Wolfhart HENCKMANN: Max Scheler. München 1998. Zu *Plessner*: Heike KÄMPF: Helmuth Plessner. Eine Einführung. Düsseldorf 2001; und Carola DIETZE: Nachgeholtes Leben. Helmuth Plessner, 1892–1985. Göttingen ^{2}2007 (^{1}2006). Zu *Gehlen*: Nicolai HARTMANN: Neue Anthropologie in Deutschland. Betrachtungen zu Arnold Gehlens Werk „Der Mensch, seine Natur und seine Stellung in der Welt". In: Blätter für Deutsche Philosophie 15 (1941), S. 159–177; und Christian THIES: Arnold Gehlen zur Einführung. Hamburg ^{2}2007 (^{1}2000).

62 FISCHER: Philosophische Anthropologie.

schaften' auf alle Wissenschaftsbereiche ausbreitendes naturalistisches Paradigma (*Kap.* 2) sowie eine in weiten Teilen der Bevölkerung als Krise empfundene politische und gesellschaftliche Gesamtsituation (*Kap.* 3) führen in beiden Epochen zu einer Destabilisation des traditionsreichen idealistischen Menschenbildes (*Kap.* 1) und damit in eine ‚Krise des Menschen'. Menschheitskrisen und ihre als risikoreich betrachteten offenen Entscheidungssituationen sind aber keine objektiven Gegebenheiten, sondern Produkte subjektiver Selbstwahrnehmung und -deutung. – Die ‚Krise des Menschen' ist ein „Narrativ der Moderne"[63]. Rousseau und Schiller sowie Scheler, Plessner und Gehlen schreiben an dieser Krisenerzählung selbst mit, und sie reagieren zugleich auf die Menschenbildkrisen ihrer Zeit, indem sie nach dem Wesen des Menschen fragen und das Krisenmoment selbst als konstitutiven Bestandteil in ihre anthropologischen Modelle integrieren: Der Mensch ist, als das freie, nichtfestgestellte Tier, *per se* ein krisenhaftes, weil riskiertes Wesen. (*Kap.* 4)

Vor diesem Hintergrund lassen sich die Theorien der drei Hauptvertreter der Philosophischen Anthropologie vorstellen. (*Teil II*) Scheler gliedert den Menschen in Abwendung von Descartes' Substanzendualismus zunächst in eine Stufenleiter des Lebens ein, um ihn dann vom umweltgebundenen Tier über seine Weltoffenheit und Freiheit von der Macht des Organischen abzugrenzen. Aus der menschlichen Geistigkeit ergeben sich für ihn zahlreiche Monopole des Menschen, darunter seine Fähigkeit zu ästhetischer Kontemplation und Kunstproduktion sowie die Möglichkeit einer Gestaltung von Kultur und Geschichte über eine Verlebendigung geistiger Ideale. (*Kap.* 1) Auch Plessner fundiert seine Anthropologie zunächst in einer Biophilosophie, die das Leben über die Momente der Positionalität und des Grenzvollzugs versteht. Der Mensch, der wie das Tier eine geschlossene Positionalität aufweist, ist in seine lebendige Mitte gesetzt, vermag sich zugleich aber von einem exzentrischen Blickpunkt aus zu reflektieren. Aus dieser Abständigkeit des Menschen von sich selbst ergeben sich Freiheit und Zwang des Menschen, sein Leben bewusst zu führen. Nur der Mensch kann ‚Lebenskünstler' sein. So wird der Schauspieler, der über Rollen und Masken mit seiner Selbstgestaltung spielt, für Plessner zum menschlichen Prototyp. (*Kap.* 2) Gehlens Anthropologie geht vom Mängelwesentheorem aus. Auf die sich aus der organischen Mangelhaftigkeit und instinktiven Nichtfestgestelltheit ergebende Belastungssituation reagiert der Mensch mit Handlung: Eine aktive Erschließung der eigenen Wahrnehmungswelt und der Bewegungsmöglichkeiten und eine selbsttätige Orientierung des Antriebslebens, gelöst von tierischen Instinktprogrammen, stabilisieren und entlasten so den Menschen. Durch eine ‚Umkehr der Antriebsrichtung' vermag er, Wahrnehmungsakte und

---

63 Uta FENSKE, Walburga HÜLK, Gregor SCHUHEN; (Hg.): Die Krise als Erzählung. Transdisziplinäre Perspektiven auf ein Narrativ der Moderne. Bielefeld 2013.

Handlungen unabhängig von ihrer biologischen Valenz zu vollziehen – etwa im ästhetischen Verhalten und im Spiel. (*Kap. 3*) Bei aller systematischen und begrifflichen Differenz zwischen den Autoren kristallisieren sich auf tiefenstruktureller Ebene ihrer Modelle sechs konstante Denkfiguren heraus: 1. die doppelte Frontstellung ihrer Anthropologie gegen Idealismus wie Naturalismus und die sich daraus ergebende Forderung nach einer Kooperation von Philosophie und empirischen Humanwissenschaften; 2. die Vorstellung vom Menschen als Lebewesen, die dem Substanzendualismus cartesianischer Provenienz entgegengesetzt ist; 3. der Ansatz der Anthropologie von unten, der den Menschen in eine Stufung des Organischen eingliedert; 4. die Begründung seiner Sonderstellung über die menschliche Freiheit, die als natürliche Nichtfestgestelltheit verstanden wird; 5. die ästhetische Idee ‚interesselosen Wohlgefallens', die sich aus der spezifisch aisthetischen Außenweltbeziehung des ‚weltoffenen' Menschen ergibt; und 6. die Annahme, dass der Mensch als Verantwortlicher seines Lebensvollzugs zugleich zu einer spielerischen Welt- und Selbstgestaltung befähig ist. (*Kap. 4*)

Erweist sich die Hypothese einer Analogie der Konfliktsituationen im späten 18. und frühen 20. Jahrhundert, aus der sich Parallelen zwischen den jeweiligen Menschenbildern ergeben, als richtig, dann müssten sich in der Anthropologie der Spätaufklärung Modelle finden lassen, in denen ähnliche Denkfiguren wie die der Weltoffenheit, der Instinkt- und Umweltfreiheit auftauchen. (*Teil III, Exkurs*) In der anthropologisch-historisch ausgerichteten Gattung der Menschheitsgeschichten und ihren Naturzustandserzählungen werden (wie bei Scheler, Plessner und Gehlen) die Fragen nach der Stellung des Menschen zu sich, seiner Welt und seiner Geschichte bestimmend – so ist es vor allem die Disziplin der Geschichtsphilosophie, in der man im 18. Jahrhundert philosophische Anthropologie betreibt. (*Kap. E.1*) Dabei wird Rousseau, der den Ausgang des ‚Wilden' aus dem tierischen Naturzustand am Anfang der Geschichte über seine Instinktlösung und Geschichtsoffenheit bestimmt, zum richtungsweisenden Begründer des anthropologischen Freiheitsdiskurses. (*Kap. E.2*) Herder greift Rousseaus Ideen auf und bettet sie in seine Theorie zum Sprachursprung und seine Naturgeschichte der Menschheit ein, wo der Mensch als ‚Bruder der Tiere' zugleich ein ‚Freigelassener der Schöpfung' ist. Als solcher ist er ein instinktarmes, weltoffenes Wesen. (*Kap. E.3*) Kant knüpft an diese Tradition an und führt die anthropologischen Denkfiguren seiner Zeitgenossen in dreierlei Hinsicht weiter: Er schließt die Vorstellung von der Instinktfreiheit des Menschen mit seiner Ästhetik kurz und schafft so eine Grundlage für Schillers ästhetische Anthropologie. Er überführt den Freiheitsdiskurs der Menschheitsgeschichten in eine ‚Anthropologie in pragmatischer Hinsicht', deren Programm um Lebenskunst und die Selbstbildung des Menschen kreist. Und er nutzt den anthropologischen Freiheitsbegriff als Fundament seiner praktischen Philosophie – stellt ihn in diesem Zuge aber in ein Dienstverhältnis zur Moralphilosophie und lässt so schließlich den anthropologischen Diskurs zugunsten einer idealistischen Theorie der reinen praktischen Vernunft hinter sich. (*Kap. E.4*) Bei aller Eigenständigkeit der Modelle lassen sich hier spezielle Denkfiguren in der Anthropologie der Spätaufklärung finden, die Parallelen zur Anthropologie des 20. Jahrhunderts aufweisen. (*Kap. E.5*)

Schillers Anthropologie, die sich über sein gesamtes literarisches und theoretisches Werk erstreckt und entsprechend vielschichtig und heterogen ist, schließt in weiten Teilen an die Tradition der aufklärerischen Geschichtsphilosophie an. Ihren Anfang aber nimmt sie andernorts. Von Jugend an ein schwärmerischer Geist, zugleich geprägt durch das Medizinstudium an der Hohen Karlsschule und die Anthropologie der ‚philosophischen Ärzte‘, entwickelt der junge Schiller unter dem Schlagwort einer ‚Mittellinie der Wahrheit‘ eine Anthropologie zwischen den Fronten von Materialismus und Animismus, Naturalismus und Idealismus, die er als empirisch begründete Philosophie vom Menschen versteht. Das ganzheitliche Menschenbild, das er als Schüler entwickelt, begleitet ihn, abgesehen von einigen idealistischen Seitensprüngen, bis in seine ästhetische Phase hinein. (*Kap. 1*) Ausgang nimmt der Mediziner vom Problem des cartesianischen Substanzendualismus. Aus dem Versuch seiner Überwindung entsteht in Schillers Dissertationen eine organologisch-vitalistische Theorie des Lebens. Die Dichotomie von Leben und Geist ersetzt in Schillers Anthropologie den Dualismus von Leib und Seele – und sie prägt seine Geschichtsphilosophie sowie seine Theorie vom Schönen und Erhabenen. (*Kap. 2*) Früh entwickelt Schiller ein Modell von der Stufung des Lebens, der der Mensch als Lebewesen eingegliedert, als Geistwesen aber enthoben ist. Dabei bildet die Vitalität stets die basale Schicht seines Daseins, von der aus die Wirkkraft der Geistigkeit erklärt werden kann. Dieses Schichtenmodell transformiert Schiller als Historiker im Zuge einer Verzeitlichung seines Menschenbildes in ein Geschichtsmodell. Erst in der Auseinandersetzung mit der kantischen Moralphilosophie steht das Schichtungstheorem aus frühen Jahren auf dem Spiel – kurz scheint Schiller dem idealistischen Zauber der kantischen Geistphilosophie zu erliegen. (*Kap. 3*) Beeinflusst durch den anthropologischen Freiheitsdiskurs der zeitgenössischen Geschichtsphilosophen entwickelt Schiller selbst ein menschheitsgeschichtliches Modell und schreibt einen an der biblischen Sündenfallerzählung orientierten Mythos der Menschwerdung. Menschliche Freiheit und Selbsttätigkeit markieren auch hier den Eintritt des Menschen in die Geschichte und seine ‚Sonderstellung im Kosmos‘. Als Schattenseiten sind Schiller die grundsätzliche Riskiertheit der menschlichen Lebensform und die daraus resultierende ‚sentimentalische‘ Haltung des Menschen bewusst. (*Kap. 4*) Indem er sich aus seiner tierischen Triebhaftigkeit und Umweltgebundenheit befreit, zeigt sich dem Menschen eine Welt, die er im Modus der

Sachlichkeit wahrnehmen kann. Hier eröffnen sich die ästhetischen Dimensionen von Schillers Anthropologie: Er entwickelt eine ‚Ästhetik der Weltoffenheit', die eine Theorie der Kunstautonomie und des schönen Scheins umfasst und die er anthropogenetisch und ethnologisch ausdeutet. In seiner ‚Weltoffenheit' ist dem Menschen die triebentbundene ästhetische Betrachtung von Gegenständen und eine Schätzung des schönen Scheins möglich – eine Befähigung, die Schiller bereits dem ‚Wilden' zugesteht. Menschheit und Ästhetik bedingen sich hier gegenseitig. So wird das Gefallen am Schönen bei Schiller zum Erziehungsmedium und zum Indiz freiheitlichen Menschseins. (*Kap. 5*) Dabei bieten Schönheit und Kunst ein Spiel mit den Möglichkeiten im Modus des Scheins. Die im Spielbegriff enthaltenen Freiheitsimplikationen überträgt Schiller schließlich im Rahmen einer Sozialästhetik des schönen Umgangs und einer Lebenskunstphilosophie auf das gesellschaftliche und das individuelle Leben. Auch auf Gattungsebene lässt sich der Mensch, der bei ihm Objekt-Subjekt der Geschichte ist, nicht nur als Zuschauer des Geschichtsprozesses, sondern zugleich auch als Mitspieler verstehen – und damit als aktiver Gestalter seiner historisch gewachsenen und wachsenden Welt. (*Kap. 6*)

I Menschenbildkrisen

Anthropologie ist eine Philosophie der Krisenzeiten menschlichen Selbstverständnisses.[1] In Zeiten, in denen sich die subjektiven Wahrnehmungen des Menschen mit den Erkenntnissen der Wissenschaften decken, Gesellschaft und Normen weitestgehend stabil sind und das Verhalten konventionell gefestigt ist, fehlt schlichtweg ein Anlass, das Selbstbild zu überdenken. In Situationen geistiger und politischer Umbrüche hingegen, wenn sich Zweifel an vermeintlichen Selbstverständlichkeiten regen, weil gesellschaftliche Strukturen und Werte sich wandeln oder neue wissenschaftliche Paradigmen etablierte Welt- und Menschenbilder aufweichen, kommt auch die Frage nach dem Wesen des Menschen auf. Die philosophische Disziplin der Anthropologie ist in der einmaligen und wissenschaftstheoretisch komplexen Lage, dass wissenschaftliches Subjekt und Objekt, der Philosophierende und das, worüber philosophiert wird, eins ist: Mensch. Um die anthropologischen Modelle zu verstehen, muss darum auch die geistige Konfliktsituation dessen berücksichtigt werden, der sie entwirft. Das klingt zwar banal, ist aber so fundamental, dass es als Prämisse am Anfang dieser Arbeit stehen soll.

Panajotis Kondylis' wissenschaftliche Strategie, den Blickwinkel zu weiten und neben dem Forschungsgegenstand im engeren Sinne den geistigen ‚Kriegsschauplatz' mitsamt den beteiligten Parteien ins Visier der philosophiegeschichtlichen Untersuchung zu nehmen, soll hierbei wegweisend sein – sein methodisches Motto: „Die beste Art, eine bestimmte Philosophie geistesgeschichtlich zu begreifen, ist [...] die, ihren Gegner klar ins Auge zu fassen und zu erwägen, was sie beweisen muß bzw. *will*, um diesen Gegner

---

1   Vgl. hierzu Christian GRAWE u.a.: Art. ‚Mensch'. In: HWPh, Bd. 5, Sp. 1059–1105, hier Sp. 1060; sowie Michael LANDMANN: Was ist Philosophie?, S. 270. Dabei ist die philosophische Anthropologie nur ein konkretes Beispiel für die grundsätzliche Krisenbedingtheit von Wissenschaft. Vgl. hierzu Rainer LESCHKE: Medientheorie und Krise. In: Uta Fenske, Walburga Hülk, Gregor Schuhen (Hg.): Die Krise als Erzählung. Transdisziplinäre Perspektiven auf ein Narrativ der Moderne. Bielefeld 2013, S. 9–31, bes. S. 11–20, der zeigt, dass Krisen nicht nur zu Innovationen und Paradigmenwechseln innerhalb der Wissenschaft führen, sondern auch für den Umbau des wissenschaftlichen Systems und die Existenz von Wissenschaften im Allgemeinen ursächlich sind, insofern sie Normalisierungen wünschenswert machen.

außer Gefecht zu setzen."[2] Welche Frontverläufe lassen sich also im Umfeld Schelers, Plessners, Gehlens sowie Schillers ausmachen? Und worin bestehen die Konflikt- und Krisenmomente, die ihre Theorien provozieren und motivieren?

Die Situationen der Anthropologie im späten 18. und der im frühen 20. Jahrhundert – darin liegt ihre grundlegende Gemeinsamkeit – bringen Menschenbildkrisen mit sich. Bei allen Unterschieden der Epochen (zwischen ihnen liegt das 19. Jahrhundert mit seiner Ausdifferenzierung und Neugliederung des Wissenschaftssystems und dessen neuen Paradigmen, mit der Industrialisierung, ihren Konsequenzen für die europäische Wirtschaft und den westlichen Lebensstil, mit dem politischen Aufbau des Nationalstaates und zahlreichen weiteren Veränderungen und Entdeckungen) zeigen sich doch grundlegende Parallelen zwischen den philosophie- und sozialgeschichtlichen Ausgangslagen der Anthropologen. Aus dieser strukturellen Analogie der Konfliktsituationen lässt sich die Parallelität der Denkfiguren in Schillers Theorie und in der Philosophischen Anthropologie begründen.

Die Erkenntnisse und Ansätze vor allem der erstarkenden Natur- und der empirischen Humanwissenschaften mit ihrer Tendenz, den Menschen zu naturalisieren und damit zu marginalisieren, sowie die gesellschaftlichen und politischen Turbulenzen der Zeit – Krieg, Revolution, gesellschaftliche Umbrüche und Missstände –, die die Inhumanität des Menschen und die unmenschlichen Strukturen der modernen Gesellschaft zutage fördern, demaskieren die idealistische Denktradition mit ihrem logozentrischen, fortschrittsoptimistischen Menschenbild, ohne mit alternativen Modellen, die dem Selbstempfinden des Menschen gerecht werden, adäquaten Ersatz zu liefern. Vor diesem Hintergrund sehen sich die Anthropologen in einer Konfliktsituation mit doppelter Frontstellung: Gegen überzogene idealistische Menschenbilder auf der einen wie gegen naturalistische und ideologische Reduktionismen auf der anderen Seite fragen sie erneut nach dem Wesen des Menschen und seiner Stellung im Weltganzen.

Nach einem kurzen Abriss der Denktradition der idealistischen Geistphilosophie im Folgenden sollen zunächst die Naturalisierungstendenzen in den wissenschaftlichen Debatten um den Menschen sowie die gesellschaftlichen Umbrüche in den Entstehungszeiten der anthropologischen Modelle in den Blick genommen werden. Intention ist, einen Überblick über bedeutende Konfliktmomente der gedanklichen Ausgangslage im 18. wie im 20. Jahrhundert zu erhalten und damit zentrale Anregungen und Motive

---

2 Panajotis KONDYLIS: Die Aufklärung im Rahmen des neuzeitlichen Rationalismus. Stuttgart 1981, S. 20. Ein ähnliches Philosophieverständnis zeigt Kurt FLASCH: Kampfplätze der Philosophie. Große Kontroversen von Augustin bis Voltaire. Frankfurt/Main ²2009 (¹2008) S. 7, der die Philosophiegeschichte als „Serie von Konflikten" betrachtet.

der Autoren als konstitutive Elemente ihrer Philosophien zu verstehen. Die ‚Krise' des Menschen und seines Selbstverständnisses stellt dabei nicht nur ein feststehendes Motiv des anthropologischen Denkens dar, sie wird als solche von Schiller, Scheler, Plessner und Gehlen im Rahmen ihrer Theoriebildungen auch mitkonstruiert. Die Krisenhaftigkeit fungiert hier als anthropologisches Narrativ und wird strategisch an den Ausgangspunkt der Theorien gestellt.

1 Das Menschenbild der idealistischen Geistphilosophie

In der klassischen Philosophie der griechischen Antike bildet sich das Bild vom Menschen als geistigem Wesen (ζῷον λόγον ἔχον) aus. Über die Vernunft (νοῦς, λόγος), die ihn theoretisch wie praktisch, im Erkennen wie im Handeln, bestimmt, grenzen ihn Aristoteles und vor allem Platon, später auch die Denker der Stoa vom Tier ab. Platons Idealismus, der die Unabhängigkeit und Priorität der Seele, speziell des obersten menschlichen Seelenteils (λογιστικόν), mithin des Geistigen vor dem Körper, des Ideellen vor dem Materiellen betont und damit eine Zwei-Welten-Lehre begründet, strahlt weit in die nachfolgende Denkgeschichte des Abendlandes aus.[3] Auch die Entwicklung der philosophischen Anthropologie prägt er maßgeblich. Die Idee von der geistigen Sonderstellung des Menschen, vom Neuplatonismus in der Spätantike aufgegriffen, spiegelt sich in theologischer Spielart bei Augustinus von Hippo und in der christlichen Vorstellung vom Menschen als Ebenbild Gottes und Krone seiner Schöpfung ebenso wider wie im selbstbewussten Menschenbild der Renaissance.

Die „*Glorifizierung der Vernunft*"[4] gewinnt mit der neuzeitlichen Subjektphilosophie, deren Startschuss bekanntlich mit René Descartes *cogito ergo sum* Mitte des 17. Jahrhunderts fällt, neue Dynamik. Verfolgt Descartes primär auch kein anthropologisches, sondern ein epistemologisches Erkenntnisinteresse, so rückt in der Folge seiner Theorie doch zunehmend der Mensch als selbstbewusstes, denkendes Ich ins Zentrum des philosophischen Interesses – und mit ihm die Kategorie des autonomen und autarken Geistes. Dabei speist sich die Souveränität des Geistes, die Descartes „Idealismus der Freiheit" inmitten seines mechanistisch-materialistischen Naturbildes begründet,

---

3   Der Begriff ‚Idealismus', der seit dem 18. Jahrhundert als polemische Bezeichnung zur Klassifikation philosophischer Theorien und als Gegenbegriff zu ‚Materialismus' in Gebrauch ist, wird von Beginn an mit Platons Philosophie in Zusammenhang gebracht; vgl. Hermann ZELTNER: Art. ‚Idealismus'. In: HWPh, Bd. 4, Sp. 30–33, hier Sp. 30.

4   Michael LANDMANN: Philosophische Anthropologie. Menschliche Selbstdarstellung in Geschichte und Gegenwart. Berlin, New York ⁵1982 (¹1955), S. 86.

so Wilhelm Dilthey, aus dem „Zusammenhang von Freiheit, konstruktiver Macht des Denkens und Rationalität"[5]. Der Mensch, der sich anders als das Tier nicht bloß als Körper (in Descartes Worten: als *res extensa*), sondern zugleich und vor allem als Seele und Geist (*res cogitans*) sieht, weiß sich mit dessen Philosophie substanziell von der materiellen Außenwelt wie vom eigenen Leib geschieden. ‚Geist' im anthropologischen Sinne wird zum Synonym für Vernunft, Verstand, Intelligenz, Denkkraft und Bewusstsein und bildet im Rahmen eines dualistischen Menschenbildes den auf der ontologischen Werteskala überlegenen Gegenpol zur Entität des Leibes.

Gesteigert findet sich der Glaube an die Sonderstellung und die Macht der Vernunft gegenüber der Natur in der Anthropologie der Aufklärung: Als vernünftiges Subjekt steht der Mensch hier der objektiven Welt autonom gegenüber; er kann sie erkennen, beherrschen und nach eigenen Regeln in ihr handeln. (Dass die Philosophie und die Wissenschaften jener Zeit zugleich dieses Menschenbild unterlaufen und Descartes mit seiner rationalistischen Philosophie für die sinnlichkeitszugewandte Aufklärung zum „Stein des Anstoßes"[6] wird, soll sich noch zeigen.) Aus dem Wertungsverhältnis zwischen Geist und Natur geht der Begriff des Instinktes hervor, der einen vorbewussten, natürlich angeborenen Trieb zu bestimmtem Verhalten bezeichnet und fortan zur Trennung von Tier und Mensch herangezogen wird. Aus dem einsichtigen, den Instinkt übersteigenden Handeln des Menschen, so eine verbreitete optimistische Grundannahme, geht seine Geschichte hervor, die als Prozess eines kulturellen, technischen und moralischen Fortschritts auf einen zukünftigen Idealzustand menschlicher Vollkommenheit und Glückseligkeit zuläuft.

Kants Transzendentalphilosophie deckt die Macht des erkennenden Ich auf: Die Möglichkeitsbedingungen von Erkenntnis werden nach der kopernikanischen Wende seiner Philosophie zu einem kritischen Idealismus nicht mehr in der objektiven Außenwelt, sondern im subjektiven Erkenntnisapparat gesucht. Die Strukturen der menschlichen Vernunft prägen die Welt der Erscheinungen. Zugleich ist Kants Moralphilosophie von der Gewissheit bestimmt, dass das menschliche Handeln qua postulierter Freiheit und Autonomie des Menschen auf vernünftigen Prinzipien gründen soll und kann. Frei und selbstbestimmt handelt das Subjekt, wenn es dem Gesetz der eigenen Vernunft folgt.

Ihren Höhepunkt erreicht die idealistische Geistphilosophie in den Jahrzehnten um 1800 in der Nachfolge Kants. Die implizite Anthropologie des

---

5   Wilhelm DILTHEY: Weltanschauung und Analyse des Menschen seit Renaissance und Reformation (1891–1904). In: Ders.: Gesammelte Schriften. Hg. v. Bernhard Groethuysen u. a. 26 Bde. Stuttgart, Göttingen 1957ff, Bd. 2, S. 348f.
6   KONDYLIS: Die Aufklärung im Rahmen des neuzeitlichen Rationalismus, S. 172.

Deutschen Idealismus setzt auf die Selbstständigkeit und innere Kraft der menschlichen Vernunft. So spitzt Johann Gottlieb Fichte Kants transzendentalen Idealismus zu und entwickelt mit der Idee des in freier Tathandlung setzenden Ich eine systematische Theorie der Subjektivität. Die beiden Grundsätze seiner *Wissenschaftslehre* (1794), dass das Ich ursprünglich schlechthin sein eigenes Sein setzt und sich ein Nicht-Ich, eine Außenwelt, entgegensetzt, zeugen von seiner Prämisse einer Urkraft menschlicher Geistigkeit, des transzendentalen Ich als letztem Prinzip alles Erkennens und Wollens. Friedrich Wilhelm Schellings objektiver Idealismus und Wilhelm Hegels Philosophie des absoluten Geistes suchen zwar die bei Kant und Fichte angelegte Dualität von subjektivem Ich und objektiver Welt zu überwinden – auch bei ihnen aber zeichnet sich der Mensch durch seine Teilhabe am allgemeinen Prinzip des Geistes aus.

Das vom νοῦς bestimmte Menschenbild der idealistischen Denktradition, die freilich nicht als homogene Denkrichtung, mehr als lockerer Strang heterogener und philosophiehistorisch ganz unterschiedlich zu verortender Theorieansätze zu betrachten ist, bleibt eng an die Idee des selbstbestimmten Subjekts geknüpft, dessen Vernunft eine unbedingte Eigenmacht gegenüber der materiellen Außenwelt besitzt. Seine metaphysisch, über das geistig-seelische Prinzip begründete Freiheit und Autonomie im Erkennen und Denken, im Wollen und im Handeln verleihen dem Menschen Würde. Vor allem ein dualistisches Denken und das Bewusstsein, dass dem Menschen gegenüber den natürlichen Körperdingen, auch gegenüber Pflanzen und Tieren, eine Sonderstellung zukommt, prägen die idealistische Anthropologie. Ihre Tradition, die mit dieser Kette von Gipfelpunkten abendländischer Philosophiegeschichte bloß skizzenhaft umrissen wird, ist lang.

2 Die Naturalisierung des Menschen in Philosophie und Wissenschaft

In der imposanten Geschichte der Vernunftanthropologie liegt ein wesentlicher Grund für die massive Wucht, mit der die „*Entthronung der Vernunft*"[7] und die „Durchrelativierung"[8] der geistigen Welt den Menschen und sein Selbstbild schließlich erschüttern.[9] Durch einen Einstellungswandel und

---

7 LANDMANN: Philosophische Anthropologie, S. 96.
8 PLESSNER: Macht und menschliche Natur (1931), GS 5, S. 135–234, hier S. 163.
9 FISCHER: Philosophische Anthropologie, S. 509–514, hat die einzelnen Stationen dieser „Krisengeschichte der Vernunft" (ebd., S. 509) als Wende der Philosophie zur Sensualität des Menschen (Sensualismus), zu den sozio-ökonomischen Bedingungen seiner Arbeitswelt (Marxismus), seiner individuellen Existenz (Existenzialismus), seiner je historisch bedingten Situation (Historismus), zu den natürlichen Bedingungen geistiger Akte (Naturalismus)

neue Erkenntnisse werden in der zweiten Hälfte des 18., ganz massiv auch ab Mitte des 19. Jahrhunderts mit dem Dualismus ihres Weltbildes auch grundlegende Prämissen in Frage gestellt: Lassen sich Leib und Seele tatsächlich klar voneinander unterscheiden oder ist die menschliche Psyche bloß Begleitphänomen körperlicher Prozesse? Findet sich intelligentes Verhalten wirklich nur im Reich des Menschen oder haben auch Tiere Verstand? Und kann man aus diesem Blickwinkel noch eine sinnvolle Trennung von Natur und Kultur vornehmen?

In den wissenschaftlichen Debatten dieser Epochen manifestieren sich in unterschiedlichsten Fachbereichen Tendenzen einer Naturalisierung des Menschen, die eine Revision des bestehenden Menschenbildes notwendig machen. Diese Entwicklung läuft nicht nur der idealistischen Denktradition entgegen, sondern vor allem parallel zu ihr. Sie wird durch ihren Glauben an die menschliche Erkenntniskraft und Wissenschaft gespeist. Es ist ein dialektischer Prozess, den Plessner als „merkwürdiges Phänomen"[10] bezeichnet: dass mit zunehmendem Vertrauen in die Macht des vernunftbegabten Wesens Mensch der Begriff seiner Sonderstellung abnimmt, dass Erhöhung und Erniedrigung in der Geistesgeschichte Hand in Hand gehen.

2.1 Evolutionsprodukt und Lebewesen: der Mensch im späten 19. und frühen 20. Jahrhundert

Um 1900 häufen sich in den Wissenschaften Debatten, in denen die Kluft zwischen Mensch und Tier überwunden scheint. Der Mensch der Jahrhundertwende ist der *homo natura*.[11] Vermeintlich reine Geistphänomene werden aus natürlichen, materiellen oder zumindest prärationalen Gegebenheiten abgeleitet. Seit dem Durchbruch der hochreduktionistischen Genetik mit der Wiederentdeckung der Mendelschen Regeln wird immer deutlicher, dass sich individuelle Merkmale und Fähigkeiten von Lebewesen (auch von Menschen) auf materiell festgeschriebene und über die Generationen hinweg weitergegebene Erbinformationen zurückführen lassen. Tierpsychologie und Ethologie, vor allem um Oskar Heinroth und Konrad Lorenz, schärfen

---

und der natürlichen Entwicklung der menschlichen Art (Evolutionismus), der Funktionalität mentaler Zustände (Funktionalismus) und dem Unbewussten als Fundament des menschlichen Bewusstseins (Tiefenpsychologie) nachgezeichnet.

10 PLESSNER: Mensch und Tier (1946), GS 8, S. 52–65, hier S. 52.
11 Wolfgang RIEDEL: „Homo natura". Literarische Anthropologie um 1900. Berlin, New York 1996, betrachtet die literarische Moderne vor dem naturalistischen Paradigmenwechsel um 1900 und stellt die Analogie der Epochen um 1800 und 1900 heraus. Das „problemgeschichtliche Band" (ebd., S. VIII) zwischen den beiden Jahrhundertwenden liege im Begriff und Ideal der Natur.

den bislang recht vagen Instinktbegriff, indem sie mit ihrer Verhaltensforschung bei Tier und Mensch die Verzahnung von äußeren Instinktauslösern und im arteigenen Erbgut verankerten Instinktbewegungen aufdecken. Die Tiefenpsychologie betont die ungeheure Bedeutung des Unbewussten für das menschliche Denken und Leben. Sigmund Freud spricht mit Blick auf Darwins Evolutionstheorie und die eigene Theorie vom Unbewussten von „Kränkungen"[12] der narzisstischen Menschheit. Für die Philosophische Anthropologie stellt insbesondere das Evolutionsdenken seit Darwin eine kaum zu überschätzende Herausforderung dar.

Darwin: die Evolution des Menschen

Als Schiller 1794 in seinen *Ästhetischen Briefen* die teleologische Naturbetrachtung seiner Zeit bemängelt und eine neue Naturwissenschaft mit den Worten

> Kommt alsdann in Jahrhunderten einer, der sich ihr [der Natur, C. M.] mit ruhigen, keuschen und offen Sinnen naht, und deswegen auf eine Menge von Erscheinungen stößt, die wir bey unsrer Prävention übersehen haben, so erstaunen wir höchlich darüber, daß so viele Augen bey so hellem Tag nichts bemerkt haben sollen.[13]

prophezeit, kann er nur schwerlich die Ausmaße der wissenschaftsübergreifenden Revolution erahnt haben, die mit der Veröffentlichung von Darwins *On the origin of species* (1859) rund 65 Jahre später ihren Ausgang nehmen.[14] Und doch wirkt die Vision vom Naturbeobachter, dem sich fernab spekulativer Modelle und teleologischer Weltbilder die Fülle natürlicher Erscheinungen erschließt, im Rückblick eigentümlich weise. Was Schiller nicht wissen kann: Die Menschen sollten nicht nur ‚erstaunt', sondern vor allem erschrocken sein ob der Konsequenzen, die der keusche Blick auf die Natur hinsichtlich ihrer Stellung in der Welt mit sich bringt.

Als Darwin am 27. Dezember 1831 als naturkundlich gebildeter Gesellschafter des Kapitäns mit der HMS Beagle Richtung Südamerika in See sticht, beginnt für ihn eine Reise durch die Geschichte des Lebens. Er begegnet mit offenen Sinnen einer ganzen Reihe natürlicher Erscheinungen, legt eine Sammlung wissenschaftlicher Daten an und trägt Naturalien und Fossilien zusammen. Am Ende der Forschungsreise steht eine Entwicklungs-

---

12 Sigmund FREUD: Eine Schwierigkeit der Psychoanalyse. In: Ders.: Gesammelte Werke. 18 Bde. Hg. v. Anna Freud u. a. Frankfurt/Main. Bd. 12, S. 1–12, hier S. 7.
13 SCHILLER: Ästhetische Briefe (13. Brief), NA 20, S. 349, Anm.
14 Vielmehr zeigt sich Schiller hier Wissenschaft und Theorie seiner Zeit verbunden: Er beteiligt sich an der von Kant eröffneten Debatte um die Bedeutung teleologischen Denkens für die Naturwissenschaften und huldigt in jenem keuschen Naturforscher und Empiriker der Zukunft insgeheim seinem neuen Freund Johann Wolfgang Goethe.

theorie, nach der sich die vielzähligen Arten von Lebewesen in einem blinden Prozess natürlicher Selektion im Laufe vieler Generationen verändert und auseinander entwickelt haben und in der für den Menschen als Telos einer zweckmäßig eingerichteten Natur kein Platz mehr ist.[15] Zwar überträgt Darwin in seiner ersten Publikation die Deszendenztheorie noch nicht explizit auf das Menschenreich, ein kurzer Verweis am Schluss seiner Schrift aber genügt, um die fatalen anthropologischen Konsequenzen seines Modells bewusst zu machen: „Light will be thrown on the origin of man and his history"[16], heißt es dort lakonisch.

Dieses Licht fällt schließlich 1871 auf die Entstehung des Menschen, als Darwins Werk *The Descent of Man, and Selection in Relation to Sex* erscheint. Seine Kernthese, dass der Mensch wie alle Arten von niederen Formen abstamme und mit anderen Säugetieren gleiche Vorfahren teile, ist für die Zeitgenossen zwar erschütternd, angesichts der umfassend begründeten Theorie von 1859 aber nicht weiter erstaunlich. Beunruhigend wirkt nun die Fülle empirischer Belege aus unterschiedlichsten wissenschaftlichen Disziplinen – aus Morphologie, Embryologie, Primatologie, Ethnologie und Verhaltensforschung –, die zur Stützung der These einer genealogischen Beziehung von Mensch und Tier ihre frappierende Ähnlichkeit vor Augen führen und deren augenscheinlicher Überzeugungskraft die Argumente der spekulativen idealistischen Philosophie nichts mehr entgegenhalten können: Viele Tiere haben die gleichen Sinne und teilen, wie Darwin durch zahlreiche Beispiele belegt, fundamentale Anschauungsformen mit den Menschen. Sie haben vergleichbare Instinkte und dieselben Gemütsbewegungen, etwa Freude, Schmerz oder Verwunderung. Einige sind in der Lage, nachzuahmen, verfügen über ein Gedächtnis, besitzen Einbildungskraft und Verstand und können wählen. Moralische Gefühle beim Menschen führt Darwin auf soziale Instinkte zurück, die auch Tiere haben. Hat der Instinktbegriff bislang meist als Instrument gedient, um Tier und Mensch voneinander zu unterscheiden, wird er bei Darwin zum Vermittlungsglied der ehemals getrennten Sphären.

---

15 Nur vereinzelte Hinweise auf einen „steady advance through natural selection", dem der Mensch als „the very summit of the organic scale" vorangehe, widersprechen Darwins sonst wertneutralem Bild auf die Naturgeschichte; Charles DARWIN: The descent of man, and selection in relation to sex. London ²1874 (¹1871), S. 142 u. 619. Im Dezember 1872 bekräftigt er in einem Brief an Alpheus Hyatt seine Annahme, dass es absurd sei, im wertenden Sinne von einem Tier als höher oder niedriger zu sprechen: „After long reflection I cannot avoid the conviction that no innate tendency to progressive development exists"; Charles DARWIN: Brief an Alpheus Hyatt, 4. Dezember 1872 (Nr. 8658). In: Darwin Correspondence Project, http://www.darwinproject.ac.uk/entry-8658 (9. Dezember 2015).

16 DARWIN: On the origin of species by means of natural selection, or the preservation of favoured races in the struggle for life. London 1859, S. 488.

Auch ein Sinn für ‚Schönheit' wird Tieren in diesem Rahmen zugesprochen. Die Frage nach dem Ursprung der Schönheit ist zunächst eines der größten, wenn nicht „Darwins größtes Dilemma"[17]. Denn schöne Naturphänomene wie anmutiger Gesang, imposante Balztänze, eine prächtige Gestalt oder prägnante Formen und Farben des Körperschmucks, wie sie in der Tierwelt auftauchen, erscheinen als unnötiger oder gar störender Luxus der Natur und Luxusphänomene haben in der streng nach dem Prinzip der Nützlichkeit und Lebenstauglichkeit verlaufenden natürlichen Evolution keinen Platz. Exemplarisch führt Darwin immer wieder das Pfauenmännchen an, dessen Rad in seiner ornamentalen Pracht zwar schön, aber alles andere als überlebensdienlich scheint.[18] Das Dilemma löst er, indem er an die Seite der natürlichen die geschlechtliche Zuchtwahl als zweiten evolutionären Faktor stellt: Was die Menschen als schön bezeichnen, seien in der Evolution Attraktivitätsphänomene im Rahmen von Partnerwahl und Fortpflanzung. Der Lockwert des Schönen diene im Tier- und Menschenreich also der Werbung ums andere Geschlecht. Lorenz wird um 1940 mit seinen Untersuchungen zum tierischen Instinktverhalten, zu angeborenen Schemata und visuellen Instinktauslösern die ethologischen Grundlagen dieser Idee nachliefern.[19] In Darwins biologisch-funktionalistischer Ästhetik ist auch das vermeintlich überflüssige Phänomen der Schönheit etwas Nützliches.[20]

Nach seiner Analyse tierischer und menschlicher Vermögen kommt Darwin zu dem Schluss: So ungeheuer der geistige Abstand zwischen dem niedrigsten Menschen und dem höchsten Tier auch sein mag – es kann nur eine Verschiedenheit des Grades, nicht eine der Art sein, die sie trennt.[21] Die Kränkung der Menschheit durch ihre genealogische Eingliederung ins Tierreich erhält ihre existentielle Tiefe durch die Konsequenz, mit der die Evolutionisten in der Nachfolge Darwins die Integration vollziehen. Ein Außerhalb der Natur gibt es in ihrem oft streng monistischen Denken nicht. Der Geist verliert den eigenständigen Status, den er in der idealistischen Philoso-

---

17 Josef H. Reichholf: Der Ursprung der Schönheit. Darwins größtes Dilemma. München 2011.
18 Vgl. hierzu Charles Darwin: Brief Asa Gray, 3. April 1860 (Nr. 2743). In: Darwin Correspondence Project, http://www.darwinproject.ac.uk/entry-2743 (9. Dezember 2015): „[N]ow small trifling particulars of structure often make me very uncomfortable. The sight of a feather in a peacock's tail, whenever I gaze at it, makes me sick!"
19 Siehe hierzu Lorenz' Schriften *Über die Bildung des Instinktbegriffs* (1937) und *Die angeborenen Formen möglicher Erfahrung* (1943).
20 An Darwins Überlegungen schließt sich heute das Forschungsfeld der evolutionären Ästhetik an. Für einen Einblick in die aktuelle Debatte vgl. den Sammelband, hg. v. Eckart Voland, Karl Grammer: Evolutionary Aesthetics. Berlin, Heidelberg 2003; Winfried Menninghaus: Das Versprechen der Schönheit. Frankfurt/Main 2003; und Karl Eibl: Animal Poeta. Bausteine einer biologischen Kultur- und Literaturtheorie. Paderborn 2004.
21 Vgl. Darwin: The descent of man (^{2}1874), S. 126.

phie seit der Antike hatte, und wird als Naturphänomen und Körperfunktion zur Steigerung des Anpassungswertes im evolutiven Prozess gedeutet. Statt Selbstbestimmung erfährt das menschliche Individuum eine Prägung durch psychische und kognitive Schemata, die sich im Laufe des Selektionsprozesses der eigenen Art herausgebildet haben. An die Stelle menschlicher Freiheit rücken die im Zuge der Anpassung entstandenen Instinktmechanismen und Verhaltensmuster.[22] Ernst Haeckel betont die anthropologischen Konsequenzen aus Darwins Modell, hebt den Monismus evolutionistischen Denkens hervor und verabschiedet „die drei großen Zentraldogmen der bisherigen dualistischen Philosophie"[23]: neben Gott und einer unsterblichen Seele auch die Freiheit des Willens. Das evolutionistische Menschenbild ist durch und durch naturalistisch. Mit derart radikalen Konsequenzen hat Schiller in seiner Vision einer unvoreingenommenen empirischen Naturwissenschaft nicht rechnen können.

Wie sehr die Evolutionstheorie die Zeitgenossen erschüttert, zeigt die Vielzahl der Kritiken, die bald auf Darwins Veröffentlichungen und weit bis ins 20. Jahrhundert hinein folgen. Auch die Philosophischen Anthropologen sind sich des Gewichts der neuen Erkenntnisse bewusst, die bei der Betrachtung des Menschen fortan nicht mehr übergangen werden können. Sie bedeuten eine anthropologische Herausforderung für all jene, die die Sonderstellung des Menschen mit seiner Eingliederung ins Reich der Natur nicht vollends aufgeben wollen. Dabei sind sich Scheler, Plessner und Gehlen einig: Die naturalistischen Theorien mögen in ihrem Rahmen Berechtigung haben, das „Eigengewicht der geistigen Sphäre[]" aber vermögen sie „nicht sichtbar"[24] zu machen. Die Fragen nach Sprache und Phantasie, nach Wille, Erkenntnis und Moral etwa seien mit den Begriffen der Evolutionstheorie „überhaupt nicht zu stellen, geschweige zu beantworten"[25]. Es sind Einwände dieser Art, die Scheler, der sich intensiv mit den Lehren Darwins und seiner Nachfolger auseinandersetzt, 1928 zu der Behauptung bewegen, dass nicht nur das Bild vom Menschen als vernunftbegabtem Wesen, son-

---

22 Darwin gesteht den Individuen vor allem höherer Spezies mit Handlungsalternativen, durchdachtem Verhalten und Erfahrungswissen zwar ein relativ flexibles Instinktprogramm zu, diese Freiräume stehen aber eben nicht nur dem Menschen offen, sondern auch höheren Tieren. Der alte Dualismus von Instinkt und Bewusstsein und die dahinterstehende Grenzziehung zwischen Tier und Mensch fallen so einem evolutionshistorisch begründeten Gradualismus von Freiheit zum Opfer.
23 Ernst HAECKEL: Die Welträtsel. Gemeinverständliche Studien über monistische Philosophie (1899). In: Ders.: Gemeinverständliche Werke. 6 Bde. Hg. v. Heinrich Schmidt-Jena. Leipzig, Berlin 1924. Bd. 3, S. 391.
24 PLESSNER: Die Stufen des Organischen und der Mensch, GS 4, S. 390.
25 GEHLEN: Der Mensch (1940), GA 3, S. 10.

dern auch „ganz besonders die darwinistische Lösung des Problems vom Ursprung des Menschen"[26] von Grund auf erschüttert sei.

Lebensphilosophie:
die Fundierung des Menschen in der Kategorie ‚Leben'

Mit ihrer Ablehnung der reduktionistischen Ansätze in den zeitgenössischen Biowissenschaften stehen die Philosophischen Anthropologen nicht allein: Hat die Evolutionstheorie auch bedeutend zum Verständnis des Lebens beigetragen, so bleiben doch die Phänomene der Lebendigkeit, ihre Dynamik, ihre Kraft, ihr Schöpfertum, sowie das konkrete Erleben von den Betrachtungen passiver Selektion und reaktiver Anpassung unberührt. Aus diesem Mangel heraus und gleichfalls als Gegenmodell zur idealistischen Geistphilosophie entwickelt sich bei Henri Bergson, Wilhelm Dilthey, Georg Simmel, Ludwig Klages und etlichen weiteren Denkern die sogenannte Lebensphilosophie.[27] Ihre Wurzeln reichen bis zur Willensmetaphysik Arthur Schopenhauers zurück. Was in der Forschung unter dem Begriff ‚Lebensphilosophie' firmiert, ist ein heterogener Komplex philosophischer Konzepte, von vitalistischen Modellen über eine Hermeneutik der kulturellen Lebenswelt bis hin zu einer Theorie menschlichen Erlebens.[28]

Das Schlagwort ‚Leben' wird, auch außerhalb der Naturwissenschaften, zum „Schlüsselwort" und „Zentralbegriff" der Epoche um 1900.[29] In Philosophie, Kunst, Theologie und Pädagogik wird es aufgenommen, nicht als

---

26　Scheler: Die Stellung des Menschen im Kosmos (1928), GW 9, S. 7–71, hier S. 11.
27　Für Henri Bergson: Schöpferische Entwicklung (im Original: L'Évolution créatrice). Jena 1912 (1907), S. 56, einen der bedeutendsten Vertreter des Denkansatzes, liegt das Ziel einer Philosophie des Lebens darin, „Finalismus und Mechanismus gleichermaßen hinter sich zu lassen". Zur Ablehnung eines mechanistischen Lebensbegriffs durch die Lebensphilosophie vgl. auch Rudolf Eucken: Geschichte und Kritik der Grundbegriffe der Gegenwart. Leipzig 1878, S. 169: „Die Form des Lebendigen mag [...] mehr und mehr mechanistisch verstanden werden, für die mechanische Erklärung des Lebens ist damit nicht das mindeste gewonnen." Zur Stellung der Lebensphilosophie zur Evolutionstheorie s. auch Gerald Hartung: Philosophische Anthropologie. Stuttgart 2008, S. 53–58. Zur Abwendung der Lebensphilosophie vom Idealismus s. Herbert Schnädelbach: Philosophie in Deutschland 1831–1933. Frankfurt/Main 1983, S. 177: „Die Geschichte der Lebensphilosophie beginnt aber erst dort, wo ‚Leben' als Prinzip den Prinzipien des Idealismus *entgegen*gesetzt wird".
28　Zur Vielfalt der Lebensbegriffe und Lebensphilosophien vgl. Robert J. Kozljanič: Lebensphilosophie. Eine Einführung. Stuttgart 2004, S. 14–17.
29　Ulrich Dierse u. a.: Art. ‚Leben'. In: HWPh, Bd. 5, Sp. 52–103, hier Sp. 89. Ähnlich bei Georg Toepfer: Art. ‚Leben'. In: Ders. (Hg.): Historisches Wörterbuch der Biologie. Geschichte und Theorie der biologischen Grundbegriffe. 3 Bde. Stuttgart, Weimar 2011. Bd. 2, S. 420–483, hier bes. S. 454–456.

biologischer Ausdruck, sondern als *„kultureller Kampfbegriff"*[30], der sich gegen mechanistische und rationalistische Denkansätze richtet. Bei aller semantischen Breite des Begriffs und aller Varianz lebensphilosophischer Modelle gilt Leben dabei immer als etwas, das nicht mit kausal-mechanischen Begriffen zu fassen ist und das dem Geistigen, dem Bewusstsein, der Vernunft, entgegensteht, ihm vorausgeht, das dieses trägt.[31] Indem sowohl den zeitgenössischen Naturwissenschaften als auch der alten Geistphilosophie mit dem Lebensbegriff ein Riegel vorgeschoben wird, sprengt die Lebensphilosophie die traditionellen Fronten zwischen Geist und Natur auf der Ebene wissenschaftlicher Disziplinen.

Der Mensch soll nicht als bloßes Produkt einer Evolutionsgeschichte betrachtet werden, aber auch nicht ausschließlich als geistiges, erkennendes Subjekt, in dessen Adern – so Dilthey mit Blick auf die Erkenntnistheorien John Lockes, David Humes und Kants – „nicht wirkliches Blut, sondern der verdünnte Saft von Vernunft als bloßer Denktätigkeit"[32] rinnt. Mit dem ‚Leben' rückt eine anti-intellektualistische Kategorie ins Zentrum der Philosophie, sowohl auf epistemologischer Ebene, „als Erfahrungsart, als Erlebnis- und Wissensform"[33], als auch auf Objektebene der Betrachtung. Nicht mehr das autonome, verstandesbegabte Ich, sondern die vitale Tiefenschicht des Menschen (seine Sinnlichkeit und sein Triebleben, sein Organismus und seine Erfahrungswelt) bildet hier das anthropologische Fundament. Die Lebensphilosophie, so schließt Fischer den neuen philosophischen Ansatz an die idealismuskritischen Bewegungen im 19. Jahrhundert an, habe „die verschiedensten Abbau-Basen der Krisengeschichte der Vernunft ein[gesammelt], die neu entdeckten Momente der Faktizität, dabei neue Vermittlungen versprechend"[34]. Von Bedeutung für die Anthropologen ist, dass die a-rationale Basis des menschlichen Daseins, das Leben, zugleich eine subhumane ist: Der Mensch, der seine Lebendigkeit mit Tieren und Pflanzen teilt, sieht sich nun in den großen Vitalzusammenhang eingebunden, der nicht allein

---

30   SCHNÄDELBACH: Philosophie in Deutschland 1831–1933, S. 172.
31   Den Bezug des Grundwortes ‚Leben' zu Komplementärbegriffen wie ‚Geist', ‚Vernunft' oder ‚Verstand' betont Hans BAUMGARTNER: Art. ‚Lebensphilosophie'. In: UTB-Online-Wörterbuch Philosophie, http://www.philosophie-woerterbuch.de/ (7. November 2015): „[S]o gewinnt es seine eigene, sachliche Überzeugungskraft, seine Evidenz, lediglich aus der Alternative […], während es für sich selbst gehaltlos und leer bleibt."
32   Wilhelm DILTHEY: Einleitung in die Geisteswissenschaften. Versuch einer Grundlegung für das Studium der Gesellschaft und der Geschichte (1883). In: Ders.: Gesammelte Schriften. Hg. v. Bernhard Groethuysen u.a. 26 Bde. Stuttgart, Göttingen 1957ff. Bd. 1, S. XVIII.
33   Ferdinand FELLMANN: Lebensphilosophie. Elemente einer Theorie der Selbsterfahrung. Reinbek bei Hamburg 1993, S. 25, betont in diesem Kontext, dass Lebensphilosophie nicht in der Untersuchung des Gegenstandes ‚Leben' im Sinne einer Philosophie des Organischen aufgeht.
34   FISCHER: Philosophische Anthropologie, S. 513.

denkend, sondern durch Intuition oder im konkreten Erleben erfasst werden kann. Alle Formen des Geistes und der Kultur werden von dieser Basis getragen.

Die lebensphilosophischen Ansätze zeigen also eine totalitäre Tendenz: Einheit stiften sie sowohl zwischen den verschiedenen Formen des Lebens, insofern Pflanzen, Tiere und Menschen vorrangig als Mitglieder ein- und derselben Lebenswelt betrachtet werden, als auch innerhalb der menschlichen Natur, weil der Lebensbegriff jede Form eines anthropologischen Leib-Seele-Dualismus unterläuft, indem er den denkenden, empfindenden und handelnden Menschen als Ganzheit seiner körperlichen Zustände und seelischen Kräfte betrachtet.[35] Das Leib-Seele-Problem hat laut Scheler für die Philosophen seither „seinen metaphysischen Rang verloren"[36].

Die Stellung der Philosophischen Anthropologen zur Lebensphilosophie ist ambivalent. Zunächst begrüßen vor allem Scheler und Plessner die Strömung, die an die Stelle toter Verstandesbegriffe konkrete Phänomene der menschlichen Lebenswirklichkeit setzt und mit der die lange Tradition des cartesianischen Substanzendualismus endgültig überwunden scheint. Scheler empfindet die revolutionäre Befreiung aus den Zwängen rationalistisch-mechanistischen Denkens wie den „Tritt eines jahrelang in einem dunklen Gefängnis Hausenden in einen blühenden Garten"[37]. Plessner widmet der Lebensphilosophie und ihrer zentralen Kategorie ‚Leben', der „neuen Zauberformel" der Epoche, das erste Kapitel seines anthropologischen Hauptwerkes – wenn auch mit der Absicht, an die Stelle der metaphysischen „Verzauberung"[38] des ‚Lebens' Erkenntnis zu setzen. Besonders Hans Drieschs Philosophie des organischen Lebens prägt den Ansatz seiner Anthropologie. Und doch gehen weder Scheler noch Plessner, auch nicht Gehlen, der wohl ‚lebensnächste' der drei Denker, konform mit der eindeutigen Prioritätsverschiebung zwischen Leben und Geist.

Vor diesem wissenschaftsgeschichtlichen Hintergrund ergibt sich, so Fischer, eine „eigenartige Herausforderung"[39] für die Philosophischen Anthropologen, weil sie sowohl das Menschenbild der Vernunftphilosophie als

---

35 Nur radikal geisteskritische Positionen wie die von Klages eröffnen anstelle des Leib-Seele-Dualismus mit der Polarität von Leben und Geist einen anderen fundamentalen Gegensatz, der einer ganzheitlichen Anthropologie entgegensteht.
36 SCHELER: Die Stellung des Menschen im Kosmos, GW 9, S. 62, Anm. 1.
37 SCHELER: Versuche einer Philosophie des Lebens. Nietzsche – Dilthey – Bergson (1913), GW 3, S. 311–339, hier S. 339. Zu seiner Abwendung von der Leib-Seele-Problematik vgl. auch die Vorlesung von SCHELER: Leib und Seele (1926), GW 12, S. 133–150. Zu Schelers Kritik am mechanistischen Denken vgl. SCHELER: Die Stellung des Menschen im Kosmos, GW 9, S. 63.
38 PLESSNER: Die Stufen des Organischen und der Mensch, GS 4, S. 38.
39 FISCHER: Philosophische Anthropologie, S. 515.

auch das der sie überholenden Lebensphilosophie kritisch aufgreifen.[40] Aus ihrer Frontstellung gegenüber den bestehenden anthropologischen Ansätzen spricht ein Bewusstsein für die ernstzunehmende Problematik, die die aktuellen Erkenntnisse der Human- und Biowissenschaften sowie die Lebensphilosophie für das Selbstbild vom Menschen bedeuten, und zugleich für die Unzulänglichkeit einer naturalistischen Anthropologie. Das kühne Projekt der Anthropologen, das auf die Macht des Lebens ebenso setzt wie auf den Eigenwert des Geistes, lautet: Restabilisierung des Geistes im Leben.[41]

2.2 Maschine, Naturwesen, Wilder: der Mensch in der zweiten Hälfte des 18. Jahrhunderts

Die Krisengeschichte der Vernunft und den Zusammenbruch der idealistischen Denktradition datiert die Forschung oft ins mittlere bis späte 19. Jahrhundert, in die Epoche nach Hegel.[42] Dementsprechend wird das Zeitalter der Aufklärung gern als Hochkonjunkturphase der Vernunft gezeichnet. Auch Plessner geht mit solchen Epochenporträts konform, wo er behauptet: „Die Terminologie des achtzehnten Jahrhunderts kulminiert in dem Begriff der Vernunft, die des neunzehnten im Begriff der Entwicklung, die gegenwärtige im Begriff des Lebens."[43] Ausgeblendet werden in solchen geistesgeschichtlichen Periodisierungen, dass bereits zur Zeit der Aufklärung massive Zweifel an den Prämissen der Vernunftphilosophie und alternative Denkansätze zum Idealismus aufkommen: Nicht nur die Philosophie mit ihrem zunehmenden Interesse an den Phänomenen der Natur und der Körperlichkeit des Menschen, auch das wachsende empirische Wissen der an Selbstbewusstsein und Autonomie gewinnenden ‚Naturwissenschaften'[44] stellen besonders in der zweiten Hälfte des 18. Jahrhunderts die logozentrische Betrachtung des Menschen – die These von seiner Sonderstellung im Naturganzen sowie die Annahme einer substanziellen Unabhängigkeit und Selbstmacht des Geistes gegenüber Materie und Leben – von Grund auf in Frage. Hinzu kommt, dass das sich ausdifferenzierende Wissenschaftssystem die Einheit des anthropologischen Gegenstandes, des Menschen, zu gefährden droht.

---

40 Zur Lage der Philosophischen Anthropologie zwischen naturphilosophischem Materialismus und kulturphilosophischem Idealismus vgl. auch ARLT: Philosophische Anthropologie, S. 15.
41 Vgl. hierzu FISCHER: Philosophische Anthropologie, S. 515f.
42 So zum Beispiel John W. BURROW: Die Krise der Vernunft. Europäisches Denken 1848–1914. München 2003; auch FISCHER: Philosophische Anthropologie, S. 509–511.
43 PLESSNER: Die Stufen des Organischen und der Mensch, GS 4, S. 37.
44 Unter diesem eigentlich anachronistischen Begriff werden im Folgenden alle Bemühungen der aufklärerischen Naturforschung, von Botanik und Zoologie über Anatomie und Physiologie bis hin zu Naturgeschichte und Geologie, gefasst.

Zwar bestehen weiterhin idealistische Theorieansätze; vonseiten der metaphysischen Anthropologie, der Philosophie zur Bestimmung des Menschen und der Transzendentalphilosophie erheben sich Widersprüche gegen die Marginalisierung des Menschen.⁴⁵ Doch ändern die nichts daran, dass dessen naturalistische Betrachtung ab der Jahrhundertmitte rapide zunimmt. Dabei muss die Naturalisierung des Menschen im Denken des 18. Jahrhunderts als facettenreicher und komplexer Prozess verstanden werden, den das folgende Mosaik von Denk- und Theorieansätzen nur skizzenhaft umreißen kann.

Materialismus und Vitalismus:
der Mensch als Maschine und Organismus

Vor allem in Frankreich entwickelt sich mit dem Materialismus eine einflussreiche Gegenbewegung zur idealistischen Geistmetaphysik. Statt auf ein vernünftiges Prinzip führen Denker wie Julien Offray de La Mettrie, Paul Henri Thiry d'Holbach, Claude Adrien Helvétius oder Denis Diderot alle Phänomene der Welt auf Materie zurück. Obwohl ihr ‚biologisch' aufgewerteter Materiebegriff, wie Kondylis zeigt, Descartes' mechanizistischem Verständnis der *res extensa* nicht mehr entspricht,⁴⁶ wird ihre Philosophie vielerorts als monistische Fortführung des cartesianischen Denkansatzes verstanden. Die anthropologischen Implikationen eines mechanizistisch-materialistischen Weltbildes aber sind radikal: Mit der Autonomie des Geistes und der Freiheit des Willens werden die klassischen Distinktionsmerkmale zwischen Tier und Mensch aufgehoben und das menschliche Selbstbild wird sozusagen vom

---

45 Vgl. Wolfgang RIEDEL: Anthropologie und Literatur in der deutschen Spätaufklärung, S. 110. Auch Hans-J. SCHINGS (Hg.): Der ganze Mensch. Anthropologie und Literatur im 18. Jahrhundert. DFG-Symposion 1992. Stuttgart, Weimar 1994, S. 1, betont, dass neben empirischen und naturalisierenden ebenfalls spekulativ-hermetische Tendenzen in der Aufklärung eine Rolle spielen. Gideon STIENING: Rez. zu Jörn Garber, Heinz Thoma (Hg.): Zwischen Empirisierung und Konstruktionsleistung. Anthropologie im 18. Jahrhundert. Tübingen 2004. In: Das achtzehnte Jahrhundert 29/1 (2005), S. 244–254, bes. S. 248f., behauptet, dass der wolffsche Rationalismus von systematischer Bedeutung für Psychologie und Anthropologie der Aufklärung war, dass keine strenge Gegenüberstellung von Rationalismus und Anthropologie möglich ist und dass es zweifelbar bleibt, ob die Naturalisierung der Psychologie und die Materialisierung der Seele wesentliche Momente der ‚anthropologischen Wende' der Spätaufklärung sind.

46 KONDYLIS: Die Aufklärung im Rahmen des neuzeitlichen Rationalismus, S. 257–282, hier S. 270, erklärt die „ontologische Aufwertung der Materie" im klassischen Materialismus, deren Produktivität und Fähigkeit zur Selbstbewegung erkannt werde, aus dem Bewusstsein für das Problem des Übergangs zwischen Anorganischem und Organischem. Biologisches Denken und Materialismus seien im 18. Jahrhundert eng verzahnt. Zu Descartes' Absage an eine ontologisch eigenständige Substanzialität von Leben vgl. TOEPFER: Art. ‚Leben', S. 430f.

Kopf auf die Füße gestellt. Zu behaupten, man könne Menschen durch dieselben Grundsätze erklären wie Tiere und unbelebte Dinge, ist eine anthropologische Provokation.

„Le corps humain est une Machine qui monte elle-même ses ressorts"[47], schreibt La Mettrie (1709–1751) in seiner Abhandlung *L'homme machine* (1748). Als Maschine ist der menschliche Körper aber materieller Komplex, der aus sich selbst heraus funktioniert und keine geistige Seele mehr nötig hat.[48] Geist bildet zwar dessen hauptsächliche Triebfeder, lässt sich aber auf die Prozesse im Gehirn reduzieren. „[P]ourquoi faire double, qui n'est évidemment qu'un?"[49], weist La Mettrie Descartes ontologische Unterscheidung von *res extensa* und *res cogitans* zurück. Mit der Aufhebung des cartesianischen Dualismus durch die Rückführung aller körperlichen wie geistigen Vorgänge auf materielle Prozesse verschwindet zugleich die Trennwand zwischen Mensch und Tier: „L'Homme n'est pas pétri d'un Limon plus précieux; la Nature n'a employé qu'une seule et même pâte, dont elle a seulement varié les levains."[50] In seiner relativen Instinktarmut zunächst Mängelwesen, gleiche der Mensch seine Schwächen im Laufe des Lebens durch Erfahrung und Erziehung aus. Geist und Instinkt stehen im Menschen- wie im Tierreich in einem Verhältnis umgekehrter Proportionalität; Distinktionen sind bei La Mettrie folglich nur gradueller Natur. Ist der Mensch für ihn in der Komplexität seiner Organisation auch etwas Besonderes – als vollkommenste Form der einen kosmischen Substanz, die Affen und intelligenten Tieren gegenüber das sei, „que la Pendule Planétaire de Huygens est à une Montre de Julien le Roi"[51] –, so bedeutet die menschliche Vollkommenheit, das zeigt die Uhrenmetapher, keine wirkliche Eigenart und kein Privileg: Als *primus inter parem* ist und bleibt der Mensch Teil einer durch und durch materiellen Natur. Von seiner echten Sonderstellung kann hier keine Rede sein.

---

47 Julien O. de LA METTRIE: L'homme machine/Die Maschine Mensch (frz./dt.). Übers. u. hg. v. Claudia Becker. Hamburg 1990, S. 34/35: „Der menschliche Körper ist eine Maschine, die selbst ihre Triebfedern aufzieht".
48 Dass La Mettries Maschinenmetapher nicht als Bestätigung des cartesianischen Mechanizismus missverstanden werden darf, betont KONDYLIS: Die Aufklärung im Rahmen des neuzeitlichen Rationalismus, S. 280–283. Von zeitgenössischen Autoren wird das allerdings nicht immer wahrgenommen.
49 LA METTRIE: L'homme machine/Die Maschine Mensch, S. 106/8, S. 109: „[W]arum verdoppeln, was offensichtlich nur eins ist?"
50 Ebd., S. 76/77: „Der Mensch ist aus keinem wertvolleren Lehm geknetet; die Natur hat nur ein und denselben Teig verwendet, bei dem sie lediglich die Hefezusätze verändert hat." Die Teig-Metapher führt La Mettries Materialismus über einen reinen Mechanizismus hinaus.
51 Ebd., S. 120/121: „was die Planetenuhr von Huygens gegenüber der Stundenuhr von Julien Leroy ist".

Der junge Schiller, dem die materialistischen Theorien aus dem Philosophieunterricht an der Hohen Karlsschule, vor allem aus den Vorlesungen seines Lehrers Jakob Friedrich Abel, bekannt sind, empfindet ihre Desillusionierungen als „kühne[n] Angriff"[52] auf sein frühes metaphysisch-idealistisches Welt- und Menschenbild, das in eine Krise geraten ist.[53] Die materialistische Idee, dass der Geist nichts anderes als Materie sei, weist er in seiner *Philosophie der Physiologie* entschieden zurück: „Diese Meinung mit Gewalt ersonnen, die Erhabenheit des Geistes zu Boden zu drüken, und die Furcht einer kommenden Ewigkeit einzuschläfern, kann nur Thoren und Böswichter bethören; der Weise verhöhnt sie."[54] In einer Geburtstagsrede schmäht er den „unvollkommene[n] Geist eines *La Mettrie*", der den Menschen in tierische Wildheit zurückgestoßen und sich so selbst eine „Schandsäule"[55] errichtet habe.

Aber nicht nur die Erniedrigung des Menschen durch den Materialismus, auch sein Verständnis der Natur und des Lebens im Ganzen rufen Kritik hervor. Gegen die mechanistische Reduktion des Organischen im naturwissenschaftlich geprägten Denken der Frühaufklärung, auch gegen den rationalistischen Optimismus, das Naturganze inklusive des Menschen durch chemische und physikalische Gesetzmäßigkeiten kausal erklären zu können, erregt sich bald Unmut. Zum emphatischen „Kampfbegriff"[56] wird auch im 18. Jahrhundert der Begriff des Lebens.[57] Bereits in der Aufklärung werden seine schöpferischen, formenden, selbstorganisierenden und bewegenden Momente den passiven Mechanismen unbelebter Materie gegenübergestellt. Vitalistische Lehren einer Lebenskraft, wie sie sich bei Albrecht von Haller oder Johann Friedrich Blumenbach finden und gut 100 Jahre später zum Wegbereiter des Neovitalismus bei Driesch werden, erleben im ausgehenden 18. Jahrhundert einen Boom und strahlen auf den anthropologischen

---

52 SCHILLER: Philosophische Briefe (1786), NA 20, S. 115. So formuliert es hier zumindest der fiktive Julius, in dessen Persönlichkeit sich der junge Schiller in Grundzügen spiegelt. Zu Schillers Begegnung mit dem Materialismus an der Hohen Karlsschule vgl. ALT: Schiller, Bd. 1, S. 122–125.
53 Vgl. RIEDEL: Die anthropologische Wende, S. 13.
54 SCHILLER: Philosophie der Physiologie (1779), NA 20, S. 12.
55 SCHILLER: Die Tugend, in ihren Folgen betrachtet (1780), NA 20, S. 33.
56 DIERSE: Leben, Sp. 72.
57 Zu den verschiedenen Aspekten des Lebensbegriffs im 18. Jahrhundert, insbesondere unter den Einflüssen des Vitalismus und des Organismus-Begriffs vgl. TOEPFER: Art. ‚Leben', bes. S. 432–434. Umfasst der Begriff ‚Leben' Anfang des 20. Jahrhunderts, wo die Biologie als eigenständige Wissenschaft bereits ausgebildet ist, auch andere Dimensionen als um 1800, so sind die Parallelen der philosophiegeschichtlichen Konfliktsituationen, in denen hier wie dort auf das Leben zurückgegriffen wird, doch auffällig.

Diskurs der Spätaufklärung aus.[58] Auch Schiller greift zur Erklärung des menschlichen Lebens in seinem medizinischen *Versuch über den Zusammenhang* mehrfach auf „organische Kräfte"[59] zurück. Der vitalistische Ansatz fußt auf dem Axiom, dass der Mensch als Lebewesen zu betrachten ist, als Teil der belebten Natur und nicht als Glied einer über die Natur erhabenen geistigen Ordnung. Sowohl die materialistische als auch die vitalistische Anthropologie der Aufklärung gliedern den Menschen also zunächst ins Naturreich ein, statt ihn wie die idealistische Geistphilosophie über die Vernunft zu bestimmen und ihn auf diesem Wege, seine Sonderstellung betonend, aus ihm auszugliedern.

Medizin, Psychologie und Anthropologie: die Einheit von Leib und Seele im Menschen

Mitte des 18. Jahrhunderts vollzieht sich eine Kehrtwende in der Betrachtung des Menschen, die ‚anthropologische Wende' der Aufklärung: Ein Rückgriff auf die Empirie und die Anerkennung der menschlichen Physis bringen die Philosophie vom Menschen auf einen neuen Kurs. Medizin, Psychologie und Anthropologie arbeiten dabei am gleichen Problembestand: der Leib-Seele-Trennung des cartesianischen Substanzendualismus, die einem tieferen Verständnis des menschlichen Lebens im Wege steht. In der Medizin, etwa der Ärzteschulen in Halle um Johann Gottlob Krüger, Johann August Unzer und Ernst Anton Nicolai sowie in Göttingen um Haller und Johann Georg Zimmermann, auch bei Samuel Thomas Soemmerring, kommen die Disziplinen der Neurophysiologie und -anatomie in Mode.[60] Gehirn und Nerven werden

---

58 Peter H. REILL: Vitalizing Nature in the Enlightenment. Berkeley u. a. 2005, hat die Bedeutung des Vitalismus für den Wandel des Menschen- und Naturverständnisses im 18. Jahrhundert herausgestellt; vgl. hierzu auch ders.: Die Historisierung von Natur und Mensch. Der Zusammenhang von Naturwissenschaften und historischem Denken im Entstehungsprozeß der modernen Naturwissenschaften. In: Wolfgang Küttler, Jörn Rüsen, Ernst Schulin (Hg.): Geschichtsdiskurs. 5 Bde. Frankfurt/Main 1993–1999. Bd. 2, S. 48–61, bes. S. 49–52. Auch KONDYLIS: Die Aufklärung im Rahmen des neuzeitlichen Rationalismus, S. 270–286, hebt einen Wandel des Naturbegriffs hervor, der auch dem Eigenwert des Organischen gerecht zu werden sucht. Zum Begriff der Lebenskraft vgl. Eve-M. ENGELS: Art. ‚Lebenskraft'. In: HWPh, Bd. 5, Sp. 122–128, hier Sp. 125. Auch die Lebensphilosophie als Philosophie der konkreten Lebenswelt und Lebenspraxis entsteht in dieser Zeit, etwa in Karl Philipp Moritz' *Beiträgen zur Philosophie des Lebens* (1780); vgl. Alexander KOŠENINA: Karl Philipp Moritz. Literarische Experimente auf dem Weg zum psychologischen Roman. Göttingen 2006, S. 15–36.
59 SCHILLER: Versuch über den Zusammenhang, NA 20, S. 42.
60 Vgl. hierzu Carsten ZELLE (Hg.): „Vernünftige Ärzte". Hallesche Psychomediziner und die Anfänge der Anthropologie in der deutschsprachigen Aufklärung. Tübingen 2001. Zur Entwicklung der Neuroanatomie im späten 18. Jahrhundert vgl. Michael HAGNER: Aufklärung über das Menschenhirn. Neue Wege der Neuroanatomie im späten 18. Jahrhundert. In:

zum Scharnierelement zwischen psychischen und somatischen Prozessen erklärt. Von einer autonomen und substanziell vom Körper unterscheidbaren menschlichen Seele kann in Anbetracht ihrer zunehmenden Materialisierung und Entgeistigung nicht mehr selbstverständlich ausgegangen werden – sie bedarf zunehmend einer Rechtfertigung.

Als studierter Mediziner ist Schiller mit den Theorien der genannten Autoren vertraut, zum Teil greift er sie in seinen frühen anthropologischen Schriften auf, die das *commercium*-Problem verhandeln und auf die psychophysische Totalität des Menschen setzen – die also ganz in der Tradition der ‚philosophischen Ärzte' stehen.[61] Durch die Synthese der bislang getrennten Disziplinen Philosophie und Medizin wollen sie den Menschen als psychophysische Einheit betrachten und damit Extrempositionen in der Leib-Seele-Debatte (wie Materialismus und Animismus) eine dritte Position entgegensetzen. Eine so verstandene Anthropologie, als deren Gründungsdokument immer wieder Platners *Anthropologie für Aerzte und Weltweise* genannt wird, will den Menschen also weder auf seinen Körper reduzieren (wie Anatomie und Physiologie) noch will sie ihn allein aus geistigen Seelenkräften heraus verstanden wissen (wie die traditionelle Psychologie der Schulphilosophie) – die Ärzte-Anthropologie der Aufklärung will „Körper und Seele in ihren gegenseitigen Verhältnissen, Einschränkungen und Beziehungen zusammen betrachten"[62] und damit die Schwierigkeiten, die Descartes' substanzieller Dualismus für das Bild vom Menschen mit sich gebracht hat, überwinden.

So sehr die philosophisch-medizinische Anthropologie der Aufklärung auch auf eine ausgeglichene Betrachtung beider Naturen des Menschen hin angelegt ist und sich einzelne Ärzte wie Platner mit ihrer Betonung einer Immaterialität der Seele gegen monistisch-materialistische Positionen stellen, so löst ihre Intention, nicht nur die Auswirkungen seelischer Phänomene auf den Leib, sondern auch die Einflüsse körperlicher Prozesse auf die Seele (*influxus physicus*) zu erforschen, doch das „Schreckbild einer Materialisierung des Geistes"[63] aus und lässt den Ansatz als naturalistische Gefährdung einer

---

Hans-J. Schings (Hg.): Der ganze Mensch. Anthropologie und Literatur im 18. Jahrhundert. DFG-Symposion 1992. Stuttgart u.a. 1994, S. 145–161. Zur Reduktion der menschlichen Seele auf Prozesse des Nervensystems in der Anthropologie der Aufklärung vgl. auch Sergio MORAVIA: Beobachtende Vernunft. Philosophie und Anthropologie in der Aufklärung (im Original: La Scienza dell'Uomo nel Settecento). Übers. v. Elisabeth Piras. Frankfurt/Main 1989 (1970), S. 48.

61 Der Begriff ‚philosophischer Arzt' geht auf Melchior Adam Weikards *Der philosophische Arzt* (1773–1775) zurück und wird von Hans-J. SCHINGS: Melancholie und Aufklärung. Melancholiker und Kritiker in Erfahrungsseelenkunde und Literatur des 18. Jahrhunderts. Stuttgart 1977, S. 11, aufgegriffen.

62 Ernst PLATNER: Anthropologie für Aerzte und Weltweise. Erster Theil. Leipzig 1772, S. XVII.

63 RIEDEL: Die Anthropologie des jungen Schiller, S. 23.

Sonderstellung des vernünftigen und freien Wesens Mensch erscheinen, der man mit großem Widerstand begegnet.[64]

In der ‚Erfahrungsseelenkunde' eines Moritz oder Johann Georg Sulzer, die als empirische Psychologie nach ihrer Emanzipation von der spekulativ-rationalistischen Philosophie neue Wege beschreitet, gewinnt die Sinnlichkeit des Menschen – seine Empfindungen, Wahrnehmungen und unbewussten Antriebe – gegenüber der Geistigkeit an Bedeutung.[65] Ihre Autoren schenken vermehrt den ‚dunklen Seelenkräften' (*perceptiones obscurae*) Aufmerksamkeit und werten sie gegenüber den oberen Seelenvermögen auf. Wissenschaftsgeschichtlich tut sich der Paradigmenwandel in der Entstehung neuer Disziplinen (neben der philosophisch-medizinischen Anthropologie und der empirischen Psychologie vor allem der Ästhetik)[66] kund, methodisch in der Loslösung vom Rationalismus der Scholastik und einer Hinwendung zum Empirismus.

Das Menschenbild der idealistischen Geistphilosophie, das auf das vernunftbestimmte und freie Handeln des Menschen setzt, wird in diesem Rahmen mehr und mehr erschüttert. So lässt sich Sulzers Philosophie der Empfindungen, die Schiller aus Abels Vorlesungen bekannt ist, als radikale Absage an die logozentrische und freiheitsphilosophische Auffassung des Menschen als eines selbstbestimmten geistigen Wesens verstehen.[67] Umso

---

[64] SCHINGS: Der ganze Mensch, S. 5, betont, dass die Empirie des anthropologischen Diskurses und seine Hinwendung zum ‚Anderen der Vernunft' „am substantiellen Status der Seele rüttelt und trotz aller gegenteiligen Erklärungen eine Asymmetrie zur Folge hat, die die Gewichte neu verteilt".

[65] Verbreitet ist die Rede von einer ‚Rehabilitation' und ‚Emanzipation' der Sinnlichkeit, etwa bei Ernst CASSIRER: Die Philosophie der Aufklärung (1932). In: Ders.: Gesammelte Werke. Hamburger Ausgabe [HA]. 25 Bde. u. 1 Reg.-Bd. Hg. v. Birgit Recki. Hamburg 1998–2008. Bd. 15, S. 370: „Emanzipation der Sinnlichkeit"; KONDYLIS: Die Aufklärung im Rahmen des neuzeitlichen Rationalismus, S. 19: „Rehabilitation der Sinnlichkeit"; RIEDEL: Anthropologie und Literatur in der deutschen Spätaufklärung, S. 105: „*Rehabilitierung der Sinnlichkeit*". Carsten ZELLE: Sinnlichkeit und Therapie. Zur Gleichursprünglichkeit von Ästhetik und Anthropologie um 1750. In: Ders. (Hg.): ‚Vernünftige Ärzte'. Hallesche Psychomediziner und die Anfänge der Anthropologie in der deutschsprachigen Frühaufklärung. Tübingen 2001, S. 5–24, hier S. 23f., kritisiert diesen Topos mit Blick auf die Ästhetik der vernünftigen Ärzte in Halle, denen es mehr um eine Formung und Lenkung der Sinnlichkeit als um deren Emanzipation gehe.

[66] Zur „*Gleichursprünglichkeit* der beiden gleichermaßen neuen wie ‚leibnahen' Wissenschaften Ästhetik und Anthropologie" um 1750 s. ZELLE: Sinnlichkeit und Therapie, S. 10. Zur wachsenden Bedeutung der Einbildungskraft und ihrer pathologischen Auswüchse in den Debatten der Aufklärung vgl. Gabriele DÜRBECK: Einbildungskraft und Aufklärung. Perspektiven der Philosophie, Anthropologie und Ästhetik um 1750. Tübingen 1998.

[67] So bei Wolfgang RIEDEL: Erkennen und Empfinden. Anthropologische Achsendrehung und Wende zur Ästhetik bei Johann Georg Sulzer. In: Hans-J. Schings (Hg.): Der ganze Mensch. Anthropologie und Literatur im 18. Jahrhundert. DFG-Symposion 1992. Stuttgart, Weimar 1994, S. 410–439, bes. S. 418.

mehr aber die körperlichen Strukturen und Funktionen des Nervensystems und die heteronomen Empfindungen in der Betrachtung der menschlichen Seele an Raum gewinnen, desto rabiater wird die geistige Natur des Menschen ihres Einflusses beschnitten, desto stärker wird der Mensch ins Reich der Natur integriert.

Biosystematik und Naturgeschichte: die Eingliederung des Menschen ins Naturreich

Die Idee vom Menschen als Glied des natürlichen Kosmos ist keine Novität der Aufklärung. Bis in die Philosophie der griechischen Antike reicht die Vorstellung von der kosmologischen Ordnung als einer ‚großen Kette der Wesen' zurück, die im 18. Jahrhundert eine Hochphase erlebt und die den Menschen, so Schiller mit Hallers Worten, als „das unseelige Mittelding von Vieh und Engel"[68] nicht nur über seine Geistigkeit, sondern eben auch über seine Natur- und Körpergebundenheit definiert. Das Modell einer kontinuierlichen und lückenlosen Leiter alles natürlichen Seins (von der anorganischen Materie, über das Pflanzen-, Tier- und Menschenreich, bis hin zu Engeln und zu Gott als reinen Intelligenzen und Geistwesen) gibt ihm entgegen teleologisch-anthropozentrischem Denken, das ihn als Höhe- und Zielpunkt des Kosmos begreift, allen Grund zur Bescheidenheit.[69] Als mittlerem Glied der *scala naturae* kommt ihm nämlich keine qualitative Sonderstellung zu, weil es in einem Denken, das von dem Prinzip der Kontinuität bestimmt ist, nur graduelle, nie aber essenzielle Unterschiede geben kann und weil die Stufenleiter oberhalb seiner Position noch weiterläuft.

Die Integration des Menschen ins Reich der Natur schlägt sich im 18. Jahrhundert aber nicht nur in naturphilosophischen Modellen, sondern auch in der naturwissenschaftlichen Praxis nieder. So entwickelt der schwedische Naturforscher Carl von Linné (1707–1778) in seinem Werk *Systema Naturæ* (1735) zum Zwecke einer Identifikation von Pflanzen und Tieren eine systematische Klassifikation des Naturreichs, die auch den Menschen einschließt. Für die Frage nach der Stellung des Menschen interessant und brisant ist dessen Einordnung – und zwar weniger, wie genau, sondern dass er überhaupt in dieser wohl populärsten Taxonomie ihrer Zeit im Gesamt

---

68 SCHILLER: Versuch über den Zusammenhang, NA 20, S. 47.
69 Vgl. Arthur O. LOVEJOY: Die große Kette der Wesen. Geschichte eines Gedankens (im Original: The Great Chain of Being. A Study of the History of an Idea). Frankfurt/Main 1993 (1936), S. 224–241.

der Natur betrachtet wird.[70] So drückt Linnés Modell auf biosystematischer Ebene das aus, was die Idee einer ‚Kette der Wesen' bereits seit Jahrhunderten voraussetzt: die prinzipielle Einheit natürlichen und lebendigen Seins – trotz aller Verschiedenheiten im Detail.

Der Mensch (*homo sapiens*) lässt sich nach Linnés essenzialistischem Artverständnis zwar als eigene Spezies durch Diskontinuitäten von anderen Arten der Gattung *homo* abgrenzen, einen grundlegenden Dualismus aber, wie er das Menschenbild des Idealismus prägt, kennt seine Einteilung nicht. Das Merkmal ‚Vernunft' steht als *differentia specifica* mit anderen botanischen oder zoologischen Merkmalen wie ‚Blütenaufbau' oder ‚Anzahl der Schneidezähne' auf einer Stufe.[71] An dieser Provokation ändert auch die feierliche Einführung der Vernunft nichts, die Linné in der *Fauna Svecica* (1746) unternimmt. Hier startet er einen angesichts seiner systematischen Eingliederung nicht sonderlich überzeugenden Rettungsversuch des Menschen: Trotz der äußersten Schwierigkeit, auf naturwissenschaftlicher Ebene ein essenzielles Merkmal zur Differenzierung zwischen Affe und Mensch zu finden, deren frappierende Ähnlichkeit die Reisebeschreibungen aus fernen Kontinenten vor Augen führen, könne und müsse man den Menschen als dem Tier „überlegen" betrachten, weil „wir in unserem Innern etwas [besitzen], das die Augen nicht wahrnehmen können, etwas, womit wir selber uns erkennen können, und das ist die Vernunft"[72]. Der methodische Bruch des sonst auf strenge und wertneutrale Beobachtung setzenden Naturforschers – seine Hinwendung zu inneren Gewissheiten fernab empirischer Fassbarkeit und das Urteil, das im Prädikat der Überlegenheit steckt – entlarvt seinen anthropologischen Rettungsversuch als Mogelpaket und kann den Zeitgenossen nicht entgangen sein. Der Mensch – das bleibt als Botschaft Linnés unwei-

---

70 Zur Eingliederung des Menschen ins Tierreich bei Linné vgl. Wolf LEPENIES: Naturgeschichte und Anthropologie im 18. Jahrhundert. In: Historische Zeitschrift 231 (1980), S. 21–41, hier S. 25–29. MORAVIA: Beobachtende Vernunft, S. 21 f., betont, dass Linnés Betrachtung des Menschen als Tier zwar nicht neu ist, dass er aber der Erste sei, „der über eine systematische Grundlage und über ein Rüstzeug verfügte, um den Menschen als natürliches Lebewesen experimentell untersuchen zu können". Sein Fazit: „Gewiß, mehr als einmal schien es, daß der schwedische Wissenschaftler, ohne es zu wollen, mit seinen Forschungen und Ergebnissen die traditionellen Ansichten über den Status des Menschen und das Verhältnis zwischen Mensch und Tier in eine Krise brachte."

71 Vgl. MORAVIA: Beobachtende Vernunft, S. 24: „Die Vernunft wird zwar auf traditionelle Weise angeführt und gepriesen, doch da sie bei Linné endlich als spezifisch-charakteristisches Merkmal des Menschen aufgefaßt wird, erhält sie eine neue und originelle anthropologische Bedeutung, die der berühmten Definition des Menschen als eines *Homo sapiens* einen tieferen Sinn verleiht."

72 Carl von LINNÉ: Fauna Svecica. Hg. altera auctior. Stockholm 1761 (²1746), S. 3 [f] (zit. n. MORAVIA: Beobachtende Vernunft, S. 24).

gerlich hängen – ist ein Tier unter Tieren, spezifisch in seiner Art, aber immer doch Glied der natürlichen Ordnung.

Dass die Reaktionen auf seine Theorie (verglichen etwa mit denen auf Darwins Evolutionstheorie) trotz dieser revolutionären These verhalten bleiben, hat seinen Grund in Linnés essenzialistischem Gattungs- und Artverständnis, von dem er trotz lebenslanger Modifikation seiner Gedanken nicht abweicht und das die anthropologische Annahme eines vom Tier unterscheidbaren, spezifisch menschlichen Wesens schützt. Wenn mit dem typologischen Denken auch erst mit Darwin vollends gebrochen wird, so lässt sich doch schon im 18. Jahrhundert seine Aufweichung beobachten. Einen bedeutenden Beitrag leistet hier Georges-Louis Leclerc, Comte de Buffon (1707–1788), der in der bei Weitem verbreitetsten Naturgeschichte seiner Zeit, der zwischen 1749 und 1788 in 36 Bänden erschienenen *Histoire naturelle*, die Vielfalt und Fülle der Natur zu fassen sucht.[73] An eine methodische Einführung schließen sich hier Darstellungen zur geologischen und klimatischen Entwicklung der Erde an. Es folgen Betrachtungen über Pflanzen und vor allem Tiere, bis die Abhandlung über Themen wie Zeugung und Geburt schließlich in eine Naturgeschichte des Menschen übergeht. Der von Buffon angeregte Diskurs um den ontologischen Status von Gattungen und Spezies (in Auseinandersetzung mit Linné, dessen starrem Essenzialismus er ein nominalistisches Gattungsverständnis gegenüberstellt – sein Artbegriff bleibt weitestgehend typologisch[74]) bringt eine für das traditionelle Menschenbild zentrale Voraussetzung ins Schwanken: dass es in der realen Natur überhaupt durch Diskontinuitäten getrennte und damit klar voneinander zu unterscheidende Essenzen gibt, deren Merkmale und Differenzen Botanik, Zoologie – und eben auch Anthropologie bloß noch aufzudecken hätten.

Dass die Unternehmung einer Naturgeschichte des Menschen für diesen zunächst eine Erniedrigung bedeutet, gesteht Buffon gleich in der Einleitung seines Werkes:

---

73 Auch in Schillers Umfeld ist Buffons Naturgeschichte bekannt und wird unter Anteilnahme gelesen. So verweist Charlotte von Lengefeld in zwei Briefen an Schiller aus dem Jahr 1788 auf ihre Buffon-Lektüre; vgl. Charlotte von Lengefeld an SCHILLER, 30. Mai 1788 (Nr. 162), NA 33.1, S. 191; und dies. an SCHILLER, 15. [u. 17.] November 1788 (Nr. 242), NA 33.1, S. 248–250. Auch Caroline von Beulwitz (an SCHILLER, 10. Februar 1789 (Nr. 270), in NA 33.1, S. 300f., hier S. 301) bekundet ihr großes Interesse an der *Histoire naturelle*: „[I]ch war eben wieder über den Buffon gerathen und er zog mich so an, daß ich mich nicht von ihm scheiden konnte".

74 Vgl. Ernst MAYR: Die Entwicklung der biologischen Gedankenwelt. Vielfalt, Evolution und Vererbung (im Original: The Growth of Biological Thought. Diversity, Evolution and Inheritance). Übers. v. Karin de Sousa Ferreira. Berlin u.a.: Springer 1984 (1982), S. 145 und S. 209–212.

> La première vérité qui sort de cet examen sérieux de la Nature, est une vérité peut-être humiliante pour l'homme; c'est qu'il doit se ranger lui-même dans la classe des animaux, auxquels il ressemble par tout ce qu'il a de matériel, & même leur instinct lui paroîtra peut-être plus sûr que sa raison, & leur industrie plus admirable que ses arts.[75]

Trotz durchaus betonter Unterschiede – von einem qualitativen Wesensunterschied zwischen Mensch und Tier, die einer ‚Klasse' angehören, findet sich hier keine Spur. Ungeachtet seiner ‚ersten Wahrheit' fällt Buffon allerdings, spätestens im fünften Teil seines Werkes, das den Menschen behandelt, in einen strengen Dualismus im besten Sinne Descartes zurück.[76] Er unterscheidet dort zwei Substanzen: eine geistige und unsterbliche, die Seele, und eine körperliche und vergängliche, die Materie. Zwar gesteht er ein, dass der Mensch den Tieren in körperlicher Hinsicht gleiche. Ähnlich wie Linné aber wendet er sich, entgegen eigenen methodischen Voraussetzungen, dann dem menschlichen Inneren zu und entdeckt mit Geist beziehungsweise Seele eine Anlage, die er den Tieren abspricht und über die er die Sonderstellung des Menschen zu begründen sucht:

> [C]omme il n'y a point de milieu entre le positif et le négatif, comme il n'y a point d'êtres intermédiaires entre l'être raisonnable et l'être sans raison, il est évident que l'homme est d'une nature entièrement différente de celle de l'animal, qu'il ne lui ressemble que par l'extérieur, et que le juger par cette ressemblance matérielle, c'est

---

75 BUFFON, Georges-L. Leclerc de: Histoire naturelle, générale et particulière, avec la description du Cabinet du Roi. 36 Bde. Paris 1749ff., Bd. 1, S. 12. – In der Übersetzung von Friedrich H. W. Martini, 1771–1774 im Verlag Joachim Pauli erschienen: „Vielleicht ist die erste Wahrheit, die aus dieser ernsthaften Untersuchung der Natur folgt, für den Menschen etwas demütigend. Sie lehrt ihn, sich selbst in die Klasse der Tiere zu setzen. In Absicht seiner körperlichen Eigenschaften gleicht er ihnen durchgängig. Es scheint sogar, daß sich die Tiere mehr auf ihren Instinkt, als er auf seine Vernunft verlassen, und daß jene auf ihre bewundernswürdige Geschicklichkeit sich mehr einbilden können, als der Mensch auf seine Künste"; BUFFON: Allgemeine Naturgeschichte. Frankfurt/Main 2008 (= orth. angep. Lizenzausgabe der ‚Berliner Ausgabe', übers. v. F. Martini), S. 18. Zur impliziten Annahme der menschlichen Natürlichkeit bei Buffon vgl. MORAVIA: Beobachtende Vernunft, S. 31.
76 Zu dieser Inkonsequenz vgl. LEPENIES: Naturgeschichte und Anthropologie im 18. Jahrhundert, S. 24: „[D]as Prinzip der Kontinuität, das ansonsten die Naturgeschichte auszeichnet, macht für Buffon hier der Diskontinuität Platz. Zwischen der Unvernunft und der Vernunft kann keine Brücke geschlagen werden". MORAVIA: Beobachtende Vernunft, S. 32, der Buffons Verdienst in der Betrachtung des natürlichen Menschen betont, merkt an, dass Buffon so zugleich und paradoxerweise „den Weg zu der von der europäischen Intelligenz zwischen dem 17. und 18. Jahrhundert begonnenen ‚Naturalisierung' des Menschen verschlossen" habe, und wertet diese ambivalente Haltung als Vorsichtsmaßnahme eines Philosophen, der noch tief in der christlich-cartesianischen Tradition verankert war. Zur zwiespältigen Haltung Buffons zwischen Dualismus und Gradualismus vgl. auch Urs DIERAUER, Wolfgang U. ECKART, Astrid von der LÜHE: Art. ‚Tier, Tierseele'. In: HWPh, Bd. 10, Sp. 1195–1217, hier Sp. 1209.

se laisser tromper par l'apparence et fermer volontairement les yeux à la lumière qui doit nous la faire distinguer de la réalité.[77]

Ein Kommentar aus dem Kreis der Bearbeiter um den Mediziner und Naturforscher Friedrich Heinrich Wilhelm Martini, der für die Übersetzung des Werks ins Deutsche verantwortlich ist, belegt, wie wenig Buffons anthropologischer Differentialismus angesichts der grundsätzlich auf Kontinuitätsdenken setzenden Naturgeschichte die Zeitgenossen zu überzeugen vermochte:

> Uns scheint Hr. v. Buffon diesen Sprung vom vollkommensten Tier zum dümmsten Menschen viel zu groß zu schildern, und in der Tat den tierischen Handlungen, die uns oft in Verwunderung setzen, allzuviel Mechanisches beizulegen.[78]

Der cartesianisch eingefärbte Rettungsversuch des Geistwesens Mensch mutet in seinem unmittelbaren Kontext der Schrift, der dessen Natürlichkeit radikal herausstellt: zwischen Zeugung und Entbindung einerseits und der Not des neugeborenen Kindes andererseits, verzweifelt an. Buffon hat das innovative wie destruktive Potenzial seiner Naturalisierung des Menschen selbst erkannt – deutlich stärker als im 19. Jahrhundert scheut man zur Zeit der Aufklärung allerdings noch vor ihren Konsequenzen.

Ethnologie und Geschichtsphilosophie: der Wilde und die Naturgeschichte der Menschheit

Wie sehr die klare Grenzziehung des essenzialistischen Denkens in Typen im 18. Jahrhundert an Schärfe verliert, zeigt auch das große Interesse an Phänomenen, die als Zwischenglieder und Grenzerscheinungen zwischen Humanem und Animalischem ins Visier der zoologischen und ethnologischen Forschung geraten: Menschenaffen (im Verständnis des 18. Jahrhunderts vor allem Orang-Utans, Schimpansen und Gibbons), Affenmenschen und die sogenannten ‚Wilden'.[79] Das Kontinuitätsprinzip der *scala naturae* fordert, dass

---

77   BUFFON: Histoire naturelle, Bd. 2, S. 443 f. – Übers. v. Martini: „Wie es nun zwischen bejahen und verneinen kein Mittel, wie es ferner zwischen den vernünftigen und unvernünftigen keine mittlere Wesen gibt, so ist es ausgemacht und unstreitig, daß die Natur des Menschen gänzlich von der tierischen unterschieden, daß er den Tieren nur im Äußern ähnlich sein müsse, und daß man sich bloß vom Scheine blenden läßt oder mutwillig seine Augen vor dem Lichte verschließet, das uns den Schein von der Wirklichkeit unterscheiden hülft, wenn man ihn bloß nach dem äußerlichen beurteilet"; BUFFON: Allgemeine Naturgeschichte, S. 671 f.
78   BUFFON: Allgemeine Naturgeschichte, S. 671, Anm. 14.
79   Die begriffliche Gegenüberstellung von „Menschenaffen" und „Affenmenschen" entlehne ich Roland BORGARDS: Affenmenschen/Menschenaffen. Kreuzungsversuche bei Rousseau und Bretonne. In: Michael Gamper (Hg.): „Es ist nun einmal zum Versuch gekommen". Experiment und Literatur, 1580–1790. Göttingen 2009, S. 293–308.

der Bereich zwischen Tier und Mensch ausgefüllt sei. Gedanklich entsteht so ein Grenzraum, den zu besetzen seit dem 17. Jahrhundert vermehrt den Anthropoiden zukommt: Affen gelten in Wissenschaft und Literatur (etwa bei Linné, Hermann Samuel Reimarus, Rousseau, Cornelis de Pauw und Herder) als Misch- und Zwischenwesen, die Mensch und Tier voneinander trennen, die zugleich die Kluft zwischen ihnen überbrücken und deren Status angesichts der großen Menschenähnlichkeit bestimmter Affenarten heftig umstritten ist. Auch von hybriden Affenmenschen weiß man zu berichten.[80]

Hat man lange geglaubt, den Menschen durch die Spezifik seines Kieferbaus vom Affen unterscheiden zu können,[81] so entfällt mit der Entdeckung des Zwischenkieferknochens am menschlichen Schädel die anatomische *differentia specifica*. Freudig erregt schreibt Goethe, der sich als Entdecker des *os intermaxillare* wähnt, am 27. März 1784 seinem Freund Herder, er habe gleichsam den „Schlußstein zum Menschen"[82] gefunden. Worüber sich der leidenschaftliche Naturforscher freut, weil er glaubt, das letzte Mosaiksteinchen im rätselhaften Puzzle Mensch gefunden zu haben, darüber wird so mancher Zeitgenosse nervös geworden sein, weil der anatomische Fund auf eine gemeinsame Stammesgeschichte von Mensch und Tier hinweist.

---

80 Zum Affen in den wissenschaftlichen und literarischen Debatten des 18. Jahrhunderts vgl. Roland BORGARDS: Affen. Von Aristoteles bis Soemmerring. In: Günter Oesterle, Roland Borgards, Christiane Holm (Hg.): Monster. Zur ästhetischen Verfasstheit eines Grenzbewohners. Würzburg 2009, S. 239–253, hier S. 245–253; Peter SCHNYDER: „Am Rande der Vernunft". Der Orang-Utan als monströse Figur des Dritten von Herder bis Hauff und Flaubert. In: ebd., S. 255–272; und Hans W. INGENSIEP: Der aufgeklärte Affe. Zur Wahrnehmung von Menschenaffen im 18. Jahrhundert im Spannungsfeld zwischen Natur und Kultur. In: Jörn Garber, Heinz Thoma (Hg.): Zwischen Empirisierung und Konstruktionsleistung. Anthropologie im 18. Jahrhundert. Tübingen 2004, S. 31–57.

81 Der renommierte holländische Anatom und Mediziner Peter Camper entdeckt am Schädel eines Orang-Weibchens den Zwischenkieferknochen, während er ihn an keinem Menschenschädel ausmachen kann. Fortan besteht für ihn und andere Anatomen hierin der zentrale anatomische Unterschied zwischen Mensch und Affe. Auch Blumenbach und Soemmerring gehen von der Nichtexistenz des Zwischenkieferknochens aus.

82 Johann W. GOETHE: Brief an Johann G. Herder, 27. März 1784 (Nr. 1903). In: Ders.: Goethes Werke. Weimarer Ausgabe. 143 Bde. Hg. v. Hermann Böhlau u. a. Weimar 1887–1919. Abt. IV, Bd. 6, S. 258; vgl. hierzu außerdem Goethes 1784 verfasste, aber erst 1820 gedruckte Schrift *Versuch aus der vergleichenden Knochenlehre daß der Zwischenknochen der obern Kinnlade den Menschen mit den übrigen Thieren gemein sei*, kommentiert von Hans J. BECKER: Der erste große Wurf. Die Entdeckung des Zwischenkieferknochens beim Menschen. In: Johann W. Goethe: Goethes Biologie. Die wissenschaftlichen und die autobiographischen Texte. Eingel. u. komment. v. Hans J. Becker. Würzburg 1999, S. 23f.; sowie Manfred WENZEL: Art. ‚Zwischenkieferknochen'. In: Bernd Witte u. a. (Hg.): Goethe Handbuch. 4 Bde. Stuttgart 2004. Bd. 4.2, S. 1216–1218. Vor Goethe wurde der Zwischenkieferknochen bereits mehrfach beschrieben, zum Beispiel 1780 durch den französischen Arzt Felix Vicq d'Azyr.

Mit dem ‚Wilden' besetzt ein weiteres Wesen die Schwellenposition.[83] In seiner Naturnähe verkörpert der Ureinwohner ferner Länder aus der Perspektive der Europäer den Typus des tierischen Menschen, dessen Bewertung zwischen unzivilisiertem, rohem Primitivling und *bon sauvage*, zwischen Unmensch und Idealmensch schwankt. Die Reiseberichte über fremde Völker bieten den Denkern der Aufklärung ein ethnografisches Tableau, an dessen Stoff sie sich in ihren anthropologischen Abhandlungen über die Natur des Menschen und die Einheit des Menschengeschlechts fleißig bedienen.[84] Es entstehen Rassen- und Milieutheorien und die florierende Debatte um Instinkt und Bewusstsein im Spannungsfeld von Natur/Tier und Geist/Mensch erhält mit den konkreten Beschreibungen des Verhaltens von Angehörigen ‚primitiver' Völkerstämme und Anthropoiden eine anschauliche Grundlage.

Auch Rousseau, Herder, Kant und Schiller unterlegen ihre menschheitsgeschichtlichen Darstellungen ausführlich mit empirischem Material über die Exoten aus Übersee. Von seiner Geschichtsphilosophie über die Ästhetik bis hinein in die späten Dramenfragmente spielt der Typus des ‚Wilden' eine zentrale Rolle für Schillers anthropologisches Denken.[85] Der inflationäre Rückgriff von Wissenschaft und Literatur des späten 18. Jahrhunderts auf die Schwellenwesen Affenmensch, Menschenaffe und Wilder verraten das hohe Irritationspotenzial für bestehende Menschenbilder, das diese Phänomene mit sich bringen. Wo tierisches Verhalten intelligent erscheint und menschliches Gebaren mehr triebhaft als besonnen wirkt, wo man bei Menschenaffen grundlegende Formen von Kultur zu erkennen glaubt und im ‚Wilden' ein Lebewesen reinster Natürlichkeit sieht, dort steht das idealistische Menschenbild radikal infrage.

---

83   Zum ‚Wilden' als „anthropologische[r] Grenzidee" vgl. Helmut ZEDELMAIER: Der Anfang der Geschichte. Studien zur Ursprungsdebatte im 18. Jahrhundert. Hamburg 2003, S. 276–284, hier S. 276. Das Zusammenspiel von Ethnologie und Zoologie und die enge Verbindung von Affe und Ureinwohner in den Debatten um 1800 betont Roland BORGARDS: Der Affe als Mensch und der Europäer als Ureinwohner. Ethnozoographie um 1800 (Cornelis de Pauw, Wilhelm Hauff, Friedrich Tiedemann). In: David E. Wellbery (Hg.): Kultur-Schreiben als romantisches Projekt. Romantische Ethnographie im Spannungsfeld zwischen Imagination und Wissenschaft. Würzburg 2012, S. 17–42.

84   Eine umfassende geistesgeschichtliche Darstellung der europäisch-überseeischen Begegnung liefert Urs BITTERLI: Die ‚Wilden' und die ‚Zivilisierten'. Grundzüge einer Geistes- und Kulturgeschichte der europäisch-überseeischen Begegnung. München 1976. Die Bedeutung der Konfrontation der europäischen Denker mit fremden Kulturen stellt auch Hinrich FINK-EITEL: Die Philosophie und die Wilden. Über die Bedeutung des Fremden für die europäische Geistesgeschichte. Hamburg 1994, heraus. Zur facettenreichen Beschäftigung europäischer und besonders deutscher Literatur und Ästhetik um 1800 mit fremden Kulturen vgl. auch den Sammelband, hg. v. Stefan HERMES, Sebastian KAUFMANN: Der ganze Mensch – die ganze Menschheit. Völkerkundliche Anthropologie, Literatur und Ästhetik um 1800. Berlin, Boston 2014.

85   Vgl. Karl S. GUTHKE: Zwischen „Wilden" in Übersee und „Barbaren" in Europa, S. 844–871.

Umso mehr die Fülle natürlicher Erscheinungen und ihre bloß graduelle Unterscheidbarkeit angesichts unzähliger Zwischenformen ins Bewusstsein dringen, auch umso stärker die Geschichte der Erde in den Blick gerät, desto intensiver drängt sich die Idee der natürlichen Entwicklung auf.[86] Gilt die Natur bis in die frühe Aufklärung hinein als statischer Gegenstand wissenschaftlicher Forschung, die seziert, beschreibt und misst, Gattungen und Arten von Lebewesen klassifiziert und ewigen Gesetzen auf den Grund geht, die es aber unterlässt, die Welt und die Natur als geworden und werdend zu begreifen, setzt in der zweiten Hälfte des 18. Jahrhunderts eine Dynamisierung und Verzeitlichung des Naturbegriffs ein.[87] Auch in das Modell der ‚großen Kette der Wesen' dringt die Zeit ein.[88]

---

86 Die Kosmologie erkennt die räumlich wie zeitlich unendliche Größe des Universums und hinterfragt seine Konstanz mit der These von der Wandelbarkeit und Entwicklung des Weltalls. So schreibt Kant mit seiner *Naturgeschichte und Theorie des Himmels* (1755) eine Entstehungsgeschichte der Erde. Die Geologie stellt anhand ihrer Oberfläche neue Schätzungen über das Alter der Erde an und geht ihrer Geschichte nach. Buffons *Époques de la nature* (1778) gilt als eines der ersten Werke, das mit seiner neuen Chronologie von einem langen komplexen Prozess der Erdentwicklung ausgeht. Der französische Naturforscher stellt dem biblisch errechneten Erdalter von 6.000 Jahren ein Alter von 75.000 bis 80.000 Jahren entgegen. Naturgeschichte und Biogeografie wenden sich der Verteilung der Arten über die Erde zu und sind bemüht, das wachsende Wissen über Fossilien in ein stimmiges Modell vom Werden und Vergehen von Arten einzuordnen. Und durch technischen Fortschritt wird die Erforschung mikroskopisch kleinster Organismen ermöglicht, die Aufschluss über die Entstehung von Leben aus toter Materie versprechen.

87 Zum Wandel von der deskriptiv-klassifikatorischen *historia naturalis* zur historisch-dynamisch denkenden Naturgeschichte vgl. Reinhart KOSELLECK: Art. ‚Geschichte, Historie'. In: Otto Brunner, Werner Conze, Reinhart Koselleck (Hg.): Geschichtliche Grundbegriffe. Bd. 2, S. 593–717, hier S. 678–682; und Wolf LEPENIES: Das Ende der Naturgeschichte. Wandel kultureller Selbstverständlichkeiten in den Wissenschaften des 18. und 19. Jahrhunderts. München, Wien 1976, S. 29–77. Zur Historisierung der Natur im 18. Jahrhundert vgl. außerdem Johannes ROHBECK: Historisierung des Menschen. Zum Verhältnis von Naturgeschichte und Geschichtsphilosophie. In: Walter Schmitz, Carsten Zelle (Hg.): Innovation und Transfer. Naturwissenschaften, Anthropologie und Literatur im 18. Jahrhundert. Dresden 2004, S. 121–130. Den Beitrag der technischen Naturbeherrschung zur Verzeitlichung des Naturbegriffs betont Norbert RATH: Zweite Natur. Konzepte einer Vermittlung von Natur und Kultur in Anthropologie und Ästhetik um 1800. Münster u. a. 1996, S. 43–47. Den Auftrieb, den die historische Betrachtung von Mensch und Natur durch den Einzug des Vitalismus in das Denken der Aufklärung erhält, unterstreicht REILL: Die Historisierung von Natur und Mensch. Wolfgang PROSS: „Ein Reich unsichtbarer Kräfte". Was kritisiert Kant an Herder? In: Scientia Poetica 1 (1997), S. 62–119, hier S. 106f., hingegen hält die Kategorie der Verzeitlichung weniger für ein Faktum als vielmehr für eine Art Joker im Spiel historiografischer Interpretationsstrategien.

88 Etwa bei Leibniz, Kant, Diderot, Holbach und Pierre Louis Moreau de Maupertuis; vgl. LOVEJOY: Die große Kette der Wesen, S. 294f. Regine KATHER: Von der ‚Kette der Wesen' zur Evolution der Lebensformen. Unterschiede und Gemeinsamkeiten. Beitrag zur Tagung „Darwins Zufall und die Übel der Natur". Tagungshaus Weingarten 19.–21. Juni 2009, http://www.akademie-rs.de/fileadmin/user_upload/download_archive/naturwissenschaft-theologie/090619_kather_kette.pdf (17. November 2015), S. 10, verweist auf die

Parallel zur Historisierung der Natur findet eine Naturalisierung der Geschichte statt.[89] Über die Einbindung des Menschen in seine natürliche Umwelt und die geografischen Bedingungen der einzelnen Länder und Kontinente mit ihrem je spezifischen Klima, Nahrungsangebot und den Möglichkeiten, sich in ihrer Umgebung als Mensch einzurichten, versucht man die unterschiedlichen körperlichen wie kognitiven Evolutionsstufen zu erklären, die man zwischen europäischen und außereuropäischen Völkern zu erkennen meint. Bereits im 18. Jahrhundert bildet sich so die Idee einer Wechselwirkung von Organismus und Umwelt aus.[90] Indem das kulturell Fremde und das geografisch Ferne über analogisches Denken in die historische Frühzeit verlegt wird, entsteht in der Spätaufklärung, bei Iselin, Herder, Kant, Schiller und anderen, die anthropologisch fundierte und geschichtsphilosophisch ausgerichtete Gattung der Menschheitsgeschichten, die die Entwicklung der einen Menschheit von primitiven Ursprüngen bis hin zu den zivilisierten Formen der eigenen Kultur nachzeichnet.[91] Das narrative Gerüst stellt die Abfolge von Kindheits-, Jugend- und Erwachsenenalter der Menschheit dar – auf Grundlage einer Parallelisierung von Phylo- und Ontogenese.[92] Die Determinanten der Naturgeschichte bilden die Umweltbedingungen des Menschen, ihr Motor ist eine natürliche Anlage zur Entwicklung und Vervollkommnung, die Rousseau *perfectibilité* nennt.[93]

Verknüpfung dieser Verzeitlichung der *scala naturae* mit dem Fund von Fossilien längst ausgestorbener Tierarten.

89 Die gegenseitige Durchdringung von Natur und Geschichte betont ROHBECK: Historisierung des Menschen.

90 Etwa in der Klimatheorie, die im Rahmen anthropologischer Überlegungen in Montesquieus *De l'esprit des loix* (1748) prominent entwickelt wird. Auch Schiller greift auf sie zurück, etwa wenn er in seiner letzten Dissertation schreibt: „Ich will nicht behaupten, daß das Klima die einzige Quelle des Karakters sey, aber gewiß muß, um ein Volk aufzuklären, eine Hauptrücksicht dahin genommen werden, seinen Himmel zu verfeinern." SCHILLER: Versuch über den Zusammenhang, NA 20, S. 65.

91 Vgl. hierzu Kap. III.E.1.

92 Lucas M. GISI: Die Parallelisierung von Ontogenese und Phylogenese als Basis einer ‚anthropologischen Historie' im 18. Jahrhundert. In: Thomas Bach, Mario Marino (Hg.): Naturforschung und menschliche Geschichte. Heidelberg 2011, S. 41–59, hier S. 42, bezeichnet die Parallelisierung von Individual- und Gattungsgeschichte als „Scharnierstelle" zwischen Anthropologie und Kulturgeschichte. Näheres zur Metapher der Lebensalter bei Armin MÜLLER: Art. ‚Lebensalter'. In: HWPh, Bd. 5, Sp. 112–114, hier Sp. 113; sowie Sabine ANDRESEN, Daniel TRÖHLER: Die Analogie von Menschheits- und Individualentwicklung. Attraktivität, Karriere und Zerfall eines Denkmodells. In: Vierteljahrsschrift für wissenschaftliche Pädagogik 77 (2001), S. 145–172, hier S. 146–152.

93 Rousseau deutet die Perfektibilität als eine dem Wesen des Menschen inbegriffene Fähigkeit, aus der heraus sich im Laufe der Geschichte alle anderen Fähigkeiten nur zu entfalten brauchen. Diese Vorstellung, dass im Keim angelegt ist, was sich später lediglich noch auszuwickeln braucht, ist evolutionistisch im weiteren Sinne des Wortes und entstammt der ‚Biologie', wie ROHBECK: Historisierung des Menschen, S. 124–129, in seiner These von der

All diese Entwicklungen – die Fokussierung auf Affen und Wilde, die Verzeitlichung des Naturbegriffs und die Naturalisierung der menschlichen Geschichte – bereiten dem Evolutionsdenken des 19. Jahrhunderts den Weg. Ernst Mayr kürt bereits Buffon (trotz seines teils noch statisch-essentialistischen Denkens) zum „Vater des Evolutionismus"[94]. Der große französische Naturforscher habe als Erster viele zentrale Evolutionsprobleme erörtert, und wenn er auch selbst falsche Folgerungen gezogen habe – das Thema der Evolution sei, einmal darauf aufmerksam gemacht, fortan nicht mehr aus den wissenschaftlichen Diskursen wegzudenken gewesen. Buffon zieht in der Tat die Möglichkeit einer gemeinsamen Abstammung der Arten in Betracht.[95] Wenn er diese Vorstellung auch verwirft und ein erstes Konzept von der natürlichen Entwicklung der Arten im engeren Sinne erst um 1800 bei Jean-Baptiste de Lamarck ausformuliert wird, so zeigt sich in Buffons Schriften doch, dass die Evolutionstheorie schon in den letzten Jahrzehnten des 18. Jahrhunderts „zum Greifen nah"[96] liegt. Die schwelende Bedrohung, die die Idee einer natürlichen Entwicklungsgeschichte für das idealistische Menschenbild mit sich bringt, schwingt im anthropologischen Diskurs immer mit, wenn auf Affen und Wilde zurückgegriffen wird.

In der Lösung der Frage, ob und wie die Annahme vom Menschen als Teil der Natur mit der These seiner Sonderstellung im Weltganzen zu vereinen ist, darin liegt die große Herausforderung dieser ideengeschichtlichen Ausgangslage – auch für Schiller, der seine Augen vor den naturalistischen

---

     gegenseitigen Modellübertragung naturwissenschaftlichen und historischen Denkens zeigt. Ursprünglich geht die Idee auf Aristoteles zurück.

[94] MAYR: Die Entwicklung der biologischen Gedankenwelt, S. 263.

[95] BUFFON 1766, zit. n. MAYR: Die Entwicklung der biologischen Gedankenwelt, S. 265: „Nicht nur Esel und Pferd, sondern auch den Menschen, die Affen, die vierfüßigen Säugetiere und alle Tiere kann man so betrachten, als bildeten sie eine einzige Familie ... Wenn man zugäbe, daß der Esel der Familie des Pferdes angehört und sich von dem Pferd nur deshalb unterscheidet, weil er von der ursprünglichen Form abgewichen ist, so könnte man genau so gut sagen, daß der Affe der Familie des Menschen angehört, daß er ein entarteter Mensch ist, daß Mensch und Affe gemeinsame Ursprünge haben; daß in der Tat alle Familien, wie bei den Pflanzen und bei den Tieren, aus einem einzigen Stamm entstanden sind, und daß alle Tiere von einem einzigen Tier abstammen, aus dem sich im Laufe der Zeit, als Resultat von Fortschritt oder Degeneration, alle anderen Tierrassen herausgebildet haben." An die Realität dieser Möglichkeit aber glaubt Buffon nicht: Zunächst widerspreche eine solche Naturdarstellung der Autorität der Offenbarung. Außerdem, und diese Argumente besitzen im Kontext der weitestgehend säkularisierten Naturbetrachtung der *Histoire naturelle* mehr Schlagkraft, könne man die Entstehung neuer Spezies nicht beobachten, man kenne auch keine Stufen zwischen den einzelnen Arten. Und schließlich, Buffons wichtigstes Argument, belege die Unfruchtbarkeit der Bastarde die Fehlerhaftigkeit evolutionistischer Naturerklärung.

[96] Thomas JUNKER, Uwe HOSSFELD: Die Entdeckung der Evolution. Eine revolutionäre Theorie und ihre Geschichte. Darmstadt 2001, S. 37.

und materialistischen Tendenzen der philosophischen, medizinischen, psychologischen, anatomischen, naturkundlichen und ethnologischen Diskurse seiner Zeit nicht verschließen kann, der aber zugleich einen spezifischen Ort sucht für das freie Geistwesen Mensch, das in den zeitgenössischen Debatten kaum mehr Platz hat. Was die Konfliktsituation Schillers von der der Philosophischen Anthropologen unterscheidet, ist im Detail eine ganze Fülle an wissenschaftlichen Entdeckungen und Erkenntnissen, auf dem Feld der Biologie, der Medizin und der Psychologie, auch von Neuansätzen der Philosophie. Im Kern aber ist es kaum mehr als die Existenz anschaulichen und überzeugenden Belegmaterials für eine hier wie dort in Betracht gezogene Theorie: der körperlichen Bestimmtheit des Menschen, seiner Entwicklung aus dem Tierreich und seiner ursprünglichen Lebens- und Naturgebundenheit. Was zwischen ihnen liegt, sind Wissenschaftler wie Darwin und Denker, die sich dem Menschen und der Natur im Sinne Schillers ‚mit ruhigen, keuschen und offenen Sinnen' nahen.

3 Das Irritationspotenzial gesellschaftlicher Umbrüche und politischer Konflikte

Die optimistische Anthropologie der Moderne, die an die Vernunft des Menschen seine Sonderstellung gegenüber der Natur, auch die Versprechen wachsender Selbsterkenntnis und Freiheit sowie eines guten, menschenwürdigen Lebens knüpft, wird nicht nur durch die Naturalisierung des Menschen im Rahmen wissenschaftlicher Diskurse erschüttert, sie erlebt auch eine massive Irritation, wo sich trotz oder gerade wegen des vernunftgetragenen menschheitlichen Zivilisations- und Modernisierungsprozesses inhumane gesellschaftliche Entwicklungen und Konflikte einstellen. Das Feld, gegenüber dem sich die Anthropologen positionieren, weitet sich also über die Grenzen wissenschaftlicher Debatten zum Menschen auf die konkrete menschliche Lebenswelt aus. In historischen Katastrophen und Missständen, in denen die rohe, animalische Natur des Menschen zum Vorschein kommt, findet die naturalistische These, der Mensch sei nichts als ein tierisches Wesen, in gesellschaftlichen Kontexten Bestätigung. Weil soziale und politische Strukturen dem Menschen in Fragen der Selbstwahrnehmung Orientierung geben und Umbruchsereignisse in Gesellschaft und Politik zugleich etwas über die hinter ihnen stehenden menschlichen Akteure aussagen, lassen sich Menschenbildkrisen auch vor dem Hintergrund ihrer sozialgeschichtlichen Entstehungssituation in den Blick nehmen, der realhistorischer Ereignisse ebenso wie der Mentalität einer Epoche.

„In seinen Thaten mahlt sich der Mensch", schreibt Schiller mit Blick auf die europäische Lage vor der Jahrhundertwende, „und welche Gestalt ist es, die sich in dem Drama der jetzigen Zeit abbildet!"[97] Das späte 18. wie das frühe 20. Jahrhundert sind durch einschneidende Modernisierungsprozesse auf unterschiedlichsten gesellschaftlichen Ebenen gekennzeichnet, die ein epochales Krisenbewusstsein hervorrufen. Als Krisenbarometer der Moderne kann die Verbreitung kulturkritischer Positionen in der Öffentlichkeit dienen. Neben den Modernisierungserscheinungen werfen in der Entstehungsphase von Schillers ästhetischer Anthropologie und in der Gründungszeit der Philosophischen Anthropologie zudem zwei desaströse Ereignisse ihre Schatten auf die Menschheit: die Phase der Terreur während der Französischen Revolution und der Erste Weltkrieg mit seinen Folgen, die nicht nur weltpolitische und gesellschaftliche Ordnungsmodelle zum Einsturz bringen, sondern auch die Inhumanität des Menschen drastisch vor Augen führen. Selten liegen die Ambivalenzen menschheitlichen Fortschritts so eng beieinander.

3.1 Der Erste Weltkrieg und die gesellschaftlichen Turbulenzen am Anfang des 20. Jahrhunderts

Das anthropologische Bewusstsein um das problematische Wesen des Menschen, das in den 1920er Jahren die Geburtsstunde der Philosophischen Anthropologie einläutet, bricht sich in einer Zeit Bahn, in der in weiten Teilen der deutschen Bevölkerung Krisenstimmung herrscht.[98] Um die Jahrhundertwende setzt ein umfassender Modernisierungsprozess ein, der sich in den folgenden Jahrzehnten verstärkt fortsetzt und der neben optimistischer Aufbruchslaune eine fundamentale Verunsicherung mit sich bringt.[99] Ein komplexes Geflecht gesellschaftlicher und politischer Umbrüche hat Anfang des 20. Jahrhunderts eine Transformation grundsätzlicher Orientierungs- und Sinnsysteme zur Folge: demografische Veränderungen und ein Wandel der Geschlechterrollen im Zuge der Frauenbewegung, zunehmende Urbanisierung und soziale Missstände, eine sich ausdehnende Umgestaltung der Arbeitswelt, die Entstehung der Massenkultur, die weitreichende Durchdringung des menschlichen Lebens von Technik, der allgegenwärtige Siegeszug der Naturwissenschaften und vieles mehr. Bestehende Selbstbilder,

---

97 SCHILLER: Ästhetische Briefe (5. Brief), NA 20, S. 319.
98 Vgl. Wolfgang HARDTWIG: Einleitung. In: Ders. (Hg.): Ordnungen in der Krise. Zur politischen Kulturgeschichte Deutschlands 1900–1933. München 2007, S. 11–18, hier S. 12, und Moritz FÖLLMER, Rüdiger GRAF, Per LEO: Einleitung: Die Kultur der Krise in der Weimarer Republik. In: Moritz Föllmer, Rüdiger Graf (Hg.): Die „Krise" der Weimarer Republik. Zur Kritik eines Deutungsmusters. Frankfurt/Main, New York 2005, S. 9–41.
99 Vgl. hierzu HARDTWIG: Einleitung. In: Ders. (Hg.): Ordnungen in der Krise, S. 11 f.

alte anthropologische Topoi und traditionsreiche Modelle vom Menschen erscheinen angesichts der tiefgreifenden Veränderungen überholt.

Wie eng das Bewusstsein um die Problematik des Menschen, das zum Motor der Philosophischen Anthropologie wird, mit gesellschaftsanalytischen und gegenwartskritischen Beobachtungen verwoben ist, lässt bereits das Doppelinteresse Schelers, Plessners und Gehlens erahnen: Alle drei Denker stehen der Soziologie ebenso nahe wie der Anthropologie. Die Tatsache, dass philosophische Anthropologie im 20. Jahrhundert vorrangig ein deutsches Phänomen bleibt, verweist auf ihre Verwurzelung in der spezifischen Mentalität der Gesellschaft. Wenn auch aktuelle politische Konflikte und gesellschaftliche Umbrüche in ihren anthropologischen Hauptwerken (anders als etwa in Schillers *Ästhetischen Briefen*) keine explizite Rolle spielen, so schwingt in Schelers, Plessners und Gehlens Philosophie doch immer ein grundsätzliches Krisenbewusstsein mit, das dann im Anschluss an ihre philosophische Grundlegung – vor allem bei Plessner und Gehlen – Gedanken zur politischen Anthropologie motiviert.

Bereits 1915 veröffentlicht Scheler unter dem Titel *Vom Umsturz der Werte* Aufsätze und Abhandlungen zur „Kritik unserer Zeit und ihres Ethos"[100]. Moralische Wertvorstellungen, der Wandel der Gemeinschaft, die Frauenbewegung, die Bevölkerungspolitik, vor allem aber die Probleme der Arbeit und des Kapitalismus werden hier einer umfassenden und kritischen Analyse unterzogen.[101] Den Ersten Weltkrieg erklärt Scheler zur späten Manifestation eines radikalen Umbruchprozesses, zum äußeren Zeichen der „Seelen- und Lebensmächte, die unseren Kulturkreis immer näher dem Abgrunde entgegenzutreiben scheinen"[102]. In dieser Diagnose zur Situation des westlichen Kulturkreises spiegelt sich die Irritation traditioneller Menschenbilder der abendländischen Philosophiegeschichte.

Tatsächlich ist der Erste Weltkrieg weit mehr als bloße Manifestation eines ihm vorausgehenden kulturellen Zerfalls. Er stellt eine tief einschneidende Zäsur in der Welt- und Selbstwahrnehmung der Deutschen dar und wird in der Geschichtswissenschaft heute oft auf George Frost Kennans nicht unumstrittene Formel der ‚Urkatastrophe des 20. Jahrhunderts' gebracht.[103] Die desillusionierenden Erlebnisse vor allem der vielen jungen, naiv-optimistischen Kriegsfreiwilligen, ihre Erfahrung von exzessiver Gewalt und Tod an der Front sowie die Einsicht in die menschenverachtende Logik des

---

100 SCHELER: Vom Umsturz der Werte (1915), GW 3, S. 8 (Vorrede zur 1. Aufl.).
101 Vgl. hierzu auch HENCKMANN: Max Scheler, S. 175–178.
102 SCHELER: Vom Umsturz der Werte (^{3}1923), GW 3, S. 10f. (Vorrede zur 3. Aufl.).
103 George F. KENNAN: The Decline of Bismarck's European Order. Franco-Russian Relations, 1875–1890, Princeton 1979, S. 3: „*the* great seminal catastrophe of this century". Zur Problematik dieser Formel vgl. Aribert REIMANN: Der Erste Weltkrieg – Urkatastrophe oder Katalysator? In: Aus Politik und Zeitgeschichte B 29–30 (2004), S. 30–38, bes. S. 30f.

hochtechnisierten und militärisch durchrationalisierten Krieges lösen einen epochalen traumatischen Schock aus, mit dem ein Zusammenbruch des idealistisch-humanistischen Menschenbildes einhergeht. Die Epoche der Weltkriege erlebt, wie der menschliche Geist, einst Garant für technischen Fortschritt, Moral und wachsende Humanität, im modernen Krieg, der erst durch innovative Technologien und eine bis ins Detail durchdachte Propaganda möglich wird, zur instrumentellen Vernunft im Dienste menschlicher Massenvernichtung pervertiert. Vernunft, bislang Chiffre des Humanen, entpuppt sich als Gehilfin eines menschenverachtenden und freiheitsberaubenden Systems. Der Bruch im Urvertrauen auf die menschliche Humanität sowie die Zerstörung und ökonomische Zerrüttung Deutschlands, die der Erste Weltkrieg mit sich bringt, schlägt sich in der deutschen Bevölkerung in einem „allgegenwärtige[n] Bewusstsein der Bedrohung"[104] nieder.

Diese umfassende Krisenstimmung setzt sich über die Kriegsjahre hinweg in der Weimarer Republik fort. Die Folgen des Ersten Weltkriegs, die politischen Legitimationsschwierigkeiten der jungen Republik und die wirtschaftlich hochproblematische Lage, Strukturschwäche, Stagnation und Inflation, lösen bei vielen Zeitgenossen eine tiefe Verunsicherung aus.[105] Mit Blick auf die politische, ökonomische und kulturelle Situation der 1920er Jahre spricht Detlev J. K. Peukert von einer „Krisenzeit der *klassischen Moderne*"[106]. Moritz Föllmer, Rüdiger Graf und Per Leo warnen zwar vor einem pauschalen Rückgriff auf das Krisenparadigma in der Weimarforschung und die These einer objektiven Krisenhaftigkeit von Politik, Gesellschaft und Kultur – ein subjektives Krisenbewusstsein lasse sich aber durchaus beobachten.[107]

Bei Plessner schlagen sich die geistigen und politischen Turbulenzen der Zeit in sozialphilosophischen Studien und seiner politischen Anthropologie nieder, in dem Versuch, dem in Zeiten der Krise zerrütteten westlichen Wertesystem eine *„anthropologische Neugründung des politischen Humanismus"*[108] entgegenzusetzen. In seiner Schrift *Grenzen der Gemeinschaft. Eine Kritik des sozialen Radikalismus* (1924) stellt er der Gefährdung des individuellen Men-

---

104 REIMANN: Der Erste Weltkrieg – Urkatastrophe oder Katalysator?, S. 36.
105 Zur ‚traumatischen Erfahrung' der ökonomischen und gesellschaftlichen Situation Deutschlands zwischen 1914 und 1924 vgl. die Gesamtdarstellung von Gerald D. FELDMAN: The Great Disorder. Politics, Economics, and Society in the German Inflation, 1914–1924. New York 1993.
106 Detlev J. K. PEUKERT: Die Weimarer Republik. Krisenjahre der Klassischen Moderne. Frankfurt/Main 1987, S. 11.
107 Vgl. FÖLLMER, GRAF, LEO: Einleitung. Die Kultur der Krise in der Weimarer Republik, S. 20–23. Zur Unterscheidung realer Krisenprozesse von einer Krisensemantik vgl. auch HARDTWIG: Einleitung. In: Ders. (Hg.): Ordnungen in der Krise, S. 12.
108 Wolfgang BIALAS: Politischer Humanismus und „Verspätete Nation". Helmuth Plessners Auseinandersetzung mit Deutschland und dem Nationalsozialismus. Göttingen 2010, S. 133.

schen und der gesellschaftlichen Humanität durch den sozialen Radikalismus eines überzogenen Gemeinschaftsideals, wie es die Jugend- und die völkische Bewegung seinerzeit verfolgen, wie es aber auch in marxistischen Gemeinschaftsutopien zu finden ist, ein Gesellschaftsethos gegenüber, das auf Diplomatie und Takt, auf Distanz und auf Freiheit setzt. Zeitlebens widersetzt er sich Radikalismen, reduktionistischen Festschreibungen und der totalitären Unterdrückung des Menschen, wie er sie aufgrund politischer Ideologien und biologistischer Rassentheorien im menschenverachtenden System des Nationalsozialismus am eigenen Leib erfahren hat. Eine Analyse von geistesgeschichtlichen Ermöglichungsbedingungen des Faschismus, der sich im Deutschland der Zwischenkriegsjahre ausbreitet, liefert Plessner 1935 aus seinem Exil in den Niederlanden mit *Das Schicksal deutschen Geistes im Ausgang seiner bürgerlichen Epoche*[109]. Sein Denken, auch sein anthropologisches, ist also eng mit dem Verlauf der deutschen Geschichte verwoben.[110]

Eine andere Lage bietet sich im Falle Gehlens dar, der zur Überwindung der instabilen Lage im 20. Jahrhundert weniger für eine Lockerung politischer und sozialer Festschreibungen als für die Einbindung des Menschen in eine starke gesellschaftliche Ordnung plädiert. Gehlens anfängliche Begeisterung für die nationalsozialistische Ideologie nimmt Mitte der 1930er Jahre mehr und mehr ab – in dieser Zeit wendet er sich der Anthropologie zu.[111] Sein Hauptwerk *Der Mensch* entsteht, als Nachzügler von Schelers und Plessners Gründungsschriften, vor einem anderen historischen und biografischen Hintergrund. Gleichwohl ist auch Gehlens Denken von der Krisenstimmung der Epoche geprägt; den kulturkritischen Geist der Weimarer Republik hat er, wie Christian Thies in seiner Studie zu Gehlens Modernekritik schreibt, regelrecht „eingesogen"[112]. Die „Krise des Individuums" sei nach Gehlen durch den Verlust von Lebenserfahrung im objektiven Raum, durch Vermassungstendenzen mit Folgen wie Konformismus, Vereinzelung und Werteverlust im sozialen Bereich sowie eine falsche Erlebnis- und Glücksorientierung im subjektiven Weltbezug des Menschen gekennzeichnet, die

---

109 Ab 1959 neu aufgelegt unter dem Titel *Die verspätete Nation. Über die politische Verführbarkeit bürgerlichen Geistes.*
110 Eine umfassende Lebensgeschichte Plessners im Kontext seiner Epoche und biografische Hintergründe seines anthropologischen Versuchs, „eine philosophische Antwort auf die Verunsicherung des Menschen in der Moderne zu geben", liefert DIETZE: Nachgeholtes Leben, hier S. 8f.
111 Vgl. THIES: Arnold Gehlen zur Einführung, S. 15. Gehlens Stellung zum Nationalsozialismus ist strittig, kann und soll hier aber nicht weiter erörtert werden. Eine differenzierte Stellungnahme findet sich bei Christian THIES: Die Krise des Individuums. Zur Kritik der Moderne bei Adorno und Gehlen. Reinbek bei Hamburg 1997, S. 32–42. Vgl. dazu auch Karl-S. REHBERG: Nachwort des Herausgebers. In: Arnold Gehlen, GA, Bd. 3 (Der Mensch. Seine Natur und seine Stellung in der Welt), S. 751–786, hier S. 753f.
112 THIES: Die Krise des Individuums, S. 32.

im ausgeprägten Subjektivismus der Moderne, den Strukturen der bürgerlichen Gesellschaft und ihrem kapitalistischen Wirtschaftssystem begründet liegen. Im Hinblick auf Gehlens Bewusstsein für eine Krisenhaftigkeit der Epoche ist vor allem der Kern seines Nachkriegswerks interessant: die Philosophie der Institutionen. Ihre zeitkritische These: Mit Verschleiß des Institutionellen, wie Gehlen ihn in der Moderne, vor allem im 20. Jahrhundert beobachtet, werden zugleich soziale Stabilisationssysteme und normative Leitideen geschwächt und damit massive Verunsicherungen des Individuums hervorgerufen. „Werden die Institutionen zerschlagen", so heißt es in *Der Mensch*, „so sehen wir sofort eine Unberechenbarkeit und Unsicherheit, eine Reizschutzlosigkeit des Verhaltens erscheinen".[113] Der Mensch in seiner gesellschaftlichen Wirklichkeit Mitte des 20. Jahrhunderts ist auch für ihn ein problematisches und höchst gefährdetes Wesen.[114]

3.2 Die große Revolution und der gesellschaftliche Wandel in den letzten Jahrzehnten des 18. Jahrhunderts

Die Wurzeln etlicher Umbruchsprozesse Anfang des 20. Jahrhunderts lassen sich bis zur Grundlegung der Moderne in der von Koselleck sogenannten „Sattelzeit"[115] zurückverfolgen, in die Jahrzehnte vor und nach der Französischen Revolution. Ab Mitte des 18. Jahrhunderts finden in Europa politische und gesellschaftliche Umwälzungen statt, die die Lebensverhältnisse und das Lebensgefühl der Bürger von Grund auf verändern: Der demografische Wandel durch die sinkende Sterbeziffer, der Übergang von der ständischen zur bürgerlichen Gesellschaft, eine Umbildung der Produktionsverhältnisse und des Arbeitslebens durch die einsetzende Industrialisierung und Arbeitsteilung sowie die Ausbildung bürgerlichen Wohlstands und neuer Konsumformen stärken den optimistischen Glauben an die Vernunft, die Gestaltungsmacht und den Fortschritt der menschlichen Gattung. Seine Kritiker aber lassen nicht lang auf sich warten. Der Krisentopos gehört von

---

113 GEHLEN: Der Mensch, GA 3, S. 86f. Vgl. hierzu außerdem Gehlens Aufsatz *Mensch und Institutionen* (1960).
114 Einen anderen Ansatz, Gehlens Anthropologie als Reaktion auf subjektive Krisenerfahrungen zu verstehen, verfolgt Werner RÜGEMER: Philosophische Anthropologie und Epochenkrise. Studie über den Zusammenhang von allgemeiner Krise des Kapitalismus und anthropologischer Grundlegung der Philosophie am Beispiel Arnold Gehlens. Köln 1979, der Gehlens Anthropologie im Kontext von Weimarer Republik, Faschismus und BRD als Reaktion auf die Krise des absoluten Geistes in der Philosophie und des Kapitalismus in Gesellschaft und Politik deutet.
115 KOSELLECK: Einleitung. In: Geschichtliche Grundbegriffe, Bd. 1, hier S. XV, zeigt die Umwälzungen in der ‚Sattelzeit' am Bedeutungswandel vieler Schlüsselbegriffe in dieser Zeit auf.

Beginn an zum festen Deutungsrepertoire der Moderne.[116] Umso stärker die Mentalität der Machbarkeit und das Vertrauen in die menschheitliche Vervollkommnung, desto verstörender und provokanter ist die Demaskierung dieser Ideen durch einen Blick auf die Schattenseiten der modernen Kultur.

Als Vater der Kulturkritik deckt Rousseau im *Discours sur l'inégalité* die Ambivalenzen von Zivilisation und Fortschritt auf.[117] Er malt hier ein pessimistisches Bild der bürgerlichen Gesellschaft, die den Menschen der Moderne in eine Humanitätsmisere gestürzt habe:

> Le premier qui ayant enclos un terrain, s'avisa de dire, *ceci est à moi*, et trouva des gens assés simples pour le croire, fut le vrai fondateur de la société civile. Que de crimes, de guerres, de meurtres, que de miséres et d'horreurs, n'eût point épargnés au Genre-humain celui qui arrachant les pieux ou comblant le fossé, eût crié à ses semblables. Gardez-vous d'écouter cet imposteur; Vous êtes perdus, si vous oubliez que les fruits sont à tous, et que la Terre n'est à personne[118].

Das ist Krisenrhetorik *par excellence*. Rousseau kritisiert in seinem zweiten Diskurs die sozialen und politischen Umstände seiner Zeit, er zeigt auf, wie aufgrund der modernen Arbeitsverhältnisse Eigentum, Ungleichheit und Elend, künstliche Bedürfnisse, depravierender Luxus und moralische Laster entstehen, und er plädiert für eine Neuorientierung der Menschheit an alternativen Lebensformen, die auf Natürlichkeit setzen. Dabei begründet er Topoi der modernen Kulturkritik, die noch Schelers Analyse des „kapitalistischen Ethos"[119] und dessen Darstellung von Alternativen zum bourgeoisen Lebens- und Kultursystem prägen.[120]

---

116 Reinhart KOSELLECK: Art. ‚Krise'. In: Otto Brunner, Werner Conze, Reinhart Koselleck (Hg.): Geschichtliche Grundbegriffe. Historisches Lexikon zur politisch-sozialen Sprache in Deutschland. 8 Bde. Stuttgart 1972–1997. Bd. 3, S. 617–650, hier S. 631, betont, dass Krise zum „zeitlich elastischen Oberbegriff der Moderne" geworden ist.

117 Vgl. Georg BOLLENBECK: Eine Geschichte der Kulturkritik. Von J. J. Rousseau bis G. Anders. München 2007, S. 28–76.

118 ROUSSEAU: Discours sur l'inégalité (1755), OC 3, S. 164. – Übers. v. Philipp Rippel: Jean-J. ROUSSEAU: Abhandlung über den Ursprung und die Ungleichheit unter den Menschen. Hg. v. Philipp Rippel. Stuttgart 2010, S. 74: „Der erste, der ein Stück Land eingezäunt hatte und auf den Gedanken kam zu sagen ‚Dies ist mein' und der Leute fand, die einfältig genug waren, ihm zu glauben, war der wahre Begründer der zivilen Gesellschaft. Wie viele Verbrechen, Kriege, Morde, wie viele Leiden und Schrecken hätte nicht derjenige dem Menschengeschlecht erspart, der die Pfähle herausgerissen oder den Graben zugeschüttet und seinen Mitmenschen zugerufen hätte: ‚Hütet euch davor, auf diesen Betrüger zu hören. Ihr seid verloren, wenn ihr vergeßt, daß die Früchte allen gehören und die Erde niemandem gehört!'"

119 SCHELER: Die Zukunft des Kapitalismus, GW 3, S. 383.

120 Solche alternativen Lebensmodelle sieht SCHELER: Die Zukunft des Kapitalismus, GW 3, hier S. 391, in jungen Bewegungen seiner Zeit aufkeimen, mit ihrer Prioritätsverschiebung von Fragen des Vermögens zu Fragen der Vitalität, ihrer „steigenden Verachtung purer Kopfbildung und des Intellektualismus", einer Begeisterung für Natur und Bewegung und der

Auch auf Schiller, der ein Kind der Sattelzeit ist, färbt Rousseaus kulturkritischer Tenor ab.[121] Seine anfängliche Fortschrittseuphorie, die noch den enthusiastischen Ton der Jenaer Antrittsvorlesung zur Universalgeschichte und seines Gedichts *Die Künstler* bestimmt, schlägt spätestens mit den fatalen Entwicklungen der Französischen Revolution in eine kritische Grundhaltung gegenüber den gesellschaftlichen Zuständen seines Zeitalters um, die derjenigen Rousseaus an Radikalität und auch an Provokationspotenzial in nichts nachsteht. Zum normativen Vergleichspunkt seiner Gesellschaftskritik avanciert in den *Ästhetischen Briefen* das anthropologische Modell vom ‚ganzen Menschen' in seiner Totalität von körperlich-sinnlichen und geistig-seelischen Anlagen, das Schiller in modifizierter Form der Denktradition der ‚philosophischen Ärzte' entnimmt und das er, gemäß der klassizistischen Mode seiner Zeit, im antiken Griechenland verwirklicht sieht. Bei allem Fortgang im Zivilisationsprozess der Gattung sei der moderne Mensch aber entsprechend der Segmentierung seiner Gesellschaft in Stände, seiner Wissenschaft in Disziplinen und seiner Arbeit in Berufszweige innerlich selbst zerstückelt:

> Ewig nur an ein einzelnes kleines Bruchstück des Ganzen gefesselt, bildet sich der Mensch selbst nur als Bruchstück aus; ewig nur das eintönige Geräusch des Rades, das er umtreibt, im Ohre, entwickelt er nie die Harmonie seines Wesens, und anstatt die Menschheit in seiner Natur auszuprägen, wird er bloß zu einem Abdruck seines Geschäfts, seiner Wissenschaft.[122]

Der Nutzen bestimme als „das große Idol der Zeit"[123] das Leben und das Handeln der Bürger. Die heteronome Determination des Menschen und seine einseitige Entfaltung sind für Schiller ein menschheitlicher Skandal. Mit der fortschreitenden Entwicklung der Vernunft geht, das zeigt ihm sein Zeitalter immer mehr, gerade kein Zuwachs an Autonomie und Menschlichkeit einher, wie es das idealistische Menschenbild der Aufklärung verspricht. Im Gegenteil: Seinem doppelten Wesen und seiner ursprünglichen Freiheit kann der individuelle Mensch in der Bruchstückhaftigkeit und Fremdbestimmtheit seines gesellschaftlichen Daseins in keiner Weise gerecht werden. Dem Geist fehlt es hierzu an Vitalität, der Sinnlichkeit an Geist, so Schillers Diagnose. Welche Konsequenzen die eingleisige Entwicklung des Menschen im Extremum haben kann, offenbaren die dramatischen Revolutionsereig-

---

Entbindung der geschlechtlichen Liebe aus den Zwängen von Luxus und sekundären Bedürfnissen.
121 Vgl. BOLLENBECK: Eine Geschichte der Kulturkritik, S. 76–110; und ders.: Von der Universalgeschichte zur Kulturkritik. In: Georg Bollenbeck, Lothar Ehrlich (Hg.): Friedrich Schiller. Der unterschätzte Theoretiker. Köln, Weimar, Wien 2007, S. 11–26.
122 SCHILLER: Ästhetische Briefe (6. Brief), NA 20, S. 323.
123 Ebd. (2. Brief), S. 311.

nisse in Frankreich, die den realgeschichtlichen Hintergrund und Anlass der ästhetischen Abhandlung bilden.

Während Schiller zwischen Februar und Dezember 1793 an seinen Mäzen, Friedrich Christian von Augustenburg, sechs kunstphilosophische Briefe schreibt, die den Urtext der *Ästhetischen Briefe* bilden, spitzen sich in Frankreich die Verhältnisse zu. Die wirtschaftliche und politische Lage des Landes, das sich im vierten Revolutionsjahr befindet, ist instabil, die Forderungen von Jakobinern und Sansculotten werden zunehmend radikaler und die Exzesse der Terreur von Tag zu Tag brutaler. Die Hinrichtung Ludwigs XVI. liegt beim Verfassen des ersten seiner Briefe keine drei Wochen zurück und löst im europäischen Ausland heftige Reaktionen aus. „Ich kann seit Tagen keine fran*zösischen* Zeitungen mehr lesen, so ekeln diese elenden Schindersknechte mich an"[124], empört sich Schiller nach der Enthauptung des Königs über die Ausschreitungen. Dass eine Bewegung, die aus dem Ruf nach bürgerlicher Freiheit und einer humanen Gesellschaftsordnung entsteht, in Unmenschlichkeit und Unterdrückung münden kann, ist eine bittere Einsicht – eine Krisenerfahrung, die in ganz Europa die Frage nach dem Wesen des Menschen aufwirft.[125]

Für Schiller wie für viele Zeitgenossen ist Frankreich der „politische[] Schauplatz", wo „das große Schicksal der Menschheit verhandelt wird"[126]. Mit Blick auf die aktuelle Eskalation der Revolution und die mangelnde Menschlichkeit ihrer Akteure traut er der Politik die Lösung der revolutionären Spannungen und die Gestaltung einer freiheitlichen Gesellschaft allerdings nicht mehr zu. Stattdessen setzt Schiller mit seinem Programm einer ästhetischen Erziehung auf ganzheitliche Bildung des menschlichen Charakters durch die Kunst, die, indem sie die durch die Fehlentwicklungen der Moderne verschüttete Urfreiheit des Menschen wieder bloßlegt, auch Freiheit auf politischer Ebene verspricht.[127] Weit mehr noch als ein Gerichtshof, der über das zukünftige Geschick des Menschen bestimmt, ist die Revolution

---

124 SCHILLER: Brief an Christian G. Körner, 8. Februar 1793 (Nr. 151), NA 26, S. 177–183, hier S. 183. Auf das Hinrichtungsereignis reagiert Schiller mit seinem Konzept ästhetischer Erziehung; dazu Walter MÜLLER-SEIDEL: Friedrich Schiller und die Politik. „Nicht das Große, nur das Menschliche geschehe". München 2009, S. 9–22. Zu Schillers Wahrnehmung der Revolutionsereignisse vgl. vor allem die detaillierte Studie von Hans-J. SCHINGS: Revolutionsetüden. Schiller – Goethe – Kleist. Würzburg 2012, S. 13–144, zum Prozess gegen den König: S. 69–118.
125 Zur zeitgenössischen Deutung der Französischen Revolution als Krise, in der „gesicherte Erfahrungswerte", „gesellschaftliche Ordnungsmodelle" und „philosophische Welterklärungsmuster" zerbrechen, vgl. Walburga HÜLK: Narrative der Krise. In: Uta Fenske, Walburga Hülk, Gregor Schuhen (Hg.): Die Krise als Erzählung. Transdisziplinäre Perspektiven auf ein Narrativ der Moderne. Bielefeld 2013, S. 113–131, hier S. 116.
126 SCHILLER: Ästhetische Briefe (2. Brief), NA 20, S. 311.
127 Vgl. Kap. III.1.5.

für ihn eine Schule der Menschenkenntnis. Die Fülle der Möglichkeiten, die in der Natur des instinktentbundenen, freien Menschen angelegt sind, lernt man angesichts der humanen Beschränktheit jener Unmenschen im Nachbarland, der dekadenten Vertreter des Ancien Régimes, der rigorosen und kalten Revolutionäre, der aufgebrachten und rohen Volksmassen, *ex negativo* kennen.

Die Gründe für die gescheiterte Revolution liegen nach Schillers Ermessen tiefer. In ihr kommt die grundsätzliche Verfehlung freiheitlichen menschlichen Daseins zum Vorschein, das körperliche, sinnliche und emotionale Momente ebenso umfasst wie rationale und moralische. Es zeigt sich hier in besonders drastischem Ausmaß die innere Zerrissenheit und Asymmetrie des modernen Menschen, wie sie die europäische Gesellschaft des 18. Jahrhunderts nach Schiller im Ganzen prägt: „Verwilderung" in Gestalt einer überschwänglichen Sinnlichkeit und tierischen Triebhaftigkeit vorrangig in den niederen, „Erschlaffung"[128] in Form von gefühllosem Tugendterror, zügellosem Egoismus und verbreiteten Dekadenzerscheinungen in den gehobenen Klassen. Nimmt Schiller auch angewidert vom „wilde[n] Despotismus der Triebe" Abstand, der alle Untaten aushecke, „die uns in gleichem Grad anekeln und schaudern machen"[129], so fordern mehr noch die aufgeklärten und hinsichtlich ihres Lebensstandards gutgestellten Gesellschaftsschichten seine Kritik heraus. Denn anders als jene, die im täglichen Kampf ums Überleben ihren sinnlichen Bedürfnissen folgen müssen wie das Tier seinen Instinkten, tragen sie selbst Schuld daran, dass ihnen ein selbstbestimmtes Leben verwehrt bleibt.[130] Wie Plessner, für den wahre ‚Unmenschlichkeit' vor allem dort herrscht, wo die Selbstnegation des Menschen aus „erhabenem Motiv" erfolgt: um Gottes, des Gewissens oder der Ehre willen, während viele Niederträchtigkeiten, auch „das Dauergemetzel der Weltgeschichte", bloß „das Inventar des Allzumenschlichen"[131] seien, missbilligt Schiller den moralischen Rigorismus der Verantwortlichen der Terreur entschieden radikaler als die brutalen Ausschreitungen der Massen.[132]

Die beiden Menschentypen, bei denen sich Affekte und Prinzipien, Leben und Geist, nicht die Waage halten, nennt Schiller „Wilder" und „Barbar"[133]. Die Differenzierung der häufig synonym gebrauchten Bezeichnungen ist dabei keine Innovation Schillers, sondern in der zeitgenössischen

---

128 Ebd. (5. Brief), S. 319.
129 SCHILLER: Augustenburger Briefe (13. Juli 1793), NA 26, S. 263.
130 Vgl. ebd. (11. November 1793), S. 299.
131 PLESSNER: Das Problem der Unmenschlichkeit (1967), GS 8, S. 328–337, hier S. 335f.
132 Dagegen betont ZELLE: *Über die ästhetische Erziehung des Menschen in einer Reihe von Briefen*, S. 413, Schillers „Ochlokratietrauma".
133 SCHILLER: Ästhetische Briefe (4. Brief), NA 20, S. 318.

Semantik angelegt: der Wilde als Naturwesen – der Barbar als primitives Kulturwesen.[134] Neu hingegen ist ihr Bezug auf Bürger einer modernen Gesellschaft, die vermeintlich gesitteten und aufgeklärten Europäer, die sich bislang als Muster gelungenen Menschseins über die Abgrenzung vom Primitiven definiert haben. Die Begriffe inklusive ihrer zeitgenössischen Konnotationen, dem ethnologischen und geschichtsphilosophischen Diskurs der Zeit entnommen, fügen sich nahtlos in Schillers kulturkritische Analyse der Moderne ein. Menschwerdung ist damit keine abgeschlossene Angelegenheit am Anfang der Geschichte mehr, nicht Erfordernis primitiver Naturvölker auf fernen Kontinenten – auch der aufgeklärte Europäer, im Gedicht *Die Künstler* noch „der reifste Sohn der Zeit"[135], hat anthropogenetische Entwicklungshilfe nötig.

Der Rückgriff auf ein Schwellenwesen zwischen Tier und Mensch zum Zwecke der Kulturkritik, die Übertragung des Topos vom ‚Wilden' auf den Europäer, bedeutet für das idealistische Menschenbild eine potenzierte Provokation: Konnte es vor den Bedrohungen durch Affenmenschen und Wilde im ethnologisch-anthropologischen Diskurs der Spätaufklärung noch geschützt werden, indem eine distanzschaffende Entwicklung des Menschengeschlechts von seinen primitiven Ursprüngen zu zivilisierten Kulturformen mit zunehmender Vernünftigkeit und Freiheit angenommen wurde, so werden diese Vorstellungen durch die gesellschaftliche und politische Wirklichkeit im ausgehenden 18. Jahrhundert in Schillers Augen endgültig als realitätsfern demaskiert. Seine Botschaft am Beginn der *Ästhetischen Briefe* ist klar: Der Mensch und mit ihm sein Selbstbild stecken in einer tiefen Krise.

4 Die ‚Krise des Menschen' als anthropologisches Narrativ

Der Fall Schiller zeigt: Krisen sind nichts Objektives, keine realen politischen oder gesellschaftlichen Ereignisse – Krisen sind Produkt subjektiver Wahrnehmungs- und Deutungsakte, in denen konkrete Situationen oder

---

134 So heißt es in Adelungs *Grammatisch-kritischem Wörterbuch*: „Die Menschen bestehen in Ansehung der Cultur aus drey großen Classen, aus Wilden, Barbaren und gesitteten Menschen. Der alte Deutsche war ursprünglich ein Wilder, in den spätern Zeiten ein roher Barbar. Der Wilde lebt, als der sorglose Pflegsohn der Natur, nicht von dem Eigenthume oder dem Werke seiner Hände, und unterscheidet sich dadurch von dem Barbaren"; ANONYM: Art. ‚Wild'. In: Johann C. Adelung (Hg.): Grammatisch-kritisches Wörterbuch der Hochdeutschen Mundart mit beständiger Vergleichung der übrigen Mundarten, besonders aber der oberdeutschen. Zweyte, vermehrte und verbesserte Ausgabe. 4 Bde. Leipzig 1793–1801. Bd. 4, Sp. 1542–1544, hier Sp. 1543.
135 SCHILLER: Die Künstler, NA 1, S. 201.

Umbruchsprozesse als problematisch aufgefasst und dargestellt werden.[136] Krisen werden nicht erkannt, sondern erzählt. Eine „Narrativierung von Krisenerfahrungen" dient in epochalen Umbruchsituationen dazu, „der subjektiven oder kollektiven Wahrnehmung von Gefährdungen diskursiven Ausdruck zu verleihen und Lösungsmuster zu entwickeln"[137]. Im Kontext der Anthropologie lässt sich die ‚Krise des Menschen' als sinnstiftendes Narrativ verstehen, das anlässlich einer Infragestellung des menschlichen Selbstbildes durch wissenschaftliche Modelle oder gesellschaftliche Ereignisse theoretisch wie praktisch von Belang ist. Dass Krisen überhaupt erzählt werden können, liegt, so Rainer Leschke, in der „hohe[n] Affinität zu narrativen Formen", der „antagonistische[n] Struktur" ihrer „narrativen Dramaturgie"[138], begründet: Sie zeichnen sich durch die Offenheit einer konfliktären Entscheidungssituation aus.

Eine solche als problematisch empfundene Unentschiedenheit bringt für die Anthropologen Schiller, Scheler, Plessner und Gehlen die spannungsreiche geistesgeschichtliche Ausgangslage mit sich: Auf der einen Seite stehen die idealistisch begründeten Ideen von Geistigkeit und einer Sonderstellung des Menschen im Naturganzen, auf der anderen seine Naturalisierung in Philosophie und Wissenschaft sowie die Irritation der idealistischen Ideen durch soziale wie politische Missstände. Die objektive Ähnlichkeit der Konfliktsituationen im späten 18. und mittleren 20. Jahrhundert, die ohne Zweifel besteht, soll dabei nicht über die wissenschaftliche, gesellschaftliche und politische Eigenart der Epochen hinwegtäuschen, die nur in ihrer jeweiligen historischen Einmaligkeit verstanden werden können. Nicht die Gleichheit der gedanklichen Ausgangslagen Schillers und der Philosophischen Anthropologen ist hier von Bedeutung, sondern ihre Analogie und funktionale Gleichwertigkeit für das anthropologische Denken. Hier wie dort werden Menschenbildkrisen wahrgenommen und narrativ mitkonstruiert, um das jeweilige anthropologische Denkprojekt zu legitimieren und ein spezifisch krisenbasiertes Modell vom Menschen zu motivieren, das wiederum auf die diskursive Ausgangslage zurückwirken soll. Die rhetorische Strategie der Anthropologen setzt also auf zwei Ebenen an: Auf Diskursebene wird in der Auseinandersetzung mit wissenschaftlichen Positionen und öffentlichen Debatten zum Menschen und seiner aktuellen gesellschaftlichen

---

136 Koselleck weist darauf hin, dass im griechischen κρίσις die beiden Aspekte einer objektiven Krise und ihrer subjektiven Kritik noch begrifflich vereint sind; vgl. Reinhart KOSELLECK, Nelly TSOUYOPOULOS, Ute SCHÖNPFLUG: Art. ‚Krise'. In: HWPh, Bd. 4, Sp. 1235–1105, hier Sp. 1235.
137 Uta FENSKE, Walburga HÜLK, Gregor SCHUHEN: Vorwort. In: Dies. (Hg.): Die Krise als Erzählung. Transdisziplinäre Perspektiven auf ein Narrativ der Moderne. Bielefeld 2013, S. 7 f., hier S. 7.
138 LESCHKE: Medientheorie und Krise, S. 10.

Lage ein *Menschenbild in der Krise* postuliert und auf Modellebene, also innerhalb der anthropologischen Konzepte, wird eine *Krise im Menschenbild* verankert.

4.1 Das Menschenbild in der Krise

Den Auftakt der Philosophischen Anthropologie bildet die Diagnose eines Menschenbildes in der Krise. Am Beginn der *Stellung des Menschen im Kosmos* zeigt Scheler – durch die „Zerrissenheit des heutigen Daseins" laut Martin Heidegger oft in „Ohnmacht und Verzweiflung"[139] getrieben – die problematische Lage des anthropologischen Diskurses in der Gegenwart auf: Die theologische Anthropologie mit dem christlich-jüdischen Mythos von Schöpfung, Sündenfall und Erlösung und der Idee vom Menschen als Ebenbild Gottes hat spätestens seit der Aufklärung um ihre Legitimation zu kämpfen. Die idealistische Anthropologie vom Menschen als freiem Geistwesen, deren Tradition in die griechische Antike zurückreicht und die dem Menschen als vernunftbestimmtem und selbstbewusstem Wesen eine Sonderrolle zuspricht, sei im Verlauf des 19. Jahrhunderts trotz ihres „Selbstverständlichkeitscharakter[s]"[140] in eine Sackgasse geraten. Und mit dem ebenfalls problembehafteten anthropologischen Gedankenkreis der modernen Naturwissenschaften, die den Menschen als Evolutionsprodukt, als mit organisch gebundener Intelligenz ausgestatteten *homo faber* nur in gradueller Hinsicht vom Tier unterscheiden, ist der Widerspruch zwischen einem „natursystematischen Begriff" vom Menschen als Subkategorie des Tierbegriffs und dem „*Wesensbegriff des Menschen*"[141] in Abgrenzung zum Begriff des Tiers verstärkt zutage getreten. Die Vielzahl anthropologischer Deutungsmuster und der Zusammenbruch der drei großen Ideenkreise veranlassen Scheler zu der Feststellung, „daß zu keiner Zeit der Geschichte der Mensch sich so *problematisch* geworden ist wie in der Gegenwart"[142].

Auch Gehlen ist sich des Ungenügens und der Widersprüchlichkeit zahlreicher einzelwissenschaftlicher Deutungsansätze zum Menschen be-

---

139 Martin HEIDEGGER: Metaphysische Anfangsgründe der Logik im Ausgang von Leibniz (1928). In: Ders.: Gesamtausgabe. Hg. v. Klaus Held u.a. Frankfurt/Main 1975ff. Bd. 26; darin: In memoriam Max Scheler, S. 62–64, hier S. 64. Zu Schelers Krisenbewusstsein vgl. auch Johannes WEISS: Erlösung vom „chaotischen Leben der Tage". Max Schelers Suche nach Weltanschauung. In: Klaus-M. Kodalle (Hg.): Angst vor der Moderne. Philosophische Antworten auf Krisenerfahrungen. Der Mikrokosmos Jena, 1900–1940. Würzburg 2000, S. 125–134, bes. S. 125.
140 SCHELER: Mensch und Geschichte (1926), GW 9, 120–144, hier S. 127.
141 SCHELER: Die Stellung des Menschen im Kosmos, GW 9, S. 12.
142 Ebd., S. 11.

wusst und betont, dass es an einer befriedigenden und ganzheitlichen Betrachtung des menschlichen Wesens fehle: „[D]ie Aufgabe, ‚den Menschen' darzustellen, ist sehr schwer, oft versucht worden, aber doch wohl noch nie gelungen"[143]. Plessner hebt im Vorwort zur ersten Auflage seiner *Stufen des Organischen und der Mensch* hervor, dass das Werk aus den „tiefgehenden Spannungen" zwischen Naturwissenschaft und Philosophie die „entscheidenden Anregungen"[144] erhalten habe. Insbesondere die Einschränkung des Menschen auf seine körperliche Erscheinung, wie sie der Darwinismus vornimmt, betrachtet er als „große Gefahr"[145] für die Vorstellung einer menschlichen Sonderstellung im Naturganzen. In seinem Aufsatz *Über einige Motive der Philosophischen Anthropologie* wird er Schelers Diagnose noch einmal wiederholen. Hier macht er neben Evolutionstheorie und Tiefenpsychologie auch die „soziologische Kulturkritik" dafür verantwortlich, „daß [dem Menschen] alle Prädikate seiner Vorzugsstellung unter den Geschöpfen fraglich geworden sind, wie sie ihm durch Jahrhunderte seiner Geschichte gesichert schien."[146]

Die Theorien der Philosophischen Anthropologie werden nicht nur durch schon bestehende Konflikte im menschlichen Selbstverständnis motiviert, sie betonen und erzeugen die Spannungen auch zum Zwecke der eigenen Legitimation. Unter Rückgriff auf bestehende Menschenbilder, vor allem des Darwinismus und der idealistischen Philosophie, die problematisiert und in ihrer Widersprüchlichkeit einander entgegengesetzt werden, konstruieren die Anthropologen ein Menschenbild in der Krise. Damit rechtfertigen Scheler, Plessner und Gehlen, deren Philosophie sich gut in die Krisenmentalität ihrer Epoche einfügt, die Wiederaufnahme der alten Frage nach dem Menschen.

Schelers Feststellung der ungeheuren Selbstproblematik des Menschen lässt sich ohne Weiteres auch auf Schillers anthropologische Schriften übertragen. Als junger Mediziner kennt dieser die konfliktreichen anthropologischen Debatten, die in Philosophie, Medizin und Naturgeschichte geführt werden, und er erlebt ihre desillusionierende, kriseninduzierende Macht am eigenen Leib.[147] Er kritisiert nicht nur den materialistischen Angriff auf den Menschen, sondern inszeniert in seiner dritten Dissertation auch selbst eine Erschütterung des Idealismus und führt so die Brüchigkeit des logozentrischen Menschenbildes anschaulich vor Augen:

---

143 GEHLEN: Der Mensch, GA 3, S. 6.
144 PLESSNER: Die Stufen des Organischen und der Mensch, GS 4, S. 9.
145 PLESSNER: Mensch und Tier, GS 8, S. 53.
146 PLESSNER: Über einige Motive der Philosophischen Anthropologie (1956), GS 8, S. 117–135, hier S. 134.
147 RIEDEL: Die anthropologische Wende: Schillers Modernität, S. 13–15, weist darauf hin, dass Schiller durch die Begegnung mit Medizin, Anthropologie und empirischer Psychologie in seiner Studienzeit in eine Menschenbildkrise stürzt.

> Den Mathematiker, der in den Regionen des Unendlichen schweifte, und in der Abstraktionswelt die wirkliche verträumte, jagt der Hunger aus seinem intellektuellen Schlummer empor, den Physiker, der die Mechanik des Sonnensystems zergliedert und den irrenden Planeten durchs Unermesliche begleitet, reißt ein Nadelstich zu seiner mütterlichen Erde zurük, den Philosophen, der die Natur der Gottheit entfaltet, und wähnet, die Schranken der Sterblichkeit durchbrochen zu haben, kehrt ein kalter Nordwind, der durch seine baufällige Hütte streicht, zu sich selbst zurük und lehrt ihn, daß er das unseelige Mittelding von Vieh und Engel ist.[148]

In Schillers ästhetischer Anthropologie treten die diskursiven Spannungen zwischen den Humanwissenschaften hinter die krisenhafte Lage des modernen Menschen zur Zeit der Französischen Revolution zurück. Seine Zeitschrift *Die Horen* (1795–97), die sich der Idee einer Erziehung durch Kunst und Schönheit verschreibt und in der auch die *Ästhetischen Briefe* erscheinen, greift auf das Narrativ einer ‚Krise des Menschen' zurück, um ihr apolitisches Programm zu rechtfertigen. In ihrer Ankündigung spricht Schiller von der Gegenwart als

> Zeit, wo das nahe Geräusch des Kriegs das Vaterland ängstiget, wo der Kampf politischer Meinungen und Interessen diesen Krieg beinahe in jedem Zirkel erneuert und nur allzuoft Musen und Grazien daraus verscheucht, wo weder in den Gesprächen noch in den Schriften des Tages vor diesem allverfolgenden Dämon der Staatskritik Rettung ist[149].

Je düsterer aber die aktuelle Lage des Menschen gemalt ist und je brüchiger mit ihrem Gemälde das Menschenbild wird, desto vertretbarer ist ein Programm, das theoretisch wie praktisch Alternativen verspricht. Sowohl für das Zeitschriftenprojekt als auch für die *Ästhetischen Briefe* hat die Kulturkritik darum eine „konstitutive Funktion"[150].

Im 18. wie im 20. Jahrhundert gilt ein Verhältnis der Proportionalität: Umso umfassender und dramatischer der Verlust des menschlichen Selbstverständnisses, umso tiefer also die Krise des Menschenbildes, desto bedeutender sein Wiederaufbau und seine Stabilisierung. Oder anders: Wo sich der Mensch so problematisch geworden ist wie nie zuvor in der Geschichte, dort ist nichts schwieriger, zugleich aber auch nichts dringlicher als eine

---

148 SCHILLER: Versuch über den Zusammenhang, NA 20, S. 47.
149 SCHILLER: Ankündigung. Die Horen, NA 22, S. 106.
150 Georg BOLLENBECK: Die konstitutive Funktion der Kulturkritik für Schillers Briefe *Über die ästhetische Erziehung*. In: Euphorion 99 (2005), S. 213–241, hier S. 213. Zum Zusammenhang von Krise, Kritik und Erziehungskonzept bei Schiller vgl. auch Steffen GROSCURTH: Geschichtsphilosophie als Basis für Kulturkritik? Herder, Schiller, Adorno. Strukturelle und inhaltliche Untersuchungen für eine neue Beschäftigung mit der Geschichtsphilosophie. Berlin u. a. 2005, S. 92 f.

philosophische Anthropologie, deren Menschenbild von überholten und problembehafteten Deutungsansätzen – von idealistischen Überhöhungen, naturalistischen Reduktionismen sowie gesellschaftlichen und politischen Festschreibungen und Verirrungen – Abstand nimmt.

4.2 Die Krise im Menschenbild

Dieser Aufgabe einer grundlegenden Neubegründung des Menschenbildes stellen sich die Philosophischen Anthropologen: Statt von einem autonomen, selbstmächtigen Geist auszugehen, setzen sie bei der organischen Natur des Menschen an. Gegen eine heteronome (natürliche, metaphysische oder gesellschaftliche) Bestimmtheit heben sie aber seine (instinktive) Unbestimmtheit und Selbstreflexion hervor. Aus dem Versuch, die Freiheit des Menschen im Kontext seiner Natürlichkeit zu begründen, ergibt sich zunächst die konstitutive Riskiertheit und grundsätzliche Krisenhaftigkeit des menschlichen Wesens: Der Mensch ist aufgrund seiner Instinktarmut und der Nichtfestgestelltheit seiner Antriebsstruktur permanent gefährdet, weil seine geschichtliche Situation die einer offenen Entscheidung, also einer ‚Krise' im ursprünglichen Sinne des Wortes ist. Mit Reflexionsvermögen und Geschichtlichkeit werden Charakteristika des modernen Menschen zu Merkmalen des Menschen überhaupt erklärt. Modernität gehört hier gewissermaßen zum Wesen des Menschen.

Die Krise im Menschenbild ist in der Philosophischen Anthropologie biologisch verankert: In der Mangelhaftigkeit und Primitivität seiner organischen und instinktiven Natur besteht für Gehlen das „Risiko einer Physis, die aller beim Tiere wohlbewährten organischen Gesetzlichkeit geradezu widerspricht"[151]. Aus diesem Grund ist der Mensch für ihn „das gefährdete oder ‚riskierte' Wesen, mit einer konstitutionellen Chance, zu verunglücken"[152]. Auch nach Scheler lässt sich der Mensch als *homo naturalis* mit gutem Recht als „Sackgasse der Natur"[153] beschreiben. Plessner spricht angesichts der offenen Antriebsstruktur von einer „biologische[n] Mehrdeutigkeit"[154] des menschlichen Verhaltens, wobei der Mensch von seiner fehlenden Festgestelltheit und der „konstitutiven Heimatlosigkeit des menschlichen Wesens"[155] wisse. Auch auf Modellebene ist die Krisenhaftigkeit des Menschen also ein subjektives Phänomen und Produkt der Selbstwahrnehmung. Zur Krise wird die

---

151 GEHLEN: Der Mensch, GA 3, S. 12f.
152 Ebd., S. 30.
153 SCHELER: Die Formen des Wissens und die Bildung (1925), GW 9, S. 85–119, hier S. 94.
154 PLESSNER: Die Stufen des Organischen und der Mensch, GS 4, S. 27 (Vorwort zur 2. Aufl.).
155 PLESSNER: Die Stufen des Organischen und der Mensch, GS 4, S. 383.

offene Situation des Menschen vor allem durch sein Bewusstsein der eigenen Unbestimmtheit. Ob der Mensch in der Krise ist, ist eine Frage der Perspektive. So stellt Plessner der „Tagesansicht" von der Weltoffenheit des Menschen eine „Nachtansicht" zur Seite, in der die „Brüchigkeit" seines Tuns und seine „Abgründigkeit" als ein „Element der Willkür, welches eine noble Zeit ins Silberlicht der Freiheit tauchte"[156], hervortreten.

Die Kopplung von fehlender Eingepasstheit in die Natur, Freiheit und Gefährdetheit menschlicher Existenz gehört zum festen Repertoire des anthropologischen Freiheitsdiskurses und findet sich bereits im 18. Jahrhundert bei Rousseau, Herder, Kant und Schiller. Wo die Natur als umsorgende Mutter gilt, steht sie mit Blick auf den Menschen in Verdacht, stiefmütterlich gehandelt zu haben. Sie zwingt ihn durch seine mangelnde organische und instinktive Spezialisierung zu einem eigenverantwortlichen aktiven Leben und setzt ihn dem Risiko aus, zu scheitern. Schiller nennt den Abfall des Menschen vom Instinkt in seinem Aufsatz *Etwas über die erste Menschengesellschaft* darum nicht nur „erste Aeußerung seiner Selbstthätigkeit", sondern auch „erstes *Wagestück* seiner Vernunft". Das menschliche Leben sei ein Werk der Selbstbestimmung und Freiheit, gleichzeitig aber auch ein äußerst „gefährliche[r] Weg"[157]. Mögliche Konsequenzen des Scheiterns führen ihm die Verfallserscheinungen der Moderne und die dramatische Wende der Französischen Revolution vor Augen. Anders als in der Philosophischen Anthropologie besteht für Schiller das menschliche Risiko also nicht primär im denkbaren Verlust der eigenen Existenz, sondern in der möglichen Verfehlung und Verengung menschlicher Möglichkeiten in ihrer Totalität und Fülle.

Es ist die Ambivalenz des Krisenbegriffs, die ihn für die narrative Strategie der Anthropologen so fruchtbar macht. Krise im Sinne einer offenen Entscheidungssituation bedeutet nicht nur Riskiertheit und Bedrohung des Bestehenden, sondern auch die Möglichkeit und Notwendigkeit zum Wandel und zur freien Gestaltung.[158] Auch hier setzt die Argumentation auf die Logik der Proportion: Umso drastischer die konstitutionelle Krisenhaftigkeit des Menschen dargestellt wird, desto unentbehrlicher erscheint die eigenständige Bewältigung der Krise und desto beachtlicher wirken die Leistungen des Menschen, die darin bestehen, nicht wie das Tier einfach in einem natürlichen Umfeld zu leben, sondern das Leben selbstbestimmt zu *führen*, sich die Welt und das eigene Können aktiv und selbstbewusst zu erschließen

---

156 PLESSNER: Homo absconditus (1969), GS 8, S. 353–366, hier S. 357.
157 SCHILLER: Etwas über die erste Menschengesellschaft, NA 17, S. 399 (Hervorh. C. M.).
158 Zu den beiden Seiten des Krisenbegriffs vgl. FÖLLMER, GRAF, LEO: Einleitung. In: Die Kultur der Krise in der Weimarer Republik, S. 12–14.

und damit die Herausforderungen des spezifisch menschlichen In-der-Welt-Seins zu meistern. Unter diesem Blickwinkel schlägt die Krisensemantik in eine erhabene Haltung um, wird die Schwäche des Menschen schließlich zum „ehrenvolle[n] Opfer, das die ‚Natur' seiner Geistigkeit bringt"[159]. Die argumentative Taktik, die das Konzept des Sublimen aufgreift, lautet: Erhöhung durch Erniedrigung. So betont auch Lethen, die Philosophische Anthropologie dramatisiere die „biologische Riskiertheit" der menschlichen Existenz, um den „heroischen Habitus"[160] notwendig zu machen. Schiller und die Anthropologen im 20. Jahrhundert kennen neben dem heroischen Habitus aber noch eine zweite Art, mit der der Mensch seiner natürlichen Nichtfestgestelltheit begegnen kann: in der spielerischen Haltung des Lebenskünstlers.[161] Erhabener Lebenskampf im Unglück und schöne Lebenskunst im Glück, der Heros und der Spieler – das sind die zwei Lebensformen und Menschentypen, die Schillers doppelte ästhetische Anthropologie der Freiheit prägen und zwischen denen auch das Menschenbild der Philosophischen Anthropologie oszilliert. Beide Formen der Lebensführung gründen in der Idee einer konstitutiven Gebrochenheit des menschlichen Wesens, wie sie in der Anthropologie der Moderne zutage tritt.

Indem die Modelle von der Idee menschlicher Unbestimmtheit zur Vorstellung einer aktiven Selbstbestimmung führen, entsteht eine Brücke von anthropologischer Theorie zu menschlicher Praxis, von der Schaffung eines neuen Menschenbildes vor dem Hintergrund aktueller Menschenbildkrisen zur Haltung und zum konkreten Verhalten des Menschen angesichts seiner krisenhaften Existenz. Anthropologie wandelt sich hier zu einer Philosophie der Lebenskunst, derer Zeiten bedürfen, in denen sich das Leben nicht mehr von selbst versteht.[162] Die Deutung des menschlichen Daseins bleibt, wie Gehlen am Beginn seiner Schrift *Der Mensch* bemerkt, darum „kein bloß theoretisches Bedürfnis"[163]. Wo die Philosophie auf Selbstschöpfung und Selbstformung des Menschen setzt, dort schlägt die Krisenmentalität in Aufbruchsstimmung und Aktivismus um. Dort eröffnen sich die politischen Dimensionen anthropologischen Denkens, das um die „Bildbedingtheit menschlichen Seins"[164] weiß und über die Grenzen des wissenschaftlichen

---

159 PLESSNER: Mensch und Tier, GS 8, S. 52–65, hier S. 62.
160 Helmut LETHEN: „Weltoffenheit" als Habitus der heroischen Moderne. Jakob Uexkülls Umweltlehre im Spiegel von Arnold Gehlen. In: Thomas Keller, Wolfgang Eßbach (Hg.): Leben und Geschichte. Anthropologische und ethnologische Diskurse der Zwischenkriegszeit. München 2006, S. 113–127, hier S. 124.
161 Vgl. hierzu bes. Kap. III.6.4.
162 Vgl. Wilhelm SCHMID: Philosophie der Lebenskunst. Eine Grundlegung. Frankfurt/Main 1998, S. 9.
163 GEHLEN: Der Mensch, GA 3, S. 3.
164 PLESSNER: Zur Anthropologie des Schauspielers (1948), GS 7, S. 417.

Diskurses hinaus ins gesellschaftliche Leben ausstrahlt. Nicht nur Schillers ästhetische Anthropologie mit ihrem Programm einer Erziehung des Menschen durch Kunst und Schönheit, auch die Philosophische Anthropologie ist damit im weitesten Sinne engagierte Philosophie – Anthropologie im Dienste der menschlichen Freiheit.

II Perspektiven der Philosophischen Anthropologie

1928 gilt als Geburtsstunde der Philosophischen Anthropologie: Zwei ihrer wichtigsten Exponenten veröffentlichen in diesem Jahr ihre anthropologische Gründungsschrift: Scheler *Die Stellung des Menschen im Kosmos* und Plessner *Die Stufen des Organischen und der Mensch*. 1940 publiziert Gehlen das bis heute populärste Werk des Denkansatzes als nicht minder innovativen Nachzügler: *Der Mensch. Seine Natur und seine Stellung in der Welt*. Dabei ist fraglich und in der Forschung tatsächlich umstritten, ob diese ‚Denkschule', die sich nach außen vor allem durch offen ausgefochtene oder unterschwellig mitschwingende ‚Schulstreitigkeiten' und interne Behauptungs- und Distanzierungsversuche präsentiert, dieser Bezeichnung überhaupt gerecht wird und philosophiegeschichtlich als homogene Gruppierung behandelt werden kann.[1] Scheler, der Plessners Hauptwerk bereits vor Publikation kennt, ist empört über dessen auffällige Nähe zu seinem eigenen Modell und bezichtigt ihn des Plagiats.[2] Plessner geht in der ersten Auflage der *Stufen des Organischen und der Mensch* kaum auf Schelers Wiederbelebung der philosophischen Anthropologie im 20. Jahrhundert ein und beteuert im Vorwort zur zweiten, „bei aller Nähe"[3] nicht Schelers Schüler gewesen zu sein. Und Gehlen nimmt rund zwölf Jahre später dezidiert Abstand von deren anthropologischem Denkansatz; er kritisiert Schelers Stufenmodell und übergeht weitgehend Plessners Konzept.[4] Hinzu kommen politische Verwerfungen und diverse Rivalitäten in Karrierefragen.

Wenn Karl-Siegbert Rehberg die Philosophische Anthropologie trotz allem als „Denk-‚Schule'"[5] betrachtet und damit Scheler, Plessner und Gehlen als anthropologischen Hauptautoren des 20. Jahrhunderts ein gemeinsames Denkprojekt zuschreibt, hat das seine Gründe. Ihr Ausgang vom Problem des Leib-Seele-Dualismus und der Umweg über den lebensphilosophischen Ansatz, die Analyse der Vitalsphäre subhumaner Lebensformen, die An-

---

1   Vgl. FISCHER: Philosophische Anthropologe, S. 11–14 u. S. 20f.
2   Zu dem „schweren Prioritätenkonflikt um die Begründung des Denkansatzes" vgl. ebd., S. 80–91, hier S. 80.
3   PLESSNER: Die Stufen des Organischen und der Mensch, GS 4, S. 18.
4   Zu Gehlens Vorbehalten gegenüber der ‚Schule' der Philosophischen Anthropologie vgl. REHBERG: Nachwort des Herausgebers. In: Arnold Gehlen: GA 3 (Der Mensch), S. 758–760.
5   Ebd., S. 756. Vgl. hierzu auch Karl-S. REHBERG: Philosophische Anthropologie und die „Soziologisierung" des Wissens vom Menschen, S. 160–198.

nahme einer geistigen Sonderstellung des Menschen und seine gleichzeitige Integration ins Reich des Lebendigen, die Begründung seiner Kulturhaftigkeit und Geschichtlichkeit aus der naturbedingten Stellung des Menschen zu sich und seiner Welt – die Parallelen der Konzepte sind, bei allen Differenzen, die die Autoren ebenso wie die einschlägige Forschung betonen, frappierend. Fischer versteht die Theorien Plessners, Schelers und Gehlens (sowie Portmanns und Rothackers) darum als einheitliche „Denkrichtung" und stellt in seiner umfassenden Analyse der Real- und der Philosophiegeschichte der Philosophischen Anthropologie ihre „tiefenstrukturelle Identität"[6] heraus.

Auf den zweiten Blick überraschen die Überschneidungen zwischen den Modellen nicht weiter: Mit einer Philosophie vom Menschen verfolgen die Anthropologen in der ersten Hälfte des 20. Jahrhunderts ein einheitliches Denkprojekt, das sie vor demselben philosophie- und mentalitätsgeschichtlichen Hintergrund entwickeln; ihre Denkwege kreuzen sich mehrfach, sie nehmen auf identische Referenzautoren Bezug und werden von gleichen Denkern ideell begleitet. Parallelen zwischen den Theorien lassen sich nicht nur durch Kontaktbeziehungen zwischen ihren Urhebern erklären, die zweifelsohne vorliegen, sondern auch und in erster Linie über die typologische Analogie ihrer jeweiligen Entstehungssituation. Die Autoren antworten auf die Brüche und Widersprüche, die die philosophiegeschichtlichen Entwicklungen, naturwissenschaftlichen Thesen und gesellschaftlichen Veränderungen im 19. und frühen 20. Jahrhundert für das menschliche Selbstverständnis mit sich gebracht oder verstärkt haben und die eine Revision traditioneller Menschenbilder nötig machen. Ihre Modelle sind Reaktionen auf eine Menschenbildkrise. Dass auch ästhetische und geschichtsphilosophische Überlegungen für ihr Verständnis vom Menschen eine Rolle spielen, wird in der Forschung oft übergangen.

1 Scheler: Lebensdrang, Weltoffenheit und lebendige Geistigkeit

Angesichts Schelers pessimistischer Diagnose, dass „die Selbstproblematik des Menschen in der Gegenwart ein Maximum in aller uns bekannten Geschichte erreicht"[7] hat, stellt seine Hinwendung zur philosophischen Anthropologie in der gesellschaftlich wie politisch turbulenten Zeit der 1920er Jahre keine Flucht vor aktuellen Konflikten und sozialen Aufgaben der Epoche dar, sondern die Annahme einer ihrer größten Herausforderungen. Es geht Scheler um nichts weniger als den Wiederaufbau eines Gesamtverständ-

---

6   FISCHER: Philosophische Anthropologie, Titel u. S. 519.
7   SCHELER: Die Stellung des Menschen im Kosmos, GW 9, S. 10 (Vorrede zur 1. Aufl).

nisses vom Menschen, seines Selbstbildes. „Entscheidend und kennzeichnend für sein Wesen war die Totalität des Fragens", erinnert Heidegger in seinem Nachruf. „Ihm eignete ein unbezähmbarer Drang, immer im Ganzen zu denken und zu deuten."[8] Die Feststellung einer grundlegenden Problematik des Menschen inmitten der vielen Einzelprobleme der Moderne und eine philosophische Reaktion auf diese Krise durch die Begründung eines alternativen Menschenbildes stellen das Kernprojekt der kurzen, 1928 veröffentlichten Schrift *Die Stellung des Menschen im Kosmos* dar, die aus einem Tagungsvortrag entstanden ist und die die zentrale Grundlegung der schelerschen Anthropologie liefert.[9] Das für 1929 angekündigte anthropologische Hauptwerk, das Schelers Ideen vertiefen und ausbauen soll, wird aufgrund seines plötzlichen Todes nicht vollendet, und es wäre als systematisches Werk – darauf lässt der facettenreiche, äußerst heterogene Nachlass schließen – so bald auch nicht zustande gekommen.

1.1 Das Stufenmodell des Organischen und der Mensch als Lebewesen

Den systematischen Ausgangspunkt von Schelers Anthropologie bildet seine Kritik am Leib-Seele-Dualismus cartesianischer Provenienz, dem er mit der Kategorie des Lebens ein einheitsstiftendes Moment entgegensetzt. Allen nichtmenschlichen organischen Wesen eine psychische Natur abzusprechen und sie rein mechanisch als Körpermaschinen zu verstehen, hält Scheler für „Un-Sinn" – den Menschen über das Alleinstellungsmerkmal der Beseeltheit aus dem Vitalreich auszugliedern, für eine „Übersteigerung der ‚Sonderstellung' des Menschen"[10]. Descartes' basaler Irrtum bestehe darin, nicht erkannt zu haben, dass physische und psychische Lebensprozesse „*ontologisch streng identisch*" und bloß „*phänomenal verschieden[e]*"[11] Seiten eines Lebensvorgangs seien. Diese psychophysische Indifferenz gilt nach Scheler für Pflanze, Tier und Mensch gleichermaßen – entsprechend lässt sich zwar eine Unterscheidung der Lebewesen nach ihren wesensphänomenalen Eigenschaften und den an ihnen zutage tretenden psychischen Urphänomenen vornehmen, in seinem Dasein als Lebewesen muss der Mensch aber den Tieren und auch den Pflanzen gleichgeordnet werden.

---

8   HEIDEGGER: Metaphysische Anfangsgründe der Logik im Ausgang von Leibniz; darin: In memoriam Max Scheler, S. 63.
9   Gedankliche Grundzüge kündigen sich schon in früheren Werken, etwa dem Aufsatz *Zur Idee des Menschen* (1914), an, mit dessen Annahme eines menschlichen Theomorphismus schlägt dieser aber noch religionsphilosophische Gedankenwege ein.
10 SCHELER: Die Stellung des Menschen im Kosmos, GW 9, S. 56.
11 Ebd., S. 58.

Um trotz dieser ganzheitlichen Betrachtung der Vielfalt der belebten Welt gerecht zu werden, entwickelt Scheler ein Stufenmodell des Organischen. Ausgeklammert werden zunächst anorganische Körper, die anders als Lebewesen nur relative raumzeitliche Einheiten sind und weder ein Innensein noch eine Umwelt haben.[12] Das erste und grundlegende Vitalphänomen bildet der ekstatische ‚*Gefühlsdrang*‘, den Scheler bereits Pflanzen zuspricht, die über ein Inneres verfügen, dem sie ‚Ausdruck‘ verschaffen können, und eine, wenngleich noch unspezifische, amorphe Umwelt, auf die sie hingeordnet sind, in die sie über sich selbst hinausdrängen. An den Gefühlsdrang ist das fundamentale Realitätserlebnis qua Widerstandserfahrung geknüpft. Anders als Tieren mangelt es Pflanzen aber an einem inneren Zentrum, an das Organ- und Bewegungszustände zurückgemeldet werden und das auf dieser Grundlage Bewegungen steuert. Auf pflanzlicher Ebene bestehen somit weder ein Reflexbogen noch Bewusstsein.[13]

Das ändert sich beim Tier, das zwar wie die Pflanze durch den Gefühlsdrang belebt wird, bei dem aber mit dem zentralen Nervensystem eine innere Rückmeldeinstanz vorliegt, die Empfindung und Bewusstsein über die aktuellen Zustände des Organismus ermöglicht. Die Gerichtetheit auf die wahrgenommene Umwelt spezialisiert sich hier und an die Stelle des Ausdrucks tritt die ‚Kundgabe‘. An zweiter Stelle in der Stufenfolge des Organischen steht das Lebensphänomen des ‚*Instinkts*‘, den Scheler, um einer begrifflichen Unschärfe zu entgehen, über das äußere Verhalten der Lebewesen zu bestimmen sucht, das Rückschlüsse auf ihre psychischen Innenzustände zulässt: Instinktives Verhalten versteht er als Reaktion des einzelnen Tiers auf artspezifische Schlüsselreize seiner Umwelt, die zweckmäßig auf Ernährung und Fortpflanzung, also auf den Erhalt der Spezies ausgerichtet ist. Das Instinktprogramm wird von Generation zu Generation weitervererbt, ist bei Geburt bereits voll ausgebildet und lässt sich im Laufe des individuellen Lebens allenfalls spezialisieren, nicht aber grundlegend verändern. Der Instinkt bestimmt nach Scheler auch die selektive Wahrnehmung der arteigenen Umwelt: „Das Tier, das sehen und hören kann, sieht und hört nur das, was für sein instinktives Verhalten bedeutsam ist"[14]. Umwelt und Organismus bilden über die analoge Struktur von Sinnlichkeit und Triebleben somit eine funktionelle Einheit. Sensorium und Motorium sind auf dieser Vitalstufe zwar bereits getrennt, die Grundbedingung für einen Reflexbogen ist mithin gegeben, es besteht hier aber noch „der engste Zusammenhang beider in der Funktion"[15].

---

12 Vgl. ebd., S. 35.
13 Vgl. ebd., S. 13–16.
14 Ebd., S. 20.
15 Vgl. ebd., S. 22.

Zum Verständnis des tierischen Daseinsmodus greift Scheler auf das Funktionskreismodell Jakob Johann von Uexkülls (1864–1944) zurück.[16] Der Biologe wird zum Schlüsselautor der Philosophischen Anthropologie, weil sein kybernetisches Modell, das die Korrelation von Organismus und Umwelt, den strukturellen Zusammenhang von Innen- und Außenwelt beim Tier, in den Blick nimmt, den problematischen Dualismus von Leib und Seele unterläuft. ‚Umwelt' ist bei Uexküll (im Gegensatz zu ‚Natur') ein relativer Begriff: Die vom Individuum wahrgenommenen Umweltmerkmale (die ‚Merkwelt') bilden das Pendant zum reaktiven Verhalten des Organismus (zur ‚Wirkwelt'). Entsprechend gibt es nicht eine, sondern viele verschiedene Umwelten: „In der Welt des Regenwurmes gibt es nur Regenwurmdinge, in der Welt der Libelle gibt es nur Libellendinge usw."[17] Das Tier und seine Umwelt bilden bei Uexküll und nach ihm in der Philosophischen Anthropologie einen geschlossenen Funktionskreis.

In Schelers Stufenmodell folgen auf der dritten und vierten Ebene mit *assoziativem Gedächtnis* und *praktischer Intelligenz* „Zerfallsprodukte"[18] des instinktiven Verhaltens. Der Mechanisierungsgrad nimmt auf diesen Stufen ab, die relative Freiheit des Individuums gegenüber Verhaltensmustern der Art mit zunehmend gespanntem Reflexbogen hingegen zu. Im Falle des assoziativen Gedächtnisses werden in Probier- und Spielbewegungen des Tiers lebensdienliche Gewohnheiten individuell erworben und über Nachahmung und Tradition an Artgenossen weitergegeben. Intelligenz liegt vor, wenn sogar ohne Probierversuche, rein aus partizipatorischer Einsicht in sachliche Zusammenhänge lebensdienliches Verhalten entsteht. Dass Intelligenz bereits Tieren zugesprochen werden kann, habe Wolfgang Köhler mit seinen Anthropoiden-Experimenten auf Teneriffa eindeutig belegt. Hinzu kommt nach Scheler eine eingeschränkte *Wahlfähigkeit*, die es höheren Tieren gestattet, unmittelbar triebhaftes Verhalten zu unterdrücken, um künftiges Verhalten, das eine größere Triebbefriedigung verspricht, zu ermöglichen.[19]

Mit aufsteigender Hierarchie der seelischen Phänomene bildet sich auch die Wahrnehmung der Organismen um, weil die erfasste Umwelt als Gegenpart seiner Trieb- und Bewegungsstrukturen immer auch zum Lebewesen gehört: „Die Umwelt, wie sie sich in der Gegenwelt des Tieres spiegelt, ist immer ein Teil des Tieres selbst, durch seine Organisation aufgebaut und verarbeitet zu einem unauflöslichen Ganzen mit dem Tier selbst."[20] Ist der

---

16 Entwickelt in *Umwelt und Innenwelt der Tiere* (1909).
17 Jakob J. von Uexküll: Umwelt und Innenwelt der Tiere. Berlin, Heidelberg ²1921 (¹1909), S. 45.
18 Scheler: Die Stellung des Menschen im Kosmos, GW 9, S. 21.
19 Vgl. ebd., S. 22–30.
20 Uexküll: Umwelt und Innenwelt der Tiere, S. 169.

Pflanze ihre Umgebung noch amorphe Masse, von der sie keinerlei Bewusstsein hat, bilden sich unter der Macht des Instinkts nach Scheler erste arttypische Umweltstrukturen aus.[21] Intelligente Tiere verlagern ihre Triebimpulse in Umweltdinge hinein, kennen also eine dinglich geformte Wahrnehmungswelt:

> Indem das Triebziel, z.B. eine Frucht, dem Tiere optisch aufleuchtet und sich gegenüber dem optischen Umwelt-Felde scharf abhebt und verselbständigt, bilden sich alle Gegebenheiten, die die Umwelt des Tieres enthält, eigenartig um, insbesondere das ganze optische Feld zwischen Tier und Frucht.[22]

Umso weiter der Reflexbogen gespannt ist, umso mittelbarer also der Weg zwischen Umweltreiz und Reizreaktion, so ließe sich das aisthetische[23] Grundgesetz der schelerschen Biophilosophie formulieren, desto stärker sind Verdinglichung und Formung der vom Organismus wahrgenommenen Umwelt ausgeprägt. Zentral ist, dass deren Strukturen immer mit dem Triebgefüge des Lebewesens korrelieren. Auch das assoziative Gedächtnis ist organisch gebunden, selbst die tierische Intelligenz ist rein technische, instrumentelle Intelligenz. Die sensuell erfassten Dinge und Sachbezüge werden nach Scheler nicht als solche, in ihrer Eigenart erkannt, sondern immer nur in ihrer vitalen Funktionalität, als Werkzeuge zur Bedürfnisstillung und damit zur Arterhaltung. Was vom Tier als Umwelt gesehen (und analog dazu: gehört, getastet, geschmeckt oder gerochen) wird, sagt folglich nichts über das objektive „*Sosein*"[24] der Welt aus, es spiegelt bloß die Bedürfnisstruktur des Organismus wider. Echte Gegenstände kennt das Tier bei Scheler nicht, weil sein triebhafter Daseinsmodus keine echte Distanz zwischen Organismus und Umwelt gestattet: „[D]as Tier hängt zu wesentlich *an* und *in* der seinen organischen Zuständen entsprechenden Lebenswirklichkeit drin, um sie je ‚gegenständlich' zu fassen."[25]

Scheler geht in seinem Stufenmodell des Lebens, in Anlehnung an Nicolai Hartmann, von einer Schichtung aus, das heißt, dass die höheren Stufen zwar nicht auf die unteren rückführbar sind, dass sie diese aber auch nicht

---

21 Das Wahrnehmungsfeld der Tiere ist „zwar weniger fest strukturiert, aber es besitzt gleichwohl Strukturen, die über eine chaotische Empfindungsmasse gewaltig hinausragen"; SCHELER: Umschwung im Menschen. „Geist" im Menschen" (1922), GW 12, S. 127–132, hier S. 128.
22 SCHELER: Die Stellung des Menschen im Kosmos, GW 9, S. 29.
23 Die orthografische Unterscheidung von *aisthetisch* und *ästhetisch* soll auf die doppelte Bedeutungsdimension des Ästhetik-Begriffs verweisen und die Differenz zwischen den Aspekten der sinnlichen Wahrnehmung im Allgemeinen (aisthetisch) und den Dimensionen der Rezeption und Produktion von Schönheit/Erhabenheit und Kunst (ästhetisch) sichtbar machen.
24 SCHELER: Die Stellung des Menschen im Kosmos, GW 9, S. 43.
25 Ebd., S. 34.

übersteigend hinter sich lassen – komplexere Lebensphänomene treten ergänzend zu den basalen Vitalschichten hinzu. Der Mensch als Lebewesen höchster psychophysischer Komplexität trägt alle Vitalstufen in sich: Der Gefühlsdrang, als Urtrieb des Lebens und Grund des Widerstands- und damit Realitätserlebnisses, trete vor allem in den Funktionen des vegetativen Nervensystems in Erscheinung.[26] Ein Instinktprogramm sei beim Menschen ebenfalls vorhanden, allerdings zugunsten von Gewohnheit und praktischer Intelligenz stark zurückgebildet – ein Umstand, den Scheler aus lebenspraktischer Sicht zunächst als Mangel und Belastung deutet, weil damit eine krisenhafte Verhaltensunsicherheit und ein energetischer Triebüberschuss einhergehen, den es zu regulieren gilt.[27] Gewohntes Verhalten bilde sich beim Menschen vor allem mit dem Alter verstärkt aus.[28] Und seine Intelligenz, die an organische Zwecke geknüpft ist, nenne man gemeinhin „Schlauheit und List"[29].

1.2 Geistigkeit als Weltoffenheit und ihre ästhetische Dimension

Nach dieser Eingliederung des Menschen ins Reich des Lebendigen und dem Zugeständnis an Intelligenz und relative Wahlfreiheit des Tiers stellt Scheler zu Recht die Frage: „Besteht dann […] überhaupt noch *mehr* als ein nur gradueller Unterschied zwischen Mensch und Tier – besteht dann noch ein *Wesensunterschied*?"[30] Oder muss einer naturalistischen Anthropologie das Feld geräumt werden? – Für Scheler gibt es ein Urmonopol des Menschen, das sich nicht in das Kontinuum des Lebendigen eingliedern lässt: den Geist. ‚Geist' meint hier (anders als in der idealistischen Denktradition seit der Antike) nicht bloß die menschliche Vernunftnatur, sondern umfasst neben intellektuellen auch aisthetische, volitive und emotionale Akte. Er bildet in seiner „*existentielle*[*n*] *Entbundenheit vom Organischen*" ein fundamental neues Prinzip, das dem Leben als psychophysischem Phänomen zunächst entgegengesetzt ist. Geist ist „Freiheit" vom Bann des Lebens, die etwas anderes ist als die relative Freiheit von instinktiv fixen Verhaltensmustern im Bereich des Organischen. Geist ist nichts Substanzielles, sondern reiner Vollzug. Aktzentrum des Geistes ist die „*Person*"[31]. An die Stelle des cartesianischen Leib-Seele-Dualismus rückt also „*der neue Dualismus*"[32] von Leben und Geist – ein Ge-

---

26 Vgl. ebd., S. 16f.
27 Vgl. ebd., S. 21 und 26f.
28 Vgl. ebd., S. 24.
29 Ebd., S. 28.
30 Ebd., S. 31.
31 Ebd., S. 32.
32 SCHELER: Leib und Seele (1926), GW 12, S. 143.

gensatz, der im ontologisch-substanziellen Sinne eigentlich kein echter Dualismus ist und der in keinen Idealismus mündet, weil – wie sich noch zeigen wird – Leben und Geist fundamental aufeinander bezogen bleiben.[33]

Wie die idealistische Anthropologie will Scheler die Sonderstellung des Menschen über seine Geistigkeit erklären: Menschwerdung sei „Erhebung zur Weltoffenheit kraft des Geistes"[34]. Indem der Mensch nicht mehr „trieb- und umweltgebunden" ist, sondern in Distanz zur Umwelt tritt, gewinnt er „*Welt*"[35]. Bei Scheler, Plessner und Gehlen avanciert ‚Welt' zum Schlüsselwort, das als anthropologisches Komplement zum biologischen ‚Umwelt'-Begriff zu verstehen ist. Als weltoffenem Lebewesen ist dem Menschen die Realität kein bloßes ‚Widerstandserlebnis' mehr; es zeigen sich ihm Gegenstände, deren ‚Sosein' er erfassen kann, weil seine Wahrnehmung nicht triebkorrelativ ist.

An die aisthetische Erkenntnis triebentbundener menschlicher Weltbetrachtung schließen sich ästhetische Gedanken an, die Scheler im Rahmen vereinzelter Äußerungen sowie zum Teil Fragment gebliebener Abhandlungen thematisch dem anthropologischen Modell beigesellt. Bereits dem Tier gesteht er im Anschluss an Darwins Theorie der geschlechtlichen Zuchtwahl und unter Rückgriff auf dessen Paradebeispiel, das Pfauenrad, in seiner Abhandlung *Umschwung im Menschen. „Geist" im Menschen* (1922) ein organisch gebundenes Schönheitsempfinden zu:

> Ein gewisser Geschmack für „schön" und „häßlich" tritt bei der geschlechtlichen Liebeswahl hervor. Der objektiven Schönheit, die über die Lebewelt gegossen ist – in Zeichnung, Gefieder, Gesang, Symmetrie-Färbung, entsprechen nicht nur die Funktionen des Vorziehens des Schönen vor dem Häßlichen, sondern es ist auch weitgehend *dasselbe* schön für das Tier, was es für den Menschen ist. Das Pfauenmännchen, das das Weibchen reizt, gefällt auch uns.[36]

---

33 Der verbreitete Vorwurf, Scheler führe zur Rettung der menschlichen Sonderstellung einen neuen Dualismus ein, trifft also nur bedingt den Kern seiner Anthropologie. Denn Geist und Drang existieren für Scheler nur in ihrer gegenseitigen „Durchdringung als Akte", so GOOD: Max Scheler, S. 13. Auch Angelika SANDER: Askese und Weltbejahung: Zum Problem des Dualismus in der Anthropologie und Metaphysik Max Schelers. In: Gerhard Pfafferott (Hg.): Vom Umsturz der Werte in der modernen Gesellschaft. II. Internationales Kolloquium der Max-Scheler-Gesellschaft e. V. Bonn 1997, S. 34–52, hier S. 34 u. 46, warnt vor dem „dualistische[n] Korsett", in das Schelers Philosophie gern gezwängt wird. Statt von einem ontologischen Dualismus zu sprechen, schlägt sie die Interpretation des Drang-Geist-Verhältnisses im Sinne eines „funktionalen Gegensatzes" vor.
34 SCHELER: Die Stellung des Menschen im Kosmos, GW 9, S. 33. Unentschieden bleibt bei Scheler, ob Geistigkeit als Weltoffenheit einen humanen Dauerzustand darstellt oder nur vereinzelte Momente triebbefreiten menschlichen Daseins ausmacht.
35 Ebd., S. 32.
36 SCHELER: Umschwung im Menschen. „Geist" im Menschen, GW 12, S. 128.

Etwas später heißt es: „Das Tier hat Lust und Unlust am Schönen (Darwinistische Erklärung der Schönheit): aber es hat weder freies Produzieren noch Genießen schöner Dinge"[37]. Es ist also keine objektiv verstandene Schönheit, deren Wahrnehmbarkeit Tier und Mensch unterscheidet, sondern ihr subjektiver Gehalt, der in der Interesselosigkeit des ästhetischen Zustands besteht. Dem Menschen, der in seiner Geistigkeit fundamental von organischen Interessen entbunden ist, steht auch die Welt der Schönheit offen. Diese Freiheit, die dem Menschen vorbehalten ist, bestimmt Scheler als „das Zurücktreten vor der Erscheinung', die zu aller ästhetischen Haltung gehört – die daseins- und strebensunterdrückende ‚Contemplatio' –, ohne die Ideen nicht zugänglich sind"[38]. Das kontemplative Moment in der Rezeption von Schönheit ist der ästhetische Ausdruck menschlicher Triebentbundenheit.

Geschmack und Kunst gehören für Scheler, das zeigen seine Schriften aus dem Nachlass, zu den Monopolen des Menschen. Alle biologistischen Versuche, dem Menschen dieses Monopol streitig zu machen, etwa indem über den Begriff des Spiels zwischen tierischer und menschlicher Kunsttätigkeit vermittelt wird, seien widerlegt worden:

> Es ist wohl richtig, daß die Ausdrucksform irgendwelche Gesamterregungen des Menschen im Tanz, Gesang, Schaustellen seiner Körperlichkeit, mit Drohschmuck oder Lockschmuck, mit Mimik und Pantomimik der Ausgangspunkt aller Künste ist und daß die Darstellung in außermenschlichem Material [...] im Gegensatz zu dieser menschlichen Selbstdarstellung eine Sekundärerscheinung ist. Fragen wir aber, was das ist, was z.B. den „Tanz der Bienen" oder des Bären [...], was tierisches Spiel und Kunstspiel scheidet, so ist es genau dasselbe Wesensverhältnis wie bei der Sprache. Das Tier hat entweder seinem Instinktleben eingeordnete [–][39]

An dieser Stelle, wo es Scheler darum geht, die anthropologische Differenz auf ästhetischer Ebene kenntlich zu machen, bricht sein Manuskript zur menschlichen Kunsttätigkeit ab. Aus der Bezugnahme auf seine Sprachtheorie lässt sich aber schließen: Die auf der Weltoffenheit basierende Gegenständlichkeit menschlicher Welterfassung und ihre Gelöstheit von der Triebnatur des menschlichen Organismus, mithin die Interesselosigkeit ästhetischer Betrachtung am Dasein der Weltgegenstände und die sich so eröffnende symbolische Funktion der Kunst, die auf deren Wesen, ihr ‚Sosein', zielt, machen den Unterschied aus.

---

37   Ebd., S. 131.
38   SCHELER: [Zu: Kunst] Leistungen (1927), GW 12, S. 198f., hier S. 199. Hier wird Schopenhauers Idee ästhetischer Kontemplation aufgegriffen.
39   Ebd., S. 198f.

Neben diesem negativen, kontemplativ-asketischen Moment ästhetischer Rezeption und Produktion will Scheler die künstlerische Tätigkeit aber auch über einen positiven, dionysischen Wertgehalt bestimmt wissen: Kunst als „Ekstasis" und Liebe, Schaffen als „positive *Schöpferfreude*"[40]. Das erotische Moment der ästhetischen Anschauung stellt Scheler im Aufsatz *Ursprünglichkeit des „homo eroticus ecstaticus" neben dem „homo sapiens"* (1927) heraus: Der Eros sei als sublimierte Triebenergie beim Menschen aus dem Sexualakt in die sinnliche Wahrnehmung verdrängt worden und befähige ihn zum reinen ästhetischen Genuss der Welt:

> Die Tatsache, daß der Mensch im Unterschiede vom Tier einer in bezug auf die organischen Triebe „interesselosen", gleichwohl aber doch „leidenschaftlichen" Anschauung der Welt fähig ist, ja daß er überhaupt die Welt als *Bild* haben kann, beruht ausschließlich auf dem „Eros".[41]

Letztlich gründet die Fähigkeit, ein ‚Bild' von der Welt zu haben, darauf, dass der Mensch (anders als das Tier) in seiner Weltoffenheit eine „*Ding- und Substanzkategorie*" besitzt, wie es in der *Stellung des Menschen zum Kosmos* heißt. Er kann die verschiedenen sensorischen Daten auf konkrete Gegenstände mit einem „identischen Realitätskern"[42] beziehen, der unabhängig ist von den eigenen organischen Bedürfnissen, und er erlebt einen „*Weltraum*"[43] als stabilen Hintergrund der Gegenstände, losgelöst von seinen Bewegungen. Der Mensch ist ein Wesen der „*Sachlichkeit*"[44]. ‚Weltoffenheit' ist bei Scheler primär eine aisthetische Kategorie und erst sekundär „Habitus"[45] des selbstbestimmten Menschen. Nicht nur die Widerstandszentren der Außenwelt, auch die psychophysischen Erlebnisse seiner Innenwelt vermag er zu vergegenständlichen. Er kann sich zu sich selbst zurückbeugen und besitzt neben dem Bewusstsein, das auch das Tier hat, Selbstbewusstsein. Sein Wille ist unabhängig von den wandelnden Zuständen seines Organismus.

Ein Wissen vom „*So*sein", Wesenserkenntnis, und nicht bloß Erfahrung vom „*Da*sein"[46] der Gegenstände erlangt der Mensch in einem „*Akt der Ideierung*"[47], in dem er den Gefühlsdrang außer Kraft setzt und so das Realitätsmoment der Dinge aufhebt: „Der Mensch ist das Lebewesen, das kraft seines Geistes sich zu seinem Leben, das heftig es durchschauert, prinzipiell

---

40 SCHELER: Vorbilder und Führer (1911–1921), GW 10, S. 55–344, hier S. 330.
41 SCHELER: Ursprünglichkeit des „Homo eroticus ecstaticus" neben dem „homo sapiens" (1927), GW 12, S. 229–231, hier S. 230.
42 SCHELER: Die Stellung des Menschen im Kosmos, GW 9, S. 36.
43 Ebd., S. 37.
44 Ebd., S. 32.
45 LETHEN: „Weltoffenheit" als Habitus der heroischen Moderne, Titel.
46 SCHELER: Die Stellung des Menschen im Kosmos, GW 9, S. 43.
47 Ebd., S. 40.

asketisch [...] verhalten kann."⁴⁸ Scheler verweist hier auf Schillers Gedicht *Das Ideal und das Leben*, in dem dem triebdurchdrungenen Leben reine, ideelle Formen gegenübergestellt sind. Für Scheler ist der Mensch vor allem ein „*Neinsagenkönner*"⁴⁹.

1.3 Die historische Existenz des Menschen und das Leben des Geistes

Das fundamentale Problem dieses Lebensasketen Mensch besteht darin, dass sein Geist, indem er das Leben verneint, auch jeglicher Wirkungsmacht entsagt. Von Hause aus fehlt es ihm an Kraft und Tätigkeit. Diese Problematik, in der die Dopplung des schelerschen Freiheitsverständnisses begründet liegt, macht die Ergänzungsbedürftigkeit des menschlichen Geistes durch sein positives, faktisches Gegenüber ersichtlich: das Leben. In der Schrift *Metaphysische Sonderstellung des Menschen* (1927) aus dem Nachlass heißt es, der Mensch habe qua Geist zwar die essenzielle Möglichkeit, im negativen Sinne frei zu werden (*frei von etwas*), tatsächliche Freiheit im positiven Sinne (*frei zu etwas*) entstehe aber erst, indem Triebenergien an den Geist umgeleitet werden.⁵⁰ Der Geist ist also auf das Leben angewiesen, weil der kosmische Energiestrom von unten nach oben verläuft: „*Mächtig ist ursprünglich das Niedrige, ohnmächtig das Höchste*"⁵¹.

An diesem Punkt deckt Scheler die Irrtümer idealistischer und naturalistischer Geisttheorien auf: Erstere schließen von der Höherstellung auf eine Selbstmacht des Geistes und seine Autonomie gegenüber dem Lebensdrang. Scheler hingegen betont immer wieder dessen Ohnmacht – um wirkmächtig zu werden, bedarf der Geist der Triebenergien. Via Sublimation können die in der Negation des Lebensdrangs freigesetzten Kräfte umgeleitet und zur Energisierung des Geistes genutzt werden. Leben und Geist sind im individuellen menschlichen Dasein also fundamental aufeinander angewiesen: „[D]*er Geist ideiert das Leben – den Geist aber* [...] *in Tätigkeit zu setzen und zu*

---

48 Ebd., S. 44.
49 Ebd.
50 Vgl. SCHELER: Metaphysische Sonderstellung des Menschen (1927), GW 12, S. 207–228, hier S. 216. Der Versuch einer homogenen werkübergreifenden Definition des schelerschen Freiheitsbegriffs muss aufgrund seiner Unschärfe und einer mangelnden Systematik scheitern; vgl. hierzu HENCKMANN: Max Scheler, S. 129 f.
51 SCHELER: Die Stellung des Menschen im Kosmos, GW 9, S. 52. Die Einsicht, dass die höheren Seinskategorien von Hause aus die schwächeren sind, verdankt er Nicolai Hartmann, vgl. hierzu ebd., S. 51; die, dass nicht der Geist, sondern die psychischen Triebmächte das schöpferische Prinzip des Menschen bilden, der Lebensphilosophie.

verwirklichen vermag das Leben allein."⁵² Zugleich macht Scheler gegen naturalistische Vereinnahmungen des Geistes Front, indem er alle Formen einer Reduktion des Geistigen auf vitale Tatbestände oder organische Funktionen für falsch erklärt.⁵³

Schelers Philosophie ist keine metaphysisch-spekulative Theorie des Geistes, sie ist, wie Paul Good betont, Philosophie vom „Geist in Konkretion"⁵⁴. Geist existiert nur *„in einer konkreten Vielheit* von unendlich mannigfachen Gruppen und Kulturen"⁵⁵. Dieser Gedanke erfordert vom Philosophen eine Hinwendung zur Lebenswelt, wie sie die Lebensphilosophie beispielhaft vollzogen hat. Zu einer zentralen Aufgabe der philosophischen Anthropologie erklärt Scheler deshalb eine Ergründung der einzelnen kulturellen Monopole des Menschen aus seiner Wesensnatur heraus, von Sprache, Kunst, Religion, Werkzeuggebrauch und Geschichte.⁵⁶ Denn erst im Reich der Kultur findet die spannungsvoll dynamische Verschränkung von Geist und Leben, die „ewige[] Rhythmik zwischen Idee-Realität"⁵⁷ ihren Ausdruck. Die Hermeneutik des kulturellen Raums sollte – darauf lässt der Nachlass schließen – in Schelers geplantem anthropologischem Hauptwerk besonderes Gewicht erlangen. Anders als im Tierreich, wo eine Anpassung von Organismus und Umwelt vorliegt, gestaltet und schafft der aus der Natur gelöste Mensch im Akt der Kulturschöpfung sich und seine Welt selbst, durch *„Vergeistigung der Drangsale"* und *„Verlebendigung des Geistes"*⁵⁸. Der Geist ist dabei nicht als „Realisationsfaktor" für die Verwirklichung kultureller Inhalte verantwortlich, sondern nur als „*Determinationsfaktor*" für ihre „*Soseins*beschaffenheit"⁵⁹.

Aus dem spannungsvollen Ineinandergreifen von Geist und Leben erwächst die Geschichte des Menschen, dessen historische Dimension in der Philosophischen Anthropologie stets mitgedacht wird. In Schelers Gesamt-

---

52 Ebd., S. 62.
53 Zur Kritik der klassischen Geisttheorien vgl. SCHELER: Die Stellung des Menschen im Kosmos, GW 9, S. 50. Zum Wandel des Geistbegriffs im Verlauf des Werks vgl. auch HENCKMANN: Max Scheler, S. 152. Zur Kritik am Naturalismus vgl. SCHELER: Die Stellung des Menschen im Kosmos, GW 9, S. 63f. Vgl. außerdem SCHELER: ebd., S. 65–67, der hier betont, dass Ludwig Klages die Irreduzibilität der Kategorien Geist und Leben zwar erkannt, die Wahrheit aber habe verfehlen müssen, weil er die Kategorien in einem Kampfzustand denkt und den Geist als ein das Leben zerstörendes Dekadenzphänomen betrachtet. FISCHER: Philosophische Anthropologie, S. 24, verortet Schelers Denken in der „Denklücke zwischen Idealismus und Naturalismus".
54 GOOD: Max Scheler, S. 9.
55 SCHELER: Probleme einer Soziologie des Wissens (1926), GW 8, S. 15–190, hier S. 25.
56 Zur Hinwendung der philosophischen Anthropologie zu den Monopolen und konkreten Leistungen des Menschen vgl. ebd., S. 67; sowie Schelers facettenreichen Nachlass.
57 SCHELER: Die Stellung des Menschen im Kosmos, GW 9, S. 44.
58 Ebd., S. 55f.
59 SCHELER: Probleme einer Soziologie des Wissens, GW 8, S. 21.

werk lassen sich drei Ebenen der Anthropogenese unterscheiden, die zwar nicht aufeinander reduziert werden und darum gedanklich voneinander getrennt werden müssen, deren basale Formen aber Ermöglichungsbedingung der jeweils höheren sind: die *biologische* Menschwerdung im Zuge der Evolution, die *anthropologische* Menschwerdung mit dem Aufkeimen des geistigen Prinzips im Menschen und die *historische* Menschwerdung im kulturellen Raum als Werk und Aufgabe des Menschen selbst.

Hinsichtlich der biologischen Abstammung des Menschen hat sich Scheler ausführlich und kritisch mit der Evolutionstheorie auseinandergesetzt. In seinem Nachlass findet sich eine ganze Reihe an Aufzeichnungen zur Entwicklung und zum Ursprung der menschlichen Gattung. Die Vorfahren des *homo sapiens* werden hier gemäß dem zeitgenössischen Stand der Forschung auf eine gemeinsame Abstammungsform der Anthropomorphen und der Ostaffen aus der Tertiärzeit zurückgeführt.[60] Das Lebewesen Mensch in seiner psychophysischen Konstitution ist also auch für Scheler zunächst ein Produkt des Evolutionsprozesses; ihm als solchem eine Sonderstellung zuzuschreiben, sei vollkommen unbegründet.

Die Entstehung menschlicher Geistigkeit aber lässt sich nicht aus der Evolution der Arten erklären. Zwar bildet die Geschichte der Lebewesen kein durchweg kausal determiniertes Kontinuum: Sie kennt Sprünge, Mutationen, die sich nicht auf äußere Ursachen zurückführen lassen. Eine solche Mutation führte nach Scheler in der Menschheitsgeschichte zu einer „Umleitung der Energien von den Organen ins Zentrum, ins Zentralnervensystem, resp. seelisch [sic!] Sublimierung nach außen hin gehemmter Triebenergie"[61]. Die Wende aber zu weltoffener Wahrnehmung und triebunabhängiger Handlung, zu ‚Sachlichkeit' und einem das Leben übersteigenden Geiste, also Menschwerdung im anthropologischen Sinne, könne durch psychophysische Entwicklungen wie den aufrechten Gang, die unspezifische Organanpassung, die Ausbildung des Gehirns und die Umkehr der Energieverteilung im Menschen allenfalls vorbereitet und gefördert, nicht aber doch „kausiert"[62] worden sein. Zwar kann nur ein organisches Mängelwesen wie der Mensch „das Gefäß werden, in dem das Leben jene seltsame *Umkehr* vollzog zu aktiver

---

60 Vgl. SCHELER: Ursprung des Menschen (1926), GW, 12, S. 98–100, hier S. 99. Vgl. hierzu auch Eugene KELLY: Vom Ursprung des Menschen bei Max Scheler. In: Christian Bermes, Wolfhart Henckmann, Heinz Leonardy (Hg.): Person und Wert. Schelers „Formalismus" – Perspektiven und Wirkungen. Freiburg, München 2000, S. 252–271, bes. S. 263.

61 SCHELER: Ursprung des Menschen und Metaphysik (1927), GW 12, S. 112–114, hier S. 112. Scheler widerspricht hier seiner *Stellung des Menschen im Kosmos*, in der er die menschliche Fähigkeit der Sublimierung auf Geistigkeit zurückführt, statt sie zu einer Voraussetzung des Geistes zu machen.

62 Ebd.

Anpassung der Umwelt an seine relativ starr gewordene Organisation"[63] – die Umkehr selbst aber wird auf diese Weise nicht erklärt. Die Gefäßmetapher mit ihrer klaren Trennung von Innen und Außen unterstreicht, wie zentral Scheler die Unterscheidung von biologischer Entwicklung des Lebewesens Mensch im Laufe der Evolution auf der einen und Anthropogenese durch die Entbindung des Geistwesens vom Drang des Organischen auf der anderen Seite ist. Das geistige Prinzip im Menschen kann sich als „echtes Urphänomen"[64] nur in das Mängelwesen-Gefäß Mensch *„eingesenkt"*[65] haben.

Die anthropologische Differenz, das betont Scheler bereits 1922 in seinen Aufzeichnungen *Umschwung im Menschen. „Geist" des Menschen*, kann nicht auf biologische Merkmale reduziert werden, nicht auf die quantitative Höherentwicklung körperlicher Organisation oder psychischer Anlagen, sie muss übervitaler Natur sein. Menschwerdung im philosophisch-anthropologischen Sinne, die Entstehung von Weltoffenheit durch den Geist, ist etwas qualitativ Anderes als die biologische Homination. Entgegen der temporalen Semantik des Begriffs ist mit anthropologischer Menschwerdung kein geschichtlicher Prozess gemeint, der etwa parallel zur Homination verläuft oder sich an sie anschließt – die Frage nach dem Weg vom Menschen im Naturzustand zum Menschen im Kulturzustand erklärt Scheler in ihrer historischen Dimension für „irrig"[66]. Mit anthropologischer Menschwerdung ist eine grundsätzliche, historisch nicht näher zu verortende oder zu begründende *„Umkehrung der Grundbeziehung"* zwischen organischem Leben und geistiger Organisation gemeint: Was dem Tier als Mittel der Lebensförderung dient, ist beim Menschen ein über das psychophysische Leben erhabener Selbstzweck; Leben wird in den Dienst des Geistes gestellt. In dieser frühen Phase des Denkens gesteht Scheler dem Geist als dem „Herr[n] des Lebens"[67] noch Selbstmächtigkeit zu – eine Position, von der er in seinem anthropologischen Hauptwerk von 1928 explizit Abschied nimmt.

Die anthropologische Menschwerdung bildet wiederum die Möglichkeitsbedingung der Anthropogenese im Laufe der Menschheitsgeschichte, die Scheler in der *Stellung des Menschen im Kosmos* als eine Explikation der Auseinandersetzung von geistigem und vitalem Prinzip in immer neuen kulturellen Erscheinungsformen versteht. Gestaltet und determiniert wird sie durch den Geist, verwirklicht mittels vitaler Kräfte. Auch im geschichtlichen Raum ist sich Scheler der beschränkten Macht des Geistes bewusst, verweist er doch auf Karl Marx' Satz, dass sich Ideen ohne Leidenschaften (in Schelers

---

63 SCHELER: Ursprung und Zukunft des Menschen (1927), GW 12, S. 89–97, hier S. 95.
64 Ebd., S. 89.
65 SCHELER: Ursprung des Menschen und Metaphysik, GW 12, S. 112.
66 Vgl. SCHELER: Zur Idee des Menschen (1913), GW 3, S. 171–195, hier S. 174.
67 SCHELER: Umschwung im Menschen. „Geist" des Menschen, GW 12, S. 129.

Worten: Geist ohne Drang) in der Weltgeschichte blamieren müssen.[68] Sein Wirkbereich liegt in der indirekten Leitung der Triebe: Er hält ihnen zur Konkretion seiner Ideen Vorstellungen vor und lenkt ihre Energien so, im Zuge einer Sublimation, zum Einsatz für wertvollere Aufgaben.

Im Ausgleich der Spannungen zwischen Drang und Geist liegt nach Scheler die „wahre *Bestimmung des Menschen*"[69] – bis ins 20. Jahrhundert klingen die Ideen der spätaufklärerischen Bestimmungsphilosophie nach. Auf diese Weise gestaltet der Mensch sich und seine Welt. Auch der höchste Geist, die ‚*deitas*', verwirkliche und verlebendige sich nur im „Drange der Geschichte der Welt" und zwar „*im* Menschen und *durch* den Menschen"[70]. Darin besteht das metaphysische Urverhältnis zwischen Mensch und Weltgrund. Die harmonische Durchdringung von Drang und Geist, der beiden Attribute des ‚*ens a se*', im Menschen, die sich im Zuge seiner selbstgewirkten Mensch- und zugleich Gottwerdung vollzieht, bildet für Scheler das bestimmungsphilosophisch postulierte, inhaltlich aber unbestimmte Telos des offenen historischen Weltprozesses, dessen konkrete Ausgestaltung in den Händen des Menschen liegt: Der kulturelle Raum mit all seinen Facetten (sozialem Leben, Wirtschaft und Politik, Wissenschaft und Technik, Recht, Moral, Religion und Kunst) ist sein Aktionsfeld – und sein Menschsein darin nicht Faktum, sondern Aufgabe zur freien Gestaltung: „Der Mensch ist ein Wesen, dessen Seinsart selbst die noch offene Entscheidung ist, was es *sein* und *werden* will."[71]

2 Plessner: exzentrische Positionalität und Freiheit

Anders als Scheler befindet sich Plessner Mitte der spannungsreichen 1920er Jahre privat in einer schwierigen Lage: Sein erstes Buch, die *Einheit der Sinne* (1923), dessen ästhesiologischer Ansatz in keiner großen gedanklichen Strömung und keiner Fachrichtung eindeutig beheimatet ist, wird von der Öffentlichkeit kaum beachtet. Sein Dasein als Privatdozent für Philosophie an der Universität Köln wirft weder finanzielle Erträge ab noch bringt es ihm Reputation ein. Stattdessen wird es vom Ruhm des Ordinarius Scheler über-

---

68 Vgl. SCHELER: Die Stellung des Menschen im Kosmos, GW 9, S. 53f.
69 Ebd., S. 44.
70 Ebd., S. 55.
71 SCHELER: Der Mensch im Weltalter des Ausgleichs (1927), GW 9, S. 145–170, hier S. 150. Angesichts der aus der Geschichtsphilosophie des 18. Jahrhunderts übernommenen Reflexionsfiguren muss die These einer Abkehr der Philosophischen Anthropologie von der Geschichtsphilosophie von Odo MARQUARD: Schwierigkeiten mit der Geschichtsphilosophie. Frankfurt/Main 1973, S. 27, revidiert werden; vgl. hierzu auch SCHNÄDELBACH: Philosophie in Deutschland, S. 272f.

schattet.⁷² Im Mai 1924, ein halbes Jahr, bevor Plessner mit den Arbeiten an seiner Anthropologie beginnt, klagt er in einem Brief an Josef König:

> Es heißt schon etwas, ohne Resonanz, ohne Echo auch nur eines kleinen Studentenkreises, ohne wirklich verständige Förderung durch einen Lehrer, ohne den Glauben irgend einer Seele gelassen, in die Nacht des Trotzes gestoßen Jahr um Jahr seiner Arbeit und seiner Zuversicht, eine Sendung, sei sie auch nicht allzu groß, in dieser Welt zu haben, überantwortet, zu leben, zu leben, zu leben.⁷³

Die ‚Krise des Menschen' ist im Falle Plessners zunächst also eine höchst persönliche Angelegenheit. Gleichwohl zielt seine Idee der ‚Heimatlosigkeit' des menschlichen Wesens, die nicht nur in zeitgeschichtlichen Ereignissen, sondern auch in diesen privaten Erlebnissen ihre Erfahrungsgrundlage hat, natürlich auf Grundlegenderes als die krisenhafte Lebensphase eines Individuums. Die Intention, einem Menschenbild, in dem sich die mangelnde Verwurzelung menschlichen Daseins ausdrückt, mit einer Philosophie der Biologie ein solides Fundament zu schaffen, bildet die Motivation seines anthropologischen Denkprojekts. Anfang 1928 erscheint vor diesem Hintergrund Plessners Hauptwerk: *Die Stufen des Organischen und der Mensch.*

2.1 Die biophilosophische Grundlegung der Anthropologie

Die philosophiegeschichtliche Konfliktsituation zwischen Idealismus und Naturalismus stellt auch bei Plessner den Ausgangspunkt seines Philosophierens dar: Die Kluft zwischen dem Menschbild der idealistischen Denktradition und der zeitgenössischen Kulturwissenschaften, die den Menschen als freies, selbstbewusstes Subjekt und autonomen Urheber der kulturellen Welt begreifen, und dem der erstarkenden Naturwissenschaften, in deren Augen der Mensch vor allem Objekt äußerer Determination und seine geistigen Schöpfungen Produkte einer umfassenden Naturgeschichte sind, widerspricht der Einheit des menschlichen Selbsterlebens. In der Spaltung der Wissenschaften mit ihrer je eigenen Perspektive auf den Menschen spiegelt sich die cartesianische Trennung eines inneren Bewusstseins (*res cogitans*) von einem äußeren Körper (*res extensa*). So wird Descartes auch für Plessner zum Stichwortgeber einer „fraktionierende[n] Betrachtungsweise des Menschen"⁷⁴, von dem nichts als ein blasses Subjekt übrig bleibe – „ein bloßer

---

72 Vgl. hierzu DIETZE: Nachgeholtes Leben, S. 47–49.
73 PLESSNER: Brief an Josef König, 28. Mai 1924. In: Dies.: Briefwechsel, 1923–1933. Hg. v. Hans-U. Lessing, Almut Mutzenbecher, Freiburg München 1994, S. 45–47, hier S. 46.
74 PLESSNER: Die Stufen des Organischen und der Mensch, GS 4, S. 76.

Draht, an dem die zur Marionette gewordene Existenz ihre toten Bewegungen ausführt"[75].

Der dualistischen und reduktionistischen Anthropologie will er einen holistischen Ansatz entgegenstellen, weil sich menschliches Dasein gerade durch das Zugleich beider Aspekte auszeichne. Bestritten wird von Plessner nicht, dass die Unterscheidung einer psychischen von einer physischen Natur zum Zwecke eines tieferen Verständnisses menschlichen Seins sinnvoll ist – er spricht hier selbst von einem „Doppelaspekt von Körperlichkeit und Innerlichkeit"[76] –; bloß will er ihr mit der Substanzialität ihre ontologische Schärfe nehmen. Die „Janushaftigkeit"[77] des Menschen, der zugleich Subjekt wie Objekt seines Lebens, ein Wesen des Geistes wie ein Produkt der Naturgeschichte ist, gilt es also nicht aufzuheben, sondern unter „Herstellung des *einen* Grundaspekts"[78] zu begreifen.

Die Ganzheitlichkeit des Modells soll eine kooperative Methode garantieren: Empirische Human- und Biowissenschaften liefern der Theorie das Material, die Philosophie übernimmt die Synthese- und Deutungsaufgabe. Die integrative und interpretative Funktion, die die Philosophie gegenüber den empirischen Wissenschaften vom Menschen innehaben soll, veranschaulicht Plessners Zeitschriftenprojekt *Philosophischer Anzeiger. Zeitschrift für die Zusammenarbeit von Philosophie und Einzelwissenschaften* (1925–30). In den *Stufen des Organischen und der Mensch* heißt es zur Methodik, dass Philosophie Erfahrung nicht ersetzen soll, sondern dass beide „bei völliger Wahrung ihrer Autonomie"[79] kooperieren müssen, um ihrem komplexen Gegenstand in seiner ‚Doppelaspektivität' gerecht zu werden.

Mit Blick auf den ‚ganzen Menschen'[80] erhebt Plessner den Begriff des Lebens zur fundamentalen Kategorie seiner Anthropologie, weil er die Dualität von Innerlichkeit und Körperlichkeit, menschlicher Kultur und menschlicher Natur zu umspannen verspricht.[81] Allerdings will Plessner das spe-

---

75 Ebd., S. 77.
76 Ebd., S. 115. Bei PLESSNER: Die Frage nach der Conditio humana (1961), GS 8, S. 136–217, hier S. 189, wird der Mensch daran anknüpfend unter Anspielung auf die *scalae naturae* und in terminologischer Übereinstimmung mit Schiller ein „Zwitterwesen" zwischen Tier und Engel genannt.
77 PLESSNER: Die Stufen des Organischen und der Mensch, GS 4, S. 71.
78 Ebd., S. 41.
79 Ebd., S. 115. Zu Plessners Verständnis der Philosophie, auch im Verhältnis zu den Fachwissenschaften vgl. DIETZE: Nachgeholtes Leben, S. 44 f.
80 Vgl. Salvatore GIAMMUSSO: „Der ganze Mensch". Das Problem einer philosophischen Lehre vom Menschen bei Dilthey und Plessner. In: Dilthey Jahrbuch für Philosophie und Geschichte der Geisteswissenschaften 7 (1990/91), S. 112–138.
81 Plessners Anschluss an die Lebensphilosophie ist offensichtlich: Er bespricht sowohl die spekulative Lebensphilosophie Bergsons und Oswald Spenglers als auch ihre hermeneutische Form bei Dilthey und Georg Misch.

kulativ-metaphysische Moment dieser „neuen Zauberformel"[82] umgehen, indem er nicht auf das aktive Prinzip der Entelechie oder auf Vitalkräfte zur Bestimmung des Lebens zurückgreift, sondern den Organismus in seinen wechselseitigen Umweltbezügen betrachtet. ‚Leben' dient Plessner als wirkmächtige Waffe gegen den cartesianischen Substanzendualismus und ist zugleich Garant für die Bodenhaftung seiner Anthropologie, die nicht nach dem metaphysischen Dasein des Menschen, sondern nach seiner Stellung innerhalb der ihn umgebenden Natur fragt.

Weil der Mensch bei aller Geistigkeit an seinen lebendigen Leib gebunden bleibt, ja selbst lebendige Natur ist, setzt Plessners philosophische Anthropologie eine „philosophische[] Biologie"[83] voraus, die zunächst das Wesen des Lebens begreiflich machen will. (Die Anlehnung an seinen Lehrer Driesch und dessen Philosophie des Organischen ist nicht zu übersehen.) Bevor der Anthropologe die *horizontale* Fragerichtung einschlägt, die auf Kultur und Geschichte als spezifische Äußerungsformen des Menschen zielt, richtet er den Blick in die *Vertikale*[84]: ins Reich der lebendigen, naturgewachsenen Organismen und auf die Daseinsweise, die Pflanze, Tier und Mensch gemeinsam ist. Das Problem des Menschen wird bei Plessner also wie bei Scheler von unten angegangen: vom Bereich subhumaner Lebensformen aus.

Am Anfang steht entsprechend die Frage, was überhaupt ein Lebewesen ist. Jedes anschauliche Ding, so Plessners Überlegung, hat einen inneren Substanzkern, dem Eigenschaften anhaften. Nur bei lebenden Dingen aber gehört die ‚Doppelaspektivität' von Innen und Außen, die sich an ihrer ‚Grenze' manifestiert, mithin auch der ‚Grenzübergang' als Eigenschaften zu ihrem Sein. Lebewesen haben nicht nur einen Rand, der zwischen ihrem Körper und ihrer Umgebung liegt, sondern sie vollziehen ihre Grenze, durch die sie über ihren Körper hinaus auf ihre Umwelt bezogen sind und wieder auf ihn zurückkommen: Der lebendige Körper ist *„über ihm hinaus"* und *„[i]hm entgegen"*[85]. Wesensmerkmale der Lebendigkeit wie Plastizität, Spontaneität, Prozesshaftigkeit, Wachstum, Fortpflanzung oder Tod lassen sich aus dem spezifischen Grenzverhältnis lebendiger Körper begreiflich machen. Auf diesem Wege will Plessner sowohl die Unzulänglichkeiten des mechanistischen Denkens, das die Eigenschaften lebender Körper auf die Merkmale toter Materie reduziert, als auch die Mängel vitalistischer Ansätze, die zwar die Eigengesetzlichkeit des Lebens anerkennen, zu ihrer Begründung aber auf aktive Prinzipien und innere Kräfte zurückgreifen, umgehen.

---

82 PLESSNER: Die Stufen des Organischen und der Mensch, GS 4, S. 38.
83 Ebd., S. 123.
84 Zur Unterscheidung von vertikaler und horizontaler Fragerichtung vgl. ebd., S. 70.
85 Ebd., S. 181 f.

Die Grenze schließt das Lebewesen als Körper gegen ein Außen ab und schließt es als Organismus zugleich gegen es auf. Dieser ist als lebendiges System in ein ‚Positionsfeld' gesetzt. Er hat somit „*positionalen Charakter*"[86]. Die Einheit des Lebewesens, das zugleich Mittel und Zweck seiner selbst ist, wird organisch vermittelt: Indem sich die Organe dem Positionsfeld gegenüber öffnen, schließen sich Organismus und Umfeld zu einem funktionellen ‚Lebenskreis' zusammen: „*Der Organismus ist Einheit nur als durch Anderes, als er selbst ist, in ihm vermittelter Körper, Glied eines Ganzen, das über ihm hinausliegt.*"[87] Die Prämissen der plessnerschen Biophilosophie, ihre Fokussierung auf das Organismus-Umwelt-Verhältnis und die Bestimmung des Lebens über Grenzverwirklichung und Positionalität, prägen unweigerlich auch die Art, wie Plessner das Wesen des Menschen versteht: Er lässt sich von Pflanze und Tier über die spezifische Weise seines Grenzvollzugs unterscheiden. Plessner entwickelt ein Stufenmodell des Lebendigen, das es ihm ermöglicht, (wie bei Scheler) fernab metaphysischer Spekulation und (anders als bei Scheler) ohne Rückgriff auf ein zweites, a-vitales Prinzip die Eigenart menschlichen In-der-Welt-Seins zu fassen.

Die Stufung setzt beim pflanzlichen Organisationstyp an, den Plessner in Anlehnung an Driesch vom tierischen Typus durch seine offene Form unterscheidet: Die Pflanze ist in ihrer offenen Positionalität und mangels eines Zentralorgans unmittelbar in ihr Umfeld eingebunden und ist damit unselbstständiger Teil des Funktionskreises. Der tierische Organismus hingegen ist wie der menschliche aufgrund seiner geschlossenen Positionalität auf sich selbst gestellt. Die Eingliederung von Tier und Mensch in ihre jeweilige Umwelt wird durch ein Zentralorgan (im Falle der Wirbeltiere: durch das Gehirn) vermittelt: Das Tier hat ein Bewusstsein, ein Selbst. Durch die zentrale Repräsentation tritt es (sein Kern) in eine Distanz zum eigenen Körper, allerdings ohne dass dem im Hier-Jetzt aufgehenden Tier dieser Sachverhalt bemerkbar wäre: „Das Tier lebt aus seiner Mitte heraus, in seine Mitte hinein, aber es lebt nicht als Mitte."[88] Das Zentrum, sein Selbst, ist ihm in seiner zentrischen Positionalität nicht gegeben.

Dem Umfeld steht das Tier in seiner geschlossenen Form frontal gegenüber. Dieser ‚Frontalität' begegnen tierische Lebewesen – je nach Typus und Komplexität ihrer Organisation – entweder durch Dezentralisation („Ausschaltung des Bewußtseins") oder durch Zentralisation („Ausgestaltung des Bewußtseins"[89]). Bei *dezentralistisch* organisierten Tieren erfolgt die Reaktion auf einen Reiz aus dem Umfeld nahezu reflektorisch, unter weitestmöglicher

---

86 Ebd., S. 184.
87 Ebd., 4, S. 257.
88 Ebd., S. 360.
89 Ebd., S. 312.

Umgehung des Bewusstseins. Das garantiert die geringe Fehlerquote in ihrem Verhalten und einen reibungslosen Ablauf des Lebenskreises. – Von Pflanzen unterscheiden sich solche Tiere dadurch, dass die Organismus-Umwelt-Bindung keine durchweg feste ist, sie weist einen gewissen, wenn auch sehr begrenzten „Spielraum"[90] auf.

Mit der engen Eingliederung des Tiers ins Umfeld geht eine spezifische Form der Umweltwahrnehmung einher – explizit greift Plessner hier auf Uexkülls Funktionskreismodell zurück. Als Lebewesen, das Bewusstsein hat, existiert schon für das dezentralistisch organisierte Tier eine ‚Merkwelt'. Es nimmt mittels seiner Sinnesorgane von außen einströmende Reize als ‚Merkmale' seiner Umwelt wahr. Sein Bewusstsein ist aber nur schwach ausgeprägt. Inhaltlich und formal korrelieren die wahrgenommenen Daten mit seinen motorischen Fähigkeiten. Die ‚Wirkwelt' als Sphäre der Aktion, die unter dem Druck von Überleben und Fortpflanzung steht, mithin dem Bedürfnisgefüge des Lebewesens entspricht, prägt die Struktur der ‚Merkwelt', die folglich nicht aus „*Objekt*[*en*]" im Sinne beharrender Wahrnehmungsdinge besteht, sondern in der nur „*Signal*[*e*]" als Triebkorrelate aufblitzen: „Der Aktionsplan des Tieres ist das Netz, in dem sich die Welt fängt." Was nicht unmittelbar Aktionsrelevanz hat, was nicht Beute, Nahrung, Feind und so weiter ist, erscheint dem dezentralistisch organisierten Tier nicht, dessen Sinnesorgane für Plessner damit „Augen und Scheuklappen in Einem"[91] sind. Es mangelt hier an „*echter* Dinglichkeit"[92] und „objektive[r] Einheitlichkeit des Umfeldes"[93] – ein Mangel, der freilich nur aus menschlicher Perspektive als solcher erscheint, dem Tier selbst bleibt er verborgen.

Anders verhält sich das bei Tieren, die über ein Zentralnervensystem verfügen. Hier erfolgt die Reaktion auf einen Reiz aus der Umwelt nicht unter weitgehender Ausschaltung des Bewusstseins, sondern durch die Lenkung des Tieres selbst. Das setzt eine grundlegend andere Struktur und

---

90   Ebd., S. 313. Insofern das Tier in seinem Umfeld spontan und gewissermaßen eigenmächtig (re)agiert, kann man von einem ersten Anzeichen relativer ‚Freiheit' sprechen, wenngleich PLESSNER: ebd., S. 306, den Begriff in diesem Kontext verbietet: „Irgendwelche Theorien über Freiheit oder Unfreiheit gehören nicht in diesen Zusammenhang." An anderer Stelle (ebd., S. 318) jedoch greift er selbst auf ihn zurück und spricht von „Freiheitsgrad". Ob nun mit oder ohne Rückgriff auf den Begriff der Freiheit, PLESSNER: ebd., S. 313, scheut davor, das dezentralistisch organisierte Tier zum reinen „Instinkt- und Reflexautomaten" zu machen, wohl aus Sorge vor zu großer Nähe zu mechanistischen Theorien. Das spiegelt sich auch in Plessners Verständnis des Instinkts: Er spricht sich für einen modernen Instinktbegriff aus, der weder von bloßen Reflexketten ausgeht, mithin Bewusstsein ausschließt, noch einen Zwang impliziert, insofern der Instinkt hier eine Breite von Handlungsmöglichkeiten umfasst; vgl. ebd., S. 331 f.
91   Ebd., S. 313.
92   Ebd., S. 315.
93   Ebd., S. 314.

Bedeutung seines Wahrnehmungsfeldes voraus: Das Motorische tritt unter dem „Primat des Sensorischen"[94] in den Hintergrund. Damit das Tier auf Reize in konkreten Situationen individuell, durch die Wahl einer bestimmten Aktionsmöglichkeit reagieren kann, muss das situative Umfeld unter seine Kontrolle gebracht, also zunächst sensuell möglichst breit erfasst, gegliedert und zentral repräsentiert werden. Diverse Handlungsmöglichkeiten innerhalb eines „Aktions*typus*"[95] – der enger oder weiter ausfallen kann, der aber immer den Bedürfnissen der Spezies entspricht – müssen sich ihm auftun, ihm bewusst sein. Hier folgt nicht die Perzeption der Aktion, sondern umgekehrt: Das Tier verhält sich auf diese oder jene Weise, weil es seine Umwelt so oder so wahrgenommen hat. Die Merksphäre ist dinglich strukturiert: Das *zentralistisch* organisierte Tier kennt „Dinge nebeneinander, nacheinander"[96]. Wohlgemerkt: Diese Dinge sind und bleiben potentielle „Tatobjekte[]"[97], die sich nur in ihrer „Griffigkeit"[98] als beharrende Dinge erweisen. „Sachcharakter"[99], wie er vom Menschen wahrgenommenen Gegenständen – ‚Sachen' – zukommt, haben sie nach Plessner nicht. Das Anschauungsbild ein und desselben Dings hat also für das Tier einen anderen „Wert"[100] als für den Menschen, weil die tierische Wahrnehmung im Gegensatz zur menschlichen immer triebgebunden ist und Sinnesdaten fest in den sensomotorischen Funktionskreis integriert sind. Als Dinge werden sie vom Tier nur angeschaut, insofern sie eine einheitliche Angriffsfläche für bedürfnisrelevante Aktionen bilden.[101] Statt eines bloßen „Signalfeld[s]", das dem Tier ohne Zentrum als reines Hier-Jetzt gegeben ist, hat das Tier zentralistischen Typs eine konstante Gegenwart als „Aktionsfeld"[102].

Schelers und Plessners Ansichten zum aisthetischen Weltbezug der Tiere decken sich in weiten Teilen: Höher entwickelten Tieren, deren Bewusstsein einen größeren Einfluss auf die Vermittlung von Reiz und Reak-

---

94 Ebd., S. 317.
95 Ebd. Zum Zusammenhang von Organisationstypus und Wahrnehmungsschemata vgl. ebd., S. 325.
96 Ebd., S. 317.
97 Ebd., S. 318.
98 Ebd., S. 321.
99 Ebd., S. 342. PLESSNER: ebd., S. 341, spricht hier auch von „Gegenständlichkeitscharakter", nutzt aber den Begriff ‚Gegenstand', der mal für ‚Tatobjekte', mal für ‚Sachen' gebraucht wird, nicht einheitlich. Fest steht: Die Wahrnehmung zentralistisch organisierter Tiere ist dinglich geordnet; Hans Volkelts Vorstellung von einer „*komplexqualitativen* Struktur des tierischen Wahrnehmungsbewußtseins" trifft nach PLESSNER: ebd., S. 334, auf diese Lebewesen also nicht zu.
100 Ebd., S. 341.
101 Das Ding bleibt immer „Ausgangspunkt der Reize und Angriffspunkt der Aktionen", so Stephan PIETROWICZ: Helmuth Plessner. Genese und System seines philosophisch-anthropologischen Denkens. Freiburg, München 1992, S. 409.
102 Ebd., S. 320.

tion hat, entspricht eine verstärkt dinglich strukturierte Umwelt, wobei die Dingstrukturen der Umweltwahrnehmung immer aktionsrelevant sind und Gegenstände nicht im Modus der Sachlichkeit angeschaut werden können. Zentralistische Organisation und die Dingstruktur des Umfelds sind für Plessner „wesenhaft koexistent"[103]: ‚Wirkwelt' und ‚Merkwelt', Sensorium und Motorium sind nicht eins, aber entsprechen einander. Die Organismus-Umwelt-Korrelation versteht Plessner weder als reine Formung der Umwelt durch das Tier im Sinne aktiver Anpassung noch ausschließlich als Formung des Tiers durch die Umwelt im Sinne passiver Angepasstheit, sondern als „gleichursprüngliches Übereinkommen zwischen voneinander *getrennten* Sphären"[104].

Die relative Freiheit höherer Tiere, die sich aus dem „*Überschuß*"[105] möglicher Reaktionen auf wahrgenommene Umweltreize ergibt, birgt trotz ihrer grundsätzlichen instinktiven Orientiertheit ein Fehlerpotenzial. Auch das Tier kann als Träger eines Bewusstseins scheitern, weil die Unmittelbarkeit zwischen Organismus und Welt immer nur eine durch es selbst vermittelte ist. Anders als der Mensch weiß es aber nicht um die Möglichkeit, zu versagen – es kann seine Lage nicht als Krise empfinden. Ein Scheitern, das zugleich die Grenzen tierischen Bewusstseins aufzeigt, haben Köhlers Intelligenzexperimente an Anthropoiden sichtbar gemacht. So hat sich das Verhalten der getesteten Affen zwar als intelligent erwiesen, insofern sie durch eine Auswahl gegebener Möglichkeiten Schwierigkeiten zu bewältigen wussten. Es musste aber an Grenzen stoßen, wo es um das Entfernen von Hindernissen ging. Ein „fehlende[r] Sinn fürs Negative"[106], so deutet Plessner die Beobachtung, verwehrt Tieren ein Bewusstsein von ‚Sachen' und Einsicht in ‚Sachverhalte' sowie die Fähigkeit zu Verallgemeinerung und Begriffsbildung. Mit Schelers Worten: Es mangelt an Weltoffenheit.

2.2 Exzentrische Positionalität und Lebenskunst

Die Analyse tierischer Leistungen deckt aus menschlicher Perspektive Mängel und ein Steigerungspotenzial des lebendigen Daseins auf: So wie das Tier in seiner geschlossenen Positionalität über der Pflanze steht, lässt sich ein Lebewesen denken, das zwar wie das Tier zentrisch positioniert, psychophysisch gebunden, in die Mitte seiner Existenz gestellt ist und aus dieser Mitte

---

103 Ebd., S. 326.
104 Ebd., S. 328. Als Manifestationen dieser Übereinkunft lassen sich Instinkte verstehen; vgl. ebd., S. 358 f.
105 Ebd., S. 317.
106 Ebd., S. 343.

lebt – das das Tier an Reflexivität aber übersteigt, indem ihm die vitale Mitte dieser Positionalität, sein Erlebnis- und Wirkzentrum, noch einmal aus der Distanz zu sich selbst gegeben ist. Ein solches Lebewesen der Abständigkeit von sich selbst ist nach Plessner der Mensch. Er ist zentral gebunden, ist sich dieser Zentralität bewusst und damit zugleich von ihr entbunden: „[E]r weiß sich frei und trotz dieser Freiheit in eine Existenz gebannt, die ihn hemmt und mit der er kämpfen muß."[107] Hinter sich, außerhalb seines Zentrums, „im Nichts"[108] stehend, als Beobachter der eigenen Vitalvollzüge, als Erlebender des eigenen Erlebens, kann er zwischen seinem äußeren Körper, seinem psychischen Innenleben und sich als ortlosem Zuschauer differenzieren.[109]

Seine Geistigkeit liegt in der Fähigkeit zur Distanznahme begründet. So wie Scheler, der den Geist zunächst über die Negation des vitalen Gefühlsdrangs bestimmt, also seine wesenhafte Lebensentbundenheit betont, schließlich die notwendige Verschränkung von Geist und Leben im konkreten Vollzug des menschlichen Daseins hervorhebt, ist auch bei Plessner Geistigkeit nicht als reine Distanz zu leiblichen Lebensvollzügen, als pure Exzentrizität, gegeben – sie ist zentrisch positional gebunden, eben als ‚*exzentrische Positionalität*'.[110] Geist als Außer-sich-Stehen ist ein, ja *der* Aspekt des immer schon zentrisch positionierten Wesens Mensch. Als Lebewesen geschlossener Positionalität bleibt die tierische Gestalt, die Organisationsform der Zentralität erhalten. Bei aller Geistigkeit: Leben und Erleben stehen nie still.

---

107 Ebd., S. 364.
108 Ebd., S. 364.
109 Diese ‚exzentrische Positionalität' ermöglicht dem Menschen auch die Betrachtung der eigenen Sinnlichkeit, wie Plessner sie in *Die Einheit der Sinne,* reformuliert und weitergedacht in der *Anthropologie der Sinne* (1970), vorführt – mit dem Ziel, die „Sinngesetze der Sinnlichkeit" aufzudecken und die qualitative Differenz der Sinne durch „je besondere geistige Leistungen" begrifflich zu machen; PLESSNER: Die Einheit der Sinne. Grundlinien einer Ästhesiologie des Geistes (1923), GS 3, S. 7–315, hier S. 32 u. 201.
110 In der Forschung wird häufig die Differenz des plessnerschen Modells zu Schelers Geistmetaphysik betont, etwa bei ARLT: Philosophische Anthropologie, S. 116: „Aber er [der Mensch bei Plessner, C. M.] erhebt sich nicht zu stoffloser intellektualer Geistigkeit, zum perspektivlosen Blick (er ist nicht *intellectus archetypus*, wie bei Scheler), sondern bleibt kreatürlich gebunden im Hier-Jetzt"; oder bei KÄMPF: Helmuth Plessner, S. 48: „Der Geist erscheint also nicht, wie bei Max Scheler, als ‚Widersacher' des Lebens, als ‚Triebverdränger', der die Natur des Menschen in Schach hält, sondern als dasjenige Moment, das seine biologische Verfassung, seine Natur durchdringt und modifiziert." Übersehen wird hier, dass auch bei Scheler der Geist im konkreten Dasein des Menschen an die Macht des Lebens rückgebunden wird. Die Nähe von Plessners Modell zu Schelers Konzept einer Energisierung des Geistes durch das Leben zeigt FISCHER: Philosophische Anthropologie, S. 540: „Denn der reine Durchgangspunkt des Abstandes, der zuschauende exzentrische Blick lebt nicht ohne die Energie des zentrisch positionierten Körper-Leibes, dessen Zuständigkeitsbereich er zugleich entzogen bleibt."

Und doch ändert sich für den Menschen, der zu voller Reflexion gelangt ist, alles: Der menschliche Organismus hat nicht mehr bloß ein von Dingen erfülltes Umfeld, weder als Signal- noch als Aktionsfeld – der exzentrisch positionierte Mensch befindet sich in einer „*Welt*"[111] voller Gegenstände. Die Korrelation von Organismus und Umwelt ist aufgebrochen. Im Modus der Abständigkeit wandelt sich seine Blickstellung, insofern aus den Dingen des täglichen Umgangs („vom Stückchen Seife bis zum Briefkasten"[112], die in ihrer Handhabbarkeit auch für ihn zunächst Teile seiner Umwelt sind) auf dem Wege der Distanzierung Gegenstände werden.[113] Entscheidet beim Tier allein die Aktionsrelevanz darüber, ob und wie Sinnesdaten als Dinge erscheinen, ist der exzentrisch positionierte Mensch mit „Sachen […] als eigene[r] Wirklichkeit, in sich stehende[m] Sein"[114] konfrontiert. Auch er selbst erscheint sich nicht nur in „Selbststellung", sondern ebenso in „Gegenstandsstellung"[115]: Mit Blick auf die ihn umgebende *Außenwelt* erlebt sich der Mensch unter dem Doppelaspekt von Leib als positionaler Mitte und Körper als physischem Ding. Seine ihn ausfüllende *Innenwelt* begegnet ihm im Doppelaspekt von Erlebnis, das er durchmacht, in dem er aufgeht, und Seele, die er aus der Abständigkeit von sich wahrnimmt. Und als *Mitwelt* steht seinem individuellen Ich ein austauschbares allgemeines Ich, ein Wir, entgegen, in dem er die Form der eigenen Positionalität erfasst.

Nachdem Plessner seine Anthropologie auf biologisches Fundament gestellt und so das Gefühl der ‚Heimatlosigkeit' des Menschen konstitutiv, aus seiner Natur heraus, begründet hat, schlägt er die horizontale Fragerichtung ein: Im letzten Kapitel der *Stufen des Organischen und der Mensch* wendet er sich den Monopolen und dem Umgang des Menschen mit seiner Lebensform zu. Die Hermeneutik von Kultur und Geschichte, Gesellschaft und Religion bindet er an die vertikale Blickrichtung seiner Anthropologie zurück, insofern er gesellschaftlich-kulturelle Phänomene als spezifische Äußerungsformen eines exzentrisch positionierten Lebewesens begreift. Drei anthropologische Grundgesetze sollen die Spezifik menschlichen In-der-Welt-Seins erfassen.

1) *Das Gesetz der natürlichen Künstlichkeit*: Der Mensch sieht sich fortlaufend mit der existentiellen Frage konfrontiert, wie er mit seiner gebrochenen

---

111 PLESSNER: Die Stufen des Organischen und der Mensch, GS 4, S. 366. Die Hervorhebung des Wortes ‚Welt' im Text unterstreicht die Relevanz des Begriffs auch für Plessners Modell und legitimiert die Übertragung von Schelers Begriff ‚Weltoffenheit' auf den exzentrisch positionierten Menschen.
112 Ebd., S. 382.
113 Ungeklärt bleibt, ob Menschsein nur einer bestimmten Blickstellung entspricht, ob der Mensch im Alltag also selbstvergessen wie ein Tier lebt und nur in Momenten der Selbstdistanzierung zu vollem Menschsein gelangt.
114 PLESSNER: Die Stufen des Organischen und der Mensch, GS 4, S. 366.
115 Ebd., S. 371.

Lebenssituation umgehen soll – wie „mit dieser Existenz zu Rande"[116] zu kommen sei. Ein lebendiges Wesen, das von Natur aus seiner Lebendigkeit gegenübergestellt ist, ist um die Möglichkeit gebracht, unbefangen aus seiner Mitte heraus zu leben. Es weiß um den schmerzlichen Mangel und erkennt, dass der Gewinn von Welterkenntnis, Freiheit und Selbstständigkeit teuer, nämlich mit der relativen Instinktsicherheit und Orientiertheit des Tieres, erkauft ist. So muss der Mensch sein Leben aktiv führen, sich und seine Welt gestalten. Plessner eröffnet hier Raum für eine Philosophie der Lebenskunst.[117] Seiner „antagonistische[n] Unruheposition"[118] kann der Mensch nur begegnen, indem „er sich zu dem, was er *schon ist, erst mach[t]*"[119]. Die paradoxe Formulierung bringt die Widersprüchlichkeit menschlichen Daseins auf den Punkt: Die Bindung an den Organismus in seiner geschlossenen Positionalität zwingt ihn zum *Lebens*vollzug, seine gebrochene Stellung zu sich und seinem Weltverhältnis erfordert selbstgewirkten, aktiven Lebens*vollzug*: „Denn der Mensch muß tun, um zu leben."[120] So befindet er sich in der „Antinomie […], das Leben zu führen, welches er lebt"[121], frei zu sein und zugleich vital gebunden. Das mangelnde Gleichgewicht und seine fehlende Festgestelltheit müssen künstlich hergestellt, die „Hälftenhaftigkeit der eigenen Lebensform"[122] durch Kultur kompensiert werden. Der Stabilisation des Menschen durch die Schaffung einer zweiten Natur dienen die Kulturprodukte, die zwar dem menschlichen Tun entspringen, sich von dieser Herkunft aber lösen, Eigengewicht gewinnen und ihm so als Objekte gegenüberstehen: als Kunstwerke, technische Instrumente, moralische Normen und so weiter. Kultur lässt sich nach Plessner weder spiritualistisch als Werk reiner Geistigkeit verstehen, die als Urphänomen selbst nicht weiter begründet wird, noch naturalistisch als Entwicklungsprodukt der Naturgeschichte – sie ist eine Notwendigkeit des spezifisch menschlichen In-der-Welt-Seins: Qua Kultur wird der gebrochene Lebenskreis, in den der Mensch als Lebewesen immer eingebunden bleibt, künstlich, durch freies Schöpfertum, ergänzt und geschlossen. Die so geschaffene Balance aber ist nie von Dauer – in der „Rastlosigkeit unablässigen Tuns"[123] versucht der Mensch stets aufs Neue, mit der Welt ins Gleichgewicht zu kommen. Kultur ist das ewig Dynamische, weil der Mensch der stets Ergänzungsbedürftige bleibt.

---

116 Ebd.
117 Vgl. SCHMID: Philosophie der Lebenskunst, S. 82.
118 ARLT: Philosophische Anthropologie, S. 101.
119 PLESSNER: Die Stufen des Organischen und der Mensch, GS 4, S. 383.
120 Ebd., S. 395. Volker SCHÜRMANN: Heitere Gelassenheit. Grundriß einer parteilichen Skepsis. Magdeburg 2002, S. 114, betont diesen Vollzugscharakter der menschlichen Seinsweise.
121 PLESSNER: Die Stufen des Organischen und der Mensch, GS 4, S. 384.
122 Ebd., S. 385.
123 Ebd., S. 395.

2) *Das Gesetz der vermittelten Unmittelbarkeit*: Während dem Tier die vermittelte Beziehung zwischen seinem Organismus und dem Umfeld unvermittelt erscheint, weil es selbst im vermittelnden Vollzug aufgeht, weiß der exzentrisch positionierte Mensch von der Indirektheit seiner sensomotorischen Beziehung zur Welt, die zugleich aber eine lebendige Unmittelbarkeit zwischen ihm und dem Umfeld garantiert. Er nimmt Dinge vermeintlich unmittelbar wahr, weiß von ihnen, er will etwas und greift handelnd in die Welt ein – ist sich im Modus der Reflexion aber zugleich seines Wahrnehmens, Wissens, Wollens, Handelns und damit der Vermitteltheit seines Weltkontakts bewusst. Neben solcher Bewusstseinsimmanenz der Erfahrung bestimmt Expressivität das menschliche Leben: Alle Lebensregungen des Menschen lassen sich als Ausdruck verstehen, als Mitteilung, Darstellung, Gestaltung und Verwirklichung des Geistes. Weil alles Beabsichtigte im konkreten Medium aber nur inadäquat in Erfüllung geht, weil das gewünschte Ziel einer menschlichen Handlung nie dem realen Endprodukt gleicht und die Unmittelbarkeit des Intendierten im Ausdruck immer nur eine vermittelte ist, setzt der Mensch wieder und wieder zum Ausdruck an, um sich auf anderen Wegen zu versuchen. Aus der Varianz der nie enden wollenden Anläufe, sich auszudrücken, sich ein Gleichgewicht zu schaffen, ergibt sich die historische Lebensform des Menschen.[124] Seine Geschichte ist für Plessner weder eine lineare Fortschrittsgeschichte im Sinne einer Selbstwerdung des Menschen noch ein zyklisches Auf-der-Stelle-Treten, sondern „ein Kontinuum diskontinuierlich sich absetzender, auskristallisierender Ereignisse"[125], dessen Verlauf nicht vorhersehbar ist: Was die Menschen tun, das tritt ihnen erst in ihrer Geschichte entgegen. Wie Scheler zeigt auch Plessner, dass die spezifische Natur des Menschen, die Verquickung seiner vitalen Gebundenheit und seiner geistigen Freiheit, Ermöglichungsbedingung der Geschichte ist. Die menschliche Geschichtsoffenheit ergibt sich aus dem gebrochenen Weltverhältnis des Menschen, der als freigestelltes Lebewesen immer wieder selbst die Vermittlung seiner Lebensvollzüge in die Hand nehmen und sich Ausdruck verschaffen muss.

3) *Das Gesetz des utopischen Standortes*: Während das Tier mit seiner Umwelt, in die es eingepasst ist, eine Heimat hat, steht der exzentrisch positionierte Mensch nicht nur in seiner Mitte, sondern zugleich auch im Nichts. Er

---

124 Auch bei Plessner zeigt sich also, dass die Hinwendung der Anthropologie zur Natur nicht zugleich eine Abkehr von der Geschichte des Menschen ist, wie Marquard behauptet.
125 PLESSNER: Die Stufen des Organischen und der Mensch, GS 4, S. 416. Zu Plessners Geschichtsdenken, das den Menschen sowohl als geschichtsbedingt als auch als geschichtsbedingend betrachtet, vgl. außerdem PLESSNER: Macht und menschliche Natur, GS 5, S. 135–234; und PLESSNER: Homo absconditus, GS 8, S. 353–366.

ist heimat- und wurzellos und weiß von dieser „konstitutive[n] Wurzellosigkeit"[126], die ihm ein Bewusstsein für die Nichtigkeit und für die Individualität des eigenen Seins und der Welt, für ihre Zufälligkeit und ihre Verankerung im Absoluten schenkt. Wie geht er mit diesem Wissen um? Entweder schafft er sich in der Religion letzte Wahrheiten und damit eine vermeintliche Heimat – oder er akzeptiert den Unruhestatus, die Widersprüchlichkeit und damit das Wesen des Menschseins, das seine Sonderstellung ausmacht und dessen Gebrochenheit sich auch in der Religion, der Kultur oder in historischen Ausdrucksphänomenen nicht auflösen lässt.

2.3 Die Freiheit des Menschen und der Spielcharakter seines Lebens

Plessner misstraut dem Absoluten. Auch seine politische Anthropologie, die er in seinem Werk *Macht und menschliche Natur. Ein Versuch zur Anthropologie der geschichtlichen Weltansicht* (1931) entfaltet, lässt sich als Plädoyer für die Akzeptanz und Wahrung der Nichtfestgestelltheit des Menschen lesen: Der Mensch erlebt sich als „offene Frage"[127]. Zwar schafft er sich und seinem Volk nach dem Prinzip „künstliche[r] Horizontverengung"[128] eine kulturelle Zone der Vertrautheit, die sich gegenüber anderen Kulturen abgrenzen lässt, und damit eine Quasi-Umwelt. Indem er aber durch die Begegnung mit alternativen Horizontgestaltungen fremder Kulturen der Geschichte und der Gegenwart die Breite an Möglichkeiten konkreten Menschseins erfährt, wird ihm die Kontingenz der eigenen Werte und Kategorien sowie die Verborgenheit und „Unergründlichkeit des Menschen"[129] bewusst.

In keinem Typus tritt die Existenz des Menschen, seine Abständigkeit von sich selbst, seine Wandel- und freie Gestaltbarkeit, so offen zutage wie im Schauspieler. Hier, wo ein Mensch als Mensch figuriert, ist sie „bis auf den Grund durchsichtig"[130] gemacht. Darum ist eine Betrachtung des Schauspielers für Plessner unter anthropologischen und über ästhetische Gesichtspunkte hinaus von kaum zu überschätzendem Wert. In seiner exzentrischen Positionalität ist der Mensch nämlich *persona* im ursprünglichen Sinne des

---

126 PLESSNER: Die Stufen des Organischen und der Mensch, GS 4, S. 419.
127 PLESSNER: Macht und menschliche Natur. Ein Versuch zur Anthropologie der geschichtlichen Weltansicht (1931), GS 5, S. 135–234, hier S. 188.
128 PLESSNER: Die Frage nach der Conditio humana, GS 8, S. 189. Hier führt Plessner das, was er dem Prinzip nach in *Macht und menschliche Natur* ausarbeitet, weiter aus.
129 PLESSNER: Macht und menschliche Natur, GS 5, S. 161.
130 PLESSNER: Zur Anthropologie des Schauspielers, GS 7, S. 404.

Wortes: Maske, und insofern „ein Spieler, ein Schauspieler seiner selbst"[131]. In seinem Aufsatz *Zur Anthropologie des Schauspielers* (1948) geht Plessner dieser Idee einer Selbstschöpfung des Menschen im Spiel nach, indem er die anthropologischen Dimensionen des Schauspielens auslotet. Nur weil der Mensch in Distanz zu sich treten kann, vermag er, eine Figur mit seinem eigenen Leib zu verkörpern und eine Rolle zu spielen. Der Leib des Schauspielers wird so neben Maske und Kostüm zum „Kunstmittel"[132].

Aber nicht nur in der Kunst, auch im Alltag ist der Mensch ein Spieler, und der Ernst seiner tagtäglichen Verrichtungen – seines Berufs, seines Amts, der sozialen Stellung im Stück, das die Gesellschaft spielt – verweist auf nichts anderes als darauf, wie sehr sich der Mensch seiner jeweiligen Rolle verpflichtet fühlt. Zum Orientierungspunkt des Lebensspiels wird ihm der „Bildentwurf"[133], den er frei wählt oder den ihm Erziehung und Tradition zuschreiben. In der Rolle, über die er in seiner unendlichen Potenzialität immer schon hinaus ist, geht der Mensch nicht auf, sondern er spielt sie nur, und steht damit notwendig in einem instrumentellen Verhältnis zu sich selbst. Er ist gezwungen, seine Rolle mittels des eigenen Leibes zu verkörpern. In ihr „entfaltet" sich seine Identität und hinter ihr „verschwindet"[134] sie zugleich.

Mit der Reflexion und dem Wissen um die offene Ausgestaltbarkeit seines Lebens gewinnt der Mensch Freiheit, verliert zugleich aber die ungebrochene Ursprünglichkeit des tierischen Verhaltens. Plessner verweist hier auf die Erzählung vom Kampf zwischen Fechter und Bär in Heinrich von Kleists *Ueber das Marionettentheater* (1810), in der der Bär in seiner natürlich-animalischen Sicherheit dem selbstreflektierten Fechter eindeutig überlegen ist. Und doch bestehe gerade in der Freiheit des Menschen, die der Schauspieler in Reinform repräsentiert, seine „Würde"[135] gegenüber dem Tier. Für Plessner, der ein ästhetisches Phänomen nutzt, um die menschliche Natur aufzudecken, wird die Kunst, speziell die Schauspielkunst als Ort der Möglichkeiten und der Kreativität zum Synonym für Menschsein überhaupt. Den Spielaspekt der menschlichen Existenz sowie die Freiheit und Offenheit des menschlichen Wesens gilt es nach ihm anthropologisch zu fassen und Reduktionismen und einseitigen Festschreibungen (egal, ob naturalistischer oder idealistischer Couleur) entgegenzuhalten:

---

131 PLESSNER: Der Mensch im Spiel (1967), GS 8, S. 307–313, hier S. 311. Zu Plessners Spielbegriff vgl. auch Dirk von PETERSDORFF: Auch eine Perspektive auf die Moderne: Helmuth Plessners ‚Spiel'-Begriff, S. 277–292; sowie Olivier AGARD: L'anthropologie des jeux de pouvoir chez Helmuth Plessner. In: Mechthild Coustillac, Françoise Knopper (Hg.): Jeu, compétition et pouvoir dans l'espace germanique. Paris 2012, S. 43–61.
132 PLESSNER: Zur Anthropologie des Schauspielers, GS 7, S. 408.
133 Ebd., S. 410.
134 Ebd., S. 405.
135 Ebd., S. 416.

> An der Befreiung des Blicks auf den Menschen muß darum der Philosophie alles gelegen sein, will sie der unbegrenzten Auslegungsfähigkeit seiner selbst, seiner Offenheit in der Welt zur Welt unter stets wieder überholtem geschichtlichem Aspekt gewachsen sein.[136]

Heike Kämpf hat die Idee der menschlichen Freiheit zu Recht den „letzte[n] Horizont" und „die letzte Bezugsgröße"[137] von Plessners Philosophieren genannt. Ihm gehe es darum, das Menschenmögliche, das sich im Modus der Distanz eröffnet, auch offen zu halten und den Menschen vor einseitigen Bestimmungen – sei es durch die empirischen Humanwissenschaften, sei es durch politische Ideologien oder gesellschaftlich-kulturelle Verabsolutierungen – zu schützen: „Der homo absconditus, der unergründliche Mensch", schreibt Plessner in *Über einige Motive der philosophischen Anthropologie* (1956), „ist die ständig jeder theoretischen Festlegung sich entziehende Macht seiner Freiheit, die alle Fesseln sprengt, die Einseitigkeiten der Spezialwissenschaft ebenso wie die Einseitigkeiten der Gesellschaft."[138] Bereits in seiner Schrift *Grenzen der Gemeinschaft* führt Plessner diese Idee zu einem auf spielerische Distanz, Takt und Diplomatie setzenden Gesellschaftsideal. Bis in sein spätes Werk hinein hält er an ihr fest: Wer die Freiheit des Menschen ernst nimmt, der kann niemals auf eine fixe Bestimmung seines Wesens aus sein.

Aus dieser Einsicht resultiert die für die Philosophische Anthropologie typische Kritik an den Festschreibungen der Naturwissenschaften ebenso wie an logozentrischen Ansätzen, die den Menschen auf seine Vernünftigkeit reduzieren wollen.[139] Dem essenzialistischen Denken setzt Plessner ein offenes anthropologisches Modell entgegen: Was der Mensch theoretisch ist, bestimmt er allein im Vollzug seines Lebens. Und er macht aus sich das, was er selbst in sich erkennt: „So wie der Mensch sich sieht, wird er; darin besteht seine Freiheit, an der er festzuhalten hat, um Mensch zu sein."[140] Die Natur gibt ihm mit seinem spezifischen Grenzverhältnis die Möglichkeit dazu. Freiheit ist der Tiefenstruktur exzentrischer Positionalität eingeschrieben.

---

136 Ebd., S. 418.
137 KÄMPF: Helmuth Plessner, S. 25.
138 PLESSNER: Über einige Motive der philosophischen Anthropologie, GS 8, S. 134.
139 Zu Plessners Kritik der idealistischen Geistphilosophie, die zahlreiche Parallelen zu Schillers Kantkritik aufweist, vgl. HAUCKE: Plessners Kritik der radikalen Gesellschaftsideologie, S. 103–130.
140 PLESSNER: Über Menschenverachtung (1953), GS 8, S. 105–116, hier S. 116.

3 Gehlen: Mängelwesen und Umkehr der Antriebsrichtung

Eine „Sturzflut sich drängender neuer Probleme" habe sich mit den Erkenntnissen der Bio- und Humanwissenschaften über die Methoden des Deutschen Idealismus gegossen und auf nichts habe man unter Fachleuten so sehr gewartet wie auf einen Neuansatz der philosophischen Anthropologie, heißt es in Hartmanns Rezension von Gehlens *Der Mensch. Seine Natur und seine Stellung in der Welt*. Nur am Rande erwähnt er, dass dessen „neue Theorie"[141] gar keinen so neuen Denkansatz bietet. Denn auch wenn Gehlen in mancher Hinsicht – methodisch, begrifflich, systematisch – von Scheler und Plessner abweicht, zeigen sich doch fundamentale Gemeinsamkeiten in deren anthropologischen Modellen. Rund zwölf Jahre sind seit Erscheinen ihrer Hauptwerke und damit seit dem Durchbruch der Philosophischen Anthropologie vergangen, als Gehlen sein anthropologisches Werk *Der Mensch* veröffentlicht. Die Krise, in der das idealistische Menschenbild seit dem naturalistischen Paradigmenwechsel im 19. Jahrhundert steckt, ist, wenn man Hartmann glaubt, auch 1940 nicht überwunden. In dieser Hinsicht haben Gehlens Vorgänger nicht allzu viel bewirkt – zu klein ist der Kreis, in dem der Denkansatz der Philosophischen Anthropologie seinerzeit Bekanntheit erlangt hat. Dass Gehlens Schrift in der Öffentlichkeit bis heute eine besondere Aufmerksamkeit entgegengebracht wird, liegt unter anderem daran, dass der anthropologischen Denkrichtung mit seinem Werk der Durchbruch zur Popularität gelingt.

3.1 Der Mensch als biologisches Mängelwesen

Wie Scheler und Plessner geht es auch Gehlen darum, die „Sonderstellung"[142] des Menschen innerhalb und aus seiner Natur heraus zu begründen. Auch ihm ist dabei an einer „Gesamtauffassung ‚des Menschen'"[143] gelegen: Nicht einzelne Merkmale, die ein im Grunde tierisches Wesen zum Menschen krönen, sollen gefunden werden (wie es in der Philosophiegeschichte unter Rückgriff auf ‚Bewusstsein', ‚Vernunft' oder ‚Sprache' oftmals unternommen wurde). Gehlen will „*eine[n]* bestimmten Gesichtspunkt"[144] finden,

---

141 HARTMANN: Neue Anthropologie in Deutschland, S. 159 und 168.
142 GEHLEN: Der Mensch, GA 3, S. 6. Hier wird aus der Fassung letzter Hand (Textfassung der Gehlen-Gesamtausgabe) zitiert. Zwischen der Erstausgabe von 1940 und späteren Fassungen liegen zum Teil erhebliche Überarbeitungen – die Argumentation dieser Studie betreffen sie in weiten Teilen aber nicht.
143 Ebd.
144 Ebd., S. 8.

der das gesamte System körperlicher, seelischer und geistiger Merkmale und Leistungen, eben den Menschen in seiner lebendigen Ganzheit, betrifft.[145]

Die darwinistische Evolutionstheorie, die die Organisation des Menschen analog zu derjenigen anderer Tierarten unter dem Leitgedanken der Anpassung erklärt, wird Gehlens Anspruch nicht gerecht. Im Menschen habe die Natur „eine sonst nicht vorhandene, noch nie ausprobierte Richtung der Entwicklung eingeschlagen, [...] ein neues Organisationsprinzip zu erschaffen beliebt."[146] Diese grundsätzliche Andersartigkeit des Menschen gerät im evolutionistischen Denken mit seiner bloß graduellen Unterscheidung des Menschen von anderen Tierarten aus dem Blick. Gehlens Ablehnung einer naturalistischen Betrachtung des Menschen vom Tiere aus, wie sie klassischen Abstammungslehren zugrunde liegt, hat allerdings keine Abkehr von der Biologie zur Konsequenz. Sein Gegenentwurf zielt auf eine „anthropo-biologische [...] Betrachtungsweise"[147], die es ermöglicht, die Leiblichkeit und die Innerlichkeit des Menschen in ihrer wechselseitigen Verschränkung zu verstehen.

Hierzu lässt Gehlen, betont bemüht, seine Überlegungen „sorgfältig im Umkreis der Erfahrung" zu halten, Ergebnisse der empirischen Einzelwissenschaften, die sich mit dem Menschen befassen (Biologie, Physiologie, Psychologie, Soziologie, Sprachwissenschaft *et cetera*), in sein anthropologisches Konzept einfließen. Metaphysische Aussagen und abstrakte Wahrheiten haben gegenüber solchem „Tatsachenwissen[]"[148] – davon zeigt er sich überzeugt – keinen Bestand. Keine dieser Wissenschaften hat als Gegenstand aber ‚den Menschen'.[149] Diesem Mangel soll die Anthropologie als philosophische Disziplin abhelfen. Unter Rückgriff auf „*einen* Systemgedanken"[150] will Gehlen die Materialfülle sortieren und deuten, sodass als Resultat und zugleich als Voraussetzung einer jeden empirischen Humanwissenschaft eine elementare Philosophie vom Menschen steht.

Als Negativfolie für sein systemisches Modell zieht Gehlen Schelers Stufenschema heran – ein strategischer Schachzug, der das innovative Potential der eigenen Theorie in den Vordergrund rückt und Parallelen kaschiert. Scheler begründe die Sonderstellung des Menschen gegenüber dem Tier lediglich durch die Zusatzthese vom menschlichen Geist und vermöge damit die anthropologische Differenz erst auf Ebene höherer kognitiver Leistungen aufzuzeigen. Auf diese Weise verpasse er aber die Chance, den Unterschied

---

145 Er betrachtet den Menschen als „Wesen aus einem Guß", so HARTMANN: Neue Anthropologie in Deutschland, S. 160.
146 GEHLEN: Der Mensch, GA 3, S. 12.
147 Ebd., S. 10.
148 Ebd., S. 5.
149 Vgl. ebd., S. 9.
150 Ebd., S. 13.

von Tier und Mensch bereits im Bereich körperlicher Merkmale und basaler vitaler Vollzüge zu erklären.[151] Gehlen setzt in seinem Tier-Mensch-Vergleich hingegen auf ein einheitliches Strukturgesetz, „das *alle* menschlichen Funktionen von den leiblichen bis zu den geistigen beherrscht"[152] und das damit selbst den kleinsten Verdacht eines Dualismus, sei es von Leib und Seele, sei es von Leben und Geist, im Keime erstickt.

Dass Kritiker angesichts dieses Ansatzes um die Autonomie und Besonderheit des Geistes besorgt sein mögen, ahnt bereits Hartmann in seiner Rezension.[153] In der Tat wird Gehlen immer wieder ein Materialismus oder Biologismus vorgeworfen, der den Geist auf die menschliche Physis reduziere. Den Kern seiner Anthropologie trifft ein solcher Vorwurf aber nicht. Es geht Gehlen nicht darum, das Geistige im Menschen monokausal auf seine organische Beschaffenheit zurückzuführen, seine kulturellen Leistungen ausschließlich aus der Natur heraus zu begründen und ihnen damit ihre Besonderheit zu rauben. Er will den Geist lediglich im physiologischen Kontext und mit Blick auf die Lebensführung des Menschen verstehen. „Für kategoriale Eigenart des Geistes bleibt dabei Spielraum genug"[154], betont auch Hartmann. Mehr noch: Statt den Geist zur Biologie zu machen, integriert Gehlen niedere Funktionen und philosophisch traditionell wenig beachtete, weil bloß der vitalen Sphäre zugeordnete Phänomene (wie den sensomotorischen Leistungsapparat des Menschen) in die Ebene freier, geistiger Akte. Weniger Biologismus und eine deutlichere Sonderstellung des Menschen sind kaum denkbar.

Die biologische Betrachtung führt Gehlen zu einem traditionsreichen anthropologischen Begriff: Morphologisch und mit Blick auf seine Instinktnatur erscheint der Mensch als ‚Mängelwesen'.[155] Unangepasst, primitiv und mittellos ist sein Überleben permanent gefährdet – die Krise ist die natürliche Situation des menschlichen Wesens. Ihm fehlen, vom Vergleichspunkt des Tiers aus betrachtet, spezialisierte Sinnes- und Angriffsorgane sowie ein differenziertes Instinktprogramm. Unter Rückgriff auf die Retardationstheo-

---

151 Dass Gehlens Theorie *de facto* gar nicht weit von Schelers Stufenmodell entfernt liegt und gegen eigene Absichten gewissermaßen doch dem Gedanken eines Schichtenbaus gerecht wird, dem es um die „Abhängigkeit des Höheren vom Niederen und Elementaren, unbeschadet der Eigenart des Höheren" geht, betont HARTMANN: Neue Anthropologie in Deutschland, hier S. 176.
152 GEHLEN: Der Mensch, GA 3, S. 20.
153 Vgl. HARTMANN: Neue Anthropologie in Deutschland, S. 174.
154 Ebd., S. 175.
155 Zur Ideengeschichte des Mängelwesentheorems vgl. Heinrich SCHMIDINGER: Mängelwesen – krankes Tier – Sackgasse der Natur. Bemerkungen zur Geschichte einer normativen Anthropologie. In: Heinrich Schmidinger, Clemens Sedmak (Hg.): Der Mensch – ein Mängelwesen? Endlichkeit – Kompensation – Entwicklung. Darmstadt 2009, S. 7–27; sowie THIES: Arnold Gehlen, S. 35.

rie des niederländischen Mediziners und Anatomen Louis Bolk erklärt Gehlen die menschlichen Primitivismen als *„permanent gewordene fötale Zustände oder Verhältnisse"*[156]. Dabei betont er, dass die Kategorie des Mängelwesens keinen substanziellen, sondern nur „transitorischen"[157] Charakter hat. Sie soll als heuristisches Konstrukt zur Bestimmung des Menschen dienen. Auf diesem Wege lässt sich nämlich das mit empirischen Beobachtungen unterfüttern, was Scheler mit dem recht vagen Begriff der Weltoffenheit zu fassen gesucht hat – für Gehlen „Gegenbegriff"[158] zur Idee des Mängelwesens. Denn mit der Unspezialisiertheit des Menschen geht eine offene Fülle an Wahrnehmungsoptionen, Bewegungsmöglichkeiten und potenziellen Antriebszielen einher. Eine Anpassung, wie sie Uexküll zwischen tierischem Organismus und dessen natürlicher Umwelt behauptet, bleibt dem Mängelwesen Mensch damit verwehrt. „[W]o beim Tiere die ‚Umwelt' steht, steht beim Menschen die ‚zweite Natur' oder die Kultursphäre"[159]. Der Mensch hat eine Welt, die er sich erst aktiv erschließen und verfügbar machen muss. Sein Wesen und seine Kultur sind ihm also nicht natürlich gegeben, sondern zur Aufgabe gemacht. Gehlens Modell als biologistisch zu bezeichnen, verfehlt also tatsächlich seine Grundintention, die in diesen freiheitsphilosophischen und kulturalistischen Überlegungen zum Ausdruck kommt.[160]

Gehlen ist sich der Ideengeschichte im Hintergrund seines anthropologischen Denkens sehr wohl bewusst.[161] Explizit stellt er sich in eine Traditionslinie mit der Anthropologie des 18. Jahrhunderts, mit Kant, Schiller und vor allem mit Herder. Nietzsche wird gleich zu Beginn des Werkes zum

---

156 GEHLEN: Der Mensch, GA 3, S. 115. Als Primitivismen werden unter anderem angesehen: die embryonal anmutende Krümmung der Körperachse, das unvollständige Haarkleid, die Form des Beckens, der freigelegte Standfuß und die flexible Hand, die Schädelwölbung, das untergestellte Gebiss und das hohe Hirngewicht.
157 Ebd., S. 16.
158 Ebd., S. 34.
159 Ebd., S. 87. GEHLEN: ebd., S. 85, erkennt Uexkülls Leistungen bei der Ausbildung des Organismus-Umwelt-Konzepts an und nennt dessen Modell einen „geniale[n] Griff" – wenngleich es (unter anderem aufgrund einer fehlenden Instinkttheorie, wie sie Lorenz später nachliefert) bei Uexküll unvollständig bleiben muss.
160 Vgl. hierzu auch Henning OTTMANN: Gehlens Anthropologie als kulturalistische Theorie. In: Helmut Klages, Helmut Quaritsch (Hg.): Zur geisteswissenschaftlichen Bedeutung Arnold Gehlens. Vorträge und Diskussionsbeiträge des Sonderseminars 1989 der Hochschule für Verwaltungswissenschaften Speyer. Berlin 1994, S. 467–490, hier S. 469: „*Gehlen* war kein Biologist; er ist ein Kulturalist gewesen, vielleicht sogar ein extremer Kulturalist. Aus der ‚Natur' des Menschen wird bei *Gehlen* Kultur, fast nichts als Kultur." Gehlens kultureller Aktivismus hat im Denken des 18. Jahrhunderts seine Wurzeln und besitzt durchaus eine aufklärerische Komponente; vgl. Karl-S. REHBERG: Anthropologie der Plastizität und Ordnungstheorie. Einführung in die 14. Aufl. von Arnold Gehlens *Der Mensch*. In: Arnold Gehlen: Der Mensch. Seine Natur und seine Stellung in der Welt. Wiebelsheim ^{14}2004 (^{1}1950), o. S. [gez. S. 5].
161 Vgl. GEHLEN: Der Mensch, GA 3, S. 30f.

Gewährsmann der Lehre vom Menschen als dem ‚noch nicht festgestellten Tier'.[162] Das Mängelwesen Mensch, dem eine natürliche Feststellung versagt bleibt, muss in einem Akt der Selbstdeutung zu sich Stellung nehmen, es muss sich aktiv zu sich verhalten. Die darin bestehende „Urfreiheit"[163] schließt aber immer auch das Risiko ein, dass der Mensch der Aufgabe seiner Selbstbestimmung und -schöpfung nicht gewachsen ist.

3.2 Der aktive Aufbau der menschlichen Welt

Auf die Frage nach der Überlebensfähigkeit des unspezialisierten und schlecht eingepassten Mängelwesens Mensch entwickelt Gehlen ein Handlungskonzept, das den Aufbau der gesamten Welt als eigens menschliche Leistung versteht. Der Mensch

> muß die Welt, ursprünglich ein Überraschungsfeld, sich erst handlich und erkennbar, intim und verwendbar machen, um in geplanter und sachgemäßer Arbeit sich das zu beschaffen, was er braucht und was niemals schon zur Verfügung steht.[164]

Er ist also ein Wesen, das handeln kann und muss – und erst mit dieser Befähigung, seine Freiheit aktiv zu gebrauchen, die notwendig zur ‚Urfreiheit' des Menschen hinzutreten muss, wenn das ‚nicht festgestellte Tier' in seiner krisenhaften Lage nicht untergehen soll, ist das Wesen des Menschen vollständig bestimmt.[165]

Dabei folgen alle Vollzüge, Handlungsmuster und kulturellen Errungenschaften, die dem Menschen die Beherrschung seiner Welt und damit sein Überleben sichern und die Gehlen unter dem Begriff der ‚Handlung' fasst, dem Prinzip der ‚Entlastung': der eigenständige Aufbau einer zu überblickenden Wahrnehmungswelt, die Erschließung gezielt einsetzbarer motorischer Figuren, das Verfügbarmachen und die symbolische Aufladung der Welt, die in der Sprache und im Denken einen Höhepunkt situativer Entbundenheit erreichen, und schließlich die Orientierung der entdifferenzierten menschlichen Antriebe. Wovon aber muss der Mensch entlastet werden? – Von der Belastung der unmittelbaren Fülle seiner Möglichkeiten, die sich ihm als unspezialisiertem Wesen im Bereich des Sensorischen, des Motorischen und des Antriebslebens auftun, einer Belastung, die das Tier nicht kennt, weil es

---

162 Vgl. ebd., S. 4.
163 Alfred Heuss: Gehlens Anthropologie und der „Ursprung" der Geschichte. In: Helmut Klages, Helmut Quaritsch (Hg.): Zur geisteswissenschaftlichen Bedeutung Arnold Gehlens. Vorträge und Diskussionsbeiträge des Sonderseminars 1989 der Hochschule für Verwaltungswissenschaften Speyer. Berlin 1994, S. 235–363, hier S. 238.
164 Gehlen: Der Mensch, GA 3, S. 395.
165 Vgl. hierzu Heuss: Gehlens Anthropologie und der „Ursprung" der Geschichte, S. 238.

durch die Formung seiner Organe und Instinkte natürlich vorentlastet ist. ‚Entlastung' meint bei Gehlen die Befreiung des Menschen aus der Unmittelbarkeit der Situation, die Distanzierung der Umwelt und ihre Erscheinung als Welt neutraler, verfügbar gemachter Gegenstände. Dieser Befreiung, die in der menschlichen Sprachleistung, in technischen Entwicklungen, sozialen Institutionen und den Werken der Kunst kulminiert, entspricht ein Abbau von Trieben und vitalen Begierden.[166] Die kulturellen Leistungen sind nach Gehlen keine späten Glanzlichter der menschheitlichen Entwicklungsgeschichte, sondern elementare Formen der menschlichen Lebensführung, aus der biologisch bedingten Not des Menschen geboren, ihr entsprechend.

Mit der Bestimmung des Menschen zur Handlung hat Gehlen den leitenden Aspekt seiner Anthropologie gefunden: Hier liegt „das durchlaufende Aufbaugesetz aller menschlichen Funktionen und Leistungen"[167], das sich aus der biologischen Mittellosigkeit des Menschen erklären lässt und das den Unterschied zum Tier kennzeichnet, der eben nicht erst in intellektuellen Akten besteht, sondern bereits auf organischer Ebene zum Vorschein kommt. Denn die menschliche Handlung umfasst neben kognitiven auch sensorische, motorische und affektiv-motivationale Aspekte. So unterläuft der Handlungsbegriff jeden anthropologischen Dualismus – sowohl einen Leib-Seele-Dualismus *à la* Descartes als auch einen Körper-Geist-Dualismus, wie er Scheler hier unterstellt wird.

Menschliche Handlungsvollzüge sind nach Gehlen kommunikative sensomotorische Kreisprozesse, in denen selbstgewirkte Bewegungen über die Sinne rückempfunden werden. So werden Wahrnehmungsgegenstände, aber auch eigene Bewegungen versachlicht, sprachlich fixiert und handhabbar gemacht. *Erstes* grundlegendes Ergebnis menschlicher Handlung ist die optische Wahrnehmungswelt: Dem Menschen als weltoffenem Wesen fehlen angeborene Reizselektionsmuster. Die Strukturen objektiven Weltzugangs muss er sich also selbst erst schaffen. In bedürfnisfreiem probierendem Verhalten und unter Kooperation von Hand und Auge werden die Dinge der Welt, die zunächst nur ein „*Überraschungsfeld*"[168], eine unübersehbare und belastende Fülle unmittelbarer Eindrücke, für den Menschen bereithält, durchgearbeitet, sie werden be-handelt und symbolisch aufgeladen. Was entsteht, sind „Reihen ‚übersehener' Zentren"[169] und damit ein geordnetes Feld dinglicher Symbole, in denen die Umgangseigenschaften der Gegenstände angedeutet sind. Durch die Symbolisierungsleistung wird der „Bannkreis der

---

166 Vgl. etwa GEHLEN: Der Mensch, GA 3, S. 293.
167 Ebd., S. 20.
168 Ebd., S. 149.
169 Ebd., S. 201.

Unmittelbarkeit gebrochen"[170] und der Mensch tritt in entlastende Distanz zu den Dingen, die in „dahingestellter Verfügbarkeit"[171] sachlich objektiv geworden sind und die keine Überraschung und keine Belastung mehr für ihn darstellen. „Die Dinge bekommen eine Neutralität für den Menschen", so Hartmann, „in der sie nun erst für ihn sind, was sie an sich sind."[172]

Zwar nimmt Gehlen an, dass bereits Tiere keine diffuse, komplexartige Wahrnehmung haben, sondern optische Gestalten sehen, die sich vor einem Hintergrund absetzen. (Er greift hier Lorenz' Theorie der Prägnanz visueller Instinktauslöser auf.[173]) Anders als beim Tier aber, dessen Welterfassung durch spezifische Schemata instinktiv vorbestimmt ist und für das wahrgenommene Gestalten Signalwert besitzen, ist die menschliche Wahrnehmungswelt erstens selbstständig im probierenden Umgang mit den Dingen erarbeitet und zweitens ist ihre symbolische Objektivität situations- und triebentbunden. „Das Tier hat eine borniert Indifferenz gegenüber allen den möglichen Wahrnehmungen, die für es nicht lebenswichtig oder triebinteressant sind, es hat ,Umwelt', nicht Welt"[174]. Der Mensch hingegen ist als instinktloses Mängelwesen weltoffen und zugleich auf seine Weltoffenheit angewiesen. Umso mehr Welt er sich handelnd erschließt und symbolisch verfügbar macht, desto mehr Spielraum eröffnet sich ihm, sein Leben zu führen. Weltoffenheit und Handlungsfähigkeit sind für Gehlen somit keine geistigen Exklusivbeigaben zu einem grundsätzlich lebensfähigen Wesen, es sind für ein Mängelwesen wie den Menschen biologisch zweckmäßige und unerlässliche Basiseigenschaften. Erst in einer gegliederten und überblickbaren Welt verfügbar gemachter Dinge, in der das Auge deren „Gebrauchs- und Umgangswerte *mitsieht*"[175], kann der Mensch sein Verhalten kontrollieren und so willentlich und vorausschauend handeln. Nur hier kann er, dessen Verhalten nicht instinktiv auf selektierte Wahrnehmungen anspringt, überleben.

Ein *zweites* Produkt menschlicher Aktivität stellt das variable „Bewegungskönnen[]"[176] dar. Weil Menschen ihre Motorik weitestgehend nicht

---

170 Ebd., S. 68.
171 Ebd., S. 201.
172 HARTMANN: Neue Anthropologie in Deutschland, S. 164.
173 Lorenz' Untersuchungen zum Instinkt sind zentral für die Entwicklung des Instinktbegriffs bei Gehlen; vgl. GEHLEN: Der Mensch, GA 3, S. 181 f.; auch GEHLEN: Über instinktives Ansprechen auf Wahrnehmungen (1961), GA 4, S. 175–202, bes. S. 178–181. Während der Instinktbegriff in der Ausgabe von *Der Mensch* von 1940 noch undeutlich ist, gewinnt er in der dritten und vierten Ausgabe, erschienen, nachdem Gehlen die ethologische Schule besser kennengelernt hat, an Schärfe; vgl. hierzu THIES: Arnold Gehlen, S. 64 f. GEHLEN: Der Mensch, GA 3, S. 23, schätzt Lorenz' Forschungen, lediglich die Übertragung seiner Erkenntnisse auf die Menschengattung falle „[a]ußerordentlich mager und enttäuschend" aus.
174 GEHLEN: Der Mensch, GA 3, S. 202.
175 Ebd., S. 40.
176 Ebd., S. 42.

erben, müssen sie sie *erwerben*.[177] Bei Geburt kommt der Mensch mit einem unfertigen Bewegungsapparat auf die Welt; ihm steht eine fast unendliche Vielzahl motorischer Optionen offen. Angesichts dieser Unfertigkeit ist es die Aufgabe des Menschen, sich während der langen Lernphase in seiner Kindheit motorisch auszuprobieren und eine Reihe kontrollierter Bewegungen auszubilden. Er sammelt im triebfreien kommunikativen Umgang mit den Dingen Erfahrungen, auf die seine „*Bewegungsphantasie*"[178] im Folgenden zurückgreifen kann, um zukünftige Handlungen zu planen. So baut der Mensch nicht nur eine Wahrnehmungswelt, sondern in Kooperation von Seh- und Tastsinn – das Auge, das den Umgangswert der Gegenstände mitsieht, entlastet die Hand – auch die eigene Motorik auf, die er, einmal beherrscht, gezielt einsetzen kann. Dabei entspricht der Offenheit der sensitiven Eindrücke eine offene Variabilität der möglichen Bewegungen, die reguliert und an die erforderliche Situation angepasst werden können. Am Ende dieses Entlastungsprozesses menschlichen Verhaltens stehen unbewusste Automatismen im Umgang mit der objektiven Welt sowie Gewohnheiten und Haltungen in intersubjektiven Beziehungen, die es ermöglichen, die durch Routine aufgesparten Energien zum Zwecke höherer Verrichtungen umzuleiten.

Seine „Vollendung"[179] erfährt der sensomotorische Leistungsapparat des Menschen im Sprechen und Denken. Der Prozess einer zunehmenden Entlastung vom situativen Druck der unmittelbaren Gegenwart, der auf elementarer Ebene mit dem Aufbau einer übersehbaren Wahrnehmungswelt und einer steuerbaren Motorik eingesetzt hat, kulminiert schließlich in der Sprachfähigkeit des Menschen: Basalen sensomotorischen Kreisprozessen entsprungen (das macht Gehlens ausführliche Herleitung der Sprache aus fünf elementaren Sprachwurzeln deutlich[180]), schafft Sprache aufgrund ihrer hochgradigen Symbolik eine komplette Entbindung von der je aktuellen Erlebniswelt und macht dem Menschen so räumlich wie zeitlich die gesamte Welt verfügbar. Das daran gekoppelte Denken ist für Gehlen schließlich „höchste[r] Grad entsinnlichten, bloß andeutenden und ‚abgekürzten' Ver-

---

177 Die Unterscheidung zwischen ‚Erbmotorik' und ‚Erwerbmotorik' übernimmt Gehlen von dem Wiener Zoologen Otto Storch.
178 GEHLEN: Der Mensch, GA 3, S. 43, vgl. auch S. 209–217. Gehlen greift hier das Phantasiemodell des jüdisch-ungarischen Philosophen Menyhért Palágyi auf.
179 Ebd., S. 48.
180 Nach Gehlen wurzelt die Sprache 1. im rückempfundenen Laut, 2. in der Lautantwort auf sachlich Gesehenes, 3. im wiedererkennenden Laut, 4. im artikulierten Bedürfnis und 5. in der stellvertretenden Handlungskoordination; vgl. ebd., bes. S. 224–272. – Bereits Herder, Gehlens wichtigster Lehrmeister, hat die emanzipatorische Funktion der Sprache bei der Menschwerdung in seiner Schrift *Über den Ursprung der Sprache* betont.

haltens"[181] und bedeutet damit vollkommene Freiheit. Auch bei ihm gipfelt also die Anthropologie in den Höhen vernünftiger Akte – nicht aber, weil die Vernunft ein dem Leben entgegengesetztes Dasein führt oder einen höheren Wert als dieses für sich beanspruchen könnte, sondern weil in ihr, der die elementare Grundstruktur menschlicher Lebensbewältigung eingeprägt ist, die umweltentbundene, eigenständige Weltschöpfung des Menschen am reinsten zum Ausdruck kommt.

Blickt man zurück auf den Prozess der menschlichen Welterschließung, die auf der Ebene eines individuellen Leistungsaufbaus einsetzt und sich steigert bis hin zu den komplexen kulturellen und intellektuellen Schöpfungen der Menschheit, ist man geneigt, die Handlung mit ihrem oftmals „geschichtliche[n] Ausmaß"[182] als Motor der Menschheitsgeschichte anzusehen. Gehlens Anthropologie ist von Haus aus ahistorisch. Doch scheint seine Handlungstheorie – wenn auch gegen eigene Absichten – zugleich eine Theorie geschichtlichen Handelns zu sein, wie Alfred Heuß bemerkt. Denn erst mit der Handlungsfähigkeit des Menschen, der sich einen instinktneutralen Weltbestand erschließt, eröffnet sich die Möglichkeit einer Geschichte im Sinne echter Veränderung und Gestaltung der Welt, außerhalb der instinktiv regulierten, immer gleichen Interaktion zwischen tierischem Organismus und seiner Umwelt. Einem Konzept menschlicher Geschichtsoffenheit widerspricht allerdings Gehlens späte Kulturtheorie, die die gegenwärtige Kultur über den Begriff der ‚Kristallisation' als einen Zustand beschreibt, in dem alle Entwicklungsmöglichkeiten bereits entfaltet sind; auch seine daran anschließende Geschichtsphilosophie der Post-Histoire, nach der die Geschichte der Menschheit abgeschlossen ist, fügt sich nicht in eine historisch-anthropologische Handlungstheorie.[183]

3.3 Offene Antriebsstruktur als Bedingung ästhetischen Verhaltens

Der Mensch ist also Schöpfer seiner Welt und seiner selbst. Wie aber, fragt Gehlen, „muß die Antriebslage eines weltoffenen, auf die eigentätige Durcharbeitung der Welt angewiesenen Wesens eingerichtet sein"[184]? Welche energetischen Grundbedingungen müssen erfüllt sein, damit der Mensch, der organisch betrachtet ein Mängelwesen darstellt, überhaupt in der Lage ist, zu überleben und selbstständig tätig zu werden? Seine Antwort: Der Mensch

---

181 Ebd., S. 309.
182 HEUSS: Gehlens Anthropologie und der Ursprung der Geschichte, S. 254.
183 Vgl. hierzu vor allem Gehlens Abhandlung *Über kulturelle Kristallisation* (1961).
184 GEHLEN: Der Mensch, GA 3, S. 387.

braucht ein weltoffenes Antriebsleben, das sich vor allem durch seine Triebentbundenheit auszeichnet. Auch instinktiv muss er also ein Mängelwesen sein. Es muss ihm möglich sein, das mit der Instinktreduktion freiwerdende Energiepotenzial zu seinen Gunsten zu nutzen, indem er seine Antriebe orientiert und sich so sein Antriebsleben kommunikativ erwirbt.

Weil der Mensch keine reizgebundenen Wahrnehmungsschemata und instinktiv verankerten Bewegungsautomatismen besitzt, wie sie das Tier hat, kann und muss er selbst ein „vom Instinktdruck *entlastetes* System von Verhaltensweisen"[185] aufbauen. Hierzu ist es nötig, dass Antriebe, die auch der Mensch empfindet, hemmbar, mit Bildern besetzbar und verschiebbar sind.[186] (Bereits Scheler hat auf die menschliche Fähigkeit, zu Antrieben grundsätzlich Nein zu sagen, verwiesen.) Durch die daraus resultierende Entkopplung von Handlung und Bedürfnis wird nach Gehlen ein Freiraum, ein „*Hiatus*"[187], offengelegt, der es dem Menschen ermöglicht, Antriebe durch sachgemäßes Denken zu orientieren und sich auf dem Weg von Erfahrung und Überlegung die Mittel ihrer Befriedigung zu erschließen. Außerhalb des alltäglichen Handlungszwangs verschafft dieser Hiatus dem Menschen die Möglichkeit, in einem rein subjektiven Zustand zu verweilen – Gehlen denkt hier an ästhetische oder rauschhafte Zustände, aber auch an die Begegnung des Menschen mit Phänomenen der eigenen Seele.[188]

In dem Aufsatz *Ueber einige Kategorien des entlasteten, zumal ästhetischen Verhaltens* (1950) und der etwas ausführlicheren Abhandlung *Über instinktives Ansprechen auf Wahrnehmungen* (1961) betritt Gehlen auf Basis dieser anthropologischen Überlegungen ästhetisches Terrain.[189] Mit einer „Physiologie der Kunst"[190] will er ein wichtiges Kapitel der Anthropologie schreiben. Das *rezeptionsästhetische* Problem des Schönheitsgenusses, so sein Grundgedanke,

---

185 Ebd., S. 55.
186 Vgl. ebd., S. 396: „Die Hemmbarkeit sämtlicher Antriebe, auch der organischen, ist eine Tatsache erster Ordnung, und man versteht sie nur von den Bedingungen der Handlung her, die von den Bedürfnissen sozusagen ‚abgehängt' werden muß, um sich in die Sachgesetze der Erfahrung einzulassen und dadurch ihr eigenes, nicht begrenzbares notwendiges Können zu entwickeln."
187 Ebd., S. 55.
188 Vgl. ebd., S. 56 f.
189 Eine ausführliche Analyse der ästhetischen Theorie Gehlens liefern Karlheinz MESSELKEN: Der Reiz des Schönen. Zu Gehlens ästhetischer Theorie. In: Helmut Klages, Helmut Quaritsch (Hg.): Zur geisteswissenschaftlichen Bedeutung Arnold Gehlens. Vorträge und Diskussionsbeiträge des Sonderseminars 1989 der Hochschule für Verwaltungswissenschaften Speyer. Berlin 1994, S. 639–670; und Volker SCHMIDT: Ist das ästhetische Verhalten ‚entlastet'? Bemerkungen zum Ansatz einer anthropologischen Ästhetik bei Arnold Gehlen. In: Clemens Bellut, Ulrich Müller-Schöll (Hg.): Mensch und Moderne. Beiträge zur philosophischen Anthropologie und Gesellschaftskritik. Würzburg 1989, S. 389–410.
190 GEHLEN: Über instinktives Ansprechen auf Wahrnehmungen, GA 4, S. 195.

muss „das Grenzgebiet instinktiver und geistiger Vollzüge"[191] betreffen. Damit wird Ästhetik auch für die Anthropologie und ihre Frage nach der Differenz zwischen Tier und Mensch interessant. Ausgangspunkt bildet Lorenz' Beobachtung, dass objektive Merkmale tierischer Instinktauslöser, die sich durch ihre Unwahrscheinlichkeit und Einfachheit auszeichnen – im visuellen Bereich etwa klare Spektralfarben, symmetrische Formen, rhythmische Bewegungen –, beim Menschen die Empfindung des Schönen hervorrufen.[192]

Empirisch sieht Gehlen diese Entdeckung bestätigt, wo er seinen Blick über die Kulturen und Zeiten hinwegschweifen lässt und sich ihm ein Panorama ‚primitiver Ästhetik' eröffnet: Die Kulturen „naturnahe lebender Völker"[193] lassen eine Vorliebe für leuchtenden, bunten und glänzenden Schmuck aus Federn, Blumen und Steinen sowie eine Neigung zu Körperbemalungen und gemusterten Stoffen sichtbar werden. Auch die Ornamentik, die sich auf alten Waffen, Wappen oder Perserteppichen findet, zieht Gehlen in seiner Beobachtung heran.[194] Sein Fazit: Was weltweit, auch und vor allem in ‚ursprünglichen Ethnien', für schön befunden wird, besitzt exakt die Auslösereigenschaften im Sinne der lorenzschen Instinkttheorie. Wie ist dieser offensichtliche Zusammenhang zu erklären? Und woher rührt „das eigentlich Faszinierende, das Kunstwerken zukommen kann, die pulssteigernde, atemberaubende Belebung und Begeisterung"[195]?

Die Vitalität des Schönheitsempfindens – wenn der Puls steigt und der Atem stockt – verweisen nach Gehlen auf dessen biologische Wurzeln. Der Mensch erlebe als instinktives Mängelwesen im Gegensatz zum Tier zwar kaum noch echte Reaktionen auf äußere Schlüsselreize. Er besitze aber ‚entdifferenzierte Instinktresiduen', aus denen sich auch der ästhetische Genuss erklären lässt: Die Reizqualität schöner Dinge ist eine unbestimmte, die sich auf einen „*funktionslos gewordene[n]*, entmachtete[n] *Restbestand*"[196] der Auslöserwirkung zurückführen lässt. Der Mensch empfindet beim Anblick von Schönheit zwar Lust, diese Lust hat aber keinen Appellcharakter und damit auch keinen organischen Wert mehr für ihn, sie löst keinen Handlungsautomatismus aus wie beim Tier, weil im sensomotorischen Funktionskreis des

---

191 GEHLEN: Ueber einige Kategorien des entlasteten, zumal ästhetischen Verhaltens. In: Studium Generale 3/1 (1950), S. 54–60, hier S. 54.
192 Vgl. Lorenz' Artikel *Die angeborenen Formen der menschlichen Erfahrung* (1943).
193 GEHLEN: Ueber einige Kategorien des entlasteten, zumal ästhetischen Verhaltens, S. 54.
194 Gehlens ‚Ästhetik des Wilden' greift hier nicht nur traditionelle ethnologische Topoi wie das Bild vom primitiven Wilden auf, es sind auch Phänomenbeispiele der klassischen Ästhetik, die seine Überlegungen zum Zusammenhang von instinktivem Verhalten des Tiers und ästhetischem Genuss des Menschen veranschaulichen sollen.
195 GEHLEN: Über instinktives Ansprechen auf Wahrnehmungen. GA 4, S. 195.
196 Ebd., S. 197.

Menschen ein ‚Hiatus' zwischen Bedürfnis und Befriedigung liegt.[197] Schönheitsgenuss ist also *per se* handlungs- und folgenlos. Er ist kontemplativ, weil der Reiz des Schönen für den Menschen aufgrund seiner Instinktreduktion seine biologische Valenz verloren hat. In der befreienden Wirkung dieser Folgen- und damit Verpflichtungslosigkeit, die den Menschen vom Druck des Handeln-Müssens entlastet, erkennt Gehlen neben seiner instinktiven Herkunft eine zweite Wurzel des Wohlgefallens am Schönen.[198] Im ästhetischen Zustand offenbart sich dem Menschen auf diese Weise die Spezifik seines Antriebslebens und damit sein ureigener Charakter: „[S]o erlebt der Mensch seinen tiefsten Wesenszug, die Erhebung aus der Instinktfesselung, die Entlastung, von außen her, er feiert im Grunde und ohne es zu wissen, in der Schönheit jeder Blume sich selbst"[199]. – Schöne Dinge halten dem Menschen also den Spiegel vor. Was er im Spiegelbild erkennt, ist ein Wesen, das frei ist.

Dabei bedeutet die Hemmbarkeit der Antriebe – das betont Gehlen in *Der Mensch* – aber nicht eine grundsätzliche Entbundenheit vom Bedürfnis selbst, sondern Macht über seine Befriedigung.[200] Nur in diesem Sinne ist der Mensch frei, während das Tier in einer „Benommenheit im Triebzwang"[201] gefangen bleibt. Elementare Bedürfnisse können aufgeschoben und alle möglichen Handlungen, die auf kürzerem oder längerem Wege zu ihrer Befriedigung beitragen können, „versachlicht und auf die Dauer gestellt", zu Selbstzwecken und „*Sach*interessen"[202] werden. Mittel und Zweck können beim Menschen vertauscht sein, Zwischenstadien, Akte, ursprüng-

---

197 In der Evolutionären Ästhetik hat diese Beobachtung und ihre Erklärung bislang wenig Beachtung gefunden; vgl. Karl EIBL: Evolutionäre Ästhetik. Doppel-Rez. zu Winfried Menninghaus: Das Versprechen der Schönheit. Frankfurt/Main 2003; Eckart Voland, Karl Grammer (Hg.): Evolutionary Aesthetics. Berlin, Heidelberg 2003. In: literaturkritik.de 12/2005, http://www.literaturkritik.de/public/rezension.php?rez_id=8698 (27. November 2015): „Ungeklärt, ja ungestellt bleibt die Frage, wie und weshalb bestimmte Auslöser von Wohlgefallen (oder Missfallen) überhaupt aus den zugehörigen Programmen herausgelöst werden können und entsprechende Emotionen auslösen, nicht aber entsprechende Handlungen." Dieser Frage geht EIBL: Animal Poeta, bes. S. 126–133, auf den Grund.
198 Die Idee einer entlastenden Funktion speziell der modernen Kunst wird auch in Gehlens Buch *Zeit-Bilder* (1960) aufgegriffen.
199 GEHLEN: Über instinktives Ansprechen auf Wahrnehmungen, GA 4, S. 199.
200 Vgl. GEHLEN: Der Mensch, GA 3, S. 396: „Wenn wir also einen Antrieb, ein Bedürfnis fühlen, so liegt, es zu fühlen, nicht in unserer Macht. Aber es zu befriedigen oder nicht, das liegt in unserer Macht […]. Ob oder wann, unter welchen herbeizuführenden Umständen wir also die Handlungen einsetzen müssen, um die näheren und ferneren Mittel herzustellen, die endlich diesem Bedürfnis dienen – darüber darf das Bedürfnis gerade dann nicht entscheiden, wenn es befriedigt werden soll."
201 Ebd., S. 176.
202 Ebd., S. 53. Vor allem durch die sprachlich-symbolische Fixierung der Antriebe entstehen Interessen von Dauer.

lich Mittel zum Zweck der Bedürfnisbefriedigung, verselbstständigen sich und werden zum Ziel des Begehrens. Diese „*Umkehr der Antriebsrichtung*"[203] wird erst durch die Instinktreduktion des Menschen möglich gemacht und sie führt dazu, dass bei ihm natürliche und künstliche Bedürfnisse nicht mehr unterschieden werden können.[204]

Auch die *produktionsästhetische* Frage, wieso der Mensch Kunst schafft, lässt sich nur mit diesem Wandel im menschlichen Antriebsleben beantworten. Das Tier durchläuft im alltäglichen Verhalten den Funktionskreis (sensitive Erfassung der Außenwelt und Wahrnehmung ihrer Strukturen als Umwelt, Reiz und subjektiver Zustand der Lust, motorische Reaktion und Änderung der Außenwelt), ohne dass seine einzelnen Momente unabhängig voneinander oder in anderer Reihenfolge auftreten könnten. Der Künstler kehrt die Laufrichtung des Funktionskreises um: Er erwirkt im Rahmen des kreativen Aktes eine Veränderung der ihn umgebenden Welt – nicht *weil* ihn die Außenwelt dazu unwiderstehlich gereizt hätte, sondern *damit* er ein Wahrnehmungsding, das Kunstwerk, gestaltet, das reizt und ihm sowie seinen Mitmenschen Lust verschafft. Ziel ist keine Lust, die nützlich zu etwas ist, sondern reine, biologisch handlungs- und folgenlose Lust – mit den Worten des 18. Jahrhunderts: ‚interesseloses Wohlgefallen'. Ein subjektiver Zustand, das ästhetische Erlebnis, ist hier „‚Endstelle' einer Handlungskette". Objektiv kann sich der Kunstschaffende im kreativen Prozess an den Strukturen des Naturschönen, also den Auslösereigenschaften und ihren „unwahrscheinlichen Reizkonstellationen"[205], orientieren. Der Künstler, bei dem der antriebsdynamische Umkehrprozess am reinsten in Erscheinung tritt, wird bei Gehlen damit zum Urbild des Menschen. Lebenskünstler und freier Schöpfer – nämlich Schöpfer seiner Welt und seiner selbst – kann dieser nur sein, weil sein Antriebsleben nicht mehr streng den Regeln instinktiver Organismus-Umwelt-Kopplung unterworfen ist.

Die Grundeigenschaften des menschlichen Antriebslebens: den Überschuss, die Plastizität, Weltoffenheit und Kommunikativität, die das Kunstschaffen offenlegt, erlebt der Mensch bewusst auch im *Spiel*.[206] Mit der Abgrenzung des Spiels vom Ernst weist Gehlen zunächst alle pädagogisch-utilitaristischen Einengungen des Spielbegriffs (Spiel als Schule fürs Leben) sowie dessen biologische Herleitung (Spiel als erste Äußerung des

---

203 Ebd., S. 56.
204 Vgl. ebd., S. 397.
205 GEHLEN: Über instinktives Ansprechen auf Wahrnehmungen, GA 4, S. 200.
206 Gehlens Theorie des Spiels, die in seiner Anthropologie nur eine Randposition einnimmt, bildet so den gedanklichen Rahmen seiner ästhetischen Überlegungen – ohne dass diese Verbindung hier explizit offengelegt würde. Es ist das Modell des weltoffenen menschlichen Antriebslebens, das das Scharnierelement zwischen den spieltheoretischen und ästhetischen Überlegungen bildet und das ihre Zusammenführung legitimiert.

Instinkts bei Tierjungen) zurück. Im Gegensatz zu Plessner betont er dabei weniger das schauspielerische Moment menschlicher Existenz, das bis in den gesellschaftlichen Alltag hinein sichtbar wird, es geht ihm mehr um die heitere Seite des Spiels: die Lust an der eigenen Freiheit. Im Spiel, so Gehlen, genießt der Mensch die wechselnden, entlasteten, ganz unpraktischen Phantasieinteressen, die sich aus der Umkehr seiner Antriebsrichtung ergeben. Hier erlebt sich das nicht festgestellte Wesen in seiner Weltoffenheit und Freiheit selbst: „[D]ie Lust am Spiel ist die Lust am Sichentfalten variabler Antriebe von durchaus wechselnder Inhaltlichkeit und Bestimmtheit: ohne Bedürfnisse!"²⁰⁷

Über die reine Lust im ästhetischen Zustand und im Spiel hinaus hat die offene Antriebsstruktur des Menschen aber auch Relevanz für seine Lebenspraxis und damit eine ernsthafte Funktion: Denn nur ein Wesen, dessen Antriebe weltoffen sind und das Interesse an allen möglichen Handlungen haben kann, ist überhaupt in der Lage, „situations*entsprechend*" zu handeln, wo es sich aufgrund fehlender Instinkte nicht wie das Tier „situations*bedingt*"²⁰⁸ verhalten kann. Voraussetzung dieser produktiven Wende der Weltoffenheit ist ein „*konstitutionelle[r]* Antriebsüberschuß"²⁰⁹, der aus der chronischen Unspezialisiertheit und Bedürftigkeit des Menschen resultiert. Aus diesem dauerhaft akuten Drang speist sich zugleich auch jener Zwang zur Entlastung, Sublimierung und Formung des Antriebslebens, den Gehlen über die Begriffe der ‚Erziehung', der ‚Selbstzucht', des ‚Charakters' und der ‚Haltung' zu fassen sucht. Sie alle zeigen: Es ist Aufgabe des Menschen – seiner sozialen Ordnungen, kulturellen Deutungssysteme und Institutionen –, die menschlichen Triebe zu formen, sie zu hierarchisieren und auf Dauer zu stellen und damit das Leben des Einzelnen wie das Zusammenleben der Vielen zu sichern.²¹⁰ Erst das fundamentale anthropologische Prinzip der ‚Entlastung' macht nach Gehlen deutlich, dass Kultur „nicht nur tragbar, sondern lebensnotwendig"²¹¹ ist. Am Ende seiner Anthropologie steht nicht der Spie-

---

207 GEHLEN: Der Mensch, GA 3, S. 241.
208 Ebd., S. 400.
209 Ebd., S. 59; eine Idee, die auf Freud zurückgeht und die Gehlen von Scheler und Seidel übernimmt.
210 Während Gehlen in den ersten drei Auflagen die ‚obersten Führungssysteme' (Religionen, Weltanschauungen, Moralsysteme) untersucht, weitet er nach einer Überarbeitung seinen Ansatz aus; vgl. hierzu ebd., S. 453 f. Im Mittelpunkt seines Nachkriegswerkes steht eine Philosophie der Institutionen. Zentral ist hier wie dort die Idee der Selbststabilisierung und Formung. Den Zwang, sich in Form zu bringen, als zentrale Idee der Philosophischen Anthropologie betont auch LETHEN: „Weltoffenheit" als Habitus der heroischen Moderne, S. 122: „Im Endeffekt sind die philosophischen Anthropologien von Plessner und Gehlen Verhaltenslehren, die dazu anleiten, wie man sich ‚in Form' bringt. Der Antrieb hierfür ist eine merkwürdige Angst: Angst, von der ‚rohen Natur verschlungen' […] zu werden."
211 GEHLEN: Der Mensch, GA 3, S. 397.

ler, sondern der erzogene, der ‚wollende' Mensch, dessen Wille Ergebnis der Selbstzucht und Ausdruck seines Charakters ist.[212] Am Ende steht nicht das von Natur aus riskierte Mängel-, sondern das in Eigenleistung geformte Kulturwesen Mensch.

4 Sechs Denkfiguren der Philosophischen Anthropologie

Dem Menschenbild in der Krise, zwischen idealistischer Überforderung, naturalistischer Erniedrigung und gesellschaftlicher Erschütterung, eine philosophische Anthropologie auf der Höhe der Zeit entgegenzustellen, ist das zentrale Anliegen Schelers, Plessners und Gehlens. Aus ihm erwachsen drei Denkgebäude, die auf Begriffs- und Systemebene durchaus auf eigenen Füßen stehen. Die Autoren wissen das in ihren gegenseitigen Differenzierungsversuchen zu betonen. Was ihr Insistieren auf Selbstständigkeit des eigenen Denkens aber vor allem verrät, ist die offensichtliche Nähe ihrer anthropologischen Konzepte. So empfindet etwa Scheler die anstehende Veröffentlichung von Plessners Hauptwerk als „Katastrophe", weil darin „*alles*"[213] von ihm stamme und sich viele Teile mit der eigenen Anthropologie decken.

Im Folgenden sollen zentrale Ansätze und Ideen der Philosophischen Anthropologie über sechs Denkfiguren identifiziert werden, die im dritten Teil der Arbeit dann als Vergleichsgrundlage und *tertia comparationis* bei der Betrachtung von Schillers ästhetischer Anthropologie der Freiheit dienen. Obwohl mit ihnen wesentliche Charakteristika des Denkansatzes erfasst werden, erhebt der Kriterienkatalog keinen Anspruch auf Vollständigkeit – vor allem ist er auf den typologischen Vergleich mit Schillers Anthropologie angepasst.[214] Zu diesem Zweck soll die wissenschafts- und philosophiegeschichtliche Konfliktsituation als konstitutives Moment der Philosophischen Anthropologie begriffen werden. Außerdem wird mit Blick auf Schillers Denkmodell ein besonderes Augenmerk auf ästhetische und geschichtsphilosophische Aspekte gelegt.

---

212 Zu Gehlens Willensbegriff vgl. ebd., S. 431–436.
213 SCHELER an Märit Furtwängler, 3. Juli 1927, zit. n. Wilhelm MADER: Max Scheler. Die Geisteshaltung einer Philosophie und eines Philosophen. Innsbruck 1968 (Diss.), S. 154.
214 Die herausgestellten Denkfiguren stimmen deshalb auch nur zum Teil mit den Identitätskriterien bei FISCHER: Philosophische Anthropologie, S. 519–526, überein, dessen Darstellung der Philosophischen Anthropologie hier gleichwohl wichtige Forschungsgrundlage bleibt.

1) Doppelte Frontstellung und integrative Methode: Anthropologie zwischen Naturalismus und Idealismus

Die dilemmatische Tiefenstruktur des anthropologischen Gedankenprojekts bei Scheler, Plessner und Gehlen – den Menschen einerseits als Lebewesen ins Reich der Natur einzugliedern und ihn andererseits als Geistwesen dieser Natur zu entheben – liegt in der philosophiegeschichtlichen Ausgangssituation begründet: Anfang des 20. Jahrhunderts gilt die idealistische Philosophie mit ihrer Annahme eines selbstmächtigen menschlichen Geistes und ihrer Ferne zur konkreten Lebenswelt als überholt. Das traditionsreiche idealistische Menschenbild steckt in einer tiefen Krise. Vor allem die Evolutionsbiologie, aber auch die Lebensphilosophie, die auf die subrationale Kategorie des Lebens setzt, haben die Ideen einer leibentbundenen Geistigkeit und einer Autonomie des vernunftbegabten Menschen entkräftet und aus den anthropologischen Debatten verdrängt. Vor diesem Hintergrund sehen sich die Anthropologen, die die Spezifik des menschlichen Wesens ergründen wollen, ohne dessen organische Gebundenheit zu leugnen, in einer Konfliktsituation mit doppelter Frontstellung: Gegen den Naturalismus, der sich breitmacht, will man nach wie vor die Sonderstellung des Menschen innerhalb der Natur betonen. Gegenüber dem Idealismus hingegen will man seine Leiblichkeit in ihrer vollen Bedeutung für das menschliche Dasein anerkennen, weil der Mensch, wie sich in unterschiedlichsten Kontexten gezeigt hat, kein reines Geistwesen, sondern ganz fundamental auch natürliches Lebewesen ist.

Aus dieser konfliktären Ausgangslage ergibt sich zunächst die methodische Forderung einer Kooperation der Disziplinen: Einerseits muss die Philosophie als anthropologische Deutungsdisziplin die Ergebnisse der empirischen Human- und Biowissenschaften ernst nehmen und sie integrieren, um eine seriöse, metaphysische Spekulationen übersteigende Wissenschaft vom Menschen zu sein. Scheler, Plessner und Gehlen greifen Erkenntnisse aus Anatomie und Physiologie, Verhaltens- und Evolutionsbiologie, auch aus Psychologie, Soziologie, Ethnologie und der Sprachwissenschaft in ihren anthropologischen Schriften auf. Die Öffnung der Anthropologen gegenüber der Empirie hängt mit einem biografisch bedingten, sich in ihren Lebensläufen früh bekundenden Interesse für die Funktionen des lebenden (menschlichen) Körpers zusammen: Scheler studiert neben Philosophie und Psychologie auch Medizin und zeigt sich zeitlebens an den Erkenntnissen der Naturwissenschaften interessiert. Plessner, dessen Vater Arzt ist, wechselt nach wenigen Semestern Medizinstudium in den Fachbereich Biologie. Und Gehlen ist neben seinem Studium der Philosophie, der Germanistik und der Kunstgeschichte in Physik und Zoologie eingeschrieben. Vor allem die aktuellen Entdeckungen und Modelle aus der Biologie – Uexkülls Funktionskreismodell, Drieschs Philosophie des Organischen, die Ergebnisse aus Köhlers Anthropoidenversuchen, Lorenz' Beiträge zur vergleichenden Verhaltensforschung, Bolks Fötalisationstheorie, ganz fundamental auch die Evolutionstheorie in der Nachfolge Darwins – werden von der Philosophischen Anthropologie rezipiert und fruchtbar gemacht.

Andererseits, und das wird gleichfalls betont, lässt sich philosophisches Wissen vom Menschen nicht einfach durch das Wissen der Naturwissenschaften ersetzen. Philosophie hat die Einzelerkenntnisse der empirischen Wissenschaften zusammenzuführen und zu deuten. Sie steht also vor der Aufgabe, ein ganzheitliches Modell vom Menschen zu entwickeln, das Fakten anerkennt, aber mehr ist als bloßes Aggregat von Einzelerkenntnissen. Nur so kann es der einheitlichen Selbsterfahrung des Subjekts gerecht werden.[215]

2) Der Mensch als Lebewesen: Einheit des Lebens statt Zweiheit der Substanzen

In ihrer Frontstellung gegen Naturalismus und Idealismus machen besonders Scheler und Plessner einen Hauptschuldigen für die anthropologischen Verirrungen der Philosophiegeschichte aus: Stichwortgeber für die reduktionistischen Sichtweisen des Menschen – seine Verklärung zum reinen Geistwesen ebenso wie seine Degradierung zum bloßen Naturkörper – ist für sie Descartes mit seiner ontologischen Trennung von *res cogitans* und *res extensa*. Unter der Prämisse, dass sich Lebewesen nicht in substanziell verschiedene Seinsbereiche zerteilen lassen, arbeiten die Philosophischen Anthropologen dieser folgenschweren Unterscheidung entgegen. Schelers Betonung einer ‚strengen ontologischen Identität' der ‚bloß phänomenal verschiedenen' physischen und psychischen Lebensprozesse, Plessners Suche nach einem ‚einheitlichen Grundaspekt' des Lebens, unter dem auch der Mensch zu verstehen ist, und Gehlens Rückgriff auf ein ‚einheitliches Strukturgesetz', das sowohl die leiblichen als auch die geistigen Leistungen des Menschen begreiflich macht, bilden die Offensive gegen den ontologischen Substanzendualismus. Den Weg zu diesem holistischen Ansatz hat den Anthropologen die Lebensphilosophie geebnet, weil ihr Begriff des Lebens ein Verständnis des Menschen ermöglicht, das körperliche, sinnliche, emotionale, voluntative und rationale Momente gleichermaßen umfasst.

---

215 Zur Positionierung der Anthropologie zwischen Philosophie und Wissenschaft und ihrem Rückgriff auf die exakten Naturwissenschaften und empirischen Humanwissenschaften vgl. ARLT: Philosophische Anthropologie, S. 3f. und 21; sowie Christian THIES: Einführung in die philosophische Anthropologie. Darmstadt 2004, S. 34.

3) Anthropologie von unten: die Stufen des Lebens und der Mensch

Der Ausgang vom Begriff des Lebens und die Fundierung der philosophischen Anthropologie auf einer philosophischen Biologie schützen die Theorien prophylaktisch vor idealistischen Höhenflügen und gewährleisten, dass sie der Natur des Menschen gerecht werden. Scheler, Plessner und Gehlen setzen ihre Modelle von unten an: bei subhumanen Lebensformen, im Pflanzen- oder Tierreich, bei grundlegenden vitalen Vollzügen.[216] Vor allem tierische Lebewesen, die sich unter Rückgriff auf Uexkülls Funktionskreismodell über ihre spezifische Form der Organismus-Umwelt-Beziehung vom Menschen unterscheiden lassen, dienen als Reflexions- und Komparationsgrundlage bei der Bestimmung des menschlichen Wesens. Pate steht Schelers und Plessners anthropologischen Schichtungskonzepten Aristoteles' Stufenmodell des Vitalen. Stufe für Stufe schreitet das Leben in ihren Darstellungen höher – wobei die niederen Organisationsformen stets als Möglichkeitsbedingungen höherer Daseinsformen in diesen erhalten bleiben.

In Schelers Stufenmodell folgen auf den ‚ekstatischen Gefühlsdrang‘ der Pflanze ‚Instinkt‘, ‚assoziatives Gedächtnis‘, ‚praktische Intelligenz‘ und ‚Wahlfähigkeit‘ im Tierreich und schließlich beim Menschen ‚Geist‘, der sich zwar durch seine organische Entbundenheit, also eine Erhebung über das Leben, auszeichnet, der *realiter* aber immer an die Macht des Vitalen geknüpft bleibt. Plessner, der das Lebewesen als ein ‚Grenzphänomen‘ unter dem ‚Doppelaspekt‘ von Außen und Innen betrachtet, spricht dem Menschen gegenüber der direkt in ihre Umwelt eingegliederten Pflanze und dem Tier, das seine Interaktion mit der Umwelt unbewusst oder bewusst vermitteln kann, sich dieser Vermittlung aber nicht bewusst ist, eine ‚exzentrische Positionalität‘ zu, eine außer seinem Vitalzentrum befindliche und Selbstbewusstsein ermöglichende Stellung – bei gleichzeitiger körperlich-leiblicher Gebundenheit. Gehlen schließlich bestimmt den Menschen in Differenz zum Tier über seinen organischen und instinktiven Mangelzustand, der eine Kompensation und Stabilisation in Form eigentätiger Welt- und Selbstgestaltung bereits auf basaler Ebene nötig macht. – Gemein ist den Modellen, dass sie bei der Bestimmung der menschlichen Sonderstellung im Weltganzen auf eine Verankerung des Geistigen in der vorrationalen Kategorie des Lebens abzielen – darin unterscheiden sie sich maßgeblich von den Theorien der idealistischen Denktradition, die von einer Selbstmächtigkeit des Geistes ausgehen.

---

216 Zur Reflexion der Philosophischen Anthropologie ‚von unten‘ und ihrem Stufungs- beziehungsweise Schichtungstheorem vgl. auch FISCHER: Philosophische Anthropologie, S. 521–523.

4) Die Sonderstellung des Menschen: Freiheit als natürliche Nichtfestgestelltheit

Der Ausgang der Autoren von der Biologie dient aber nicht nur der Verwurzelung ihrer Theorien im Fundament des Lebens, sondern zugleich auch als Sprungbrett einer philosophischen Anthropologie, der an einer Begründung der menschlichen Sonderstellung gelegen ist. Er schützt damit nicht nur vor idealistischen Irrtümern, sondern ist, paradoxerweise, zugleich wirksame Waffe im Kampf gegen naturalistische Reduktionismen. Dies kann er aber nur sein, weil Scheler, Plessner und Gehlen die der Biologie entlehnten Erkenntnisse und Modelle ihrem anthropologischen Denken anverwandeln. Organismus und Umwelt stehen, wie Uexküll zeigt, in einem strukturellen Zusammenhang, sie bilden einen geschlossenen ‚Funktionskreis'. Der Funktionskreis des Menschen hingegen, so erweitern die Philosophischen Anthropologen das Modell, ist aufgrund seiner spezifischen Geistigkeit (Scheler), seiner Abständigkeit von sich selbst (Plessner), seiner Instinktreduktion und organischen Mangelhaftigkeit (Gehlen) aufgebrochen. Auf die Menschenbildkrise ihrer Epoche antworten die Anthropologen zunächst, indem sie die ‚Krise' als Narrativ und konstitutives Moment in ihr Menschenbild integrieren, um es schließlich positiv zu wenden. Der Mensch, der der Unmittelbarkeit seines Lebensvollzugs entbehren muss, ist nicht mehr verwoben mit seiner ‚Umwelt', sondern er hat ‚Welt'.

‚Instinktentbundenheit', ‚Weltoffenheit' sowie die sich mit ihr eröffnende eigentätige Erschließung und aktive Gestaltung seiner selbst wie seiner Welt sind biologisch notwendige Anlagen eines Wesens mit gebrochenem Lebenskreis. Zugleich bilden sie die Grundlage seiner spezifischen Freiheit. Obwohl keiner der drei Autoren seine Anthropologie explizit als eine Freiheitstheorie präsentiert, implizieren ihre Modelle immer schon eine Idee menschlicher Freiheit. Der anthropologische Freiheitsbegriff muss dabei in zwei Richtungen abgegrenzt werden: von einem biologisch-relativen Freiheitsbegriff – Freiheit als Spielraum im Verhalten zur Stillung organischer Bedürfnisse, wie sie höheren, intelligenten Tieren durchaus zukommt – sowie von einem idealistisch-absoluten Freiheitsbegriff – Freiheit als unbedingte Autonomie eines vernunftbegabten Ich gegenüber der Natur in Form der materiellen Außenwelt und des eigenen Körpers. Freiheit im Sinne Schelers, Plessners und Gehlens, die den fundamentalen Sachverhalt respektieren, dass der Mensch Leib und Leben verpflichtet bleibt, meint die natürliche Nichtfestgestelltheit und Offenheit des menschlichen Wesens sowie seines Weltverhältnisses, die Gestaltbarkeit und Selbstbestimmtheit seines konkreten Lebensvollzugs.

5) Von der Aisthetik zur Ästhetik: triebgebundene Umwelt und schöne Welt

Mit dem Unterschied zwischen tierischer und menschlicher Daseinsweise, der auf der Grundlage von Uexkülls Umweltmodell herausgearbeitet wird, geht auch eine Differenz ihres aisthetischen Weltverhältnisses einher: Während die dingliche Struktur der vom Tier wahrgenommenen Umwelt stets Triebkorrelat mit Signalwert und Aktionsrelevanz bleibt – was nicht potentiell Nahrung, Feind, Sexualpartner und so weiter ist, das nimmt das Tier erst gar nicht wahr –, stellen die Gegenstände, die der Mensch in der Welt erfasst, Sachen dar, die so für sich bestehen. Die Idee, dass im Modus der Weltoffenheit keine triebhaft-instinktive Verbindung zwischen wahrnehmendem Organismus und wahrgenommener Außenwelt besteht, ist anthropologisch-aisthetisches Äquivalent zur ästhetischen Formel des ‚interesselosen Wohlgefallens', die den Schönheitsdiskurs im 18. Jahrhundert prägt.

Diese Schnittstelle zwischen Anthropologie und Ästhetik bildet den Ort der rezeptionsästhetischen Betrachtungen Schelers und Gehlens, die den ästhetischen Zustand des Menschen von Situationen geschlechtlicher Attraktion im Rahmen der sexuellen Selektion beim Tier abgrenzen. Objektiv mögen die Strukturen des Schönen im Tier- wie im Menschenreich identisch sein – Lorenz' Theorie der Instinktauslöser liefert hier plausible Erklärungen –, sein subjektiver Gehalt aber, das kontemplative, triebentbundene Moment des ästhetischen Genusses, ist dem Menschen als instinktentbundenem, weltoffenem Wesen vorbehalten. Nur er vermag, interesselos die Schönheit der Welt statt einzelner Momente einer überlebenstauglichen Umwelt zu empfinden.

Wenn Kunst und Schönheitssinn im Denken der Philosophischen Anthropologie auch nur Epiphänomene menschlicher Weltoffenheit darstellen (sie sind neben Sprache, Religion, Politik *et cetera* bloß zwei Monopole des Menschen unter vielen, die sich allesamt aus seiner spezifischen Stellung erklären lassen), so ist die Anlage des Menschen zu ästhetischer, und das meint hier: freier Weltbetrachtung doch ein Indiz seines Menschseins. Insofern ist der weltoffene Mensch als Wesen der Sachlichkeit zugleich *homo aestheticus*.[217]

---

217 Ellen DISSANAYAKE: Homo Aestheticus. Where Art Comes From and Why. Washington 1995, nutzt den Begriff des *homo aestheticus*, begründet die Anlage des Menschen zur Kunst aber, im Gegensatz zu den Philosophischen Anthropologen, adaptionistisch. Luc FERRY: Homo Aetheticus. L'invention du goût à l'âge démocratique. Paris 1990, der zentrale Probleme der ästhetischen Theorie in ihrem Zusammenhang mit dem politischen Modell des demokratischen Individualismus untersucht, arbeitet ebenfalls mit der Bezeichnung.

6) Spiel der Kunst und Spiel des Lebens: der Mensch als Schöpfer seiner selbst

Die ursprüngliche Instinktentbundenheit, wie sie seine Weltbegegnung und Schönheitsrezeption prägt, eröffnet dem Menschen die Möglichkeit, seine Interessen selbst zu orientieren und subjektive Zustände sowie die sie hervorrufenden Handlungen vorübergehend oder dauerhaft als Selbstzwecke anzustreben. An diese Erkenntnis schließen bei Gehlen produktionsästhetische und spieltheoretische Überlegungen an: Mit der Offenheit der menschlichen Antriebsstruktur und der Option, die Antriebsrichtung umzukehren, sind die Bedingungen für ein nicht am unmittelbaren biologischen Nutzen orientiertes, entlastetes und zugleich entlastendes Verhalten – etwa für die Herstellung von Kunst – gegeben. Der Mensch schafft Schönheit nicht instinktiv und nicht als Mittel zur Werbung um Sexualpartner, sondern um ihrer selbst willen und des reinen Genusses an ihr. In der Selbstzweckhaftigkeit des Kunstschönen begegnet er zugleich sich selbst und wird sich seiner Nichtfestgestelltheit und Freiheit bewusst. Den sich ihm so eröffnenden Freiraum natürlicher Unbestimmtheit füllt der Mensch, vom Druck organischer Bedürftigkeit entlastet, spielerisch im Kunstwerk aus, ohne dass im kreativen Akt die menschlichen Möglichkeiten auf Dauer festgelegt und seine Freiheit so eingeschränkt würde. Er empfindet Lust an der ewigen Unabgeschlossenheit des menschlichen Antriebslebens und an dessen vorübergehender, unverbindlicher Orientierung im Spiel. Das spielerisch-entlastete Verhalten des Künstlers lässt sich vor diesem Hintergrund als Inbegriff menschlichen In-der-Welt-Seins verstehen, das gerade in der selbstständigen, sensomotorischen Erschließung der menschlichen Möglichkeiten und in der daraus erwachsenden Weltgestaltung und Selbstformung besteht. Kunst ist, so gesehen, Grundvoraussetzung und Indiz menschlicher Freiheit und Eigenart. Der Mensch, der die Welt ästhetisch betrachtet und ihrer natürlichen Schönheit seine Kunst nachschafft, und jener, der mit und in ihr spielt und sich im probierenden Verhalten dabei selbst erschafft, ist ein und derselbe.[218]

Dass sich im Spiel der Raum für die Selbstgestaltung des Menschen eröffnet, bildet auch den Kerngedanken von Plessners Anthropologie des Schauspielers. So wie dieser mit dem eigenen Leib immer eine Rolle verkörpert, in der er erscheint und hinter der er zugleich versteckt bleibt, so ist der Mensch in seiner natürlichen Unbestimmtheit grundsätzlich genötigt, eine Rolle zu spielen, die ihn repräsentiert, in der er aber nicht aufgeht. Möglich ist ihm dies, weil er in seiner ‚exzentrischen Positionalität' einen Abstand zu sich selbst erlebt. Auf diese Weise erfährt der Mensch seine Freiheit, die ihm

---

[218] Insofern sprechen die anthropologischen Modelle auch die drei Grundkategorien der ästhetischen Erfahrung an: *aisthesis*, *poiesis* und *katharsis*.

grundsätzlich die selbstständige Wahl eines Rollenbildes aus der unendlichen Fülle an möglichen Selbstbildern eröffnet. Der Mensch kann, im Rahmen seiner natürlichen Bedingungen, sein, wie er sich sehen will. In dieser Hinsicht ist der Schauspieler – wie bei Gehlen ein Künstler! – menschlicher Prototyp, der die Variationsbreite und den Wandel von Äußerungen konkreten Menschseins beherrscht. Sein Spiel ist Metapher und Ausdruck des kreativen menschlichen Lebens überhaupt.

Die Philosophische Anthropologie, in ihren Grundlagen biologisch verankert, wechselt so schließlich von einem natur- in einen kulturphilosophischen Denkmodus. Die Anthropologen wenden sich der menschlichen Lebenswelt zu und betrachten den konkreten Lebensvollzug des Menschen in seiner Geschichtlichkeit. ‚Umweltfreiheit' und ‚Weltoffenheit', so stellt sich heraus, sind Grundbedingungen für seine Kulturhaftigkeit und Geschichtsoffenheit, also für seine Fähigkeit und letztlich Notwendigkeit, der natürlichen Unbestimmtheit im Laufe des individuellen Lebens und der Geschichte der Gattung eine künstliche Gestaltung des Selbst und der Welt entgegenzusetzen. Scheler, der zunächst den Bruch im Lebenskreis des geistbegabten Menschen betont, sucht dessen historische Daseinsweise und seine kulturellen Monopole aus der spannungsvoll dynamischen Verschränkung von Geist und Leben zu verstehen. Plessner baut auf seinen bio-anthropologischen Prämissen eine Hermeneutik der kulturellen und geschichtlichen Welt auf. In drei anthropologischen Grundgesetzen deutet er an, wie der Mensch in seiner kulturell-historischen Lebensform versucht, mit seiner naturbedingten Entwurzelung umzugehen. Auch Gehlens Theorie der Institutionen und der obersten Führungssysteme, seine Idee der Formung und Stabilisation von Individuum und Gesellschaft zeugen von einer kulturphilosophischen Wende seiner anthropobiologischen Betrachtung.

Für den Menschen, der aufgrund seines gebrochenen Funktionskreises konstitutiv unabgeschlossen ist, bedeutet Lebensvollzug letztlich immer eine dauerhafte, selbstgewirkte und bewusste Menschwerdung, Anthropoiesis, in der es die in der Offenheit seines Wesens angelegte Potenzialität zu konkretisieren und zu verwirklichen gilt. Angesichts seiner natürlichen Nichtfestgestelltheit stellt sich dem Individuum hier die existenzielle Frage nach der Lebenskunst. Als Ergebnis seines Lebensprozesses schafft der Mensch *respektive* die Menschheit Kultur in ihrer historischen Vielfalt. Leben und Kunst, Natur, Kultur und Geschichte lassen sich also nicht trennen, sondern stellen für die Philosophischen Anthropologen einen gedanklichen Komplex dar. So wie sich als eigentliche Natur des individuellen Menschen seine Kultur entpuppt, tritt neben die biologische Evolution des Menschen und seine transhistorische Anthropogenese am Anfang der Geschichte eine Menschwerdung im Verlauf der Menschheitsgeschichte – in all ihren Facetten.

III Schillers ästhetische Anthropologie der Freiheit

Am Abend des 18. Januar 1827 blickt Goethe in einer Unterhaltung mit Johann Peter Eckermann auf seinen verstorbenen Freund Schiller zurück. „Durch alle Werke Schiller's", soll er gesagt haben, „geht die Idee von Freiheit, und diese Idee nahm eine andere Gestalt an, sowie Schiller in seiner Cultur weiter ging und selbst ein anderer wurde."[1] Goethe, der mit der Freiheitsidee eine wichtige Konstante in Schillers gedanklicher Entwicklung benennt, zugleich aber den Wandel dieser Konstante betont, spricht hier einen prägnanten Charakterzug von Schillers Denken an: In seinen literarischen und theoretischen Werken greift der Schriftsteller, Philosoph und Historiker auf einzelne Ideen immer wieder zurück, passt sie jedoch den biografischen und diskursiven Kontexten seiner jeweiligen Denk- und Lebensphase an. So entspricht der „Dynamik der Ideenentwicklung" bei Schiller eine „Kontinuität in den Tiefenstrukturen"[2].

Die Intention dieser Studie, Schillers ästhetische Anthropologie der Freiheit aus der Perspektive der Philosophischen Anthropologie darzustellen, suggeriert, dass es in Schillers Werk eine einheitliche und in sich geschlossene Freiheitsanthropologie gibt. Das ist so nicht der Fall. Schillers Denken unterliegt einem *diachronen* Wandel, der vor allem von äußeren Eindrücken verschiedener Lebensabschnitte getragen ist: seiner Jugend als Medizinstudent an der Militärakademie Hohe Karlsschule in Stuttgart zwischen 1773 und 1780, Schillers turbulenter Zeit als junger Dramatiker in den späten Achtzigern, der Periode als Historiker und Professor an der Universität Jena um 1790, seiner ästhetischen Phase in Auseinandersetzung mit Kant in der ersten Hälfte der Neunzigerjahre sowie der Weimarer Zeit als klassischer Dichter und Weggefährte Goethes bis zu seinem Tod 1805.[3] Zeitlebens zeigt Schiller ein großes Interesse an anthropologischen Fragestellungen. Ein

---

1   GOETHE: Gespräch mit Johann P. Eckermann, 18. Januar 1827 (Nr. 1074), WA V, 6, S. 21–30, hier S. 27.
2   Jörg ROBERT: Vor der Klassik. Die Ästhetik Schillers zwischen Karlsschule und Kant-Rezeption. Berlin, Boston 2011, S. 30.
3   Die aktuellste umfassende und detaillierte Studie zu Schillers biografischen Stationen, seinem Werk und dessen zeitgeschichtlichen Hintergründen liefert Peter-A. ALT: Schiller. Leben – Werk – Zeit. 2 Bde. München 2000. Bis dahin galt die einschlägige Gesamtdarstellung von Benno von WIESE: Friedrich Schiller. Stuttgart 1959 (hier zitiert nach ³1963), als Standardbiografie.

systematisches Hauptwerk zur philosophischen Anthropologie hingegen hat er nie verfasst. Aus seinen Vorstellungen vom menschlichen Wesen, die er in medizinischen, historischen und ästhetischen Schriften entwickelt und die sich in seinen literarischen Texten niederschlagen, entsteht über die Jahre aber ein engmaschiges Gedankennetz,[4] als dessen Substanz im Folgenden die Idee der Freiheit betrachtet werden soll – nicht als physische Handlungsfreiheit oder moralische Autonomie verstanden, wie Goethe Schillers Freiheitsidee auffasst, sondern im Sinne eines spezifisch anthropologischen Freiheitsbegriffs, der die natürliche Nichtfestgestelltheit des Lebewesens Mensch bezeichnet. Da die gedanklichen Grundstrukturen von Schillers Anthropologie der Freiheit, deren Kulminationspunkt die *Ästhetischen Briefe* bilden, bereits in seinen medizinischen und geschichtsphilosophischen Schriften geknüpft werden, setzt die folgende Darstellung in der vorästhetischen Phase an. Ihre Untersuchung bleibt auf Schillers theoretisches Werk konzentriert.

Aber auch auf *synchroner* Ebene erscheint eine geschlossene Darstellung der schillerschen Freiheitsanthropologie problematisch. Denn Schillers Schriften weisen eine bemerkenswerte Heterogenität auf.[5] In ihrem Facettenreichtum liegt der Grund für die große Faszination und Strahlkraft seiner Werke, zugleich aber auch eine oft benannte Schwierigkeit: Schillers Philosophie birgt innere Widersprüche, die ihrer systematischen Auslegung im Wege stehen.[6] Als Konstante erweist sich hier eine spezifische Struktur seiner Vorstellungen: Schiller denkt Einheiten dichotomisch.[7] Damit will er weder

---

4   Aufgrund ihrer Heterogenität und disziplinenübergreifenden Verbreitung plädiert Martina MERTENS: Anthropoetik und Anthropoiesis. Zur Eigenleistung von Darstellungsformen anthropologischen Wissens bei Friedrich Schiller. Hannover 2014, S. 13, dafür, Anthropologie als „Interdiskurs" aufzufassen.

5   So verbinden etwa die *Ästhetischen Briefe* eine Vielzahl an Ideen und Diskursen, ohne dass diese immer kongruent wären. Ästhetik, Psychologie und Transzendentalphilosophie vermischen sich hier mit Geschichtsphilosophie und Ethnologie. Anthropologie wird ergänzt, aber auch untergraben von Moralphilosophie. Hinzu gesellen sich politische Beobachtungen, kulturkritische Ansätze, klassizistische Ideale und dergleichen mehr. Schiller ist ein großer Eklektiker. Vgl. hierzu Ernst CASSIRER: Idee und Gestalt. Goethe – Schiller – Hölderlin – Kleist (1921). In: Ders.: Gesammelte Werke. Hamburger Ausgabe. 25 Bde. u. 1 Reg.-Bd. Hg. v. Birgit Recki. Hamburg 1998 ff., Bd. 9, S. 241–435, hier S. 319. ALT: Schiller, Bd. 1, S. 141, führt Schillers Eklektizismus auf den „offenen Denkstil" seines Lehrers Abel zurück.

6   Vgl. ALT: Schiller, Bd. 1, S. 148.

7   Medizinisch betrachtet er den Menschen als funktionellen Komplex von Körper und Psyche, anthropologisch unter dem Doppelaspekt von Leben und Geist, moralphilosophisch über den Konflikt von Neigung und Pflicht. Wahrnehmungen erklärt Schiller über die Kooperation von Sinnlichkeit und transzendentalem Bewusstsein. Ästhetische Phänomene versteht er über die Momente Stoff und Form. Die menschliche Lebenswelt steht bei ihm zwischen den Polen der Natur und der Kultur, und seine Geschichtsphilosophie spielt sich zwischen wildem Ursprung und aufgeklärter Zukunft ab. Die Reihe der komplementären Begriffs- und Vorstellungspaare ließe sich für die unterschiedlichsten Diskurszusammenhänge weiterführen. Vgl. Elizabeth M. WILKINSON: Zur Sprache und Struktur der ästhetischen Briefe.

den Dualismus der jeweiligen Aspekte auf fundamentaler Ebene festigen noch will er die Oppositionen in Synthesekategorien endgültig aufheben. Es geht ihm um das wechselseitige Verhältnis der beiden Gesichtspunkte. Über die in den Begriffspaaren zum Ausdruck kommende dichotomische Tiefenstruktur seiner Gedanken erscheinen die verschiedenen Disziplinen und Diskurse, in denen sie auftreten, bei Schiller wie selbstverständlich miteinander verknüpft – ohne dass allerdings methodische oder systematische Voraussetzungen reflektiert würden. Nicht selten treten an den Scharnierstellen Spannungen auf. Eine Inkongruenz der Diskursebenen tritt dort besonders deutlich zutage, wo Argumentationsfiguren verschiedener Diskurse gegeneinander ausgespielt werden.[8]

Durch den doppelten Kursus von Schillers ästhetisch-anthropologischem Denkprojekt[9], der sich bereits in den frühen Schriften abzeichnet, gewinnt das Modell weitere Komplexität. Seine Theorie des Schönen und sein Konzept des Erhabenen sind nicht nur komplementär, sie schließen sich in vielen Punkten auch gegenseitig aus, insofern die Vermittlungsvorstellung der kallistischen Argumentationslinie nicht mit der aus der sublimen Denktradition stammenden Idee eines Widerstreits von Sinnlichkeit und Sittlichkeit vereinbar ist. Wenn Schillers Menschenbild auch nicht in den Idealen seiner Ästhetik aufgeht, so ergeben sich aus dem weitestgehend ungeklärten Verhältnis zwischen Schönheits- und Erhabenheitsphilosophie doch Fragen bezüglich seiner philosophischen Anthropologie.[10]

Die Problematik einer konsistenten Betrachtung von Schillers anthropologischem Modell wächst mit dem teils unklaren Aussagestatus seiner Ausführungen. So oszilliert seine Theorie zwischen realistischen Thesen und idealistischen Postulaten, und nicht immer verdeutlicht Schiller explizit, ob es sich bei seinen Sätzen um deskriptive, normative oder heuristische Aussagen handelt. Um Schillers Bild vom Menschen freizulegen, müssen aber Sein und

---

Betrachtungen beim Abschluß einer mühevoll verfertigten Übersetzung ins Englische. In: Akzente 6 (1959), S. 389–418, hier S. 403 f.

8 Etwa wenn Schiller behauptet, es gebe ein ästhetisches Übertreffen des moralisch Höchsten: der Pflicht gegenüber dem Sittengesetz; oder wo er als allgemeingültig erachtete anthropologische Modelle wie das der sinnlich-geistigen Totalität des Menschen in historisch begrenzte Epochen wie die griechische Antike datiert.

9 Zur doppelten Ästhetik Schillers s. Carsten ZELLE: Die doppelte Ästhetik der Moderne. Revision des Schönen von Boileau bis Nietzsche. Stuttgart, Weimar 1995, darin Teil II, Kap. 3: „Schillers doppelte Ästhetik in seiner Theorie ästhetischer Bildung", und Teil III, Kap. 1: „Der Antagonismus des Naiven und Sentimentalischen bei Schiller", S. 147–219; zum ungeklärten Verhältnis der beiden Denkfiguren des Schönen und des Erhabenen s. ebd. S. 169 f.

10 Etwa nach dem Status und der Beziehung von Vitalität und Geistigkeit im menschlichen Dasein, nach Schillers Stellung zur idealistischen Geistphilosophie und seinem Verständnis von Freiheit, zwischen menschlicher Totalitätserfahrung, natürlicher Nichtfestgestelltheit und moralischer Autonomie.

Sollen geschieden werden.[11] Eine Analyse seines Freiheitsbegriffs aus dem Blickwinkel der weitestgehend ‚idealfreien' Philosophischen Anthropologie verspricht in dieser Hinsicht einen neuen Fokus auf Schillers Anthropologie.

Vorläufig lässt sich festhalten: Auch wenn der Mensch als Untersuchungsgegenstand in so gut wie jeder seiner philosophischen Ausführungen anwesend ist, hat Schiller doch weder in einzelnen Schriften noch im Rahmen seines Gesamtwerks eine systematische Philosophie vom Menschen entwickelt. Nicht seine frühe medizinische Anthropologie zum Zusammenhang von Leib und Seele im menschlichen Individuum, auch nicht die geschichtsphilosophischen Aufsätze zum Anfang und zur Entwicklung des Menschengeschlechts, erst recht nicht die späten Überlegungen zur Beziehung von ästhetischer Erfahrung und Menschsein lassen sich als geschlossene Theoriegebäude verstehen. Der offenen Form von Schillers anthropologischem Denkprojekt entspricht auf Darstellungsebene die freie Form des Essays.[12]

---

11 Schillers ‚doppelte Ästhetik' des Schönen und des Erhabenen beispielsweise, in der das Verhältnis von Sinnlichkeit und Geistigkeit, je nach Perspektive, entweder als harmonischer Ausgleich oder als spannungsreiche Unterwerfung betrachtet wird, umkreist zwei Menschheitsideale: das einer sinnlich-sittlich ausbalancierten ‚schönen Seele' auf der einen Seite und das eines über seine Leiblichkeit stoisch erhabenen Geistwesens auf der anderen. Angesichts solcher Idealbilder, die Schiller in seinem ästhetischen Erziehungsmodell zu regulativen Zwecken einsetzt, um gesellschaftlichen und menschlichen Missständen seiner Epoche entgegenzuwirken, lässt sich sein realistisches Menschenbild allenfalls *ex negativo* bestimmen: Den wirklichen Menschen, der weder dem einen noch dem anderen Ideal nach Schiller tatsächlich entspricht, erfüllt gerade *nicht* die Ruhe schöner Harmonie oder vollkommener Erhabenheit – in ihm finden die beiden Aspekte Leben und Geist in einer dynamischen Verschränkung zusammen. Schillers philosophische Anthropologie entfaltet sich also nicht *in*, sondern *zwischen* den großen Idealen seiner Ästhetik, die als normative Orientierungspunkte menschlicher Lebenskunst fungieren. In diesem Sinne spricht sich Wolfgang RIEDEL: Philosophie des Schönen als politische Anthropologie, S. 74, für eine Betrachtung des „Realisten" Schiller aus, dessen Theorie er in der Mitte zwischen Versöhnungs- und Entzweiungsdenken verortet.

12 Vgl. Ulfried SCHAEFER: Philosophie und Essayistik bei Friedrich Schiller. Subordination – Koordination – Synthese: Philosophische Begründung und begriffliche Praxis der philosophischen Essayistik Friedrich Schillers. Würzburg 1996, der die spezifisch essayistische Begriffs- und Argumentationsstruktur in Schillers ästhetischen Schriften, ihre Mehrdeutigkeit und Paradoxie, in den Blick nimmt; außerdem ALT: Schiller, Bd. 2, S. 148. In den *Ästhetischen Briefen* mit ihrer eklektizistischen Methodik, der Mehrdeutigkeit ihrer Begriffe, ihrem stilistisch-formalen Zwitterdasein zwischen Kunst und Wissenschaft, ihrem Versuchscharakter und ihrer fragmentarischen Ausführung des angekündigten Erziehungsprogramms erreicht Schillers Essayistik ihren Höhepunkt. Zur Ambivalenz von Schillers Begrifflichkeit vgl. ZELLE: *Über die ästhetische Erziehung des Menschen in einer Reihe von Briefen*, S. 421 f.; und Oliver SAYCE: Das Problem der Vieldeutigkeit in Schillers ästhetischer Terminologie. In: Jahrbuch der deutschen Schillergesellschaft 6 (1962), S. 149–177. Zur Verbindung von Kunst und Wissenschaft bei Schiller vgl. etwa Daniel FULDA: Wissenschaft aus Kunst. Die Entstehung der modernen deutschen Geschichtsschreibung, 1760–1860. Berlin, New York 1996, darin Teil II, Kap. D: „Wissenschaft zum Kunstwerk adeln". Schiller als Historiker, S. 228–263.

Die Offenheit und der experimentelle Charakter der schillerschen Anthropologie bilden dabei weniger eine Schwachstelle, wie vonseiten der wissenschaftlichen Philosophie wiederholt kritisiert wurde, eher eine Chance, vielleicht auch die einzig mögliche Art, in der Moderne Anthropologie zu betreiben. So spiegelt hier die Form ihren Gegenstand: den Menschen – in seiner Offenheit, seinem Facettenreichtum und seiner inneren Widersprüchlichkeit.[13]

Die folgende Darstellung von Schillers Anthropologie der Freiheit unternimmt den Versuch, zentrale und weitgehend konstante Ideenkomplexe in Schillers heterogenem Werk auszumachen. Dazu soll die Perspektive der Philosophischen Anthropologie heuristisch genutzt werden: Entlang der sechs Denkfiguren, die am Schluss von Teil II dieser Studie aus der Darstellung ihrer Einzelmodelle herausgearbeitet wurden, wird Schillers bereits ausgiebig erforschte Anthropologie erneut einer Interpretation unterzogen. Die Untersuchung seines Denkens aus der Perspektive Schelers, Plessners und Gehlens verspricht nicht nur einen neuen Blick auf Schillers Philosophie vom Menschen, sie deckt auch eine frappante Nähe zwischen der Anthropologie des späten 18. und der des frühen 20. Jahrhunderts auf. Beachtet werden neben werkimmanenten Aspekten des schillerschen Denkens auch biografische und diskursive Hintergründe wie Schillers Medizinerausbildung oder – von zentraler Bedeutung für Schillers Freiheitsphilosophie – der anthropologische Freiheitsdiskurs der spätaufklärerischen Menschheitsgeschichten, den der nachfolgende Exkurs zunächst vorstellen wird.

Zu Schillers Stil Klaus L. BERGHAHN: Schillers philosophischer Stil. In: Helmut Koopmann (Hg.): Schiller-Handbuch. Stuttgart ²2011 (¹1998), S. 304–318, bes. S. 311–317; WILKINSON: Zur Sprache und Struktur der ästhetischen Briefe; und Helmut KOOPMANN: Denken in Bildern. Zu Schillers philosophischem Stil. In: Jahrbuch der deutschen Schillergesellschaft 30 (1986), S. 218–251. Zum „Versuchs- oder Entwurfcharakter" der *Ästhetischen Briefe* vgl. Antje BÜSSGEN: Abbruch – Fragment – Scheitern? Schillers „erster Versuch" über eine ästhetische Konstitution des Menschen. In: Jörg Robert (Hg.): „Ein Aggregat von Bruchstücken". Fragment und Fragmentarismus im Werk Friedrich Schillers. Würzburg 2013, S. 183–215, hier S. 208. Zum Fragmentcharakter der *Ästhetischen Briefe* s. ZELLE: *Über die ästhetische Erziehung des Menschen in einer Reihe von Briefen*, S. 411.

13 Vgl. hierzu auch ALT: Schiller, Bd. 2, S. 148: „Die Inkonsistenz von Schillers Kunsttheorie läßt sich nur um den Preis ihrer Verkennung als Schwachpunkt betrachten. Im begrifflich uneinheitlichen Charakter der Darstellung findet sich die Unzulänglichkeit des zu erfassenden Phänomens selbst gespiegelt".

Exkurs:
Anthropologischer Freiheitsdiskurs der Spätaufklärung

Viele Denkfiguren des anthropologischen Freiheitsdiskurses im 20. Jahrhundert, der um die Ideen der Instinktentbundenheit, Weltoffenheit und Selbstbestimmtheit des Menschen kreist, lassen sich bis in die Renaissance zurückverfolgen. Der Mensch besitzt, so heißt es etwa in der Rede *De hominis dignitate* (1486) von Giovanni Pico della Mirandola, im Gegensatz zur fest bestimmten Natur der übrigen Geschöpfe „keinen festen Wohnsitz", „kein eigenes Aussehen noch irgendeine besondere Gabe"[14], sodass er – die Welt betrachtend und „ohne jede Einschränkung und Enge" – seine Natur nach freiem „Ermessen"[15] selbst bestimmen kann. Eine erste Blütezeit erlebt der Diskurs im späten 18. Jahrhundert. Dass die philosophische Anthropologie maßgeblich „im Deutschland der klassischen Zeit"[16] entwickelt wird, betont Gehlen, der sich nicht nur als Nachfolger Herders versteht, sondern auch Schiller mit seiner Schrift *Ueber Anmuth und Würde* und Kant mit der *Idee zu einer allgemeinen Geschichte in weltbürgerlicher Absicht* zu Mitbegründern der philosophischen Disziplin erklärt. Ihre anthropologischen Erkenntnisse zum Problem des Menschen, der sich selbst Aufgabe ist, seien „Einsichten hohen Wertes"[17] und doch haben sie in der späten Aufklärung nicht zur Entfaltung gelangen können – zu sehr sei der philosophische Kurs damals von der alten Geistphilosophie geprägt gewesen. Gehlen unterschätzt hier die Nähe zwischen der Philosophischen Anthropologie und den anthropologischen Modellen Rousseaus, Herders, Kants und Schillers.

Tatsächlich ist die Freiheitsphilosophie im 18. Jahrhundert durch die idealistische Denktradition geprägt und noch stark theologisch, metaphysisch und moralphilosophisch eingefärbt: Die Rückbindung der menschlichen Freiheit an Gott, an eine die Körperwelt übersteigende intelligible Seinsordnung oder an das sittlich Gute versperren vielerorts den Blick auf die konkrete Freiheit des Lebewesens Mensch im Rahmen seiner alltäglichen vitalen Vollzüge. Allerdings ist, etwa bei Thomas Hobbes, in der empiristischen Philosophie von John Locke bis Voltaire oder im französischen Ma-

---

14 Giovanni PICO DELLA MIRANDOLA: De hominis dignitate/Über die Würde des Menschen. Übers. v. Norbert Baumgarten, hg. v. August Buck. Hamburg 1990, S. 5/4: „Nec certam sedem, nec propriam faciem, nec munus ullum peculiare". Zur Tradition der Denkfigur ‚Weltoffenheit' vgl. auch Peter PROBST: Art. ‚Weltoffenheit'. In: HWPh, Bd. 12, Sp. 496–498.
15 PICO DELLA MIRANDOLA: De hominis dignitate/Über die Würde des Menschen, S. 7/6: „nullis angustiis coercitus, pro [tuo] arbitrio".
16 GEHLEN: Der Mensch, GA 3, S. 31. Vor allem hat sich Gehlen ausführlich mit dem Idealismus auseinandergesetzt; vgl. hierzu Lothar SAMSON: Naturteleologie und Freiheit bei Arnold Gehlen. Systematisch-historische Untersuchungen. Freiburg München 1976, S. 223–230.
17 GEHLEN: Der Mensch, GA 3, S. 31.

terialismus, auch eine Auflösung des alten Freiheitsbegriffs beziehungsweise seine Einengung von der Willens- auf die Handlungsfreiheit zu beobachten. Ähnlich wie in der zweiten Hälfte des 19. Jahrhunderts wird ein physiologischer oder psychologischer Determinismus betont.[18] Neben Ansätzen einer kausalen Erklärung finden sich in der Spätaufklärung außerdem zahlreiche Versuche, den Menschen über eine finale Bestimmung festzuschreiben: Die Bestimmungsphilosophie, die in der Nachfolge von Johann Joachim Spaldings *Betrachtung über die Bestimmung des Menschen* (1748) große Popularität erlangt, sowie die teleologische Geschichtsphilosophie der Aufklärung binden den individuellen Menschen wie die Menschheit überhaupt an höhere, vernünftig-moralische Zwecke und Vollkommenheitsideale.[19] Bei aller Nähe zum idealistischen Denken beerben diese Strömungen auch den anthropologischen Diskurs, und zwar um ein offenes, dynamisch gewordenes Menschenbild. So ergeben sich Alternativen zu schulmetaphysisch-ontologischen Definitionsfragen und dem essenzialistischen Denken der Naturwissenschaften.[20]

In diese philosophiegeschichtlichen Kontexte bettet sich der anthropologische Freiheitsdiskurs der Spätaufklärung gedanklich ein. Angeregt aber wird er von anderer Seite: Das große Interesse, das in der zweiten Hälfte des 18. Jahrhunderts nicht nur in wissenschaftlichen Fachkreisen, sondern auch in der breiten Öffentlichkeit den Beschreibungen von Menschenaffen und Affenmenschen sowie ethnografischen Reiseberichten über wilde Naturvölker entgegengebracht wird, verrät das Irritationspotenzial dieser Schwellenwesen, die das traditionelle Menschenbild deutlich stärker provozieren, als es philosophische Theorien über die Freiheit oder Unfreiheit des menschlichen Willens je vermochten. Mit der zunehmenden Anerkennung der natürlichen Bedingtheit des Menschen drängt sich der alte Mensch-Tier-Vergleich wieder auf.[21] In den Debatten um die anthropologische Differenz avanciert ‚Instinkt'

---

18 Vgl. SPAEMANN, WARNACH, PESCH: Art. ‚Freiheit'. In: HWPh, Bd. 2, Sp. 1064–1098, hier Sp. 1090 und 1093 f.
19 Zur Ideengeschichte der ‚Bestimmung des Menschen' in der Aufklärung vgl. Laura A. MACOR: Die Bestimmung des Menschen (1748–1800). Eine Begriffsgeschichte. Stuttgart-Bad Cannstatt 2013; sowie Reinhard BRANDT: Die Bestimmung des Menschen bei Kant. Hamburg 2007.
20 Zur Abkehr der Bestimmungsphilosophie von der statisch-ontologischen Frage „Was ist der Mensch?" der Schulphilosophie vgl. BRANDT: Die Bestimmung des Menschen bei Kant, S. 15.
21 Seit der Antike wird das Tier in philosophischen Debatten im Vergleich mit dem Menschen betrachtet. Dabei wird entweder in *differentialistischer* Manier (sei es über die Vernünftigkeit des Menschen, sei es über seine körperlichen Mängel und die Unsicherheit seines Verhaltens) ihre Wesensverschiedenheit betont oder unter *assimilationistischem* Blickwinkel die Verwandtschaft von Mensch und Tier herausgestellt. Bereits im fünften Jahrhundert vor Christus entstehen in diesem Rahmen die These von der Vernunftlosigkeit der Tiere sowie erste Formen einer

schließlich zum Schlüsselbegriff. In der Polarität von Natur und Geist, Notwendigkeit und Freiheit bildet das instinktive Verhalten des Tiers den Gegenpart zum einsichtigen und bewusst gewählten Handeln des Menschen.[22] Bereits in der Aufklärung als angeborener Triebmechanismus verstanden, der auf der Basis eines Reiz-Reaktions-Zusammenhangs im Spannungsfeld von Lebewesen und ‚Umwelt' zu bestimmtem Verhalten nötigt, zeigen Instinkte die natürliche und insofern oft göttliche Vorbestimmtheit des tierischen Lebewesens an. Reimarus definiert in seinen *Allgemeinen Betrachtungen über die Triebe der Thiere* (1760) Instinkt als

> dasjenige Principium, welches die Folge regelmäßiger Handlungen in jeder Thierart, zu ihrem Besten, hervorbringt; eine Kunst, welche die Natur lehrt, eine vom Schöpfer eingepflanzte Kunst, dazu die Thiere keine Vernunft oder Uebung nöthig haben.[23]

Die traditionsreiche Behauptung, dass in der Freiheit des Menschen die spezifische Differenz zum Tier begründet liegt, muss sich gegenüber solchen Überlegungen zum instinktiven Verhalten von Lebewesen, auch gegenüber Umwelt- und Klimatheorien der Spätaufklärung erst erklären.[24] Menschliche Freiheit muss, vor allem angesichts des ursprünglichen und naturnahen Lebens der Wilden, über die Ideen der Instinkt- und Umweltentbundenheit, der natürlichen Nichtfestgestelltheit des menschlichen Individuums wie der menschlichen Gattung plausibel gemacht werden. Nicht auf idealistischen, theologischen oder metaphysischen Grundpfeilern stützt sich darum der anthropologische Freiheitsbegriff, sondern auf Beobachtungen des Verhaltens vom Menschen und seines konkreten In-der-Welt-Seins.

    Instinkttheorie, die bis in die späte Aufklärung hinein relevant bleibt. Dabei wird der Begriff ‚Tier' als Kollektivsingular und heuristischer Gegenbegriff zu ‚Mensch' verwendet. Zur Geschichte des Tier-Mensch-Vergleichs vgl. DIERAUER, ECKART, LÜHE: Art. ‚Tier, Tierseele'. In: HWPh, Bd. 10, Sp. 1195–1217.

22 Vor allem im Anschluss an Descartes' Unterscheidung von willkürlichen Handlungen der Menschen und unwillkürlich-mechanischen Reaktionen der Tiere; vgl. Gerhard FUNKE, Klaus ROHDE: Art. ‚Instinkt'. In: HWPh, Bd. 4, Sp. 408–417, hier Sp. 408f.

23 Hermann S. REIMAUS: Allgemeine Betrachtungen über die Triebe der Thiere, hauptsächlich über ihre Kunsttriebe. Zum Erkenntniß des Zusammenhanges der Welt, des Schöpfers und unser selbst. Hamburg ³1773 (¹1760), S. 238.

24 Zur Verbreitung von Klimatheorien zur Zeit der Aufklärung und in Naturgeschichten der menschlichen Gattung vgl. Gonthier-L. FINK: Klima- und Kulturtheorien der Aufklärung. In: Horst Dippel, Helmut Scheuer (Hg.): Georg-Forster-Studien II. Berlin 1998, S. 25–55.

E.1 Naturzustandsmythen und Menschheitsgeschichten

Ein Ort, an dem das anthropologische Unterfangen angegangen wird, ist die in der Spätaufklärung florierende Gattung der Menschheitsgeschichte.[25] Sie fungiert in der zweiten Hälfte des 18. Jahrhunderts gewissermaßen als „Universalwissenschaft der anthropologischen Wende"[26]. Als wichtigster Impulsgeber lässt sich bereits Rousseau in die Gattungstradition einordnen. Er trifft in seinem *Discours sur l'inégalité* nicht nur die Unterscheidung zwischen Natur- und Kulturzustand, er ist es auch, der den anthropologischen Freiheitsdiskurs maßgeblich initiiert – anders als etwa Iselin, der der Gattung mit seinen *Philosophischen Muthmassungen ueber die Geschichte der Menschheit*[27] nicht nur einen Namen, sondern mit ihrer Verschränkung von Onto- und Phylogenese auch ein richtungsweisendes Denkschema schenkt. Iselin zeigt sich noch weitgehend dem metaphysisch-logozentrischen Denken der frühen Aufklärung verhaftet. Auch bleibt die Idee menschlicher Freiheit in seiner fortschrittsoptimistischen Geschichtsphilosophie unkonkret und peripher. Bei Herder, Kant und Schiller hingegen rückt die Debatte um die natürliche Urfreiheit und Unbestimmtheit des menschlichen Wesens in den Mittelpunkt ihrer Modelle. An ihren Menschheitsgeschichten zeigt sich, dass die These von der Entdeckung der Freiheit in der Geschichtsphilosophie durchaus berechtigt ist und nicht ins „Reich der Fabeln"[28] gehört, wie Andreas Urs Sommer behauptet.

Jedes Geschichtsdenken hat, wie Scheler bemerkt, „in einer bestimmten Art von Anthropologie", in bestimmten „Ideen von Wesen, Aufbau und Ursprung des Menschen"[29] seinen Grund. Wer eine Geschichte des Menschen

---

25   Zur Gattung der Menschheitsgeschichte in der Spätaufklärung vgl. ZEDELMAIER: Der Anfang der Geschichte; und ders.: Zur Idee einer *Geschichte der Menschheit* in der zweiten Hälfte des 18. Jahrhunderts; PRÜFER: Die Bildung der Geschichte; und ders.: Der Fortschritt der Menschheitsgeschichten am Ende des 18. Jahrhunderts; GARBER: Von der „Geschichte des Menschen" zur „Geschichte der Menschheit"; und ders.: Selbstreferenz und Objektivität.
26   GARBER: Selbstreferenz und Objektivität, S. 140.
27   Das Werk, das seinen Autor populär macht, erscheint 1764 zunächst anonym unter dem Titel *Philosophische Muthmassungen ueber die Geschichte der Menschheit*. 1768 und in den Jahren darauf folgen zahlreiche überarbeitete Neuauflagen unter Iselins Namen und dem geänderten Titel *Über die Geschichte der Menschheit*. Zur Entstehungsgeschichte der Schrift und zu ihrem zeitgenössischen Kontext vgl. Lucas M. GISI: Die anthropologische Basis von Iselins Geschichtsphilosophie. In: Lucas M. Gisi, Wolfgang Rother (Hg.): Isaak Iselin und die Geschichtsphilosophie der europäischen Aufklärung. Basel 2011, S. 124–152; Ulrich IM HOF: Isaak Iselin. Sein Leben und die Entwicklung seines Denkens bis zur Abfassung der „Geschichte der Menschheit" von 1764. Basel 1947, S. 455–470; und ders.: Isaak Iselin und die Spätaufklärung. Bern 1967.
28   Andreas U. SOMMER: Sinnstiftung durch Geschichte? Zur Entstehung spekulativ-universalistischer Geschichtsphilosophie zwischen Bayle und Kant. Basel 2006, S. 408.
29   SCHELER: Mensch und Geschichte, GW 9, S. 123.

schreiben will, so lautet die Prämisse der Menschheitsgeschichten, muss zunächst klären, was den Mensch und die Menschheit überhaupt als solche auszeichnet. Umgekehrt muss jede Anthropologie, die ihrem Gegenstand gerecht werden will, die Geschichtlichkeit des Menschen und die mannigfaltigen historischen Manifestationen seines Selbst- und Weltverhältnisses berücksichtigen. Diese wechselseitige Verschränkung von anthropologischem und historischem Denken in der Aufklärung, die Odo Marquards Diktum einer Gegensätzlichkeit von Geschichtsphilosophie und philosophischer Anthropologie radikal infrage stellt, ist in der Forschung längst erkannt worden.[30] Von grundlegender Bedeutung für die Herausbildung der Menschheitsgeschichten und ihre Konzepte von Menschsein und Menschwerdung sind die drei semantischen Komponenten des Begriffs ‚Menschheit' im späten 18. Jahrhundert.[31]

1) Als *Kollektivbegriff* im quantitativen Sinne meint ‚Menschheit' die Gesamtheit aller Menschen, eine alle Kontinente und Jahrhunderte, Völker, Kulturen und Religionen umfassende Einheit. So verstanden ist der Begriff für die Historiker von Belang, weil bei ihrem Vergleich der Bewohner ferner Kontinente und deren Bräuche mit den hiesigen Menschen und Sitten eine Spaltung der menschlichen Gattung droht. Um die ‚Wilden' und die als zivilisiert wahrgenommenen Europäer als zwei Teile ein und desselben

---

30   Vgl. Odo MARQUARD: Schwierigkeiten mit der Geschichtsphilosophie, S. 27. PRÜFER: Der Fortschritt der Menschheitsgeschichte am Ende des 18. Jahrhunderts, S. 110, beschreibt neben einer „Historisierung des Menschenbegriffs durch die Ausbildung einer *historischen Anthropologie*" eine „Humanisierung des Geschichtsbegriffs in Gestalt einer *anthropologischen Historiographie*". Lucas M. GISI: Einbildungskraft und Mythologie. Die Verschränkung von Anthropologie und Geschichte im 18. Jahrhundert. Berlin, New York 2007, S. 318, verweist auf die konjekturale Verbindung der beiden Disziplinen im 18. Jahrhundert und zeigt, dass ihre Verschränkung „nicht nur systematisch verfolgt wird, sondern bereits aus dem Selbstverständnis der beiden Disziplinen resultiert", denn erst eine Lehre vom ‚ganzen Menschen' eine Betrachtung der Geschichte der ‚ganzen Menschheit' ermöglicht. GARBER: Selbstreferenz und Objektivität, S. 153, nennt die Geschichte „das Medium, durch das die Natur des Menschen entfaltet wird", die Historie entsprechend „die Wissenschaft, die diese genetische Attribuierung zu leisten hat". RIEDEL: Anthropologie und Literatur in der deutschen Spätaufklärung, S. 117, betont die Verquickung der Denkweisen in der Analogisierung vom wilden Menschen und der menschheitsgeschichtlichen Vergangenheit. ZEDELMAIER: Zur Idee einer *Geschichte der Menschheit* in der zweiten Hälfte des 18. Jahrhunderts, S. 290, stellt neben ihrer thematischen auch eine begriffsgeschichtliche Verbindung über den doppeldeutigen Ausdruck „*historia*", im Sinne von Naturbestimmung des Menschen einerseits und Geschichte des Menschen andererseits, heraus. Und BÖSMANN: ProjektMensch, S. 89, bemerkt, dass erst die Auseinandersetzung mit der Geschichtsphilosophie die philosophische Anthropologie im 18. Jahrhundert hervorgebracht hat.
31   Folgende semantische Unterscheidungen des Begriffs ‚Menschheit' im 18. Jahrhundert sind angelehnt an Hans E. BÖDEKER: Art. ‚Menschheit, Humanität, Humanismus'. In: Otto Brunner, Werner Conze, Reinhart Koselleck (Hg.): Geschichtliche Grundbegriffe. Historisches Lexikon zur politisch-sozialen Sprache in Deutschland, 8 Bde, Stuttgart 1972–1997. Bd. 3, S. 1063–1128.

Kollektivs: der Menschheit, und damit beide gleichberechtigt als Menschen zu verstehen, erklärt man die Differenzen über eine ‚Gleichzeitigkeit des Ungleichzeitigen', begreift den Menschen als historisch geworden und schreibt die unterschiedlichen Menschentypen verschiedenen Entwicklungsstadien zu. Wo der Status des Wilden der eigenen Vergangenheit analoggesetzt wird und sich so eine Idee geschichtlichen Fortschritts auftut, der notwendig in die Epoche der europäischen Aufklärung mit ihrer spezifisch westlichen Lebensform und ihrem logozentrischen Menschenbild mündet, wird die ursprüngliche Offenheit des Begriffs ‚Menschheit' und die sie repräsentierende Fülle des Kollektivs allerdings eingeengt. ‚Menschheit' ist damit ein zutiefst ambivalenter Begriff, insofern er die Vielheit zwar zur Einheit zusammenfasst, dies allerdings nur auf dem Wege einer wertenden Gradation ihrer Glieder, mit der die Einheit wieder problematisch wird.

2) Als qualitativ ausgerichteter, über das Biologische hinausgehender *Artbegriff* zielt ‚Menschheit' auf die Natur des Menschen, auf das Gattungsallgemeine im Kontrast zu ‚Tierheit' ab.[32] Hier geht es weniger um die Frage, welche individuellen Wesen oder Völker zum Gesamt der Menschheit gehören, also um *die* Menschen, als um die Bestimmung dessen, was der Mensch ist, um *den* Menschen. Zedelmaier hebt die Bedeutung dieser qualitativen Begriffskomponente für die Menschheitsgeschichten hervor, die davon ausgehen, dass die Gattung Mensch als solche eine Geschichte hat.[33] Die philosophische Anthropologie und die anthropologisch ausgerichtete Geschichtsphilosophie machen es sich zur Aufgabe, der Eigenart des Menschen in seiner geschichtlichen Dimension nachzuspüren. Dazu richten ihre Autoren das Augenmerk auf die Grenze des Menschseins, in zeitlicher Hinsicht bedeutet das: auf den Moment der Menschwerdung am Anfang der Geschichte, in dem tierischer und menschlicher Lebensmodus unmittelbar aneinandergrenzen.

Dabei ist ihnen in ihren anthropogenetischen Narrationen weniger an einer historisch korrekten Darstellung als an der anthropologischen Bedeutung der Menschwerdung gelegen – allein schon, weil eine detaillierte Rekonstruktion der menschheitlichen Anfänge aufgrund der dürftigen Quellenlage bei zunehmender Unglaubwürdigkeit des biblischen Schöpfungsberichts pro-

---

32 Dem heute geläufigen Begriffsverständnis ist dieser Aspekt im Zuge einer Bedeutungsverengung abhandengekommen; vgl. ebd., S. 1063f.
33 Vgl. ZEDELMAIER: Zur Idee einer *Geschichte der Menschheit* in der zweiten Hälfte des 18. Jahrhunderts, S. 281, der allerdings die enge Verknüpfung vernachlässigt, die beide Bedeutungsaspekte verbindet. Denn ohne ein qualitativ bestimmtes Gattungsallgemeines kann eine Einheit in der (kulturellen, epochalen oder religiösen) Vielheit nicht gedacht werden. Ist das Gattungsallgemeine definiert, so dient seine Bestimmung auch dazu, ein Kollektiv als Einheit zu verstehen.

blematisch erscheint.³⁴ Während sich einige Historiker (etwa August Ludwig Schlözer) konkreter Aussagen über die Anfänge der Menschheit enthalten, macht die Not andere erfinderisch: Wo man nicht über den realen Anfang des Menschen sprechen kann, dort spricht man über seinen mutmaßlichen. Die konjekturale Methodik spiegelt sich auch in den Titeln der Werke wider: So spricht etwa Kant vom *Muthmaßlichen Anfang der Menschengeschichte* und Iselin schreibt *Philosophische Muthmassungen ueber die Geschichte der Menschheit*. Mithilfe von Hypothesen, Konjekturen und Analogien zu anderen Wissensbereichen wird konstruiert, was aufgrund fehlenden Quellenmaterials nicht rekonstruiert werden kann.³⁵ Ethnologie und Entwicklungspsychologie liefern hier Menschentypen, in denen man den frühen, ursprünglichen Menschen wiederzuerkennen glaubt: den Wilden und das Kind. Rousseau macht mit seiner Fiktion des menschlichen Naturzustandes vor, was in der Nachfolge viele Denker wie selbstverständlich nachahmen und was bei Kant schließlich problematisiert und einer philosophischen Legitimation unterzogen wird: den bewussten Umgang mit Hypothesen zur Erhellung von Ursprung und Entwicklung alles Menschseins.

Naturzustands- und Ursprungsmythen, deren narrative Strukturen oft bis in die Ausgestaltung des *settings* hinein der biblischen Paradieserzählung entlehnt sind,³⁶ sollen Erkenntnisse über die menschliche Natur liefern, ohne dass dabei das Problem der Grenze von tierischem und menschlichem Daseinsmodus, von Natur- und Kulturzustand im engeren Sinne historisch gedeutet wird. Auch Scheler wird später betonen, dass dergleichen Fragen „nicht ‚historischer' Observanz", sondern „*metaphysischer*"³⁷ Natur seien – letztlich sind es vor allem anthropologische Probleme, die die Debatte um den Anfang der Menschheit bestimmen. In der mangelnden Festgestelltheit und Heimatlosigkeit des Menschen, in der fehlenden Unmittelbarkeit seines Verhaltens und der Gebrochenheit seines Daseins werden in der Spätaufklä-

---

34 Zum Prozess der Infragestellung und Marginalisierung biblischer Ursprünge in der Geschichtswissenschaft vgl. ZEDELMAIER: Der Anfang der Geschichte. Die Ablösung der alten Heilsgeschichte von den neuen geschichtsphilosophischen Konzepten aufgrund gewandelter epistemologischer Standards in der Aufklärung beschreibt Arno SEIFERT: Von der heiligen zur philosophischen Geschichte. Die Rationalisierung der universalhistorischen Erkenntnis im Zeitalter der Aufklärung. In: Archiv für Kunstgeschichte 68 (1986), S. 81–117.

35 Die Konjekturen im geschichtsphilosophischen Denken der Aufklärung nimmt GISI: Einbildungskraft und Mythologie, in den Blick, der besonders die Parallelisierungen von Onto- und Phylogenese sowie von archaischer' Vorzeit und ‚zeitgenössischer' Wildheit heraushebt.

36 Zur Umdeutung der Paradieserzählung in der Aufklärung vgl. Paul KÜBEL: Metamorphosen der Paradieserzählung. Fribourg, Göttingen 2007, S. 5–10; sowie Wilhelm SCHMIDT-BIGGEMANN: Theodizee und Tatsachen. Das philosophische Profil der deutschen Aufklärung. Frankfurt/Main 1988, darin Kap. „Geschichte der Erbsünde in der deutschen Aufklärung. Philosophiegeschichtliche Mutmaßungen" S. 88–116.

37 SCHELER: Zur Idee des Menschen, GW 3, S. 174.

rung die Kehrseiten der menschlichen Befreiung aus der tierischen Instinktnatur erkannt, die zugleich die Ermöglichungsbedingung seiner historischen Entwicklung bildet. „Die Idee des Paradieses, des Standes der Unschuld, des goldenen Zeitalters, ohne die noch keine menschliche Generation gelebt hat", heißt es bei Plessner, „ist der Beweis für das, was dem Menschen fehlt, und für das Wissen darum, kraft dessen er über dem Tier steht."[38] Es ist dieses anthropologische Wissen um seine nicht vorhandene instinktive Festgestelltheit, das auch die menschheitsgeschichtlichen Mythen der Spätaufklärung über die Verbannung des Menschen aus dem tierischen Paradies generieren und veranschaulichen.

3) Die qualitativ-statische Komponente des logischen Artbegriffs erweitert sich schließlich noch um ein dynamisches Moment. ‚Menschheit' bezeichnet in der zweiten Hälfte des 18. Jahrhunderts nicht mehr nur, was der Mensch von Natur aus ist, sondern ebenso, was er werden kann und sein soll. Der Begriff meint menschliche Natur wie Bestimmung gleichermaßen und wird damit zum *Zielbegriff*, der entweder als postuliertes Ideal der Menschlichkeit eine teleologisch-normative Funktion für die Geschichtsphilosophie hat oder der im Sinne menschlicher Selbstgestaltung auf die Offenheit und individuelle Bestimmbarkeit des eigenen Selbst hinweist. Indem der Mensch sich selbst zur Aufgabe gemacht ist, indem er Kreator seines Lebensvollzugs und Schöpfer seiner selbst wird, sind Menschsein und Menschwerdung für die Anthropologie aber nicht nur in ihren Anfängen interessant, sondern auch in ihrem historischen Verlauf.

Die Menschheitsgeschichten richten ihr Augenmerk darum nicht nur auf den Urzustand des Menschen, sondern verfolgen auch seinen weiteren Entwicklungsgang, oftmals von frühen bis hin zu gegenwärtigen Kulturformen in ihrer historischen Vielfalt. Neben den linearen fortschrittsoptimistischen Modellen, die die Menschheitsgeschichte als infiniten Prozess menschlicher Selbstvervollkommnung vorstellen, bilden sich, etwa bei Herder, erste Formen eines kulturrelativistischen und pluralistischen Geschichtsdenkens aus. Sie geben der Wirklichkeit, wie es Plessner später formuliert, „die Relativität, das Unbestimmte und damit die Macht, das, was geschehen ist, durch eigene Kraft ins Unvorhersehbare hinein zu ändern"[39], zurück, die ihr die idealistische Geschichtsphilosophie geraubt hat. So steht der anthropologische Freiheitsdiskurs der Spätaufklärung und das mit ihm einhergehende offene Kultur- und Geschichtsbild in permanenter Spannung zum normativen Menschenbild des Idealismus, das auch das teleologische Geschichtsdenken der Zeit bestimmt. Im Folgenden sollen drei prominente

---

38 PLESSNER: Die Stufen des Organischen und der Mensch, GS 4, S. 383.
39 PLESSNER: Macht und menschliche Natur, GS 5, S. 232.

Autoren vorgestellt werden, an denen sich die Ausbildung und Entwicklung des anthropologischen Freiheitsdiskurses im Spannungsfeld der spätaufklärerischen Geschichtsphilosophie nachzeichnen lässt.

E.2 Rousseau: die Begründung des anthropologischen Freiheitsbegriffs

Angeregt durch ein Preisschreiben der Akademie von Dijon, untersucht Rousseau in seinem *Discours sur l'origine et les fondements de l'inégalité parmi les hommes* (1755) die Frage nach dem Ursprung des Menschen und der Ungleichheit in seiner Gesellschaft. Damit gerät die Natur des menschlichen Wesens in den Blick. Denn die Frage nach dem Ursprung des Menschseins ist keine Frage nach seinem Anfang in der Zeit, sondern eine nach seinem Ermöglichungsgrund.[40] Das Ursprungsproblem bei Rousseau ist also nicht historischer, sondern anthropologischer Art. Zwar soll es mit einem Blick in die Geschichte der Menschheit gelöst werden – so will Rousseau zur Erforschung des „*homme naturel*"[41], der allen kulturellen und geschichtlichen Konkretionen der Menschheit zugrunde liegt, gedanklich eine Reise zu ersten menschlichen Lebensformen unternehmen, wobei ihm Eckpunkte der Gattungsentwicklung (wie die Entstehung von Ackerbau und Viehzucht) als Wegmarken, Analogien zwischen den gesuchten Urmenschen und den Bewohnern ferner Kontinente zur Veranschaulichung seiner Hypothesen und Hesiods Mythos vom goldenen Zeitalter als narratives Grundgerüst dienen. Das eigentliche Interesse hinter seiner menschheitsgeschichtlichen Betrachtung aber zielt auf eine transhistorische Erkenntnis des Menschen, „tel que l'a formé la Nature"[42]. Historische Tatsachen lässt Rousseau beiseite – „car ils ne touchent point à la question"[43].

Die Ausführungen seiner Abhandlung will er entsprechend nicht als „vérités historiques" verstanden wissen, sondern er nennt sie „raisonnemens hypothétiques et conditionnels"[44]. Statt des wirklichen Anfangs sollen sie

---

40 Ganz in Rousseaus Sinne bemerkt Martin BUBER: Urdistanz und Beziehung (1950). In: Ders.: Werke. 3 Bde. München, Heidelberg 1962ff. Bd. 1, S. 411–423, hier S. 411: „Dieser [Anfang] kann hier nicht als ein Anfang in der Zeit gemeint sein. [...] Es darf nur darum gehen, die Seinskategorie, die mit dem Namen des Menschen bezeichnet wird, in all ihrer Paradoxie und Tatsächlichkeit zu betrachten, um in Erfahrung zu bringen, worin sie ihren Grund und Anfang hat."
41 ROUSSEAU: Discours sur l'inégalité, OC 3, S. 124. – Übers. v. Rippel, S. 23: „Naturmenschen".
42 Ebd., S. 122. – Übers. v. Rippel, S. 21: „wie ihn die Natur gebildet hat".
43 Ebd., S. 132. – Übers. v. Rippel, S. 33: „denn sie berühren nicht unsere Frage".
44 Ebd., S. 133. – Übers. v. Rippel, S. 33: „historische Wahrheiten", „hypothetische und bedingte Überlegungen".

die Natur der Dinge erhellen. Es ist dieses anthropologische Erkenntnisinteresse, das die Autoren der Menschheitsgeschichten im 18. Jahrhundert mit den Philosophischen Anthropologen teilen. Dabei ist sich Rousseau des Konstruktionscharakters und des problematischen Wahrheitsstatus seiner Thesen, die mehr sein wollen als vage Annahmen, die sich aber auf keine historischen Quellen stützen, durchaus bewusst.[45] Darum greift er „empirische[] Begründungselemente[]"[46] aus Ethnologie und Naturkunde auf, um seinen Hypothesen den Fiktionscharakter zu nehmen und ihren Wahrheitsanspruch zu stützen.

Mit seiner Anthropologie der Freiheit, die er auf dieser methodischen Basis entwickelt, begibt sich Rousseau – wie die Autoren des 20. Jahrhunderts – in doppelte Frontstellung: Sowohl eine Reduktion des Menschen auf seine *physis*, verstanden als komplexe Reflexmaschinerie, im Rahmen eines materialistischen Menschenbildes, wie es viele seiner Pariser Freunde und Bekannten im Umkreis des *Encyclopédie*-Projekts vertreten, als auch eine idealistische Überhöhung der menschlichen Vernunftnatur lehnt Rousseau ab. Weil die menschliche Vernunft letztlich nichts anderes als „prudence machinale"[47], instrumentelle Vernunft, sei, lasse sich der Mensch über seine *ratio*

---

45 Vgl. ebd., S. 123: „[C]e n'est pas une légére entreprise de démêler ce qu'il y a d'originaire et d'artificiel dans la Nature actuelle de l'homme, et de bien connoître un Etat qui n'existe plus, qui n'a peut-être point existé, qui probablement n'existera jamais, et dont il est pourtant necessaire d'avoir des Notions justes pour bien juger de nôtre état présent." – Übers. v. Rippel, S. 23: „[E]s ist kein einfaches Unternehmen, auseinanderzuhalten, was in der heutigen Natur des Menschen ursprünglich und was künstlich ist, sowie einen Zustand richtig zu erkennen, der nicht mehr besteht, der vielleicht nie bestanden hat und der wahrscheinlich niemals bestehen wird, und von dem angemessene Begriffe zu haben gleichwohl nötig ist, will man richtig über unseren gegenwärtigen Zustand urteilen." In der Forschung wird der von Rousseau entworfene Naturzustand als „Hypothese, die den Ursprung durch Subtraktion und Negation ausmachen will", „theoretisches Postulat" (Jean STAROBINSKI: Rousseau. Eine Welt von Widerständen [im Original: Jean-J. Rousseau: La transparence et l'obstacle]. Übers. v. Ulrich Raulff. Frankfurt/Main 1993 [frz. ^{1}1971, dt. ^{1}1988], S. 431 f. u. 435) und heuristisch notwendige „Fiktion" (RATH: Zweite Natur, S. 30) verstanden. Zugleich wird darauf verwiesen, dass Rousseau das hypothetische Wesen seines Naturzustandes hie und da zu vergessen droht, vgl. etwa STAROBINSKI: Rousseau, S. 27; oder Günther MENSCHING: Rousseau zur Einführung. Hamburg ^{2}2003 (^{1}2000), S. 38. Zum Streit über den Status der Aussagen zum Naturzustand bei Rousseau vgl. auch Matthew SIMPSON: Rousseau's Theory of Freedom. London, New York 2006, S. 23.
46 BOLLENBECK: Eine Geschichte der Kulturkritik, S. 51.
47 ROUSSEAU: Discours sur l'inégalité, OC 3, S. 165. – Übers. v. Rippel, S. 76: „mechanische Klugheit". Zur Begründung der Vernunft aus der menschlichen Sinnennatur heißt es bei ROUSSEAU: Discours sur l'inégalité, OC 3, S. 143: „Quoiqu'en disent les Moralistes, l'entendement humain doit beaucoup aux Passions […] les progrès de l'Esprit se sont précisément proportionnés aux besoins". – Übers. v. Rippel, S. 46 f.: „Was auch immer die Moralisten darüber sagen, der menschliche Verstand verdankt vieles den Leidenschaften […] die Fortschritte des Geistes [stehen] genau im Verhältnis zu den Bedürfnissen". Anders als der idealistischen Geistphilosophie dient Rousseau die Vernunft nicht zur Bestimmung der menschlichen Natur, im Gegenteil: Rousseau lässt sich im Zuge seiner Konzeption des guten und gesunden

allenfalls graduell vom Tier unterscheiden. Kognitive Akte wie Sinneswahrnehmungen oder Vorstellungen sind nach Rousseau physikalisch zu erklären und damit ‚tierischer Natur'. – Anders verhält sich das mit Freiheit: Das Bewusstsein des Menschen, eine Wahl zu haben in der Art und Weise, wie er sein Leben führt, zeuge von „actes purement spirituels, dont on n'explique rien par les Loix de la Mécanique"[48]. Mit dem anthropologischen Freiheitsbegriff findet Rousseau einen Ausweg aus den deterministischen Konsequenzen des mechanistischen Weltbilds. Die Erkenntnisse und Ansätze der Naturwissenschaften seiner Zeit sowie die aktuellen Debatten der Philosophie braucht er dabei nicht zu übergehen. Rousseau ist ein idealtypisches Beispiel für einen Anthropologen, der die zeitgenössische Naturalisierung des Menschen nicht ignoriert, sondern sie in seinem Werk anspricht und diskutiert.[49] Indem er den Menschen in seinem Naturzustand betrachtet und ihn in diesem Kontext als natürliches Lebewesen begreift, fühlt er sich zugleich herausgefordert, dessen Eigentümlichkeit neu zu erkunden.

Rein organisch betrachtet ist der Mensch für Rousseau (wie für Gehlen) ein Mängelwesen: „un animal moins fort que les uns, moins agile que les autres"[50]. Dass seine Organisation dennoch die vorteilhafteste von allen sei, liege an seiner ‚moralischen Natur', nicht an seiner physischen. Weder in anatomisch-physiologischen noch in kognitiven Merkmalen kann Rousseau einen Wesensunterschied zwischen Mensch und Tier festmachen. Das menschliche Verhalten im Naturzustand weise vor allem auf die fundamentale Lebensgebundenheit hin, die der Mensch von Natur aus mit dem Tier teile: Der Wilde ist auf seine gegenwärtige Existenz ausgerichtet. Das Prinzip

---

      Wilden dazu hinreißen, den „état de réflexion" einen „état contre Nature" zu nennen und den „homme qui médite" ein „animal dépravé"; ROUSSEAU: Discours sur l'inégalité, OC 3, S. 138. – Übers. v. Rippel, S. 40 f.: „Zustand der Reflexion", „Zustand wider die Natur", „Mensch, der nachdenkt", „entartetes Tier".

48 ROUSSEAU: Discours sur l'inégalité, OC 3, S. 142. – Übers. v. Rippel, S. 45: „rein geistige Akte, von denen man nichts mit den Gesetzen der Mechanik erklären kann".

49 Rousseau greift verschiedene Argumentationsstränge aus der Naturgeschichte Buffons auf, der ihm zum verehrten Lehrer und Ideengeber wird; zum Verhältnis von Rousseau zu Buffon vgl. Martin RANG: Rousseaus Lehre vom Menschen. Göttingen ²1965 (¹1959), S. 95 f.; und Asher HOROWITZ: Rousseau, Nature, and History. Toronto u.a. 1987, S. 53–63. Er macht sich Gedanken zur Angemessenheit anatomischer Vergleiche von Mensch und Tier, diskutiert die mögliche Verwandtschaft von Affen und Menschen und nimmt Bezug auf die Strömungen des Sensualismus und des Materialismus; zu Rousseaus Auseinandersetzung mit dem anthropologischen Sensualismus vgl. RANG: Rousseaus Lehre vom Menschen, S. 173–191; und Rainer BOLLE: Jean-Jacques Rousseau. Das Prinzip der Vervollkommnung des Menschen durch Erziehung und die Frage nach dem Zusammenhang von Freiheit, Glück und Identität. Münster, New York 1995, S. 85. Zu Rousseaus Stellung zum zeitgenössischen Materialismus vgl. Dieter STURMA: Jean-Jacques Rousseau. München 2001, S. 90–93.

50 ROUSSEAU: Discours sur l'inégalité, OC 3, S. 134 f. – Übers. v. Rippel, S. 36: „ein Tier, [ ] weniger stark als die einen, weniger flink als die anderen".

der Selbsterhaltung wird bei ihm lediglich durch die Fähigkeit zum Mitleid begrenzt. Die Bedürfnisse des Wilden, der zeitlich beschränkt im Hier und Jetzt lebt, sind natürlich und sie lassen sich mit den Mitteln der Natur stillen. Dazu bedarf es keiner Geselligkeit und keiner Kommunikation; der Naturmensch ist sich selbst genug.

Und doch ist bereits der Wilde bei Rousseau kein Tier mehr, das in ungebrochener Harmonie mit seiner Umwelt lebt, als „machine ingenieuse, à qui la nature a donné des sens pour se remonter elle même". Denn an die Stelle des Instinktautomatismus sind bei ihm Freiheit und Selbstbewusstsein getreten. Während die Tiermaschine natürlich gesteuert wird, wirkt die „machine humaine" in ihrem Verhalten „en qualité d'agent libre"[51] mit, durchbricht damit aber ihr tierisch-maschinelles Dasein und wird Mensch mit allen Konsequenzen und Unsicherheiten, die die Instinktentbindung seines Wesens mit sich bringt. „Ce n'est donc pas tant l'entendement qui fait parmi les animaux la distinction spécifique de l'homme que sa qualité d'agent libre"[52], resümiert Rousseau. Freiheit meint hier zunächst, dass der Mensch (mit Scheler gesprochen) ein ‚Neinsagenkönner' ist – und dass er sich dessen bewusst ist. Er kann den natürlichen Bedürfnissen, die er als Lebewesen notwendig hat, asketisch begegnen:

> La Nature commande à tout animal, et la Bête obéït. L'homme éprouve la même impression, mais il se reconnoît libre d'acquiescer, ou de resister; et c'est surtout dans la conscience, de cette liberté que se montre la spiritualité de son ame[53].

Der Mensch, auch der wilde, ist frei, weil er in seiner Weltwahrnehmung und seinen Bewegungen nicht instinktiv festgelegt ist. Er kann die verschiedenen Verhaltens-, etwa die Ernährungsweisen der Tiere nachahmen, ohne zu einem spezifischen Tun getrieben zu werden. Er kann Neues erlernen

---

51 Ebd., S. 141. – Übers. v. Rippel, S. 44: „kunstvolle Maschine, der die Natur Sinne gegeben hat, um sich selbst wieder aufzuziehen", „menschliche[] Maschine", „als frei Handelnder".
52 Ebd. – Übers. v. Rippel, S. 45: „Es ist also nicht so sehr der Verstand, der den spezifischen Unterschied des Menschen gegenüber den anderen Tieren bildet, als vielmehr seine Eigenschaft der Handlungsfreiheit". Dass Rousseau, der hier die freie Wahl des Menschen, einem inneren Antrieb nachzugeben oder sich ihm entgegenzustellen, beschreibt, von ‚Handlungsfreiheit' („qualité d'agent libre") statt von ‚Willensfreiheit' spricht, muss verwundern. Sinnvoll erscheint es, in diesem Zusammenhang von ‚Wahlfreiheit' zu sprechen, weil Rousseau hier die menschliche Möglichkeit meint, in konkreten Situationen zwischen Handlungsalternativen zu entscheiden, statt wie das Tier durch seinen Instinkt auf ein bestimmtes Verhalten beschränkt zu sein.
53 Ebd., S. 141 f. – Übers. v. Rippel, ebd.: „Die Natur befiehlt jedem Lebewesen, und das Tier gehorcht. Der Mensch verspürt denselben Drang, doch er erkennt sich als frei, ihm nachzugeben oder zu widerstehen; und vor allem in dem Bewußtsein dieser Freiheit zeigt sich die Geistigkeit seiner Seele". Ebenso betont Gehlen, dass menschliche Freiheit nicht in einer grundsätzlichen Entbundenheit vom Bedürfnis besteht, sondern in seiner Hemmbarkeit und der Macht über seine Befriedigung.

und sich eigenständig Verhalten aneignen. Insofern führt Asher Horowitz' Interpretation in die Irre, die dem Menschen bei Rousseau zwar eine offene Instinktstruktur mit einem Verhaltensspielraum zuspricht, die einen natürlichen Dualismus von Mensch und Tier aber leugnet, weil sich deren Freiheit lediglich graduell bestimmen lasse, je nach Offenheit ihrer Instinktnatur.[54] Rousseaus Mensch ist im perzeptiven wie im aktiven Umgang mit seinem natürlichen Umfeld frei und damit ‚weltoffen', während etwa eine Taube neben einer Schüssel voll Fleisch oder eine Katze auf einem Berg von Früchten und Korn verhungern würden – eben weil Tiere als Umwelt nur das sensitiv erfassen und erkennen, was ihre Instinkte anspricht:

> C'est ainsi qu'un Pigeon mourroit de faim près d'un Bassin rempli des meilleures viandes, et un Chat sur des tas de fruits, ou de grain, quoique l'un et l'autre pût très bien se nourrir de l'aliment qu'il dedaigne, s'il s'étoit avisé d'en essayer; C'est ainsi que les hommes dissolus se livrent à des excès, qui leurs causent la fiévre et la mort; parce que l'Esprit déprave le sens, et que la volonté parle encore, quand la Nature se taît.[55]

Was Rousseaus Beispiele zum Ausdruck bringen, entspricht dem aisthetischen Kerngedanken von Uexkülls Funktionskreismodell. Seine anthropologischen Schlussfolgerungen daraus decken sich mit den Überlegungen der Philosophischen Anthropologie: Der Mensch, dessen Einbindung in die Natur aufgebrochen ist und der darum frei wählen kann, lebt nicht nur in seiner Umwelt, sondern er muss sich in der Welt orientieren und sein Leben führen – was angesichts dieser Beispiele heißt: Er muss sich zwischen Fleisch, Korn und Früchten entscheiden oder die Konsequenzen eines Exzesses bewusst auf sich nehmen. Weil der Mensch in seiner Lebensführung scheitern kann, ist er auch bei Rousseau ein riskiertes Wesen. Das Menschenbild der modernen Anthropologie, die auf die diskursive Krise des Menschenbildes mit einer Integration des Krisenmoments in ihr Modell vom Menschen antwortet, wird bei Rousseau, wo auch die Wiege der modernen Kulturkritik liegt, geboren.

Rousseaus Beispiele, die die menschliche Freiheit im Kontext konkreter Lebensführung und in Kontrast zu tierischem Instinktverhalten anschaulich machen, zeugen von einer grundlegenden Kehrtwende im Freiheitsdiskurs

---

54 Vgl. Horowitz: Rousseau, Nature, and History, S. 67–73.
55 Rousseau: Discours sur l'inégalité, OC 3, S. 141. – Übers. v. Rippel, S. 44: „So würde eine Taube neben einer mit bestem Fleisch gefüllten Schüssel verhungern und eine Katze auf Haufen von Früchten oder Korn, obgleich sich beide sehr wohl von dem Futter, das sie verschmähen, ernähren könnten, wenn sie auf den Gedanken kämen, davon zu kosten. So überlassen sich die ausschweifenden Menschen Exzessen, die bei ihnen Fieber und Tod verursachen, weil der Geist die Sinne verdirbt und der Wille noch spricht, wenn die Natur schweigt."

der Aufklärung, der sich von idealistischen Denksystemen, metaphysisch-ontologischen Prämissen und theologischen Glaubenssätzen gelöst und einem genuin anthropologischen Diskursfeld geöffnet hat. Mit ersten Ansätzen einer vergleichenden Verhaltensforschung und einem argumentativen Rückgriff auf ethnologische Beobachtungen wendet sich die Anthropologie in der zweiten Hälfte des 18. Jahrhunderts der konkreten Lebenswelt von Mensch und Tier und ihren natürlichen Bedingungen zu. Den Kontrast zwischen dem anthropologischen und dem frühaufklärerischen Freiheitsdiskurs zeigen auch die argumentativen Differenzen zum Glaubensbekenntnis des savoyischen Vikars in seiner Schrift *Émile ou de l'éducation* (1762), der die Debatte um die menschliche Willensfreiheit noch ganz in schulmetaphysischer Manier führt. Mit dem Wechsel vom klassisch-metaphysischen zum modernen anthropologischen Diskursfeld geht bei Rousseau, trotz seines Bekenntnisses zur Methode des Mutmaßens, eine Wende zur Empirie einher, die seiner Freiheitsphilosophie ihre innovative Kraft verleiht.[56]

Rousseaus Beschreibung des menschlichen Naturzustandes ist jedoch nicht frei von Aporien: Spricht er auf den ersten Blick einer Anthropologie das Wort, die Mensch und Tier klar voneinander trennt, lassen sich auf den zweiten Inkonsequenzen in seinem Bild vom Naturmenschen ausmachen, die sich nicht auflösen lassen. Zuweilen widersprechen Rousseaus Beschreibungen seiner anthropologischen Unterscheidung, die den Wilden über seine Instinktentbundenheit und sein Freiheitsbewusstsein vom Tier abgrenzt – etwa wenn er vom Menschen „dans le seul instinct"[57] spricht, der auf bloße Empfindungen beschränkt sei, oder wenn er eine graduelle Entwicklung vom Instinkt zur Vernunft behauptet.[58] Wie vage Rousseau in der Instinkt-

---

56 Dabei bildet Rousseaus Freiheitsphilosophie, so BOLLE: Jean-Jacque Rousseau, S. 83, den „rote[n] Faden" in seinem Gesamtwerk. Ernst CASSIRER: Das Problem Jean-Jacques Rousseau (1932). In: Ders.: Gesammelte Werke. Hamburger Ausgabe. 25 Bde. u. 1 Reg.-Bd. Hg. v. Birgit Recki. Hamburg 1998 ff., Bd. 18, S. 3–82, hier S. 20, merkt an: „[V]on allen Begriffen Rousseaus ist sein Freiheitsbegriff derjenige, der die verschiedenartigsten und widerspruchvollsten Auslegungen erfahren hat. In dem fast zwei Jahrhunderte währenden Streit, der um ihn geführt wird, hat dieser Begriff seine Bestimmtheit fast völlig eingebüßt." Betrachtet man jedoch die Forschung der vergangenen Jahrzehnte und ihre Ansätze, Rousseaus Freiheitsbegriff unter verschiedenen Aspekten zu fassen, erscheint Cassirers Äußerung voreilig; vgl. etwa BOLLE: Jean-Jacques Rousseau, S. 84–93; Maurice CRANSTON: Rousseau's theory of liberty. In: Robert Wokler (Hg.): Rousseau and liberty. Manchester, New York 1995, S. 231–243; Christopher KELLY, Roger D. MASTERS: Human nature, liberty and progress: Rousseau's dialogue with the critics of the *Discours sur l'inégalité*. In: Robert Wokler (Hg.): Rousseau and liberty. Manchester, New York 1995, S. 53–69; sowie Elke OBERPARLEITER-LORKE: Der Freiheitsbegriff bei Rousseau. Rousseaus praktisches System der Freiheit im Kontext der deutschen Transzendentalphilosophie und eines modernen, interpersonalen Freiheitsbegriffs. Würzburg 1997.
57 ROUSSEAU: Discours sur l'inégalité, OC 3, S. 152. – Übers. v. Rippel, S. 59: „im Instinkt".
58 Vgl. ebd., S. 170; Übers. v. Rippel, S. 82.

frage bleibt, zeigt auch seine Formulierung vom „Homme Sauvage, livré par la Nature au seul instinct, ou plûtôt dédommagé de celui qui lui manque peut-être, par des facultés capables d'y suppléer d'abord"[59].

Ursache solch unscharfer Grenzziehungen ist das anthropologische Denkprojekt selbst, das sich nicht nur der Sonderstellung des Menschen gegenüber der Natur, sondern auch seiner fundamentalen Lebensgebundenheit verpflichtet sieht. Der Wilde wird im 18. Jahrhundert zur Projektionsfläche, auf der der anthropologische Schwellenkonflikt zwischen Tier- und Menschsein, zwischen Lebe- und Geistwesen ausgetragen wird. Er ist Modell für einen fiktiven Zustand, in dem sich Tier- und Menschsein den äußeren Umständen nach nicht unterscheiden (ein optimaler Ausgangspunkt für Vergleiche also), in dem im Menschen seine Freiheit und Entwicklungsfähigkeit aber potentiell schon angelegt sind und bloß noch geschichtlich in Erscheinung treten müssen. Es ist der Wilde in seiner ursprünglichen und ungeschminkten ‚Menschheit', an dem Rousseau zeigen will, dass der Mensch als *Lebe*wesen, das Wahrnehmungen, Empfindungen, körperliche Bedürfnisse und tierische Reaktionen hat, zwar Teil der Natur ist, dass er aber als *Geist*wesen, dem die Freiheit zur Wahl und die Fähigkeit zur Entwicklung immer schon gegeben sind, im Rahmen seiner Lebens- und Gattungsgeschichte natürlichen Bestimmungen enthoben ist.

Die stellenweise unscharfe Grenzziehung zwischen Mensch und Tier in Rousseaus Naturzustandsmodell hat in der Geschichte der Rousseau-Rezeption immer wieder zu interpretativen Verirrungen geführt. Nicht selten ist behauptet worden, Rousseau sehe im ‚homme naturel' nichts anderes als ein Tier, das sich erst im Laufe seiner Entwicklung zum Menschen ausbilde.[60] In der Nachfolge Voltaires, der über Rousseaus Bild vom *bon sauvage* unter dem Schlagwort ‚Zurück zur Natur' spottet, hat sich außerdem die Annahme verbreitet, Rousseau halte angesichts seiner pessimistischen Gegenwartsdiagnose eine Rückentwicklung des menschlichen Kulturzustands

---

59   Ebd. S. 142. – Übers. v. Rippel, S. 46: „Der Wilde, der von der Natur dem bloßen Instinkt überlassen ist oder vielmehr für den ihm vielleicht fehlenden Instinkt entschädigt worden ist mit Fähigkeiten, die geeignet sind, ihm zunächst den Instinkt zu ersetzen".

60   So beschreibt Rang: Rousseaus Lehre vom Menschen, hier S. 190 u. S. 129, den Dualismus von Mensch und Natur im *Discours sur l'inégalité* als nicht ursprünglich, weil erst durch Vergesellschaftung entstanden, und stellt hinsichtlich des Rückgangs an die Grenzen des Menschseins die Frage, „ob Rousseau mit seinem Bilde des gemeinschafts-, sprach- und vernunftlosen Menschentieres nicht bereits erheblich überschritten hat". Und Horowitz: Rousseau, Nature, and History, S. 66, stellt sich gegen Jean Starobinskis Annahme einer grundsätzlichen Unterscheidbarkeit von Tier und Menschen auf der Ebene des Naturzustandes, indem er einen ontologischen Dualismus im Sinne Descartes und eine metaphysische Kluft von Mensch und Tier im Denken Rousseaus zurückweist und stattdessen auf die Offenheit des menschlichen Instinktsystems und eine Form kultureller Evolution verweist: „We are [...] dealing with a transformation of a non-human animal into a human animal."

in einen Zustand tierischer Einfalt nicht nur für möglich, sondern auch für wünschenswert.[61] Auch Schiller versteht Rousseau zuweilen in diesem Sinne falsch.[62] Bereits Kant kritisiert die Missverständnisse der zeitgenössischen Rousseau-Rezeption, wenn er die „so oft gemißdeuteten, dem Scheine nach einander widerstreitenden Behauptungen des berühmten *J. J. Rousseau*"[63] richtigzustellen und zu verteidigen sucht. In seiner *Anthropologie in pragmatischer Hinsicht* heißt es: „Man darf eben nicht die hypochondrische (übellaunige) Schilderung, die *Rousseau* vom Menschengeschlecht macht, das aus dem Naturzustande herauszugehen wagt, für Anpreisung wieder dahin ein und in die Wälder zurück zu kehren, als dessen wirkliche Meinung annehmen"[64]. Vor diesem Rezeptionshintergrund erscheint es sinnvoll, die Thesen des Anthropologen Rousseau von Interpretationen und Zuschreibungen durch Zeitgenossen und nachfolgende Generationen unter der „Chiffre" Rousseau zu trennen.[65]

Über die Schwierigkeiten, die sein Denkmodell mit sich bringt, etwa die Problematik des Freiheitsbegriffs, ist sich Rousseau dabei durchaus im Klaren. So ergänzt er die ‚Freiheit' als Unterscheidungskriterium zwischen Mensch und Tier um ein weiteres, das gedanklich eng mit dem ersten zusammenhängt: „la faculté de se perfectionner; faculté qui, à l'aide des circonstances, développe successivement toutes les autres, et réside parmi nous tant dans l'espéce, que dans l'individu"[66]. Während das Tier, das durch sein

---

61 Zur Tradition dieses Missverständnisses vgl. Ulrich KRONAUER: Gegenwelten der Aufklärung. Heidelberg 2003, darin Kap. „Zurück zu den Affen, oder über die natürliche Güte des Menschen. Rousseaus Kulturkritik und die Folge", S. 15–44.
62 SCHILLER: Ueber naive und sentimentalische Dichtung (1795/96), NA 20, S. 452, kritisiert, dass Rousseau „die Menschheit, um nur des Streits in derselben recht bald los zu werden, lieber zu der geistlosen Einförmigkeit des ersten Standes zurückgeführt, als jenen Streit in der geistreichen Harmonie einer völlig durchgeführten Bildung geendigt sehen" hätte.
63 KANT: Muthmaßlicher Anfang der Menschengeschichte (1786), AA 8, S. 107–123, hier S. 116.
64 KANT: Anthropologie in pragmatischer Hinsicht, AA 7, S. 117–333, hier S. 326.
65 Michael HOFMANN: Arkadien oder Elysium? Kulturkritik und ästhetische Erziehung in der Rousseau-Rezeption Friedrich Schillers. In: Simon Bunke, Katerina Mihaylova, Antonio Roselli (Hg.): Rousseaus Welten. Würzburg 2014, S. 265–278, hier S. 265, zeigt auf, wie „Rousseau" zu einer „Chiffre" für Kulturkritik und Regressionsmodelle wurde. Auch Karl-S. REHBERG: Natur und Sachhingabe. Jean-Jacques Rousseau, die Anthropologie und ‚das Politische' im Deutschland des 20. Jahrhunderts. In: Herbert Jaumann (Hg.): Rousseau in Deutschland. Neue Beiträge zur Erforschung seiner Rezeption. Berlin, New York 1995, S. 221–265, hier S. 221, betont, dass Rousseau, vor allem mit Blick auf das Stichwort ‚Zurück zur Natur', eine „Projektionsfigur" ist.
66 ROUSSEAU: Discours sur l'inégalité, OC 3, S. 142. – Übers. v. Rippel, S. 45: „die Fähigkeit, sich zu vervollkommen, eine Fähigkeit, die mit Hilfe der Umstände nacheinander alle anderen Fähigkeiten entwickelt und die uns ebenso als Gattung wie als Individuum innewohnt". Mit der Verzeitlichung und der Subjektanbindung der alten Vollkommenheitsvorstellung zur Vervollkommnungsfähigkeit des Menschen gibt Rousseau den nachfolgenden Autoren der

fixes Instinktprogramm in die gleichförmige, allenfalls zyklische Veränderungen zulassende Natur eingebunden ist, immer bleibt, was es ist, besitzt der Mensch nach Rousseau eine Entwicklungsfähigkeit (Perfektibilität), die auf seiner Instinktfreiheit und der Offenheit seiner Entscheidungssituation gründet. Der freie Mensch ist auch ein Mensch, der offen ist für eine eigene Geschichte, in der er als Subjekt und aktiver Gestalter seiner Welt immer die Wahl zwischen Handlungsalternativen hat. Das Konzept der Perfektibilität setzt eine offene Anthropologie und einen anthropologischen Freiheitsbegriff voraus, der damit auch zum Fundament von Rousseaus Geschichtsphilosophie wird. Die organische Mangelhaftigkeit und Instinktarmut des Menschen bilden nach Georg Bollenbeck den „anthropologischen Ermöglichungsgrund für eine Zivilisationsgeschichte"[67].

Der Mensch kann und muss also seine Geschichte gestalten – und er hat dies, Rousseaus Diagnose nach, bislang nicht zu seinem Besten getan. Freiheit bildet damit nicht nur den Ursprung des Menschen, sondern auch die „source de tous les malheurs de l'homme"[68], weil sie immer eine Entscheidungsoption zum Schlechten birgt. In der Idee der Freiheit ist die Kulturkritik Rousseaus verankert, die die Menschheit ihrer eigenen Depravation und Perversion für schuldig befindet und sie zu einer Vervollkommnung im Sinne einer ihr innewohnenden Humanität aufruft.[69] Es ist die Divergenz von natürlich im Menschen angelegten Möglichkeiten und seiner beschränkten historischen Wirklichkeit, die die kritische Gesellschaftsanalyse in Rous-

---

Menschheitsgeschichten einen zentralen Impuls und dem 18. Jahrhundert mit der dazugehörigen Wortneuschöpfung, der ‚perfectibilité', einen seiner wichtigsten Schlüsselbegriffe. Vgl. Reinhart KOSELLECK, Christian MEIER: Art. ‚Fortschritt'. In: Otto Brunner, Werner Conze, Reinhart Koselleck (Hg.): Geschichtliche Grundbegriffe. Historisches Lexikon zur politisch-sozialen Sprache in Deutschland. 8 Bde. Stuttgart 1972–1997. Bd. 2, S. 351–423, hier S. 375–378.

67 BOLLENBECK: Eine Geschichte der Kulturkritik, S. 51. Das wird in der Rousseau-Forschung oft über den Perfektibilitätsbegriff hinweg übersehen, der als hauptsächliches Unterscheidungsmerkmal zwischen Tier und Mensch bei Rousseau gilt. Explizit haben die Verbindung von anthropologischer Freiheit und Perfektibilität unter anderen BOLLE: Jean-Jacques Rousseau, S. 107, nach dem der Perfektibilitätsbegriff die „nicht-instinktfixierte Offenhaltung der Möglichkeiten menschlicher Entwicklung" kennzeichnet; sowie STURMA: Jean-Jacques Rousseau, S. 93, der die beträchtliche semantische Überschneidung von Freiheits- und Perfektibilitätsbegriff herausstellt, die beide „das menschliche Vermögen an[sprechen], sich gegenüber den unmittelbaren Wirkungszusammenhängen der Natur behaupten zu können".

68 ROUSSEAU: Discours sur l'inégalité, OC 3, S. 142. – Übers. v. Rippel, S. 46: „die Quelle allen Unglücks des Menschen".

69 Ein Projekt, das Rousseau in seinen pädagogischen und politischen Schriften aufgreift. Insofern nennt Richard L. VELKLEY: Freedom, Teleology, and Justification of Reason. On the Philosophical Importance of Kant's Rousseauian Turn. In: Herbert Jaumann (Hg.): Rousseau in Deutschland. Neue Beiträge zur Erforschung seiner Rezeption. Berlin, New York 1995, S. 181–195, hier S. 190, Rousseaus *Contrat social* und seinen *Émile* „programs of rational self-correction".

seaus *Discours sur les sciences et les arts* (1750) und seinem *Discours sur l'inégalité* aufdeckt: Künstliche Bedürfnisse, das Buhlen um Ansehen und Ruhm, Arbeitsteilung und sozial gewachsene Ungleichheiten haben den ursprünglich freien Menschen in Ketten gelegt und eine Situation gesellschaftlicher Zwänge mit sich gebracht, die seiner freien Natur radikal entgegensteht. Die Konzeption des Naturzustandes dient Rousseau also nicht nur zur Bestimmung des menschlichen Wesens, sondern auch als normatives Idealbild zur Gesellschaftskritik.

Lässt sich dieses normative Moment in Rousseaus Philosophie vom Menschen mit der These menschlicher Nichtfestgestelltheit und Unergründlichkeit zusammendenken, wie sie die Philosophische Anthropologie im 20. Jahrhundert vertritt? Die Möglichkeit einer Verfehlung menschlichen Seins im Sinne einer ‚Selbstentfremdung' setzt bei Rousseau die Idee eines natürlich gegebenen ‚Selbst' voraus. Scheler, Plessner und Gehlen hingegen betonen die Offenheit des Menschen, dessen Selbst ein unbestimmtes ist. Ein Wesen aber, das keine natürlich vorbestimmte Art hat, kann nicht ‚entarten'. Weil die Philosophische Anthropologie keine Ur- und Idealnatur des Menschen annimmt, kennt ihr Geschichtsdenken kein Woher als historischen Ausgangspunkt authentischen Menschseins und kein Wohin im Sinne eines geschichtsphilosophisch postulierten Telos. Auf den ersten Blick steht Rousseaus Modell der Philosophischen Anthropologie also entgen. Wer genau hinsieht, erkennt aber, dass es sich nur um oberflächliche Differenzen handelt: Denn Rousseaus erste und zentrale Bestimmung des menschlichen Selbst läuft über den anthropologischen Freiheitsbegriff ebenfalls auf die Unbestimmtheit des Menschen hinaus, der sich erst zu dem machen muss, was er ist. Insofern kennt auch sein Geschichtsdenken keine natürliche Teleologie und keinen linearen Verlauf – Rousseau entwickelt ein offenes Geschichtsmodell. Bollenbeck betont, dass seine Kulturkritik im Sinne einer wertneutralen Gewinn-und-Verlust-Rechnung eine Fortschrittsgeschichte menschlicher Zivilisation verwirft, ohne zugleich eine lineare Degenerationsgeschichte zu schreiben.[70] Zwar behauptet Rousseau am Beginn seiner Untersuchung, die Seele des zivilisierten Menschen sei verfälscht, wie das Standbild des Glaukos durch den Wellengang entstellt sei, und er unterscheidet zwischen ursprünglichen und künstlichen Momenten der menschlichen Natur, während die Philosophische Anthropologie gerade die ‚natürliche Künstlichkeit' des Menschen herausstellt und damit die Unterscheidung von eigentlichem und uneigentlichem Selbst von Vornherein verwirft. Weil aber auch für Rousseau die Natur des Menschen letztlich in seiner natürlichen Unbestimmtheit und der sich damit eröffnenden (künstlichen) Selbstbestim-

---

70 Vgl. BOLLENBECK: Eine Geschichte der Kulturkritik, S. 29.

mung besteht, die er durch die heteronomen Zwänge der modernen Gesellschaft gefährdet sieht, unterläuft er selbst seine Unterscheidung zwischen Natur und Kultur. Rousseaus Denkprojekt, das die Offenheit des menschlichen Wesens und seiner Stellung zur Welt betont, intendiert ähnlich wie Plessners eine „Befreiung des Blicks auf den Menschen"[71].

Weil der Mensch die in seiner Natur verankerte Freiheit zur sozialen und politischen Unfreiheit hat, verweist Rousseau hinsichtlich der Gestaltung einer humaneren Zukunft – in seiner Pädagogik auf individueller und im Rahmen seiner politischen Philosophie auf gesellschaftlicher Ebene – auf das Wesen des Menschen, das es ihm möglich macht, sich gesellschaftlichen Zwängen wie dem Drang der Natur zu widersetzen. Auch seine praktische Philosophie ist damit Freiheitsphilosophie, wie Rainer Bolle bemerkt: „Insofern für Rousseau der Verlust der Freiheit gleichbedeutend ist mit dem Verlust der Menschlichkeit, ist die conditio sine qua non einer humanen Praxis diejenige, die Freiheit ermöglicht bzw. Freiheitsspielräume vergrößert, statt sie einzuschränken."[72] Eigenmächtig kann der Mensch die verloren gegangene Offenheit seiner Natur im Verlauf der Menschheitsgeschichte zurückgewinnen. So ist er bei Rousseau ein geschichtliches Wesen – und er weiß darum. Anders als das Tier, das in seiner unmittelbar instinktiven Bedürfnisbefriedigung nur die absolute Gegenwart kennt, in ihr lebt und aufgeht, ist sich der Mensch seiner Geschichtlichkeit bewusst. Er weiß von einer Zukunft, hat eine Kenntnis vom Tode.[73] Zum menschlichen Daseinsmodus gehört also nicht nur ein Bewusstsein der Freiheit, mit der eine Öffnung zur Welt einhergeht, sondern auch ein Bewusstsein der eigenen Zeitlichkeit, mit dem sich dem Menschen seine Geschichte eröffnet, die er aktiv gestalten kann und muss. Freiheit und Weltoffenheit sowie Perfektibilität und Geschichtsoffenheit sind damit zwei Seiten ein und derselben Sache: des Menschseins.

---

71 PLESSNER: Zur Anthropologie des Schauspielers, GS 7, S. 418.
72 BOLLE: Jean-Jacques Rousseau, S. 110. Zu politischen wie pädagogischen Gegenentwürfen einer humaneren Zukunft bei Rousseau vgl. auch: BOLLENBECK: Eine Geschichte der Kulturkritik, S. 68–76.
73 Vgl. ROUSSEAU: Discours sur l'inégalité, OC 3, S. 143: „la connoissance de la mort, et de ses terreurs". – Übers. v. Rippel, S. 47: „die Kenntnis des Todes und seiner Schrecken". Dass Rousseau kurz darauf der Seele der Wilden bloß ein „sentiment de son existence actuelle" (ROUSSEAU: Discours sur l'inégalité, OC 3, S. 144. – Übers. n. ROUSSEAU: Abhandlung über die Ungleichheit, S. 48: „Gefühl ihres gegenwärtigen Daseins [...] ohne irgendeinen Gedanken an die Zukunft") zuschreibt, bedeutet einen Widerspruch, kann aber als heuristischer Kniff gewertet werden, der den logischen Ausgangspunkt der Argumentation beim tierischen Dasein des Menschen ansetzt, um im Kontrast dazu die spezifisch menschliche Weise des In-der-Welt-Seins zu bestimmen, die auch durch eine Erweiterung des zeitlichen Horizontes geprägt ist. Rousseau konzipiert einen tierischen Daseinsmodus des Menschen, um den menschlichen umso schärfer von diesem abzugrenzen – nicht ohne Spannungen, weil die Frage nach dem menschheitlichen Status des Wilden unentschieden bleibt.

Am Schluss seines *Discours sur l'inégalité* setzt Rousseau noch einmal ,von vorn' an, am Anfang der Geschichte, beim vitalen Fundament menschlichen Daseins: beim „sentiment de l'homme [...] de son existence"[74]. Von hier aus durchstreift er die Kulturgeschichte auf der Suche nach konkreten Spuren von Freiheit im Umgang des Menschen mit seiner Welt. Der erste Anstoß zur Menschheitsgeschichte kommt von außen: Der Mensch muss die „difficultés" und „obstacles de la Nature"[75] (ein knappes Nahrungsangebot durch ein Wachstum der menschlichen Population, Klimakatastrophen oder natürliche Hürden im Kampf ums Überleben) überwinden. Sie zwingen ihn zur Übung des Körpers, durch die er sich eigentätig Verhaltensmuster erschließt und seine Geschicklichkeit steigert. Er macht von seiner Freiheit Gebrauch und eignet sich die Welt an, erschließt sich etwa natürliche Gegenstände als Waffen, um seine mangelnde organische Angepasstheit zu kompensieren und so zu überleben. Was hier auf phylogenetischer Ebene als erster Akt am Anfang der Geschichte geschildert wird, lässt sich auf die ontogenetische Ebene und die Situation eines jeden menschlichen Individuums übertragen, weil es Rousseau in seiner Abhandlung nicht um historische, sondern um anthropologische Erkenntnisse geht.

Die Notlage des Mängelwesens Mensch stellt sich trotz möglicher unglücklicher Folgen schließlich als ein Glücksfall heraus – denn mit ihr gewinnt er, der in einem historisch fiktiven tierischen Zustand im Einklang mit seiner Umwelt gelebt hat, Welt. In anthropologischer Hinsicht bringt der Mensch als Mensch diese Weltoffenheit freilich immer schon mit. Die historische Darstellung der Menschwerdung am Anfang der Geschichte dient zur Veranschaulichung eines anthropologischen Modells. Anhand der Kategorien ,Urdistanz' und ,Beziehung', die Martin Buber im Anschluss an Schelers Anthropologie der Weltoffenheit zu Schlüsselkategorien des menschlichen Seinsmodus erklärt, lässt sich Rousseaus Bestimmung des menschlichen Weltverhältnisses begrifflich klarer fassen. „[D]ie Urdistanz stiftet die menschliche Situation, die Beziehung das Menschwerden in ihr"[76], unterscheidet Buber zwischen Möglichkeit und Verwirklichung des Menschseins und damit zwischen einer kategorialen und einer historischen Ebene anthropologischen Denkens. Welt zu haben meint, aufgrund der menschlichen Instinktentbundenheit in ursprünglicher Distanz zu einer abgerückten, als selbstständig erkannten Einheit, der Welt, zu stehen. Zu diesem unabhängig Seienden kann der Mensch in Beziehung treten. An seinem Verhältnis zu den Dingen und seinen Mitmenschen offenbart sich, auch bei Rousseau, die spezifisch menschliche Freiheit.

---

74 Ebd., S. 164. – Übers. v. Rippel, S. 74: „Gefühl des Menschen [...] seiner Existenz".
75 Ebd., S. 165. – Übers. v. Rippel, S. 75: „Schwierigkeiten", „Hindernisse der Natur".
76 BUBER: Urdistanz und Beziehung, S. 416.

Durch natürliche Nöte getrieben, tritt der Mensch bei Rousseau mit der Welt in Beziehung. Dazu erschließt er im Umgang mit den natürlichen Dingen ihren Gebrauchswert und schreibt sie als Dinge einer Welt fest: Äste und Steine dienen dem Menschen als Waffen. Natürliche Gegenstände am Ufer des Meeres nutzt der Fischer als Angel und Angelhaken, um den Hunger zu stillen. Pfeil und Bogen findet der Jäger in den Wäldern. Kleidung und Feuer bieten Wärme und Schutz. „Nur der Mensch, als Mensch, distanziert Dinge, auf die er in seinem Bereich trifft", stellt Buber fest, „und versetzt sie in ihre Selbständigkeit, als etwas, was nunmehr funktionsbereit fortbesteht und was er auf ihn warten machen kann, daß er je und je sich wieder seiner bemächtige und es aktualisiere."[77] Diese Versachlichung der Welt ist es, was Rousseau im zweiten Teil seiner Abhandlung beschreibt. Seine Darstellung erinnert an Gehlens Modell einer aktiven Erschließung der menschlichen Welt: Zu den zentralen menschheitlichen Errungenschaften gehören für Rousseau verfügbar gemachte Gegenstände wie natürliche Waffen, die dem Menschen „sous sa main"[78] sind und so auch wahrgenommen werden: als selbstständige Dinge, die in „dahingestellter Verfügbarkeit"[79] eine Welt bilden, der der Mensch zwar gegenübersteht, mit der er aber handelnd interagiert. Die ersten menschheitsgeschichtlichen Schritte bei Rousseau lassen sich mit Gehlen als Akte der Entlastung verstehen.

So wie die Distanz zwischen Natur und Mensch in dessen Umgang mit den Dingen zutage tritt, zeigt sie sich auch in seiner Beziehung zu den Mitmenschen. Der andere wird, so Rousseau, vom Menschen als Individuum gleicher Art wahrgenommen und als Subjekt anerkannt. Eine wesentliche Basis für die Gründung erster sozialer Gemeinschaften, der Familien, bildet die Fähigkeit zu Zuneigung und ‚geistiger Liebe', die Rousseau im ersten Teil der Abhandlung näher bestimmt. Während die ‚physische Liebe' tierischer Wesen allein auf Befriedigung geschlechtlicher Begierden aus ist und damit als personenungebundener Trieb kein für sich bestehendes Individuum voraussetzt, auf das sie sich als selbstständigen Gegenstand richten könnte, bildet dasjenige, „qui détermine ce désir et le fixe sur un seul objet exclusivement, ou qui du moins lui donne pour cet objet préferé un plus grand dégré d'énergie"[80], das geistige Moment der Liebe, die mit einem Begriff von Schönheit einhergeht. Erst die ‚Urdistanz' zu seiner natürlichen Umgebung

---

77 Ebd., S. 417.
78 ROUSSEAU: Discours sur l'inégalité, OC 3, S. 165. – Übers. v. Rippel, S. 75: „verfügbar".
79 GEHLEN: Der Mensch, GA 3, S. 201.
80 ROUSSEAU: Discours sur l'inégalité, OC 3, S. 157 f. – Übers. v. Rippel, S. 66: „was dieses Begehren festlegt und es ausschließlich an einen einzigen Gegenstand bindet oder was ihm zumindest für diesen bevorzugten Gegenstand einen höheren Grad an Energie zuführt". Mit der Engführung von Weltoffenheit und Schönheit über den Begriff der Liebe ist Schillers ästhetische Anthropologie der Freiheit vage vorgedacht. Zum Zusammenhang von Ästhetik

ermöglicht dem instinktentbundenen, freien Menschen also eine ‚Beziehung' zur Welt und ihren Gegenständen, in der sich seine Anthropogenese Tag für Tag vollzieht. Weltoffenheit ist für Rousseau die menschliche Situation schlechthin, aus der sich alle kulturellen und historischen Entwicklungen erklären lassen.

E.3 Herder: der Mensch als ‚erster Freigelassener der Schöpfung'

Nicht Rousseau, sondern Herder wird für Gehlen zum wichtigsten Vordenker und zentralen Begründer der philosophischen Anthropologie. In seiner *Abhandlung über den Ursprung der Sprache* (1772) leiste Herder das, „was jede philosophische Anthropologie [...] zu leisten verpflichtet ist"[81]: Ihm sei es gelungen, die Intelligenz des Menschen im Kontext seiner Biologie zu erklären. „Die philosophische Anthropologie hat seit Herder keinen Schritt vorwärts getan", resümiert Gehlen, „und es ist im Schema dieselbe Auffassung, die ich mit den Mitteln moderner Wissenschaft entwickeln will. Sie braucht auch keinen Schritt vorwärts tun, denn dies ist die Wahrheit."[82] – Ehrenvoller kann eine Würdigung kaum ausfallen.

Als Herder im April 1768 in einem Brief an Johann Georg Hamann erste anthropologische Überlegungen anstellt, glaubt er, die Phase, in der er ein „eifriger Roußeauianer"[83] war, abgeschlossen. Im Kern aber stimmt Herders Philosophie vom Menschen, bei aller methodischen Eigenheit, bis in seine späte Anthropologie hinein, die die Distanzierung des Menschen von der Natur, seine Lösung vom Instinkt und seinen Gewinn von Welt herausstellt, mit Rousseaus Bestimmung des Menschen als eines freien Wesens überein – nicht zuletzt deshalb ist die Rede von Herder als dem „deutschen Rousseau"[84] in der Forschung nicht *ad acta* gelegt.

Seine zwischen 1784 und 1791 in vier Teilen erschienenen *Ideen zur Philosophie der Geschichte der Menschheit* haben Herder den Ruf eines Naturalisten

---

und Erotik des Menschen vgl. auch SCHELER: Ursprünglichkeit des „Homo eroticus ecstaticus" neben dem „homo sapiens".
81   GEHLEN: Der Mensch, GA 3, S. 92.
82   Ebd., S. 93.
83   HERDER: Brief an Johann G. Hamann (Nr. 18), Ende April 1768. In: Ders.: Briefe an Joh. Georg Hamann. Hg. v. Otto Hoffmann. Berlin 1889, S. 39–46, hier S. 40. Ob es sich bei Herders dezidierter Abgrenzung von Rousseau um ein inhaltliches Missverständnis, eine Differenz in methodischen Fragen oder ein „taktisches Manöver" zur Betonung der eigenen Originalität (so Astrid GESCHE: Johann Gottfried Herder: Sprache und die Natur des Menschen. Würzburg 1993, S. 112) handelt, darüber lässt sich nur spekulieren.
84   Erstmals bei Hermann A. KORFF: Geist der Goethezeit. Versuch einer idealen Entwicklung der klassisch-romantischen Literaturgeschichte. 4 Bde. Leipzig 1923–1957. Bd. 1 (^{6}1962), S. 79.

eingebracht, weil er hier die Verschmelzung von Natur- und Menschenreich so konsequent wie kein anderer deutscher Aufklärer vollzieht: So wie die anthropologische Frage nach dem Wesen des Menschen – historisch gewandt – zur Frage nach dem Moment der Menschwerdung am Anfang der Geschichte wird, so fordert die anthropologische Bestimmung der menschlichen Stellung im Kosmos – zeitlich gesehen – zu einer Betrachtung der Menschheitsgeschichte im Rahmen einer umfassenden Naturgeschichte auf. Darum wendet sich Herder in seiner anthropologisch fundierten Geschichtsphilosophie auch der Biologie des Menschen zu. Der Darstellung einzelner Völker und ihrer Epochen im zweiten bis vierten Teil der *Ideen* sowie der Anthropologie im engeren Sinne im ersten und zweiten Teil gehen Untersuchungen zur Kosmologie, zur Geografie, zur Pflanzen- und zur Tierkunde voraus.[85]

Den Wirkungszusammenhang von Natur- und Menschheitsgeschichte führt Herder in einem analogischen Denk- und Argumentationsverfahren auf eine alle Reiche durchziehende Gesetzmäßigkeit zurück: „Denn alles Daseyn ist sich gleich, ein untheilbarer Begriff; im Grössesten sowohl als im Kleinsten auf Einerley Gesetze gegründet."[86] Herders Anthropologie zeigt sich durch sein großes Interesse an naturwissenschaftlichen Stoffen geprägt, die er in seine Philosophie vom Menschen zu integrieren trachtet.[87] Auch methodisch manifestiert sich eine Anlehnung an die Naturwissenschaften. So erteilt der Philosoph gleich in der Vorrede seiner *Ideen* einer spekulativen

---

[85]   Martin BOLLACHER: Herders „Ideen zur Philosophie der Geschichte der Menschheit". In: Johann G. Herder: Werke. Hg. v. Martin Bollacher. 10 Bde. Frankfurt/Main 1984–2000. Bd. 6, S. 901–942, hier S. 928, spricht von einem „doppelten Kursus" im Aufbau der *Ideen*, wobei die Geschichte der Natur und die Geschichte der Menschheit in einem „Verhältnis der Komplementarität" stehen.

[86]   HERDER: Ideen zur Philosophie der Geschichte der Menschheit (1784–91), SW 13, S. 16

[87]   Die natürliche Fundierung von Herders Geschichte der Menschheit korrespondiert mit dessen regem Interesse an den aktuellen Untersuchungen der Naturwissenschaften; vgl. Hugh B. NISBET: Herder and the Philosophy and History of Science. Cambridge 1970. Herder kann hier auf ein breites Wissen zurückgreifen – ein Naturwissenschaftler im eigentlichen Sinne ist er im Gegensatz zu anderen Schriftstellern oder Philosophen seiner Zeit, wie zum Beispiel Goethe, jedoch nie gewesen. Herder umreißt in seiner Vorrede zu den *Ideen* sein Vorhaben einer Geschichte der Erde und der Menschheit und gesteht: „Gelesen hatte ich so ziemlich alles, was darüber geschrieben war"; HERDER: Ideen zur Philosophie der Geschichte der Menschheit, SW 13, S. 5. Ob aus dem Gebiet der Geografie oder der Naturgeschichte, der Völkerkunde, Soziologie oder Psychologie, der Anatomie oder Humanbiologie – die Quellen sind so vielschichtig, dass es kaum möglich ist, sie vollständig zu rekonstruieren; vgl. hierzu BOLLACHER: Herders „Ideen zur Philosophie der Geschichte der Menschheit", S. 911–915. Bis in seine Königsberger Zeit, in der er als Schüler Kants dessen vorkritische Philosophie, darunter geografische und kosmologische Theorien, kennenlernte, lassen sich Aufzeichnungen über naturwissenschaftliche Betrachtungen und Korrespondenzen mit herausragenden Gelehrten der Zeit belegen. Blumenbach, Bonnet, Buffon, Camper, Haller oder Reimarus – die Reihe der Wissenschaftler, die in seinen philosophischen Abhandlungen Erwähnung finden, ließe sich ohne Mühe fortsetzen.

Metaphysik eine Absage: „Wer blos metaphysische Spekulationen will, hat sie auf kürzerm Wege; ich glaube aber, daß sie, abgetrennt von Erfahrungen und Analogien der Natur, eine Luftfahrt sind, die selten zum Ziel führet."[88] Seine Anthropologie – darin stimmt Herders Bekenntnis mit dem methodischen Anspruch der Philosophischen Anthropologen überein – soll auf einem empirisch gesicherten Fundament aufbauen.[89]

In der Natur deckt Herder Gradations- und Proportionsverhältnisse auf, die er in Naturgesetzen formuliert und bis ins Menschenreich hinein bestätigt sieht.[90] Die enge Verkettung aller natürlichen Wesen führt er auf homogen wirkende Kräfte zurück, die das Pflanzen-, das Tier- und das Menschenreich bestimmen und beleben. Einen „*Haupttypus*" – mit Plessner gesprochen: den „*einen* Grundaspekt[]"[91], mit Gehlen: „die *Einheit* des Strukturgesetzes"[92] – will Herder in allen Phänomenen im Reich des Lebendigen, vom Wurm bis zum menschlichen Gehirn, ausmachen:

> Die Natur hat also, so wie bei der ganzen Bildung ihrer Geschlechter, so auch bei dem Inbegrif und Ziel derselben, dem Gehirn, nur Einen *Haupttypus*, auf den sie es vom niedrigsten Wurm und Insekt anlegt, den sie bei allen Gattungen nach der verschiednen äußern Organisation des Geschöpfs im kleinen zwar verändert, aber verändernd fortführt, vergrößert, ausbildet und beim Menschen zuletzt aufs künstlichste vollendet.[93]

Der Grundtrieb des Lebens, der Trieb zur Selbsterhaltung, treibe auch den Menschen an, den er wie jedes Tier zur Nahrungsaufnahme und zur Fortpflanzung drängt.[94] Eine mechanistisch-materialistische Betrachtung des Lebens weist Herder dabei dezidiert zurück.[95] In seiner Naturgeschichte er-

---

88 HERDER: Ideen zur Philosophie der Geschichte der Menschheit, SW 13, S. 9.
89 Zum Verhältnis von Philosophie und empirischen Wissenschaften bei Herder vgl. auch Christian GRAWE: Herders Kulturanthropologie, S. 35–40.
90 Dem Gedanken einer natürlichen Stufung entsprechen zahlreiche Je-desto-Konstruktionen in Herders anthropologischen Schriften, etwa: Je menschenähnlicher eine Gattung, je aufgerichteter ihre äußere Gestalt – desto weniger mechanisch, desto vernünftiger ist ihr Handeln. Vgl. HERDER: Abhandlung über den Ursprung der Sprache (1772), SW 5, S. 22–25; sowie HERDER: Ideen zur Philosophie der Geschichte der Menschheit, SW 13, etwa S. 102, 108, 133f. u. 168. Vgl. hierzu auch Hugh B. NISBET: Herders anthropologische Anschauungen in den „Ideen zur Philosophie der Geschichte der Menschheit". In: Jürgen Barkhoff, Eda Sagarra (Hg.): Anthropologie und Literatur um 1800. München 1992, S. 1–23, hier S. 15.
91 PLESSNER: Die Stufen des Organischen und der Mensch, GS 4, S. 41.
92 GEHLEN: Der Mensch, GA 3, S. 20.
93 HERDER: Ideen zur Philosophie der Geschichte der Menschheit, SW 13, S. 123.
94 Vgl. ebd., S. 319.
95 Vgl. ebd., S. 108: „Keine Tugend, kein Trieb ist im menschlichen Herzen, von dem sich nicht hie und da ein Analogon in der Thierwelt fände und zu dem also die bildende Mutter das Thier organisch gewöhnet. […] Ueberall also liegen Vorbilder der menschlichen Handlungsweisen in denen das Thier geübt wird: und sie, da wir ihr Nervengebäude, ihren uns

scheint der Mensch zunächst als natürliches Wesen, als Tier unter Tieren. Nicht zuletzt Goethes Entdeckung des Zwischenkieferknochens, von dem dieser seinem Freund Herder während der Arbeiten an den *Ideen* berichtet, bestätigt ihm die Annahme eines einheitlichen Bau- und Funktionsplans aller Lebewesen. So folgert Herder: „Der Menschen ältere Brüder sind die Thiere"[96] – und er mahnt zu Bescheidenheit: „Stolzer Mensch, blicke auf die erste nothdürftige Anlage deiner Mitgeschöpfe zurück, du trägst sie noch mit dir; du bist ein Speisekanal, wie deine niedrigern Brüder"[97]. Herders Menschheitsgeschichte entwickelt eine Anthropologie von unten. Letztlich soll die naturphilosophische Verankerung des menschlichen Wesens im Begriff des Lebens die Bodenhaftung seines Modells garantieren – eines Modells, das gleichwohl die Sonderstellung des Menschen anerkennt.

Denn Herders monistisch erscheinendem Weltbild, in dem die Natur, besonders die belebte, ein einheitliches Ganzes bildet, steht eine dualistische Anthropologie gegenüber, die deutlich macht, dass ihm ein Naturalismus, der den Menschen auf seine Biologie reduziert, fernliegt. Es lässt sich in seiner Philosophie eine doppelte Argumentationslinie ausmachen, in der sich das paradoxe Denkprojekt der Philosophischen Anthropologie widerspiegelt: den Menschen als natürliches Lebewesen und als naturentbundenes Geistwesen zugleich zu begreifen, indem die Geistigkeit seines natürlichen Daseins und die Lebensgebundenheit seiner geistigen Akte vorgeführt werden. Dabei tauchen, wie bei Rousseau, Inkonsequenzen und Spannungen auf, die sich nicht weiter auflösen lassen.

Um die Spezifik des menschlichen Wesens zu ergründen, greift Herder auf die seinerzeit populär diskutierte Frage zurück, ob Menschenaffen zu den höheren Tieren zählen oder ob sie als niedere, unzivilisierte Menschen zu betrachten sind – mithin ob und, falls ja, wie eine anthropologische Differenz angesichts der offenkundigen Ähnlichkeiten erklärt werden kann.[98]

ähnlichen Bau, ihre uns ähnlichen Bedürfnisse und Lebensarten vor uns sehen, sie dennoch als Maschienen betrachten zu wollen, ist eine Sünde wider die Natur wie irgend Eine."

96 Ebd., S. 60. Damit ist keine evolutionsbiologisch zu verstehende Verwandtschaft gemeint, vielmehr eine ideelle, auf Herders Analogiedenken basierende Bruderschaft von Mensch und Tier, die auf deren gemeinsamem Dasein als Lebewesen gründet; vgl. Hugh B. NISBET: Historisierung. Naturgeschichte und Humangeschichte bei Goethe, Herder und Kant. In: Peter Matussek (Hg.): Goethe und die Verzeitlichung der Natur. München 1998, S. 15–43, hier S. 19; sowie JUNKER, HOSSFELD: Die Entdeckung der Evolution, S. 45f.

97 HERDER: Ideen zur Philosophie der Geschichte der Menschheit, SW 13, S. 73.

98 Auf zwei konträre Studien, die Eingang in Herders Anthropologie finden, sei hier verwiesen: die des englischen Mediziners Edward Tyson, der einen aufrechten Gang und Sprache bei Affen für grundsätzlich möglich erachtet, sowie diejenige des holländischen Mediziners Peter Camper, der diese Möglichkeit bestreitet und den Menschen, allein anatomisch bedingt, für grundverschieden hält. Zur Diskussion über den Menschenaffen im 18. Jahrhundert vgl. auch Kap. I.3.2.

„Der Orang-Utang ist im Innern und Aeußern dem Menschen ähnlich"[99], beginnt Herder das vierte Buch seiner *Ideen*, in dem er die Frage nach dem Wesen des Menschen behandelt. „Was fehlte also dem Menschenähnlichen Geschöpf, daß es kein Mensch ward?"[100] Zur Beantwortung der Frage greift der Anthropologe eine damals prominente Idee auf – der Mensch sei, im Gegensatz zum Affen, ein aufgerichtetes Wesen: „*Der aufrechte Gang des Menschen ist ihm einzig natürlich: ja er ist die Organisation zum ganzen Beruf seiner Gattung, und sein unterscheidender Charakter.*"[101] Bedeutsamer noch als die perpendikulare Haltung selbst sind für Herder allerdings ihre Konsequenzen: Mit der Aufrichtung des Menschen gehen Veränderungen der Lage und Form seines Schädels einher, ein Wachstum des Gehirns und eine steigende Komplexität seiner Strukturen. Die menschlichen Sinne erfahren eine Umgewichtung: Die ‚niederen' Nahsinne, Geruch und Geschmack, werden in ihrer Bedeutung von den ‚edleren' Fernsinnen, dem Sehvermögen und dem Gehör, verdrängt. Auch das Freiwerden der Hände, das dem Menschen den aktiven Gebrauch von Werkzeugen ermöglicht, sei mit dessen Aufrichtung aus der Horizontalen zu begründen.[102]

Herders Ansatz, die menschliche Sonderstellung im Rahmen seiner Naturgeschichte biologisch zu verankern, ist mit Blick auf sein ganzheitliches Menschenbild konsequent, darf aber nicht mit einer Reduktion des menschlichen Wesens auf natürliche Phänomene verwechselt werden. So wird die körperliche Aufrichtung des Menschen zwar zur Ursache für seine gesteigerte intellektuelle Kapazität und damit letztlich zur physischen Voraussetzung für die Überlebensfähigkeit des Mängelwesens Mensch, nicht aber zum Ursprung seines geistigen weltoffenen Wesens erklärt. Wie Scheler ist sich auch Herder, der der biologischen Menschwerdung große Beachtung schenkt, der Grenzen der biologischen Betrachtungsweise für die Frage nach der anthropologischen Differenz bewusst:

---

99 HERDER: Ideen zur Philosophie der Geschichte der Menschheit, SW 13, S. 115.
100 Ebd., S. 117.
101 Ebd., S. 112f. Zur Tradition der Interpretation des aufrechten Gangs als „äußeres Zeichen für das innere Wesen des Menschen und für seine Sonderstellung in der Natur" vgl. Kurt BAYERTZ: Der aufrechte Gang: Ursprung der Kultur und des Denkens? Eine anthropologische Debatte im Anschluß an Helvétius' *De l'Esprit*. In: Jörn Garber, Heinz Thoma (Hg.): Zwischen Empirisierung und Konstruktionsleistung: Anthropologie im 18. Jahrhundert. Tübingen 2004, S. 59–75, hier S. 59.
102 Vgl. HERDER: Ideen zur Philosophie der Geschichte der Menschheit, SW 13, S. 119–129, S. 136f. u. 146. Zu den Folgen des aufrechten Gangs nach Herder vgl. auch GESCHE: Johann Gottfried Herder, S. 85–103; und GRAWE: Herders Kulturanthropologie. S. 48f.

> Indessen wären alle diese Kunstwerkzeuge, Gehirn, Sinne und Hand auch in der aufrechten Gestalt unwirksam geblieben, wenn uns der Schöpfer nicht eine Triebfeder gegeben hätte, die sie alle in Bewegung setzte, es war das *göttliche Geschenk der Rede*[103].

Mit der Rede greift Herder ein Phänomen auf, das bereits im Zentrum seiner *Abhandlung über den Ursprung der Sprache* steht: Auch hier ist es letztlich die Sprache, die den Menschen zum Menschen macht. Sie ist Indiz seines freien, instinktentbundenen Umgangs mit der Welt und Ursprung aller menschheitlichen Errungenschaften und Leistungen. Die Urfreiheit, die die Sprache in der Abhandlung indiziert, wird auch in den *Ideen* zum Kernmoment von Herders Menschenbild: „Der Mensch ist der erste *Freigelassene* der Schöpfung"[104] – so lautet dort sein anthropologisches Credo. Das Wesen des Menschen besteht für Herder in seiner Naturentbundenheit, die seine ganze Daseinsweise bestimmt. Kein Tier, nur der Mensch habe „nicht die Nothwendigkeit sondern die Willkühr zu [seiner] Göttin erwählt"[105]. Die Freiheit des Willens, die an die Stelle des tierischen Instinktdeterminismus tritt, bilde die Kluft zwischen Mensch- und Tierreich, die keine Entwicklungstheorie zu überbrücken vermag. Entsprechend betont Herder in seiner Sprachursprungsschrift, „daß *die Menschengattung über den Thieren nicht an Stuffen des Mehr oder weniger stehe, sondern an Art*"[106].

Ihren Ausgang nimmt Herders *Abhandlung über den Ursprung der Sprache* bei der Idee einer Organismus-Umwelt-Korrelation tierischer Lebewesen, die über den Instinktbegriff erklärt wird. Statt wie Uexküll von ‚Umwelt' zu sprechen, gebraucht Herder die Begriffe der ‚Sphäre', des ‚Kreises', auch des ‚Elements': „Jedes Thier hat seinen Kreis, in den es von der Geburt an gehört, gleich eintritt, in dem es Lebenslang bleibet, und stirbt"[107], heißt es in der Sprachursprungsschrift – und in den *Ideen* ganz ähnlich: „[J]edes [Geschöpf] ist für sein Element organisirt, jedes lebt und webt in seinem Elemente. [...] *jedes Geschöpf hat also seine eigne, eine neue Welt.*"[108] Das Tier lebt in seiner ihm spezifischen Umwelt; Innenwelt und Außenwelt sind über ein angeborenes Instinktprogramm und einen spezialisierten Sinnes- und Bewegungsapparat (mit Uexkülls Begriffen: als ‚Merk-' und ‚Wirkwelt') verschränkt: „*[J]e schärfer die Sinne der Thiere,* [je stärker und sicherer ihre Triebe,*] *und je wunder-*

---

103 HERDER: Ideen zur Philosophie der Geschichte der Menschheit, SW 13, S. 138.
104 Ebd., S. 146.
105 Ebd., S. 110.
106 HERDER: Abhandlung über den Ursprung der Sprache, SW 5, S. 27.
107 Ebd., S. 22.
108 HERDER: Ideen zur Philosophie der Geschichte der Menschheit, SW 13, S. 86.

barer ihre Kunstwerke sind, desto kleiner ist ihr Kreis: desto einartiger ist ihr Kunstwerk."[109]

Der Mensch hingegen ist in dieser Hinsicht mangelhaft: Als Wesen, das ohne (in den *Ideen* heißt es, etwas unentschieden, „beinah ohne"[110]) Instinkt geboren wird und dessen „*Sinne und Organisation* [...] *nicht auf Eins geschärft*" sind, dessen Organismus also auf keinen spezifischen Lebensraum angepasst ist, hat „*keine so einförmige und enge Sphäre*" wie das Tier, sondern „eine Welt von Geschäften und Bestimmungen"[111], derer es sich bemächtigen kann, die es bewältigen muss. Ihm steht die Welt als Ganze und nicht nur eine spezifische Umwelt offen – oder, wie Gerhart Schmidt es formuliert: „Der Mensch hat als Sphäre, statt einer Sphäre, *Welt*"[112]. Unter humangeografischem Blickwinkel sieht Herder diese Überlegung in der Verteilung der Menschheit über den Globus bestätigt: „[D]ie ganze Erde ist für ihn gemacht, Er für die ganze Erde"[113].

Herders Anthropologie der Weltoffenheit bleibt allerdings nicht ohne Spannungen. Sie resultieren daraus, dass er (wie vor ihm schon Rousseau) sein Instinktmodell mit dem daran gekoppelten Freiheitsbegriff stellenweise im Sinne eines Entweder-Oder, also dualistisch, entwirft – es bisweilen aber auch gradualistisch auslegt, indem er, entsprechend seiner Vorstellung eines durch einheitliche Gesetze bestimmten Naturganzen, ein Verhältnis umgekehrter Proportionalität zwischen Instinkt und Vernunft annimmt.[114] Im ersten Fall betont Herder, dass sich der Mensch in seiner ganzen Seinsweise qualitativ vom Tier, das „unfehlbare Maschiene in den Händen der Natur" ist, unterscheide, weil er statt tierischer Instinkte „Vernunft", „Verstand" oder „Besinnung" hat: „Wenn man diese Namen nicht für abgesonderte Kräfte, oder für bloße Stuffenerhöhungen der Thierkräfte annimmt: so gilts mir gleich."[115] Im zweiten Fall wird der Mensch aber gerade über solche

---

109 HERDER: Abhandlung über den Ursprung der Sprache, SW 5, S. 22, * Textversion a). Man denke hier an Uexkülls Paradebeispiel: die Zecke.
110 HERDER: Ideen zur Philosophie der Geschichte der Menschheit, SW 13, S. 345. Zu Herders Instinkttheorie vgl. auch GESCHE: Johann Gottfried Herder, S. 117–124.
111 HERDER: Abhandlung über den Ursprung der Sprache, SW 5, S. 24. Zur mangelnden Angepasstheit des Menschen auf seinen Lebensraum vgl. ebd., S. 24, und GRAWE: Herders Kulturanthropologie, S. 49–53.
112 Gerhart SCHMIDT: Der Begriff des Menschen in der Geschichts- und Sprachphilosophie Herders. In: Zeitschrift für philosophische Forschung 8 (1954), S. 499–534, hier S. 530.
113 HERDER: Ideen zur Philosophie der Geschichte der Menschheit, SW 13, S. 27.
114 Vgl. hierzu auch Wolfgang PROSS: Die Begründung der Geschichte aus der Natur. Herders Konzept von „Gesetzen" in der Geschichte. In: Hans E. Bödeker, Peter H. Reill, Jürgen Schlumbohm (Hg.): Wissenschaft als kulturelle Praxis, 1750–1900. Göttingen 1999, S. 187–225, hier S. 204–212, der zeigt, wie das Titius-Bodesche Gesetz der Planetendistanzen auf Herders anthropologisches Denken eingewirkt hat.
115 HERDER: Abhandlung über den Ursprung der Sprache, SW 5, S. 28.

"Stuffenerhöhungen der Thierkräfte" verstanden: als das Lebewesen unter den Tieren mit dem schwächsten Instinkt, der größten Offenheit in der Wahl seiner Lebenswelt und der höchsten Irrtumswahrscheinlichkeit.[116] Wenn Herder selbst auch kein Evolutionist ist, so bereitet ein solches Gradationsdenken der Idee eines zeitlichen Kontinuums im Reich der Lebewesen und damit dem Evolutionsdenken doch den Weg.[117] Die beiden Argumentationsstränge, die Herders Anthropologie durchziehen, referieren auf zwei völlig verschiedene, nicht kompatible naturphilosophische und anthropologische Konzepte. Nur die Idee einer absoluten Instinktfreiheit und Weltoffenheit des Menschen deckt sich mit den Modellen der Philosophischen Anthropologie im 20. Jahrhundert, die davon ausgehen, dass sich der menschliche Seinsmodus von Grund auf vom tierischen unterscheidet.

Der freie, weltoffene Mensch, der nicht an eine ‚Sphäre' gebunden ist, sondern Welt hat, erkennt sich bei Herder als ein Wesen der Abständigkeit und der Reflexion. Er steht, das betont die Sprachursprungsschrift, in Distanz zu seiner Welt und vor allem zu sich selbst, indem er nicht nur frei „erkennet, will und würkt", sondern „auch weiß, daß e[r] erkenne, wolle und würke"[118]. So kann sich der Mensch „in sich bespiegeln"[119] und wird sich damit seiner selbst bewusst. Diesen Daseinsmodus des Menschen, „diese ganze Disposition seiner Natur"[120], die ihm phylo- wie ontogenetisch von Beginn an gegeben ist, fasst Herder unter den Begriff der „Besonnenheit":

---

116 Je ausgeprägter die Instinkte, je fixierter die Sinne eines Lebewesens, so Herders Regel, desto kleiner die ‚Sphäre', in der es lebt – und umgekehrt; vgl. HERDER: Abhandlung über den Ursprung der Sprache, SW 5, S. 22. Je höher ein Geschöpf in der ‚Kette der Wesen', je menschenähnlicher, desto weniger Instinkt, desto unsicherer und fehlbarer sein Verhalten – und umgekehrt; vgl. HERDER: Ideen zur Philosophie der Geschichte der Menschheit, SW 13, S. 102.
117 Zu Herders Distanzierung von der Idee einer Evolution des Menschen aus dem Tierreich vgl. HERDER: Ideen zur Philosophie der Geschichte der Menschheit, SW 13, S. 256 f.: „Auch die Angrenzung der Menschen an die Affen wünschte ich nie so weit getrieben, daß indem man eine Leiter der Dinge sucht, man die wirklichen Sproßen und Zwischenräume verkenne, ohne die keine Leiter statt findet. [...] Und ginge man gar noch weiter, gewisse Unförmlichkeiten unsres Geschlechts genetisch von Affen herzuleiten: so dünkt mich, diese Vermuthung sei eben so unwahrscheinlich als entehrend. [...] Wahrlich Affe und Mensch sind nie Ein' und dieselbe Gattung gewesen und ich wünschte jeden kleinen Rest der Sage berichtigt, daß sie irgendwo auf der Erde in gewöhnlicher fruchtbarer Gemeinschaft leben." Auch KANT: Recensionen von J. G. Herders Ideen zur Philosophie der Geschichte der Menschheit (1785), AA 8, S. 54, verteidigt, bei aller Ablehnung der *Ideen* im Ganzen, seinen Schüler, dessen Naturgeschichte nicht zu evolutionistischen Schlussfolgerungen führe, nicht zu „*Ideen* [...], die aber so ungeheuer sind, daß die Vernunft vor ihnen zurückbebt". Zu Herders Stellung zum Evolutionsdenken s. auch NISBET: Historisierung, S. 19, sowie JUNKER, HOSSFELD: Die Entdeckung der Evolution, S. 45 f.
118 HERDER: Abhandlung über den Ursprung der Sprache, SW 5, S. 31.
119 Ebd., S. 28.
120 Ebd., S. 31.

> Wenn Verstand und Besonnenheit die Naturgabe seiner Gattung ist: so mußte diese sich so gleich äußern, da sich die schwächere Sinnlichkeit, und alle das Klägliche seiner Entbehrungen äußerte. Das Instinktlose, elende Geschöpf, was so verlaßen aus den Händen der Natur kam, war auch vom ersten Augenblicke an, das freithätige vernünftige Geschöpf, das sich selbst helfen sollte, und nicht anders, als konnte.[121]

In historischer Perspektive fällt der Anfang der Menschheit also mit dem Beginn seiner Besonnenheit zusammen, den Herder – man denke an ‚das göttliche Geschenk der Rede' – an die Entstehung der Sprache knüpft: Das Tier, das instinktiv mit seiner Umwelt verwoben ist, kennt weder Bezeichnungen für Gegenstände noch kennt es die Gegenstände der Welt selbst; es wird bloß von einzelnen Momenten der von ihm wahrgenommenen ‚Sphäre' angezogen oder abgestoßen, es begehrt oder meidet entsprechend seiner Triebinteressen, die über die affektiven Regulationsprinzipien von Lust und Unlust auf Selbsterhaltung ausgerichtet sind. Der Mensch aber, der keine Umwelt, sondern Welt hat und der in der Lage ist, die eigenen Triebe zu hemmen, ist ein Wesen, das im Zustand der Besonnenheit bei den Gegenständen der Welt, auch bei sich selbst, verweilen kann, interesselos, um diese Gegenstände schließlich begrifflich zu fassen. Während das Tier die Dinge dunkel-diffus und nur als Triebkorrelate wahrnimmt, vermag die menschliche Seele, im „ganzen Ocean von Empfindungen", die über die Sinne auf sie einwirken, „[e]ine Welle […] ab[zu]sondern, sie an[zu]halten, die Aufmerksamkeit auf sie [zu] richten" und sich so bewusst zu werden, „daß sie aufmerke"[122]. In diesem Augenblick der Aufmerksamkeit tritt der instinktentbundene Mensch nicht nur in Distanz zu sich, sondern auch zur erfassten Welt. Weltoffenheit meint auch bei Herder ein spezifisch aisthetisches Weltverhältnis. Den Akt menschlicher Gegenstandserfassung veranschaulicht er am Beispiel eines vom Menschen wahrgenommenen Schafes:

> Nicht wie dem hungrigen, witternden Wolfe! nicht wie dem Blutleckenden Löwen – die wittern und schmecken schon im Geiste! die Sinnlichkeit hat sie überwältigt! der Instinkt wirft sie darüber her! – Nicht wie dem brünstigen Schaafmanne, der es nur als den Gegenstand seines Genußes fühlt, den also wieder die Sinnlichkeit überwältigt, und der Instinkt darüber herwirft! Nicht wie jedem andern Thier, dem das Schaaf gleichgültig ist, das es also klar-dunkel vorbeistreichen läßt, weil ihn sein Instinkt auf etwas Anders wendet! – Nicht so dem Menschen! So bald er in die Bedürfniß kommt, das Schaaf kennen zu lernen: so störet ihn kein Instinkt: so reißt ihn kein Sinn auf dasselbe zu nahe hin, oder davon ab: es steht da, ganz wie es sich seinen Sinnen äußert.[123]

---

121 Ebd., S. 94; s. auch ebd., S. 31–34. Zu Herders Begriff der Besonnenheit vgl. GRAWE: Herders Kulturanthropologie, S. 75–78.
122 HERDER: Abhandlung über den Ursprung der Sprache, SW 5, S. 34 f.
123 Ebd., S. 35 f.

In einem „Moment des Wachens"[124] drängt sich dem Menschen ein Merkmal auf – im Falle des Schafes sein Blöken. Es ist der Moment, in dem ein Ding als eigenständig, die Welt als abständig anerkannt wird, in dem einem Gegenstand anhand eines inneren Merkmals im Zuge einer Symbolisierungsleistung eine äußere Bezeichnung zugeschrieben wird: ‚Schaf' – auf dass dieser Gegenstand nun als ‚Sosein' an sich bestehe und nicht mehr nur als Dasein in seiner existenziellen Bedeutung für das Lebewesen.[125] Der sprachbegabte Mensch gewinnt so, durch die Schaffung eines „symbolischen Universum[s]"[126] Welt. Auch Scheler und Gehlen weisen auf die symbolische Bedeutung der Sprache für den weltoffenen Menschen hin.[127] Dass der geistige Akt der Weltgewinnung bei Herder zugleich ein körperlich-sinnlicher Vorgang ist, ein Akt des Sehens und vor allem des Hörens, verweist auf die fundamentale Lebens- und Leibgebundenheit des Menschen.[128]

Herder, der den Menschen zunächst als instinktives Mängelwesen bestimmt, betont schließlich die Geistigkeit seines Wesens. Denn *„Lücken und Mängel"*, da ist er sich sicher, *„können doch nicht der Charakter seiner Gattung seyn"*[129]. Den „Keim zum Ersatze"[130] instinktiver Feststellung findet er in der

---

124 Ebd., S. 35.
125 SCHELER: Die Stellung des Menschen im Kosmos, GW 9, S. 32, nennt den Menschen, der vom ‚Sosein' der Sachen bestimmt werden und die Welt so in ihrer Gegenständlichkeit wahrnehmen kann, ein Wesen der „Sachlichkeit". Hans D. IRMSCHER: Nachwort. In: Johann G. Herder: Abhandlung über den Ursprung der Sprache. Hg. v. Hans D. Irmscher. Stuttgart 2001, S. 137–175, hier S. 156, überträgt die Bezeichnung auf Herders Anthropologie.
126 Ernst CASSIRER: Versuch über den Menschen. Einführung in eine Philosophie der Kultur (1944). Hamburg 1990, hier S. 50 u. 69, verweist in seiner Anthropologie des *animal symbolicum*, in der er das Merk- und das Wirknetz des uexküllschen Funktionskreises um das spezifisch menschliche „Symbolnetz" erweitert, explizit auf Herders Sprachphilosophie, in deren Merkmalsbegriff er die Grundzüge seiner *Philosophie der symbolischen Formen* (1923) angelegt sieht.
127 Vgl. SCHELER: Sprache (1927), GW 12, S. 192–195; und GEHLEN: Der Mensch, GA 3, S. 50.
128 Im Zentrum von Herders früher Anthropologie stehen damit – ähnlich wie beim frühen Plessner – ästhesiologische Überlegungen zum Ohr und zum Menschen als *„horchende[m], merkende[m] Geschöpf"*; HERDER: Abhandlung über den Ursprung der Sprache, SW 5, S. 49. Während das Sehen zwar klar, aber auch kalt sei – ein Sinn für höhere Geschöpfe –, das Gefühl hingegen lebhaft, dafür aber undeutlich, diffus, entspricht das Gehör dem Menschen in seiner sinnlich-vitalen sowie rational-distanzierten Doppelnatur; vgl. ebd., S. 62–68; und HERDER: Ideen zur Philosophie der Geschichte der Menschheit, SW 13, S. 141 f. Indem der Mensch im auditiv Vernommenen ein Merkmal erkennt, das er lautlich zu einer Bezeichnung verwandelt, entsteht Sprache. Die tönende Natur werde für Herder damit zur Muse, die erste Sprache zur Poesie, so Johannes F. LEHMANN: Vom Fall des Menschen. Sexualität und Ästhetik bei J. M. R. Lenz und J. G. Herder. In: Maximilian Bergengruen, Roland Borgards, Johannes F. Lehmann (Hg.): Die Grenzen des Menschen. Anthropologie und Ästhetik um 1800. Würzburg 2001, S. 15–36, hier S. 27. Insofern sei die menschliche Distanz zur Welt bei Herder sowohl eindrucks- als auch ausdrucksseitig eine ästhetische – ein Gedanke, der für Schiller wichtig wird.
129 HERDER: Abhandlung über den Ursprung der Sprache, SW 5, S. 26.
130 Ebd., S. 27.

Möglichkeit und Notwendigkeit sozialen Lernens und generationsübergreifender Tradition von Wissen, aus der sich auch die Geschichte der Menschheit ergibt. So heißt es in den *Ideen*:

> Da nun aber unser specifische Charakter eben darinn liegt, daß wir, beinah ohne Instinkt gebohren, nur durch eine Lebenslange Uebung zur Menschheit gebildet werden, und sowohl die Perfectibilität als die Corruptibilität unsres Geschlechts hierauf beruhet: so wird eben damit auch die Geschichte der Menschheit nothwendig ein Ganzes, d. i. eine Kette der Geselligkeit und bildenden Tradition vom Ersten bis zum letzten Gliede.[131]

Damit ist der einzelne Mensch wie die Menschheit in der Art, wie Gott sie schuf, für Herder ein offenes Projekt der Selbstverwirklichung, „indem wir eigentlich Menschen noch nicht *sind*, sondern täglich *werden*"[132]. ‚Mensch' und ‚Menschheit' werden (unter Rückgriff auf Rousseaus Idee der ‚Perfektibilität' und ihren Gegenpart, die ‚Corruptibilität') zu dynamischen Begriffen. Unser Leben sei im Kern „nie Genuß, sondern immer Progreßion", was bedeute, dass wir „nie Menschen gewesen [sind], bis wir – zu Ende gelebt haben"[133]. Da das Individuum aber selbst am Lebensende keine Vollkommenheit zu erreichen vermag, nimmt Herder einen Fortschritt des Menschen über die irdischen Grenzen durch seinen Tod hinaus an und damit die Unsterblichkeit der Seele.[134]

Herders Anthropologie der Freiheit selbst ist nicht historisch, wohl aber fußt sein Geschichtsdenken, das die Entwicklung der verschiedenen Völker der Erde in den Blick nimmt, auf seinem anthropologisch begründeten Freiheitsbegriff. So führen die *Ideen* von der Naturgeschichte über die Anthropologie schließlich zur Menschheitsgeschichte im engeren Sinne – mit Plessner gesprochen folgt auf die vertikale eine horizontale Blickrichtung:

> Wir haben bisher die Erde als einen Wohnplatz des Menschengeschlechts überhaupt betrachtet und sodann die Stelle zu bemerken gesucht, die der Mensch in der Reihe der Lebendigen auf ihr einnimmt. Lasset uns jetzt, nachdem wir die Idee seiner Natur überhaupt festgestellet haben, die verschiednen Erscheinungen brtrachten [sic!], in denen er sich auf diesem runden Schauplatz zeiget.[135]

Dabei betont Herder mehrfach, dass es sich bei den vielfältigen Ausprägungen des Menschengeschlechts nur um „*Ein' und dieselbe Gattung*"[136] handelt:

---

131 HERDER: Ideen zur Philosophie der Geschichte der Menschheit, SW 13, S. 345.
132 Ebd., S. 350 f.
133 HERDER: Abhandlung über den Ursprung der Sprache, SW 5, S. 98.
134 Vgl. HERDER: Ideen zur Philosophie der Geschichte der Menschheit, SW 13, S. 189–194.
135 Ebd., S. 207.
136 Ebd., S. 255.

Nicht der Affe sei der Bruder des Menschen, widerspricht er hier seiner eigenen naturphilosophischen These, „aber wohl der Amerikaner, der Neger"[137]. Herders anthropologischer Universalismus erwächst aus seinem Begriff der ‚Humanität', der alle Bestimmungen von ‚Menschheit' umfasst, im deskriptiv-definitorischen Sinne als Art- wie im teleologisch-geschichtsphilosophischen Sinne als Zielbegriff.[138]

Als Einheit kann die Menschheit hier deshalb betrachtet werden, weil sich alle menschlichen Individuen durch ihre nichtfestgestellte Natur von anderen Lebewesen absetzen. Dieses einende Element bildet zugleich aber den Hauptgrund menschheitlicher Pluralität. Denn mit der natürlichen Unbestimmtheit des menschlichen Wesens geht die Möglichkeit, ja die Notwendigkeit zur Selbstbildung einher – und die kann auf so vielen unterschiedlichen Wegen verlaufen, wie es menschliche Individuen gibt. Aus der negativen Freiheit von einer Bestimmung durch den Instinkt erwächst die positive Freiheit, die so entstandenen Freiräume selbstbestimmt auszufüllen: Das Kulturwesen Mensch ist zur Gestaltung seines Daseins angehalten, indem es aus den schier unendlichen Möglichkeiten, die sich ihm als ‚Freigelassenem der Schöpfung' auftun, in historisch konkreten Situationen jeweils eine bestimmte wählt und auf diesem Wege sein individuelles wie gesellschaftliches Dasein verwirklicht.[139] Es ist das Projekt der Menschwerdung, das sich im Laufe seines Lebens und im Zuge der Geschichte immer von Neuem vollzieht. Und weil es durch das Moment der Freiheit gekennzeichnet ist, führt es zu einer Vielfalt konkreter Ergebnisse, Verfehlungen (die es in einem radikalpluralistischen Kulturverständnis strenggenommen nicht geben kann) inbegriffen.[140]

---

137 Ebd., S. 257.
138 Vgl. ebd., S. 154: „Ich wünschte, daß ich in das Wort *Humanität* alles fassen könnte, was ich bisher über des Menschen edle Bildung zur Vernunft und Freiheit, zu feinern Sinnen und Trieben, zur zartesten und stärksten Gesundheit, zur Erfüllung und Beherrschung der Erde gesagt habe: denn der Mensch hat kein edleres Wort für seine Bestimmung als Er selbst ist [...]". Durch seine abstrakte Offenheit und Unbestimmbarkeit läuft der Humanitätsbegriff allerdings Gefahr, zu einem tautologischen Scheinbegriff zu werden, weil er auf die „nichtssagende Versicherung, daß der Mensch Mensch sei und nichts anderes", hinausläuft, so SCHMIDT: Der Begriff des Menschen in der Geschichts- und Sprachphilosophie Herders, S. 500. Wilhelm SCHMIDT-BIGGEMANN: Geschichtsentwurf und Erziehungskonzept. In: Otto Dann, Norbert Oellers, Ernst Osterkamp (Hg.): Schiller als Historiker. Stuttgart, Weimar 1995, S. 267–280, hier S. 268, deutet die Entwicklung zur Humanität im Kontext von Herders Naturgeschichte des Menschen als „eine interne Bewegung der Natur zu sich selbst".
139 Vgl. hierzu IRMSCHER: Nachwort, S. 152–155. Zu Herders Kulturanthropologie auf der Basis seiner Freiheitsphilosophie vgl. GRAWE: Herders Kulturanthropologie, S. 103–131.
140 HERDER: Ideen zur Philosophie der Geschichte der Menschheit, SW 13, S. 345, greift Rousseaus Begriff der „Perfectibilität" auf und stellt ihm die „Corruptibilität unsres Geschlechts" gegenüber. Auch die *Abhandlung über den Ursprung der Sprache* räumt dem Menschen, eben weil er Mensch ist", die Möglichkeit der Fehlentwicklung ein; HERDER: Abhandlung über den Ur-

Die Mannigfaltigkeit menschlicher Lebensformen berücksichtigt Herder vor allem in seiner frühen geschichtsphilosophischen Schrift *Auch eine Philosophie der Geschichte zur Bildung der Menschheit* (1774), in der die Gedanken einer Individualität der verschiedenen Kulturen, einer Pluralität menschlicher Lebensentwürfe und einer Perspektivität des Historikers stark gemacht werden.[141] „[J]ede Nation hat ihren *Mittelpunkt* der Glückseligkeit *in sich*, wie jede Kugel ihren Schwerpunkt!"[142] – Diesem historistischen Motto will Herder auch in seinen *Ideen* treu bleiben, in deren zweitem bis viertem Teil er die Entwicklungen der Völker und Kulturen zu unterschiedlichen Zeiten und an verschiedenen Orten nachvollzieht: „Was also jeder Mensch ist und seyn kann, das muß Zweck des Menschengeschlechts seyn; und was ist dies? Humanität und Glückseligkeit auf dieser Stelle, in diesem Grad, als dies und kein andres Glied der Kette von Bildung, die durchs ganze Geschlecht reicht."[143]

Bei aller betonten Vielfalt klingt in den *Ideen*, etwa wo ein raues Klima für eine gehemmte menschheitliche Entwicklung einiger Völker verantwortlich gemacht wird,[144] aber immer wieder eine normative Wertsetzung durch, die sich nicht mit dem pluralistischen Denken des jungen Herder verträgt. In seiner Geschichtsphilosophie besteht, das hat Anne Löchte gezeigt, ein Spannungsverhältnis zwischen einem normativen, an die Humanitätsidee geknüpften Universalismus einerseits und der Anerkennung kultureller Vielfalt im Rahmen seiner Kulturtheorie andererseits.[145] Letztlich ist nicht zu entscheiden, ob der relativistische Ansatz überwiegt, der auf die Entfaltungsfreiheit individueller Völker setzt, oder ob Herders Schwerpunkt auf

---

sprung der Sprache, SW 5, S. 42. Zur Verknüpfung von Freiheit und der Möglichkeit menschlicher ‚Entartung' bei Herder vgl. auch GRAWE: Herders Kulturanthropologie. S. 75–78.

141 Zur Idee der Mannigfaltigkeit der geschichtlichen Kulturen vgl. HERDER: Auch eine Philosophie der Geschichte zur Bildung der Menschheit (1774), SW 5, S. 475–593, hier S. 505.
142 Ebd., S. 509.
143 HERDER: Ideen zur Philosophie der Geschichte der Menschheit, SW 13, S. 350. Zu Herders kulturellem Individualismus in den *Ideen* vgl. neben seinen Ausführungen zu diversen Völkern der Menschheitsgeschichte ebd., S. 333–342.
144 Zur Erklärung der differenten menschheitlichen Entwicklungen greift Herder auf die seinerzeit verbreitete Klimatheorie zurück: Eine gemäßigte Landschaft und ein mildes Klima seien zuträglich zur Ausbildung humaner Lebensformen (vgl. ebd., S. 42), während Völker, die unter rauen klimatischen Bedingungen leben, erst spät und unter Schwierigkeiten ihrer Bestimmung nachkommen können. Der Begriff des Klimas umfasst in den *Ideen* die verschiedensten geografischen und meteorologischen Faktoren eines Gebietes; vgl. ebd., S. 265–273. Allerdings betont Herder, dass klimatische Einflüsse nicht zwingend, sondern eher förderbeziehungsweise hinderlich sind, also nicht im Sinne eines strengen Determinismus zu verstehen sind; vgl. ebd., S. 273. Auch hütet er sich vor monokausalen Erklärungsversuchen – zu komplex seien die klimatischen Hintergründe der menschheitlichen Entwicklung; vgl. ebd., S. 268.
145 Vgl. Anne LÖCHTE: Johann Gottfried Herder. Kulturtheorie und Humanitätsidee der *Ideen*, *Humanitätsbriefe* und *Adrastea*. Würzburg 2005, v. a. S. 13–18.

einer idealistischen Geschichtsphilosophie liegt, in deren Zentrum die Idee menschheitlicher Vervollkommnung in Richtung eines konkreten Humanitätsideals steht. Beide Modelle nehmen ihren Ausgang bei der Idee der Freiheit. Aber nur wo der Mensch und die Menschheit nicht auf ein fixes Menschenbild, auf idealistische Normen als Ziele einer Entwicklung oder einen überzogenen Humanitätsbegriff festgeschrieben sind, wird die anthropologische Freiheitsidee auch geschichtsphilosophisch konsequent anerkannt.

E.4 Kant: Instinktfreiheit, Schönheit und moralische Bestimmung

Als sich Kant 1785 in der *Allgemeinen Literatur-Zeitung* im Rahmen von zwei Rezensionen und einer Replik kritisch mit der Geschichtsphilosophie seines ehemaligen Königsberger Schülers Herder auseinandersetzt, nutzt er die Gelegenheit, eigene anthropologische und geschichtsphilosophische Thesen aufzustellen. Nicht nur der erste Band von Herders *Ideen* war jüngst erschienen, auch Kants *Idee zu einer allgemeinen Geschichte in weltbürgerlicher Absicht* (1784) war im Vorjahr publiziert worden. Die Unterschiede zwischen den beiden Werken sind in mancherlei Hinsicht gravierend. Entsprechend vielseitig ist Kants Kritik. Dessen hohen methodischen Ansprüchen kann der Autor der *Ideen* mit seinem „poetische[n] Geist"[146] und der in Anwendung des Analogieverfahrens „kühne[n] Einbildungskraft", dem es an „logische[r] Pünktlichkeit in Bestimmung der Begriffe"[147] fehle und dessen Erklärungen auf Basis einer Kräftelehre dunkel und unverständlich seien, ebenso wenig genügen wie einzelnen anthropologischen Ansichten.[148] So erwidert Kant auf die Kritik seiner ersten Herder-Rezension durch Carl Leonhard Reinhold:

> Da er [der Rezensent Kant, C. M.] aber die Materialien zu einer Anthropologie ziemlich zu kennen glaubt, imgleichen auch etwas von der Methode ihres Gebrauchs, um eine Geschichte der Menschheit im Ganzen ihrer Bestimmung zu versuchen: so ist er überzeugt, daß sie weder in der Metaphysik, noch im Naturaliencabinet durch Vergleichung des Skelets des Menschen mit dem von andern Thiergattungen aufgesucht werden müssen; am wenigsten aber die letztere gar auf seine Bestimmung für eine andere Welt führe; sondern daß sie allein in seinen *Handlungen* gefunden werden können, dadurch er seinen Charakter offenbart[149].

---

146 KANT: Recensionen von J. G. Herders Ideen, AA 8, S. 60.
147 Ebd., S. 45.
148 Vgl. ebd., S. 53 f.
149 Ebd., S. 56. Reinhold hatte sich in einem anonymen Schreiben im *Teutschen Merkur* (Februar 1785) gegen Kants erste Rezension von Herders *Ideen* in der *Jenaischen Allgemeinen Literaturzeitung* (Jg. 1785, Nr. 4, Bd. 1) gerichtet.

Weder metaphysische Spekulation, die Herder zwar explizit ablehnt, mit der Einführung „jenes unsichtbare[n] Reich[s] wirksamer und selbstständiger Kräfte"[150] und der Rückkopplung seines Modells an die Theologie aber nicht völlig umgeht, noch anatomisch-physiologische Aspekte, die Kant besonders kritisiert, wo sie im Sinne einer *theologia naturalis* zu religiösen Annahmen führen (etwa wenn Herder die Stufenleiter der Wesen über die irdische Welt hinaus in eine Transzendenz weiterdenkt), sollen in Kants Anthropologie Raum erhalten. Herders Versuch, mithilfe von Analogien und einer Kräftelehre die Menschheits- auf eine Naturgeschichte zurückzuführen, übersteige die Kompetenzen unserer Vernunft – ob sie nun im Falle Herders am „physiologischen Leitfaden tappe[], oder am metaphysischen fliegen wolle[]"[151], vermag Kant nicht zu entscheiden. Insbesondere der Schluss aus der Physiologie des Menschen auf seine geistige Verfassung (den Herder, wie gesehen, gar nicht so eindeutig vollzieht) sei illegitim und lasse keine Aussagen über den Charakter der menschlichen Gattung zu.[152] Nicht nur seine Methodik und metaphysische Ausrichtung hält Kant also für unzureichend, vor allem an der naturalistischen Grundlegung seiner Anthropologie nimmt er Anstoß.[153]

Entgegen setzt er ihr das Programm seiner eigenen Anthropologie, die sich an der menschlichen Handlung orientiert. In ihr manifestiere sich die ganze Bestimmung der Menschheit. In Auseinandersetzung mit Herder reflektiert Kant die pragmatische Ausrichtung seiner Anthropologie, seine „handlungstheoretische[] Wende"[154], der auch Rousseaus Freiheitsmodell Pate steht. In bewusster Abkehr von einer naturalistischen Anthropologie wendet er sich einer Lehre zu, nach der aktives menschliches Tun als Freiheit in der Erscheinung gilt und die entsprechend ein Hauptaugenmerk auf die

---

150 Ebd., S. 53.
151 Ebd., S. 55.
152 Vgl. ebd., S. 54 f.: „Allein bestimmen zu wollen, welche Organisirung des Kopfs äußerlich in seiner Figur und innerlich in Ansehung seines Gehirns mit der Anlage zum aufrechten Gange nothwendig verbunden sei, noch mehr aber, wie eine blos auf diesen Zweck gerichtete Organisation den Grund des Vernunftvermögens enthalte, dessen das Thier dadurch theilhaftig wird, das übersteigt offenbar alle menschliche Vernunft".
153 Ich schließe mich hier der Revision der kantischen Herder-Kritik von Pross: „Ein Reich unsichtbarer Kräfte", hier S. 66 u. 76, an, der einen Fokus auf „die Gegnerschaft zu Herders Naturalismus" legt. Proß' These von Herders „Überwindung des traditionellen Dualismus von Natur und Geist" und seiner „Aufhebung der Sonderstellung des Menschen innerhalb der Natur" muss allerdings, im Anschluss an voriges Kapitel, in dieser radikalen Form zurückgewiesen werden. Inwiefern Kant Herders ambivalente Haltung zwischen monistischer Deutung des Naturganzen inklusive des Menschenreichs und seiner dualistischen Anthropologie erkannt hat, lässt sich anhand der Rezensionen nicht eindeutig entscheiden.
154 Reinhard Brandt: Ausgewählte Probleme der Kantischen Anthropologie. In: Hans J. Schings (Hg.): Der ganze Mensch. Anthropologie und Literatur im 18. Jahrhundert. DFG-Symposion 1992. Stuttgart, Weimar 1994, S. 14–32, hier S. 22.

menschliche Lebenswelt und die Geschichte als diachrones Feld menschlicher Tätigkeit richtet.[155] Weil er der Handlung eine herausragende Bedeutung für das menschliche Dasein einräumt, wird Kant für Gehlen interessant, in dessen Anthropologie die eigentätige Welt- und Selbsterschließung des Menschen unter dem Begriff der Handlung eine herausragende Stellung einnimmt. Gehlen schätzt Kants Beitrag zur Philosophie des Menschen als Mängelwesen, das alles aus sich selbst herausbringt, entsprechend hoch.[156]

Das Anthropologieverständnis der Herder-Rezensionen spiegelt sich noch im Programm seiner *Anthropologie in pragmatischer Hinsicht*, die Kant im Rahmen einer über 25-jährigen Vorlesung entwickelt und im Jahr 1798 veröffentlicht.[157] In ihrer Vorrede distanziert er sich explizit von einem naturalistisch begründeten Bild vom Menschen, das diesem immer eine natürliche Abhängigkeit unterstellt.

> Eine Lehre von der Kenntniß des Menschen, systematisch abgefaßt (Anthropologie), kann es entweder in *physiologischer* oder in *pragmatischer* Hinsicht sein. – Die physiologische Menschenkenntniß geht auf die Erforschung dessen, was die *Natur* aus dem Menschen macht, die pragmatische auf das, was *er* als freihandelndes Wesen aus sich selber macht, oder machen kann und soll.[158]

---

155 Zu Kants Distanzierung von der physiologischen Anthropologie des 18. Jahrhunderts vgl. Gerd IRRLITZ: Kant-Handbuch. Leben und Werk. Weimar, Stuttgart 2002, S. 25 f. u. 443 f.; Robert B. LOUDEN: General Introduction. In: Günter Zöller, Robert Louden (Hg.): The Cambridge Edition of the Works of Immanuel Kant. Anthropology, History and Education. Cambridge 2007, S. 1–17, hier S. 3–6; sowie Werner EULER: Commercium mentis et corporis? Ernst Platners medizinische Anthropologie in der Kritik von Marcus Herz und Immanuel Kant. In: Aufklärung 19 (2007), S. 21–68, hier S. 54–68.

156 Vgl. GEHLEN: Der Mensch, GA 3, S. 32 f.

157 Die *Anthropologie in pragmatischer Hinsicht* geht auf Anthropologievorlesungen zurück, die Kant seit dem Wintersemester 1772/73 hält: eine populäre und mannigfaltige Darstellung lebenspraktischer Kenntnisse über den Menschen, die von einer Vermögenspsychologie bis zu einer Rassentheorie alle Aspekte behandelt, die sich nach seiner Ansicht im Umgang mit der Welt und den Mitmenschen als brauchbar erweisen. ‚Pragmatisch' meint hier handlungs- oder anwendungsbezogen, im Sinne einer Ausrichtung auf selbst gesetzte Zwecke auch klug in der Auswahl der Mittel zu ihrer Erreichung. In Kants Systematik der Wissenschaften handelt es sich bei seiner Anthropologie nicht um ‚reine', sondern um angewandte Philosophie. Die Frage nach ihrem Bezug zur Transzendentalphilosophie wird in der Forschung kontrovers diskutiert; vgl. hierzu Wolfgang BECKER: Kants pragmatische Anthropologie. In: Immanuel Kant: Anthropologie in pragmatischer Hinsicht. Hg. v. Wolfgang Becker. Stuttgart 2008, S. 9–26, hier S. 11–17.

158 KANT: Anthropologie in pragmatischer Hinsicht (1798), AA 7, S. 117–333, hier S. 119. Ob der Inhalt der *Anthropologie in pragmatischer Hinsicht* dann tatsächlich hält, was ihr Vorwort programmatisch verspricht, ist fraglich. BRANDT: Ausgewählte Probleme der Kantischen Anthropologie, S. 22, spricht von einem „Programmwechsel eher im Etikett als im Inhalt". Auch Heiner F. KLEMME: Immanuel Kant. In: Eike Bohlken, Christian Thies (Hg.): Handbuch Anthropologie. Der Mensch zwischen Natur, Kultur und Technik. Stuttgart, Weimar 2009, S. 11–16, hier S. 14, behauptet, dass die Buchfassung [der Anthropologie-Vorlesung C. M.] nicht die Erwartungen erfüllt, die Kant in ihrem Vorwort bei den Lesern weckt".

Die Parallelen seiner Differenzierung zwischen physiologisch und pragmatisch ausgerichteter Anthropologie zur Kritik der Herder-Rezensionen sind offensichtlich – und doch verbirgt sich hinter der Opposition von Anthropologen in physiologischer Hinsicht nicht Herder, sondern eher der Kreis der ‚philosophischen Ärzte', die den Menschen als psychophysische Einheit betrachten, geistige Prozesse auf einen *influxus physicus* hin untersuchen und damit maßgeblich zur zeitgenössischen Krise des idealistischen Menschenbildes beitragen. Ihre Anthropologie, wohl vor allem Platner und seine *Anthropologie für Aerzte und Weltweise*, bildet das Feld, von dem sich Kants pragmatische Anthropologie hier abheben will. Bereits 1773 berichtet dieser seinem ehemaligen Schüler Marcus Herz, seinerseits praktizierender Mediziner sowie „Kritiker *und* Sympathisant der Theorie Ernst Platners"[159], von der eigenen Anthropologievorlesung, deren Plan so „gantz anders" sei als derjenige Platners. Es gehe ihm darum, eine akademische Disziplin zu begründen, die sich dem praktischen Bereich des Menschen zuwende. „Daher die subtile u. in meinen Augen auf ewig vergebliche Untersuchung über die Art wie die organe des Korper mit den Gedanken in Verbindung stehen ganz wegfällt."[160] Noch in der Vorrede zur *Anthropologie in pragmatischer Hinsicht* bezweifelt Kant, dass von materialen Gehirnstrukturen auf mentale Vorstellungen und Empfindungen geschlossen werden könne – und bekräftigt damit seine kritische Haltung gegenüber neuroanatomischen Forschungen, wie sie damals äußerst populär sind.[161] Einem solchen Menschenbild setzt er eine Sammlung empirischer Ausführungen über Welt und Mensch entgegen, die diesen als frei handelndes Wesen dazu befähigen soll, „Welt [zu] *haben*", was so viel heiße wie, das „Spiel"[162] der Natur aktiv mitgespielt zu haben. Was Kant hier im Blick hat, ist Lebenskunstphilosophie *par excellence*.[163] Sie gründet auf einer Theorie der Freiheit im Sinne der Philosophischen Anthropologie[164] – und stellt Kants Antwort auf die Menschenbildkrise seiner Zeit dar.

Fast sein gesamtes Werk, vor allem seine Geschichtsphilosophie, wird von der Freiheitsidee bestimmt und ist durchzogen von Überlegungen zur Selbstbestimmtheit des Menschen. So macht Kant in der Abhandlung *Muth-*

---

159 EULER: Commercium mentis et corporis?, S. 23.
160 KANT: Brief an Marcus Herz, gegen Ende 1773 (Nr. 79), AA 10, S. 136–139, hier S. 138.
161 Zu Kants Kritik an Soemmerrings Lokalisierungsversuchen eines Seelenorgans vgl. HAGNER: Aufklärung über das Menschenhirn, S. 149–153.
162 KANT: Anthropologie in pragmatischer Hinsicht, AA 7, S. 120. BECKER: Kants pragmatische Anthropologie, S. 19, spricht hinsichtlich Kants Unterscheidung von physiologischer und pragmatischer Anthropologie von einem doppelten Weltverhältnis des Menschen, das sich nicht nur durch „Weltgebundenheit", sondern auch durch „Weltoffenheit" auszeichne.
163 Zu Kants Philosophie der Lebenskunst vgl. SCHMID: Philosophie der Lebenskunst, S. 34f.
164 LOUDEN: General introduction, S. 6, nennt Kant einen „progenitor of various philosophical and existentialist anthropologies" im 20. Jahrhundert – er denkt hier vor allem an Scheler und Heidegger.

maßlicher Anfang der Menschengeschichte (1786) dessen Natur- und Instinktentbindung zum Gegenstand einer historisch-hypothetischen „Lustreise"[165] an den Anfang der Geschichte. Um zu sehen, „ob der Weg, den Philosophie nach Begriffen nimmt, mit dem, welchen die Geschichte angiebt, zusammentreffe"[166], kleidet er seine Anthropologie hier in historisches Gewand. In mancherlei Hinsicht erinnert sein Vorgehen an Rousseaus Naturzustandsmodell. So handelt es sich auch bei Kants Überlegungen zum Ursprung der Menschheit (das signalisiert bereits der Titel) nicht um historische Tatsachen und empirisch gesicherte Gewissheiten – gegenüber dem Einwand, „bloße[] *Erdichtung*"[167] zu sein, legitimiert er das geschichtsphilosophische Modell aber, indem er seine Hypothesen auf die Prämisse einer konstanten menschlichen Natur stützt.[168] Seine Mutmaßungen zur anthropogenetischen Urszene sind keine historischen Ausführungen, sondern anthropologisch begründete Annahmen in mythologisch-fiktiver Gestalt. Als „Karte"[169] nutzt Kant die biblische Erzählung von der Vertreibung des Menschen aus dem Paradies, deren Topografie er aufgreift, um ihr einen emanzipatorischen Sinn zu unterlegen.[170] Die Anthropogenese wird als Geschichte einer Lö-

---

165 KANT: Muthmaßlicher Anfang der Menschengeschichte, AA 8, S. 109. Brandts und Höffes Argumentation für die Lesart „Luftreise" – aufgrund der typografischen Ähnlichkeit von *s* und *f* im Fraktursatz – bleibt Spekulation; vgl. hierzu Ottfried HÖFFE: Einführung. In: Ders. (Hg.): Immanuel Kant. Schriften zur Geschichtsphilosophie. Berlin 2011, S. 1–27, hier S. 7, Anm. 1. Ob nun der Unterhaltungswert (im Falle von ‚Lustreise') oder eine beflügelte Einbildungskraft (‚Luftreise') in Kants Unternehmung hervorgehoben werden soll, macht in diesem Zusammenhang letztlich keinen bedeutenden Unterschied: Betont wird hier wie dort die Distanz seiner Untersuchung zu einer ernsten und streng exakten Geschichtswissenschaft.

166 KANT: Muthmaßlicher Anfang der Menschengeschichte, AA 8, S. 110.

167 Ebd., S. 109. SOMMER: Sinnstiftung durch Geschichte, S. 335, spricht in diesem Zusammenhang von „Kants geschichtsphilosophische[r] Schriftstellerei", die entgegen seiner Kritik an Herders „belletristische[m] Missbrauch der Philosophie" eine unverkennbare Nähe zu Roman und Dichtung habe.

168 Vgl. KANT: Muthmaßlicher Anfang der Menschengeschichte, AA 8, S. 109: „Gleichwohl kann das, was im Fortgange der Geschichte menschlicher Handlungen nicht gewagt werden darf, doch wohl über den *ersten Anfang* derselben, so fern ihn die *Natur* macht, durch Muthmaßungen versucht werden. Denn dieser darf nicht erdichtet, sondern kann von der Erfahrung hergenommen werden, wenn man voraussetzt, daß diese im ersten Anfange nicht besser oder schlechter gewesen, als wir sie jetzt antreffen: eine Voraussetzung, die der Analogie der Natur gemäß ist und nichts Gewagtes bei sich führt."

169 Ebd.

170 Kant reiht sich hier in die Tradition der geschichtsphilosophischen Genesis-Exegese ein. Entsprechend lässt sich der Text auch als „Kommentar zu dem konfliktreichen Spannungsverhältnis zwischen dem biblischen Anfang der Geschichte und dem hypothetisch erschlossenen Naturzustand der Naturrechtstradition" lesen, so ZEDELMAIER: Der Anfang der Geschichte, S. 291. SEIFERT: Von der heiligen zur philosophischen Geschichte, S. 95, betont, dass die Aufklärung mit ihrem Rückgriff auf die Paradiesgeschichte den biblischen Bericht nicht wörtlich für glaubhaft hält, sondern dass man an seinen Strukturen und Zäsuren festhält, auch wo ihr ein neuer Sinn unterlegt wird.

sung des Menschen von Gott erzählt, die zugleich eine Befreiung aus seiner instinktiven Gängelung durch die Natur ist. Ihrer besseren Darstellbarkeit und narrativen Anschaulichkeit halber werden die einzelnen Aspekte dieser „*Entlassung* [des Menschen] aus dem Mutterschooße der Natur"[171] in Form eines geschichtlichen Nacheinanders entfaltet, ohne dass damit eine Aussage über den historischen Verlauf der Menschwerdung getroffen werden soll.

Ähnlich wie bei Rousseau und Herder ist die Exposition dieser Geschichte widersprüchlich konzipiert. *Einerseits* steht Kants Naturmensch wie das Tier unter der Macht des Instinktes: „Der Instinct, diese *Stimme Gottes*, der alle Thiere gehorchen, mußte den Neuling anfänglich allein leiten."[172] Im Naturzustand bilden das menschliche Lebewesen und seine Umwelt einen geschlossenen Lebenskreis, insofern etwa die Sinnlichkeit instinktiv die Tauglichkeit oder Untauglichkeit einer wahrgenommenen Speise vorausweiß und so ein entsprechendes Verhalten veranlasst. Die menschliche Umweltwahrnehmung wird dabei durch die Nahsinne des Geruchs und des Geschmacks dominiert, die eine distanzlose Integration in die Natur fördern. – *Andererseits* aber besitzt der Mensch im Naturzustand mit den Fähigkeiten, zu stehen und zu gehen, zu sprechen und zu denken, die ihm nach Kant weder anerschaffen noch vererbt werden, bereits „[l]auter Geschicklichkeiten, die er alle selbst erwerben musste"[173]. Die Frage, wie und wozu der Mensch als Tier, dessen Verhalten einzig instinktiv bestimmt wird, in der Lage ist, sich eigentätig kognitive und motorische Fähigkeiten zu erschließen, also Leistungen zu vollbringen, die nur einem instinktiven Mängelwesen vorbehalten sind, bleibt offen.

Kants großzügige Ausstattung des Naturmenschen, dessen Status zwischen Tier- und Menschsein ungeklärt bleibt, ist anthropologisch betrachtet inkonsequent, lässt sich aber mit einer Interessenverschiebung seines Denkens gegenüber dem zeitgenössischen Freiheitsdiskurs erklären: Wichtiger noch, als den menschlichen Gewinn von Welt vorzuführen, ist es Kant hier, den Ursprung menschlicher Moralität zu veranschaulichen. Deshalb überspringt sein Modell die ersten basalen Schritte des Menschen, in denen sich dieser seine Welt und die eigenen Fähigkeiten selbstständig erschließt, „um bloß die Entwickelung des Sittlichen in seinem Thun und Lassen, welches jene Geschicklichkeit nothwendig voraussetzt, in Betrachtung zu ziehen"[174]. An dieser Stelle zeigt sich die Priorität des moralisch Gesollten vor dem natürlich Seienden, der praktischen Philosophie vor der Anthropologie bei

---

171 KANT: Muthmaßlicher Anfang der Menschengeschichte, AA 8, S. 114.
172 Ebd., S. 111.
173 Ebd., S. 110.
174 Ebd., S. 111.

Kant, die Odo Marquard als „Katzenjammer"[175] bedauert. Auch im Folgenden vermischt sich Kants anthropologisches Freiheitsmodell immer wieder mit moralphilosophischen Aspekten und der ursprünglich intendierten deskriptiven gesellt sich eine präskriptiv-teleologische Bestimmung des Menschen bei.

Zunächst setzt Kant im *Muthmaßlichen Anfang der Menschengeschichte* aber als Anthropologe an: Analog zum Apfel-Symbol der Paradieserzählung richtet er sein Augenmerk auf den Nahrungstrieb. So stellt der erste Schritt des Menschen aus der natürlichen Instinktgebundenheit die Betrachtung von Nahrungsalternativen dar. Nicht im bloßen Besitz der Vernunft unterscheidet er sich nach Kant von anderen Lebewesen, sondern ein Wissen von dieser Vernunft und ihre willentliche Anwendung bilden die anthropologische Differenz.[176] Im Moment ihrer ersten Regung wird sich der Mensch – wie im biblischen Bericht von *curiositas* bewegt – diverser, auch außerhalb seines ursprünglichen Instinktes liegender Möglichkeiten und damit zugleich seiner Wahlfreiheit bewusst: „Er entdeckte in sich ein Vermögen, sich selbst eine Lebensweise auszuwählen und nicht gleich anderen Thieren an eine einzige gebunden zu sein." Der frei gewordene Mensch lebt nicht mehr nur, sondern ist dazu angehalten, sein Leben selbstbestimmt zu führen. Das Vermögen, zwischen alternativen Lebensformen zu wählen, setzt eine Distanz zwischen dem Menschen und seiner Welt voraus, für die der Fernsinn des Sehens eine entscheidende Rolle spielt. Noch in der Wendung, dass dem Menschen über seine Wahlfreiheit „die Augen auf[gingen]"[177], zeichnet sich die Bedeutung des Gesichts als eines Sinns distanzierter Betrachtung und klarer Distinktion für Kants Anthropologie ab.

Dass die Freiheit, unter Mitwirken der Einbildungskraft, zur Entstehung von Lüsternheit und künstlichen Bedürfnissen führt, auch dass sie nicht immer zum Besten des Menschen ist, sind, ganz rousseauistisch gedacht, die Kehrseiten dieser Entwicklung.[178] So geht mit dem „Wohlgefallen" über die gewonnene Unabhängigkeit immer auch „Angst und Bangigkeit" ob der neu eröffneten Fülle von Möglichkeiten einher – „gleichsam am Rande eines Ab-

---

175 MARQUARD: Art. ‚Anthropologie'. In: HWPh, Bd. 1, Sp. 366, betont die „Kompetenzenkonkurrenz" zwischen Anthropologie und praktischer Philosophie bei Kant.
176 Später ganz ähnlich betont von Ernst CASSIRER: Zur Logik der Kulturwissenschaften. Fünf Studien (1942). Mit einem Anhang: Naturalistische und humanistische Begründung der Kulturphilosophie (1939). Hamburg 2011, S. 27: „Die Bewußt-Werdung ist der Anfang und das Ende, ist das A und O der Freiheit, die dem Menschen vergönnt ist."
177 KANT: Muthmaßlicher Anfang der Menschengeschichte, AA 8, S. 112.
178 Allerdings kehrt Kant die Bewertung der Folgen für Individuum und Gattung im Vergleich zu Rousseau um: Während der Ausgang des Menschen aus dem Naturzustand bei Rousseau mit Blick auf das Individuum als Zugewinn von Freiheit, in menschheitlicher Hinsicht aber als Beginn seines gesellschaftlichen Verfalls gedeutet wird, stellt Kant dem moralischen Fall des Einzelnen den Fortschritt der Menschheit gegenüber; vgl. ebd., S. 115f.

grundes"¹⁷⁹ stehend. Aufrichtig lässt sich mit der Freiheit nach Kant letztlich nur umgehen, indem der Mensch moralische Verantwortung für sein Handeln übernimmt. Denn ein Rückweg in den tierischen Stand, in dem die Natur seine Geschicke lenkt, ist ihm auf immer versperrt.¹⁸⁰ Mit der Instinktentbindung des Menschen ist der erste Schritt getan – „ein kleiner Anfang, der aber Epoche macht, indem er der Denkungsart eine ganz neue Richtung giebt"¹⁸¹. Seine Sonderstellung im Naturganzen ist damit, wie in der Philosophischen Anthropologie, auf grundlegender Ebene begründet.

Der zweite Befreiungsschlag aus der instinktiven Gängelung durch die rege gewordene Vernunft betrifft die Geschlechtlichkeit des Menschen. Auch hier orientiert sich Kant am biblischen Bericht, in dem dem Apfel-Symbol das des Feigenblattes folgt: Mit der Entdeckung, dass der sexuelle Reiz, indem sein Gegenstand den Sinnen entzogen und damit der Einbildungskraft überlassen wird, zwar gemäßigter, aber auch langanhaltender ist, entwickelt sich aus bloßer Begierde das Gefühl der Liebe – aus instinktiven Regungen werden regulierte Emotionen. Dabei bindet Kant den Schritt der Sublimation sexueller Energien an die Entstehung von Soziabilität und Geschmack zurück: So bringe die Erhöhung der Reize den Wunsch mit sich, „Andern Achtung gegen uns einzuflößen" – Sittsamkeit wird zur Grundlage von Geselligkeit und Sittlichkeit. Außerdem gehe mit der Veredelung „bloß empfundene[r] zu idealischen Reizen" aus dem „Gefühl des bloß Angenehmen" ein „Geschmack für Schönheit"¹⁸² einher – zunächst an Menschen, dann auch in der Natur. Mit dem Rückgriff auf die Ideen des ‚Angenehmen' und des ‚Schönen' integriert Kant stillschweigend sein ästhetisches Modell, das er vier Jahre später in der *Kritik der Urtheilskraft* ausführen wird, in den menschheitsgeschichtlichen Diskurs. Während im Falle des Angenehmen ein sinnliches, die Triebnatur betreffendes Interesse das Vergnügen an einem Gegenstand bestimmt, zeichnet sich das Geschmacksurteil über das Schöne durch ein „uninteressirtes und *freies* Wohlgefallen"¹⁸³ aus. Schätzt der Mensch das Schöne, impliziert das also eine Unabhängigkeit von seiner Sinnennatur, anthropologisch ausgedrückt: Instinktfreiheit – während er wahrnehmend doch immer leiblich gebunden bleibt. Diese Denkfigur deckt sich im Kern mit Schillers ästhetischer Anthropologie der Freiheit.

---

179 Ebd., S. 112.
180 Vgl. ebd.: „[A]us diesem einmal gekosteten Stande der Freiheit war es ihm gleichwohl jetzt unmöglich, in den der Dienstbarkeit (unter der Herrschaft des Instincts) wieder zurück zu kehren."
181 Ebd., S. 113.
182 Ebd.
183 KANT: Kritik der Urtheilskraft (1790), AA 5, S. 165–485, hier S. 210.

Kant führt aber nicht nur die Ästhetik des Schönen in seine Anthropologie ein, es spielt auch umgekehrt das anthropologisch-geschichtsphilosophische Modell in seiner Ästhetik eine Rolle. So wird in der *Kritik der Urtheilskraft* diskutiert, ob der Wilde zu ästhetischer Rezeption und Produktion befähigt sei und ob er aufgrund der Fähigkeit, Schönheit und Erhabenheit zu empfinden, bereits als ein der reinen Sinnlichkeit enthobener, freier Mensch zu betrachten ist. Die Entdeckung des Wilden im Zeitalter der Aufklärung, die eine Revision der Grenzen des Menschseins provoziert, hält also auch in den ästhetischen Diskurs Einzug. Weil sich mit dem Topos des Wilden, der in den zeitgenössischen Menschheitsgeschichten als Repräsentant des ersten Menschen fungiert, immer auch eine historische Dimension eröffnet, lassen sich Kants Äußerungen im Sinne einer Entwicklungsgeschichte des Menschen aus ästhetischer Sicht verstehen.[184] Letztlich geht es ihm, der die ästhetische Betrachtung der Welt zu einer spezifisch menschlichen Erfahrung erklärt,[185] in seinem Exkurs zum Wilden, wie Sebastian Kaufmann bemerkt, aber um „die Frage nach dem Status seines Menschseins"[186].

Auf die Irritationen, die die Entdeckung des Wilden mit sich bringt, reagieren also nicht nur die Anthropologie und die Geschichtsphilosophie der späten Aufklärung, sondern auch die bislang eurozentrisch ausgerichtete Ästhetik.[187] In den Debatten um fremde, als primitiv empfundene Kulturen

---

184 So bei Sebastian KAUFMANN: „Was ist der Mensch, ehe die Schönheit die freie Lust ihm entlockt?", S. 183–211, hier S. 195–200. Dass auf der Schwelle zwischen Tier- und Menschsein ästhetische Aspekte eine Rolle spielen, hängt systematisch damit zusammen, dass Kant dem für Geschmacksurteile zuständigen Vermögen der Urteilskraft im Rahmen seines philosophischen Systems eine grundlegende Vermittlungsfunktion zuspricht: Die Urteilskraft vermag die Kluft zwischen dem Begriff der Natur und dem der Freiheit zu überbrücken: „So macht die Urtheilskraft den Übergang vom Gebiete des Naturbegriffs zu dem des Freiheitsbegriffs möglich"; KANT: Kritik der Urtheilskraft, AA 5, S. 196. Eine besondere Vermittlung gelingt dabei der Schönheit: Insofern sie „*Symbol der Sittlichkeit*" (ebd., S. 351) ist, macht sie das menschheitsgeschichtliche Ziel der Moralität in der Sinnenwelt anschaulich. Kant beschreibt Schönheit auch als „freie[s] Spiel unserer Erkenntnißkräfte" (ebd., S. 238), der Einbildungskraft und des Verstandes – mithin als Verknüpfung von Sinnlichkeit und Geistigkeit.

185 Vgl. KANT: Kritik der Urtheilskraft, AA 5, S. 210: „Schönheit [gilt] nur für Menschen, d.i. thierische, aber doch vernünftige Wesen"; sowie ebd., S. 265: „Darum aber, weil das Urtheil über das Erhabene der Natur Cultur bedarf (mehr als das über das Schöne), ist es doch dadurch nicht eben von der Cultur zuerst erzeugt und etwa bloß conventionsmäßig in der Gesellschaft eingeführt; sondern es hat seine Grundlage in der menschlichen Natur und zwar demjenigen, was man mit dem gesunden Verstande zugleich jedermann ansinnen und von ihm fordern kann, nämlich in der Anlage zum Gefühl für (praktische) Ideen, d.i. zu dem moralischen."

186 KAUFMANN: „Was ist der Mensch, ehe die Schönheit die freie Lust ihm entlockt?", S. 192.

187 Jörg ROBERT: Ethnofiktion und Klassizismus. Poetik des Wilden und Ästhetik der ‚Sattelzeit'. In: Jörg Robert, Friederike F. Günther (Hg.): Poetik des Wilden. Festschrift für Wolfgang Riedel. Würzburg 2012, S. 3–39, hier S. 24 u. 26, zeigt, dass „die Entdeckung des Wilden und die des Schönen […] nicht nur chronologisch zusammen[fallen]", sondern auch „komplementär zueinander" sind: „Das 18. Jahrhundert entwickelt unterschiedliche Strategien, diesen seit dem frühen 16. Jahrhundert kontinuierlich zunehmenden Pluralisierungsdruck aufzufangen

vermengen sich völkerkundliche und geschichtsphilosophische, ästhetische und anthropologische Fragestellungen. Etwa: Lassen sich der farbenfrohe Körperschmuck des Wilden, die Zierde seiner Werkzeuge, seine rauschhaften Gesänge und Tänze als Kunst deuten? Kann der Wilde reine Schönheit rezipieren und selbst produzieren? Wenn er zur ästhetischen Wahrnehmung seiner Welt im Sinne eines freiheitlichen, uninteressierten Verhältnisses zum Gegenstand der Betrachtung fähig ist, muss sich dann nicht jede Rede von seiner Animalität verbieten – ist der wilde, der erste Mensch dann nicht in gleichem Maße Mensch, wie es der Europäer des 18. Jahrhunderts ist? Und welche Funktion kommt der Kunst im Prozess seiner Menschwerdung zu? Zwischen anthropologischem Universalismus und ethnologischem Pluralismus wird an einer ‚Ästhetik des Wilden' gearbeitet. Jörg Robert ergänzt darum Zelles These von der „*Gleichursprünglichkeit*"[188] der Anthropologie des ‚ganzen Menschen' und der Ästhetik als Lehre von der sinnlichen Erkenntnis um den Verweis, dass auch die Anthropologie in ihrer ethnologischen Dimension gleichen Ursprungs sei wie die Ästhetik als Kunsttheorie.[189]

Für die Verzahnung der Disziplinen spielen die zeitgenössischen Vorstellungen von der menschlichen Einbildungskraft eine zentrale Rolle: In der Psychologie seit dem frühen 18. Jahrhundert hat sie eine Mittelstellung zwischen Körper und Geist und eine Vermittlungsfunktion im Gefüge der Seelenvermögen inne.[190] Mit der Verzeitlichung des Menschheitsbegriffs und der Entstehung erster Menschheitsgeschichten um die Jahrhundertmitte bekommt die Einbildungskraft eine neue Funktion. Aus der Mittelstellung zwischen unteren und oberen Vermögen des Individuums ergibt sich in den onto- wie phylogenetischen Entwürfen eine Überbrückungsfunktion: Phantasie und Kunst sollen zur Entwicklung der Menschheit aus dem Naturzustand roher Sinnlichkeit in einen Kulturzustand unter der Herrschaft der Vernunft beitragen. Paradigmatisch zeigt sich diese menschheitsgeschichtliche Durchgangsstellung der Einbildungskraft in Iselins *Philosophischen Muthmassungen ueber die Geschichte der Menschheit*. In deren triadischem Geschichts-

---

und die Irritationspotenziale des Wilden, Primitiven und Primordialen zu kompensieren. Die wichtigsten Operationen waren das Kanonisieren (Normieren, Hierarchisieren) und das Historisieren."

188 ZELLE: Sinnlichkeit und Therapie, S. 10. Bereits Lothar BORNSCHEUER: Zum Bedarf an einem anthropologiegeschichtlichen Interpretationshorizont. In: Georg Stötzel (Hg.): Germanistik – Forschungsgegenstand und Perspektiven. Berlin, New York 1985, S. 410–438, hier S. 428, spricht von einer „verschwisterte[n] Genese von Anthropologie und Ästhetik".

189 Vgl. ROBERT: Ethnofiktion und Klassizismus, S. 25: „Die neue Ästhetik verdankt sich dem Impuls des Wilden."

190 Zur psychophysiologischen Funktion der Einbildungskraft um 1750 vgl. DÜRBECK: Einbildungskraft und Aufklärung. Zur Stellung der Einbildungskraft bei Kant und Schiller vgl. auch Hans FEGER: Die Macht der Einbildungskraft in der Ästhetik Kants und Schillers. Heidelberg 1995.

modell durchläuft die Menschheit einen ebensolchen Entwicklungsprozess, ausgehend von einem frühzeitlichen Zustand tierischer Einfalt unter der Herrschaft der Sinnlichkeit über ein durch die Einbildungskraft geprägtes Zeitalter der Wildheit, das trotz seiner pubertären Ausschweifungen notwendige Voraussetzung menschlicher Vervollkommnung bildet, hin zu einem vernünftigen, gesitteten Stand.

Dass der anthropologische, der menschheitsgeschichtliche und der ästhetische Diskurs der Spätaufklärung an demselben Denkprojekt arbeiten, belegt Sulzers *Theorie der schönen Künste* (1771/74), die aktuelle ästhetische Debatten und Standpunkte aufgreift und in Handbuchmanier in einzelnen Artikeln zusammenfasst. Ihre Wirkung auf die Kunsttheorie der Zeit, auf Kant und auf Schiller, ist nicht zu unterschätzen. Der Autor des Beitrags *Künste; Schöne Künste*, wahrscheinlich Sulzer selbst, schreibt jedem Menschen, dem wilden wie dem zivilisierten, einen „Hang zur Kunst" und eine „Anlage vom Schönen gerührt zu werden"[191] zu. Künstlerische Tätigkeit und ästhetische Wahrnehmung sind für ihn also urmenschliche Praktiken und nicht Produkte einer späteren Stufe der Zivilisation. Zugleich seien sie als Werkzeuge der Anthropogenese maßgeblich an der Bildung des Menschen beteiligt. Der schönen Kunst wird hier die Rolle einer „großen Lehrmeisterin"[192] des individuellen Menschen wie der gesamten Menschheit zugeschrieben. Im Rahmen einer Entwicklungsgeschichte sorge sie für „inner[e] Bildung"[193], indem sie die menschlichen Seelenkräfte verfeinere und so den rohen Menschen kultiviere: „Und aus einem Thier, das vielleicht eben so wild war, als irgend ein anderes, wird ein Mensch gebildet"[194]. Anthropogenese via Kunst – das ist ein Topos der Ästhetik im 18. Jahrhundert, der nicht nur bei Kant, sondern vor allem auch bei Schiller (in seinem Gedicht *Die Künstler* und in den *Ästhetischen Briefen*) aufgegriffen und weiter ausgebaut wird.

Die Scharnierstelle zwischen Kants Ästhetik und seiner Anthropologie, die es ihm erlaubt, sowohl die Kategorien des Angenehmen und des

---

191 ANONYM: Art. ‚Künste; Schöne Künste'. In: Johann G. Sulzer (Hg.): Allgemeine Theorie der Schönen Künste, in einzeln, nach alphabetischer Ordnung der Kunstwörter auf einander folgenden, Artikeln. 2 Bde. Leipzig 1771 u. 1774. Bd. 2, S. 609–625, hier S. 610.

192 Ebd., S. 611. Sulzers Enzyklopädie geht in der Betrachtung der Kunst als Lehrerin der Menschheit nicht nur mit zeitgenössischen Überzeugungen konform – sie steht damit auch in der alten europäischen Tradition einer ästhetisch wie poetologisch ausformulierten Vermischung von Kunst und Zivilisierungsgeschichte des Menschen – vgl. ROBERT: Ethnofiktion und Klassizismus, S. 26–28.

193 ANONYM: Art. ‚Künste; Schöne Künste'. In: Sulzer (Hg.): Allgemeine Theorie der Schönen Künste, Bd. 2, S. 613.

194 Ebd., S. 612. Zu Sulzers Vorstellungen über die Rolle der schönen Künste bei der Menschwerdung vgl. Carsten ZELLE: Ästhetischer Enzyklopädismus. Johann Georg Sulzers europäische Dimension. In: Ursula Goldenbaum, Alexander Košenina (Hg.): Berliner Aufklärung 4. Hannover 2011, S. 62–93, hier S. 71–73.

Schönen in seinen geschichtsphilosophischen Essay zum *Muthmaßlichen Anfang der Menschengeschichte* zu integrieren als auch die Debatten um den Wilden in seiner *Kritik der Urtheilskraft* aufzugreifen, bildet sein anthropologischer Freiheitsbegriff: Die ästhetische Empfindung von Schönheit im Sinne eines ‚interesselosen Wohlgefallens' setzt, anthropologisch gesehen, Instinktfreiheit und eine Distanz zwischen betrachtendem Organismus und betrachteter Welt, Weltoffenheit, voraus. Anders als beim Angenehmen, das auch vom Tier empfunden wird, darf ein Gegenstand, soll das Wohlgefallen an ihm ästhetisch sein, im Menschen kein sinnliches Interesse an dessen Existenz wecken, die körperliche Befriedigung verspricht. Kein Trieb darf von ihm angesprochen, kein Instinkt ausgelöst werden. Nur so kann Schönheit nach Kant den menschlichen Betrachter in einen kontemplativen Zustand fernab organischer Bedürfnisse und vitaler Handlungszwänge versetzen.[195]

Die Diskussion, ob der Wilde das Schöne und das Erhabene ästhetisch erfahren kann, behandelt also nichts anderes als die Frage, ob die natürliche Verschränkung von Organismus und Umwelt bei ihm aufgebrochen, ob er frei und weltoffen ist. Kants Position in dieser Debatte kann nur aus knappen Anmerkungen seiner *Kritik der Urtheilskraft* erschlossen werden – und sie ist keineswegs eindeutig. Kaufmann hat die „Inkonsistenzen"[196] in Kants ‚Ästhetik des Wilden' herausgearbeitet, die seiner anthropologischen Unentschiedenheit zwischen rassentheoretischer Hierarchisierung und bestimmungsphilosophischem Universalismus entsprechen. So zeige bei Kant auf der einen Seite ein „Irokesche[r] *Sachem*"[197], der nach einer Anekdote selbst den Pariser Palästen Garküchen vorzieht, lediglich einen Sinn für das dem Gaumen Angenehme, nicht aber für wahre Schönheit. Auch müsse, so Kant, was dem entwickelten Menschen erhaben erscheint, vom Wilden, dem sittliche Ideen abgesprochen werden, als lebensbedrohlich empfunden werden.[198] Auf der anderen Seite aber greift Kant, wie Kaufmann bemerkt, die Tätowierungen der Neuseeländer als Beispiel in seiner Unterscheidung zwischen freier und anhängender Schönheit auf; und er skizziert eine Geschichte der

---

195 Vgl. KANT: Kritik der Urtheilskraft, AA 5, S. 209. Die Begriffe „Betrachtung", „Anschauung", „Reflexion" (ebd., S. 204) betonen das Moment des Schauens gegenüber dem des Handelns in der Erfahrung von Schönheit.
196 KAUFMANN: „Was ist der Mensch, ehe die Schönheit die freie Lust ihm entlockt?", S. 196.
197 KANT: Kritik der Urtheilskraft, AA 5, S. 204.
198 Vgl. ebd., S. 265: „In der That wird ohne Entwickelung sittlicher Ideen das, was wir, durch Cultur vorbereitet, erhaben nennen, dem rohen Menschen bloß abschreckend vorkommen. Er wird an den Beweisthümern der Gewalt der Natur in ihrer Zerstörung und dem großen Maßstabe ihrer Macht, wogegen die seinige in Nichts verschwindet, lauter Mühseligkeit, Gefahr und Noth sehen, die den Menschen umgeben würden, der dahin gebannt wäre." Die Parallelen zwischen dem Schönen und dem Erhabenen sind Kant hier durchaus bewusst; vgl. ebd., S. 261: „Wer sich fürchtet, kann über das Erhabene der Natur gar nicht urtheilen, so wenig als der, welcher durch Neigung und Appetit eingenommen ist, über das Schöne."

Menschheit, in der gerade die Begegnung mit Schönheit und Kunst die Zivilisierung des wilden Menschen maßgeblich vorantreibe.[199] Außerdem verankert Kant das Gefühl des Erhabenen in „demjenigen, was man mit dem gesunden Verstande zugleich jedermann ansinnen und von ihm fordern kann, nämlich in der Anlage zum Gefühl für (praktische) Ideen"[200]. Nur insofern aber auch der Wilde solche praktischen Ideen hat, die zum Gefühl des Erhabenen befähigen, kann ihm ein Mensch, der angesichts der bedrohlichen Naturmacht „nicht erschrickt, der sich nicht fürchtet", ein „Gegenstand der größten Bewunderung"[201] werden.

Im Teil zur Kritik der teleologischen Urteilskraft entwickelt Kant schließlich ein Modell ästhetischer Menschenbildung:

> Schöne Kunst und Wissenschaften, die durch eine Lust, die sich allgemein mittheilen läßt, und durch Geschliffenheit und Verfeinerung für die Gesellschaft, wenn gleich den Menschen nicht sittlich besser, doch gesittet machen, gewinnen der Tyrannei des Sinneshanges sehr viel ab und bereiten dadurch den Menschen zu einer Herrschaft vor, in welcher die Vernunft allein Gewalt haben soll[202].

Die Befreiung des Menschen aus seiner Sinnlichkeit im Laufe seiner Geschichte vollzieht sich bei Kant in einem dreistufigen Prozess,[203] an dessen Beginn der Mensch als Tier steht, das noch in seine Umwelt eingebunden ist und diese zwar als reizend, nicht aber als schön empfinden kann: „So werden freilich anfangs nur Reize, z.B. Farben, um sich zu bemalen (Rocou bei den Caraiben und Zinnober bei den Irokesen), oder Blumen, Muschelschalen, schönfarbige Vogelfedern[, in der Gesellschaft wichtig]"[204]. Während Schiller in solchen ästhetischen Phänomenen bereits ein Indiz für einen anfänglichen Schönheitssinn und damit für die Urfreiheit des wilden Menschen erkennt, wertet Kant das Gefallen an ihnen als barbarischen Geschmack ab, weil dieser Schmuck nicht frei, durch seine bloße Form, gefalle, sondern durch seine Materie wirke und „*den Sinnen in der Empfindung*"[205] angenehm sei. Sofern er sinnlichen Genuss verspricht, ist das Wohlgefallen an ihm ein interessiertes.[206]

---

199 Vgl. ebd., S. 230.
200 Ebd., S. 265.
201 Ebd., S. 262.
202 Ebd., S. 433.
203 Kants dreistufiges Entwicklungsmodell stellt KAUFMANN: „Was ist der Mensch, ehe die Schönheit die freie Lust ihm entlockt?", S. 197–200, dar.
204 KANT: Kritik der Urtheilskraft, AA 5, S. 297.
205 Ebd., S. 205.
206 Der ästhetische Gegenentwurf zur *Kritik der Urtheilskraft* mit ihrer strikten Trennung von Schönheit als ‚interesselosem Wohlgefallen' und dem Angenehmen bei HERDER: Kalligone (1800), SW 22, hier S. 142, koppelt den menschheitsgeschichtlichen Weg über die Kunst an „Bedürfnisse und Triebe". Zum Schönen wäre der Mensch laut Herder nie gelangt „wenn es ihm nicht nützlich, ja *unentbehrlich* gewesen wäre"; ebd., S. 129.

Auf der zweiten Prozessstufe verliert das menschliche Gefallen an konkreten Weltgegenständen seinen organischen Wert: „Mit der Zeit [werden] aber auch schöne Formen (als an Canots, Kleidern u.s.w.), die gar kein Vergnügen, d.i. Wohlgefallen des Genusses, bei sich führen, in der Gesellschaft wichtig und mit großem Interesse verbunden"[207]. Wodurch sich im Menschen das reine Wohlgefallen an der schönen Form entwickelt, führt Kant nicht aus. Auch bleibt ungeklärt, ob Schönheit und Schönheitssinn nun Ursache oder Konsequenz der menschlichen Lösung von seiner Sinnennatur sind. Jedenfalls sieht der Mensch in seiner Umwelt nun keine reizenden Dinge als Triebkorrelate mehr; mit seinem Abstand zur Welt hat er Formen, Gegenstände, gewonnen, deren Schönheit er anderen Menschen mitteilen kann. Die Allgemeinheit, über die Kant in seiner *Kritik der Urtheilskraft* das Geschmacksurteil bestimmt, gründet also letztlich auf menschlicher Instinktentbundenheit und Weltoffenheit. Weil das Empfinden von Schönheit nicht an organische Einzelinteressen gebunden ist, sondern daher rührt, dass ein Mensch wie alle anderen die Welt frei betrachten und, im Falle des ästhetischen Wohlgefallens, wie alle anderen für schön befinden kann, führt es zu einem Konsens unter den Menschen. Dass dieser Konsens auch über ästhetische Gegenstände hinaus zu gesellschaftlicher Eintracht und damit zu einer gehobenen Lebensart führt, wird von Kant nicht weiter verfolgt, liegt aber nahe. In der Mitteilbarkeit von Ideen und in der gesellschaftsübergreifenden Einigung besteht für Kant die eigentliche zivilisatorische Wirkung der Kunst, die auf der dritten Stufe der menschheitlichen Entwicklungsgeschichte voll ausgeprägt ist, wo

> endlich die auf den höchsten Punkt gekommene Civilisirung daraus [aus dem Interesse an schönen Formen, C. M.] beinahe das Hauptwerk der verfeinerten Neigung macht, und Empfindungen nur so viel werth gehalten werden, als sie sich allgemein mittheilen lassen; wo denn, wenn gleich die Lust, die jeder an einem solchen Gegenstande hat, nur unbeträchtlich und für sich ohne merkliches Interesse ist, doch die Idee von ihrer allgemeinen Mittheilbarkeit ihren Werth beinahe unendlich vergrößert[208].

Ihre komplette Wirkung entfaltet die Schönheit nach Kant also nicht am individuellen Menschen, dessen Befreiung von der Sinnennatur sie befördert, sondern erst in der menschlichen Gesellschaft, wo sie Dialog und Eintracht stiftet.[209]

---

207 Kant: Kritik der Urtheilskraft, AA 5, S. 297.
208 Ebd.
209 Vgl. ebd.: „Nur in Gesellschaft kommt es ihm ein, nicht bloß Mensch, sondern auch nach seiner Art ein feiner Mensch zu sein (der Anfang der Civilisirung): denn als einen solchen beurtheilt man denjenigen, welcher seine Lust andern mitzutheilen geneigt und geschickt

Dieser Exkurs in Kants Ästhetik erhellt die enge Verbindung, die in seinem Denken zwischen schönheitsphilosophischem und menschheitsgeschichtlichem Diskurs besteht und die auch in seiner Schrift zum *Muthmaßlichen Anfang der Menschengeschichte* in Erscheinung tritt. Mit der Entbindung des Menschen vom tierischen Nahrungs- und Sexualtrieb, in deren Zuge sich auch ein Sinn für ästhetische Gegenstände entwickelt, sind hier die ersten Schritte der Menschwerdung getan. Die anthropologische Quintessenz: der Mensch als instinktfreies Wesen. Gehlen stellt in seiner Anthropologie die Frage, wie ein instinktives Mängelwesen wie der Mensch überhaupt überlebensfähig ist, und beantwortet sie mit einem Handlungsmodell: Der Mensch macht sich die Welt verfügbar, sodass er den Gebrauchswert ihrer Gegenstände mitsieht und so ihre Funktion und die Konsequenzen ihrer Nutzung mit Blick auf potenzielle Handlungsziele voraussehen kann. Auch Kant ist bewusst, dass ein Wesen, dessen Verhaltenserfolg nicht mehr von Natur aus sichergestellt ist, vorausschauend sein muss: „Das entscheidendste Kennzeichen des menschlichen Vorzuges, um seiner Bestimmung gemäß sich zu entfernten Zwecken vorzubereiten", sei „die überlegte *Erwartung des Künftigen*". Indem der Mensch, der nicht mehr instinktiv im Hier-Jetzt aufgeht, in Distanz zum Gegenwärtigen tritt, gewinnt er, in einem dritten Schritt seiner Anthropogenese, Geschichte und eine Zukunft – damit aber nicht nur einen Zielpunkt seiner Handlungen, sondern zugleich auch einen „Quell von Sorgen und Bekümmernissen"[210]. Größtes Kümmernis sei der Tod, der zwar jedes Tier ereile, den zu kennen aber nur der Mensch vermag, weil er ein Wesen ist, das um seine Zeitlichkeit weiß.

In einem vierten und letzten Schritt seiner Anthropogenese erkennt sich der Mensch schließlich als *„Zweck der Natur"*[211] und somit als ‚Zweck an sich', sodass er sich nun nicht mehr nur seiner Naturentbundenheit, sondern auch seiner höheren Bestimmungen und Aufgaben als Vernunftwesen, seiner moralischen Pflichten, bewusst wird.[212] Kants anthropologisch-geschichtsphilosophisches Modell gipfelt also in moralphilosophischen Überlegungen. Den Zielpunkt der ‚Lustreise' an den Anfang der Menschheitsgeschichte bildet eine äußerst ernste Angelegenheit: die anthropologische Grundlegung von Kants deontologischer Ethik. Das Wissen des Menschen um sein Vorrecht gegenüber den Tieren und seine Sonderstellung im Kosmos, um die eigene Weltoffenheit und Befugnis, die Natur zu beherrschen und zu eigenen Zwe-

---

ist, und den ein Object nicht befriedigt, wenn er das Wohlgefallen an demselben nicht in Gemeinschaft mit andern fühlen kann."
210 KANT: Muthmaßlicher Anfang der Menschengeschichte, AA 8, S. 113.
211 Ebd., S. 114.
212 Der Mensch ist „[z]ur Verantwortung befreit", so Volker GERHARDT: *Mutmaßlicher Anfang der Menschengeschichte*. In: Ottfried Höffe (Hg.): Immanuel Kant. Schriften zur Geschichtsphilosophie. Berlin 2011, S. 175–196, S. 187.

cken als Mittel zu gebrauchen, impliziert bei Kant den „Gedanken des Gegensatzes"[213], der moralphilosophische Konsequenzen mit sich führt: In der *Grundlegung zur Metaphysik der Sitten* (1785) bestimmt Kant diesen Gegensatz als Differenz zwischen dem *Menschen* als Person, deren „*Dasein an sich selbst* einen absoluten Werth [d.i. Würde, C. M.] hat"[214] und die wie alle vernünftigen Wesen Glied eines allgemeinen „*Reichs der Zwecke*"[215] ist, auf der einen und dem *Tier* als Sache, die „nur einen relativen Werth [d.i. Preis, C. M.], als Mittel"[216], hat, auf der anderen Seite. Erst durch die Anerkennung einer Gleichheit aller Menschen als vernünftige Wesen, die zugleich Subjekt wie Objekt der Moral sind, gewinnt der Mensch in Kants Mythos der Menschwerdung letztlich Selbstbewusstsein. Der wesentliche Unterschied zwischen Mensch und Tier liegt in der reinen praktischen Vernunft! Die setzt zwar Freiheit im anthropologischen Sinne voraus, übersteigt sie aber, insofern die Instinktfreiheit bloß ein notwendiges Postulat darstellt, um die Sittlichkeit des Menschen zu garantieren. In seinem Dasein als vernunftbegabtes, geistiges Wesen ist der Mensch für Kant Bürger einer zweiten, intelligiblen Welt – darin liegt seine Sonderstellung im Kosmos begründet. Der anthropologische Freiheitsdiskurs der Spätaufklärung stößt hier an seine Grenzen, wo er von Kants dualistischer Moralphilosophie einverleibt wird, deren vernunftdurchtränktes Menschenbild stark in der Tradition der idealistischen Geistphilosophie verhaftet ist. Die Lebensgebundenheit des Menschen, die Kant als Anthropologe anerkennt, rückt in den Hintergrund.

Was auf die Lösung des Menschen „aus dem Gängelwagen des Instincts zur Leitung der Vernunft"[217] nun folgt, ist die Menschheitsgeschichte als ein Prozess freier und selbstbestimmter Handlung mit dem Ziel der äußeren Freiheit und der Moralität. Es ist eine Idee, die Kant nicht müde wird darzustellen. Die Geschichte als menschheitlicher Handlungsraum ist der Ort, an dem der Mensch sich in Akten der freien Selbstbestimmung als morali-

---

213 KANT: Muthmaßlicher Anfang der Menschengeschichte, AA 8, S. 114.
214 KANT: Grundlegung zur Metaphysik der Sitten (1785), AA 4, S. 385–463, hier S. 428. Die moralische Idee der Freiheit, die allen Naturbestimmungen enthoben ist, gründet in Kants Persönlichkeitsbegriff: Persönlichkeit sei „die Freiheit und Unabhängigkeit von dem Mechanism der ganzen Natur" und zugleich „ein Vermögen eines Wesens […], welches eigenthümlichen, nämlich von seiner eigenen Vernunft gegebenen, reinen praktischen Gesetzen, die Person also, als zur Sinnenwelt gehörig, ihrer eigenen Persönlichkeit unterworfen ist, so fern sie zugleich zur intelligibelen Welt gehört"; KANT: Kritik der praktischen Vernunft (1788), AA 5, S. 1–163, hier S. 87.
215 KANT: Grundlegung zur Metaphysik der Sitten, AA 4, S. 433.
216 Ebd., S. 428.
217 KANT: Muthmaßlicher Anfang der Menschengeschichte, AA 8, S. 115. Eine evolutionistische Lehre von der Transformation eines Tiers zum Menschen weist Kant aufgrund unzulänglicher empirischer Belege und ihrer Unglaubwürdigkeit zurück, vgl. hierzu auch NISBET: Historisierung, S. 17 f.

sches Wesen bestätigen soll. Die Intention, die Geschichte eines selbsttätigen, weder instinktiv noch durchweg vernünftig bestimmten Wesens systematisch zu erfassen, droht allerdings am Chaos kontingenter Ereignisse zu scheitern. Darum unterstellt Kant der Geschichte in seiner *Idee zu einer allgemeinen Geschichte in weltbürgerlicher Absicht* eine natürliche Teleologie: Geschichte soll so gedacht werden, *als ob* sie einer Naturabsicht folge[218] – mit Blick auf den Menschen: die Entwicklung aller seiner Anlagen, „*die auf den Gebrauch seiner Vernunft abgezielt sind*"[219]. Dabei geht mit der Einführung des teleologischen Erkenntnisprinzips keine „signifikante Naturalisierung der Geschichte"[220] einher, und der Mensch ist auch kein „Werkzeug im Prozeß der Entelechie"[221]. Er gilt Kant, der die Teleologie einzig zu heuristischen und regulativen Zwecken einsetzt, als Wesen, das in einem Entwicklungs- und Lernprozess selbstständig von seiner Freiheit Gebrauch machen soll:

> *Die Natur hat gewollt: daß der Mensch alles, was über die mechanische Anordnung seines thierischen Daseins geht, gänzlich aus sich selbst herausbringe und keiner anderen Glückseligkeit oder Vollkommenheit theilhaftig werde, als die er sich selbst frei von Instinct, durch eigene Vernunft, verschafft hat.*[222]

Die der Geschichte unterstellte natürliche Vorsehung zielt also auf die Kulturhaftigkeit und die freie Aktivität des geschichtlichen Menschen ab. Dabei wird Kants Konzept allerdings – sehr viel stärker als Rousseaus, Herders oder Schillers Modelle – durch das normative Netz seiner Moralphilosophie abgesichert. In letzter Konsequenz gelten für das Individuum, das von instinktiven Handlungszwängen entbunden ist, nämlich die Gebote der praktischen Vernunft. Der Mensch *kann* zwar, *soll* aber nicht gegen seine Bestimmung als Vernunftwesen verstoßen, die nach Kants *Anthropologie in pragmatischer Hinsicht* darin besteht, „sich durch Kunst und Wissenschaft zu

---

218 Das ermögliche im Sinne eines heuristischen, regulativen Forschungsprinzips nicht nur die Erkenn- und Darstellbarkeit von Geschichte, sondern es habe auch praktische Relevanz: Die Annahme einer Fortschritts- und Vervollkommnungsgeschichte „*nach einem Plane der Natur*" diene zur Orientierung und Motivierung der Menschen, sie befördere als selbsterfüllende Prophezeiung die vorgestellte Entwicklung durch die Akteure der Geschichte selbst und spende den Individuen im Falle von Sinnlosigkeits- und Endlichkeitserfahrungen Trost; vgl. ebd., S. 29.
219 Ebd., S. 18.
220 SOMMER: Sinnstiftung durch Geschichte?, S. 320. Das Einzige, das die Natur zur Menschheitsgeschichte beitragen kann, sind der Entwicklung förderliche Rahmenbedingungen; vgl. hierzu auch Paul GUYER: Kant. London, New York 2006, S. 361; sowie Pauline KLEINGELD: Fortschritt und Vernunft. Zur Geschichtsphilosophie Kants. Würzburg 1995, S. 24.
221 Jürgen EDER: Schiller als Historiker. In: Helmut Koopmann (Hg.): Schiller-Handbuch. Stuttgart ²2011 (¹1998), S. 695–742, hier S. 734.
222 KANT: Idee zu einer allgemeinen Geschichte in weltbürgerlicher Absicht, AA 8, S. 19.

cultivieren, zu *civilisieren* und zu *moralisieren*"²²³. Vor allem Letzteres wird für Kants praktische Philosophie bestimmend. Betrachtet er in seiner *Idee zu einer allgemeinen Geschichte in weltbürgerlicher Absicht* auch die Einrichtung einer bürgerlichen Gesellschaft und eines vollkommenen Rechtsstaates auf nationaler sowie einer weltbürgerlichen politischen Ordnung in Form eines Völkerbundes auf internationaler Ebene, also eine Sicherung der Legalität, als Ziele der Menschheit – so stellen solche Formen äußerer Freiheit für ihn doch immer nur vorläufige Ziele dar.²²⁴ Der höchste Zweck des Menschen wie der gesamten Menschheit ist die fortschreitende Realisierung ihrer moralischen Bestimmung, deren anthropologische Grundvoraussetzung die menschliche Freiheit vom Diktat der Triebe ist.²²⁵

Scheler behauptet, dass die praktische Vernunft bei Kant zweitrangig sei, solange nicht geklärt ist, dass sie kein Spielball in den Händen der Natur ist.²²⁶ Wäre die Instinktfreiheit des Menschen für Kant wichtiger als die Verpflichtung gegenüber dem Vernunftgesetz, so würde die Anthropologie bei ihm die Aufgabe einer *prima philosophia* übernehmen. Sobald Kant aber geklärt hat, dass der menschliche Geist der Natur enthoben ist, spielt die Natur des Menschen bei ihm nur noch eine Nebenrolle. Nicht mehr an seinem Sein, sondern an seinem Sollen ist Kant jetzt interessiert. Die philosophische Anthropologie nimmt bei ihm eine dienende Rolle gegenüber der Moralphilosophie ein, weil sie nur zu klären hat, dass möglich ist, was Letztere fordert. In diesem Sinne zeigt Reinhard Brandt, wie bei Kant die sittliche Bestimmung des einzelnen Menschen und der Menschheit das „dirigierende Zentrum"²²⁷ seiner gesamten Philosophie wird. Die Grenzen einer anthropologischen Freiheitsphilosophie, wie sie Rousseau in seinem zweiten Diskurs begründet und Herder in der Sprachursprungsschrift und seinen *Ideen* weiterführt, sind damit längst überschritten.

---

223 KANT: Anthropologie in pragmatischer Hinsicht, AA 7, S. 324.
224 Vgl. hierzu KANT: Idee zu einer allgemeinen Geschichte in weltbürgerlicher Absicht, AA 8, S. 22–28. Dem widerspricht Kant im *Streit der Fakultäten*, wo er den Fortschritt zum Besseren nicht als „wachsendes Quantum der *Moralität* in der Gesinnung", sondern als „Vermehrung der Producte ihrer *Legalität* in pflichtmäßigen Handlungen" versteht; KANT: Streit der Fakultäten (1798), AA 7, S. 1–116, hier S. 91.
225 Vgl. KLEINGELD: Fortschritt und Vernunft, S. 22: „Das Telos der Geschichte liegt einen Schritt weiter als der vollkommene Rechtszustand: es ist die völlige Entwicklung der Anlagen zum Vernunftgebrauch und die Erreichung der moralischen Bestimmung der Menschheit."
226 Vgl. SCHELER: I. Kant und die moderne Kultur (1904), GW 1, S. 354–370, hier S. 356.
227 BRANDT: Die Bestimmung des Menschen bei Kant, S. 7.

E.5 Denkfiguren in der Anthropologie der Spätaufklärung

Ein Zwischenfazit: Der Mensch ist der bestimmende Untersuchungsgegenstand der Wissenschaften in der zweiten Hälfte des 18. Jahrhunderts. Auch die Geschichtsphilosophie nimmt teil am großen anthropologischen Denkprojekt der Spätaufklärung; vor allem die in Mode gekommene Gattung der Menschheitsgeschichte geht der zentralen Frage nach dem Wesen des Menschen nach. Dabei weisen die Überlegungen der Geschichtsschreiber und Anthropologen innere Spannungen auf. Die paradoxen Bemühungen der Philosophen, Körper und Geist, der natürlichen Lebensgebundenheit des Menschen und seiner Naturentbundenheit, seiner Sonderstellung im Naturganzen, gleichermaßen gerecht zu werden, resultieren aus der konfliktreichen Ausgangslage: Die Erhebung des Menschen in der idealistischen Geistphilosophie wirkt trotz der Krise, in die der Idealismus mit dem Aufkommen von Materialismus und Vitalismus, medizinischer Anthropologie und Naturgeschichte geraten ist, nach. Zugleich aber wächst das Interesse an der Biologie des Menschen, an seinem Körperbau und seinen vitalen Trieben, seiner natürlichen Entwicklung und seinem Verhältnis zur übrigen belebten Welt. Diese widersprüchlichen Ansätze motivieren auch Schillers Philosophie vom Menschen.

Die Anthropologen des 18. Jahrhunderts stehen in doppelter Frontstellung: In Abgrenzung von einem mechanizistischen Materialismus, der den Menschen wie andere Lebewesen als bloße Körpermaschine versteht, sowie einem logozentrischen Menschenbild, das die Vernunft des Menschen überbewertet, während es die Bedeutung seiner sinnlichen Natur herunterspielt, untersucht Rousseau die Eigenart des *homme naturel*. Dazu nutzt er den traditionellen Tier-Mensch-Vergleich, der zunächst die natürliche Bedürftigkeit des Menschen aufdeckt. Allenfalls durch seine organische Mangelhaftigkeit unterscheide sich der menschliche vom tierischen Leib – was Rousseau nicht davon abhält, die Eigenart des Menschen zu betonen. Auch Herder verfolgt in seiner Naturgeschichte der Menschheit ein zweifaches Anliegen: einerseits die Bruderschaft des Menschen zum Tier naturphilosophisch zu erklären und über Gradationsverhältnisse und Parallelen im menschlichen wie tierischen Triebleben die Einheit der Lebenswelt darzustellen – und andererseits die Spezifik des menschlichen Wesens und seiner Lebensform verständlich zu machen. Methodisch wenden sich beide Denker der Empirie zu. Rein metaphysische Spekulationen haben angesichts zoologischer, medizinischer und ethnologischer Beobachtungen an Überzeugungskraft verloren. Auch Kant, der das spezifisch Menschliche weder im ‚Naturalienkabinett' noch in der Metaphysik zu finden glaubt, legt seine Anthropologie dual an. Sehr viel stärker als vom Idealismus grenzt er sein Modell allerdings von naturalistischen Menschenbildern ab. Die Vehemenz von Kants Kritik an Herders naturhistorischem Modell und einer ‚Anthropologie in physiologischer Hinsicht' zeugt vom Provokationspotenzial der naturnahen Betrachtungsweise. Gleichwohl ist auch Kant die fundamentale Leib- und Lebensgebundenheit des Menschen, mithin dessen Nähe zum Tier bewusst.[228]

Die erkenntnisleitende Frage, was den Menschen angesichts seiner Zugehörigkeit zum Reich der Lebewesen von anderen Tieren überhaupt unterscheidet, lenkt den Fokus der Menschheitsgeschichtsschreiber auf den Anfang der Geschichte. Nicht das Vermögen der Vernunft, wie in der idealistisch geprägten Tradition oft behauptet, sondern in erster Linie die Freiheit machen für sie die Differenz zum Tier aus – ein Wandel im Menschenbild, der auch für Schillers ästhetische Anthropologie prägend sein wird. Mit dem Begriff der Freiheit, verstanden als instinktive Nichtfestgestelltheit, und der Vorstellung, dass der Mensch zu Trieben Nein sagen und in eine selbstbestimmte Beziehung zu sich und seiner Welt treten kann, stellt Rousseau eine folgenreiche Denkfigur in den Mittelpunkt seiner Anthropologie. Auch Herders Philosophie vom ‚ersten Freigelassenen der Schöpfung' und seiner ursprünglichen Weltoffenheit sowie Kants Geschichte einer Emanzipation des Menschen vom ‚Gängelwagen des Instinkts' zeigen sich getragen von einem anthropologischen Freiheitsbegriff und einem damit einhergehenden offenen Menschenbild. Bei Kant resultiert aus der freiheitsphilosophischen Grundlegung eine pragmatische Wende seiner Anthropologie, nach der die menschliche Handlung als Freiheit in der Erscheinung betrachtet und folglich eine Hinwendung zur menschlichen Lebenswelt vollzogen wird. Dabei ist den Anthropologen der Spätaufklärung die Möglichkeit menschlichen Scheiterns als Schattenseite der Instinktfreiheit stets bewusst: Die von Rousseau kritisierten Verfallserscheinungen der menschlichen Gesellschaft, die ‚Korruptibilität' des menschlichen Geschlechts bei Herder und die Angst, mit der der Mensch bei Kant die ersten selbstständigen Schritte tut, zeigen in den anthropologischen Modellen die konstitutive Krisenhaftigkeit des menschlichen Wesens an.

Die Instinkt- und Umweltentbundenheit des Menschen hat auch im 18. Jahrhundert eine spezifisch aisthetische Dimension. Bereits Rousseaus Beispiele zur menschlichen Instinktfreiheit – zur Weltoffenheit des Menschen im Unterschied etwa zur Ignoranz von Katze und Taube gegenüber nicht in ihrem Instinktprogramm vorgesehenen Nahrungsmitteln – bringen

---

228 Zum Dasein des Menschen als Lebewesen schreibt KANT: Entwürfe zu dem Colleg über Anthropologie aus den 70er und 80er Jahren, Handschriftlicher Nachlaß, AA 15, S. 887: „Der Mensch gehöret auf einer Seite zum *Geschlecht* der *Thiere*, und [hat] so fern hat die Natur ihm zum Vorzuge keine Ausnahmen gemacht. Er hat [Triebe der] Bedürfnisse des Hungers, der Ungemachlichkeit, des Geschlechts und muß der Natur ihren Tribut im Leben (zum Thierreich) und Tode (Gewächsreich) abgeben".

zum Ausdruck, was in der Anthropologie des 20. Jahrhunderts, mit von Uexkülls Funktionskreismodell biologisch verankert, diskutiert wird: Instinktiv bestimmte Lebewesen nehmen von der Welt nur selektiv wahr, was ihre Natur sie wahrzunehmen bestimmt hat; freie Wesen wie der Mensch dagegen sind umweltentbunden und weltoffen. Sie erfassen die ganze Welt im Modus der Sachlichkeit. In Herders Sprachursprungsschrift nimmt die Denkfigur einer Organismus-Umwelt-Bindung beim Tier und einer Weltoffenheit des Menschen, der im Zustand der Besonnenheit Weltgegenstände in ihrem Sosein erfasst und benennt, eine zentrale Position ein – ein Grund, warum Herder bis heute als wichtigster Vordenker der Philosophischen Anthropologen gilt. Aber auch Kant greift die aisthetische Denkfigur der Weltoffenheit auf und nutzt sie zur Abgrenzung seiner Kategorien des Angenehmen und des Schönen, die nicht nur in seine Ästhetik, sondern auch in seine Anthropologie und Geschichtsphilosophie Eingang finden. Mit der Verschränkung von Ästhetik und Anthropologie wird Kant zu einem zentralen Wegbereiter für Schillers ästhetische Anthropologie.

Mit der Hinwendung der Anthropologen zur kulturellen Lebenswelt, zur gesellschaftlichen Gegenwart und ihrer historischen Entwicklung wechselt die Betrachtung schließlich von der horizontalen in die vertikale Blickrichtung. Auf der Grundlage seiner Anthropologie der Freiheit entwickelt Rousseau über den Begriff der Perfektibilität ein offenes Geschichtsmodell und eine kulturkritische Analyse, aus der seine engagierten pädagogischen und politischen Theorien erwachsen. Auch Herder betrachtet die Menschheit nicht nur in ihrer natürlichen Konstitution, sondern auch in ihrer historischen Verlaufsform, als offenes Projekt der Selbstverwirklichung – wobei Herders der anthropologischen Freiheitsidee entsprechende kulturrelativistische Haltung durch einen Humanitätsuniversalismus unterlaufen wird, was auf kultur- und geschichtsphilosophischer Ebene zu anthropologischen Widersprüchen führt. Spannungen zeigen sich auch bei Kant. Während dessen pragmatische Anthropologie daran interessiert ist, aufzuzeigen, was der frei handelnde Mensch aus sich und seiner Welt macht und machen kann, wird die Menschheit im Rahmen seiner Moralphilosophie und seiner moralphilosophisch eingefärbten Geschichtsphilosophie auf Ideale festgeschrieben, die dem offenen Menschenbild der zeitgenössischen Anthropologie entgegenstehen.

Hat sich der Freiheitsdiskurs der Spätaufklärung ursprünglich als moderne Alternative zur Tradition der idealistischen Geistphilosophie ausgebildet, so löst er sich bei Kant, dessen Menschenbild von einem konsequenten Natur-Geist-Dualismus bestimmt wird, zunehmend in einen moralphilosophischen Idealismus auf, in dem die tierische Natur des Menschen und seine fundamentale Lebensgebundenheit zugunsten seiner autonomen Vernunftnatur heruntergespielt werden. Weil in Kants formalistischer Philosophie

Moral unter dem Deckmantel menschlicher Selbstbestimmtheit auftritt, besteht auf den ersten Blick kein Widerstreit zwischen dem anthropologischen Freiheits- und seinem moralphilosophischen Autonomiebegriff. Erst auf den zweiten Blick wird deutlich, dass der Mensch unter der Dominanz seiner Vernunftbestimmung, die immer ein allgemeinverbindliches Sollen mit sich führt, massiv an Gestaltungsspielraum und damit an Freiheit einbüßt, insofern ihm zwar möglich ist, all das aus sich, seiner Welt, seinem Leben und der Geschichte seiner Gattung zu machen, was er will – allerdings immer nur im Wissen darum, dass es richtige und falsche Gestaltungsmöglichkeiten gibt. Da Kants Gesetz der Freiheit als ‚Kategorischer Imperativ' auftritt, eröffnet es nicht nur, sondern es verschließt auch Freiräume und Gestaltungsperspektiven. An diesem Punkt setzen Schillers Kritik am ‚Moraltrompeter von Königsberg' und seine ästhetische Anthropologie der Freiheit an.

1 Doppelte Frontstellung und integrative Methode: Anthropologie zwischen Naturalismus und Idealismus

Als der 13-jährige Johann Christoph Friedrich Schiller im Januar 1773 auf Befehl des württembergischen Herzogs Carl Eugen in die Militärakademie Hohe Karlsschule in Stuttgart eintritt, um zunächst ein Jurastudium zu beginnen, ist ihm die aktuelle Philosophie der Aufklärung noch weitestgehend fremd. Die elterliche Bibliothek umfasst nur wenige, meist religiöse Titel und als Latein-Schüler hat Schiller vor allem Werke der Antike kennengelernt. Seine philosophische Bildung, sein methodisches Handwerkszeug und das Menschenbild, das sich in seinen ersten Schriften und bis ins späte ästhetische Werk hinein niederschlägt, verdankt er in großen Teilen der Ausbildung an der herzoglichen Akademie.

1.1 Schillers Ausbildung an der Hohen Karlsschule

Aus verwaltungspolitischen Gründen veranlasst der Herzog zum Beginn des Jahres 1776 einen Wechsel seines Studienfachs: Schiller, dessen Vater selbst Wundarzt ist, studiert fortan Medizin. Nicht zuletzt aus dieser biografischen Nähe zu den Philosophischen Anthropologen – sowohl Scheler als auch Plessner widmen sich für einige Zeit dem Medizinstudium, auch Plessners Vater ist Arzt – lassen sich die Parallelen ihrer Konzepte erklären. Wenngleich der junge Schiller „im Grunde seines Herzens kein Arzt"[229] ist und er

---

[229] WILLEMS: „Vom Zusammenhang der tierischen Natur des Menschen mit seiner geistigen", S. 65.

tatsächlich nur für kurze Zeit als praktizierender Mediziner tätig sein wird – die dem Körper des Menschen zugewandte anthropologische Betrachtungsweise, die Schiller sich während seiner Ausbildung aneignet, hinterlässt in seinem Denken tiefe Spuren. Sie weitet den Fokus seiner Philosophie, die nicht mehr nur die seelisch-geistige Natur, sondern fortan auch die fundamentale Leib- und Lebensgebundenheit des Menschen berücksichtigt. So wie in der Philosophischen Anthropologie aktuelle biologische Modelle zu erfahrungsgestützten Bezugspunkten eines modernen anthropologischen Menschenbildes werden, übernehmen in Schillers Anthropologie die medizinischen Debatten der Zeit eine tragende Funktion: In ihnen spiegeln sich nicht nur die Naturalisierungstendenzen der Spätaufklärung – mithin Momente einer Krise des idealistischen Menschenbildes, die auch den jungen Schiller nicht unberührt lässt –, die medizinisch-anthropologischen Konzepte liefern auch das gedankliche Grundgerüst für Schillers ganzheitliche Philosophie vom Menschen.

Eine prägende Rolle in Schillers Entwicklung spielt der Philosophieunterricht an der Karlsschule, vor allem die Lehre des jungen Dozenten Jakob Friedrich Abel, der das philosophische Curriculum maßgeblich mitbestimmt und der Schiller zum Mentor wird.[230] Abel macht seine Schüler nicht nur mit traditionellen schulphilosophischen Denkansätzen, sondern auch mit den neuesten popularphilosophischen Positionen bekannt. Er stellt den Eleven den Empirismus Lockes und Humes und eine an Adam Ferguson und Francis Hutcheson orientierte Moralphilosophie vor, führt sie in den aktuellen Diskurs der Menschheitsgeschichte ein und lehrt sie zentrale Theorien der Ästhetik und der Religionsphilosophie. Vor allem die empirische Psychologie und die unter den ‚philosophischen Ärzten' verbreitete Disziplin der psychophysiologisch ausgerichteten Anthropologie finden breite Beachtung in seinem Unterricht und wecken das Interesse der Schüler für anthropologische Debatten, die über fachinterne, rein medizinische Fragestellungen hinausreichen. So setzen sich Schiller und seine Mitschüler mit Sulzers empirischer Seelenkunde auseinander, sie rezipieren Platners *Anthropologie für Aerzte und Weltweise*, die im Philosophieunterricht „den Charakter eines zen-

---

230 Vgl. Jacob F. ABEL: Eine Quellenedition zum Philosophieunterricht an der Stuttgarter Karlsschule (1773–1782). Mit Einleitung, Übersetzung, Kommentar und Bibliografie hg. v. Wolfgang Riedel. Würzburg 1995. Zu den folgenden Ausführungen über Schillers Ausbildung an der Hohen Karlsschule und seiner frühen Anthropologie vgl. vor allem die bis heute maßgebende Untersuchung von RIEDEL: Die Anthropologie des jungen Schiller, sowie die ausführlichen biografischen wie philosophiegeschichtlichen Ausführungen bei ALT: Schiller, Bd. 1, v.a. S. 113–135 u. S. 141–188. Zum wissenschaftsgeschichtlichen Hintergrund von Schillers Anthropologie vgl. zudem STOCKINGER: „Es ist der Geist, der sich den Körper baut", S. 75–86.

tralen Lehrbuchs"²³¹ besitzt, und lernen die Lehren Hallers, Zimmermanns, Hermann Boerhaaves und zahlreicher weiterer Ärzte und Philosophen kennen, die Beiträge zur (Nerven-)Physiologie, zur mechanistischen Medizin oder zur neuen Anthropologie geleistet haben.

Denker wie Sulzer, der den einer bewussten Steuerung durch den Willen entzogenen *perceptiones obscurae* besonderes Interesse entgegenbringt, und Platner, dessen Lokalisierung der Seele im Gehirn bei aller Betonung eines wechselseitigen Zusammenhangs von Körper und Psyche zu einer Materialisierung des Geistes beiträgt, schulen die angehenden Mediziner in einer körperorientierten philosophischen Betrachtung des Menschen. In ihren Modellen, die die Unzulänglichkeit und Einseitigkeit idealistischer Geisttheorien offenlegen, schlägt sich die allgemeine Tendenz einer Naturalisierung des Menschen in der zweiten Hälfte des 18. Jahrhunderts nieder. Auch Abel schenkt der Untersuchung des *influxus corporis* in seiner *Dissertatio de origine characteris animi* (1776) große Aufmerksamkeit; und in seiner Genie-Rede aus dem gleichen Jahr heißt es ganz im Sinne der zeitgenössischen Anthropologie, „daß alle *Seelenkräfte* des Menschen auf eine außerordentliche Weise vom Körper abhangen, daß Einbildungskraft, Verstand, Wille, mittelbar oder unmittelbar von ihm bestimmt werden"²³². – Von der uneingeschränkten Autonomie eines immateriellen Geistes ist hier keine Rede mehr.

Die anthropologische Beschäftigung der jungen Mediziner mit dem *commercium*-Problem wird nicht nur durch Abel gefördert – auch die Lehrer der medizinischen Fächer, insbesondere Johann Friedrich Consbruch, zeigen sich an den aktuellen Fragestellungen zum Zusammenhang von menschlicher Physis und Psyche, die sich aus der cartesianischen Substanzentrennung ergeben, interessiert. Bei aller Ablehnung radikalmaterialistischer Positionen und ihrer monistischen Konsequenzen durch die Vertreter des *influxus mentis et corporis*, die in der Regel an einem Substanzendualismus im Sinne Descartes' festhalten – eine Berührung von Materialismus und Influxionismus lässt sich dort, wo es um den Einfluss des Körpers auf die Seele geht, wo also die Ideen eines autarken Geistes und einer absoluten Autonomie des menschlichen Willens infrage stehen, nicht leugnen. So verwundert es nicht, dass Abel im Unterricht auch vor einer intensiven Beschäftigung mit den Positionen des französischen Materialismus, mit La Mettrie, Helvétius und Holbach, die seinerzeit heftig umstritten sind, nicht zurückschreckt.

Die physiologische Grundausbildung der Medizinstudenten, das weitestgehend naturalistisch ausgerichtete Menschenbild ihrer Lehrer, Abels

---

231 ALT: Schiller, Bd. 1, S. 126.
232 ABEL: Rede, über die Entstehung und die Kennzeichen grosser Geister (1776). In: Ders.: Eine Quellenedition zum Philosophieunterricht an der Stuttgarter Karlsschule (1773–1782), S. 181–218, hier S. 186.

philosophische Sympathien für die Strömungen des Empirismus und des Sensualismus sowie seine „Affinität zum Materialismus"[233] zeigen ihre Wirkung auf das schwärmerische, theologisch-idealistische Menschenbild aus Schillers Kindertagen: Sie verleihen seiner Philosophie schon früh die skeptische Grundhaltung, die Realitätsnähe und Bodenhaftung, die sie noch in späten Jahren vor allzu spekulativen Höhenflügen und einem überzogenen Idealismus schützen werden.[234] So stürzt das Medizinstudium den jungen Schiller, der als Heranwachsender noch von einer Eigenständigkeit und Unsterblichkeit der Seele ausgeht, nicht nur in eine „massive Glaubens- und Weltanschauungskrise"[235], es verleiht seinem anthropologischen Denken auch Profil, indem es die Ideen liefert, gegenüber denen sich sein Modell vom Menschen im späten 18. Jahrhundert bewähren muss.

1.2 Die ‚Mittellinie der Wahrheit'

Nach einer ersten Dissertationsschrift, der *Philosophie der Physiologie*, die mit einer spekulativen Theorie zur geistigen Bestimmung des Menschen einsetzt und die von den medizinischen Gutachtern abgelehnt wird, sowie einer Abschlussarbeit über entzündliche und faulige Fieber verfasst Schiller im November 1780 den *Versuch über den Zusammenhang der thierischen Natur des Menschen mit seiner geistigen*. In dieser dritten Dissertation, die zentrale Denkansätze der ‚philosophischen Ärzte' und der zeitgenössischen Popularphilosophie aufgreift, entwirft er eine Anthropologie mit doppelter Frontstellung. In der Einleitung der Schrift kontrastiert Schiller zwei traditionsreiche Menschenbilder: Das erste, das davon ausgeht, „daß der Körper gleichsam der Kerker des Geistes sey"[236], steht in der idealistischen Denktradition in der Nachfolge Platons. Es favorisiert die Seele und betont die grundsätzliche Autonomie des Geistigen im Menschen gegenüber seiner Körperlichkeit. Das zweite, das die menschliche Vollkommenheit auf körperliche Zustände beschränkt und Wissenschaft wie Tugend allein als Mittel zur Glückseligkeit betrachtet, entstammt der materialistisch-eudämonistischen Tradition, die mit dem Namen Epikurs assoziiert und im 18. Jahrhundert vor allem durch die französischen Materialisten vertreten wird. Nach dieser Vorstellung lässt sich das menschliche Dasein im Wesentlichen auf körperlich-leibliche Vorgänge reduzieren, unter Hintanstellung seelisch-geistiger Momente.

---

233 RIEDEL: Die Anthropologie des jungen Schiller, S. 19.
234 Vgl. hierzu Walter HINDERER: Schillers philosophisch-ästhetische Anthropologie. In: Studi Germanici 43/3 (2005/06), S. 295–316, hier S. 303 f.
235 RIEDEL: Die anthropologische Wende, S. 13.
236 SCHILLER: Versuch über den Zusammenhang, NA 20, S. 40.

Nun hält Schiller bei der Erkenntnis der wahren Natur des menschlichen Wesens nichts für gefährlicher als „einseitige Meinungen" – sein eigenes Modell soll folglich auf die „Mittellinie der Wahrheit"[237] setzen. Mit seinem ganzheitlichen Ansatz, der animistische beziehungsweise idealistische sowie materialistische beziehungsweise naturalistische Extrempositionen in ihrer Einseitigkeit zu umgehen sucht, steht er dem Konzept der Philosophischen Anthropologie nahe. Ganz in Schillers Sinne erklärt noch Plessner in seinen *Stufen des Organischen und der Mensch*: „Materialismus, Naturalismus, Empirismus und Spiritualismus, Idealismus, Apriorismus scheitern notwendig, weil sie vor der doppelten Wahrheit des Bewußtseinsaspekts und des Körperaspekts der Welt irgendwie Halt machen müssen."[238] Während die idealistische wie die naturalistische Anthropologie nur die halbe Wahrheit kennen, geht es Schiller immer um den ‚ganzen Menschen', mit Plessners Worten: um den „Doppelaspekt"[239] menschlichen Daseins. Beeinflusst ist Schillers Bild von der gemischten Menschennatur nicht nur durch die Anthropologie der ‚philosophischen Ärzte', es steht auch in der Tradition des Modells einer ‚großen Kette der Wesen', in der dem Menschen eine Mittelstellung zukommt.

Dass Schiller das idealistische Menschenbild besonders vehement ablehnt, liegt in dessen verbreiteter Akzeptanz und seinem großen Einfluss auf die abendländische Geistesgeschichte begründet. Einen überzogenen Idealismus kritisiert er als schwärmerische Illusion, als eine „schöne Verirrung des Verstandes". Er sei „ein wirkliches Extremum, das den einen Theil des Menschen allzuenthusiastisch herabwürdigt, und uns in den Rang idealischer Wesen erheben will, ohne uns zugleich unserer Menschlichkeit zu entladen"[240]. Dass das menschliche Wesen nicht allein durch geistige Momente, sondern ganz fundamental auch durch leibliche Aspekte bestimmt ist, ja dass ein „merkwürdige[r] Beitrag des Körpers zu den Aktionen der Seele" und ein „grosse[r] und reelle[r] Einfluß des thierischen Empfindungssystemes auf das Geistige"[241] anzunehmen sind, wie Schillers *Versuch über den Zusammenhang* zeigen will, das entspricht der zeitgenössischen Influxionismus-Theorie, die der junge Mediziner an der Hohen Karlsschule kennenlernt. Bestätigt sieht er sie im Fall seines an ‚Hypochondrie' erkrankten Mitschülers Joseph Friedrich

---

237 Ebd.
238 PLESSNER: Die Stufen des Organischen und der Mensch, GS 4, S. 48.
239 Ebd., S. 115.
240 SCHILLER: Versuch über den Zusammenhang, NA 20, S. 40. Zu Schillers Ablehnung des Idealismus vgl. auch SCHILLER: Ueber naive und sentimentalische Dichtung, NA 20, S. 499: „Das Streben des Idealisten geht viel zu sehr über das sinnliche Leben und über die Gegenwart hinaus; für das Ganze nur, für die Ewigkeit will er säen und pflanzen; und vergißt darüber, daß das Ganze nur der vollendete Kreis des Individuellen, daß die Ewigkeit nur eine Summe von Augenblicken ist."
241 SCHILLER: Versuch über den Zusammenhang, NA 20, S. 41.

Grammont. Schillers seelenkundliche Beobachtungen, sein Abgleich physischer und psychischer Symptome des Zöglings stärken seine Annahme, dass ein „genaue[s] Band zwischen Körper und Seele"[242] besteht. Insofern aber eine Verschränkung von körperlichen und seelischen Aspekten im Menschen anzunehmen ist, müssen anthropologische Denkansätze, die einen dieser Teile nicht beachten, notwendig scheitern. Gegen sie macht Schiller Front.

1.3 Die Kooperation von Philosophie und empirischen Wissenschaften

Die Auseinandersetzung mit dem Fall Grammont wirft nicht nur Licht auf Schillers Menschenbild, sie zeigt auch sein methodisches Selbstverständnis als Mediziner und Anthropologe: Das Interesse, das er dem konkreten Fall seines Mitschülers entgegenbringt, seine Beobachtung und Dokumentation von dessen Krankengeschichte sind Indiz für die Offenheit des Schülers gegenüber empirischem Wissen; sein über die bloße Akkumulation von Fakten und Einzelerkenntnissen hinausreichender anthropologischer Erklärungsansatz hingegen verweist auf sein Abstraktions- und Deutungsvermögen. Beides, das exakte Beobachten der konkreten Wirklichkeit sowie die philosophische Theoriebildung, wurde im Unterricht an der Hohen Karlsschule gefördert und schlägt sich methodisch nun in Schillers Abschlussschrift nieder, die für eine interpretative Integration der Empirie in die Philosophie wirbt.[243]

Dass das ganzheitliche Denkprojekt seines *Versuchs über den Zusammenhang*, übrigens ganz im Sinne der neuen Ärzte-Anthropologie, eine kooperative Methodik erfordert, die Physiologie mit Psychologie und die Vorzüge der Medizin als empirischer Wissenschaft mit denen der Philosophie als Deutungswissenschaft verbindet, reflektiert Schiller in seinem der Abhandlung vorangestellten Anschreiben an den Herzog, das die Verschmelzung der beiden Disziplinen an der Militärakademie lobt. Ohne Philosophie bleibe die „Hippokratische Kunst" stets in der „engen Sphäre einer mechanischen Brodwissenschaft", deren Vertreter „die gröbern Räder des seelenvollsten Uhrwerks nur terminologisch und örtlich" kennen. So verfüge der ‚mechani-

---

242 SCHILLER: Über die Krankheit des Eleven Grammont (1780), NA 22, S. 19–30, hier S. 19. Vgl. hierzu auch MÜLLER: „Die Wahrheit von dem ... Krankenbett aus beweisen", S. 112–132. Zu weiteren Quellen zum Fall des Eleven Grammont s. die kommentierte Textsammlung von Katrin BOJARZIN, Marina MERTENS (Hg.): Hypochondrie an der Stuttgarter Hohen Karlsschule. Der Fall des Eleven Grammont (1780). Gutachten und Protokolle. Hannover 2012.
243 Zur Funktion der philosophischen Anthropologie als „Integrationswissenschaft" und „Bezugswissenschaft von Spezialdisziplinen" s. GARBER: Selbstreferenz und Objektivität, S. 148.

sche Arzt' zwar über anatomische und physiologische Kenntnisse, er könne die Glieder des menschlichen Körpers identifizieren und lokalisieren und besitze technisches Handlungswissen, mit dem er „vor dem Krankenbette Wunder thun" kann und für das er „vom Pöbel vergöttert" wird – ein allgemeines Verständnis für die Zusammenhänge, eine umfassende Erklärung für die Vorgänge im menschlichen Körper, wie sie die *commercium*-Anthropologie zu geben versucht, bleibe den Medizinern dieses Typus aber verwehrt. Schiller, der einer philosophischen Lehre vom Menschen gegenüber bloßem medizinischem Anwendungswissen den Vorzug gibt, zeigt sich hier dem aristotelischen Wissenschaftsideal verhaftet. Im ersten Buch seiner *Metaphysik* erklärt Aristoteles die Allgemeinheit der Kenntnisse und ein Wissen von den Ursachen zur Bedingung echter Weisheit. Dass Schiller dem Herzog selbst das Verdienst zuschreibt, die Medizin an seiner Akademie „in den höhern Rang einer philosophischen Lehre"[244], also höchster Wissenschaft im aristotelischen Sinne, erhoben zu haben, versteht sich strategisch aus dem Entstehungskontext: Das der medizinischen Abschlussarbeit vorangestellte Anschreiben zielt auf eine Huldigung des obersten Akademievorstandes – in dessen Händen letztlich auch der Schulabschluss des jungen Schiller liegt.

Eine auch in begrifflicher Hinsicht ähnliche methodische Reflexion erfolgt knapp neun Jahre später im Rahmen von Schillers Geschichtsphilosophie, wo er für die Zusammenarbeit von Philosophie und empirischer Geschichtswissenschaft plädiert: In seiner universalgeschichtlichen Antrittsrede an der Universität Jena fordert Schiller, dass der Geschichtsphilosoph nicht als „Brodgelehrte[r]" bloß Daten zusammenzutragen, sondern als „philosophische[r] Kopf"[245] ein System zu entwerfen habe, das die empirischen Fakten aufgreift, sie deutet und zu einem sinnvollen Ganzen zusammenfügt. In einem Brief an Caroline von Beulwitz von Dezember 1788 spricht Schiller der „philosophische[n] und Kunstwahrheit", der es nicht um das geht, was real geschehen ist, sondern um das, was der menschlichen Natur gemäß geschehen könnte, ebenso viel Wert zu wie einer „historischen Richtigkeit" der dargestellten Fakten: „Man lernt auf diesem Weg den *Menschen* und nicht *den* Menschen kennen, die Gattung und nicht das sich so leicht verlierende Individuum."[246] Schillers anthropologisches Erkenntnisinteresse – als Mediziner, Geschichtsphilosoph, Ästhetiker und Literat – zielt auf umfassende Zusammenhänge und das allgemeine Wesen des Menschen ab, nicht auf empirisch gesichertes Einzelwissen zu Teilaspekten seines Daseins.

---

244 SCHILLER: Versuch über den Zusammenhang, NA 20, S. 38.
245 SCHILLER: Was heißt Universalgeschichte? (1789), NA 17, S. 359–376, hier S. 360.
246 SCHILLER: Brief an Caroline von Beulwitz, 10. [u. 11.] Dezember 1788 (Nr. 120), NA 25, S. 154 f., hier S. 154.

Seine Ausführungen zum kooperativen Verfahren und integrativen Verhältnis der Wissenschaften, deren Grundidee sich bereits im Titel seiner ersten Dissertation, der *Philosophie der Physiologie*, ankündigt, erinnern an Plessners Ablehnung von bloßem Empirismus wie reinem Apriorismus und an dessen methodisches Selbstverständnis, das die *Stufen des Organischen und der Mensch* sowie sein Zeitschriftenprojekt *Philosophischer Anzeiger* prägt. Auch Scheler und Gehlen streben in ihren anthropologischen Modellen eine Zusammenarbeit der Disziplinen an, wobei der Philosophie gegenüber den empirischen Spezialwissenschaften immer eine Synthese- und Deutungsfunktion zukommt. Ihren Einzelbetrachtungen „*einen* Systemgedanken"[247] entgegenzusetzen, darin erkennt Gehlen die Hauptaufgabe der philosophischen Anthropologie gegenüber den empirischen Humanwissenschaften. Auch Schillers anthropologischer Ansatz, den Menschen in seiner konkreten Vielheit ‚tierischer' wie ‚geistiger' Aspekte, von der Reizung der Muskeln über Nahrungsaufnahme und Fortpflanzung bis zum abstrakten Denken der modernen Wissenschaften, als ein zusammenhängendes Ganzes zu denken, lässt sich in dieser Hinsicht als ein systemischer verstehen.

Philosophie und empirische Medizin sollen, so Schiller, „in der vollkommensten Harmonie"[248] zueinander stehen, ohne dass ihre jeweilige Berechtigung oder methodische Eigenständigkeit infrage stünden – mit Plessner: Die Kooperation von Philosophie und Erfahrung gelingt nur „bei völliger Wahrung ihrer Autonomie"[249]. Kommt es zu einer Zusammenarbeit der Disziplinen, dann stellt sie sich für Schiller als *win-win*-Situation heraus: Während die Philosophie mit der Medizin „ihr Interesse, ihre Würde, ihre Reize" teile, leihe die Arzneiwissenschaft der Philosophie „von ihrem Reichthum und Licht"[250] – und das stellt sich für Schiller als mindestens ebenso wichtig heraus wie die würdige Systematisierungs- und Interpretationsaufgabe der Philosophie. Denn ohne eine Fülle an Fakten („Reichthum") und empirisch gesicherte Erkenntnisse („Licht"), seien sie nun physiologischer, psychologischer oder historischer Natur, fehlt es dem Anthropologen schlichtweg an Einsicht in die konkrete Wirklichkeit des Menschen und er läuft Gefahr, sein Menschenbild auf metaphysischen Spekulationen aufzubauen. So konnte es passieren, dass der Idealismus, von dem Schiller in der Einleitung seiner Schrift dezidiert Abstand nimmt, ein System entwickelte,

---

247 GEHLEN: Der Mensch, GA 3, S. 13.
248 SCHILLER: Versuch über den Zusammenhang, NA 20, S. 38.
249 PLESSNER: Die Stufen des Organischen und der Mensch, GS 4, S. 115.
250 SCHILLER: Versuch über den Zusammenhang, NA 20, S. 38.

das allem, was wir von der Evolution des einzelnen Menschen und des gesammten Geschlechts historisch wissen und philosophisch erklären können, schnurgerade zuwiderläuft, und sich durchaus nicht mit der Eingeschränktheit der menschlichen Seele verträgt[251].

Im *Versuch über den Zusammenhang* ist Schiller darum mit metaphysischen Spekulationen vorsichtig. Stattdessen hält er es mit Gehlens Vorsatz, seine Betrachtungen „sorgfältig im Umkreis der Erfahrung"[252] zu halten und empirisch gesicherte Fakten und Erkenntnisse in seine anthropologische Theorie zu integrieren.[253] Reflektiert findet sich dieser Vorsatz in dem knappen „Methoden"-Kapitel am Beginn des zweiten Teils, in dem Schiller im Rahmen eines Gedankenexperiments zunächst versucht, die Geistigkeit des Menschen unabhängig von dessen tierischer Natur zu verstehen. Der Versuch scheitert – für Schiller ein Anzeichen dafür, dass sich menschliche Geistigkeit erst aus der Verbindung der vernünftigen mit der empirisch fassbaren tierischen Natur voll verstehen lässt. Thesen, die reine Produkte eines hypothetischen Denkspiels sind, genügen den methodischen Ansprüchen des Mediziners nicht: „[D]as Resultat dieser Untersuchung muß durch Fakta bestätigt werden."[254] Darum greift er im Folgenden auf Erfahrungen und Beobachtungen aus der Entwicklungsgeschichte des Individuums sowie der menschlichen Gattung zurück.

Drei Erfahrungsquellen spielen in Schillers früher Anthropologie eine besondere Rolle. Erstens *Medizin* und *Psychologie*: Zur empirischen Unterfütterung seines Modells greift der Anthropologe anatomische und physiologische, darunter auch neurophysiologische Aspekte auf. Psychologische Betrachtungen und konkrete psychosomatische Fallbeispiele werden angesprochen, wenngleich recht knapp und allgemein, sodass oft unklar bleibt, ob sie tatsächlich auf Beobachtung realer Fälle beruhen oder Schillers Vorstellungskraft entsprungen sind. Auch entwicklungspsychologische Erkenntnisse zur Ausbildung der menschlichen Vermögen in der Kindheits- und Jugendphase, verhaltensbiologische Ansätze einer Triebtheorie von Mensch und Tier sowie Thesen der Physiognomik werden genutzt, um die Idee eines Leib-Seele-Zusammenhangs zu stärken. Dass einzelne Beobachtungen recht spekulativ ausgedeutet werden, ändert nichts daran, dass Schiller seine Schrift grundsätzlich der Empirie verschreibt.

Eine zweite wichtige Erfahrungsquelle ist die *Geschichtswissenschaft*. Eckpunkte aus der Entwicklungs- und Zivilisationsgeschichte der menschlichen

---

251 Ebd., S. 40.
252 GEHLEN: Der Mensch, GA 3, S. 5.
253 Vgl. hierzu auch ALT: Schiller, Bd. 1, S. 177 f.
254 SCHILLER: Versuch über den Zusammenhang, NA 20, S. 49.

Gattung sowie prominente historische Fälle sollen Licht auf das Wesen des Menschen werfen. Insofern Schiller gern auf poetische Charakterporträts historischer Persönlichkeiten zurückgreift, vermischt sich das historische mit *literarischem Wissen*, der dritten Quelle seiner Kenntnisse zur Menschennatur. Gegenüber der Methodik der Philosophischen Anthropologen stellt es eine Spezifik Schillers als angehenden Literaten, Geschichtstheoretiker und Ästhetiker dar, dass auch historiografische und poetische Darstellungen des Menschen in den Bestand des Erfahrungswissens aufgenommen werden und über Anspielungen und Zitate in die anthropologische Theoriebildung einfließen. Heinrich Wilhelm von Gerstenbergs *Ugolino*, diverse Shakespeare-Dramen wie *Richard III.*, *Julius Caesar* und *Macbeth*, Goethes *Götz von Berlichingen* und zahlreiche weitere Werke werden genutzt, um das eigene Modell zu veranschaulichen und zu belegen. Sogar das eigene Drama *Die Räuber* (1781), an dem er seinerzeit arbeitet, wird von Schiller zitiert. Geschichtsschreibung und Literatur stellen für ihn eine wertvolle und unverzichtbare Bereicherung des anthropologischen Erfahrungsschatzes dar. Nicht in der Forderung, dass empirisches Wissen die stoffliche Grundlage der philosophischen Anthropologie bilden soll, lediglich im Begriff der Erfahrung unterscheidet sich Schillers Anthropologie also von der Philosophischen Anthropologie im 20. Jahrhundert. In der zweiten Hälfte des 18. Jahrhunderts, das lässt sich an Schillers Werk paradigmatisch zeigen, gehen philosophische und literarische Anthropologie Hand in Hand.[255]

Im Dezember 1780 schließt Schiller sein Medizinstudium an der Hohen Karlsschule ab. Keine zwei Jahre ist er im Anschluss daran als Regimentsarzt in Stuttgart tätig. In dieser Zeit wendet sich Schiller stärker der Literatur zu. Es entstehen seine ersten Dramen, einige von ihnen greifen historische Stoffe auf. Vermehrt widmet sich der junge Schriftsteller auch auf philosophischem Wege den Bereichen der Geschichte und der Kunst – und verlässt damit endgültig das Diskursfeld der medizinischen Anthropologie. Was er in jungen Jahren an der Militärakademie gelernt hat, wird sein Denken aber

---

[255] Zur literarischen Anthropologie im 18. Jahrhundert vgl. Wolfgang RIEDEL: Literarische Anthropologie. Eine Unterscheidung. In: Wolfgang Braungart, Klaus Ridder, Friedmar Apel (Hg.): Wahrnehmen und Handeln. Perspektiven einer Literaturanthropologie. Bielefeld 2004, S. 337–366; ders.: Anthropologie und Literatur in der deutschen Spätaufklärung, S. 133–155; Helmut PFOTENHAUER: Literarische Anthropologie. Selbstbiographien und ihre Geschichte – am Leitfaden des Leibes. Stuttgart 1987; Jutta HEINZ: Literarische oder historische Anthropologie? Zur Möglichkeit interdisziplinären Arbeitens am Beispiel von Literatur und Anthropologie. In: Walter Schmitz, Carsten Zelle (Hg.): Innovation und Transfer. Naturwissenschaften, Anthropologie und Literatur im 18. Jahrhundert. Dresden 2004, S. 195–207; sowie dies.: Wissen vom Menschen und Erzählen vom Einzelfall, S. 1–13. Einen Überblick über das Forschungsfeld gibt Harald NEUMEYER: Literarische Anthropologie. In: Eike Bohlken, Christian Thies (Hg.): Handbuch Anthropologie. Der Mensch zwischen Natur, Kultur und Technik. Stuttgart, Weimar 2009, S. 177–182.

zeitlebens prägen. Bis in die späte Ästhetik hinein spielt seine Vorstellung von einer gemischten Natur des menschlichen Wesens eine tragende Rolle.[256] Die spannungsvolle Frage, wie das Erbe des Idealismus – die Ideen menschlicher Geistigkeit und Freiheit – bewahrt werden kann, ohne auf eine gesunde Portion Realismus zu verzichten, bildet die gedankliche Aufgabe, mit der Schiller aus seiner Schulzeit entlassen wird und aus der das gespaltene Wesen seiner Philosophie, seine ambivalente Haltung in Fragen des Menschenbildes und der Ästhetik herrühren. Das ganzheitliche Menschenbild, das Schiller als Schüler in Frontstellung gegen Materialismus und Animismus, gegen einen bloßen Naturalismus wie einen überzogenen Idealismus in Auseinandersetzung mit den medizinischen Debatten seiner Zeit ausgebildet hat, lässt sich an verschiedensten Stellen im Werk nachweisen. Dabei pendelt das anthropologische Denken, das seine Geschichtsphilosophie ebenso wie seine Ästhetik durchzieht, lebenslang zwischen den Extremen; mal nähert es sich dem einen, mal dem anderen mehr an, niemals aber kommt es ganz vom Mittelkurs ab, den Schiller in seinem *Versuch über den Zusammenhang* bewusst einschlägt.

1.4 Universalgeschichte zwischen den Fronten

Die Begegnung mit der aufklärerischen Geschichtsphilosophie und Historiografie, zu Karlsschulzeiten und in den Jahren danach, eröffnet dem Anthropologen Schiller eine historische Perspektive auf das Wesen des Menschen.[257]

---

256 HINDERER: Schillers philosophisch-ästhetische Anthropologie, S. 314, zeigt, wie sich Schillers anthropologisches Konzept von der Doppelnatur des Menschen, das er in Karlsschulzeiten entwickelt, „wie ein roter Faden" durch sein theoretisches Werk zieht. Vor allem mit Blick auf die duale Begrifflichkeit der *Ästhetischen Briefe* sehen das auch ZELLE: *Über die ästhetische Erziehung des Menschen in einer Reihe von Briefen*, S. 425; RIEDEL: Philosophie des Schönen als politische Anthropologie, S. 115; und Lars MEIER: Kantische Grundsätze? Schillers Selbstinszenierung als Kant-Nachfolger in seinen Briefen *Ueber die ästhetische Erziehung des Menschen*. In: Cordula Burtscher, Markus Hien (Hg.): Schiller im philosophischen Kontext. Würzburg 2011, S. 50–63, hier S. 58 f. Auf Transformationen und Diskontinuitäten in Schillers Werk verweist hingegen BÖSMANN: ProjektMensch, S. 21 f.

257 Zu Schillers geschichtsphilosophischen und historiografischen Kenntnissen und Hintergründen vgl. etwa ALT: Schiller, Bd. 1, bes. S. 587–604; Otto DANN: *Was heißt und zu welchem Ende studiert man Universalgeschichte?* (1789). In: Matthias Luserke-Jaqui (Hg.): Schiller-Handbuch. Leben – Werk – Wirkung. Stuttgart, Weimar 2005, S. 323–330, hier bes. S. 327 f.; und EDER: Schiller als Historiker, S. 699 f. Zu Schillers Beziehung zur Geschichte vgl. außerdem die Sammelbände, hg. v. Otto DANN, Norbert OELLERS, Ernst OSTERKAMP: Schiller als Historiker. Stuttgart, Weimar 1995; und Michael HOFMANN, Jörn RÜSEN, Mirjam SPRINGER: Schiller und die Geschichte. München 2006; s. auch PRÜFER: Die Bildung der Geschichte, sowie Daniel FULDA: Schiller als Denker und Schreiber der Geschichte. Historische Gründungsleistung und aktuelle Geltung. In: Hans Feger (Hg.): Schiller. Die Realität des Idealisten. Heidelberg 2006, S. 121–150.

Er beschäftigt sich mit der *Universal-Historie* des Göttinger Geschichtstheoretikers Schlözer und mit Herders *Auch eine Philosophie zur Geschichte der Menschheit*, liest die Franzosen Voltaire und Montesquieu, hat Kontakt mit der neuen britischen Geschichtsschreibung und -philosophie. Im Zuge erster dramatischer und historiografischer Arbeiten setzt er sich mit Werken zu einzelnen historischen Persönlichkeiten und Epochen auseinander. Zugleich lernt Schiller den anthropologischen Freiheitsdiskurs kennen, der in der zweiten Hälfte des 18. Jahrhunderts in der Gattung der Menschheitsgeschichte geführt wird. Wie vertraut ihm in den späten 1780er Jahren, als er seine erste eigene Theorie der Geschichte ausbildet, die einschlägigen Schriften Rousseaus, Herders und Kants sind, ist nicht in jedem Fall zur Genüge geklärt. So ist die Frage nach Schillers Rousseau-Kenntnissen trotz ihrer Relevanz bis heute offen.[258] Mit Sicherheit unvermittelt ist er dem menschheitsgeschichtlichen Konzept einer Instinkt- und Umweltentbindung des Menschen in Herders geschichtsphilosophischen Abhandlungen begegnet. Es ist nicht unwahrscheinlich, dass er bereits als Schüler Herders *Abhandlung über den Ursprung der Sprache* kennenlernt.[259] Spätestens bei der Lektüre von Herders *Ideen zur Philosophie der Geschichte der Menschheit* trifft Schiller auf dessen Theorie vom weltoffenen Menschen. Das innovative Potenzial der neuen anthropologisch begründeten Freiheitsphilosophie, die darum bemüht ist, die natürliche Herkunft und die Leiblichkeit des Menschen nicht zu ignorieren, und die dennoch seine Naturentbundenheit und Geistigkeit betont, muss dem philosophisch gebildeten Mediziner attraktiv erschienen sein. Entsprechend groß

---

258 Es gelten nach wie vor die von Wolfgang RIEDEL: „Der Spaziergang". Ästhetik der Landschaft und Geschichtsphilosophie der Natur bei Schiller. Würzburg 1989, S. 66, Anm., konstatierten „Unsicherheiten in der Rousseaufrage". Als diskursives Allgemeingut der deutschen Spätaufklärung werden ihm Rousseaus Überlegungen zum Naturzustand und zur Kulturgeschichte der Menschheit sicher nicht unbekannt gewesen sein. Eine Lektüre der rousseauschen Schriften lässt sich im Falle Schillers allerdings nicht eindeutig nachweisen. Zumindest vermittelte Kenntnisse über den für den Freiheitsdiskurs elementaren *Discours sur l'inégalité* lassen sich zu Karlsschulzeiten belegen. Zum Zeitpunkt seiner Arbeit an der Dissertation kennt Schiller Rousseaus Abhandlung vermutlich flüchtig und aus zweiter Hand, aus einer Zusammenfassung in Johann Georg Jacobis Nachruf auf den Verstorbenen, der im September 1778 im *Teutschen Merkur* erschienen ist; vgl. hierzu den Kommentar zu Schillers Gedicht *Roußeau* (1782) in SCHILLER: NA 2iiA, S. 62. HOFMANN: Arkadien oder Elysium?, S. 266, hält eine unmittelbare Rousseau-Rezeption des Schülers für plausibel, wenn auch nicht belegt. Dass Schiller der Person und dem Denken Rousseaus zeitlebens große Bedeutung zumisst, davon zeugt nicht nur sein frühes, anlässlich Rousseaus Tod im Jahr 1778 verfasstes Gedicht über den „Riesen Roußeau" (SCHILLER: Roußeau (1782), NA 1, S. 61–63, hier S. 61), dessen Ehrung er 1785 in einem Brief an Körner, wo vom „große[n] Roußeau" (SCHILLER: Brief an Christian G. Körner, 11. Juli 1785 (Nr. 5), NA 24, S. 12–14, hier S. 13) die Rede ist, bekräftigt; auch die kulturkritischen Ansätze der späteren *Ästhetischen Briefe* können den massiven Einfluss Rousseaus auf Schiller nicht leugnen. Zur Nähe der Kulturkritik Rousseaus und Schillers vgl. BOLLENBECK: Eine Geschichte der Kulturkritik, S. 22–110.
259 Vgl. den Kommentar in SCHILLER: NA 2iiB, S. 305.

ist sein Interesse an Herders geschichtsphilosophischem Hauptwerk, dessen Veröffentlichungen er gespannt erwartet.²⁶⁰ Obwohl er das Werk von Beginn an achtet, so erinnert sich Caroline von Wolzogen später, seien sie doch „früher oft in Zwiespalt"²⁶¹ über es gewesen. Skeptisch beäugt Schiller den naturgeschichtlichen Ansatz der Schrift, der ihre These von einer Sonderstellung des Menschen im Naturganzen zu untergraben scheint. In Schillers Augen kommt Herder zu sehr von der ‚Mittellinie der Wahrheit' in Richtung eines naturalistischen Menschenbildes ab. In einem Brief an Körner lässt er sich sogar zu der Unterstellung hinreißen, „Herder neig[e] sich äußerst zum Materialismus, wo er nicht schon von ganzem Herzen daran häng[e]"²⁶².

Trotz der moralphilosophisch-idealistischen Einfärbung der kantischen Philosophie, die ebenso wenig zu Schillers doppelter Frontstellung passt wie Herders naturgeschichtliche Abwege, ist Schiller von Kants geschichtsphilosophischem Modell von Beginn an überzeugt. Im August 1787 liest er auf Anraten Reinholds Kants in den 1780er Jahren in der Berlinischen Monatsschrift erschienene Aufsätze, die *Idee zu einer allgemeinen Geschichte in weltbürgerlicher Absicht* und die Schrift zum *Muthmaßlichen Anfang der Menschengeschichte*, deren „Idee über eine allgemeine Geschichte" Schiller so „ausserordentlich befriedigt"²⁶³ hat, dass er zahlreiche Gedanken Kants in seine Werke übernimmt. Ist Schillers eigenes historisches Denken während seiner Schulzeit (abgesehen von einem menschheitsgeschichtlichen Exkurs in seinem *Versuch über den Zusammenhang*) noch schwach ausgeprägt, so findet er auf dem Wege einer Auseinandersetzung mit der zeitgenössischen Geschichtsphilosophie und einer Aufarbeitung historischer Materialien als Stoffquellen für die Literatur zur Geschichte. Es gelingt ihm schließlich der Durchbruch als Historiker.

Als Schiller im Mai 1789 seine Antrittsvorlesung *Was heißt und zu welchem Ende studiert man Universalgeschichte?* an der Universität Jena hält, ist die Ärzte-Anthropologie aus der Schulzeit gedanklich längst in den Hintergrund gerückt. Schiller beschäftigt sich jetzt mit Fragen der Geschichtsphilosophie.

---

260 Vgl. SCHILLER: Brief an Christian G. Körner, 17. [15.] Mai 1788 (Nr. 39), NA 25, S. 57–59, hier S. 58: „Sein letzter Theil der Ideen wird, wie er mir sagt, *nicht* herauskommen. Fertig ist er längst. Warum er damit zurückhält, mocht' ich ihn nicht fragen, weil es wahrscheinlich seine verdrießlichen Ursachen hat. Vielleicht kann ich ihn in [sic!] Manuscript von ihm erhalten, und dann sollst Du auch dabei zu Gaste sein. Ich bin willens, Herdern diesen Sommer, so zu sagen, zu verzehren." Im März 1789 bestellt Schiller bei Siegfried Leberecht Crusius Herders *Ideen*, von denen zu diesem Zeitpunkt die ersten drei Bände erschienen sind, vgl. SCHILLER: Brief an Siegfried L. Crusius, 9. März 1789 (Nr. 157), NA 25, S. 219 f., hier S. 219.

261 Erst in seinem letzten Lebensjahr habe Schiller Herders Buch auf eine neue Weise betrachtet und es „sehr lieb" gewonnen; SCHILLER: Gespräch mit Caroline von Wolzogen, Frühjahr 1805 (Nr. 978), NA 42, S. 425.

262 SCHILLER: Brief an Christian G. Körner, 17. [15.] Mai 1788, NA 25, S. 58.

263 SCHILLER: Brief an Christian G. Körner, 29. August 1787 (Nr. 97), NA 24, S. 142–150, hier S. 143.

Seine Idee vom ‚ganzen Menschen' aber tritt, historisch transformiert, auch hier in Erscheinung – und zwar als Idee von der ‚ganzen Menschheit'. Galt es damals noch, in Abgrenzung zu materialistischen und animistischen Extrempositionen den *Leib-Seele-Zusammenhang im Individuum* zu ergründen, so zeigt sich Schiller jetzt, ganz im Sinne der zeitgenössischen Menschheitsgeschichten, bemüht, den *zivilisationsgeschichtlichen Zusammenhang der Gattung* aufzuzeigen: Die Universalgeschichte soll den Weg der Menschheit „vom ungeselligen Höhlenbewohner"[264] und tierischen Wilden, von dem die von Weltreisenden entdeckten Völkerscharen „ein eben so lehrreiches als unterhaltendes Schauspiel"[265] liefern, zum „geistreichen Denker" der europäischen Gegenwart entlang der Hypothese einer inneren Teleologie nachzeichnen und damit die unvereinbar scheinenden Pole von archaischer Wildheit und aufgeklärter Fortschrittlichkeit, Natur und Kultur, in einen historischen Entwicklungsprozess „von *jenem* Aeussersten zu *diesem* Aeussersten"[266] integrieren.

Freilich, die Parallelen zwischen der medizinischen und der menschheitsgeschichtlichen Anthropologie Schillers sind vage: An die Stelle eines Leib-Seele-Dualismus tritt, wie sich zeigen wird,[267] in Schillers Geschichtsphilosophie und Ästhetik mehr und mehr die Dichotomie von Leben und Geist. Eine materialistische Anthropologie lässt sich nicht mit einer naturalistischen Geschichtstheorie gleichsetzen und die logozentrische Fortschrittsidee geht nicht in einem idealistischen, geschweige denn in einem animistischen Menschenbild auf – ein Vergleich sollte folglich nicht überstrapaziert werden. Und doch schimmern durch die Menschentypen an den äußersten Grenzen der Geschichte die zwei Menschenbildextreme durch, gegen die bereits der junge Schiller Front macht: das naturalistische, das den Menschen als Wilden auf eine tierische Leiblichkeit reduziert, sowie das idealistische, das ihn als geistig autonomes, moralisches Wesen über die freien Schöpfungen seiner kulturellen Welt begreift, als aufklärerisches Zukunftsideal vom Menschen im „Zeitalter der Vernunft"[268]. Sie bilden die äußersten, in ihrer Überzeichnung und typologischen Reinheit allerdings außerhalb der historischen Realität liegenden Pole der menschheitlichen Entwicklung, zwischen die Schiller, gemäß den Konventionen der Geschichtsphilosophie, das historische Kontinuum der Menschheitsgeschichte spannt. Die alte Frontstellung gegen Naturalismus und Idealismus ist dabei theoretisch erhalten geblieben:

---

264 SCHILLER: Was heißt Universalgeschichte?, NA 17, S. 367.
265 Ebd., S. 364.
266 Ebd., S. 367.
267 Vgl. Kap. III,2,4.
268 SCHILLER: Was heißt Universalgeschichte?, NA 17, S. 366.

So verortet er die realen wilden Völker nicht auf der „erste[n] Stuffe"[269] eines reinen Naturzustands, sondern auf einer frühen, wenn auch unzivilisierten Kulturstufe; und selbst im Zeitalter der Aufklärung gesteht er „noch mache barbarische Ueberreste" ein. Weder will der Professor für Philosophie die Geschichte der Menschheit auf einen natürlichen Evolutionsprozess unter dem Diktat des Überlebens reduziert wissen, der Herders zum Materialismus neigendes Geschichtsmodell in Schillers Augen gefährlich nahe kommt (zu offensichtlich sei die Menschheitsgeschichte „[v]on dem blinden Zwange des Zufalls und der Noth", mit den Worten der Philosophischen Anthropologie: vom unmittelbaren Druck des Organischen befreit) noch begreift Schiller die Entwicklung seiner Gattung als die von der tierischen Natur des Menschen unabhängige Entfaltung eines freien Geistes – dem Schicksal der Leiblichkeit kann der Mensch, bei aller Entbundenheit seines Willens vom unmittelbaren Triebzwang, „nie ganz entfliehen"[270].

Das ganzheitliche Menschenbild hat sich der Anthropologe über seine Schuljahre hinaus also bewahrt – der Fokus aber hat sich unter dem Einfluss der aufklärerischen Geschichtsphilosophie verschoben. Ist dem jungen Mediziner im *Versuch über den Zusammenhang* noch besonders daran gelegen, auf onto- wie phylogenetischer Ebene den organischen Ausgangspunkt aller menschlichen, auch der geistigen Entwicklungen zu betonen („der Mensch mußte Thier seyn, eh er wußte daß er ein Geist war"[271]), kehrt der Schiller der Antrittsvorlesung die Begründungsrichtung um und rückt in bestimmungsphilosophischer Manier an die Stelle kausaler Ursachen finale Erklärungen: „Unser *menschliches* Jahrhundert herbey zu führen haben sich – ohne es zu wissen oder zu erzielen – alle vorhergehenden Zeitalter angestrengt."[272] Mit Herders Historismus verträgt sich ein solches teleologisches Geschichtsdenken nicht. Der Geschichte wird, indem der Universalgeschichtsschreiber ihr zum Zwecke einer sinnvollen Ordnung der Fakten „einen vernünftigen Zweck", also „ein teleologisches Prinzip"[273], unterlegt, eine Entwicklungstendenz zum Vernünftigen eingeschrieben – Geschichte als infiniter Progress einer Verwirklichung des Ideals! Was den Verlauf der Historie bestimmt, ist folglich nicht mehr die Vergangenheit, mithin die natürliche Herkunft und die Biologie der Menschheit, sondern ihre Zukunft, und die gehört dem Geiste.

Das klingt optimistisch, ja idealistisch. Schillers Geschichtsdenken, das hier der ‚schönen Verirrung des Verstandes' verfallen scheint, die er dem

---

269 Ebd., S. 364.
270 Ebd., S. 366.
271 SCHILLER: Versuch über den Zusammenhang, NA 20, S. 56.
272 SCHILLER: Was heißt Universalgeschichte?, 17, S. 375 f.
273 Ebd., S. 374.

Idealismus einst selbst vorwarf, geht allerdings nicht in einem blind-naiven Fortschrittsoptimismus auf. Schenkt man seinem an Kant geschulten methodischen Selbstverständnis Glauben, vertritt Schiller hier keine Teleologie im ontologischen Sinne, nimmt keine realen Fortschrittsmächte im geschichtlichen Prozess an, an dessen Ende sich der wahre Mensch als ein der Natur und der materiellen Wirklichkeit enthobenes Geistwesen zu erkennen gibt. Vor allem will der Universalhistoriker die Idee eines geistigen Fortschritts als regulatives Forschungsprinzip zur sinnvollen Systematisierung der historischen Fakten nutzen.[274] Seine nüchternen Überlegungen zur Verwendung heuristischer Prinzipien in der Universalgeschichtsschreibung passen allerdings nur schlecht zu dem hymnischen Pathos, mit dem er in der Antrittsvorlesung den geistigen Fortschritt seines Jahrhunderts gegenüber vergangenen Kulturstufen lobt. Ganz lässt sich der Verdacht also nicht ausräumen, dass der ehemals so realistische Mediziner Schiller zwischenzeitig dem optimistisch-idealistischen Zeitgeist seines Jahrhunderts aufsitzt.[275]

---

[274] Zu Schillers universalgeschichtlichem Methodenverständnis vgl. auch ALT: Schiller, Bd. 1, S. 605–611; DANN: *Was heißt und zu welchem Ende studiert man Universalgeschichte?*, S. 325; EDER: Schillers als Historiker, bes. S. 730–736; Rudolf MALTER: Schiller und Kant. In: Otto Dann, Norbert Oellers, Ernst Osterkamp (Hg.): Schiller als Historiker. Stuttgart 1995, S. 281–291, hier S. 283; Hinrich C. SEEBA: Historiographischer Idealismus? Fragen zu Schillers Geschichtsbild. In: Wolfgang Wittkowski (Hg.): Friedrich Schiller. Kunst, Humanität und Politik in der späten Aufklärung. Ein Symposium. Tübingen 1982, S. 229–251, hier S. 246. Dabei wird mit Blick auf die ästhetisch-narrative Ordnung des Geschichtsprozesses durch den Historiker, insbesondere seit Hayden Whites *Metahistory*, immer wieder die Nähe von Geschichtsschreibung und Kunst bei Schiller betont, etwa bei Peter-A. ALT: Natur, Zivilisation und Narratio. Zur triadischen Strukturierung von Schillers Geschichtskonzept. In: Zeitschrift für Germanistik, Neue Folge 18/3 (2008), S. 530–545, hier S. 530; GROSCURTH: Geschichtsphilosophie als Basis für Kulturkritik?, S. 76 f.; PRÜFER: Die Bildung der Geschichte, S. 124–155; Michael HOFMANN: Schiller. Epoche – Werk – Wirkung. München 2003, S. 74–77; SEEBA: Historiographischer Idealismus, S. 240–246; sowie Johannes SÜSSMANN: Geschichtsschreibung oder Roman? Zur Konstitutionslogik von Geschichtserzählungen zwischen Schiller und Ranke, 1780–1824. Stuttgart 2000, S. 75–112.
[275] Abschließend lässt sich die Frage nicht beantworten, ob Schillers Geschichtsdenken in der Antrittsvorlesung in einem ontologischen Sinne teleologisch ist, wie in der Forschung oft behauptet wird; vgl. hierzu auch Benjamin BENNETT: Trinitarische Humanität: Dichtung und Geschichte bei Schiller. In: Wolfgang Wittkowski (Hg.): Friedrich Schiller. Kunst, Humanität und Politik in der späten Aufklärung. Ein Symposium. Tübingen 1982, S. 164–180, hier S. 166. Es bleibt also unklar, ob die Antrittsvorlesung tatsächlich ein „Loblied auf den Fortschritt" singt, so BOLLENBECK: Von der Universalgeschichte zur Kulturkritik, S. 16; ob sich darin tatsächlich ein „kaum durch Zweifel getrübter Fortschrittsoptimismus" kundtut, so Werner FRICK: Der ‚Maler der Menschheit'. Philosophische und poetische Konstruktionen der Gattungsgeschichte bei Schiller, S. 77–107, hier S. 97; ob sich Schillers Optimismus hier als „grenzenlos" erweist, so Helmut KOOPMANN: Schiller und das Ende der aufgeklärten Geschichtsphilosophie. In: Hans-J. Knobloch, Helmut Koopmann (Hg.): Schiller heute. Tübingen 1996, S. 11–25, hier S. 11.

1.5 Engagierte Anthropologie vom ‚ganzen Menschen'

Sollte Schiller sich zwischenzeitig auch dem Idealismus hingezogen gefühlt haben – die sozialen Missstände Ende des 18. Jahrhunderts, auf die nicht zuletzt Rousseaus kulturkritische Schriften aufmerksam machen, spätestens die Schrecken der Französischen Revolution holen Schiller auf den Boden der Tatsachen zurück. Dass sein Geschichtsdenken angesichts der desillusionierenden Revolutionserfahrungen in den 1790er Jahren einen fundamentalen Wandel erlebt, zeigt ein Vergleich der Antrittsvorlesung mit den geschichtstheoretischen Ausführungen seiner Schrift *Ueber das Erhabene* (1801), in der die Vorstellung einer Fortschrittsgeschichte dem Bild einer krisenbestimmten „Risikogeschichte"[276] gewichen ist.[277] Die naturalistische Idee, dass sich der Mensch im Grunde seines Wesens nicht vom Tier unterscheidet, scheint sich auf gesellschaftlicher Ebene zu bestätigen: Ein Egoismus der Triebe und animalische Umgangsformen enttarnen Idealismus und Fortschrittsoptimismus als Illusionen und stürzen Schiller in eine tiefe Krise, die nicht nur die Frage nach dem Wesen und der Entwicklung der menschlichen Gattung erneut aufwirft, sondern auch einen akuten Handlungsbedarf aufdeckt.

Diesmal widmet sich Schiller den anthropologischen Problemen im Rahmen seiner Ästhetik. Damit betritt er ein Themenfeld, das *per se* die anthropologische ‚Mittellinie' zu garantieren verspricht, insofern Wahrnehmungsakte und Kunstproduktion klassische Phänomene auf dem Grenzgebiet zwischen Sinnlichkeit und Vernunft darstellen. Statt einer deskriptiven Philosophie vom Menschen entwickelt Schiller in seinen *Ästhetischen Briefen* (1795) angesichts der „tiefen Entwürdigung"[278] seiner Zeit und der daraus resultierenden praktischen Relevanz allerdings ein normatives Erziehungskonzept.[279] Auch dieses Konzept lässt sich im Sinne einer Anthropologie

---

276 Wolfgang RIEDEL: „Die Weltgeschichte ein erhabenes Object". Zur Modernität von Schillers Geschichtsdenken. In: Peter-A. Alt u. a. (Hg.): Prägnanter Moment. Studien zur deutschen Literatur und Klassik. Festschrift für Hans-J. Schings. Würzburg 2002, S. 193–214, hier S. 207.
277 Einer Rückführung der Akzentverschiebung in Schillers Geschichtsdenken auf die Erfahrung der Französischen Revolution widerspricht KOOPMANN: Schiller und das Ende der aufgeklärten Geschichtsphilosophie, S. 17, der betont, dass sich Schillers „Geschichtspessimismus" Ende der 1780er Jahre nicht auf politischem Gebiet, sondern in der Bewertung der griechischen Antike zeige. – Zwar lösen die Ereignisse im Nachbarland Schillers Geschichtsskepsis nicht aus, aber sie bestätigen massiv seine Zweifel an der Fortschrittsidee. Insofern ist Koopmanns Einschätzung nicht falsch, sie verkennt aber die große historische und menschheitliche Bedeutung, die auch Schiller den Ereignissen im Nachbarland zuspricht – und seine Ergriffenheit angesichts der dramatischen Entwicklungen der Revolution, mit der sein ‚Geschichtspessimismus' erst besiegelt wird.
278 SCHILLER: Ästhetische Briefe (7. Brief), NA 20, S. 329.
279 Indem Schiller aus dem, was er deskriptiv als anthropologische Konstanten bestimmt, Normen ableitet, unterliegt er logisch betrachtet einem naturalistischen Fehlschluss. Zur elementaren Funktion der Degenerationsdiagnosen für Schillers Erziehungsmodell der *Ästhetischen*

der Mitte deuten. So liegt dem ästhetischen Modell ein ganzheitliches Menschenbild zugrunde, das sowohl die Sinnlichkeit als auch die Vernunft des Menschen nicht nur berücksichtigt, sondern berücksichtigen *muss*, will es angesichts der humanen Missstände praktisch wirksam sein. Dabei geht es ihm nicht um Verstandesbildung, sondern vor allem um eine Formung des Empfindungsvermögens. Als Alternative und Korrektiv zu rationalistischen Erziehungsprogrammen des 18. Jahrhunderts, die auf eine theoretische Verstandesbildung und eine Aufklärung der Vernunft setzen, wertet Schiller also die Sinnlichkeit in seinem Programm auf. Die Erziehung durch Schönheit zielt vorrangig auf eine verfeinernde beziehungsweise stärkende Formung des Empfindungsvermögens, dem hier allein die Macht zu zivilisatorischen Veränderungen zugeschrieben wird – ein Ansatz, für den Sulzer das Vorbild liefert und der in Schelers Vorstellung einer Energisierung des reinen Geistes durch die Macht der niederen Vitalschichten im Menschen im Nachhinein Bestätigung findet.[280]

Die Totalitätsforderung seiner frühen Anthropologie weitet Schiller hier also von der Ebene der Theorie auf die Realität aus: Nicht nur das *Bild vom Menschen* in seiner gemischten Natur, sondern der *Mensch selbst*, der sich „auf eine doppelte Weise entgegen gesetzt seyn" kann, soll eine Ganzheit bilden. Die Menschenbildextreme der medizinischen Anthropologie werden in den Briefen, kulturkritisch gewandt und überformt, gewissermaßen zum Leben erweckt und treiben als „Wilder" und „Barbar"[281], in denen Leben und Geist, die Sinnen- und die Vernunftnatur des Menschen, nicht nur depraviert, sondern auch in ein extremes Ungleichgewicht geraten sind, ihr Unwesen.[282]

Briefe vgl. BOLLENBECK: Die konstitutive Funktion der Kulturkritik für Schillers Briefe *Über die ästhetische Erziehung*, sowie GROSCURTH: Das Schöne, Fortschritt und Freiheit, S. 92–97.

280 Zu Schillers Rückgriff auf Sulzers Theorie der Empfindung vgl. RIEDEL: Philosophie des Schönen als politische Anthropologie, S. 76–80. Die fundamentale Vernunftkritik in Schillers ästhetischer Theoriebildung beleuchtet TSCHIERSKE: Vernunftkritik und ästhetische Subjektivität. Noch eine Notiz aus dem Nachlass, die nicht eindeutig zu datieren ist, zeigt, wie wichtig die Begriffe der Natur und des Lebens für sein Menschenbild sind. So schreibt SCHILLER: Methode, NA 21, S. 90: „Der Philosoph kommt freilich am besten zu seinem Zweck wenn er den Menschen gleich als vernünftig voraussezt; aber der Mensch ist nicht vernünftig, er wird es erst spät und wenn die Welt schon eingerichtet ist. Der Mensch ist mächtig, gewaltsam, er ist listig und kann geistreich seyn lang eh er vernünftig wird. Aus dieser seiner Natur und nicht aus seiner vernünftigen müßte das Naturrecht und die Politik deduciert werden, wenn durch sie das Leben erklärt werden, und wenn sie einen wirksamen Einfluß aufs Leben haben sollten." Vor allem Kants Dualismus und dessen Überbetonung geistiger Ideale will Schiller überwinden; darin stimmt er mit Plessner überein, vgl. HAUCKE: Plessners Kritik der radikalen Gesellschaftsideologie, S. 104–107, zu Schiller: S. 120–130.

281 SCHILLER: Ästhetische Briefe (4. Brief), NA 20, S. 318.

282 Die antonyme Konzeption des ‚Wilden' und des ‚Barbaren', die jeweils die tierische beziehungsweise die geistige Natur des Menschen absolut setzen, hebt ZELLE *Über die ästhetische Erziehung des Menschen in einer Reihe von Briefen*, S. 416, hervor.

Schillers Programm der ästhetischen Erziehung setzt auf eine ganzheitliche Theorie, um in der Wirklichkeit das Ideal des ‚ganzen Menschen' zu realisieren und verfolgt damit eine engagierte Anthropologie.

Hält man an einer inneren Systematik von Schillers anthropologischem Denken fest, taucht seine einstige Frontstellung gegen die Absolutsetzung des Geistes in der Denktradition der idealistischen Geistphilosophie hier als Affront gegen die rationalistische Aufklärung und den Rigorismus der vernunftbestimmten kantischen Moralphilosophie wieder auf. Den Menschen in seiner Totalität von Körper und Seele, Leben und Geist, stellt Schiller dabei nicht mehr als Realität, sondern als Inbegriff eines klassischen Harmonieideals vor, das er den realen menschlichen Entartungsformen gegenüberstellt. Es geht ihm nicht mehr nur darum, wie die menschliche Natur beschaffen ist und in ihrer Beschaffenheit im Leben besteht, sondern vor allem darum, auf welchem Wege sie werden kann, was sie sein soll. Den beiden menschheitlichen Degenerationsformen will Schiller dabei mit zwei verschiedenen ästhetischen Erziehungsprogrammen begegnen: Der tierische Naturmensch soll durch die „schmelzende Schönheit" abgespannt und von seiner Wildheit befreit, der aufgeklärte Kulturmensch durch die „energische Schönheit"[283] angespannt und so von seiner Barbarei geheilt werden. Dass die ‚energische Schönheit', hinter der sich das Phänomen des Erhabenen verbirgt, selbst auf einer Überwindung der Natur durch den Geist beruht, die Schiller gerade am ‚Barbaren' verurteilt, bildet nur einen von vielen Widersprüchen der schillerschen Theorie.[284]

Solche klassisch-idealistischen Ansätze, wie sie Schillers Humanitätskonzept bestimmen, liegen dem Denken der Philosophischen Anthropologie freilich fern.[285] Und doch glaubt Plessner, aus Schillers anthropologischer Utopie der *Ästhetischen Briefe* eine Vorstellung davon zu erhalten, was ‚Menschlichkeit' sein könne:

> Klammert man sich nicht an die Art, wie Schiller die doppelte Weise des Menschen, sich entgegengesetzt zu sein, formuliert, deutlich im Hinblick auf das versöhnende Mittel der Kunst und geleitet durch ihr klassisches Ideal, so mag man sich fragen, ob nicht in der Exposition des doppelten Sich-Entgegengesetztseins ein Hinweis wenigstens auf das, was Menschlichkeit sein kann, enthalten ist.[286]

---

283 SCHILLER: Ästhetische Briefe (16. Brief), NA 20, S. 361 f.
284 Vgl. hierzu auch ZELLE: *Über die ästhetische Erziehung des Menschen in einer Reihe von Briefen*, S. 417.
285 Den fundamentalen Unterschied zwischen dem auf harmonische Totalität hin angelegten Menschheitsideal in Schillers Ästhetik und Plessners Entwurf vom Menschen, der die Gebrochenheit des menschlichen Daseins in natürlicher Künstlichkeit hervorhebt, betont Hans-R. MÜLLER: Künstliche Natur. Bildungsanthropologische Aspekte bei Schiller und Plessner, S. 95–114, vgl. bes. S. 102.
286 PLESSNER: Das Problem der Unmenschlichkeit, GS 8, S. 336.

Auch weisen Plessners Überlegungen in seiner Schrift *Die Grenzen der Gemeinschaft*, in der jede Form von „soziale[m] Radikalismus"[287] (sowohl die auf positiven Emotionen basierende „Blutsgemeinschaft" als auch die auf intellektuellen Überzeugungen beruhende „Sachgemeinschaft"[288]) abgelehnt wird, weil sie den Menschen einseitig festschreiben, in dieselbe Richtung wie Schillers kritische Gegenwartsdiagnose.

So wie gesellschaftliche Umbrüche und die philosophische Konfliktsituation Anfang des 20. Jahrhunderts, zwischen Bewusstseinsphilosophie und Körperlehre, zwischen idealistischem und naturalistischem, insbesondere darwinistischem Menschenbild, die dilemmatische Tiefenstruktur der Philosophischen Anthropologie mit ihrer Überwindung des cartesianischen Leib-Seele-Dualismus und ihrer Verschränkung der Ideen organischer Gebundenheit und geistiger Freiheit bedingt, so motivieren die gesellschaftlichen wie diskursiven Spannungen in der zweiten Hälfte des 18. Jahrhunderts Schillers ästhetische Anthropologie, die dem Leib- und Lebe- ebenso wie dem Seelen- und Geistwesen Mensch gerecht zu werden sucht und die – hier spiegelt das kunstphilosophische Harmoniepostulat seiner ästhetischen Anthropologie die Ansätze der frühen *commercium*-Anthropologie – ein „Gleichgewicht zwischen beiden Lehrmeinungen"[289] anstrebt. In den *Ästhetischen Briefen* fordert Schiller statt einer „einseitigen moralischen Schätzung", die den einst kritisierten idealistischen Verirrungen gleichkäme, entsprechend eine „vollständige[] anthropologische[] Schätzung"[290], die nicht nur die Vernunftnatur des Menschen, sondern auch die „Thierheit" als „Bedingung seiner Menschheit"[291] in den Blick nimmt.

Von seinem alten methodischen Ideal der Integration empirisch gesicherter Daten und spezialwissenschaftlicher Erkenntnisse in ein übergeordnetes philosophisches Deutungsmodell hat sich Schiller zu diesem Zeitpunkt allerdings entfernt. „[M]ehr aus dem einförmigen Umgange mit [sich] selbst als aus einer reichen Welterfahrung geschöpft oder durch Lektüre erworben"[292] seien die Ideen der *Ästhetischen Briefe*. Beobachtungen und Thesen der empirischen Humanwissenschaften oder Fallbeispiele aus Geschichtsschreibung und Literatur spielen für seine Theorie hier keine zentrale Rolle mehr. Stattdessen entwickelt Schiller, bei aller Bezugnahme auf die historische Realität des ausgehenden Jahrhunderts, eine spekulative Philosophie vom Menschen, die nur in ihrem argumentativen Rückgriff auf die antike Plas-

---

287 PLESSNER: Grenzen der Gemeinschaft. Eine Kritik des sozialen Radikalismus (1924), GS 5, S. 7–133.
288 Ebd., S. 51.
289 SCHILLER: Versuch über den Zusammenhang, NA 20, S. 40.
290 SCHILLER: Ästhetische Briefe (4. Brief), NA 20, S. 316.
291 Ebd. (3. Brief), S. 314.
292 Ebd. (1. Brief), S. 309.

tik als idealen Repräsentanten des Menschen einen Bezug zur anschaulichen Welt und damit eine sinnliche Erfahrungsgrundlage im allerweitesten Sinne hat.[293] Methodisch wird Schiller damit weder den eigenen, durchaus modernen Ansprüchen der dritten Dissertation noch denen der Philosophischen Anthropologie gerecht. An der Nähe ihrer anthropologischen Denkfiguren ändert das aber wenig.

2 Der Mensch als Lebewesen: Einheit des Lebens statt Zweiheit der Substanzen

Die anthropologischen Modelle, die den Wesenskern des Menschen auf seine materielle Natur oder ein geistiges Zentrum beschränken und gegen die Schiller früh Einspruch erhebt, stehen in einer langen abendländischen Denktradition. Bis in die Antike hinein lässt sich die dichotomische Betrachtung von Körper und Geist, Leib und Seele zurückverfolgen, aus der sich das materialistische wie das idealistische Menschenbild ergeben. Schiller selbst nutzt in seinem *Versuch über den Zusammenhang* die Namen Epikurs und der Stoa zur Etikettierung jener in seinen Augen reduktionistischen Vorstellungen vom Menschen. Die Problematik der Leib-Seele-Trennung und die Frage nach dem Zusammenhang der beiden Komponenten geraten jedoch erst sehr viel später in den Fokus der Philosophie, in Folge der ontologischen Zuspitzung der Dichotomie durch Descartes.[294] Der Cartesianismus, der Materie (*res extensa*) und Geist (*res cogitans*) dualistisch als die zwei grundverschiedenen Substanzen alles Seins versteht, löst nicht erst im Kreis der ‚philosophischen Ärzte', durch die Schiller mit der Problemstellung konfrontiert wird, eine heftige Debatte über die Möglichkeit und die Art ihres Verhältnisses aus: Während die Philosophie des Materialismus Bewusstseinszustände auf körperliche Vorgänge reduziert und den Substanzendualismus zugunsten eines physischen Monismus aufhebt, erklären die Modelle der prästabilierten Harmonie (Gottfried Wilhelm Leibniz) und des Okkasionalismus (Nicolas Malebranche) die Beziehung der Substanzen metaphysisch: über eine vorbestimmte Parallelität von körperlichem wie mentalem Prozessstrang beziehungsweise ihre gelegentliche Vermittlung durch ein Eingreifen Got-

---

293 Zur Bedeutung der antiken Plastik für Schillers ästhetische Anthropologie vgl. Helmut Pfotenhauer: Anthropologie, Transzendentalphilosophie, Klassizismus. Begründungen des Ästhetischen bei Schiller, Herder und Kant. In: Jürgen Barkhoff, Eda Sagarra (Hg.): Anthropologie und Literatur um 1800. München 1992, S. 72–97.
294 Vgl. Tilman Borsche, Rainer Specht, Thomas Rentsch: Art. ‚Leib-Seele-Verhältnis'. In: HWPh, Bd. 5, Sp. 185–206, hier Sp. 186.

tes, ohne dass wie im Influxionismus eine direkte Wechselwirkung zwischen Körper und Geist angenommen wird.

Auch in Schillers Dissertationsschriften, der nur fragmentarisch, als Abschrift erhaltenen *Philosophie der Physiologie* wie seinem *Versuch über den Zusammenhang*, bildet die Frage nach dem *commercium mentis et corporis* den gedanklichen Ausgangspunkt seiner Anthropologie – anders als in der Philosophischen Anthropologie im 20. Jahrhundert, wo Parallelismus- und Wechselwirkungstheorien zum *commercium*-Problem laut Scheler längst „zum alten Eisen"[295] gehören. „[U]nausbleiblich" sind solche Theorien nach Plessner, „solange lebensfremde Dualismen die Anschauung der ursprünglichen Positionalität zerstören."[296] Erst durch den Aufschwung des Lebensbegriffs mit der Ausbildung der Biologie als wissenschaftlicher Disziplin im Verlauf des 19. und der Lebensphilosophie um die Wende zum 20. Jahrhundert scheint der Anthropologie ein ausreichend breiter Weg jenseits des dualistischen Denkschemas geebnet.

Die Kategorie des ‚Lebens', die im ganzheitlichen Menschenbild der Philosophischen Anthropologie eine zentrale Stellung einnimmt, spielt aber bereits in der Naturbetrachtung des späten 18. Jahrhunderts eine Rolle. Als Reaktion auf Descartes' Philosophie, die der Idee der Vitalität in ihrer Unterscheidung von materiellem Körper und immateriellem Geist keinen systematischen Platz einräumt, entwickeln sich bald Organismus- und Lebenskrafttheorien, die eine Alternative zum mechanistischen Weltbild bieten wollen.[297] Auch in Schillers Anthropologie gewinnt der Begriff des Lebens an Relevanz, wo es ihm um die Überwindung eines streng ontologischen Leib-Seele-Dualismus geht. So begreift er den Menschen in seinen medizinischen Abschlussschriften als ein Wesen, das die Außenwelt über seine Sinnesorgane erfasst und sich ihr gegenüber aktiv verhält, das sich ernährt und fortpflanzt, angesichts bestimmter Aspekte der Außenwelt Schmerz und Vergnügen empfindet, das schläft und stirbt.[298] – Kurzum: Er betrachtet ihn als Lebewesen.

---

295 SCHELER: Die Stellung des Menschen im Kosmos, GW 9, S. 58.
296 PLESSNER: Die Stufen des Organischen und der Mensch, GS 4, S. 329 f.
297 Vgl. DIERSE: Art. ‚Leben'. In: HWPh, Bd. 5, Sp. 52–103, hier Sp. 65–73.
298 Diese Themen kündigen sich in den Gliederungspunkten im Inhalt des *Versuchs über den Zusammenhang* sowie im Plan zur *Philosophie der Physiologie* an, der in den erhaltenen Textteilen allerdings nicht komplett ausgeführt ist; vgl. SCHILLER: Versuch über den Zusammenhang, NA 20, S. 39; und SCHILLER: Philosophie der Physiologie, NA 20, S. 10.

2.1 Die Mittelkraft als Lebenskraft

Nachdem Schiller in der *Philosophie der Physiologie* mit dem Materialismus, der Lehre einer prästabilierten Harmonie und dem Okkasionalismus die gängigen Erklärungsmodelle zum Leib-Seele-Verhältnis abgelehnt hat, führt er seinen eigenen, durchaus spekulativen Neuansatz ein: Es müsse eine Kraft geben, heißt es dort, „die zwischen den Geist und die Materie trit und beede verbindet"[299]. Aufgrund ihrer medialen Funktion nennt der Schüler sie „*Mittelkraft*"[300] und er zeigt sich mit der zeitgenössischen Neurophysiologie vertraut, wo er sie unter Rückgriff auf Hallers Begriff des ‚Nervengeistes' direkt „im Nerven"[301] verortet. Diese Mittelkraft, die zu den dem „Bau" angehörenden „mechanische[n] Unter- und Schuz-Kräfte[n]" hinzutritt und gemeinsam mit ihnen die „Organe"[302] bildet, vermittelt nach Schiller zwischen der materiellen Außenwelt und der psychischen Innenwelt. Als verbindendes Element ist sie ebenso bei Wahrnehmungsprozessen wie bei Willenshandlungen wirksam und ermöglicht damit das sensorische wie das motorische Weltverhältnis des Menschen. Dabei entstammt weder Schillers gedanklicher Rückgriff auf Sinneswahrnehmungen und Willensakte als Beispiele „substanztranseunter Aktionen"[303] noch seine Idee eines Mediums zwischen den Substanzen eigenen Überlegungen.[304] Beachtung verdient allerdings, wie Schiller die influxionistische Theorie hier interpretiert: Mit der Mittelkraft führt er anstelle einer Substanz ein aktives Prinzip zur Überbrückung der Kluft zwischen Welt und Bewusstsein ein, das nicht nur eine *vermittelnde*, sondern vor allem auch eine *belebende* Wirkung hat: Ist durch den Verlust der

---

299 SCHILLER: Philosophie der Physiologie, NA 20, S. 13.
300 Ebd., S. 13.
301 Ebd., S. 16.
302 Ebd., S. 15.
303 RIEDEL: Die Anthropologie des jungen Schiller, S. 68.
304 Die Tatsache mentaler Empfindungen anlässlich bestimmter Strukturen der physischen Welt sowie der körperlichen Ausführung willentlich initiierter Bewegungen gehören in der Diskussion zum Leib-Seele-Problem zu den klassischen Fällen, an denen beim Menschen eine Verschränkung von Körper und Geist evident wird. Auch im *Versuch über den Zusammenhang* dienen Schiller diese Phänomene als Beleg dafür, dass „die Thätigkeit der menschlichen Seele […] – aus einer Nothwendigkeit, die ich noch nicht erkenne, und auf eine Art, die ich noch nicht begreife – an die Thätigkeit der Materie gebunden" ist (SCHILLER: Versuch über den Zusammenhang, NA 20, S. 41 f.). Zur Bedeutung von Sinneswahrnehmungen und Willensakten für die Theorie des Influxionismus vgl. RIEDEL: Die Anthropologie des jungen Schiller, S. 23 u. S. 68–71. Ebenfalls dürfte Schiller die Idee einer zwischen den Substanzen vermittelnden Instanz in den zeitgenössischen Debatten begegnet sein, sei es als „medium […] inter corpus et animam" (Haller), „substance médiatrice" (Le Cat) oder ‚mittlere Substanz' (Abel); vgl. hierzu den Kommentar von Wolfgang RIEDEL (Hg.): Erzählungen, Theoretische Schriften (Bd. 5). In: Friedrich Schiller: Sämtliche Werke. 5 Bde. Hg. v. Peter-A. Alt, Albert Meier, Wolfgang Riedel. München 2004, S. 1175.

Mittelkraft „ein[] Riß zwischen Welt und Geist gemacht"[305], ist das Wirkverhältnis zwischen beiden durchtrennt, dann ist nicht nur der menschliche Geist als Innen-, sondern auch „die lebenvolle Schöne der Schöpfung" als Außenwelt des Menschen „tod"[306]. Die Mittelkraft ist darum eine wahre ‚Lebenskraft': „Ihr Daseyn lichtet, wekt, belebt alles um ihn"[307]. Sie verbindet die Seele mit dem Leib des Menschen zu einem unteilbaren Ganzen und ist, als in den Organen wirkende Kraft, zugleich die Basis der allem Leben zugrunde liegenden Verschränkung von Organismus und Außenwelt.[308] So ist das Lebewesen Mensch, frei nach Plessner, erst durch die grenzüberschreitende Macht der Mittelkraft ‚über sich hinaus'; erst mit ihr gewinnt es eine ‚Umwelt' und wird lebensfähig.[309] Dabei macht die Mittelkraft die Lebendigkeit des menschlichen Körpers zwar nicht eigentlich begreiflich, aber sie räumt ihr einen Platz ein und fungiert so als konjekturale *black box*.[310]

Die Frage, ob Schillers medizinische Anthropologie letztlich auf der Prämisse eines Substanzendualismus fußt oder ob seine Mittelkrafthypothese Descartes' Dualismus von Materie und Geist in seiner ontologischen Zuspitzung nicht eigentlich zugunsten einer lebensübergreifenden Synthese überwindet, sodass sein physiologischer und sein psychologischer Blick auf den Menschen, wie es Scheler formuliert, bloß „zwei Seiten der Betrachtung *eines und desselben Lebensvorganges*"[311] sind, lässt sich nicht eindeutig beantworten. *Einerseits* motiviert erst ein ernst genommener Dualismus Schillers philosophische Reflexion über die Möglichkeit und die Art des Zusammenhangs beider Substanzen. Eine mediale Instanz muss nur angenommen werden,

---

305 SCHILLER: Philosophie der Physiologie, NA 20, S. 13.
306 Ebd., S. 12.
307 Ebd., S. 13.
308 Die Idee einer Organismus-Außenwelt-Beziehung macht im letzten Drittel des 18. Jahrhunderts in den Disziplinen der Anatomie, der Physiologie, der Medizin und der Subjektphilosophie Karriere – nicht selten unter Annahme einer spezifischen ‚Lebenskraft'; vgl. hierzu Tobias CHEUNG: Außenwelt und Organismus. Überlegungen zu einer begriffsgeschichtlichen Konstellation um 1800. In: Forum Interdisziplinäre Begriffsgeschichte. E-Journal 1/2 (2012), S. 8–15, bes. S. 10–13.
309 Uexkülls Vorstellung einer strukturellen Korrelation vom Organismus und seiner Umwelt, von ‚Merk-' und ‚Wirkwelt', die in der Philosophischen Anthropologie für das aisthetische Konzept der Weltoffenheit essenziell wird, findet in dieser frühen Schrift Schillers allerdings noch kein Äquivalent; erst in seiner Ästhetik behauptet Schiller eine Entsprechung von Umweltwahrnehmung und Bedürfnisnatur beim Tier; vgl. hierzu Kap. III.5.
310 Ähnlich verfahren auch andere zeitgenössische Lebenskrafttheorien und -begriffe, etwa der auf Blumenbach zurückgehende ‚Bildungstrieb', der die funktionale Ganzheit des Organismus, die sich rein physikalisch nicht verstehen lässt, „weniger erklärt als auf den Begriff [bringt]", so Stefan METZGER: Über organische und fruchtbare Unterscheidung. Organismus und Konjektur bei Schiller. In: Maximilian Bergengruen, Johannes F. Lehmann, Hubert Thüring (Hg.): Sexualität – Recht – Leben. Die Entstehung eines Dispositivs um 1800. München 2005, S. 153–177, hier S. 160, der in diesem Kontext auch den Begriff der „*black box*" nutzt.
311 SCHELER: Die Stellung des Menschen im Kosmos, GW 9, S. 58.

wo die Interaktion zweier grundsätzlich verschiedener Elemente zu erklären ist. So erkennt Riedel im dualistischen Denken der Ärzte-Anthropologen eine zentrale Voraussetzung für ihre influxionistische Theorie: „[D]ie Lehre vom ganzen Menschen hält gleichwohl an der Heterogenität seiner beiden Naturen weitgehend fest."[312] In diesem Sinne unterscheidet Schiller am Beginn seiner Schrift klar zwischen der geistigen und der körperlichen Natur des Menschen, er spricht von einer „*Wirkung der Materie auf den Geist*"[313] und nimmt an, dass von der materiellen Außenwelt eine „Kette von Kräften gegen den Geist innerwärts fort[geht]"[314]. Das ist klassisch mechanistisch gedacht. *Andererseits* aber wird mit seiner Theorie der belebenden Mittelkraft dem Leib-Seele-Dualismus gerade seine ontologische Schärfe genommen. Denn wenn eine Kraft existieren soll, die das lebendige Verhältnis zwischen Seele und Körper, Organismus und Außenwelt ermöglicht und die selbst weder Materie noch Geist ist, sondern Eigenschaften beider in sich vereint – sie mag noch so spekulativ oder, wie Schiller eingesteht, „undenkbar"[315] erscheinen –, dann kann die Trennung zwischen beiden keine fundamentale sein.

Auch die Philosophische Anthropologie, in der das Leib-Seele-Problem keine vorrangige Rolle mehr spielt, erkennt die Trennung zwischen psychischen und physischen Momenten menschlichen Lebens an. So bezweifelt Plessner nicht, dass diese Unterscheidung „außerordentliche Zweckmäßigkeit und Anschaulichkeit" besitze und „wesentliche Differenzen im Sein der Wirklichkeit"[316] treffe. Er möchte sie nur nicht in einem ontologisch fundamentalen, disjunktiven Sinne verstanden wissen: „Nicht auf die Überwindung des Doppelaspekts als eines (unwidersprechlichen) Phänomens, sondern auf die Beseitigung seiner Fundamentalisierung, seines Einflusses auf die Fragestellung ist es im folgenden abgesehen."[317] Dafür, dass auch Schiller, der die körperlich-seelische Doppelnatur des Menschen im Rahmen seiner Lehre vom ‚ganzen Menschen' bis in die späte Anthropologie hinein achtet, grundsätzlich an keiner Fundamentalisierung der Leib-Seele-Trennung gelegen ist, spricht nicht nur sein an Platners Anthropologieverständnis angelehntes Postulat einer Kooperation von Physiologie und Psychologie, sondern auch die Tatsache, dass Fragen zum *commercium mentis et corporis* in seiner geschichtsphilosophischen und ästhetischen Anthropologie, die in den folgenden zwei Jahrzehnten außerhalb des schulischen Dunstkreises entstehen, zurücktreten und anderen anthropologischen Problemen Platz machen: der

---

312 RIEDEL: Die Anthropologie des jungen Schiller, S. 63.
313 SCHILLER: Philosophie der Physiologie, NA 20, S. 12.
314 Ebd., S. 15.
315 Ebd., S. 14.
316 PLESSNER: Die Stufen des Organischen und der Mensch, GS 4, S. 79.
317 Ebd., S. 115.

Frage nach der Stellung des Menschen im Naturganzen, nach der Geschichtlichkeit des menschlichen Wesens und seiner Freiheit im Rahmen konkreter Lebensvollzüge.

2.2 Psychophysische Sympathie und organische Kräfte

Obwohl sich Schillers *Philosophie der Physiologie* durchaus den Debatten der zeitgenössischen Wissenschaften verbunden zeigt, kann der Schüler seine medizinischen Gutachter mit seiner ersten Dissertation nicht überzeugen. Bei allem grundsätzlichen Lob der Schrift, die „sehr viel guthes" enthalte, das den „philosophischen und physiologischen Kenntnissen des Verfassers" Ehre mache, bemängelt sein Lehrer Consbruch den ausufernden „Wiz" und die „blühende Schreib-Art" des Eleven. Christian Gottlieb Reuß kritisiert, dass den Sinn der philosophischen Betrachtungen, die in die physiologische Arbeit eingeflochten seien, „öfters schwehrlich jemand errathen wird"[318]. Zu spekulativ, zu dunkel und unklar erscheint den Lehrern Schillers Hypothese einer Mittelkraft zwischen materieller Welt und menschlicher Psyche.

In seinem *Versuch über den Zusammenhang* unternimmt der junge Mediziner darum einen zweiten Anlauf, der dualistischen Anthropologie des Cartesianismus mit einem ganzheitlichen, an der Idee des Lebens orientierten Konzept vom Menschen zu begegnen. Dazu stellt er ein „Fundamentalgesez der gemischten Naturen" auf: „*Die Thätigkeiten des Körpers entsprechen den Thätigkeiten des Geistes*"[319]. Wohlgemerkt: Schiller spricht an dieser Stelle nicht mehr von einer mechanischen Verursachung geistiger Phänomene durch materielle Veränderungen im Körper (oder umgekehrt), sondern von einem Entsprechungsverhältnis zwischen physischen und psychischen Prozessen. Die Wortwahl deutet darauf hin, dass er in physischen und psychischen Phänomenen, mit Scheler gesprochen, ‚nur phänomenal verschiedene' Aspekte eines Lebensprozesses sieht. Ein zweites Gesetz beleuchtet denselben Tatbestand aus entgegengesetzter Perspektive: Es besagt, dass „*mit der freien Thätigkeit der Organe auch ein freier Fluß der Empfindungen und Ideen, daß mit der Zerrüttung derselbigen auch eine Zerrüttung des Denkens und Empfindens sollte verbunden seyn.*"[320]

Nach der Kritik der Gutachter an seiner ersten Arbeit ist Schiller nun um einen wissenschaftlicheren Schreib- und Argumentationsstil bemüht. Er beschränkt sich also auf die *Feststellung* eines Zusammenhangs zwischen mentalen und körperlichen Aspekten und verzichtet auf Konjekturen und spekulative *Erklärungen* des *commercium*, wie er sie mit der Annahme einer

---

318 Vgl. den Kommentar in SCHILLER: NA 21, S. 114f.
319 SCHILLER: Versuch über den Zusammenhang, NA 20, S. 57.
320 Ebd., S. 63.

Mittelkraft ein Jahr zuvor noch beabsichtigte. Im *Versuch über den Zusammenhang* spricht der junge Mediziner lediglich von einer „Sympathie"[321] zwischen Geist und Körper, die dem gemeinsamen Erklingen zweier „gleichgestimmte[r] Saiteninstrumente[]" beim Anschlagen nur einer Saite vergleichbar sei: „Wenn man eine Saite auf dem einen rühret, und einen gewissen Ton angibt, so wird auf dem andern eben diese Saite freiwillig anschlagen, und eben diesen Ton nur etwas schwächer angeben."[322] Diese Metapher ist unscharf und hinsichtlich der Frage nach Schillers Position gegenüber Descartes' Dualismus alles andere als eindeutig. Unentschieden bleibt auch hier, ob die Idee eines gemeinsamen Schwingens von Geist- und Körpersaite auf der Annahme eines grundsätzlichen Substanzendualismus gründet oder ob in ihr seine Überwindung bereits angedeutet ist. So werde der Mensch mit seiner Doppelnatur dank der „wunderbare[n] und merkwürdige[n] Sympathie" zwar „zu *Einem* Wesen" gemacht – so wie die Saiteninstrumente am Schluss *unisono* erklingen; Schillers Metapher zum sympathetischen Verhältnis von Leib und Seele geht aber zunächst von zwei Instrumenten – seine Anthropologie von zwei „heterogenen Principien des Menschen"[323] aus. Gegen ein dualistisches Menschenbild spricht Schillers abschließende Betonung, dass der Mensch nicht bloß als Aggregat zweier Naturen verstanden werden kann, sondern als komplexes psychophysisches System betrachtet werden muss: „[D]er Mensch ist nicht Seele und Körper, der Mensch ist die innigste Vermischung dieser beiden Substanzen."[324]

Diesem holistischen Ansatz entspricht auch Schillers ganzheitliche Betrachtung des menschlichen Leibes, die ein mechanistisches Körperverständnis übersteigt und die unter Rückgriff auf den Organismusbegriff, die Idee organischer Kräfte und eine Triebtheorie der Eigengesetzlichkeit des lebendigen Daseins gerecht zu werden sucht. So behandelt Schillers anthropologische Abschlussschrift im ersten Teil neben dem „Organismus der Seelenwirkungen" (Wahrnehmungs- und Denkprozesse sowie willkürliche Bewegungen) den „Organismus der Ernährung" und den „Organismus der Zeugung"[325]. Sie geht damit nicht nur von der Annahme einer organisch vermittelten Beziehung zwischen der Innen- und der Außenwelt des Lebewesens aus, sondern entwirft auch die Idee vom tierischen Lebewesen als auto-

---

321 Ebd., S. 64. Zu Schillers Sympathiebegriff und seiner medizinischen Herkunft vgl. RIEDEL: Die Anthropologie des jungen Schiller, S. 121–151.
322 SCHILLER: Versuch über den Zusammenhang, NA 20, S. 63 f.
323 Ebd., S. 64. Helmut Koopmann und Benno von Wiese gehen in ihrem Kommentar in der Nationalausgabe entsprechend davon aus, dass die Dissertation „noch auf der Vorstellung eines durchgängigen Dualismus von Leib und Seele" beruhe und „etwas gewaltsam die von Schiller erstrebte Einheit" postuliere; vgl. SCHILLER: NA 21, S. 126.
324 SCHILLER: Versuch über den Zusammenhang, NA 20, S. 64.
325 Ebd., S. 42 f.

poietischem System, das einer „Konsumtion" der Substanz von Individuum und Gattung auf dem Wege der Nahrungsaufnahme und der Fortpflanzung entgegenwirkt.

Um dergleichen Vitalphänome zu erklären, greift Schiller in seiner Theorie des menschlichen Körpers auf verschiedene „System[e] organischer Kräfte"[326] zurück, die er in zwei Klassen unterteilt: Solche, die sich mit Kräften im Reich der unbelebten Natur decken und die mit den seinerzeit bekannten Gesetzen der ‚Naturwissenschaften' zu erklären sind, betreffen „die Mechanik der Bewegung, und die Chemie des menschlichen Körpers" und bilden dessen „physische[s] Leben"[327]. Darüber hinaus nimmt Schiller, etwa im Falle der „Empfindlichkeit der Nerven und [der] Reizbarkeit des Muskels", Kräfte an, die keinen bekannten physikalischen oder chemischen Gesetzen folgen und die sich nicht einfach materialistisch-mechanistisch erklären lassen.[328] Es sind diese über rein körperliche Phänomene hinausgehenden Kräfte, die nach Schiller „den specifiken Karakter des thierischen Organismus" ausmachen. Auf der Ebene des „tierische[n] Leben[s]" tritt schließlich mit der Seele noch das „Empfindungsvermögen"[329] zum Körper hinzu, das für die triebhafte Steuerung des bedürftigen organischen Leibes vor dem Hintergrund konkreter Umweltbedingungen verantwortlich ist.

2.3 Lebensbegriff zwischen Materialismus und Vitalismus

Die physikalische Unerklärbarkeit vitaler Prozesse und ihnen zugrunde liegender Kräfte sowie das Auftreten des psychischen Vermögens der Empfindung bilden in Schillers *Versuch über den Zusammenhang* also die zentralen Kriterien zur Unterscheidung organischer und mechanischer Körper. Verglichen mit den Lebensmodellen der Philosophischen Anthropologie, vor allem der komplexen Biophilosophie Plessners sowie Gehlens mit biologischen Einzelerkenntnissen angereichertem Modell, ist ein solcher Lebensbegriff freilich vage. Von mechanistischen Modellen hebt er sich nur schwach ab. Nichtsdestotrotz unterscheidet Schiller explizit verschiedene Formen

---

326 Ebd. John A. MCCARTHY: Energy and Schiller's Aesthetics from the "Philosophical" to the Aesthetic Letters. In: Jeffrey L. High, Nicholas Martin, Norbert Oellers (Hg.): Who Is This Schiller Now? Essays on His Reception and Significance. New York 2011, S. 165–186, hat Schillers Rückgriff auf physikalische Kraftkonzepte in dessen Ästhetik untersucht.
327 SCHILLER: Versuch über den Zusammenhang, NA 20, S. 43.
328 Sein Verweis auf die zeitgenössischen neurophysiologischen Erklärungsansätze zum *commercium mentis et corporis* über den Begriff der ‚Nervengeister' stellt hier den gedanklichen Zusammenhang zur ersten Dissertation und ihrem Konzept einer den Organismus belebenden Mittelkraft her.
329 SCHILLER: Versuch über den Zusammenhang, NA 20, S. 44.

natürlichen Seins, und er enthält sich angesichts bestimmter Phänomenbereiche des lebendigen menschlichen Körpers mechanistischer Erklärungen über physikalische Gesetzmäßigkeiten. In der Zweiteilung der organischen Kräfte spiegelt sich das duale Körperbild des Mediziners Schiller, der den menschlichen Leib, je nach Funktionsbereich und je nach Argumentationsabsicht, entweder mechanizistisch oder vitalistisch-organologisch betrachtet.

Mit der Beschreibung des menschlichen Individuums als psychophysische Totalität, der Vorstellung einer Verschränkung von Organismus und Außenwelt und dem argumentativen Rückgriff auf aktive Vitalkräfte zeigt Schillers Modell beispielhaft jenen Paradigmenwechsel der spätaufklärerischen Naturbetrachtung an, mit dem, so Peter Hanns Reill, die „reanimated nature"[330] in den Fokus rückt. Als Indiz des Umbruchs im Naturverständnis jener Zeit lässt sich das Aufkommen des Biologie-Begriffs um 1800 betrachten.[331] Das mechanistische Weltbild Descartes' und Christian Wolffs, des französischen Materialismus und der an Isaac Newton orientierten Naturwissenschaften weicht im Verlauf des 18. Jahrhunderts mehr und mehr einem vitalistischen Naturverständnis.[332] Haller, Johann Christian Reil, Blumenbach, Kant und zahlreiche weitere Philosophen und Physiologen arbeiten in der zweiten Jahrhunderthälfte an einer Theorie der ‚Lebenskraft', deren Annahme eines Vitalprinzips eine Unterscheidung von organischer Natur und toter Materie ermöglichen soll.[333] Auch Herder greift in seinen *Ideen* auf die Vorstellung organischer Kräfte zurück, die vom Pflanzen- bis zum Menschenreich eine homogene Wirkung entfalten. Es entstehen erste Organismuskonzepte, die die Organisation des Lebens erklären wollen, und zwar fernab der mechanistischen Maschinenmetapher, die im Naturbild der Frühaufklärung gründet und in La Mettries materialistischer Anthropologie vom ‚homme machine' gipfelt.[334] Wie umstritten die Unterscheidung zwischen Organismus und Mechanismus noch um die Jahrhundertmitte ist, lässt

---

330 Peter H. REILL: Anthropology, Nature and History in the late Enlightenment. The Case of Friedrich Schiller. In: Otto Dann, Norbert Oellers, Ernst Osterkamp (Hg.): Schiller als Historiker. Stuttgart, Weimar 1995, S. 243–265, hier S. 246.
331 Vgl. hierzu Kai T. KANZ: Von der BIOLOGIA zur Biologie. Zur Begriffsentwicklung und Disziplingenese vom 17. bis zum 20. Jahrhundert. In: Uwe Hoßfeld, Thomas Junker (Hg.): Die Entstehung biologischer Disziplinen II. Beiträge zur 10. Jahrestagung der DGGTB in Berlin 2001, Bd. 9. Berlin 2002, S. 9–30; und Ilse JAHN: Grundzüge der Biologiegeschichte. Jena 1990, S. 298.
332 Zum vitalistischen Denken in der Aufklärung vgl. REILL: Vitalizing Nature in the Enlightenment.
333 Vgl. ENGELS: Lebenskraft. In: HWPh, Bd. 5, Sp. 123f.
334 Die Entstehung des biologischen Organismusbegriffs um 1800 bei Cuvier, Leibniz und Kant verfolgt Tobias CHEUNG: Die Organisation des Lebendigen. Die Entstehung des biologischen Organismusbegriffs bei Cuvier, Leibniz und Kant. Frankfurt/Main, New York 2000.

sich am Artikel „Organismus" in Zedlers *Universal-Lexikon* ablesen, der eine grundsätzliche Differenz bestreitet:

> ORGANISMUS, ist nicht anders, als die Einrichtung der Theile eines organischen Cörpers. Er ist wenig oder gar nicht von dem Mechanismo unterschieden, vielweniger kan er, wie von einigen geschiehet, dem Mechanismo entgegen gesetzt werden. Will man unter beyden einen Unterschied machen, so kan solcher in nichts anders bestehen, als daß der Mechanismus die Einrichtung der Theile aller und jeder Cörper; der Organismus aber die Theile nur organischer Cörper andeute. Und so erhellet denn daraus, daß der Organismus auch ein Mechanismus, obwohl nicht der Mechanismus ein Organismus könne genennet werden. [...][335]

In Schillers medizinischer Anthropologie wird die mechanistische Auffassung vom menschlichen Körper als Maschine durch eine vitalistisch gestützte Vorstellung vom Organismus, die eine holistische Sicht auf den Menschen eröffnet, ergänzt und überlagert.[336] Dabei stehen mechanizistische und organologische Ansätze bis in seine späten Schriften nebeneinander. Vollkommen verabschiedet sich Schiller von einem mechanischen Körperverständnis dabei nie. Das belegt bereits der wiederholte Rückgriff auf die Maschinenmetapher im Kontext seiner medizinischen Schriften, in denen zugleich eine erste Theorie des Lebens entsteht.[337] Anschaulich zeigt es sich auch in einem Brief an seinen Freund Körner von Mai 1785, in dem Schiller organische Prozesse über die Uhrenmetapher darstellt:

> Das Leben von tausend Menschen ist meistens nur Zirkulation der Säfte, Einsaugung durch die Wurzel, Destillazion durch die Röhren und Ausdünstung durch die Blätter; das ist heute wie gestern, beginnt in *einem* wärmeren Apriltage und ist mit dem nämlichen Oktober zu Ende. Ich weine über diese organische Regelmäßigkeit des grösesten Theils in der denkenden Schöpfung [...] Sehen Sie, bester Freund –

---

335 ANONYM: Art. ‚Organismus'. In: Johann H. Zedler (Hg.): Grosses vollständiges Universal-Lexicon aller Wissenschaften und Künste, welche bishero durch menschlichen Verstand und Witz erfunden und verbessert worden. 64 Bde. u. 4 Suppl.-Bde. Leipzig, Halle 1731–1754. Bd. 25, Sp. 1868.
336 Schillers Prägung durch den Vitalismus der Aufklärung betont besonders REILL: Anthropology, Nature and History in the late Enlightenment, S. 253. Von Stahls Animismus unterscheidet sich Schillers Anthropologie hier dadurch, dass seine Theorie der Mittelkraft das seelische Prinzip gegenüber dem menschlichen Körper nicht verabsolutiert und damit keiner der von ihm kritisierten Extrempositionen verfällt. Die Einheit des Uneinheitlichen, die Schiller bis in seine ästhetischen Schriften hinein zu denken versucht, darf, so sein anthropologisches Credo, nicht um den Preis eines reduktionistischen Menschenbildes erkauft werden.
337 Die Maschinenmetapher zur Bezeichnung des menschlichen Körpers taucht in der *Philosophie der Physiologie* einmal (SCHILLER: Philosophie der Physiologie, NA 20, S. 15) und im *Versuch über den Zusammenhang* ganze 26 Mal auf (SCHILLER: Versuch über den Zusammenhang, NA 20, S. 38, 45, 46, 47, 50, 57, 58, 59 [3γ], 60, 61, 62 [?γ], 65 [?γ], 66 [?γ], 67, 69 [?γ], 71, 73 [3γ] und 74).

unsre Seele ist für etwas höheres da, als bloß den uniformen Takt der Maschine zu halten. Tausend Menschen gehen wie Taschenuhren, die die Materie aufzieht, oder, wenn Sie wollen, ihre Empfindungen und Ideen tröpfeln hidrostatisch wie das Blut durch seine Venen und Arterien, der Körper usurpiert sich eine traurige Diktatur über die Seele, aber sie kann ihre Rechte reclamieren, und das sind dann die Momente des Genius und der Begeisterung.[338]

Welcher der divergierenden Vorstellungen vom menschlichen Körper Schiller in seinen Darstellungen den Vorzug gibt, hängt letztlich von der Argumentationsstrategie des Kontextes ab: Wo Schiller an der Betonung einer psychophysischen Ganzheit des menschlichen Wesens gelegen ist, argumentiert er organologisch; wo es ihm, wie in dem Brief an Körner, aber darum geht, in idealistischer Manier die Erhabenheit des menschlichen Geistes über seinen Leib zu betonen, greift er auf mechanistische Metaphern zurück – und zwar deshalb, weil die Idee einer Notwendigkeit im Reich der belebten Natur in Abgrenzung zur Idee geistiger Freiheit über ihren Bezug zu den als unumstößlich geltenden Naturgesetzen der Physik besonders drastisch zum Ausdruck kommt.

Halten wir fest: Die Auseinandersetzung des Karlsschülers Schiller mit Descartes' anthropologischem Erbe mündet in die Idee der psychophysischen Totalität des Menschen, der er sich über den Begriff des Lebens annähert. In den Grundzügen stimmt sein Ansatz mit dem der Anthropologen im 20. Jahrhundert also überein. Eine einheitliche und systematische Theorie vom Leben, wie sie sich vor allem bei Scheler und Plessner findet, hat Schiller allerdings nie entwickelt. Seine Vorstellung davon, was Leben ist, gründet auf spekulativen Hypothesen wie der Annahme von Vitalkräften und poetisch-metaphorischen Ausführungen wie der Saitenmetapher des *Versuchs über den Zusammenhang*. Sie lässt sich bloß schemenhaft rekonstruieren und deckt sich mit den Lebensbegriffen, die der Philosophischen Anthropologie als Grundlage dienen,[339] nur sehr begrenzt. Wichtige Stationen im Wandel des Naturbegriffs zu einem Begriff des Lebens, den Wolfgang Riedel ins 19. Jahrhundert datiert, stehen mit der Ausbildung der Biologie

---

338 SCHILLER: Brief an Christian G. Körner, 7. Mai 1785 (Nr. 3), NA 24, S. 4–7, hier S. 6.
339 Zur Erinnerung: Scheler schreibt allen Lebewesen von der Pflanze bis zum Menschen ein Innensein und eine Umwelt zu und sieht sie von einem Gefühlsdrang durchströmt, der ihnen auch ein Erlebnis der Realität auf dem Wege der Widerstandserfahrung ermöglicht. Für Plessner sind lebende Organismen auf eine Umwelt hin bezogene Wesen, die die Grenze zwischen ihrer Innen- und ihrer Außenwelt aktiv realisieren. Und Gehlen, der nicht das Leben als solches, sondern das tierische Leben zum Ausgangspunkt seiner anthropologischen Betrachtung macht, bestimmt den Organismus des Tiers über die morphologische und instinktive Angepasstheit an seine Umwelt. Auf vitalistische Ansätze wird entweder nicht weiter eingegangen oder sie werden explizit abgelehnt, so von PLESSNER: Die Stufen des Organischen und der Mensch, GS 4, S. 426–429.

und der Lebensphilosophie noch bevor – allerdings nimmt die Wende der Natur- zur Lebenswissenschaft hier, in der Spätaufklärung, ihren Anfang.[340] Viele Ideen, die sich im 20. Jahrhundert auf biologische Erkenntnisse und Modelle stützen können und die in den Konzepten der Anthropologen entsprechend breit ausgeführt sind, finden sich in Schillers spekulativer Theorie nur angedacht – so die Vorstellung einer Organismus-Umwelt-Beziehung, wie sie sich im sensomotorischen Weltverhältnis des Menschen manifestiert, oder eine Triebtheorie, die Schiller in seinem *Versuch über den Zusammenhang* über den Begriff des „Empfindungsvermögen[s]"[341] einführt und auf die im Folgenden noch näher eingegangen wird.[342] Anders als Scheler und Plessner geht es ihm in seinen anthropologischen Schriften auch nicht um das Leben als solches. Schiller schreibt nicht über das Wesen von Pflanzen oder Tieren an sich. Wohl aber spielt die organische, die ‚tierische' Natur des Menschen bei ihm eine Rolle.

Ins Schema eines streng disjunktiven Leib-Seele-Dualismus fügen sich seine Betrachtungen nicht mehr ein. Im Gegenteil: Schillers Lebensbegriff verleibt den alten Dualismus gewissermaßen ein. Bei allen Unterschieden im Detail erscheint die Hoffnung, die Scheler, Plessner und Gehlen auf der einen und Schiller auf der anderen Seite in ihre Betrachtung des Menschen unter dem Aspekt seines Lebensvollzugs legen, im Grunde also vergleichbar: Sie verspricht den Autoren einen anthropologischen Mittelweg zwischen den Extremen. „Nur mit dem Blick auf das lebendige Verhalten von Tier und Mensch", heißt es bei Plessner, „läßt sich die absurde Kluft schließen, auf welche die Philosophie seit Descartes gestarrt hatte."[343] Vor allem bei Scheler und Plessner, indirekt auch bei Gehlen, bildet darum eine Philosophie der Biologie die Basis ihrer Anthropologie. Ähnlich verhält sich das bei Schiller: Sein Verständnis vom Menschen bleibt bis in seine Geschichtsphilosophie und Ästhetik hinein getragen von Annahmen zu seiner lebendigen ‚tierischen' Natur. Auch Schillers Anthropologie fußt letztlich also auf einer impliziten

---

340 Zur „Biologisierung des Naturbegriffs" im 19. Jahrhundert vgl. RIEDEL: Homo natura, S. XIII u. S. 151–207, hier S. 151; wobei RIEDEL: ebd., S. 154, Anm. 5, betont, dass der Wandel des Naturbildes als „Verlängerung von Tendenzen, die sich in der literarischen Anthropologie seit dem 18. Jahrhundert geltend machen", zu verstehen ist.
341 SCHILLER: Versuch über den Zusammenhang, NA 20, S. 44.
342 Zu Schillers aisthetisch-ästhetischer Deutung der Organismus-Umwelt-Beziehung vgl. bes. Kap. III.5.2 u. III.5.3. Zu Schillers Triebtheorie und seiner Idee einer menschlichen Instinktentbindung vgl. bes. Kap. III.3.2 u. III.4.1.
343 PLESSNER: Homo absconditus, GS 8, S. 355. Auf gleiche Weise argumentiert SCHELER: Die Stellung des Menschen im Kosmos, GW 9, S. 58, für sich „[d]ie Kluft, die Descartes, durch seinen Dualismus von Ausdehnung und Bewußtsein als Substanzen, zwischen Körper und Seele aufgerichtet hatte", angesichts der Überwindung dualistischer Erklärungsansätze unter der Hinwendung zum Leben „fast bis zur Greifbarkeit der *Einheit des Lebens* geschlossen" hat.

Bio-Philosophie, deren Grundlagen zur Karlsschulzeit gelegt werden. Sein anthropologisches Gesamtwerk reicht darüber freilich bedeutend hinaus, wie ein Blick in die rund zehn Jahre später entstandenen geschichtsphilosophischen Werke und seine ästhetischen Schriften der 1790er Jahre verrät.

2.4 Die Dichotomie von Geist und Leben

Bildet in der medizinischen Anthropologie noch der ontologische Dualismus von Körper und Seele sowie die Frage nach dem *commercium mentis et corporis* den gedanklichen Ausgangspunkt, so steht am Beginn von Schillers geschichtsphilosophischer Anthropologie bereits die Prämisse vom Lebewesen Mensch in seiner psychophysischen Totalität und mit ihr eine neue Dichotomie, die sich mit der Überwindung eines fundamental verstandenen Substanzendualismus eröffnet: die Dichotomie von Leben und Geist.[344] Nicht erst bei Scheler hat also das Leib-Seele-Problem seinen ‚metaphysischen Rang verloren' und dem Gegensatz von Geist und Leben Platz gemacht. Die Wilden, die Schiller in seiner akademischen Antrittsvorlesung porträtiert, werden nicht als Körpermaschinen verstanden, sondern als Lebewesen mit einem psychischen Innenleben, einem natürlichen Bedürfnissen unterworfenen Leib und einer konkreten Lebenswelt. Wie andere spätaufklärerische Menschheitsgeschichten auch bezieht sich Schillers Geschichtstheorie immer auf den Vitalkomplex des ‚ganzen Menschen'.[345] In der Abhandlung *Etwas über die erste Menschengesellschaft*, wo Schiller der Entwicklung des menschlichen Geistes aus dem Leben am Anfang der Geschichte nachgeht, will er den Menschen zunächst so betrachten, wie er „[a]ls Pflanze und Thier" war, wie er, ausgestattet mit Sinnesorganen, einem das Überleben sichernden Instinktprogramm sowie einer noch schwach ausgebildeten Vernunft, „in das Leben ein[ge]führ[t]"[346] wurde, um schließlich als geistbegabtes Wesen Freiheit unter den Bedingungen seiner Lebendigkeit zu erlangen. Schillers Versuch, hier Leben und Geist des Menschen in ihrer gegenseitigen Verschränkung zu denken, der im Folgenden noch näher zu betrachten ist, entspricht dem Projekt der Philosophischen Anthropologie ebenso wie den

---

344 Selbst da, wo bei Schiller die Begriffe ‚Körper' und ‚Seele' auftauchen, gehen sie nicht mehr mit einem ontologischen Substanzendualismus einher, sondern fügen sich in die neue Leben-Geist-Dichotomie ein. SCHELER: Leib und Seele, GW 12, S. 143, hat gesehen, dass sich die Verdrängung des Leib-Seele-Dualismus durch die Leben-Geist-Dichotomie bereits in der Philosophie des Geistes im 18. Jahrhundert, etwa bei Kant, vollzogen hat.
345 Zum vitalistisch-organologischen Ansatz der spätaufklärerischen Menschheitsgeschichte vgl. GARBER: Selbstreferenz und Objektivität, S. 146–148.
346 SCHILLER: Etwas über die erste Menschengesellschaft, NA 17, S. 398.

anthropologischen Modellen der zeitgenössischen Menschheitsgeschichtsschreibung, bei Rousseau, Herder und Kant.[347]

Auch für Schillers ‚doppelte Ästhetik' wird die Leben-Geist-Dichotomie, die sich hier vor allem hinter dem Begriffspaar ‚Sinnlichkeit'/‚Sittlichkeit' verbirgt, bedeutsam: in der idealistischen Theorie des Erhabenen, insofern die Idee des Sublimen erst aus der Spannung zwischen beiden Momenten erwächst, wobei die Überlegenheit des geistigen Prinzips gegenüber dem eingeschränkten lebendigen Leib betont wird; und in der Ästhetik des Schönen, wo die Dichotomie von Leben und Geist, dem klassischen Harmoniepostulat gemäß, in einer höheren Synthese versöhnt werden soll. Schillers anthropologische Theoriebildung von der *commercium*-Anthropologie zur späten Harmonieästhetik folgt dabei einem dialektischen Denkprozess: Nachdem ‚Körper' und ‚Seele' als These und Antithese des cartesianischen Substanzendualismus im Rahmen der beiden Abschlussschriften zur Synthese ‚Leben' zusammengefunden haben, stellt Schiller in seiner Geschichtsphilosophie mit dem ‚Geist' auch dem ‚Leben' eine Antithese gegenüber, deren Gegensatz es wiederum, im Sinne seines Ideals vom ‚ganzen Menschen', aufzulösen gilt. An diesem Projekt arbeitet vor allem seine kallistische Ästhetik.

Die Kategorie des Lebens spielt in Schillers ästhetischer Theorie also eine grundlegende Rolle. So nimmt er etwa im Rahmen seiner Abhandlung *Ueber Anmuth und Würde* im Konzept der Anmut die Verbindung von Geist und Leben, Freiheit und Notwendigkeit, in den Blick, wobei hier das „organische Leben" mit seinen „animalischen Kräfte[n]" von der „formlose[n] Masse"[348] der toten Materie abgegrenzt wird. Gegenüber den vitalistischen Erklärungsansätzen der Abschlussschriften hat seit Schillers menschheitsgeschichtlicher Anthropologie die schon zu Schulzeiten entwickelte Vorstellung einer instinktiven Gängelung des tierischen Organismus und einer triebhaften Steuerung seines Außenweltbezugs mehr und mehr an Bedeutung gewonnen. Auch im Modell der *Ästhetischen Briefe* kommt dem Begriff des Lebens ein besonderer Stellenwert zu. Im 15. Brief, dem Herzstück von Schillers ästhetischer Anthropologie, stellt der Philosoph die lebendig-geistige Doppelnatur des Menschen über die zwei konträren Antriebe von „Stofftrieb", dessen Gegenstand ‚Leben' heiße, den er darum auch „Lebenstrieb" nennt, und „Formtrieb", dessen Gegenstand die ‚Gestalt' sei, vor, um sie schließlich im „Spieltrieb" zu vereinen, der auf die „lebende Gestalt"[349], die

---

347 Die Verdrängung ontologischer Fragestellungen durch menschheitsgeschichtliche Betrachtungen lässt sich auch als Sieg der Popularphilosophie über die Schulphilosophie in der zweiten Hälfte des 18. Jahrhunderts deuten.
348 SCHILLER: Ueber Anmuth und Würde (1793), NA 20, S. 251–308, hier S. 262.
349 SCHILLER: Ästhetische Briefe (15. Brief), NA 20, S. 355f., und (20. Brief), S. 374 („Lebenstrieb").

Schönheit, abziele. Was es damit auf sich hat, soll eine noch folgende Analyse aufdecken.[350] An dieser Stelle sei lediglich festgehalten, dass Schiller bis in seine späten Schriften hinein die fundamentale Lebensgebundenheit des Menschen ernst nimmt, wobei er hier, in den *Ästhetischen Briefen*, unter Leben „alles materiale Seyn, und alle unmittelbare Gegenwart in den Sinnen"[351] versteht – ein Zustand absoluter Bindung des Organismus an das Hier-Jetzt, in dem die für die menschliche Weltoffenheit essenzielle Distanz zur Umwelt nicht gegeben ist.

Noch in einem anderen Kontext greift Schiller in seinem ästhetischen Erziehungsmodell auf den Begriff des Lebens zurück. Er nutzt die seinerzeit innovative und populär diskutierte Abgrenzung eines organologischen von einem mechanizistischen Lebensverständnis und wendet sie im Rahmen seiner Kulturkritik polemisch. Das Organische avanciert dabei zum Sinnbild eines grundsätzlichen Holismus, der als Ideal gesellschaftlichen und menschheitlichen Zerstückelungserscheinungen aller Art entgegengesetzt wird. So sieht Schiller etwa die rohen Volksmassen seiner Gegenwart, „anstatt aufwärts in das organische Leben zu eilen", tief, nämlich bis „in das Elementarreich"[352], zurückgefallen. „[A]nstatt zu einem höhern animalischen Leben zu steigen", sei die Menschheit in der Moderne mit ihren unzähligen Trennungen – von Gefühl und Vernunft, von Staat und Kirche, Legalität und Moralität, Arbeit und Freizeit und so weiter – „zu einer gemeinen und groben Mechanik herab[gesunken]". Im Gegensatz zur organischen „Polypennatur" der antiken griechischen Gesellschaft, die Schiller hier als Kontrastfolie zur Gegenwartsdiagnose nutzt, stelle die moderne Gesellschaft nur ein „kunstreiche[s] Uhrwerke" dar, „wo aus der Zusammenstückelung unendlich vieler, aber lebloser, Theile ein mechanisches Leben im Ganzen sich bildet"[353]. Der Begriff des Organismus, mit dem Schiller in seinen medizinischen Abhandlungen noch die psychophysische Doppelnatur des Menschen zu begreifen und einen strengen Leib-Seele-Dualismus zu überwinden sucht, wird nun, vor dem Hintergrund einer grundsätzlichen Bruchstückhaftigkeit des modernen Menschen, abermals zur Herstellung menschheitlicher Totalität herangezogen, wobei hier nicht die Kluft zwischen Materie und Seele, sondern vor allem die zwischen dem animalischen Leben der ‚Wilden' und dem von lebloser Vernünftigkeit und entseelter Moralität bestimmten Dasein der ‚Barbaren' geschlossen werden muss.[354]

---

350 Vgl. hierzu Kap. III.6.1 u. III.6.2.
351 SCHILLER: Ästhetische Briefe (15. Brief), NA 20, S. 355.
352 Ebd. (6. Brief), S. 319.
353 Ebd., S. 323.
354 Zu Schillers Gesellschaftskritik vgl. auch Kap. I.3.2.

Mit der Erkenntnis, dass die Hauptwerke von Schillers menschheitsgeschichtlicher und ästhetischer Anthropologie anstelle des alten Leib-Seele-Dualismus die Dichotomie von Leben und Geist behandeln, soll die These von seiner doppelten Frontstellung, die im letzten Kapitel aufgestellt wurde, noch einmal aufgegriffen und spezifiziert werden. Um genau zu sein, steht Schillers Anthropologie nämlich in einer zweifachen doppelten Frontstellung, wobei sich die gegnerischen Theoriegebäude jenseits der vier Fronten in der Philosophiegeschichte immer wieder überschnitten und vermischt haben: Schiller macht Front gegen den mechanistischen *Materialismus*, der den Menschen als bloße Körpermaschine versteht, sowie gegen den *Animismus*, der dem seelischen Prinzip im Menschen gegenüber stofflich-körperlichen Prozessen Priorität einräumt. Er stellt sich gegen einen *Naturalismus* (im Sinne eines Biologismus), der den Menschen zwar in seiner psychophysischen Totalität achten mag, der ihn aber trotzdem als natürliches Lebewesen unter dem Diktat des Instinkts betrachtet, sowie gegen einen *Idealismus*, der in seiner Betonung geistiger Freiheit und moralischer Autonomie die menschliche Lebensgebundenheit zu vergessen droht. Vor dem Hintergrund dieser philosophiegeschichtlichen Konfliktsituation stellt sich Schiller die Frage nach der Position des Menschen im Kosmos.

3 Anthropologie von unten: die Stufen des Lebens und der Mensch

Bevor Plessner im Rahmen seiner Anthropologie der Frage nach dem Wesen des Menschen und seiner Stellung in der Welt nachgeht, unterscheidet er zwei Fragerichtungen: die *horizontale*, „welche durch die von ihm gesuchte Beziehung des Menschen zur Welt in seinen Taten und Leiden festgelegt ist", und die *vertikale*, „die sich aus seiner naturgewachsenen Stellung in der Welt als Organismus in der Reihe der Organismen ergibt"[355]. Auch Schillers Anthropologie kennt diese beiden Perspektiven auf den Menschen: Während er als Geschichtsphilosoph und Ästhetiker, auch als Literat daran interessiert ist, das Wesen des Menschen aus dessen aktiver wie passiver Beziehung zu seiner Lebenswelt, zu seiner Umgebung, der Gesellschaft und ihrer Kultur, heraus zu verstehen, eröffnet seine frühe Anthropologie die vertikale Blickstellung. In seinen anthropologischen Abschlussschriften geht es dem Mediziner Schiller zwar nicht primär um die einzelnen Glieder in der Reihe der Lebewesen, wohl aber spiegeln sich in seinem Bild vom Menschen die verschiedenen Stufen der unbelebten wie der belebten Natur – etwa wenn Schiller

---

355 PLESSNER: Die Stufen des Organischen und der Mensch, GS 4, S. 70.

in seinem *Versuch über den Zusammenhang* beim Menschen eine ‚mechanische', eine ‚vegetative', eine ‚tierische' und eine ‚geistige' Schicht unterscheidet und so eine „Hierarchie der Lebensformen"[356] entwickelt.

3.1 Das anthropologische Schichtenmodell

Schillers Stufenmodell steht, wie die Schichtenmodelle der Philosophischen Anthropologie, in der Tradition der Idee einer ‚großen Kette der Wesen', die sich bis zur aristotelischen Naturphilosophie zurückverfolgen lässt. In seinem Werk *De anima* grenzt Aristoteles Lebewesen von unbelebten Dingen über ihre Beseeltheit und das Prinzip der Entelechie ab, wobei er zwischen der vegetativen (Ernährung, Wachstum, Fortpflanzung), der sensitiven (Sinneswahrnehmung, Fortbewegung) und der geistigen Lebensform (Denken) unterscheidet, aus deren Stufung sich die Einteilung der belebten Natur in Pflanzen-, Tier- und Menschenreich ergibt. Während Aristoteles also auch Pflanzen ein Seelenvermögen zuspricht, bleibt die Seele in Schillers Modell Tieren und Menschen vorbehalten.[357] Seine Vorstellung von der pflanzlichen Daseinsform bleibt diffus und lässt sich auf der Skala zwischen mechanischem und organischem Dasein kaum verorten. Die Grobstruktur von Schillers Bestimmung der menschlichen Natur mit ihrer Unterteilung in ‚physisches Leben', ‚tierisches Leben' und ‚geistiges Leben' entspricht zunächst der triadischen Systematik in Platners *Anthropologie für Aerzte und Weltweise*, die in der menschlichen Natur die drei Momente des „mechanische[n] Leben[s]" der Pflanzen, des „geistige[n] Leben[s]" der Tiere und der „Vernunft", die einzig der Mensch hat, unterscheidet. Zwar nimmt Platner bereits auf pflanzlicher Ebene eine „lebendige Kraft" an, „die sich selbst erregt und unterhält"[358], seine Ausführungen zum ‚mechanischen Leben' orientieren sich aber weitestgehend an materialistischen Vorstellungen – von einer Eigengesetzlichkeit des vegetativen Lebens keine Spur.

Schillers Stufenmodell, dessen Ebenen von der niedrigsten bis zur höchsten im menschlichen Wesen zusammenfinden, setzt auf der ersten

---

356 RIEDEL: Die Anthropologie des jungen Schiller, S. 107. Wolfgang RIEDEL: Schiller und die popularphilosophische Tradition. In: Helmut Koopmann (Hg.): Schiller-Handbuch. Stuttgart ²2011 (¹1998), S. 162–174, hier S. 166, spricht im Zusammenhang mit den Menschenlehren der Spätaufklärung auch von „Anthropologien von unten".
357 Dabei ist Schillers Ausklammerung der Pflanze aus der beseelten Natur nur ein Beispiel für den allgemeinen „historische[n] Gedächtnisschwund in Sachen ‚Pflanzenseele'", dem Hans W. INGENSIEP: Geschichte der Pflanzenseele. Philosophische und biologische Entwürfe von der Antike bis zur Gegenwart. Stuttgart 2001, hier S. 597, in seiner ideengeschichtlichen Darstellung zum Leben der Pflanze nachgeht.
358 PLATNER: Anthropologie für Aerzte und Weltweise, S. 4.

Stufe bei der Materie des Körpers an, der wie alle belebten und unbelebten Körper bestimmte mechanische und chemische Eigenschaften aufweist. Dieser materiellen Ebene menschlichen Daseins entspricht der Bereich der anorganischen Natur. Aus der „Chemie des menschlichen Körpers", so Schiller, „erwächst" das „vegetabilische Leben"[359]. Ob und wie sich die pflanzliche Lebensform, die über den Begriff des ‚Vegetabilischen' assoziiert wird, von toter Materie unterscheidet, mithin: ob sie eine eigene Stufe in Schillers anthropologischem Schichtenmodell für sich beanspruchen kann, bleibt unklar. Laut Hans-Peter Nowitzki bedeutet ‚Vegetation' hier nicht mehr als die stoffliche Natur des Menschen.[360] Dass Schiller dem ‚vegetabilischen' anders als dem ‚tierischen Leben' keinen eigenen Paragrafen widmet, sondern es im Zusammenhang mit dem physischen Körper des Menschen behandelt, bekräftigt diese Interpretation.[361] Dafür, dass Schiller die pflanzliche von der anorganischen Natur als materieller Grundlage des Lebens unterschieden wissen will, spricht allerdings seine organische Metaphorik. So heißt es nicht etwa, dass die Chemie des menschlichen Körpers das ‚vegetabilische Leben' *ausmache* oder *bilde*, sondern dass dieses aus jener *erwachse*. Schillers Formulierung lässt auf ein qualitatives Plus an Vitalität schließen, das er den Pflanzen gegenüber toten Dingen zugesteht, auch wenn nicht deutlich wird, worin das genau bestehen soll. Es scheint so, als wolle Schiller hier pflanzliche Entitäten sowie die ihnen analogen vegetativen Strukturen und Prozesse im menschlichen Körper durch seine organologische Wortwahl ‚lebendigschreiben', ohne ihnen die Beteiligung eines Seelenvermögens zugestehen zu müssen.

In Schelers und Plessners Anthropologie, wo eine klare Trennung zwischen toten Körperdingen und Lebewesen vorgenommen wird, nimmt die Pflanze die unterste Stufe im Reich der belebten Natur ein, insofern ihr ein vorbewusstes, auf ihre Umwelt bezogenes Innenleben zugestanden wird. In Schillers Stufenmodell kommt ein seelisches Innenleben erst dem Tier zu – eine Lehre, die sich aus Schelers Sicht als „irrig"[362] erwiesen hat. Das ‚tierische Leben', das sich primär über ein die Triebnatur regulierendes ‚Empfindungsvermögen' auszeichnet, ist in Schillers Theorie von grundlegender Bedeutung für sein Verständnis des menschlichen Daseins: „[D]ie Seele muß durch eine unwiderstehliche Macht zu den Handlungen des physischen Le-

---

359 SCHILLER: Versuch über den Zusammenhang, NA 20, S. 43.
360 Vgl. Hans-P. NOWITZKI: Der wohltemperierte Mensch. Aufklärungsanthropologien im Widerstreit. Berlin, New York 2003, S. 82, Anm. 235.
361 In diesem Sinne stellt SCHILLER: Versuch über den Zusammenhang, NA 20, S. 43 f., trotz seiner Ausweitung des Begriffs ‚Leben' auf die Ausdrücke „physische[s]" und „vegetabilische[s] Leben" der Vorstellung vom organischen tierischen Leben die physische Natur des Menschen in der Reihung „Vegetation", „todter Model", „Nerven und Muskelmechanik" gegenüber.
362 SCHELER: Die Stellung des Menschen im Kosmos, GW 9, S. 12.

bens bestimmt werden"³⁶³, heißt es im *Versuch über den Zusammenhang* – und zwar so, dass sie den Körper „mit der physischen Welt in diejenige Verhältnisse [...] bring[t], die seiner Fortdauer am zuträglichsten sind". Über die Gefühle von „Vergnügen" und „Mißvergnügen"³⁶⁴ werde die Seele zum Erhalt des Körpers veranlasst, auf die Umwelt zu reagieren: Angenehmes und dem Körper Zuträgliches anzustreben, Unangenehmes und der physischen Fortdauer Abträgliches zu meiden.

Schillers Theorie des Empfindungsvermögens arbeitet mit der Idee eines vorbewusst regulierten Verhältnisses zwischen Lebewesen und Außenwelt, die zentrales Element in der anthropologischen Theoriebildung im 20. Jahrhundert ist und die auch in Schillers geschichtsphilosophischer und ästhetischer Anthropologie eine Schlüsselfunktion einnehmen wird. In ihrer aisthetischen Dimension findet diese Vorstellung – anders als in der Philosophischen Anthropologie und anders als etwa bei Herder, der in seinen historischen Modellen die Idee einer artspezifischen tierischen Umwelt über die Begriffe der ‚Sphäre' und des ‚Kreises' einführt – in Schillers früher Anthropologie aber noch keinen Platz. Was in der Philosophischen Anthropologie über die strukturelle Korrelation von Organismus und Umwelt erklärt wird, in der sich, so Plessner, eine „Vorwegstruktur des lebendigen Seins"³⁶⁵ manifestiert, begreift Schiller in seinem *Versuch über den Zusammenhang* als Sorgsamkeit eines gütigen Schöpfers. So zeugt der triebhafte Charakter der tierischen Seele für ihn nicht nur von „tyrannischer Macht" und „blinde[r] Nothwendigkeit"³⁶⁶ der Sinnennatur, aufgrund ihrer Effektivität müsse dieser auch als „weiseste Absicht"³⁶⁷ gewertet werden.

Auch das menschliche Wesen unterliegt nach Schiller der Macht des Organischen, die über das Empfindungsvermögen auf den Organismus einwirkt. Sie ist seine primäre Realität, der sich auch seine geistige Natur nie ganz entziehen kann:

> Wider die überhandnehmenden thierischen Fühlungen vermag endlich die höchste Anstrengung des Geistes nichts mehr, die Vernunft wird, so wie sie wachsen, mehr und mehr übertäubt, und die Seele gewaltsam an den Organismus gefesselt.³⁶⁸

Dabei würdigt Schiller die Verbindung von Geistigkeit und Körperlichkeit im Menschen gegenüber idealistischen Kritikern, die den Menschen auf diese Weise „in die Klasse der Thiere" erniedrigt sehen, als „grosse Schönheit"³⁶⁹.

---

363 SCHILLER: Versuch über den Zusammenhang, NA 20, S. 44f.
364 Ebd., S. 44.
365 PLESSNER: Die Stufen des Organischen und der Mensch, GS 4, S. 275.
366 SCHILLER: Versuch über den Zusammenhang, NA 20, S. 46.
367 Ebd., S. 47.
368 Ebd.
369 Ebd., S. 48.

Wie die Philosophischen Anthropologen erkennt der junge Mediziner also die fundamentale Leibgebundenheit des Menschen an und teilt in dieser Hinsicht mit Scheler, der gegenüber dem ohnmächtigen Geist die Kraft des Lebens betont, Plessner, der bei aller Exzentrizität die zentrisch positionale Gebundenheit des Menschen an seinen Leib hervorhebt, und Gehlen, der die kulturellen Handlungen des Menschen stets unter dem Blickwinkel seiner Überlebensfähigkeit ergründet, dieselbe anthropologische Absicht: die Vernunftnatur des Menschen im Leben zu verankern und so die mit der Krise des idealistischen Menschenbildes destabilisierte Idee menschlicher Geistigkeit zu restabilisieren. „Schillers Bewußtsein von der Macht des Körpers über den Geist", urteilt Riedel über Schillers frühes anthropologisches Denken, „kann kaum überschätzt werden."[370]

Und doch übersteigt bei Schiller das menschliche Wesen das ‚tierische Leben', indem es ein ‚geistiges' lebt und so (anders als das Tier) an der höchsten Stufe des Seins teilhat. Im ersten Abschnitt des *Versuchs über den Zusammenhang*, der ganz im Sinne des Schichtentheorems die Bedingtheit der höheren Seinsphänomene durch die niederen, die Abhängigkeit der geistigen von der tierischen Natur des Menschen im Blick hat, deutet Schiller den „Grenzscheiden zwischen Mensch und Thier" allerdings nur am Rande an. In einer Fußnote – ein ungewöhnlich bescheidener Ort für eine so folgenreiche These! – im Kapitel „Thierisches Leben" heißt es hierzu:

> Das Thier lebt das thierische Leben um angenehm zu empfinden. Es empfindet angenehm um das thierische Leben zu erhalten. Also es lebt izt, um morgen wieder zu leben. [...] Der Mensch lebt auch das thierische Leben, und empfindet seine Vergnügungen und leidet seine Schmerzen. Aber warum? Er empfindet und leidet, daß er sein thierisches Leben erhalte. Er erhält sein thierisches Leben, um sein geistiges länger leben zu können. Hier ist also Mittel verschieden vom Zwek, dort schienen Zwek und Mittel zu koincidiren.[371]

Während beim Tier Mittel und Zweck seines Lebens in eins fallen, insofern sein Leben der Bedürfnisbefriedigung und die Bedürfnisse seinem Überleben dienen, sodass ein in sich geschlossener Lebenskreis entsteht, ist die zirkuläre Mittel-Zweck-Beziehung beim Menschen aufgebrochen und teleologisch verschoben. Ziel des menschlichen Daseins, das ebenso wie das tierische Dasein körperlichen Bedürfnissen verpflichtet bleibt, ist nicht mehr das reine Über- oder das bloße Wohlleben, sondern das geistige Leben. Das aber ist nicht mehr an organische Zwecke rückgekoppelt, sondern Zweck seiner selbst. Nutzt das Tier etwa intelligentes Verhalten zur Steigerung seiner Überlebensfähigkeit, so ist die Vernunft im Menschen höchster Zweck

---

370 Riedel: Die Anthropologie des jungen Schiller, S. 32.
371 Schiller: Versuch über den Zusammenhang, NA 20, S. 44, Anm.

geworden. Ganz in diesem Sinne beschreibt Scheler in seiner frühen Schrift *Umschwung im Menschen*. „*Geist" des Menschen* Menschwerdung als eine „*Umkehrung der Grundbeziehung*, die zwischen dem organischen Leben und der geistigen ‚Ordnung'" besteht. Sie äußere sich darin, „daß das, was im Tier Mittel ist (der Lebenserhaltung, Lebensförderung), [im Menschen] Selbstzweck wird"[372]. Gehlen bezeichnet diese Wende, die schon der junge Schiller beschreibt, in seinem Hauptwerk *Der Mensch* als eine „*Umkehr der Antriebsrichtung*"[373].

3.2 Vom Schichten- zum Geschichtsmodell

Der Frage, wie sich das geistige Leben des Menschen verstehen lässt, ohne dessen Abhängigkeit vom Organischen, ohne die körperliche Bedürftigkeit des Menschen zu leugnen, bildet das Zentrum des zweiten Teils von Schillers *Versuch über den Zusammenhang* – seine Überschrift: „*Thierische Triebe weken und entwikeln die geistige*"[374]. Zur Ergründung menschlicher Geistigkeit schlägt Schiller hier einen doppelten Pfad ein: Sowohl die Onto- als auch die Phylogenese des Menschen soll seine These stärken, dass die Entwicklung der intellektuellen Kapazitäten und letztlich auch der menschlichen Geistigkeit nur durch die sinnlichen Triebe angestoßen werden konnte, „gleichwie die Maschine ohne den Stoß von aussen träg und ruhig bleibt"[375]. Aus dem *Schichten*modell des ersten Teils wird im Zuge einer Temporalisierung des menschlichen Wesens also ein *Geschichts*modell im zweiten, wobei Individual- und Gattungsgeschichte, gemäß den Gepflogenheiten der zeitgenössischen Menschheitsgeschichten, analog gedacht werden.

In seiner ontogenetischen Betrachtung unterscheidet Schiller beim Menschen drei Lebensalter: die Kindheit, das Knabenalter sowie das Jünglings- und Mannesalter. Der zweite Teil der Schrift setzt also noch einmal unten an, nicht auf materieller, wohl aber auf vitaler Ebene: beim „menschliche[n] Thier". Anders als in seinen Ausführungen zum tierischen Leben macht Schiller hier aber bereits auf unterster Entwicklungsstufe eine Differenz zwischen Tier und Mensch kenntlich. Das Kind sei nämlich „mehr oder auch weniger als Thier". Die Formulierung ist mit Bedacht gewählt. „Denn dasjenige Wesen, das einmal Mensch heissen sollte, darf niemalen nur Thier gewesen seyn."[376] Diese Prämisse liegt auch den Theorien der Philosophischen

---

[372] SCHELER: Umschwung im Menschen. „Geist" des Menschen, GW 12, S. 129.
[373] GEHLEN: Der Mensch, GA 3, S. 56.
[374] SCHILLER: Versuch über den Zusammenhang, NA 20, S. 48.
[375] Ebd., S. 50.
[376] Ebd., S. 50 f.

Anthropologie zugrunde, die den Menschen nicht einfach als tierisches Lebewesen mit der Zusatzgabe Geist begreifen, sondern die die Sonderstellung des Menschen schon in den Tiefenstrukturen seines Wesens und im Bereich grundlegender Lebensvollzüge ausmachen wollen. So ist nach Plessner dem Menschen in seiner exzentrischen Positionalität die künstliche Vermitteltheit seines Lebenskreises bereits in basalen Handlungskontexten bewusst. Und Gehlen sucht in seiner Anthropologie nach einem einheitlichen Gesetz, das alle leiblichen wie geistigen Funktionen des Menschen umfasst. Dabei geht Gehlen vom gleichen Gedanken aus wie Schiller: Beide setzen bei der Idee des Mängelwesens an. Das menschliche Kind sei noch „[e]lender als ein Thier, weil es auch nicht einmal Instinkt hat"[377], heißt es bei Schiller. Die Idee des Mängelwesens ist in der zweiten Hälfte des 18. Jahrhunderts ein gängiger Topos zur Unterscheidung von Mensch und Tier. Prominent wird sie mit Herders Geschichtsphilosophie. Der junge Medizinschüler Schiller hat sie bereits in Platners *Anthropologie für Aerzte und Weltweise* finden können.[378]

Auf den ersten Blick erscheint Schillers Modell inkonsequent: Widerspricht seine These von der Instinktentbundenheit des Menschen nicht den Überlegungen im ersten Teil seiner Schrift, wo Schiller mit dem tierischen Leben auch die Triebhaftigkeit des Menschen in den Blick nimmt? Stellt er dort nicht die Behauptung auf, dass tierische Empfindungen auch die Seele des Menschen „zu Leidenschaften und Handlungen fortreissen"[379]? Der vermeintliche Widerspruch lässt sich auflösen, indem gedanklich zwischen ‚Trieb' und ‚Instinkt' unterschieden wird: *Trieb* soll hier eine psychische Kraft bezeichnen, die sich aus den natürlichen Bedürfnissen des Lebewesens speist und die dieses (wenn auch unbestimmt-diffus) *grundsätzlich* zum Handeln antreibt. Schiller greift in diesem Sinne beispielsweise die Phänomene des Hungers und des Durstes, des Schmerzes und des Kältempfindens auf, von denen selbst Mathematiker, Physiker und Philosophen aus ihren geistigen Höhenflügen in die Realität ihrer Leiblichkeit zurückgeholt werden. Mit *Instinkt* hingegen sei eine Kraft benannt, die ein Lebewesen, über das Empfinden der Bedürftigkeit und des allgemeinen Handelnmüssens hinaus, in Richtung einer *bestimmten* Handlung zur Befriedigung seiner Bedürfnisse drängt. Die Unterscheidung zwischen ‚Trieb' und ‚Instinkt' entspricht zwar nicht der Semantik des 18. Jahrhunderts, wo die Begriffe oft synonym gebraucht werden, sie soll an dieser Stelle aber zur gedanklichen Differenzierung der beiden

---

377 Ebd., S. 51.
378 Vgl. PLATNER: Anthropologie für Aerzte und Weltweise, S. 12: „Der Mensch wird daher mit keinen thierischen Instinkten, noch mit irgend einer Kunstfertigkeit geboren, wie die unedlern Thiere".
379 SCHILLER: Versuch über den Zusammenhang, NA 20, S. 46.

Sachverhalte dienen, um den vermeintlichen Widerspruch aufzulösen: Der Mensch ist für Schiller, insofern er ein Lebewesen ist, zwar ein Trieb-, nicht aber ein Instinktwesen.

Ganz in diesem Sinne betont Gehlen, dass die menschliche Instinktentbundenheit nicht Bedürfnislosigkeit bedeutet: „Wenn wir also einen Antrieb, ein Bedürfnis fühlen, so liegt, es zu fühlen, nicht in unserer Macht."[380] Das entspricht Schillers Bemerkung, dass nicht einmal konsequente Stoiker oder hohe Gelehrte sich den tierischen Empfindungen zu entziehen vermögen. Lediglich die Art, seinen natürlichen Trieben zu begegnen, sei dem Menschen freigestellt. So räumt Schiller der menschlichen Vernunft die Fähigkeit ein, die natürlichen Bedürfnisse „durch eine entgegengesetzte Richtung der Aufmerksamkeit um vieles [zu] schwächen und [zu] verdunkeln"[381]. Dieses an Abels Theorie der Aufmerksamkeit ausgebildete Zugeständnis menschlicher Freiheit wirkt, verglichen etwa mit Schelers Bild vom Menschen als Nein-sagen-Könner, schwach.[382] Und doch eröffnet es dem Menschen einen geistigen Freiraum, dessen Bedeutung in Schillers nachfolgenden anthropologischen Schriften noch wachsen wird.[383] Auch steht die Vorstellung, dass im Vermögen der Aufmerksamkeit eine Unabhängigkeit des Geistes gegenüber tierischen Trieben aufscheint, Schelers Denken sehr viel näher, als zunächst zu vermuten wäre. Geist und Wollen, so unterstreicht dieser in der *Stellung des Menschen im Kosmos*, können „nie mehr bedeuten als ‚Leitung' und ‚Lenkung'" und das meine, „daß der Geist als solcher den Triebmächten Ideen vorhält, und das Wollen den Triebimpulsen – die schon vorhanden sein müssen – solche Vorstellungen zuwendet oder entzieht, die die Verwirklichung dieser Ideen konkretisieren können."[384] – Nichts anderes als eine Lenkung der Triebenergien aber leistet die Aufmerksamkeit. Schiller denkt hier, wie die Philosophischen Anthropologen, den Geist des Menschen stets unter den Bedingungen seiner leiblichen Gebundenheit, Freiheit nur unter der Voraussetzung seiner Vitalität. Insofern bleibt der Anthropologe dem Schichtungstheorem treu.

Im *Versuch über den Zusammenhang*, der einen natürlichen Instinktmangel des menschlichen Wesens annimmt, gilt der Mensch von Geburt an als riskiertes Wesen, zu dessen Dasein die Krisenhaftigkeit notwendig dazugehört. Anders als das Tier, das auf die durch das Empfindungsvermögen angezeig-

---

380 GEHLEN: Der Mensch, GA 3, S. 396.
381 SCHILLER: Versuch über den Zusammenhang, NA 20, S. 46.
382 Zu Abels Aufmerksamkeitsbegriff vgl. ALT: Schiller, Bd. 1, S. 147f.
383 Bereits zu Schulzeiten beschäftigt Schiller das Thema menschlicher Freiheit, das verrät auch das den Gutachtern vorgeschlagene alternative Dissertationsthema: „Über die Freiheit und Moralität des Menschen", hinter dem sich vielleicht keine „Finte" versteckt, wie ALT: Schiller Bd. 1, S. 177, vermutet, sondern womöglich ein ernstes Interesse Schillers.
384 SCHELER: Die Stellung des Menschen im Kosmos, GW 9, S. 54.

ten sinnlichen Bedürfnisse mit einem mehr oder weniger erfolgsgarantierenden instinktiven Verhalten reagiert, ist der Mensch auf seinen Intellekt angewiesen, um körperliche Bedürfnisse zu stillen. So entwickelt der Knabe (auf der zweiten Ebene des ontogenetischen Entwicklungsmodells) „Reflexion" als „geistiges Mittel zu thierischem Zwek". Dieses Reflexions- und Denkvermögen, das „immer nur in Bezug auf Stillung thierischer Triebe"[385] auftritt, wird in der Philosophischen Anthropologie üblicherweise mit dem Begriff ,Intelligenz' bezeichnet. In Abgrenzung zum ‚Geist' wird ‚Intelligenz' immer als instrumentelle, organisch gebundene Vernunft verstanden wird; über sie scheint allenfalls eine graduelle Unterscheidung vom Tier möglich.[386] Auf dieser Entwicklungsstufe befindet sich der Mensch also genau genommen noch im Bereich des ‚tierischen Lebens'. Auch der Jüngling, der überlegtes Verhalten durch Übung und „[o]ftmalige Wiederhohlung" zur „Fertigkeit" ausbaut, bleibt dem Organischen verbunden.

Erst im Zuge einer Übertragungsleistung des erwachsenen Mannes findet Menschwerdung im engeren Sinne statt, ohne dass der Schritt von der Intelligenz zum Geist hier genauer erklärt oder evolutionär begründet würde (und womöglich, wie Scheler betont, auch gar nicht erklärt werden *kann*). Auf der höchsten Entwicklungsstufe des Menschen gewinnt das geistige Mittel zur Bedürfnisbefriedigung schließlich einen Wert an sich und tritt aus dem Dienstverhältnis zum Organischen heraus, indem es „höchster Zwek" und Träger von „Schönheit" wird.[387] Mit dem Rückgriff auf den Begriff der

---

385 SCHILLER: Versuch über den Zusammenhang, NA 20, S. 51.
386 Vgl. etwa PLESSNER: Mensch und Tier, GS 8, S. 55f.: „Intelligenz bleibt eine biologische Kategorie. Auch andere Tierformen, auch andere Arten, selbst diejenigen, die dem Menschen gar nicht verwandt sind, zeigen Intelligenz. Freilich, diese Intelligenz ist instinktgebunden. ...] Und so kann man bei sehr verschiedenen Formen Intelligenzleistungen nachweisen, die sehr fragwürdig machen, ob man wirklich die eigentümliche Sondergabe des Menschen, seine Vernunft, mit dieser instinktgebundenen Intelligenz gleichsetzen darf. [...] Nur die Vernunft, eine transbiologische Gabe, ist menschliches Monopol, und sie gibt seiner Intelligenz jene besondere Richtung, die sich bei keinem Tier findet: die Richtung auf den sachlichen Zusammenhang, die Freiheit von den Bindungen an Instinkte." Auch Schiller reflektiert diesen Unterschied, etwa wo er in seiner Schrift *Vom Erhabenen* (1793) Produkte der instrumentellen Vernunft, in seinen Worten: des „erfinderischen Verstand[es]", als zur Sinnennatur des Menschen gehörig aus seinem Konzept des Erhabenen ausschließt; vgl. SCHILLER: Vom Erhabenen (1793), NA 20, S. 171–195, hier S. 176.
387 SCHILLER: Versuch über den Zusammenhang, NA 20, S. 51. Die wichtigste Quelle für Schillers entwicklungsgeschichtliche Anthropologie bilden Christian Garves Ausführungen zu Fergusons *Institutes of Moral Philosophy*, aus denen ein ganzer Abschnitt zitiert wird. Nicht nur die These eines organischen Ursprungs menschlicher Vernünftigkeit, auch die Vorstellung einer Lösung geistiger Akte aus körperlichen Diensten ist hier vorgedacht. Vor allem finden sich bei Garve die für Schiller – wie für Gehlen – zentralen Ideen eines ,Hiatus' zwischen Bedürfnis und Befriedigung („bei keinem Thiere erfolgt die Befriedigung der Begierde so spät auf die Anstalten, die es zu diesem Ende macht, als bei dem Menschen") und einer ,Umkehr der Antriebsrichtung' („dann fängt er an, einen Endzwek seiner

Schönheit zur Bezeichnung des selbstzweckhaften menschlichen Verhaltens markiert Schiller bereits in seiner frühen medizinischen Anthropologie die Stelle, die in den späteren kunstphilosophischen Schriften seine ästhetische Anthropologie der Freiheit besetzen wird.[388] Erst jetzt, da der Mensch in der Lage ist, losgelöst von organischen Trieben zu handeln, besteht eigentlich ‚geistiges Leben'. Organisch entbunden ist er freilich nicht grundsätzlich, sondern nur in einzelnen Momenten freier Geistigkeit.

Solche Momente sind es, die auch das Menschenbild der Philosophischen Anthropologie im Wesentlichen ausmachen: Momente im Modus der Sachlichkeit während eines ‚Aktes der Ideierung' (Scheler), der Exzentrizität in Form reflexiver Distanzierung des Menschen zum eigenen leiblichen Zentrum (Plessner), Momente des Hiatus, der zwischen Bedürfnis und Befriedigung einen Raum geistiger Freiheit schafft (Gehlen). Anders als Schiller betrachten Scheler, Plessner und Gehlen das menschliche Wesen allerdings nicht zeitlich. Sie schreiben keine onto- oder phylogenetische Entwicklungsgeschichte des Geistes, der sich schrittweise von der Macht der körperlichen Triebe emanzipiert, sondern begreifen Natur und Freiheit, menschliche Nichtfestgestelltheit und Geistigkeit, als sich gegenseitig bedingende, zugleich bestehende Aspekte des Menschseins. Lediglich Gehlens Programm der aktiven menschlichen Welterschließung erinnert in Grundzügen an Schillers entwicklungspsychologische Hypothesen: Der Mensch macht sich die Welt im Laufe seiner Entwicklung erst verfügbar und verschafft sich so eine Entlastung vom unmittelbaren Druck der Bedürfnisse.

Im Rahmen seines zweiten Anlaufs zur Stärkung der These, dass die geistige Entwicklung des Menschen grundsätzlich körperlich motiviert ist, schlägt Schiller schließlich einen Exkurs in die Menschheitsgeschichte ein. Deren Verlauf ist schnell dargelegt, insofern die Entwicklung des Menschengeschlechts „von seiner Wiege an bis zu seinem männlichen Alter"[389] bei ihm den gleichen Gesetzen folgt wie die Entwicklung des menschlichen Individuums. Auch hier sind es die Grundtriebe des Menschen und seine natürlichen Bedürfnisse, die die Erfindungskraft wecken, die den technischen Fortschritt, wissenschaftliche Entdeckungen, die Höherentwicklung der Künste, die Ausbildung der Tugenden und den Ausbau der Gesellschaft fördern. Die Menschheitsgeschichte steht dabei ganz im Zeichen der Natur-

---

Handlung in sich selbst zu finden"); SCHILLER: Versuch über den Zusammenhang, NA 20, S. 52, Anm.

388 Auch Teresa CADETE: Schillers Ästhetik als Synchronisierung seiner anthropologischen und historischen Erkenntnisse. In: Weimarer Beiträge 37/6 (1991), S. 839–852, hier S. 843, verweist auf die Parallelen dieser Textstelle zur späteren ästhetischen Theorie und hebt hervor, dass Schiller hier – noch vor Erscheinen von Kants *Kritik der Urtheilskraft* – die Möglichkeit selbstzweckhaften menschlichen Verhaltens betont.

389 SCHILLER: Versuch über den Zusammenhang, NA 20, S. 52.

beherrschung und sie wird hier von Schiller mit einem Vervollkommnungs- und Fortschrittspathos erzählt, das nicht nur Rousseaus kulturkritischem und Herders historistischem Geschichtsmodell fernsteht, sondern auch in der Philosophischen Anthropologie kein Äquivalent findet. Dabei hält sich Schillers phylogenetisches Modell (anders als seine Entwicklungsgeschichte des individuellen Menschen) streng im Bereich des Organischen. Die Gewinne des Menschengeschlechts gelten als „Kunst und Erfindung für das Wohl des *Thieres*"[390]. Was geistiges Leben auf der Ebene der Gesellschaft und der menschlichen Gattung bedeuten kann, bleibt an dieser Stelle offen – und wird erst in Schillers ‚Sozialästhetik' der *Ästhetischen Briefe* und durch seine Vorstellung vom menschheitlichen Geschichtsspiel geklärt.[391]

3.3 Kants Dualismus und die Lehre von den Menschentypen

Die anthropogenetische Perspektive auf den Menschen, die Schiller in seinem *Versuch über den Zusammenhang* entwickelt, begleitet ihn auch in den Jahrzehnten nach Schulabschluss. Die geschichtsphilosophischen Modelle der Aufklärung, Rousseaus Kulturgeschichte und die menschheitsgeschichtlichen Konzepte Herders und Kants, bestätigen und ergänzen sein historisches Denken und motivieren ihn schließlich dazu, einen eigenen Ursprungsmythos zu schreiben: *Etwas über die erste Menschengesellschaft nach dem Leitfaden der mosaischen Urkunde.*[392] Im Wesentlichen bleibt Schillers Menschenbild aus Studienzeiten auch nach der Bekanntschaft mit der zeitgenössischen Geschichtsphilosophie erhalten. Eine Herausforderung dagegen bringt eine andere Begegnung mit sich: Im November 1791 bestellt Schiller bei Georg Joachim Göschen Kants *Kritik der praktischen Vernunft* (1788),[393] nachdem er im Frühjahr desselben Jahres bereits die *Kritik der Urtheilskraft* kennengelernt hat. Kants Idealismus und seine Moralphilosophie hinterlassen tiefe Spuren in Schillers Vorstellung vom Menschen, und sie beeinflussen maßgeblich die großen ästhetisch-anthropologischen Schriften, die in den Jahren nach seiner Kantlektüre entstehen.

Schillers erste intensive Auseinandersetzung mit Kants praktischer Philosophie lässt sich an seiner Schrift *Ueber Anmuth und Würde* (1793) nachverfolgen. Wer ihre implizite Anthropologie freilegt, stellt fest, dass die Idee vom ‚ganzen Menschen', wie sie im Schichtungs- und Geschichtsmodell des

---

390 Ebd., S. 54.
391 Vgl. Kap. III.6.3 und III.6.5.
392 Vgl. hierzu Kap. III.4.1 und III.4.2.
393 Vgl. SCHILLER: Brief an Georg J. Göschen, 28. November 1791 (Nr. 92), NA 26, S. 111f., hier S. 112.

Versuchs über den Zusammenhang (ganz im Sinne der Philosophischen Anthropologie) zu finden ist, eine moralphilosophische Transformation erfährt, wo Schiller seine anthropologisch ausgerichtete Ästhetik auf die Philosophie des „unsterblichen Verfasser[s] der Kritik"[394] bezieht. Unter dem Eindruck des kantischen Dualismus von Sinnlichkeit und Sittlichkeit wandeln sich die beiden Aspekte des Menschseins, und der ihnen zugrunde liegende anthropologische Freiheitsbegriff weicht einem moralphilosophischen Autonomiekonzept. Die tierische Triebnatur des Menschen tritt nun in Form privater Neigungen und Leidenschaften auf, während der Geist als reine praktische Vernunft an die Pflicht des selbstgegebenen Moralgesetzes gebunden wird.

Bedeutend für Schillers Modell ist, dass Kants Moralphilosophie nur einen strengen Dualismus zulässt: Akte der reinen praktischen Vernunft sollen als Handlungen unter freiem Willen nach Kant „nicht blos ohne Mitwirkung sinnlicher Antriebe, sondern selbst mit Abweisung aller derselben und mit Abbruch aller Neigungen, so fern sie jenem Gesetze zuwider sein könnten, blos durchs Gesetz bestimmt"[395] sein. Ein Zusammenwirken von Sinnlichkeit und Sittlichkeit ist für Kant aus moralischen Gründen undenkbar. In die Sprache der Anthropologie übersetzt bedeutet das: Bei Handlungen muss jeder Bezug zum bloßen Leben ausgeschlossen sein, wenn sie als freie Akte der menschlichen Geistnatur angesehen werden sollen, in denen sich die Sonderstellung des Menschen gegenüber der Natur manifestiert. Die Vernunft wird hier also, um der Freiheit willen, vom Leben abgeschnitten.

Kants moralphilosophisch ausgerichtetes Menschenbild, in dem der Geist nicht an die Macht des Lebens zurückgebunden wird, sondern das von einer Überlegenheit und Selbstmacht des autonomen Geistes ausgeht,[396] steht in der Tradition der idealistischen Geistphilosophie. Es schlägt sich in Schillers Konzept der Würde nieder, die als „Ausdruck einer erhabenen Gesinnung"[397] gilt, in der sich „der Geist in dem Körper als *Herrscher* auf[führt]"[398]. Im Habitus der Würde ist der Mensch nach Schiller zum Heros, zum Gott gesteigert. Seine Diffamierung des idealistischen Menschenbildes im *Versuch über den Zusammenhang* als „Extremum, das den einen Theil des Menschen allzuenthusiastisch herabwürdigt, und uns in den Rang idealischer Wesen erheben will, ohne uns zugleich unserer Menschlichkeit zu

---

394 SCHILLER: Ueber Anmuth und Würde, NA 20, S. 282.
395 KANT: Kritik der Urtheilskraft, AA 5, S. 72.
396 Vgl. KANT: Kritik der praktischen Vernunft, AA 5, S. 25: „Die Vernunft bestimmt in einem praktischen Gesetze unmittelbar den Willen, nicht vermittelst eines dazwischen kommenden Gefühls der Lust und Unlust, selbst nicht aus diesem Gesetze, und nur, daß sie als reine Vernunft praktisch sein kann, macht es ihr möglich, *gesetzgebend* zu sein."
397 SCHILLER: Ueber Anmuth und Würde, NA 20, S. 289.
398 Ebd., S. 296.

entladen"[399], scheint an dieser Stelle vergessen. Schiller geht es nicht mehr um ein deskriptives Modell vom Menschen, er will unter Rückgriff auf Kants deontologische Ethik ein normatives Ideal aufstellen.

Idealistisch muss aber auch die zweite Kategorie seiner ästhetischen Schrift verstanden werden: die Anmut. Dezidiert gegen den Rigorismus der kantischen Pflichtethik konzipiert, nimmt sie gleichwohl bei Kants Dualismus von Sinnlichkeit und Sittlichkeit ihren Ausgang – mit dem Ziel, den Gegensatz zu einer Einheit zu versöhnen.[400] Im Anschluss an das Konzept vom ‚ganzen Menschen' aus Karlsschulzeiten und unter Einfluss der britischen *moral-sense*-Philosophie entwickelt Schiller in seiner Theorie der Anmut (oder Grazie), die er als „Schönheit der *durch Freyheit bewegten Gestalt*"[401] definiert, das Ideal der ‚schönen Seele'. In ihr sollen Neigung und Pflicht sich nicht widersprechen, sondern eine vollkommene Harmonie bilden. Gegenüber Kants vernunftorientierter Moralphilosophie erfährt die Sinnlichkeit hier eine radikale Aufwertung: „Wäre die sinnliche Natur im Sittlichen immer nur die unterdrückte und nie die *mitwirkende* Parthey", wendet er sich kritisch gegen den Königsberger, „wie könnte sie das ganze Feuer ihrer Gefühle zu einem Triumph hergeben, der über sie selbst gefeyert wird?"[402]

Insofern die bewegliche Schönheit der Anmut „als die Bürgerin zwoer Welten anzusehen [ist], deren einer sie durch *Geburt*, der andern durch *Adoption* angehört"[403], tritt mit ihr die Übereinstimmung von sinnlicher Natur und sittlicher Freiheit in Erscheinung. Mit dem anthropologischen Freiheitsbegriff der Spätaufklärung hat das nur wenig zu tun. Da Anmut ein Verdienst des Menschen und nicht ein Werk der Natur ist, setzt sie zwar Freiheit im anthropologischen Sinne voraus, in der Instinktentbundenheit und natürlichen Nichtfestgestelltheit des Menschen geht sie allerdings nicht auf, weil sich in ihr stets die moralische Anlage des Menschen zeigen soll: als „sittliche Denkart", die ihm „*zur Natur geworden ist*"[404]. Auch die Anmut steht hier, wie Alt bemerkt, „unter dem Patronat der Sittlichkeit"[405]. Indem die menschliche

---

399 SCHILLER: Versuch über den Zusammenhang, NA 20, S. 40.
400 Zu Schillers Wende gegen Kant vgl. Kalliope KOUKOU: Schillers Kant-Kritik in seiner Schrift *Ueber Anmuth und Würde*. In: Cordula Burtscher, Markus Hien (Hg.): Schiller im philosophischen Kontext. Würzburg 2011, S. 40–49.
401 SCHILLER: Ueber Anmuth und Würde, NA 20, S. 265.
402 Ebd., S. 286. Darauf antwortet KANT: Die Religion innerhalb der Grenzen der bloßen Vernunft (1793), AA 6, S. 23: „Ich gestehe gern: daß ich dem *Pflichtbegriffe* gerade um seiner Würde willen keine Anmuth beigesellen kann. Denn er enthält unbedingte Nöthigung, womit Anmuth in geradem Widerspruch steht." KOUKOU: Schillers Kant-Kritik in seiner Schrift *Ueber Anmuth und Würde*, S. 49, führt diese Differenz darauf zurück, dass Kant im Grunde ein pessimistisches, Schiller aber ein positives Menschenbild vertrete.
403 SCHILLER: Ueber Anmuth und Würde, NA 20, S. 260.
404 Ebd., S. 284.
405 ALT: Schiller, Bd. 2, S. 105.

Geistigkeit in der Schrift *Ueber Anmuth und Würde* unter das Primat der Moral gestellt und eine ideale Harmonie der gegenläufigen Prinzipien postuliert wird, statt deren zwar spannungsreiche, aber reale Verschränkung im konkreten alltäglichen Lebensvollzug des Menschen zu beschreiben, rückt Schiller den anthropologischen zugunsten eines moral- und bestimmungsphilosophischen Diskurses in den Hintergrund – wohlgemerkt: mit der Intention, Kant auf seinem eigenen Felde zu schlagen.

Hinter Schillers ‚doppelter Ästhetik' der Anmut und der Würde steckt immer auch ein doppeltes Menschheitsideal. Seine idealistische Anthropologie ist hier aber keine Anthropologie von unten mehr, sondern eine von oben, die entweder auf eine gewaltsame Unterdrückung oder – gegen die ursprüngliche Intention, die Sinnlichkeit des Menschen wie dessen Sittlichkeit zu achten – auf eine gewaltfreie Veredelung und Überwindung der Natur durch den Geist hinausläuft: Das Modell der Würde greift das logozentrische Menschenbild der idealistischen Denktradition auf, insofern es passiv-triebhaftes Leben und aktive Geistigkeit, Natur und Freiheit, in Widerspruch setzt und eine Ermächtigung der autonomen Vernunftnatur durch die Depotenzierung der menschlichen Sinnlichkeit inszeniert. Im Konzept der Anmut hingegen erweist sich die Versöhnung, die Kants deontologischem Modell entgegengesetzt wird, als subtile, aber effektive Strategie der indirekten Naturbeherrschung: „Der bloß *niedergeworfene* Feind kann wieder aufstehen, aber der *versöhnte* ist wahrhaft überwunden."[406] Wahre Harmonie sieht anders aus! So oder so: Die rohe Natur ist hier der Feind, den es zu zügeln und zu überwinden gilt – ein Gedanke, der nicht nur Rousseau und Herder, sondern auch den Anthropologen im 20. Jahrhundert in dieser Form fremd ist. Wo die allgemeine Pflicht der persönlichen Neigung entgegensteht, bedarf es nach Schiller einer Unterdrückung der Leidenschaften, wo die Tugend quasi zum Instinkt geworden ist, braucht es keiner moralischen Kraftakte mehr. Solange Sinnlichkeit und Sittlichkeit im Sinne des kantischen Dualismus gegeneinander arbeiten, muss eine Versöhnung allerdings Utopie bleiben,[407] oder eben bloße Fassade, hinter der die Würde ins Kostüm der Anmut schlüpft.

Schließt Schiller mit seinem Modell der Würde unmittelbar an Kant an, so will er ihn im Konzept der Anmut, in der Sinnlichkeit und Sittlichkeit zusammenfinden sollen, überwinden. Im Ansatz der Schrift ist die alte Vorstellung einer geistig-vitalen Totalität der menschlichen Natur also durchaus erhalten geblieben. Noch aber fehlt Schiller das argumentative Rüstzeug

---

406 SCHILLER: Ueber Anmuth und Würde, NA 20, S. 284.
407 Zum „utopische[n] Gehalt der ästhetischen Versöhnung" s. JANZ: Über die ästhetische Erziehung des Menschen in einer Reihe von Briefen, S. 612; und Walter HINDERER: Von der Idee des Menschen. Über Friedrich Schiller. Würzburg 1998, darin Kap. „Utopische Elemente in der ästhetischen Anthropologie", S. 132–144.

(etwa Fichtes Begriff der ‚Wechselwirkung' oder Kants ästhetische Idee des ‚Spiels'), das er für eine konsequente *anthropologische* Überwindung der Zwei-Welten-Lehre kantischer Provenienz braucht. Sein Versuch, den Eigenwert der menschlichen Sinnlichkeit zu achten und die menschliche Einheit zu denken, wird für die Konzeption der Schrift zwar bestimmend, bleibt aber im Ansatz stecken. Anstelle eines Schichten- oder eines Geschichtsmodells, wie sie sein *Versuch über den Zusammenhang* entwickelt, tritt in *Ueber Anmuth und Würde* ein *Typenmodell* auf, das drei Verhältnisse kennt, „in welchen der Mensch zu sich selbst d. i. sein sinnlicher Theil zu seinem vernünftigen, stehen kann". Typus eins – der Mensch als *Gott*: „Der Mensch unterdrückt entweder die Forderungen seiner sinnlichen Natur, um sich den höhern Forderungen seiner vernünftigen gemäß zu verhalten"; Typus zwei – der Mensch als *Tier*: „oder er kehrt es um, und ordnet den vernünftigen Theil seines Wesens dem sinnlichen unter, und folgt also bloß dem Stoße, womit ihn die Naturnothwendigkeit, gleich den andern Erscheinungen forttreibt"; Typus drei – der Mensch als sinnlich-sittlich ausbalancierter *Idealmensch*, als ‚schöne Seele': „oder die Triebe des letztern setzen sich mit den Gesetzen des erstern in Harmonie, und der Mensch ist einig mit sich selbst"[408]. Was Schillers Schrift nicht behandelt, ist der Mensch als *realer Mensch*, in seiner von Natur aus gebrochenen Daseinsweise im Spannungsfeld von Geist und Leben, dessen Sonderstellung nicht (wie bei Kant) metaphysisch, über seine Zugehörigkeit zu einem intelligiblen Reich geistig-moralischer Wesen, begründet wird, sondern (wie in der Philosophischen Anthropologie) über die spezifisch menschliche Form der Freiheit: einer Freiheit unter den Bedingungen seiner Lebendigkeit.

Erst Schillers Denkprojekt der *Ästhetischen Briefe* findet genug diskursiven Freiraum für eine philosophische Anthropologie fernab moralphilosophischer Festschreibungen und idealistisch-normativer Menschenbilder.[409] Dabei wird das in *Ueber Anmuth und Würde* eröffnete, aber ungelöste Problem menschlicher Doppelaspektivität wieder aufgegriffen. Zwar tritt in den Kategorien der ‚energischen' und der ‚schmelzenden Schönheit' seiner Briefe das Doppelmodell von Würde und Anmut wieder auf; allerdings rückt im Verlauf der Schrift der moralphilosophische Diskurs zugunsten anthropologischer Überlegungen und der Frage nach der Lebenskunst in den Hintergrund. Schiller entwickelt hier eine Anthropologie, die den Menschen in

---

408 SCHILLER: Ueber Anmuth und Würde, NA 20, S. 280.
409 Anders bewertet das Yvonne EHRENSPECK: Schiller und die Realisierung von Freiheit und Sittlichkeit im Medium ästhetischer Bildung. In: Hans Feger (Hg.): Friedrich Schiller. Die Realität des Idealisten. Heidelberg 2006, S. 305–341, hier S. 313 f., für die Schiller auch in den *Ästhetischen Briefen* trotz seines Versuchs, den kantischen Dualismus mit der Idee einer gemischten Natur des Menschen zu überwinden, Kantianer bleibt.

seiner geistig-triebhaften Doppelaspektivität nicht als ‚Zentaur' ansieht, um ein Bild Plessners aufzugreifen: „vorne das Humanum und hinten le beau reste"[410], sondern in der Durchdringung seiner beiden Naturen. Es ist eine Theorie, die neben der Vernunft auch die Macht und die Funktion der Sinnlichkeit als grundlegender Vitalschicht des menschlichen Wesens achtet und ihren Eigenwert ernsthaft anerkennt. Darauf verweist bereits das Motto, das Schiller seiner Abhandlung im Erstdruck voranstellt – ein Zitat aus Rousseaus *Julie ou la Nouvelle Héloïse* (1761): „Si c'est la raison, qui fait l'homme, c'est le sentiment, qui le conduit."[411]

Schillers Menschenbild der *Ästhetischen Briefe* beerbt seine beiden ästhetischen Ideale, ohne ihre idealistischen Implikationen zu übernehmen. Mit der Theorie des Schönen stärkt Schiller die Einsicht, dass der Mensch nur als sinnlich-geistige Ganzheit zu verstehen ist. Die Philosophie des Erhabenen schärft seinen Blick für die Gebrochenheit des menschlichen Wesens. Die kallistische Vorstellung einer konstanten und ruhigen Harmonie von Sinnlichkeit und Vernunftnatur sowie die sublime Idee einer selbstmächtigen Erhebung des Geistes über die Natur hingegen markiert Schiller als dem realen Menschen unerreichbare Ideale. Ihren systematischen Ort findet die Anthropologie der *Ästhetischen Briefe* gerade im Spannungsfeld *zwischen* den Menschheitsidealen der Schönheits- und der Erhabenheitsphilosophie, die als regulative Postulate an den in der Wirklichkeit in sich gebrochenen Menschen fungieren.[412]

4 Die Sonderstellung des Menschen: Freiheit als natürliche Nichtfestgestelltheit

Bereits in seiner medizinischen Anthropologie diskutiert Schiller die Stellung des Menschen innerhalb des Naturganzen. Im Stufenmodell des *Versuchs über den Zusammenhang* markiert er mit der Kategorie des ‚geistigen Lebens' den Bereich, in dem die Eigenart des Menschen in Erscheinung tritt. Auch das Motto der Dissertation, ein Ausschnitt aus Ovids *Metamorphosen*, der gegenüber der irdischen Bindung des Tiers die Aufrichtung des Menschen, seine Erhebung über die Erde und die Ausrichtung seines Antlitzes gen Himmel betont, zeigt, dass schon dem jungen Schiller die Achtung der menschlichen Sonderstellung ein Anliegen ist. Die Ergründung menschlicher Geistigkeit nimmt im Rahmen der *commercium*-Anthropologie seiner frühen Schriften, in deren Zentrum das Problem des Körper-Seele-Dualismus, weniger die Dichotomie von Leben und Geist steht, allerdings nur eine Randposition

---

410 PLESSNER: Das Problem der Unmenschlichkeit, GS 8, S. 331.
411 SCHILLER: Ästhetische Briefe (Apparat), NA 21, S. 243.
412 Vgl. Kap. III.5.3–III.6.5.

ein. Im Folgenden soll nun die medizinische Anthropologie, in der der Schüler die Grundpfeiler seiner späteren Philosophie vom Menschen errichtet, zurückgelassen werden, um die geschichtsphilosophischen und ästhetischen Modelle in den Fokus zu rücken, in denen Schiller seine anthropologische Freiheitsphilosophie weiter ausbaut.

4.1 Verlorenes Paradies und sentimentalische Haltung

Ende Mai 1789 widmet sich der frisch an die Uni Jena berufene Professor für Philosophie in seiner Antrittsrede der Frage nach dem Gegenstand und der Methode der Universalgeschichte. Seinen begeisterten Studenten erklärt er, dass die Geschichte zu den Menschen spreche, deren wesenseigene „Bestimmung" es sei, „sich als Menschen auszubilden"[413]. Was es mit dieser bestimmungsphilosophischen These, die auf den Begriff der Menschheit in seiner zeitgenössischen Verwendung als Art- wie Zielbegriff zurückgreift,[414] und dem daran geknüpften universalgeschichtlichen Deutungsauftrag auf sich hat, führt Schiller nicht nur in seiner Rede weiter aus, er veranschaulicht es auch in weiteren geschichtsphilosophischen Vorträgen, die im Verlauf des Sommersemesters auf das Einführungskolleg folgen.

In einer Vorlesung, die Schiller im November 1790 im elften Heft der *Thalia* unter dem Titel *Etwas über die erste Menschengesellschaft nach dem Leitfaden der mosaischen Urkunde* veröffentlicht, geht er der für die Menschheitsgeschichte so wichtigen Frage nach dem Ursprung der Gattung nach. Mit der Erhellung des menschheitlichen Anfangs ergründet er nicht nur die Bedingung der Möglichkeit von Geschichte, indem er die positive Freiheit zur Veränderung und Gestaltung des kulturellen Raums im Verlauf der Geschichte durch die negative Freiheit des Menschen von instinktiven Handlungszwängen erklärt; er zeigt auf diesem Wege auch ein qualitatives Kriterium zur Unterscheidung von Mensch und Tier auf. Den diskursiven Hintergrund der Vorlesung bilden die seinerzeit populären Debatten um instinktives und vernünftiges Verhalten bei Mensch und Tier sowie die Naturzustandsmythen und Menschheitsgeschichten der Spätaufklärung. Anschauungsmaterial liefern Reisebeschreibungen und ihre Darstellungen vom Wilden.

Statt eines synchronen Vergleichs der nebeneinander existierenden Wesen Tier und Mensch wählt Schiller in seiner Abhandlung den diachronen Darstellungsmodus des Nacheinanders. So stellt sich die anthropologische

---

413 SCHILLER: Was heißt Universalgeschichte?, NA 17, S. 359f. Schillers Idee einer bildenden Geschichte und einer historischen Erziehung des Menschen zum Menschen rückt PRÜFER: *Die Bildung des Geschichten*, bes. S. 98–110, in den Mittelpunkt seiner Untersuchung.
414 Vgl. hierzu Kap. III.E.1.

Differenz in seinem Ursprungsmythos als eine historische Transsubstantiation dar, als entwicklungsgeschichtlicher Sprung von einem tierischen in einen menschlichen Stand, der zugleich den Ausgangspunkt der Kulturgeschichte bildet. Dabei beanspruchen Schillers Thesen keine historisch-faktische, sondern eine philosophische Wahrheit.[415] Dieses menschheitsgeschichtlich verpackte, im Kern aber anthropologische Denkprojekt zeigt sich ganz der Tradition verhaftet: Strukturell folgt es Rousseaus Naturzustands- und Kants Paradieserzählung, die den emanzipatorischen Wandel des Menschen von einem Natur- in ein Kulturwesen beleuchten. Anders als Kant, der an den Beginn seiner Genesis-Exegese methodische Reflexionen stellt, und im Unterschied zu Rousseau, der einschränkende Anmerkungen zum Aussagestatus seiner Ausführungen in den Text einstreut, hält sich Schiller in *Etwas über die erste Menschengesellschaft* mit methodischen Reflexionen allerdings zurück. Die Tatsache, dass auch er sich zur Darstellung des ahistorischen Sachverhaltes, wohl aus Gründen der Anschaulichkeit, der zeitlich-narrativen Form bedient und dabei mit der doppelten Bedeutung des Geschichtsbegriffs spielt, bleibt unerwähnt.[416] Den Plot seiner Geschichte findet Schiller, wie vor ihm schon Herder und Kant, in der Sündenfallerzählung der Genesis. Dabei orientiert er sich vor allem an Kants *Mutmaßlichem Anfang der Menschengeschichte*.[417]

Den gedanklichen Ausgangspunkt von Schillers Mythos der Menschwerdung bildet der paradiesische Zustand des Menschen als Tier, in dem die Natur als Gottes Schöpfung mit der Stimme des Instinkts zum Menschen spricht und sein Verhalten lenkt:

> An dem Leitbande des Instinkts, woran sie noch jetzt das vernunftlose Thier leitet, mußte die Vorsehung den Menschen in das Leben einführen, und, da seine Vernunft noch unentwickelt war, gleich einer wachsamen Amme hinter ihm stehen.[418]

Die Natur tritt als sorgende Nährmutter auf, die ihrem Zögling Befriedigung und ein ruhiges Dasein verschafft. Die subjektiven Bedürfnisse des tierischen Organismus, seine organische Ausstattung und sein Instinktprogramm sowie die Einrichtung seiner ‚Umwelt' als Objekt der Befriedigung fügen sich har-

---

415 Zu Schillers philosophischem Wahrheitsbegriff vgl. auch Kap. III.1.3.
416 Zur Nähe von Historiografie und Narration bei Schiller vgl. etwa ALT: Natur, Zivilisation und Narratio; sowie FRICK: Der ‚Maler der Menschheit', bes. S. 80.
417 Vgl. Kurt FLASCH: Vertreibung aus dem Paradies bei Schiller und Kant. In: Jan Bürger (Hg.): Friedrich Schiller. Dichter, Denker, Vor- und Gegenbild. Göttingen 2007, S. 172–185.
418 SCHILLER: Etwas über die erste Menschengesellschaft, NA 17, S. 398. Auch wenn den Philosophischen Anthropologen die Problematisierung und die Ausdifferenzierung des Instinktbegriffs im Laufe des 19. und Anfang des 20. Jahrhunderts präsent sind, greifen zumindest Scheler und Gehlen in ihren anthropologischen Modellen auf den Begriff des Instinktes zurück; vgl. hierzu insbesondere SCHELER: Die Stellung des Menschen im Kosmos, S. 17; und PLESSNER: Die Stufen des Organischen, S. 331 f.

monisch zusammen und bilden einen geschlossenen Kreislauf. Dem Bedürfnis der Nahrung folgen die natürlichen Empfindungen Hunger und Durst, die körperlichen Sinne des Geruchs und des Geschmacks leiten zuverlässig und unmittelbar die Nahrungswahl und für eine garantierte Befriedigung der vitalen Grundbedürfnisse hat Mutter Natur einen ausreichenden Vorrat angelegt. Die Weltwahrnehmung des tierischen Lebens läuft (eine gängige Annahme der Menschheitsgeschichten, etwa bei Herder und Kant) vor allem über die Nahsinne ab; Gehör und Gesicht sind traditionell dem Menschen als Wesen der Distanz vorbehalten. Über Klimatheorien wird in zeitgenössische Modelle die Idee einer Organismus-Außenwelt-Beziehung eingebracht – angepasst an die Paradieserzählung auch hier: Der Nacktheit des menschlichen Organismus entspricht in seinen Anfängen ein sanftes Klima, der Wehrlosigkeit seines Daseins ein grundsätzlicher Friede. Wahrhaft paradiesische Zustände also für ein Mängelwesen wie den Menschen! „Als Pflanze und Thier war der Mensch also vollendet." Die Kindheit seiner Gattung, die auf dieser Entwicklungsstufe im strengen Sinne eigentlich noch gar nicht angefangen hat, weil es anthropologisch betrachtet ein Tier ist, das Schiller hier beschreibt, ist „[s]anft und lachend"[419].

Während die Natur mittels des Instinkts für den Menschen denkt und handelt, nutzt dieser die natürliche Entlastungssituation des kindlichen Freiraums, um mit fundamentalen Formen der Vernunft und der Sprache erste kognitive Fähigkeiten auszubauen – freilich nicht selbstentschieden, sondern noch völlig unbewusst. Aus Herders Sicht, für den Sprache als Produkt menschlicher ‚Besonnenheit' erst im Moment der Menschwerdung entsteht, ist Schillers (ähnlich wie Kants) Konzept hier widersprüchlich, insofern es bereits dem tierischen Menschen Fähigkeiten zuschreibt, die erst dem Menschen als ‚Freigelassenem der Schöpfung' zukommen können. Auch aus der Perspektive der Philosophischen Anthropologie erscheint dieses Modell des menschlichen Naturzustandes inkonsequent. Denn Schiller assoziiert hier die Idee der ‚Weltoffenheit', die er unter Annahme einer natürlichen Vorentlastung des Menschen entwickelt, mit der als vollkommen erscheinenden tierischen Lebensweise, statt mit Weltoffenheit eine dem Menschen vorbehaltene Form des aisthetischen Weltbezugs zu kennzeichnen, wie es seine späte Ästhetik tun wird: „Mit dem Auge eines Glücklichen sah er jetzt noch herum in der Schöpfung", beschreibt Schiller den Menschen als Tier und erläutert: „[S]ein frohes Gemüth faßte alle Erscheinungen uneigennützig und rein auf, und legte sie rein und lauter in einem regen Gedächtniß nieder."[420] Vom Standpunkt Schelers aus lässt sich nicht einsehen, wie der Mensch als

---

419 SCHILLER: Etwas über die erste Menschengesellschaft, NA 17, S. 398.
420 Ebd.

instinktiv geleitetes Tier, das unter den Zwängen des Organischen steht, die Objekte seiner Umgebung „uneigennützig", also interesselos und unabhängig von ihrer biologischen Valenz, betrachten kann. Schiller überstrapaziert hier seine Idealisierung des paradiesischen Urzustandes auf Kosten einer kohärenten anthropologischen Theoriebildung.

Die sanfte Idylle der Paradieserzählung bricht rapide ab. Bei näherem Hinsehen entpuppt sich das Glück des tierischen Daseins nämlich als ein oberflächliches:

> Setzen wir also, die Vorsehung wäre auf dieser Stuffe mit ihm stillgestanden, so wäre aus dem Menschen das glücklichste und geistreichste aller Thiere geworden, – aber aus der Vormundschaft des Naturtriebs wär er niemals getreten, frey und also moralisch wären seine Handlungen niemals geworden, über die Gränze der Thierheit wär er niemals gestiegen.[421]

Schillers Naturbegriff, der anfangs (gut rousseauistisch) positiv aufgeladen ist, kippt, sobald die Fürsorge der Natur mit Vormundschaft, Harmonie mit Stillstand und Glück mit Wollust gleichgesetzt wird. So wird aus dem „Zögling der Natur" ein unfreier „Automat" und ein „Sklave[]" des Naturtriebes"[422], dessen Kreis zwischen Begierde, Genuss, Befriedigung, in dem er sein kärgliches Leben fristet, der „kleinstmöglichste" ist. Die instinktiv erzeugte Einheit von Organismus und Umwelt stellt sich als Fessel heraus, die die Natur dem tierischen Menschen anlegt. In seiner Abhandlung *Etwas über die erste Menschengesellschaft* demaskiert Schiller das Ammen- und Wiegenparadies so als ein „Paradies der Unwissenheit und Knechtschaft"[423]. Typografisch schlägt sich die Pejoration des Naturbegriffs im Gedankenstrich zwischen den ambivalenten Darstellungen nieder, in dem der Moment der stillen Umwertung, des besonnenen Perspektivwechsels als Signifikant sichtbar wird.

Wie mit der „Entwertung des mütterlichen Hauses der Natur"[424] in seiner Schrift *Ueber naive und sentimentalische Dichtung* (1795/96), die rund fünf Jahre später erscheinen wird, geht auch hier mit der Abwertung des Naturzustandes eine Aufwertung des menschlichen Kulturzustandes einher. Dem tierischen Paradies, das nun nicht mehr mit Glück, sondern mit Unfreiheit

---

421 Ebd., S. 398f.
422 Ebd., S. 400.
423 Ebd., S. 399.
424 Carsten ZELLE: Friedrich Schiller. In: Ralf Konersmann (Hg.): Handbuch Kulturphilosophie. Stuttgart, Weimar 2012, S. 85–90, hier S. 87, deckt die Ambivalenzen des Natur- und des Kulturbegriffs bei Schiller unter den Einflüssen Rousseaus und Kants auf und spürt ihnen in der *Ersten Menschengesellschaft* wie in den großen ästhetischen Schriften der 1790er Jahre nach. Zur gegenseitigen Bedingtheit des ambivalenten Natur- und Kulturbildes vgl. auch SAYCE: Das Problem der Vieldeutigkeit in Schillers ästhetischer Terminologie, S. 151f.

assoziiert wird und das der Mensch mit dem Verlust seines Instinkts und der Ausbildung seiner Vernunft notwendig und unwiederbringlich hinter sich lassen muss, setzt Schiller als menschheitliche Bestimmung ein „Paradies der Erkenntniß und Freiheit" entgegen. Von diesem zweiten Paradies, in dem die Vorzüge des ersten, die Unschuld und die Einheit des Menschen mit sich selbst und der Natur, unter Umgehung seiner Nachteile, mithin unter den Bedingungen menschlicher Mündigkeit und Selbsttätigkeit verwirklicht sein sollen, entwirft Schiller ein Bild, das teleologisch zum Regulativ und Motor der Kulturgeschichte werden soll. Dem aus dem tierischen Instinktparadies Verstoßenen gibt es Orientierung. Anthropologisch betrachtet, ist es eine Utopie, die Schiller hier zur Bestimmung der Menschheit erhebt – eine Rechnung, die ohne den Wirt, nämlich den Menschen, gemacht ist. Denn ein Zustand der Einfalt und inneren Notwendigkeit auf der Grundlage von Reflexion und Freiheit, ein Status, „wo [der Mensch] dem moralischen Gesetze in seiner Brust eben so unwandelbar gehorchen würde, als er anfangs dem Instinkte gedient hatte"[425], liegt außerhalb des Menschenmöglichen.

Einen vergleichbaren ‚Paradiesentwurf' stellt Schiller in der Schrift *Ueber naive und sentimentalische Dichtung* vor, wo aus ihm (konzeptionell analog zu *Etwas über die erste Menschengesellschaft*) ein triadisches Geschichtsmodell erwächst. Hat der Mensch einmal seine Einheit und Naivität verloren und ist er mit der Ausbildung einer reflexiven Grundhaltung zu sich und seiner Welt in die Kulturgeschichte eingetreten, so bleibt ihm nichts, als das verlorene erste Paradies hinter sich zu lassen und selbsttätig ein neues in der Zukunft zu erstreben, das Natur und Kultur miteinander versöhnt. Historisch ergibt sich für Schiller daraus ein Dreischritt: „Die Natur macht [den Menschen] mit sich Eins, die Kunst trennt und entzweyet ihn, durch das Ideal kehrt er zur Einheit zurück."[426] Hält er in seiner geschichtsphilosophischen Schrift von 1790 die Realisierung des Ideals zwar noch für fern, grundsätzlich aber für nicht ausgeschlossen („wär es auch nach späten Jahrtausenden"[427]), so betont Schiller in der ästhetischen Abhandlung explizit dessen Unerreichbarkeit: „Weil aber das Ideal ein unendliches ist, das er niemals erreicht, so kann der kultivirte Mensch in *seiner* Art niemals vollkommen werden, wie doch der natürliche Mensch es in der seinigen zu werden vermag."[428] Allenfalls eine Annäherung im Laufe der Geschichte erscheint ihm hier noch möglich. Das zweite Paradies, dem (wie dem ersten) keine historische Wirklichkeit entspricht, bleibt substanzlos, subjektiv – eben ein Ideal.

---

425 SCHILLER: Etwas über die erste Menschengesellschaft, NA 17, S. 399.
426 SCHILLER: Ueber naive und sentimentalische Dichtung, NA 20, S. 438.
427 SCHILLER: Etwas über die erste Menschengesellschaft, NA 17, S. 399.
428 SCHILLER: Ueber naive und sentimentalische Dichtung, NA 20, S. 438.

Wer Schillers triadische Konzeption auf eine Fortschrittsgeschichte und sein Menschenbild hier auf die Idee der Versöhnung und der gelebten Moral reduziert, der überhört ihre realistischen Zwischentöne, nimmt die feinen anthropologischen Nuancen fernab der großen idealistischen Entwürfe zum ‚Naiven' und ‚Idealischen' nicht wahr, die der Grundstimmung der Philosophischen Anthropologie nicht unähnlich sind. Während Idyllen vom Goldenen Zeitalter, Zukunftsutopien und teleologische Geschichtsmodelle Scheler, Plessner und Gehlen fernstehen, erinnert jener für Schiller einzig reale, weil nicht auf bloßen Ideen beruhende menschliche Daseinsmodus, der sich zwischen den Utopien im Leben des sentimentalischen Menschen entfaltet, durchaus an die krisenbasierten Menschenbilder der Philosophischen Anthropologie.[429] Aus ihrer Perspektive entpuppt sich Schillers *moderner* Mensch, den er in seinem Konzept des ‚Sentimentalischen' entwirft, als Typus des menschlichen Wesens *überhaupt*.

Zwar geht Schillers konträres Begriffspaar naiv/sentimentalisch nicht einfach in den dualen Denkfiguren Tier/Mensch beziehungsweise Instinkt/Freiheit auf. Explizit grenzt Schiller das Naive als „*wahre* Natur" von der „*wirkliche[n]* Natur"[430] ab und entwirft damit ein von den Momenten der „blin-

---

429 Eingenommen wird in dieser Lesart die Perspektive des philosophischen Anthropologen Schiller, nicht die des klassizistisch geprägten Historikers, für den der paradiesische Zustand in der griechischen Antike durchaus eine geschichtliche Realität hat. Es ist in der Forschung vielfach auf die Mehrdimensionalität und innere Widersprüchlichkeit der Schrift *Ueber naive und sentimalische Dichtung* hingewiesen worden, die zwischen einer anthropologischen und einer historischen Bedeutungsebene, einem dichotomischen und einem trichotomischen Konzept sowie einer transzendentalen und einer essenzialistischen Deutung der Grundkategorien schwankt und in der die Begriffe des Naiven und des Sentimentalischen in verschiedensten Kontexten genutzt werden: als Epochenbegriffe zur Unterscheidung von Antike und Moderne, als Bezeichnung konträrer Menschentypen, psychologischer Empfindungsweisen, poetischer Dichtungsformen, ästhetischer Stoffe und dergleichen mehr. Wolfgang BINDER: Die Begriffe „naiv" und „sentimentalisch" und Schillers Drama. In: Jahrbuch der deutschen Schillergesellschaft 4 (1960), S. 140–157, hier S. 142, versteht das Naive und das Sentimentalische entsprechend als „zwei allgemeinste Prinzipien", die sich in den verschiedensten Phänomenbereichen niederschlagen. Die einzelnen Bedeutungsnuancen der beiden Hauptbegriffe lassen sich allerdings nur begrenzt zusammendenken oder gar aufeinander zurückführen. Schillers Abhandlung bildet, so Wilfried BARNER: Anachronistische Klassizität. Zu Schillers Abhandlung *Über naive und sentimentalische Dichtung*. In: Wilhelm Voßkamp (Hg.): Klassik im Vergleich. Normativität und Historizität europäischer Klassik. Stuttgart, Weimar 1993, S. 62–80, hier S. 65, „kein begriffslogisch kohärentes Ganzes". Einen Überblick über zentrale Interpretationsansätze gibt Carsten ZELLE: *Über naive und sentimentalische Dichtung* (1795/96). In: Matthias Luserke-Jaqui (Hg.): Schiller-Handbuch. Leben – Werk – Wirkung. Stuttgart, Weimar 2005, S. 451–478, hier S. 189–193. Der Komplexität der Abhandlung kann in diesem begrenzten Rahmen nicht Rechnung getragen werden. Die philosophisch-anthropologische Lesart dieser Arbeit ist nur eine mögliche Perspektive auf Schillers Theorie und sie steht zu anderen Interpretationsansätzen in einer Spannung, die zu einem großen Teil in Schillers Konzept selbst begründet liegt.

430 SCHILLER: Ueber naive und sentimentalische Dichtung, NA 20, S. 476.

de[n] Gewalt" und der „*Nothdurft*"⁴³¹ bereinigtes Naturideal. Nicht die Naturgegenstände selbst, sondern „eine durch sie dargestellte Idee" sei es, „was wir in ihnen lieben"⁴³². Aber diese Idee weist durchaus Berührungspunkte mit Schillers Vorstellung vom tierischen Dasein auf. Der Typus des naiven Naturwesens in seiner in sich geschlossenen, unmittelbaren und notwendigen Daseinsform trägt Züge, die Schiller sonst, in ungeschminkter Form, nur dem tierischen Menschen zuschreibt.⁴³³ Dreimal im Text taucht etwa der Begriff ‚Instinkt' auf – dreimal im Kontext des naiven Menschentypus!⁴³⁴ Der sentimentalische Kulturmensch hingegen zeichnet sich durch Reflexion, Freiheit und Selbsttätigkeit aus – und das sind Eigenschaften, durch die sich der Mensch in Schillers anthropologisch-menschheitsgeschichtlichem Modell grundlegend vom Tier unterscheidet.

Es sind, bei Schiller wie im 20. Jahrhundert, die Momente der Unvollkommenheit, der Disharmonie und der Gebrochenheit menschlichen Daseins, die sich mit Blick auf das Andere des Menschen manifestieren: auf das als vollkommen und unmittelbar wahrgenommene Dasein des Naiven – das Leben von Pflanzen und Tieren mit ihrem geschlossenen Funktionskreis.⁴³⁵ Schillers Kulturmensch ist gewissermaßen ein Wesen ‚exzentrischer Positionalität', die es ihm ermöglicht, zu sich als natürlichem Lebewesen in Distanz zu treten. Während das Tier aus seiner Mitte heraus lebt, sich seiner natürlichen Vitalität selbst aber nicht bewusst ist, vermag der Mensch nach Plessner seine Lebensvollzüge noch einmal reflektierend zu betrachten und

---

431 Ebd., S. 419.
432 Ebd., S. 414.
433 So lassen sich hinter vielen der idealisierten Eigenschaften, die dem Naiven zugeschrieben werden, ihre negativ konnotierten ‚tierischen Verwandten' erkennen: Die Idee etwa, dass die Natur im Ganzen ein „Daseyn nach eignen Gesetzen" (ebd., S. 414) führe, korreliert mit der Vorstellung, dass einzelne Lebewesen durch eben diese naturgegebenen Gesetze (im Falle des Tieres: über den Instinkt) bestimmt sind. Insofern muss die Charakterisierung des Naiven durch die Idee der ‚Selbstbestimmung', die traditionell an das Bewusstsein geknüpft ist, bei Helmut KOOPMANN: Über naive und sentimentalische Dichtung. In: Ders. (Hg.): Schiller-Handbuch. Stuttgart 1998, S. 627–638, hier S. 630, revidiert werden. Der Eindruck einer „innre[n] *Nothwendigkeit*" der Natur als „*moralische[r]* Größe" ist das idealisierte Pendant der Vorstellung einer „*Nothdurft*" der bloßen Natur als „*dynamische[r]* [Größe]" (SCHILLER: Ueber naive und sentimentalische Dichtung, NA 20, S. 419). Und die „ewige Einheit mit sich selbst" (ebd., S. 414) bringt für die konkrete Pflanze, das jeweilige Tier, den tierischen Menschen eine Alternativlosigkeit und Unfreiheit, gegen die allgemeingültige natürliche Bestimmung zu handeln, mit. Lediglich die Idee einer ‚unendlichen Bestimmbarkeit', die den Sentimentalischen bei der Betrachtung des Kindes erfüllt und die hier eine vorbewusste Form von Freiheit darstellt, findet in Schillers Modell des instinktiv bestimmten Tiers kein Äquivalent – im Gegenteil: Sie ist, wie sich noch zeigen wird, zentrales Moment in Schillers Freiheitskonzept der *Ästhetischen Briefe*.
434 Vgl. SCHILLER: Etwas über die erste Menschengesellschaft, NA 17, S. 424, 459 u. 494.
435 Zur spannungsvollen Zerrissenheit der modernen/menschlichen Mentalität fernab des klassischen Versöhnungsideals vgl. ALT: Schiller, Bd. 2, S. 210.

damit zu objektivieren. Rastlos strebt er danach, mit sich und der Welt ins Gleichgewicht zu kommen (Gesetz der natürlichen Künstlichkeit), was ihm auf immer verwehrt bleibt. Wenn Schiller mit Blick auf die antiken Griechen, die ihm als Sinnbild der naiven Lebensform gelten, schreibt: „Sie empfanden natürlich; wir empfinden das natürliche"[436], dann drückt sich darin genau diese Vorstellung vom distanzierten, objektivierenden Blick des nicht festgestellten Kulturmenschen auf die natürliche Lebensform aus. Freilich: Plessners Mensch, der bei aller Exzentrizität als Lebewesen immer zentrisch positioniert bleibt, reflektiert die Formen der eigenen Vitalität, während sich der sentimentalisch gestimmte Mensch bei Schiller auf eine idealisierte, vor allem durch andere Lebensformen dargestellte und allenfalls in Kulturgütern der griechischen Antike konservierte menschliche Natur besinnt. Darin liegt ein entscheidender Unterschied zwischen Schillers und Plessners Modellen. Und doch betonen beide gleichermaßen, dass durch das Moment der Reflexion das Gefühl einer Unmittelbarkeit des eigenen Lebensvollzugs verlorengeht.

Mit der von Schiller beschriebenen sentimentalischen Haltung, dem gemischten Gefühl des „schmerzliche[n] Verlangen[s]"[437], mit dem sich der Mensch im Bewusstsein seiner verlorenen Ursprünglichkeit nach der Bestimmtheit und Direktheit natürlicher Lebensformen zurücksehnt, ist aus Plessners Sicht die wesenstypische Empfindung des Menschen treffend beschrieben. Auch er spricht von einem „Schmerz um die unerreichbare Natürlichkeit der anderen Lebewesen"[438], die den exzentrisch positionierten Menschen erfülle. Die innere Unruhe und sein Drang, zu handeln, die sich bei Schiller aus der Ausrichtung des Kulturmenschen auf die idealisierte Natur des Naiven ergeben, sein Streben danach, die natürliche Nichtfestgestelltheit kulturell zu überwinden, den aufgebrochenen Lebenskreis künstlich zu schließen und ein neues ‚Paradies' unter den Bedingungen seiner Geistigkeit zu errichten, finden in Plessners anthropologischen Grundgesetzen Ausdruck.

In seiner Abhandlung *Ueber naive und sentimentalische Dichtung* deckt Schiller den „Projektionscharakter"[439] des idealisierten Naturbildes auf: „Unser Gefühl für Natur gleicht der Empfindung des Kranken für die Gesundheit"[440], schreibt er hier. Nur in den Augen des Sentimentalischen erscheint die Natur im Modus des Naiven. Auf seinen geschichtsphilosophischen

---

436 SCHILLER: Ueber naive und sentimentalische Dichtung, NA 20, S. 431.
437 Ebd., S. 427.
438 PLESSNER: Die Stufen des Organischen und der Mensch, GS 4, S. 384.
439 ZELLE: *Über naive und sentimentalische Dichtung*, S. 455. Vgl. hierzu auch ALT: Schiller, Bd. 2, S. 213. BARNER: Anachronistische Klassizität, S. 67, spricht von „geschichtsphilosophisch konturierten Verhältnisbegriffen".
440 SCHILLER: Ueber naive und sentimentalische Dichtung, NA 20, S. 431.

Ursprungsmythos übertragen, hieße das: Nur in den Augen des vernunftbegabten Mängelwesens Mensch erscheint das tierische Dasein paradiesisch. In dieser Erkenntnis spiegelt sich die unhintergehbare Bindung des Natur- und damit auch des Menschenbildes an die menschliche Wahrnehmung, die zur transzendentalen Grundbedingung einer jeden anthropologischen Theoriebildung wird. In Schillers Theorie ist der reflektierte Mensch das an Heimweh erkrankte Tier, dessen sentimentalische Grundhaltung, die einem ewig unerfüllten Streben nach Unmittelbarkeit und Natürlichkeit entspringt, zum grundlegenden Habitus des menschlichen Wesens wird. Über ein naiv-idealistisches Menschenbild ist seine Anthropologie hier eindeutig hinaus.

Es ist diese Erkenntnis, die auch in der Schrift *Etwas über die erste Menschengesellschaft* steckt und die ursächlich ist für ihre ambivalente Darstellung des ersten Paradieses. Folgt man Plessners Behauptung, dass die Idee des Paradieses immer ein Bewusstsein der menschlichen Mangelhaftigkeit voraussetzt,[441] muss Schillers Paradieserzählung und die aus ihr hervorgehende Geschichtskonzeption vor allem als ein Ausdruck seines Realismus und seines anthropologischen Wissens um die Brüchigkeit des konkreten menschlichen Daseins verstanden werden – eines Daseins, das weder in der Geborgenheit einer natürlichen Nische Stabilität erlangt noch in einer moralischen Bestimmung oder einer Zugehörigkeit zu einem intelligiblen Reich reiner Intelligenzen aufgeht, sondern das sich vor allem zwischen den Paradiesen abspielt.

4.2 Zwischen Emanzipation und Handlungszwang

In der Abhandlung *Etwas über die erste Menschengesellschaft* stellen der Ausgang des Menschen aus dem Paradies und sein irreversibler Schritt in die Kulturgeschichte die anthropogenetische Urszene dar. Teilt der Mensch im Paradies mit anderen Lebewesen die Sicherheit und Unmittelbarkeit der natürlichen Lebensform, so begründet die Lösung aus den Zwängen des Instinkts seine Sonderstellung im Kosmos. Anthropologisch gesehen findet ein Sprung zwischen zwei essenziell verschiedenen Seinsweisen statt, eine Transsubstantiation von einem tierischen zu einem menschlichen Wesen, die keiner historischen, sondern allein einer philosophischen Wahrheit entspricht. Und die lautet: Mensch zu sein bedeutet bei aller Leib- und Lebensgebundenheit vor allem eins: frei zu sein.[442] Die Idee einer natürlichen Urfreiheit des Men-

---

441 Vgl. PLESSNER: Die Stufen des Organischen und der Mensch, GS 4, S. *383*; und Kap. III.E.1.
442 Wenn die wiederholte Behauptung stimmt, dass Schiller Geschichte dort interessant ist, wo sie hilft, Freiheit zu befördern, so etwa EDER: Schiller als Historiker, S. 698, dann muss der Anfang der Menschheitsgeschichte für ihn ein Thema ersten Ranges gewesen sein. Dessen

schen, einer Offenheit seines Wesens ist Schillers Antwort auf die Naturalisierungstendenzen seiner Zeit. Die Emanzipation des Menschen von der ihn leitenden Natur wird von Schiller rhetorisch effektvoll in Szene gesetzt:

> Sobald seine Vernunft ihre ersten Kräfte nur geprüft hatte, verstieß ihn die Natur aus ihren pflegenden Armen, oder richtiger gesagt, er selbst, von einem Triebe gereizt, den er selbst noch nicht kannte, und unwissend, was er in diesem Augenblicke großes that, er selbst riß ab von dem leitenden Bande, und mit seiner noch schwachen Vernunft, von dem Instinkte nur von ferne begleitet, warf er sich in das wilde Spiel des Lebens, machte er sich auf den gefährlichen Weg zur moralischen Freiheit.[443]

Im doppelten Anlauf der Darstellung ('oder richtiger gesagt') spiegelt sich das Moment der Emanzipation, insofern der Lösungsakt nach Schiller explizit nicht mehr als Werk der Natur, sondern – wie der zweite, korrigierte Teil des Berichts deutlich macht – bereits als Menschenwerk gilt. Es ist keine passive Vertreibung, die den Menschen hier von seiner Tierheit trennt (er ist nicht wie bei Herder ‚*Freigelassener* der Schöpfung'), sondern ein selbstverantworteter aktiver Schritt. Verglichen mit den Autoren im 20. Jahrhundert, die den offenen Charakter des menschlichen Wesens als naturgegeben betrachten, erscheinen Schillers Zugeständnisse an dieser Stelle hoch gegriffen. Die Repetition ‚er selbst' zeigt unmissverständlich an: Die Rolle des Akteurs, die zuvor die Natur besetzte, hat nun der Mensch übernommen, der erst mit dieser Lösung aus seiner natürlichen Umwelt, die nun sein Gegenüber bildet, ein Selbst gewinnt.[444] Zunächst noch vorsichtig und naturnah vorgestellt als unbewusster Vorgang unter Mitwirkung eines ‚Triebes', dann etwas selbstbewusster formuliert, spielt doch schon eine ‚schwache Vernunft', die sich in der entlasteten Situation des paradiesischen Naturzustandes hat ausbilden können, und nur noch ‚von ferne' ein ‚Instinkt' eine Rolle, ist es schließlich und ohne Einschränkung – die Klimax der Darstellung ist erreicht – ‚er', der Mensch, der sich selbst auf den Weg der Freiheit macht. Das ist eine These mit großer symbolischer Strahlkraft. Denn diese „erste Aeußerung seiner Selbstthätigkeit"[445], die die Instinktentbindung des Menschen darstellt, ist nicht nur absoluter Ausgangspunkt, sondern zugleich auch Zeichen seiner

---

Bedeutung entspricht eine so große Erzählung wie die von der Vertreibung des Menschen aus dem Paradies, die Ende des 18. Jahrhunderts laut FLASCH: Vertreibung aus dem Paradies bei Schiller und Kant, S. 172, längst „Menschheitsstoff" fernab konfessioneller Überzeugungen ist.

443 SCHILLER: Etwas über die erste Menschengesellschaft, NA 17, S. 399.
444 Die Lösung aus der Natur schafft „Identität durch Differenzierung", so ALT: Natur, Zivilisation, Narratio, S. 531.
445 SCHILLER: Etwas über die erste Menschengesellschaft, NA 17, S. 399.

gesamten Lebensform. Mit ihr eröffnet sich ein Dasein, das durch Freiheit und Verantwortung bestimmt ist.

Gemäß der ambivalenten Betrachtung des ersten Paradieses ist auch Schillers Sicht auf den Fall des Menschen aus der Natur und seinen Eintritt in die Geschichte gespalten. Insofern ihm das tierische Dasein in erster Linie als Zustand natürlicher Zwänge und Unfreiheiten gilt, wertet er die Anthropogenese, die Lösung des Menschen vom Instinkt und den Ursprung seiner Selbsttätigkeit, mit Kant zunächst und vor allem als „glücklichste und größte Begebenheit in der Menschengeschichte"[446]. Von sentimentalischer Grundstimmung ist in der geschichtsphilosophischen Abhandlung von 1790 (anders als etwa im 1788 erschienenen Gedicht *Die Götter Griechenlandes*) also wenig zu spüren. Dagegen nimmt Schiller an, dass die geschichtliche „Leiter" die Menschheit „nach Verlauf von vielen Jahrtausenden zur Selbstherrschaft führen wird" – das zweite Paradies besitzt hier eine mögliche, wenn auch ferne historische Entsprechung.

Die optimistischen Zukunftsaussichten mildern die Schattenseiten des Menschseins, die bereits hier Erwähnung finden. Neben dem moralischen „*Fall*" des Menschen, der nun ein schuldiges, weil „unvollkommenes moralisches Wesen"[447] ist, deckt Schiller die anthropologischen Kehrseiten der Menschwerdung auf: die Beschwerlichkeit und bedrohliche Offenheit eines selbstgeführten Lebens, das er als „wilde[s] Spiel" ohne natürliche Schutzräume beschreibt und in dem jede freie Entscheidung ein „Wagestück seiner Vernunft"[448] darstellt. Auf die Menschenbildkrise des 18. Jahrhunderts reagiert Schiller also, wie später die Philosophische Anthropologie, mit einem krisenbasierten Modell vom Menschen. Sein ästhetisches Erziehungsprogramm, vor allem das utopische Versöhnungsprojekt der Schönheitsphilosophie hat demgegenüber bloß eine korrektive, eine heilende Funktion. Dass Menschsein *per se* krisenhaft ist, bleibt Schiller also auch bewusst, wo er im Ganzen eine optimistische Fortschrittsgeschichte der Freiheit vor Augen hat. Wie im *Versuch über den Zusammenhang* schildert er in seiner geschichtsphilosophischen Abhandlung die künstliche Vermitteltheit des menschlichen Lebenskreises, in dem zwischen Begierde und Befriedigung nun „Nachdenken, Fleiß und Mühe"[449] eingeschaltet sind. Dem Menschen fehlt der sichere und, wie Gehlen es nennt, der „kurze Weg", auf dem tierische Instinkte „ihre

---

[446] Ebd., S. 399 f. Vgl. Wolfdietrich RASCH: Schillers Aufsatz über die Anfänge der Menschheitsgeschichte. In: Wolfgang Wittkowski (Hg.): Friedrich Schiller. Kunst, Humanität und Politik in der späten Aufklärung. Ein Symposium. Tübingen 1982, S. 220–228, hier S. 221, der betont, dass zwischen Rousseau und Schiller Kant liege.

[447] SCHILLER: Etwas über die erste Menschengesellschaft, S. 400.

[448] Ebd., S. 399. Potentielle und reale Irrwege der Kulturgeschichte hat vor allem Rousseau aufgedeckt.

[449] Ebd., S. 400.

durch die höhere Weisheit der Natur schon bereitliegenden Ziele"[450] erreichen. Schillers Mensch, von Natur aus ein wehrloses Mängelwesen, muss die „Kräfte, die ihm die Natur versagt hat[]"[451], künstlich, durch geistige und körperliche Arbeit kompensieren.

Alle Errungenschaften der Gattung lassen sich, wie es die Autoren der Menschheitsgeschichten vorgemacht haben, entlang dieses Grundgesetzes erkunden. Technische Erfindungen und kulturelle Praktiken, aus der Not geboren und in Nachahmung der Natur verfeinert, werden, so führt es Schiller im zweiten Teil der Abhandlung aus, tradiert. Es bilden sich Gesellschaften; zwischenmenschliche Emotionen, die über triebhafte Affekte hinausgehen, kommen auf. Wie Rousseau erzählt Schiller nun eine Geschichte der Ungleichheit unter den Menschen: Abhängigkeitsverhältnisse entstehen, Müßiggang verbreitet sich unter den Reichen – selbst die Schönheit gerät ins Visier einer kulturkritischen Betrachtung.[452] Kriege und sittlicher Verfall werden jedoch, entsprechend der Idee einer ‚ungeselligen Geselligkeit', als Triebkräfte zur Weiterentwicklung optimistisch umgedeutet – hier ist Schiller wieder ganz Kantianer. An die Stelle der tierischen Umwelt tritt in der Geschichte die menschliche Kultur. Das Leben des Individuums verlangt nach Lebenskunst. Ihre Bedingung ist der mit der Naturentbindung des Menschen einsetzende „Trieb seiner Selbstthätigkeit"[453]. Das entspricht Gehlens anthropologischem Grundprinzip der Handlung, und auch Plessner betont diese aktive Seite des menschlichen Daseins: „Es gibt nichts in seinem Leben, was der Mensch nicht machen müßte, wofür er nicht zu sorgen, was er nicht zu gestalten hätte."[454] An Schillers grundsätzlich optimistischer Einstellung ändern die Schattenseiten der Freiheit – die Beschwerlichkeit eines selbstgewirkten Lebens und die Eigenverantwortung des Menschen für seine getroffenen Entscheidungen –, wie gesagt, wenig. Lieber „unglücklicher Künstler" als „glückliche[s] Instrument[]"[455] in den Händen der Natur, lautet hier seine Devise.

4.3 Menschlicher Wille und Selbsttätigkeit

Als Gehlen in den 1930er Jahren an seinem Hauptwerk *Der Mensch* arbeitet, ist ihm die Nähe zur Philosophie des 18. Jahrhunderts durchaus bewusst. Neben Herder, den er zum wichtigsten Vorgänger seiner Anthropologie

---

450 GEHLEN: Der Mensch, GA 3, S. 395.
451 SCHILLER: Etwas über die erste Menschengesellschaft, S. 400.
452 So fordert der Reiche nach SCHILLER: Etwas über die erste Menschengesellschaft, NA 17, S. 409, den Luxus künstlicher Reize und Schönheit von der Frau.
453 Ebd., S. 401.
454 PLESSNER: Mensch und Tier, GS 8, S. 64.
455 SCHILLER: Etwas über die erste Menschengesellschaft, NA 17, S. 400.

kürt, finden Kant und Schiller Erwähnung. Dabei ist es weder Schillers anthropogenetischer Ursprungsmythos, den er zitiert, noch die Abhandlung *Ueber naive und sentimentalische Dichtung*. Stattdessen greift Gehlen auf das anthropologische Fundament der Schrift *Ueber Anmuth und Würde* zurück, in der er seine Idee des Menschen als eines handelnden Wesens, das „sich selbst noch Aufgabe ist"[456], vorentworfen findet. Im Rahmen seiner moralphilosophischen Ästhetik expliziert Schiller dort den anthropologischen Freiheitsbegriff, indem er die Idee einer natürlichen Bestimmtheit des Menschen als Lebe- mit der Vorstellung vom freien Willen des Menschen als Geistwesen zusammenführt und so zum Begriff der Handlung gelangt. Gehlen zitiert folgende Schiller-Passage:

> Bey dem Thiere und der Pflanze giebt die Natur nicht bloß die Bestimmung an, sondern *führt sie auch allein aus*. Dem Menschen aber giebt sie bloß die Bestimmung und überläßt *ihm selbst* die Erfüllung derselben. Dieß allein macht ihn zum Menschen. | Der Mensch allein hat als Person unter allen bekannten Wesen das Vorrecht, in den Ring der Nothwendigkeit, der für bloße Naturwesen unzerreißbar ist, durch seinen Willen zu greifen und eine ganze *falsche Reihe von Erscheinungen in sich selbst anzufangen. Der Akt, durch den er dieses wirkt, heißt vorzugsweise eine *Handlung*[457].

Der Mensch ist in seiner ihm spezifischen Nichtfestgestelltheit und der Offenheit seines Wesens frei und für die Erfüllung und Gestaltung seines konkreten Lebensvollzugs selbst verantwortlich. Dabei entspricht Schillers Freiheitsbegriff den impliziten Freiheitstheorien Schelers, Plessners und Gehlens. Denn Freiheit bedeutet hier gerade nicht, dass der Mensch grundsätzlich von natürlichen Bedürfnissen entbunden wäre. Schon im *Versuch über den Zusammenhang* hat der junge Mediziner aufgezeigt, welchen Einfluss das tierische Empfindungsvermögen auf den menschlichen Organismus hat. Auf diese Einsichten greift er jetzt zurück, wenn er betont: „Da einer Naturnothwendigkeit nichts abzudingen ist, so muß auch der Mensch, seiner Freyheit ungeachtet, empfinden, was die Natur ihn empfinden lassen will"[458].

---

456 GEHLEN: Der Mensch, GA 3, S. 30.
457 SCHILLER: Ueber Anmuth und Würde, NA 20, S. 272; vgl. GEHLEN: Der Mensch, GA 3, S. 31; Gehlen zitiert aus einer anderen Textversion: *frische. Ganz ähnlich formuliert in den *Ästhetischen Briefen*: „Die Natur fängt mit dem Menschen nicht besser an, als mit ihren übrigen Werken: sie handelt für ihn, wo er als freye Intelligenz noch nicht selbst handeln kann. Aber eben das macht ihn zum Menschen, daß er bey dem nicht stille steht, was die bloße Natur aus ihm machte, sondern die Fähigkeit besitzt, die Schritte, welche jene mit ihm anticipirte, durch Vernunft wieder rückwärts zu thun, das Werk der Noth in ein Werk seiner freyen Wahl umzuschaffen, und die physische Nothwendigkeit zu einer moralischen zu erheben"; SCHILLER: Ästhetische Briefe (3. Brief), NA 20, S. 313.
458 SCHILLER: Ueber Anmuth und Würde, NA 20, S. 290.

Keinesfalls will Schiller als Anthropologe dem idealistischen Fehlschluss unterliegen, dass das menschliche Wesen durch seine Lösung aus der Natur am Anfang der Geschichte dieser insgesamt enthoben sei oder Empfindungen gegenüber Gedanken eine sekundäre Realität haben.

Statt eines Instinktes besitze der Mensch allerdings den ‚Willen', der die Notwendigkeit, die mit den tierischen Empfindungen einhergeht, bricht und die menschliche Handlungsfähigkeit begründet. Die von Schiller beschriebene „stetig fortlaufende Kette"[459] von äußerem Eindruck, Empfindung, Begierde und instinktivem Verhalten beim Tier, die an Uexkülls Funktionskreismodell erinnert (ohne dass hier schon eine artspezifische Korrelation von ‚Organismus' und ‚Umwelt' über ‚Merk-' und ‚Wirkwelt' angenommen würde), ist im Falle des Menschen durch die Instanz des Willen aufgebrochen. Der Mensch als solcher ist in seinen Verrichtungen nicht festgestellt, weil sein Wille weder dem Gesetz der Natur noch dem der Vernunft so unterworfen ist, „daß ihm nicht vollkommen freye Wahl bliebe, sich entweder nach diesem oder nach jenem zu richten"[460]. Insofern er sich in jedem Moment wider, aber auch bewusst für die Erfüllung der sinnlichen Bedürfnisse entscheiden kann, ist Schillers Mensch, frei nach Scheler, ein Tier, das im Sinne einer bedachten Lebensführung Nein *und* Ja sagen kann, das aber immer Stellung nehmen muss. In diesem Zusammenhang spielt der Wille auch in Gehlens Anthropologie eine Rolle. Wille, nicht verstanden als substanzielles Vermögen, sei eine „Führungsleistung", die Fähigkeit des Menschen, seine natürlichen Begierden im Hintergrund alltäglicher Bewegungen „in Führung zu nehmen", sodass letztlich jede menschliche Tätigkeit – vom basalen Vitalvollzug bis zum geistigen Akt – nicht mehr als unwillkürliches Verhalten, sondern als „gewollte Handlung"[461] gelten kann.

Für die Trennung der moralphilosophischen von der anthropologischen Ebene in Schillers Schrift *Ueber Anmuth und Würde* ist seine Unterscheidung zwischen „*moralische[m]*" und „*bloße[m]* Willen"[462], der moralischen Fragen gegenüber indifferent ist, von Gewicht. Schiller geht hier von einer doppelten Erhebung des Menschen aus: Die erste betrifft seine Lösung vom unmittelbaren Zwang des Organischen, den Beginn seiner Selbsttätigkeit und Verantwortlichkeit mit der Ausbildung des *bloßen Willens*. Auf dieser Ebene, die der Mensch mit seinem Eintritt in die Geschichte erreicht, eröffnet sich in Schillers ‚doppelter Ästhetik' der Raum des Schönen. Die zweite Erhebung

---

459 Ebd.
460 Ebd. Eine parallele Bestimmung des menschlichen Willens, der „vollkommen frey zwischen Pflicht und Neigung" steht, findet sich bei SCHILLER: Ästhetische Briefe (4. Brief), NA 20, S. 316.
461 GEHLEN: Der Mensch, GA 3, S. 430.
462 SCHILLER: Ueber Anmuth und Würde, NA 20, S. 290.

meint die radikale Entsagung des Menschen von der Befriedigung natürlicher Bedürfnisse und sinnlicher Neigungen sowie seine Verpflichtung gegenüber dem Vernunftgesetz in der Verwirklichung des *moralischen Willens*. Ihren ästhetischen Ausdruck findet sie in der Haltung der Würde und im Erlebnis des Erhabenen. In letzter Konsequenz kann diese zweite Erhebung bis zur Aufhebung des Lebewesens im willentlich akzeptierten Tod führen, wie Schillers Abhandlung *Ueber das Erhabene* zeigt. Moralische Autonomie setzt nach Schiller allerdings immer anthropologische Freiheit voraus.[463] Für die Frage nach einer Grundlage der menschlichen Sonderstellung im Naturganzen ist vor allem der bloße Wille in seiner ursprünglichen Gleichgültigkeit gegenüber natürlichen und vernünftigen Bestimmungen von Belang.

„Schon der *bloße* Wille erhebt den Menschen über die Thierheit", expliziert Schiller, „der *moralische* erhebt ihn zur Gottheit."[464] Mit dem dritten Glied der Triade ‚Tier – Mensch – Gott' erweitert er die Stufung der Wesen aus seinem *Versuch über den Zusammenhang* um eine rein geistige, a-vitale Ebene, lässt damit aber deren Stufungsprinzip zugunsten des kantischen Dualismus, den Schiller im Harmonieideal des anmutigen Menschen aufzulösen sucht, hinter sich. Mit den Konzepten der Philosophischen Anthropologie lässt sich ein solcher Dualismus von sinnlicher Natur und sittlicher Vernunft nicht vereinen. Schillers Vorstellung vom ‚moralischen Willen', in dem sich der Geist vollkommen vom Leben gelöst hat, bricht mit dem alten Schichtungstheorem, das die Macht des Lebens anerkennt, und zielt (nicht im der deskriptiven Anthropologie entsprechenden Modus des Seins, sondern im moralphilosophischen Modus des Sollens[465]) auf reine, freie Geistigkeit, die im Sinne eines Prärogativs der sittlichen Vernunft allem körperlich-sinnlichen Beistand entsagt. Kants Moralphilosophie hat hier Einzug in Schillers Theorie vom Menschen gehalten. Sie bestimmt nicht nur sein Konzept der

---

463 SCHILLER: Ästhetische Briefe (19. Brief), NA 20, S. 373, Anm., unterscheidet dementsprechend explizit zwischen einer Freiheit, die dem Menschen als Intelligenz zukommt, und einer, die auf seiner gemischten Natur gründet. Für die *Ästhetischen Briefe* spielt das doppelte Freiheitskonzept eine konstitutive Rolle; vgl. Lesley SHARPE: Concerning Aesthetic Education. In: Steven D. Martinson (Hg.): A Companion to the Works of Friedrich Schiller. Rochester 2005, S. 147–167, hier S. 159 f. Zum Nebeneinander von ästhetischer Freiheit und moralischer Autonomie in Schillers philosophischem Werk vgl. Frederick BEISER: Schiller as Philosopher. A Re-Examination. Oxford 2008, darin Kap. 7 „The Philosophy of Freedom", S. 213–237, bes. S. 216–219; und Klaus DÜSING: Ästhetische Freiheit und menschliche Natur bei Kant und Schiller. In: Rolf Füllmann u. a. (Hg.): Der Mensch als Konstrukt. Festschrift für Rudolf Drux zum 60. Geburtstag. Bielefeld 2008, S. 199–210. Insofern Schillers Autonomiebegriff immer eine Freiheitsanthropologie voraussetzt geht die Polarisierung ‚Herder/Anthropologie vs. Schiller/Autonomie' bei Hans ADLER: Autonomie versus Anthropologie: Schiller und Herder. In: Monatshefte für deutschsprachige Literatur und Kultur 97/3 (2005), S. 408–416, nicht auf.
464 SCHILLER: Ueber Anmuth und Würde, NA 20, S. 290.
465 Vgl. RIEDEL: Philosophie des Schönen als politische Anthropologie, S. 121.

Würde, sondern *ex negativo* auch die im Phänomen der Anmut in Erscheinung tretende Idee einer Versöhnung von Sinnlichkeit und Sittlichkeit.⁴⁶⁶

Dem Erkenntnisinteresse und den methodischen Ansprüchen der Philosophischen Anthropologie, der es in erster Linie um den realen und nicht um einen idealen Zustand des Menschen geht, können die beiden Menschheitsideale hinter Schillers ‚doppelter Ästhetik' kaum gerecht werden. Und doch treten bei ihm, vor allem im Hintergrund der großen Utopie seines Schönheitskonzeptes, anthropologische Denkfiguren auf, die, so oder ähnlich, auch die Autoren des 20. Jahrhunderts beschäftigen: die Idee einer Weltoffenheit und spezifisch ästhetischen Freiheit, die Vorstellung einer Menschwerdung im Spiel und die Annahme eines kultur- und geschichtsoffenen menschlichen Lebensvollzugs. Schritt für Schritt löst sich Schillers ästhetische Theorie von der kantischen Vorgabe der zweiten *Kritik* und findet in den *Ästhetischen Briefen* zu einer eigenständigen Philosophie vom Menschen.⁴⁶⁷

5 Von der Aisthetik zur Ästhetik: triebgebundene Umwelt und schöne Welt

Während Gehlen in Schiller einen Gewährsmann für seine anthropologische Handlungstheorie sieht, greift Scheler in einem anderen Kontext auf den Weimarer Anthropologen zurück: Bei der Untersuchung des spezifischen Charakters geistiger Akte entwickelt er in seiner *Stellung des Menschen im Kosmos* eine Theorie der „*Ideierung*"⁴⁶⁸. Im Zuge dieser ‚Ideierung' beraubt der „*Neinsagenkönner*" Mensch die angeschauten Dinge, die ihre Wirklichkeit erst durch einen Widerstand gegen die Macht seines „*Lebensdrangs*" erhalten, als Objekte triebhaften Verlangens oder triebhafter Abscheu, ihres „*Realitätsmoment[s]*"⁴⁶⁹ – und zwar, indem er sich ihnen gegenüber asketisch verhält, also den Vitaldrang für einen Moment außer Kraft setzt. So vermag er, ihr Wesen von ihrem Dasein zu unterscheiden und – Scheler zitiert in diesem Kontext Schillers Gedicht *Das Ideal und das Leben* – „die Angst des Irdischen" hinter sich zu lassen, um in jenen „Regionen, | [w]o die reinen Formen wohnen"⁴⁷⁰, zu verweilen. Indem Scheler hier das philosophische Gedicht anführt und

---

466 Vgl. hierzu Kap. III.3.3.
467 RIEDEL: ebd., S. 96, deckt Schillers Abkehr von Kants Moralphilosophie und dem daraus resultierenden Konzept des Erhabenen als anwendungsferner Theorie innerhalb der *Ästhetischen Briefe* auf und spricht in diesem Zusammenhang von „*Schillers pragmatische[r] Wende*".
468 SCHELER: Die Stellung des Menschen im Kosmos, GW 9, S. 40.
469 Ebd., S. 44.
470 SCHILLER: Das Ideal und das Leben (1804; erstmals 1795: Das Reich der Schatten, dann 1800: Das Reich der Formen), NA 2i, S. 396–400, hier S. 397, V. 28 u. S. 400, V. 121 f.; vgl. SCHELER: Die Stellung des Menschen im Kosmos, GW 9, S. 44.

damit die ideierende Betrachtung der Weltgegenstände mit der ästhetischen Betrachtung schöner Formen assoziiert, verknüpft er das eigene Konzept der Weltoffenheit mit Schillers Theorie des schönen Scheins, dem Herzstück in dessen später Ästhetik.

Es kommt nicht von ungefähr, dass Gehlen, dessen Theorie um das Mängelwesentheorem kreist, auf Schillers Idee der selbsttätigen Lebensführung verweist, wohingegen Scheler, der auf den Schlüsselbegriff der Weltoffenheit setzt, dort auf Schiller zurückgreift, wo es um die Vorstellung einer kontemplativen geistigen Haltung des Menschen geht. Hinter dieser Differenz steckt keine Diskrepanz zwischen den Theoriegebäuden, sondern eine alternative Schwerpunktsetzung der Philosophischen Anthropologen. Schon Gehlen bemerkt, dass ‚Mängelwesen' und ‚Weltoffenheit' korrelative Begriffe sind. Sein Konzept aktiver Entlastung fußt auf der Erkenntnis, dass der Mensch weltoffen ist, in seiner aisthetischen Weltoffenheit aber eine Reizüberflutung erlebt, derer er nur Herr werden kann, wenn er sich handelnd eine symbolisch aufgeladene Wahrnehmungswelt schafft. Dazu ist er wiederum auf die Weltoffenheit seiner Antriebe angewiesen. Nur im Moment des Hiatus, in dem Bedürfnisdruck und Handlungszwang aussetzen, vermag sich der Mensch besinnend zu orientieren. Auch Schelers Anthropologie umfasst beide Komponenten: Neben der menschlichen Fähigkeit zur asketischen Weltbetrachtung erkennt sie das Prinzip der Handlung für das Dasein des Menschen an, in dessen konkretem Lebensvollzug sich die vitale und die geistige Sphäre gegenseitig durchdringen. Nicht anders verhält sich das bei Schiller: Seine Idee einer natürlichen Nichtfestgestelltheit des Menschen und seine Theorie kultureller Kompensationsleistungen, die er vor allem als Menschheitsgeschichtsschreiber im Blick hat, muss immer als Korrelat seines aisthetischen und ästhetischen Freiheitsbegriffs betrachtet werden. Vor allem in den *Ästhetischen Briefen* laufen beide Denkfiguren im Ideenkomplex ästhetischer Menschwerdung zusammen.

5.1 Ein ‚Akt der Ideierung'

Dass Scheler auf Schillers *Das Ideal und das Leben* verweist (dessen erste Version im Sommer 1795, unmittelbar nach Erscheinen des letzten Teils der *Ästhetischen Briefe*, entstanden und zunächst unter dem Titel *Das Reich der Schatten* in den *Horen* erschienen ist) und nicht auf die große ästhetische Abhandlung selbst, die zahlreiche Parallelen zu dem Gedicht aufweist, mag an der klaren zweigliedrigen Struktur und der prägnanten Bildlichkeit der lyrischen Darstellung liegen. Bereits der Titel, den Schiller ihr nach ihrer Überarbeitung bei der Neuerscheinung 1804 gibt, spiegelt die Geist-Leben-Dichotomie der schelerschen Anthropologie. Da ist auf der *einen* Seite das „enge[] dumpfe[]

Leben" des menschlichen Körpers: beherrscht von „Mächten, | [d]ie das dunkle Schicksal flechten"[471], durchdrungen von organischen Trieben und geprägt von existenziellen Nöten und Kämpfen. Es ist, mit Schelers Worten, die pure Kraft des ‚Lebensdrangs', die den Menschen hier durchströmt. Das Sittengesetz der reinen praktischen Vernunft wird angesichts der fundamentalen Sinnlichkeit des menschlichen Daseins als „strenge Fessel"[472] empfunden – ein Angriff gegen den Rigorismus der kantischen Moralphilosophie.

Auf der *anderen* Seite, repräsentiert durch die olympische Götterwelt, liegt „der Schönheit stille[s] Schattenland[]", wo „[a]lle Zweifel, alle Kämpfe schweigen" und „jede[r] Zeuge[] | [m]enschlicher Bedürftigkeit"[473] ausgeschlossen ist: eine ideale Sphäre der Ruhe und der Leichtigkeit, in der die angeschauten Dinge das am ‚Lebensdrang' gewonnene ‚Realitätsmoment' (um in Schelers Begrifflichkeit zu bleiben) zugunsten ihres bloßen Scheins hinter sich gelassen haben – in der ihr Wesen, nicht ihr Dasein zählt.[474] Was der Besucher des ‚Schattenlandes' im Angesicht der Schönheit empfindet, ist Freiheit vom Drang des Lebens, Entbundenheit vom Zwang der Selbsterhaltung. Anders als die Philosophischen Anthropologen des 20. Jahrhunderts trennt Schiller gedanklich nicht zwischen *aisthetischer* und *ästhetischer* Freiheit, deren erste bei Scheler die zweite begründet – sie fallen hier zusammen: Die organisch entbundene Betrachtung im Modus der Weltoffenheit ist für ihn *per se* ästhetische Betrachtung. Nur in der Sphäre der Schönheit erscheinen Dinge, die keine biologische Relevanz für das bedürftige Lebewesen besitzen. Es sind nur schattenhafte Gestalten und Formen, denen der Mensch im ‚ästhetischen Zustand' (ein Begriff aus den *Ästhetischen Briefen*) begegnet – wohlgemerkt: im sinnlichen Gewand.

Schiller selbst deutet sein Gedicht in einem Brief an Körner als poetische Darstellung ästhetischer Interesselosigkeit:

> Der Begriff des uninteressirten Interesse am reinen Schein, ohne alle Rücksicht auf physische oder moralische Resultate, der Begriff einer völligen Abwesenheit einschränkender Bestimmungen und des *unendlichen Vermögens* im Subjecte des Schönen u. dgl. leiten und herrschen durch das Ganze.[475]

---

471 SCHILLER: Das Ideal und das Leben, NA 2i, S. 397, V. 29 u. V. 21 f.
472 Ebd., S. 399, V. 107.
473 Ebd., S. 398, V. 64, S. 399, V. 87 u. V. 89 f.
474 Das veranschaulicht Schiller am Mythos der Persephone: Hätte diese in der Unterwelt nicht auf die physische Existenz des Granatapfels gesetzt und nach ihm gegriffen, sondern sich bloß asketisch an seinem Schein erfreut, wären ihr die Folgen ihres Genusses erspart geblieben.
475 SCHILLER: Brief an Christian G. Körner, 21. September 1795 (Nr. 49), NA 28, S. 60 f., hier S. 60.

Die Idee eines ‚interesselosen Wohlgefallens' am Schönen ist in der zweiten Hälfte des 18. Jahrhunderts fester Bestandteil ästhetischer Theoriebildung.[476] Prominent aufgegriffen wird sie von Kant zur Bestimmung des Geschmacksurteils in der *Kritik der Urtheilskraft*: „Das Wohlgefallen, welches das Geschmacksurtheil bestimmt, ist ohne *alles* Interesse."[477] In seinem Gedicht spielt Schiller also Kants Ästhetik gegen dessen Moralphilosophie aus, indem er auf ästhetische statt auf moralische Freiheit setzt. Sein Konzept geht allerdings (wie so oft) nicht widerspruchsfrei auf, weil sich auch hier die beiden Menschheitsideale seiner doppelten Anthropologie entgegenstehen. Der Mensch, der grundsätzlich an seinen Leib und seine Wahrnehmung gebunden bleibt, kann sich im ästhetischen Zustand über das sinnliche Leben erheben und über die Abstraktion der Wirklichkeit – in einem dem schelerschen Modell vergleichbaren „*Akt der Ideierung*"[478] – ins Reich des schönen Scheins gelangen. Während der Mensch nach Scheler durch sein „*konstitutionelle[s]* ‚Nein' zum Triebe" aber die „Wahrnehmungswelt durch ein ideelles Gedankenreich überbau[t]"[479], soll bei Schiller die Sphäre der Ideen gerade nicht *über*, sondern *innerhalb* der irdischen Wahrnehmungswelt liegen – ästhetische bleibt als aisthetische Betrachtung ein sinnliches Phänomen.[480] Allerdings widersprechen die Motive der Erhebung und der Unterwerfung alles Stofflichen unter die schöne Form, die das gesamte Gedicht durchziehen,

---

476 Erstmals explizit wird das Schöne als „an sich unintereßirte[s] Wohlgefallen" bei Friedrich J. RIEDEL: Theorie der schönen Künste und Wissenschaften. Neue Aufl. Wien, Jena 1774 (¹1767), S. 34f., bestimmt. Implizit findet sich der Begriff etwa bei Karl P. MORITZ: Über den Begriff des in sich selbst Vollendeten. In: Ders.: Werke. 2 Bde. Berlin, Weimar 1973. Bd. 1, S. 203–211, hier S. 205, der das Gefallen am Schönen als „höchste[n] Grad des reinen und uneigennützigen Vergnügens" auffasst, ebenso in dem anonym erschienenen Artikel ‚Schön' in: Johann G. Sulzer (Hg.): Allgemeine Theorie der Schönen Künste, in einzeln, nach alphabetischer Ordnung der Kunstwörter auf einander folgenden, Artikeln. 2 Bde. Leipzig 1771 u. 1774. Bd. 2, S. 1037–1039, hier S. 1037: „Das *Schöne* gefällt uns, ohne Rüksicht auf den Werth seines Stoffes, wegen seiner Form". Vgl. hierzu Kurt WÖLFEL: Art. ‚Interesse/interessant'. In: Karlheinz Barck u.a. (Hg.): Ästhetische Grundbegriffe. Historisches Wörterbuch in sieben Bänden. Stuttgart, Weimar 2000–2005. Bd. 3, S. 138–174, hier S. 154–156; und RIEDEL: Philosophie des Schönen als politische Theorie, S. 87, der bemerkt, dass Schiller den Begriff des ‚interesselosen Wohlgefallens' bereits aus Karlsschulzeiten kennt.
477 KANT: Kritik der Urtheilskraft, AA 5, S. 204.
478 SCHELER: Die Stellung des Menschen im Kosmos, GW 9, S. 40.
479 Ebd., S. 45.
480 Jürgen BROKOFF: *Die Künstler* (1789). In: Matthias Luserke-Jaqui (Hg.): Schiller-Handbuch. Leben – Werk – Wirkung. Stuttgart, Weimar 2005, S. 265–267, hier S. 268, betont in diesem Sinne, dass mit der Erhebung in das Reich des schönen Scheins keine Lebensflucht, sondern eine Erhöhung des Lebens auf eine andere Stufe gemeint ist. Zwischen den beiden Textversionen von 1795 und 1804 findet allerdings eine Akzentverschiebung statt: An die Stelle der weltimmanenten Schönheit rückt in der letzten Fassung vermehrt eine dem Leben entgegengesetzte Sphäre des Ideals – eine der für Schiller typischen Pendelbewegungen zwischen Schönheits- und Erhabenheitsphilosophie, zwischen utopischem und idealistischem Menschenbild; vgl. hierzu den Kommentar in SCHILLER: NA 2iiB, S. 237.

dieser Erdung des Ideals.⁴⁸¹ Weder das Verhältnis von Schönem und Erhabenem noch die Beziehung von ästhetischer Sphäre und Ideenwelt sind, wie Alt treffend bemerkt, hier zufriedenstellend geklärt.⁴⁸²

5.2 Menschwerdung durch Schönheit

Schelers Vorstellung, dass die Abstraktion vom Wirklichkeitsmoment der Dinge, die mit Schillers ästhetischer Betrachtung assoziiert wird, in eine Erkenntnis von ihrem Wesen, in ein Wissen „*a priori*"⁴⁸³ mündet, führt noch zu einem anderen Text Schillers – und damit in die Entstehungsphase seiner ästhetischen Anthropologie. „Nur durch das Morgenthor des Schönen | drangst du in der Erkenntniß Land"⁴⁸⁴, heißt es in dem Gedicht *Die Künstler*. Schönheit als Propädeutik der Wissenschaft, freie ästhetische Betrachtung der Welt als Ursprung der Menschheit und Menschwerdung durch Kunst – das sind die großen Themen des 33-strophigen philosophischen Gedichts, das 1789 im *Teutschen Merkur* erscheint. Entstanden ist es zwischen Oktober 1788 und Februar 1789, also noch vor Schillers Berufung an die Uni Jena und den in diesem Zusammenhang geschriebenen geschichtsphilosophischen Arbeiten. Demnach lässt sich der Text nicht nur als „poetische[] Vorwegnahme"⁴⁸⁵ der späteren kunsttheoretischen Positionen Schillers lesen, sondern auch als seine erste eigenständige Menschheitsgeschichte, freilich unter ästhetischem Blickwinkel und in lyrischer Form.

Ganz im hymnischen Ton der nur wenige Monate später entstehenden Antrittsvorlesung setzt das Gedicht mit einem Lobpreis der Menschheit „an des Jahrhunderts Neige"⁴⁸⁶ ein, die sich durch Vernunft, Freiheit und eine Herrschaft über die Natur auszeichne. Ihren Ausgangspunkt aber sieht Schiller in einem quasitierischen Naturzustand, und so macht er es sich zur Aufgabe, den Auslöser und den Gang der menschheitlichen Entwicklung aufzudecken. Bereits in der zweiten Strophe wird mit der schönen Kunst ihr Ursprung und Movens ausfindig gemacht. Dass die Annahme einer zivili-

---

481 Zur Erhebungsmetaphorik in dem Gedicht vgl. Karl PESTALOZZI: Die Entstehung des lyrischen Ich. Studien zum Motiv der Erhebung in der Lyrik. Berlin 1970, S. 78–101. Interessant: Auch bei Scheler findet sich der Begriff der ‚Erhebung'; vgl. SCHELER: Die Stellung des Menschen im Kosmos, GW 9, S. 33: „Menschwerdung ist Erhebung zur Weltoffenheit kraft des Geistes."
482 Vgl. ALT: Schiller, Bd. 2, S. 277. Auch in *Die Stellung des Menschen im Kosmos* reflektiert Scheler nicht das Verhältnis zwischen der Fähigkeit zur sinnlichen Wahrnehmung konkreter Gegenstände durch den weltoffenen Menschen und dessen Anlage zur Ideierung.
483 SCHELER: Die Stellung des Menschen im Kosmos, GW 9, S. 41.
484 SCHILLER: Die Künstler, NA 1, S. 202, V. 34 f.
485 BROKOFF: *Die Künstler*, S. 266.
486 SCHILLER: Die Künstler, NA 1, S. 201, V. 2.

satorischen und humanisierenden Wirkung von Kunst und Schönheit zum festen Argumentationsrepertoire der Menschheitsgeschichten gehört, ist Schiller dabei durchaus bewusst.[487] Schönheit fungiert in den *Künstlern* aber nicht nur als Entwicklungshelfer im Prozess der Menschwerdung, sie wird hier zur anthropologischen Urkategorie erklärt.[488] Fleiß und Geschicklichkeit

---

[487] Man habe „schon zum Ueberdruß die Behauptung hören müssen, daß das entwickelte Gefühl für Schönheit die Sitten verfeinere, so daß es hiezu keines neuen Beweises mehr zu bedürfen scheint", schreibt er im zehnten seiner *Ästhetischen Briefe*, um dann mit einem transzendentalen Schönheitsbegriff aber doch einen Beweis für Skeptiker nachzuliefern; SCHILLER: Ästhetische Briefe (10. Brief), NA 20, S. 337. Ästhetische Aspekte gehen etwa in Herders menschheitsgeschichtliches Modell ein, wenn auch in topisch verknappter Form, ohne weitere Ausführung und systematisch relevante Funktion, ähnlich in Schillers Vorlesungen zur Universalgeschichte. Iselin hat dem der Kunst zugrunde liegenden Vermögen der Einbildungskraft in seinen *Philosophischen Muthmassungen über die Geschichte der Menschheit* eine bedeutende Stellung in der Entwicklung des Wilden zum vernünftigen Menschen eingeräumt, spricht ihr allerdings nur als notwendiges Durchgangsstadium Wert zu. Für sich betrachtet sei die Phase unter der Macht der Einbildungskraft eine Epoche barbarischer Ausschweife gewesen. ROBERT: Vor der Klassik, S. 262–270, verweist darauf, dass dem lateinisch belesenen Schiller das Modell einer Humanisierung des Menschen durch die Kunst vor allem aus der antiken Rhetorik bekannt gewesen sein muss. Ein wichtiger Vordenker von Schillers ästhetisch fundierter Menschheitsgeschichte ist außerdem Kant, dessen Aufsatz *Muthmaßlicher Anfang der Menschengeschichte* (der die Ideen des ‚Angenehmen' und des ‚interesselosen Wohlgefallens' in eine Ursprungsgeschichte integriert) Schiller ein Jahr vor Entstehung seines Gedichtes kennenlernt. Mit der *Kritik der Urtheilskraft*, die ein vergleichbares Modell ästhetischer Menschwerdung entwirft, macht er sich erst ab 1791 näher vertraut. Vgl. hierzu Kap. III.E.4.

[488] Sven-A. JØRGENSEN: Vermischte Anmerkungen zu Schillers Gedicht *Die Künstler*. Text & Kontext 6 (1978), S. 86–100, hier S. 91, bezeichnet die Kunst als „anthropologische Kategorie"; auch die Kommentatoren der Nationalausgabe sprechen ihr als „spezifische[m] Attribut des Menschen als eines Doppelwesens anthropologische Qualität" zu; vgl. SCHILLER: NA 2iiA, S. 194. ROBERT: Ethnofiktion und Klassizismus, S. 29, verweist darauf, dass zwischen der anthropologischen und der geschichtsphilosophischen These des Gedichts ein Widerspruch besteht. Eine essenzialistische Festschreibung des Menschen auf seine Künstlerkeit und die Kunst als anthropologische Konstanten vertrage sich nicht mit der Idee einer Menschwerdung, die sich unter Mitwirken der Kunst erst im Laufe der Geschichte vollzieht. Damit einher geht die Frage nach dem menschheitlichen Status des Wilden. Ist der Mensch vom Beginn seiner Geschichte an Mensch im engeren Sinne, ist also bereits der Naturmensch als Wesen der Kunst kein Tier mehr, wozu bedarf es dann noch ihrer anthropogenetischen Unterstützung? Die hier zutage tretenden Dissonanzen sind weder text- noch autorspezifisch. Ihr Konflikt ist im Denkprojekt der spätaufklärerischen Menschheitsgeschichten angelegt, in deren Entwürfen vom menschheitlichen Anfang ein anthropologisches und ein historisches Erkenntnisinteresse aufeinandertreffen und die grundsätzlich ein doppeltes Anliegen haben: Einerseits versprechen sie sich, mit der Darstellung eines Urzustandes, in dem das humane Dasein in kulturell unüberformter Reinform unmittelbar an das animalische grenzt, die Existenz des Menschen als Nicht-Tier und das Andere der Natur begründen zu können, aus der sich auch seine historische Daseinsform ergibt. Andererseits soll mit dem Rückgang an den Anfang der Geschichte gerade die natürliche Herkunft des Menschen aufgezeigt werden, der er erst im Laufe seiner Geschichte, Schritt für Schritt, entwächst. Der Wilde als ‚Tier-Mensch' bildet die Projektionsfläche, auf der das ambivalente Denkprojekt ausgeführt wird. Vgl. hierzu Kap. III.E.

als organisch gebundene Verhaltensformen teile der Mensch mit den Tieren; reines Wissen hingegen, also eine der Leiblichkeit entbundene vernünftige Form des Weltzugangs, komme auch rein geistigen Wesen zu – „die *Kunst*, o Mensch, hast du allein."[489] Schillers ‚Mittellinie der Wahrheit', sein Anliegen, den Menschen in seiner geistig-vitalen Doppelnatur in den Blick zu nehmen, mündet in eine ästhetische Anthropologie, weil sich im Wohlgefallen am Schönen die Geistigkeit des Menschen aufzeigen lässt, ohne seine Sinnesnatur und Leibgebundenheit herunterspielen oder gar ignorieren zu müssen.

Ausgangspunkt des menschheitsgeschichtlichen Modells ist der Naturzustand des Wilden, den Schiller hier (ähnlich wie Rousseau, Herder und Kant) vor allem über das spezifische Verhältnis zu seiner Umwelt versteht. Sie erscheint ihm als

> ein unermeßner Bau, im schwarzen Flor der Nacht
> nächst um ihn her mit mattem Strahle nur beschienen
> ein streitendes Gestaltenheer,
> die seinen Sinn in Sklavenbanden hielten
> und ungesellig, rauh wie er,
> mit tausend Kräften auf ihn zielten[490].

Triebgebunden und vorgegenständlich wird die Umweltwahrnehmung des tierischen Menschen hier vorgestellt. Die dunkle Einfärbung des Bildes (‚schwarz', ‚Nacht', ‚mit mattem Strahle nur beschienen') entspricht der aufklärerischen Lichtmetaphorik und betont die Erkenntnisferne einer triebbasierten Wahrnehmung, die ohne versachlichende Begriffe blind bleibt.[491] Die Metaphern des ‚Flors' und des ‚Heeres' stärken die Assoziation des Amorphen und Diffusen.[492] Anders als in der nur wenig später entstehenden Vorlesung *Etwas über die erste Menschengesellschaft* spielen in Schillers ästhetischem Modell der Menschwerdung also vor allem aisthetische Aspekte der Orga-

---

489 SCHILLER: Die Künstler, NA 1, S. 201, V. 33.
490 Ebd., S. 204, V. 105–110.
491 Im Sinne von KANT: Kritik der reinen Vernunft (1781), AA 4, S. 1–252, S. 48: „Gedanken ohne Inhalt sind leer, Anschauungen ohne Begriffe sind blind."
492 Der Begriff des Flors taucht in Schillers geschichtsphilosophischem Gedicht *Der Spaziergang* von 1800 (überarbeitete Version der *Elegie* von 1795) an einer systematisch vergleichbaren Stelle wieder auf: Dem Wanderer, der die Entwicklung der Menschheitsgeschichte von der Natur über die Kultur zu einer zweiten, höheren Natur auf einem Spaziergang nacherlebt, eröffnet sich, nach einem anfänglichen Anstieg, ein distanzierter Blick auf die Kulturlandschaft: „Aber plötzlich zerreißt der Flor"; SCHILLER: Der Spaziergang (1800), NA 2i, S. 308–314, hier S. 309, V. 27. Erst mit dem Zerreißen des Flors eröffnet sich dem Spaziergänger der Blick auf die Welt in der Ferne. In der früheren Version des Gedichtes zerreißt statt des ‚Flors' die „Hülle"; SCHILLER: Elegie (1795), NA 1, S. 260, V. 29. Der aus der Textiltechnik stammende Begriff des Flors in der späteren Textversion bringt die Gestaltlosigkeit der vom Naturmenschen wahrgenommenen Umwelt aber weitaus anschaulicher zum Ausdruck.

nismus-Umwelt-Bindung eine Rolle (wie sie auch in Uexkülls Vorstellung einer subjektiven ‚Merkwelt' des Tiers auftauchen). Das wilde, prähumane Lebewesen der *Künstler* kennt keine Welt klar differenzierter Gegenstände, ist kein Wesen der Sachlichkeit im schelerschen Sinne. Was es umgibt, ist eine gestaltlose Masse und ein chaotisches Einerlei, an das er „[d]urch der Begierde blinde Fessel nur"[493] gebunden ist. Das Bild eines mit aller Kraft an ihm zerrenden ‚Gestaltenheers' erinnert an Plessners Entwurf vom ‚Signalfeld' dezentralistisch organisierter Tiere – auch bei Schiller bildet die tierische Umwelt eine Sphäre voller Reize, die den Menschen als Trieb- und Instinktwesen, das er auf dieser hypothetischen Entwicklungsstufe noch ist, permanent zu reaktivem Verhalten auffordern. Im Gegensatz zur Philosophischen Anthropologie spricht Schiller dem Tier eine dinglich strukturierte Wahrnehmungswelt allerdings grundsätzlich ab: Im Gesamt des Heeres verlieren sich die Gestalten. Die Macht des Instinkts macht aus dem Wilden einen ‚Sklaven' der Natur, die ihm als einem Teil derselben nicht als Welt gegenübersteht, sondern sinnlich widerfährt: Organismus und Umwelt bilden eine geschlossene Einheit. Für „die schöne Seele der Natur"[494] ist er blind.

Im Gegensatz zu seinem geschichtsphilosophischen Ursprungsmythos tritt am Beginn des Gedichts die Natur also nicht als sorgende Ziehmutter auf. Zur „Amme"[495] des von dieser stiefmütterlich im bloß sinnlichen Leben zurückgelassenen Menschen wird hier die Kunst.[496] Sie nimmt sich großmütig des tierischen Wesens an und führt es, ohne instinktiv oder moralisch zu nötigen, auf dem Weg der Menschwerdung aus seiner Tierheit hinaus ins Reich der Freiheit. Die Künstler, zum „Dienst" an der Kunst „geweiht"[497], sind die Auserwählten, die diese erzieherische Aufgabe *in persona* vollbringen. Befähigt sind sie hierzu, weil sie jenen Weg, der noch vor der Menschheit liegt, bereits hinter sich gebracht haben – sie sind „der Menschheit erste Stufe"[498]. In ihrem ästhetischen Weltzugang stellen sie als „[d]er freysten Mutter freye Söhne"[499] humane Prototypen dar. Der Ursprung des Menschseins bei Schiller lässt sich darum am fiktiven Prozess ihrer Menschwerdung exemplarisch ergründen. Unter der Oberfläche der anthropogenetischen Narration lässt sich so eine anthropologische Bedeutungsebene freilegen.

---

493 SCHILLER: Die Künstler, NA 1, S. 204, V. 112.
494 Ebd., V. 115.
495 Ebd., S. 203, V. 78.
496 Insofern mit ihr Menschsein im engeren Sinne beginnt, ist sie zugleich der „erste[] Aufweis von Humanität", so Hans-J. MALLES: Fortschrittsglaube und Ästhetik. In: Norbert Oellers (Hg.): Interpretationen. Gedichte von Friedrich Schiller. Stuttgart 1996, S. 98–111, hier S. 102.
497 SCHILLER: Die Künstler, NA 1, S. 203, V. 92. WIESE: Friedrich Schiller, S. 414, nennt sie darum „Priester und Seher".
498 Ebd., V. 102.
499 SCHILLER: Die Künstler, NA 1, S. 213, V. 458.

Die Initiative zur Anthropogenese ergreifen die Künstler selbst, wobei für die Transformation ihres Wesens der distanzschaffende und gestalterfassende Gesichtssinn eine tragende Rolle spielt. Die Basis von Schillers Ästhetik bilden aisthetische Prämissen – eine Parallele zu Plessner, für den eine ‚Ästhesiologie', wie er sie in der *Einheit der Sinne* und der *Anthropologie der Sinne* entwirft, die Grundlage für eine Ästhetik schafft.[500] In Schillers Gedicht erfasst das „Späheraug'" der Künstler im Zustand der „Betrachtung"[501] zunächst die Formen der Natur. Dabei gestalten diese im Erfassen ihrer „nachbarlichen Schatten"[502] und in deren mimetischer Nachbildung in der Kunst den amorphen, bloß reizenden Stoff des ‚streitenden Gestaltenheers' in eine harmonische Gesellschaft schöner Formen um. Aus der triebgebundenen Umwelt wird so eine Welt gegenständlicher Gestalten, die interesselos angeschaut werden können.

Das im Akt der distanzierten und distanzierenden Betrachtung gewonnene Formbewusstsein schlägt sich in ersten, wenngleich noch primitiven naturnahen Kunstwerken nieder. Aus der interesselosen ästhetischen Rezeption erwächst so eine freie Kunstproduktion. Die passive Bestimmung des Menschen durch die Außenwelt tritt zugunsten seines aktiven Schöpfertums in den Hintergrund. Mit einem wachsenden Verständnis für die Gesetze der schönen Formen in der Natur entwickelt sich aus einer ersten Kunst im Zeichen der *imitatio naturae* schließlich eine zweite Kunst „aus Schöpfungen der Menschenhand"[503] – Schillers Anspielungen auf die zeitgenössische Genieästhetik sind unüberhörbar. Die Zunahme an Künstlichkeit und einem Eigenanteil der Künstler an den Werken ist Ausdruck einer fortschreitenden Emanzipation des Menschen von der Natur, aus der er bei aller Vergeistigung aber nie ganz aussteigt.

Noch das Gedicht *Das Ideal und das Leben*, das die Schattenmetaphorik der *Künstler* aufgreift, thematisiert diese Distanzierung des Menschen von seiner vom Lebensdrang durchströmten Umwelt und ihre Transformation in ein Reich des schönen Scheins, in dem sich die Dinge der Welt dem betrachtenden Subjekt als Gegenstände zeigen. Mit der Gestalthaftigkeit der menschlichen Welterfassung ist freilich keine rationale, sondern eine aisthetische Form der Gegenständlichkeit gemeint. Die Künstler gliedern die Wahrnehmungswelt nicht, indem sie Anschauungen auf Verstandesbegriffe bringen, wie es nach Kants epistemologischem Modell der *Kritik der reinen Vernunft* (1781) im Akt der Erkenntnis geschieht (was Gehlen als „falsche

---

500 Vgl. PLESSNER: Über die Möglichkeit einer Ästhetik (1925), GS 7, S. 53–57, hier S. 56.
501 SCHILLER: Die Künstler, NA 1, S. 204, V. 140 und 139.
502 Ebd., V. 117.
503 Ebd., V. 156.

Intellektualisierung des Sinneslebens"[504] kritisiert). Dass die Gestalten der Schönheit weder mit der „reine[n] logische[n] Form" des Begriffs noch mit der „reine[n] moralische[n] Form"[505] des Sittengesetzes zusammenfallen, betont Schiller in den *Ästhetischen Briefen*. Die Gegenstände der Welt zeigen sich den Künstlern als vorbegriffliche, für sich bestehende Wahrnehmungseinheiten, als reine Phänomene, die in der Nachbildung zunächst schöpferisch erfasst werden. Verstandes- und Sprachleistungen spielen hier keine Rolle. Insofern geht bei Schiller ein freier ästhetischer Weltbezug der begrifflichen Erkenntnis, Schönheit der Wahrheit tatsächlich voraus. Mit ihrer Priorisierung der *aisthesis* vor der *ratio* stellt sich Schillers ästhetische Anthropologie dezidiert gegen das vernunftdominierte Menschenbild der idealistischen Geistphilosophie.

Die freie Betrachtung der Welt durch die Trennung von Schein und Dasein der Dinge und ihre ästhetische Gestaltung in der Formung des Stoffs zeigen eine Distanz zwischen betrachtendem Subjekt und Natur als betrachtetem Objekt sowie die Entbundenheit des Künstlermenschen vom dumpfen triebhaften Leben an. Dabei ist die ‚Sachlichkeit' Indiz, nicht aber Grund des Menschseins. Der eigentliche Ursprung der menschheitlichen Umweltlösung bleibt in dem Gedicht im Verborgenen, insofern die Künstler im Geheimen Auserwählte sind. Ihre Macht, sich durch die Ausbildung eines Form- und Gegenstandsbewusstseins von den Banden der Natur zu lösen, lässt sich nicht näher ergründen.[506]

Die Künstler, qua ästhetischer Betrachtung und Schöpfertum als Erste in den Genuss freien Daseins gekommen, sind nun dazu befugt, ihre wilden Zeitgenossen in den Kreis der Menschheit zu initiieren. Nicht nur Priester im Dienste der Kunst sind sie, sondern selbst Schöpfer im Dienste des Menschen. Denn statt Gottes Naturwerken sind es ihre Kunstwerke, die die menschlichen „Barbaren"[507] staunend anlocken. Nun übernimmt die Kunst die Rolle des Geburtshelfers der Menschheit, indem sie deren ‚Weltoffenheit' schult. Mit den Worten der Philosophischen Anthropologie: Weil in der selbstzweckhaften ästhetischen Erfahrung der Lebensdrang des Menschen aussetzt (Scheler), das zentrisch positionierte Lebewesen sein Zentrum verlässt und sich als exzentrisch positioniertes Wesen in Distanz zu sich und zur Welt stellt (Plessner), weil das instinktive Mängelwesen die Bühne betritt (Gehlen), vermögen Kunstwerke, die zu einer freien ästhetischen Betrachtung einladen, Menschheit hervorzubringen und menschliche Urfreiheit

---

504 GEHLEN: Der Mensch, GA 3, S. 209.
505 SCHILLER: Ästhetische Briefe (23. Brief), NA 20, S. 384.
506 ROBERT: Ethnofiktion und Klassizismus, S. 29, spricht darum von der „Singularität einer göttlichen Offenbarungstat bzw. -instanz".
507 SCHILLER: Die Künstler, NA 1, S. 205, V. 165.

wachzurufen. Kunst übt den Menschen in Askese, weil sie selbst der Wirklichkeit entsagt!

Die ästhetische Wahrnehmung der Welt im Modus der Sachlichkeit erweckt im Lebewesen Mensch geistige „Freuden, | die aus der Ferne nur in [sic!] weiden, | die seine Gier nicht in sein Wesen reißt, | die im Genusse nicht verscheiden"[508] – während tierisch-sinnliche Begierden, wie Schiller in einem Brief an Körner ausführt, immer „ihren Gegenstand [zerstören], um ihn zu einem Theil des begehrenden Wesens zu machen"[509]. Das Wohlgefallen am Schönen ist aus anthropologischer Perspektive also von grundlegend anderer Qualität als der sinnliche Genuss im Augenblick der Triebbefriedigung. Nur hier findet, wie Scheler formuliert, ein ‚Zurücktreten vor der Erscheinung' statt, die zu jeder ästhetischen Haltung gehöre. Parallel zu Kants anthropologischer Unterscheidung von Schönem und Angenehmem schließt Schiller hier den ästhetischen Topos des ‚interesselosen Wohlgefallens' mit der aisthetischen Idee instinktentbundener Weltbetrachtung des Menschen kurz, die sich mit der Denkfigur der Weltoffenheit in der Philosophischen Anthropologie deckt. An die Stelle einer triebhaften Einverleibung von Umweltdingen rückt beim Menschen, der sich im Akt der Kunstrezeption vom „Sinnenschlafe" und „der Thierheit dumpfe[r] Schranke"[510] befreit, die interesselose, kontemplative Anschauung von Weltgegenständen. Erst mit dieser Lösung des Menschen aus seiner Umwelt gewinnt er im Zuge einer Differenzierung zwischen sich als betrachtendem Subjekt und der Welt als betrachtetem Objekt sein Selbst.[511]

Nachdem die Künstler als Mediatoren zwischen dem Leben und der Welt des Geistes die Menschheit aus dem unmittelbaren Zwang der Triebe gelöst und als sinnlich-vernünftige Doppelwesen in die Kultur eingeführt haben, begleiten sie sie, so will es das optimistische Modell der *Künstler*, im Fortschrittsprozess durch ihre Geschichte: Auf die Lösung des Menschen aus seiner instinktiven Einbindung in die Natur folgen eine kontinuierliche Sublimation der Triebe, eine emotionale Kultivierung und eine moralische Höherentwicklung ebenso wie ein Zugewinn an Erkenntnis und ein Fortgang in den Wissenschaften – all das getragen durch eine stetige Weiterentwicklung der Künste. Das letzte Ziel der Menschheit, das Wahre und das Gute, dessen Erreichen die Kunst eigentlich überflüssig macht, erscheint dem Aufklärer Schiller hier noch nah.

---

508 Ebd., S. 205 f., V. 175–178.
509 SCHILLER: Brief an Christian G. Körner, 30. März 1789 (Nr. 167), NA 25, S. 236–240
510 SCHILLER: Die Künstler, NA 1, 206, V. 179 u. 183.
511 Zur Bedeutung der Kunst für die Subjekt-Objekt-Trennung in Schillers Ästhetik vgl. BÖSMANN: ProjektMensch, S. 154–160.

5.3 Ästhetik der Weltoffenheit

Wie fern sein hohes Ziel, eine politische Gesellschaft unter der Vorherrschaft von Vernunft und Moral, ist und mit Blick auf die gemischte Natur des Menschen auch bleiben muss, erkennt Schiller mit zunehmendem Krisenbewusstsein angesichts der menschheitlichen Abwege seiner Epoche – mit besonderer Klarsicht in den *Ästhetischen Briefen*, in denen alle Fäden seines bisherigen anthropologischen Denkens zusammenlaufen: sein Modell vom ‚ganzen Menschen', das die Verschränkung von Geist und Leben thematisiert und dessen Grundlage sich bereits in den Karlsschulschriften ausbildet, sein anthropologischer Freiheitsbegriff, der vor allem durch die zeitgenössischen Menschheitsgeschichten beeinflusst wird, sowie das noch offene Projekt seiner Schrift *Ueber Anmuth und Würde*, das eine ästhetische Überwindung des kantischen Autonomiekonzepts beabsichtigt. Hinzu kommen völkerkundliche Beobachtungen, geschichtstheoretische Konzepte und bestimmungsphilosophische Prämissen, eine umfassende Kulturkritik sowie Betrachtungen eines politisch interessierten „Zeitbürger[s]"[512]. Entstanden sind die *Ästhetischen Briefe* in Schillers kunstphilosophischer Periode Anfang bis Mitte der 1790er Jahre, in denen er sich nach ausgiebiger Lektüre von Kants *Kritik der Urtheilskraft* intensiv ästhetischen Fragen widmet. Vor allem ihr Urtext, die sogenannten *Augustenburger Briefe*, die in unmittelbarer Reaktion auf die Revolutionsereignisse im Nachbarland Frankreich entstehen, zeugen von Schillers wachsender Skepsis bezüglich allzu optimistischer Zukunftsprognosen. So schreibt er am 13. Juli 1793 an Friedrich Christian von Augustenburg:

> Wäre das Faktum wahr, – wäre der ausserordentliche Fall wirklich eingetreten, daß die politische Gesetzgebung der Vernunft übertragen, der Mensch als Selbstzweck respektiert und behandelt, das Gesetzt auf den Thron erhoben, und wahre Freiheit zur Grundlage des Staatsgebäudes gemacht worden, so wollte ich auf ewig von den Musen Abschied nehmen, und dem herrlichsten aller Kunstwerke, der Monarchie der Vernunft, alle meine Thätigkeit widmen. Aber dieses Faktum ist es eben, was ich zu bezweifeln wage. Ja ich bin soweit entfernt an den Anfang einer Regeneration im Politischen zu glauben, daß mir die Ereignisse der Zeit vielmehr alle Hofnungen dazu auf Jahrhunderte benehmen.[513]

Der Glaube der Aufklärung an zivilisatorische Fortschritte durch die Ausbildung der Vernunft, das Vertrauen der idealistischen Philosophie in die Kraft des Geistes, Kants hohes moralphilosophisches Ideal einer Bestimmung des Menschen durch das selbstgegebene Sittengesetz, all das ist durch die Realität der Revolutionsereignisse erschüttert worden. Auch Schillers teleologisches

---

512 SCHILLER: Ästhetische Briefe (2. Brief), NA 20, S. 311.
513 SCHILLER: Augustenburger Briefe (13. Juli 1793), NA 26, S. 261 f.

Geschichtsdenken der universalhistorischen Vorlesungen und seiner philosophischen Gedichte scheint einer Erfahrungsgrundlage beraubt. Statt aber zu resignieren, sieht der Künstler seine Zeit gekommen: Schiller wendet die Menschenbildkrise seiner Zeit produktiv und reagiert auf die politische Katastrophe in Frankreich mit dem Programm einer ästhetischen Erziehung des menschlichen Individuums. Es gründet auf der These, „daß man, um jenes politische Problem in der Erfahrung zu lösen, durch das ästhetische den Weg nehmen muß, weil es die Schönheit ist, durch welche man zu der Freyheit wandert."[514]

Die menschenbildende Kraft, die Kunst und Schönheit (folgt man der Darstellung der *Künstler*) am Anfang der Geschichte entfalten, indem sie den Menschen vom Zwang des Organischen befreien, will sich der Anthropologe nun in der Gegenwart zunutze machen. In seiner ästhetischen Abhandlung sollen die Erkenntnisse über die Ursprünge des Menschengeschlechts für die Wirksamkeit seines Erziehungskonzepts bürgen, insofern sich an ihnen fundamentale Einsichten in das Wesen von Mensch und Schönheit gewinnen lassen, auf die das Konzept baut.[515] Schillers Mythos der Menschwerdung hat Vorbild- und Beweisfunktion für sein ästhetisches Bildungsprogramm. Das Gedicht *Die Künstler* wird darum zu einer der wichtigsten gedanklichen Quellen der *Ästhetischen Briefe*.[516]

Sein anthropologisches Denkprojekt, am Eintritt des Wilden in die Geschichte den spezifisch menschlichen Daseinsmodus und die Bedeutung der Schönheit für das Menschsein aufzudecken, greift Schiller im 24. bis 27. Brief wieder auf, die im Rahmen eines anthropogenetischen Exkurses das aus Vorgängerschriften bereits bekannte Dreistufenmodell übernehmen. Sowohl auf onto- wie auf phylogenetischer Ebene durchlaufe der Mensch notwendig drei Phasen der Entwicklung: „Der Mensch in seinem *physischen* Zustand erleidet bloß die Macht der Natur; er entledigt sich dieser Macht in dem *ästhetischen* Zustand, und er beherrscht sie in dem *moralischen*."[517] Umso

---

514 SCHILLER: Ästhetische Briefe (2. Brief), NA 20, S. 312.
515 Das Fundierungsverhältnis zwischen Schillers Projekt einer ästhetischen Charakterbildung in der Gegenwart und seiner Entwicklungsgeschichte der Menschheit betont RIEDEL: Philosophie des Schönen als politische Theorie, S. 85.
516 Vgl. SCHILLER: Brief an Christian G. Körner, 3. Februar 1794 (Nr. 216), NA 26, S. 341–346, hier S. 342: „Kurz in den ersten 10 Bogen meiner Briefe ist der Stoff aus meinen Künstlern philosophisch ausgeführt."
517 SCHILLER: Ästhetische Briefe (24. Brief), NA 20, S. 388. Während hier allgemein von „Stuffe[n]" die Rede ist, die die Menschen durchlaufen müssen, sprechen die *Augustenburger Briefe* noch von „Epochen oder Grade[n]" (SCHILLER: Augustenburger Briefe [11. November 1793], NA 26, S. 311), denen einzelne Entwicklungsphasen konkreter Kulturen zugeordnet sind, dem physischen Zustand etwa die „alten Pelasger" und „Völcker[] der Südsee und des nordlichen Asiens" (SCHILLER: Augustenburger Briefe [21. November 1793], NA 26, S. 315), die Schiller aus Schilderungen des Thukydides und moderner Weltreisender wie James

ferner und irrealer Schiller aber der moralische Status der Menschheit erscheint, desto bedeutsamer wird ihm der ästhetische – und zwar nicht nur als Durchgangsstadium zur vernünftigen Vervollkommnung, sondern als selbstzweckhafter Zustand und reinster Ausdruck des Menschseins. So verlagern die *Ästhetischen Briefe* im Verlaufe ihrer Argumentation den Schwerpunkt: von einem Erziehungsprogramm zu einer Autonomieästhetik, von einer teleologischen Geschichtsphilosophie, nach der der Mensch über das Schöne schließlich zu Moral und Wahrheit findet, hin zu einer ästhetischen Anthropologie, die den Menschen vor allem über seine Befähigung zum Spiel und zur freiheitlichen Weltbetrachtung versteht.[518] Weil sich Freiheit als Wesensmerkmal des Menschen nicht erst in rein vernünftigen, mithin moralischen Handlungen, sondern bereits in ästhetischer Betrachtung offenbart, ist für den Anthropologen Schiller die Frage, „wie [der Mensch] von der Schönheit zur Wahrheit übergehe, die dem Vermögen nach schon in der ersten liegt", sekundär. Viel interessanter sei, „wie er von einer gemeinen Wirklichkeit zu einer ästhetischen, wie er von bloßen Lebensgefühlen zu Schönheitsgefühlen den Weg sich bahne"[519].

Wieder geht es Schiller um eine transhistorisch-anthropologische Grenzziehung zwischen Tier- und Menschenreich; wieder setzt er, das entwicklungsgeschichtliche Schema der Menschheitsgeschichten aufgreifend,

---

Cooks, Johann Reinholds und Georg Forsters kannte. Von einem solchen substanziellen Geschichtsmodell nimmt Schiller in den *Ästhetischen Briefen* zugunsten eines allgemein anthropologischen Ansatzes Abstand. Entsprechend überträgt Schiller sein Dreistufenmodell hier auch auf den Wahrnehmungs- und Erkenntnisprozess des Menschen und verknüpft damit Menschwerdung und *aisthesis*; vgl. SCHILLER: Ästhetische Briefe (25. Brief), NA 20, S. 394, Anm.

518 Es ist nicht nur ein Zeichen von Menschenkenntnis, es ist ein Akt der Menschenliebe, dass Schiller schließlich das Reich des ästhetischen Scheins zum normativen Ideal menschheitlicher Selbstgestaltung kürt. Denn mit dem überweltlichen Dasein reiner Geister, deren Handlungen frei von Neigungen motiviert sind und deren Erkenntnis unabhängig von sinnlichen Eindrücken erfolgt, ginge der Mensch zwar in einem Höheren auf, seiner ästhetischen Existenzgrundlage beraubt, wäre er selbst aber verloren. Als weltoffenes Wesen ist er angewiesen auf Welt. Zur doppelten Argumentationsstrategie der *Ästhetischen Briefe* vgl. ZELLE: *Über die ästhetische Erziehung des Menschen in einer Reihe von Briefen*, S. 422 f. Positiv beurteilt WIESE: Friedrich Schiller, S. 498, den Wandel, nach dem das Ästhetische bei Schiller nicht „Vorhalle zum Sittlichen", sondern „reichere Daseinsform" des Menschen ist. Kritisch betrachtet die Verschiebung von einer „Erziehung durch die Kunst" zu einer „Erziehung zur Kunst" Hans-G. GADAMER: Wahrheit und Methode (1960). Grundzüge einer philosophischen Hermeneutik. In: Ders.: Gesammelte Werke. Tübingen 1985 ff., Bd. 1, S. 88. SHARPE: Concerning Aesthetic Education, S. 160 f., denkt beide Argumentationsstrategien in Verbindung. Laut DÜSING: Ästhetische Freiheit und menschliche Natur, S. 209, ist es dem Menschen bei Schiller aufgrund der zeitlichen Beschränktheit des ästhetischen Zustandes sittlich geboten, in einen ethischen Zustand überzugehen, auch wenn er darin nicht seine menschheitliche Vollendung beibehalten kann.

519 SCHILLER: Ästhetische Briefe (25. Brief), NA 20, S. 398.

beim Naturzustand des tierischen Wilden an. Dabei übernimmt er vor allem die aisthetischen Überlegungen seiner *Künstler* und stärkt die Assoziation von ästhetischer Betrachtung und freiheitlichem Weltverhältnis. In den *Ästhetischen Briefen* erreicht Schillers ‚Ästhetik der Weltoffenheit' ihren reflexiven Höhepunkt.[520] Teils bis in die Begrifflichkeit hinein lassen sich Parallelen zu Schelers *Stellung des Menschen im Kosmos* nachweisen. So ist dem tierischen Menschen bei Schiller „die Welt bloß Schicksal, noch nicht Gegenstand"[521] – analog erklärt Scheler das „*Wirklichkeitserlebnis*" des vom Lebensdrang durchströmten Tiers zu einem bloßen „Erlebnis des *Widerstandes*"; das Tier habe „keine ‚Gegenstände'"[522]. Schiller fährt fort: „[A]lles hat nur Existenz für ihn [den tierischen Menschen, C. M.], sofern es ihm Existenz verschafft, was ihm weder giebt noch nimmt, ist ihm gar nicht vorhanden"; die Umwelt, ganz im Sinne von Uexkülls Funktionskreismodell Korrelat des Organismus, wird also nur wahrgenommen, wo sie die Instinkte anspricht und als „Beute" oder „Feind"[523] das Überleben fördert beziehungsweise gefährdet – mit Scheler: „Was für die Instinkte und Triebe nicht interessant ist, ist auch nicht gegeben, und was gegeben ist, ist dem Tier gegeben nur als *Widerstands*zentrum für sein Verlangen und sein Verabscheuen, d.h. für das Tier als biologisches Zentrum."[524] Die Realität von Schillers Wildem hängt vom „Machtwort des Augenblicks" ab, sein Verhältnis zur Sinnenwelt ist „unmittelbare *Berührung*"[525] – Schelers Tier steht in einer „Abhängigkeit vom *Organischen*", das über das „Jetzt-Hier-Sosein" seine Realität bestimmt, sodass ihm keine „*Fern*stellung"[526] zur Welt gelingt. Dem tierischen Menschen bei Schiller fehlt „mit dem Nothwendigen *in ihm* die Nothwendigkeit *außer ihm* [...], welche die wechselnden Gestalten in ein Weltall zusammenbindet, und, indem das Individuum flieht, das Gesetz auf dem Schauplatze fest hält"[527] – dem Tier bei Scheler ganz in diesem Sinne „ein eigentlicher ‚*Weltraum*', der unabhängig von des Tieres eigenen Ortsbewegungen als stabiler Hintergrund verharrte."[528] Kurzum: Ebenso wenig wie das Tier bei Scheler ist der tierische Mensch

---

520 Auf die Beziehung von Schillers Ästhetik zur anthropologischen Denkfigur der Weltoffenheit verweist auch RIEDEL: Philosophie des Schönen als politische Anthropologie, S. 89. In einem allgemeineren, nicht auf die Denkrichtung der Philosophischen Anthropologie bezogenen Sinne bestimmt den ästhetischen Zustand bei Schiller über den Begriff ‚Weltoffenheit' Heike PIEPER: Schillers Projekt eines ‚menschlichen Menschen'. Eine Interpretation der „Briefe über die ästhetische Erziehung des Menschen" von Friedrich Schiller. Lage 1995, S. 148.
521 SCHILLER: Ästhetische Briefe (24. Brief), NA 20, S. 388.
522 SCHELER: Die Stellung des Menschen im Kosmos, GW 9, S. 42 f. und 34.
523 SCHILLER: Ästhetische Briefe (24. Brief), NA 20, S. 388 f.
524 SCHELER: Die Stellung des Menschen im Kosmos, GW 9, S. 33.
525 SCHILLER: Ästhetische Briefe (24. Brief), NA 20, S. 388 f.
526 SCHELER: Die Stellung des Menschen im Kosmos, GW 9, S. 32, 44 und 34.
527 SCHILLER: Ästhetische Briefe (24. Brief), NA 20, S. 389.
528 SCHELER: Die Stellung des Menschen im Kosmos, GW 9, S. 37.

bei Schiller ein Wesen der Weltoffenheit: „Solange der Mensch, in seinem ersten physischen Zustande, die Sinnenwelt bloß leidend in sich aufnimmt, bloß empfindet, ist er noch völlig Eins mit derselben, und eben weil er selbst bloß Welt ist, so ist für ihn noch keine Welt."[529] – Die Übereinstimmungen zwischen Schillers und Schelers Text sind frappierend!

Dem tierischen Daseinsmodus im physischen Zustand stellt Schiller das spezifische Verhältnis des Menschen zur Welt entgegen, das dieser im ästhetischen Zustand einnimmt:

> Erst, wenn er [der Mensch, C. M.] in seinem ästhetischen Stande, sie [die Welt, C. M.] außer sich stellt oder *betrachtet*, sondert sich seine Persönlichkeit von ihr ab, und es erscheint ihm eine Welt, weil er aufgehört hat, mit derselben Eins auszumachen.[530]

In der „Betrachtung (Reflexion)" löst sich der Mensch aus seiner triebbedingten Umweltbindung und tritt in Distanz zu seiner Umgebung, indem er ihre Dinge „in die Ferne"[531] rückt. Erst dadurch werden sie als Gegenstände erfasst. Ernst Cassirer hat auf die Parallele zwischen den Überlegungen zur interesselosen Betrachtung der Welt schöner Formen in den *Ästhetischen Briefen* und den Kerngedanken der Philosophischen Anthropologie hingewiesen.[532] Zentral ist für Schiller in diesem Zusammenhang die Ausbildung der menschlichen Fernsinne, des Gehörs und des Gesichts, wobei er (wie in den *Künstlern*) vor allem die Bedeutung des visuellen Sinns für die Entbindung des Subjekts von der Welt herausstellt. Damit nimmt er Abstand von Herder, dessen Theorie der Besonnenheit auf den auditiven Sinn fokussiert ist, und folgt Kant. In ihrer distanzschaffenden Eigenschaft stellt die Betrachtung für Schiller „das erste liberale Verhältniß des Menschen zu dem Weltall, das ihn umgiebt"[533], dar. Erst die Freiheit vom Organischen, auf der sie beruht, macht ihn zum Menschen, und nicht etwa die Vernunft, die sich bereits im physischen Zustand ausbilde – ein Phänomen, das ihm „für seine Wichtigkeit und Allgemeinheit noch nicht gehörig entwickelt scheint"[534]. Bereits Rousseau, der statt einer Vernunft- eine Freiheitsanthropologie entwickelt, macht darauf aufmerksam. Und auch die Philosophischen Anthropologen,

---

529 SCHILLER: Ästhetische Briefe (25. Brief), NA 20, S. 394.
530 Ebd.
531 Ebd. Vgl. dazu auch SCHILLER: Augustenburger Briefe (11. November 1793, Einschluss), NA 26, S. 311: „[E]s wird Raum zwischen dem Menschen und den Erscheinungen."
532 Vgl. Ernst CASSIRER: Zur Metaphysik der symbolischen Formen. In: Ders.: Nachgelassene Manuskripte und Texte. Hg. v. John M. Krois, Oswald Schwemmer. 18 Bde. Hamburg 1995 ff. Bd. 1, S. 3–112, hier S. 44.
533 SCHILLER: Ästhetische Briefe (25. Brief), NA 20, S. 394.
534 Ebd. (24. Brief), S. 390.

die ihren Geist- explizit von einem Intelligenzbegriff abgrenzen, betonen den Unterschied zwischen menschlicher Freiheit und Vernünftigkeit.

Anders als für Scheler ist biologisch uninteressierte Betrachtung für Schiller allerdings *per se* ästhetischer Natur: Das eigentliche „Werk der freyen Betrachtung"[535] bildet die Schönheit, subjektiv verstanden, als eine Empfindung ‚interesselosen Wohlgefallens' an einem betrachteten Objekt. Die aber ist für Schiller höchst fragil: In der alltäglichen Erfahrung der Welt bleibt Schönheit, wie er an Körner schreibt, „gewöhnlich unerfüllt", weshalb er sie als anthropologischen „Imperatif" und weniger als „Erfahrungsbegriff" ansieht. Bedroht sei sie von zwei Seiten: von der vernünftigen und von der sinnlichen Natur des Menschen. Drängt der Verstand der Anschauung einen Begriff auf, macht er aus ihr ein „vollkommene[s]" Objekt; mischt sich ein organisches Interesse ein, so ist das Wahrgenommene nichts anderes als ein „bloß angenehme[s]"[536] Ding. Schönheit und damit Menschheit sind für Schiller keine substanziellen Größen oder humane Dauerzustände[537] – sein anthropogenetischer Ursprungsmythos ist darum auch nicht im engeren Sinne historisch aufzufassen. Ästhetische Betrachtung und Menschsein sind Momente, die sich ins rein Organische, ins Logische, auch ins Moralische verlieren können und die es gegebenenfalls wiederzuerwecken gilt, weil das menschliche Lebewesen nur in dem Augenblick, wo Triebkräfte, Definitionszwänge und sittliche Pflichten schweigen, höchste Potenzialität erfahren kann. Im Anblick der Schönheit geht der Mensch nicht wie das Tier im sinnlich-vitalen Erleben auf, sondern wird seiner Abständigkeit und Freiheit gewahr.

An dieser Stelle eröffnen sich die praktischen Dimensionen der schillerschen Anthropologie: Auf dem Wege der Betrachtung natürlicher und künstlicher Schönheit soll der Mensch zum Menschen und damit zum mündigen Bürger einer freiheitlichen Gesellschaft gebildet werden, nicht durch aktive Formung gemäß eines fixen pädagogischen oder moralphilosophischen Menschheitsideals, das den freien, weil zur Selbstbestimmung bestimmten Menschen wieder in Fesseln legen würde. Ästhetische Erziehung bedeutet nichts anderes, als den Menschen zur spielerischen Selbstgestaltung zu befreien, indem ihm seine natürliche Unbestimmtheit via Schönheitserlebnis bewusst gemacht wird.[538] Der Mensch muss sich bei Schiller immer von

---

535 Ebd. (25. Brief), S. 396.
536 SCHILLER: Brief an Christian G. Körner, 25. Oktober 1794 (Nr. 54), NA 27, S. 69–71, hier S. 71.
537 Das betont auch ALT: Schiller, Bd. 2, S. 146 f.
538 Vgl. hierzu Kap. III.6.2. Ein solches Programm anthropologischer Ästhetik sieht MÖLLER: Die Bedeutung einer anthropologischen Ästhetik, S. 23, in der Ästhetik der Romantik verwirklicht.

Neuem zu Schönheit und Weltoffenheit erheben und in die Kontemplation des ästhetischen Zustands eintreten, will er nicht nur Welt *sein*, sondern eine solche *haben*.

5.4 Kunstautonomie und ästhetische Wirkung

Wo die Erhebung des Menschen zur Weltoffenheit gefordert ist, kommt die Kunst ins Spiel – und Schillers Ästhetik wird zur Kunstphilosophie im engeren Sinne. Als Instrument der Menschenbildung vermag Kunst, ästhetische Zustände zu erzeugen. Dazu sollte sie selbst so frei und unbestimmt wie irgend möglich sein. Das setzt voraus, dass sich der Künstler vom gemeinen Urteil seiner Zeitgenossen, auch von der „eiteln Geschäftigkeit"[539] unabhängig macht – gesellschaftliche oder finanzielle Anreize sollten ihn nicht leiten.[540] Das Ideal „*rein ästhetische[r]* Wirkung" erzielt nach Schiller nur eine Kunst, die von ihrer Scheinhaftigkeit lebt und weder zu konkreten Empfindungen oder Gedanken veranlasst noch eine Handlung nach sich zieht. Jede Form engagierter Kunst, egal, ob sie didaktische, gesellschaftliche oder moralische Ziele verfolgt, muss notwendig diese Wirkung verfehlen. Darin besteht der Clou von Schillers Programm ästhetischer Erziehung: Sie will den Menschen zum Menschen bilden, indem sie alle bildenden Festschreibungen um ihn auflöst. Statt ihn sinnlich, logisch oder moralisch zu bestimmen, erzeugt ideale Kunst nach Schiller eine „hohe Gleichmüthigkeit und Freyheit des Geistes"[541], in der der Mensch einen Ausgleich seiner Bestimmungen erfährt. Zu diesem Zweck muss „der Inhalt nichts, die Form aber alles thun"[542] – nicht der Stoff, allein die Darstellung darf überzeugen, wo das Wohlgefallen interesselos sein soll.

Mit Blick auf sein Kunstideal untersucht Schiller die Eigenlogik der einzelnen Kunstgattungen: Der Musik schreibt er eine Affinität zur Sinnlichkeit zu, die Literatur stimuliere besonders die menschliche Einbildungskraft und die bildende Kunst spreche vor allem das Begriffsvermögen des Verstandes an. Eine ganz ähnliche Systematik kultureller Phänomene (darunter Musik, Sprache und bildende Kunst), in denen sich Sinnesleistungen objektivieren, entwickelt Plessner in seiner *Einheit der Sinne*, wo er die speziellen Leistungen der Sinnesmodalitäten und ihre geistigen Sinngebungsformen in den Blick

---

539 SCHILLER: Ästhetische Briefe (9. Brief), NA 20, S. 334.
540 Schillers Künstlerideal entspricht hier Schelers Beschreibungen eines neuen, vom Geschmack des Bürgertums befreiten Künstlertypus, dem SCHELER: Die Zukunft des Kapitalismus (1914), GW 3, S. 382–395, hier S. 393, die Überwindung des Kapitalismus und des am ökonomischen Nutzen orientierten bourgeoisen Zeitgeistes zutraut.
541 SCHILLER: Ästhetische Briefe (22. Brief), NA 20, S. 380.
542 Ebd., S. 382.

nimmt.[543] Grundlage seiner Betrachtung bildet seine Unterscheidung eines auf Distanz basierenden, gestalthaften Sehens von einem auf Resonanz beruhenden, deutungsfreien Hörens: „Sehend erblicken wir irgend etwas, nah oder fern von uns, über einen Abstand hinweg. Im Hören fällt das Moment des Abstandes fort. [...] – Töne dringen ein."[544] Im Gegensatz zu Schiller geht Plessner zwar nicht von der Dreiteilung der menschlichen Vermögen in Sinnlichkeit, Einbildungskraft und Verstand aus (menschliche Sinnlichkeit ist bei ihm immer schon auf den Geist bezogen), im Grundansatz aber entsprechen sich ihre Analysen. Denn auch Schiller unterstellt der Musik als Kunst für das Ohr mit ihrer Tendenz zum Sinnlichen mangelnde Abständigkeit vom Stoff, die bildende Kunst als Kunst für das Auge hingegen versteht er über die Gestalt erfassende Leistung des Verstandes, die eine Distanz zwischen Subjekt und Objekt voraussetzt. Literatur beziehungsweise Sprache nehmen in beiden Modellen eine Mittelstellung ein.

Weil ästhetische Betrachtung immer auf einer ausgeglichenen Totalität der menschlichen Vermögen beruhe, folgert Schiller, sei nur ein solcher Stil in der Kunst vollkommen, der „die specifischen Schranken derselben zu entfernen weiß"[545]. Ideale Kunst kennt keine Gattungsgrenzen, will heißen:

> Die Musik in ihrer höchsten Veredlung muß Gestalt werden, und mit der ruhigen Macht der Antike auf uns wirken; die bildende Kunst in ihrer höchsten Vollendung muß Musik werden und uns durch unmittelbare sinnliche Gegenwart rühren; die Poesie, in ihrer vollkommensten Ausbildung muß uns, wie die Tonkunst mächtig fassen, zugleich aber, wie die Plastik, mit ruhiger Klarheit umgeben.[546]

Eine solche Aufhebung der Grenzen zwischen den Kunstformen und damit auch zwischen den gattungsspezifischen Sinnesleistungen kritisiert Plessner angesichts der bildenden Kunst der Avantgarde im frühen 20. Jahrhundert, wo Schillers Ideal einer Universalkunst im Ansatz verwirklicht scheint.[547] Aus Plessners Sicht unternehmen Kubismus, Futurismus und Expressionismus

---

543 Plessners ästhesiologisches Projekt rekonstruiert Hans-U. LESSING: „Hermeneutik der Sinne". Eine Untersuchung zu Plessners Projekt einer „Ästhesiologie des Geistes" nebst einem Plessner-Ineditum. Freiburg 1998. Zu Plessners ästhetischer Anthropologie vgl. außerdem Joachim FISCHER: Ästhetische Anthropologie und Anthropologische Ästhetik. Plessners „Kunst der Extreme" im 20. Jahrhundert. In: Josef Früchtl, Maria Moog-Grünewald (Hg.): Ästhetik in metaphysikkritischen Zeiten. 100 Jahre ‚Zeitschrift für Ästhetik und Allgemeine Kulturwissenschaft'. Hamburg 2007, S. 241–267, bes. S. 242–256.
544 PLESSNER: Einheit der Sinne, GS 3, S. 344.
545 SCHILLER: Ästhetische Briefe (22. Brief), NA 20, S. 381.
546 Ebd.
547 Vgl. hierzu auch FISCHER: Ästhetische Anthropologie und anthropologische Ästhetik, S. 257–261; und MÜLLER: Künstliche Natur, S. 105.

das Projekt eines „Musizierens in Farben"[548], das die „Unvertretbarkeit"[549] der einzelnen Sinnesmodi missachtet und sich über die Differenzen zwischen den Sinnessphären hinwegzusetzen versucht.

Wie Schiller, der sich grundsätzlich für eine Autonomie der Kunst gegenüber dem Stoff der Wirklichkeit ausspricht, die zunehmende Emanzipation der bildenden Kunst von der gegenständlichen Darstellungsweise seit dem späten 19. Jahrhundert beurteilt hätte, lässt sich nur erahnen. Trotz seines Postulats einer Einheit der Kunstgattungen im Ideal mahnt auch er, dass nicht ihre „specifischen Vorzüge"[550] aufgehoben werden dürfen. Keine Kunstform und kein von ihr angesprochenes menschliches Vermögen soll die jeweils anderen dominieren. Gerade auch unter anthropologischem Blickwinkel – mit der (visuellen) Betrachtung der schönen Form gehen für Schiller eine Vergegenständlichung der Weltwahrnehmung und Weltoffenheit einher! – kann ihm mit seiner Forderung, bildende Kunst solle Musik werden, also an einer Auflösung des Figurativen in der visuellen Kunst nicht gelegen sein. Das bestätigt auch seine klassizistische Orientierung an der antiken Plastik, deren kühle, klare Form alles andere als gestaltlos und unmittelbar sinnlich ist. Wie seine Anthropologie lebt auch Schillers Ideal autonomer Kunst, die sich für keine sinnlichen, logischen oder moralischen Zwecke einspannen lässt, von der Idee eines harmonischen Ausgleichs der Extreme, ohne dass in der Aussöhnung eine ihrer Komponenten zugunsten einer anderen zurücktreten müsste. Was das für das konkrete Werk bedeutet, bleibt offen. Seine eigene Kunst jedenfalls, die Dramen, Gedichte und Erzählungen, sind alles andere als reine Formen, die ihren Inhalt ganz vertilgen.

Den Kern von Schillers ästhetischer Anthropologie bildet die Idee, dass sich im ästhetischen Zustand sowohl die natürliche Leibgebundenheit des Menschen als auch seine Sonderstellung im Reich der Lebewesen manifestiere. So wird er im Moment der Betrachtung, in dem er über seine Sinne mit der Außenwelt in Kontakt tritt und ein Wohlgefallen am Schönen empfindet, einerseits als *Lebewesen* in seiner psychophysischen Totalität angesprochen; er muss seine tierische Natur hier nicht überwinden, um Mensch zu sein. Andererseits offenbart sich im kontemplativen Moment der Betrachtung und in der Interesselosigkeit dieses Wohlgefallens seine Entbundenheit vom Organischen und damit *Freiheit*.[551] Schillers ästhetische Anthropologie setzt auf

---

548 PLESSNER: Einheit der Sinne, GS 3, S. 249.
549 PLESSNER: Anthropologie der Sinne (1970), GS, 3, S. 317–393, hier S. 380.
550 SCHILLER: Ästhetische Briefe (22. Brief), NA 20, S. 381.
551 Vgl. hierzu auch ebd. (25. Brief), S. 394, Anm: „Sobald der Mensch einen *Gegenstand sieht*, so ist er schon nicht mehr in einem bloß physischen Zustand, und solang er fortfahren wird, einen Gegenstand zu sehen, wird er auch jenem physischen Stand nicht entlaufen, weil er ja nur sehen kann, insofern er empfindet."

den ‚ganzen Menschen' als Lebe- wie als Geistwesen und sie wird damit seiner Forderung einer ‚vollständigen anthropologischen Schätzung', mit der er sich zwischen der naturalistischen und der idealistischen Front positioniert, gerecht. Erst, wo sie in ein normatives Erziehungsmodell umschlägt, das am klassischen Harmonieideal des ausbalancierten Menschen festhält und darüber seine in sich gebrochene Natur vergisst, entfernt sich seine Theorie von einem der Philosophischen Anthropologie verwandten Menschenbild, das um die unaufhebbare Zerrissenheit der menschlichen Existenz kreist.

Im Anblick des Schönen, das stellt auch Gehlen heraus, empfindet der Mensch seine Nichtfestgestelltheit und erlebt sich als distanziertes Wesen, das sich und seine Welt zu dem machen kann, wozu es will – und nicht triebdeterminiert muss oder (so Schiller gegen Kant) moralisch bestimmt soll. Schönheit hat für Schiller die gleiche janusköpfige Grundstruktur, die der Mensch an sich erlebt. Nur darum kann sie „Consummation seiner Menschheit"[552] sein. Die enge Beziehung zwischen Schönheit als „lebende[r] Gestalt"[553] und Menschheit als Zusammenspiel von sinnlichem Leben und freiem Geist, der sich in der menschlichen Fähigkeit zu ästhetischer Gestalterfassung und -schöpfung manifestiert, wird in Schelers und Gehlens rezeptionsästhetischen Überlegungen zwar im Ansatz erkannt, in ihrer anthropologischen Bedeutung aber nicht weiter verfolgt. So lässt sich die ästhetische Ausdeutung der Anthropologie menschlicher Instinktentbundenheit und Weltoffenheit, in der der Mensch *homo aestheticus* ist, gegenüber der Philosophischen Anthropologie als Spezifik Schillers verbuchen. Wahrnehmungs- und kunsttheoretische Debatten werden zwar auch im 20. Jahrhundert geführt, letztlich bilden ästhetische Erscheinungen in der Philosophischen Anthropologie aber Epiphänomene einer allgemeinen kulturellen Sphäre des Menschen.

5.5 Tierischer Luxus und wilde Schönheit

Wie wird der *homo* zum *homo aestheticus*? „Das Wohlgefallen an der reinen Form, am Schönen, ist ein unbegreiflicher Schritt den der Mensch thut", schreibt Schiller, vermutlich um 1792/93, in seiner Notiz *Wohlgefallen am Schönen*. „[I]n keiner Geschichte der Menschheit habe ich diesen Uebergang nachgewiesen gefunden."[554] Auch die Kulturgeschichte seiner *Ästhetischen Briefe* vermag keine eigentliche Erklärung dieses Übergangs vom triebdurch-

---

552 Ebd. (15. Brief), S. 356.
553 Ebd., S. 355.
554 SCHILLER: Wohlgefallen am Schönen (vermutl. 1792/93), NA 21, S. 89. Zum Verhältnis der Notizen aus dem Nachlass zu den *Augustenburger* und den *Ästhetischen Briefen* vgl. auch den Kommentar in SCHILLER: NA 21, S. 389.

strömten Leben des Tiers zum ästhetischen Dasein des Menschen zu liefern. Die Befähigung zum ‚interesselosen Wohlgefallen' am Schönen wird hier (ähnlich wie im Gedicht *Die Künstler*) an einen Freiheitbegriff geknüpft und als anthropologische Konstante gesetzt, sodass Schiller im Umkehrschluss das ästhetische Verhalten des Wilden als Anzeichen „einer totalen Revolution in seiner ganzen Empfindungsweise"[555] und Indiz seiner Instinktentbundenheit und Menschheit deuten kann:

> Und was ist es für ein Phänomen, durch welches sich bey dem Wilden der Eintritt in die Menschheit verkündigt? Soweit wir auch die Geschichte befragen, es ist dasselbe bey allen Völkerstämmen, welche der Sklaverey des thierischen Standes entsprungen sind: die Freude am *Schein*, die Neigung zum *Putz* und zum *Spiele*.[556]

Die *Ursache* seiner Menschwerdung ist es freilich nicht. Menschheit, Freiheit und Schönheit sind bei Schiller gleichursprünglich – was sein Erziehungsprojekt von Grund auf infrage stellt, weil es auf einem Zirkel gründet.[557]

Zur Veranschaulichung seiner These, dass der menschliche Daseinsmodus vor allem durch die Schätzung des Schönen angezeigt wird, greift Schiller, wie in zeitgenössischen Menschheitsgeschichten üblich, auf ethnografisches Material zurück. Das ästhetische Verhalten ferner Naturvölker soll Aufschluss über die menschliche Natur und ihre Anfänge geben. Das Gefallen, das „das Neue und Ueberraschende, das Bunte, Abentheuerliche und Bizarre, das Heftige und Wilde" bei ihnen auslöse und das sie „groteske Gestalten, […] rasche Uebergänge, üppige Formen, grelle Kontraste, schreyende Lichter, einen pathetischen Gesang" schaffen lasse, wertet Schiller zwar als „rohen Geschmack"[558] – es gilt ihm aber als erstes Anzeichen menschheitlicher Freiheit, weil diese Phänomene ein Gefallen an der bloßen Form der Dinge ohne sinnliches Interesse offenbaren.

Schillers Beispiele wilder Schönheit, die extrem ist und auffällt, decken sich in ihrer Charakteristik mit den Phänomenen, die Gehlen in seinen rezeptionsästhetischen Schriften aufgreift, um jenen für Schiller ‚unbegreiflichen Schritt' des Menschen von instinktivem zu ästhetischem Verhalten zu ergründen. Seine eigene Theorie menschlicher Instinktreduktion stützt Gehlen hier mit Lorenz' Beobachtung, dass beim Menschen ein Schönheitsempfinden durch Merkmale typischer Instinktauslöser, die durch ihre Unwahrscheinlichkeit auffallen, hervorgerufen wird. Die Reizqualität schöner Gegenstände führt er primär auf instinktive Restbestände zurück. Dass es beim Menschen durch die Wahrnehmung ästhetisch empfundener Gegenstände zu keiner

---

555 SCHILLER: Ästhetische Briefe (27. Brief), NA 20, S. 405.
556 Ebd. (26. Brief), S. 399.
557 Zur Zirkelstruktur der Argumentation vgl. auch Lars MEIER: Kantische Grundsätze?, S. 58.
558 SCHILLER: Ästhetische Briefe (27. Brief), NA 20, S. 408.

Auslösung eines instinktiven Verhaltens kommt, erklärt er mit der Entdifferenzierung der Instinktresiduen. Das Wohlgefallen, das den Menschen beim Anblick des Schönen durchaus auch auf körperlicher Ebene überkommt, gründet nach Gehlen zwar auf menschlicher Freiheit, seine Wurzeln aber reichen tief, bis in die Vitalschichten des Menschen hinein. Ähnlich in Schelers Ästhetik, in der neben der kontemplativen Haltung des Menschen auch die im Eros sublimierte Vitalenergie eine Rolle spielt: Nicht nur interesselos, auch leidenschaftlich ist für ihn die Betrachtung der Schönheit.

Zwar erkennt Schiller die Nähe des ästhetischen Urteilsvermögens zur Sinnlichkeit an. Das spezifische Gefallen des Wilden am Schönen erklärt er aber gerade nicht über im Menschen wirkende Überbleibsel einer tierisch-sinnlichen Triebschicht (die für ihn eher eine Gefährdung wahrer Schönheit darstellt), sondern durch die sich im Geschmacksurteil offenbarende Geistigkeit und Freiheit. So gefallen die Gegenstände dem Wilden nicht, „weil sie einem Bedürfniß begegnen", sondern „weil sie einem Gesetze Genüge leisten, welches, obgleich noch leise, in seinem Busen spricht."[559] Die Selbsterkenntnis des freien menschlichen Wesens im Anblick der Schönheit ist in Gehlens Modell sekundär, in Schelers Ästhetik spielt sie keine Rolle.

Die anthropogenetische Revolution am Beginn der Menschheitsgeschichte hat bei Schiller ein natürliches Vorspiel: Inspiriert durch Goethes Aufsatz *Inwiefern die Idee: Schönheit sei Vollkommenheit mit Freiheit, auf organische Naturen angewendet werden könne* (1794) zeichnet der 27. Brief eine „natur- und kulturgeschichtliche Alternativbewegung"[560] zu einer am biologischen Nutzen orientierten Entwicklungsgeschichte nach. Es ist eine Naturgeschichte des Überflusses, die in das menschliche Spiel mit der Schönheit mündet. Ein Tier, das seine Triebe mühelos stillen kann, nennt Goethe vollkommen; eines, das darüber hinaus noch in der Lage ist, „willkürliche gewissermaßen zwecklose Handlungen zu unternehmen"[561], bezeichnet er als schön. Schiller erkennt mit Goethe den zweckfreien Überfluss als „Conditio, sine qua non der Schönheit"[562] an, und er findet in der Natur zahlreiche Analogien zum ästhetischen Spiel des Menschen, die er als „Schimmer von Freyheit" in der sonst durch und durch zweckhaften Natur ansieht. So betrachtet er die unnötige Fülle der Wurzeln, Blätter und Knospen eines Baums, das Gebrüll

---

559 Ebd.
560 Stefan MATUSCHEK: Kommentar. In: Friedrich Schiller: Über die ästhetische Erziehung des Menschen in einer Reihe von Briefen. Hg. v. Stefan Matuschek. Frankfurt/Main 2009, S. 125–183, hier S. 218.
561 Johann W. GOETHE: Inwiefern die Idee: Schönheit sei Vollkommenheit mit Freiheit, auf organische Naturen angewendet werden könne (1794). In: Ders.: Werke [Hamburger Ausgabe]. 14 Bde. Hg. v. Erich Trunz. Hamburg 1948 ff. Bd. 13, S. 21–23, hier S. 21. Den Aufsatz sendet Goethe Schiller am 30. August 1794 zu.
562 SCHILLER: Brief an Christian G. Körner, 25. Oktober 1794 (Nr. 54), NA 27, S. 70.

des Löwen, den Tanz von Insekten im Sonnenlicht und den Vogelgesang als einen „Luxus der Kräfte und eine Laxität der Bestimmung"[563] – Merkmale, die Gehlen unter den Schlagworten ‚Antriebsüberschuss' und ‚Instinktreduktion' nur dem Mängelwesen Mensch in seiner instinktiven Nichtfestgestelltheit zuschreibt.

Auch Darwin beschäftigen solche Luxusphänomene. Führen Schiller natürliche Spiel- und Schönheitserscheinungen zu einer Naturgeschichte der Freiheit, inspirieren dieselben Darwin, kein Jahrhundert später, allerdings zu seiner Theorie sexueller Selektion, die die Zweckhaftigkeit solchen Überflusses zu erklären versucht: Was der Mensch als schönes Spiel der Natur ansieht, gilt Darwin als Attraktivitätsphänomen im Rahmen natürlicher Fortpflanzungsmechanismen. Während Schiller beispielsweise annimmt, dass es „sicherlich nicht der Schrey der Begierde [ist], den wir in dem melodischen Schlag des Singvogels hören"[564], so interpretiert Darwin den Vogelgesang gerade als Ruf zum Anlocken von Sexualpartnern innerhalb der eigenen Art. Aus dem Gesang der Vögel leitet er auch den ästhetischen Sinn des Menschen für Musik ab und betrachtet ihn in seiner Bedeutung für das Prinzip der geschlechtlichen Zuchtwahl. In der Philosophischen Anthropologie stößt diese Deutung von Kunst und Schönheit auf Kritik. Darwins Versuch, mit dem Begriff des Spiels bei Tier und Mensch eine „Vermittlung [...] zwischen tierischer und menschlicher Kunsttätigkeit"[565] zu bilden, erklärt Scheler für überholt und er verweist auf die Triebentbundenheit des menschlichen „Kunstspiel[s]"[566]. Beabsichtigt Schiller mit seiner Naturgeschichte des Spiels auch das genaue Gegenteil Darwins – er will nicht den Menschen mit seinem Schönheitssinn in einen natürlichen Evolutionsprozess eingliedern, sondern in der sonst zweckmäßig eingerichteten Natur ein „Vorspiel des Unbegrenzten"[567] und der Freiheit entdecken –, so greift doch auch er auf das Spiel als Bindeglied zwischen Tier- und Menschenreich zurück.

Die Sonderstellung des *homo aestheticus* bleibt davon allerdings unangetastet. Denn die ‚Freiheit', die im „*physische[n] Spiel*" der Natur in Erscheinung tritt, stellt keine Nebenform menschlicher Weltoffenheit dar. Es mangelt ihr am distanziert-reflexiven Moment, das den ästhetischen Weltbezug des Menschen ausmacht. Auch ist sie keine innere Freiheit „von dem Bedürfniß überhaupt"[568], sondern bloß vorübergehende Pause äußerer Bedürfnisse, ein kurzes Schweigen des Lebensdrangs. Beim Menschen selbst äußert sie sich

---

563 SCHILLER: Ästhetische Briefe (27. Brief), NA 20, S. 406.
564 Ebd.
565 SCHELER: [Zu: Kunst] Leistungen, GW 12, S. 198.
566 Ebd., S. 199.
567 SCHILLER: Ästhetische Briefe (27. Brief), NA 20, S. 406.
568 Ebd.

im „Spiel *der freyen Ideenfolge*"[569]: Wo seine Phantasie Vorstellungsgehalte frei assoziiert, lässt sich zwar weder auf ästhetisches Formbewusstsein schließen noch von künstlerischem Schöpfertum sprechen, es offenbart sich hier aber eine zwischenzeitliche Befreiung des Menschen von existenziellen Nöten und einer unmittelbaren Bestimmung durch die Außenwelt – Grundvoraussetzung für die innere Freiheit des Menschen. Insofern bildet das physische Spiel den „Uebergang"[570] zum ästhetischen. Dieser Übergang aber weist eine ausgesetzte Stelle auf – vom tierischen Luxus zur menschlichen Schönheit, zu den Phänomenen des ästhetischen Spiels und des Putzes, führt bei Schiller kein evolutionärer Weg. Letztere erreicht der Wilde nur durch einen „Sprung"[571] aus der Vitalsphäre. Schiller schreibt eine antievolutionäre Ästhetik.

Während ‚Schein' und ‚Spiel' Schlüsselbegriffe der zeitgenössischen Kunst- und Schönheitsphilosophie sind, führt Schiller mit dem Putz ein im ästhetischen Diskurs der Aufklärung vernachlässigtes Phänomen auf. Die mit dem Begriff assoziierte Welt des Schmucks, der Kosmetik und der Mode, vornehmlich der Damenwelt, scheint lange zu marginal, um eine zentrale Rolle in den philosophischen Debatten über die Schönheit zu spielen. An Bedeutung gewinnt das Phänomen erst mit der Kopplung von ethnologischem und ästhetischem Diskurs. In der Frage nach dem ästhetischen Verhalten des Wilden muss dessen Vorliebe für auffälligen Körperschmuck, von der Weltreisende berichten, berücksichtigt werden. Bereits Iselin spricht in seiner *Geschichte der Menschheit* dem Wilden eine „Neigung zum Putze" zu, die allerdings nicht mit einer an das Denken geknüpften Fühlbarkeit „gegen das wahre Schöne"[572] zu verwechseln sei.

---

569 Ebd., S. 407. In der Unterscheidung von reproduktivem und produktivem ästhetischem Spiel, die in diesem Zusammenhang angesprochen wird, greift Schiller seine Differenzierung von mimetischer und autonomer Kunst im *Künstlern* wieder auf. Anders als dort verortet er das reproduzierende Schaffen jedoch aufseiten des tierischen Menschen, was innerhalb seiner ästhetischen Anthropologie inkonsequent ist, weil sich bereits in ihm das menschliche Gegenstandsbewusstsein offenbart.
570 Ebd., S. 406.
571 Ebd., S. 407: „Einen Sprung muß man es nennen, weil sich eine ganz neue Kraft hier in Handlung setzt; denn hier zum erstenmal mischt sich der gesetzgebende Geist in die Handlungen eines blinden Instinktes".
572 Isaak ISELIN: Über die Geschichte der Menschheit. 2 Bde. Basel ⁵1786 (¹1964: Philosophische Muthmassungen ueber die Geschichte der Menschheit), Bd. 1, S. 170 u. 260; vgl. auch S. 253. Ob Schiller sich an Iselin anlehnt, bleibt trotz vieler Parallelen und der übereinstimmenden Wortwahl bei der Beschreibung des Phänomens ungewiss. Iselins Gedanken zu den Kunstpraktiken primitiver Naturvölker gehören damals zum festen Repertoire des ethnologischen Diskurses. Eine Lektüre seiner Schrift durch Schiller lässt sich nicht sicher nachweisen, geschweige denn konkret terminieren, ist aber angesichts der Popularität der Schrift nicht unwahrscheinlich – zumal Schiller im Oktober 1794 (damit allerdings erst nach seiner ersten Verwendung des Begriffs ‚Putz' im Rahmen seiner ethnologischen Ästhetik) eine Ausgabe

Schillers erste ästhetische Thematisierung des Putzes in seiner Skizze *Wohlgefallen am Schönen* stimmt nicht nur im Wortlaut, sondern auch in der Negativwertung wilder Schönheit mit Iselins Urteil überein. Ähnlich wie in der fortschrittsoptimistischen Jenaer Antrittsvorlesung, die den Geschmack des Wilden, der sich durch „Betäubung", „Verzerrung" und „Uebertreibung"[573] auszeichne, geringschätzt und den Wilden in humaner Hinsicht zur bloßen Vorstufe des zivilisierten Menschen degradiert, heißt es in der Notiz aus dem Nachlass, dass die „Neigung zum Schmuck und Putz"[574], die sich in Piercings, Tattoos, gefärbten Lippen und Nägeln, im Schmuck aus Steinen, Federn, Knochen und Zähnen wilder Völkerstämme ausdrücke, zwar über das unmittelbare physische Bedürfnis hinausgehe, aber als Frucht menschlicher Eitelkeit und Ruhmsucht doch bloß sinnliche, interessierte Neigung bleibe. Ein ‚uninteressiertes Wohlgefallen' am Schönen, das Anzeichen für Humanität ist, kann Schiller in den primitiven Praktiken hier noch nicht erkennen.

Positiver fällt das Urteil in Schillers *Ästhetischen Vorlesungen* aus, die etwa zur gleichen Zeit entstehen und die in Form einer Nachschrift seines Hörers Christian Friedrich Michaelis fragmentarisch überliefert sind. „Sobald sich die Liebe zum Putz in dem Wilden äußert", heißt es hier, „so fängt auch schon seine Kultur an", weil sich eine „höhere Thätigkeit" in dessen sinnennahes Dasein gemischt habe. Der Mensch sei dann kein „*Wilder*" mehr, weil er nicht ohne Geschmack sei, sondern „*Barbar*", weil er einen falschen besitze.[575] Anthropologisch betrachtet ist diese semantische Unterscheidung, auf die Schiller auch im Rahmen seiner Kulturkritik der *Ästhetischen Briefe* zurückgreift, gravierend: Während der Wilde im 18. Jahrhundert meist als Naturwesen gilt, verortet man den Barbaren, für den nicht mehr die Natur, sondern er selbst sorgt, auf einer höheren Zivilisationsstufe. Wilde sind in diesem Denkschema Tiere, Barbaren schlecht entwickelte Menschen.

Schillers Verunsicherung, ob der Körperschmuck der Wilden nun eine Form tierischen Gebarens oder Ausdruck menschlicher Naturentbundenheit ist und welche Stellung primitive Kunstpraktiken im anthropologischen und ästhetischen Diskurs einnehmen, löst sich schließlich in den *Augustenburger Briefen*. Am 21. November 1793 schreibt er an Friedrich Christian von Augustenburg, so sehr die wilde Kunst, die auf die Extreme des Bunten, Verzerrten und Überzogenen setze, im objektiven Sinne auch dem gängigen Schönheits-

---

der *Geschichte der Menschheit* bei Cotta anfordert; vgl. SCHILLER: Brief an Johann F. Cotta, 2. Oktober 1794 (Nr. 45), NA 27, S. 58–62, hier S. 62.
573 SCHILLER: Was heißt Universalgeschichte?, NA 17, S. 365.
574 SCHILLER: Wohlgefallen am Schönen, NA 21, S. 89.
575 SCHILLER: Fragmente aus Schillers aesthetischen Vorlesungen (1792/93), NA 21, S. 66–88, hier S. 68. Zu den Begriffen ‚Wilder' und ‚Barbar' vgl. auch SCHILLER: Augustenburger Briefe (21. November 1793), NA 26, S. 317: „Wildheit ist ganz unentwickelte, Barbarey schlecht entwickelte Menschheit."

empfinden widerspreche, in subjektiver Hinsicht gehöre sie in die „Familie des Schönen" und der Wilde damit vollkommen zur Menschengattung. Denn es komme nicht auf den „*Innhalt*", sondern auf die „*Form des Urtheilens*" an und auch der barbarische Geschmack gründe auf freier Betrachtung. Hinter des Wilden „Liebe zum Putz"[576] stecke kein Interesse am Angenehmen und Reizenden, wie Kant in seinem ästhetischen Entwicklungsmodell in der *Kritik der Urtheilskraft* annimmt, sondern ein wahrer Sinn für Schönheit, der „eines Grades von Achtung werth"[577] sei, weil er ein umweltentbundenes und weltoffenes Wesen voraussetzt. Dieses Urteil, das auf dem Vorzug eines subjektiven vor einem objektiven Schönheitsbegriff gründet, manifestiert einen ästhetischen Relativismus, mit dem Schiller vom normativen Klassizismus in der Tradition Winckelmanns Abstand gewinnt – ohne dass er seine Orientierung am griechischen Ideal je ganz aufgegeben hätte.[578]

Angesichts der eurozentrischen Ästhetik seiner Zeit zeugt Schillers Würdigung der primitiven Kunst von „erstaunlicher Kühnheit"[579]; zumal sich Schiller mit der Annahme, bereits der Naturmensch sei frei, also fähig, ästhetisch zu rezipieren und zu produzieren, klar gegenüber Kant positioniert, der in der Frage, ob Wilde einem Gegenstand mit ‚interesselosem Wohlgefallen' entgegentreten können, unentschieden bleibt.[580] Schiller entwickelt in den *Augustenburger Briefen* nicht nur eine *Ästhetik der Weltoffenheit*, sondern auch eine *weltoffene Ästhetik*, die sich nicht auf die europäische Kunst und Kultur beschränkt. Erklären lässt sich seine Aufwertung des Primitiven nur multikausal: durch eine intensive Beschäftigung mit der zeitgenössischen Reiseliteratur, seine Auseinandersetzung mit Kants ambivalenter Ästhetik des Wilden, eine Sympathie mit Rousseaus Modell vom *bon sauvage*, Schillers zunehmend kritischer Haltung gegenüber der modernen Zivilisation und seinem wachsenden Misstrauen gegenüber naiven Fortschrittsgeschichten.

Im 27. Brief der *Ästhetischen Briefe* hält Schiller an seiner weltoffenen Ästhetik des Wilden fest. Die „ersten rohen Versuche[]" des Menschen „zur *Verschönerung* seines Daseyns", ermöglicht durch die „Umwälzung seiner

---

576 SCHILLER: Augustenburger Briefe (21. November 1793), NA 26, S. 315.
577 Ebd., S. 316.
578 Zum Wandel von Schillers Bild des Wilden vgl. auch Karl S. GUTHKE: Zwischen „Wilden" in Übersee und „Barbaren" in Europa. Eine andere antiklassizistische ‚Ästhetik des Wilden' findet sich im Aufsatz *Von deutscher Baukunst* (1772) des jungen Goethe; vgl. hierzu Sebastian KAUFMANN: Der ‚Wilde' und die Kunst. Ethno-Anthropologie und Ästhetik in Goethes Aufsatz *Von deutscher Baukunst* (1772) und Schillers philosophischen Schriften der 1790er Jahre. In: Zeitschrift für interkulturelle Germanistik 4/1 (2013), S. 29–57, hier S. 35–45.
579 Helmut FUHRMANN: Zur poetischen und philosophischen Anthropologie Schillers. Vier Versuche. Würzburg 2001, S. 134.
580 Zu Schillers Modell im Vergleich zu Kants Ästhetik des Wilden vgl. auch KAUFMANN: „Was ist der Mensch, ehe die Schönheit die freie Lust ihm entlockt?"

Natur"[581] am Anfang der Geschichte, zielen zunächst auf Gebrauchsgegenstände: auf Kleidung, Trinkgefäße und Waffen. Spricht Schiller in seinen *Ästhetischen Vorlesungen* (Kants Begriff von der anhängenden Schönheit folgend) bei schönen Gegenständen mit physischem Zweck noch von zweitklassiger Schönheit, wertet er nun jede Form, die die bloße Funktionalität eines Dings durch eine selbstständige Gestalt übersteigt, als „edel"[582] auf. Mehr und mehr löst sich das Schöne im Verlauf der Menschheitsgeschichte vom Nützlichen. Der Wilde schmückt sich selbst, bis er schließlich nicht nur äußere, sondern auch innere Schönheit zu erlangen strebt, die auf schönes Betragen zielt.

Was in dieser Entwicklung konstant bleibt, ist der menschheitliche Status des Schönheitsrezipienten und -produzenten: Die ersten ästhetischen Praktiken der Menschen, von denen die Kunst nicht-europäischer Völker ein Beispiel gibt, mögen noch so ‚primitiv' gewesen sein – aus anthropologischer Perspektive sind sie vollwertige Indizien für ihre Menschheit.[583] Sie fügen sich ein in Schillers Modell vom *homo aestheticus*, das ihm als geschichtliches Bindeglied zur Darstellung der ‚ganzen Menschheit' dient. Eine letzte Erklärung, wie und warum sich menschliche Umweltentbindung und Weltoffenheit, spielerisches Verhalten und ästhetische Praktiken entwickelt haben, bleibt Schiller schuldig. Die ästhetische Stimmung des menschlichen Gemüts begreifen die *Ästhetischen Briefe* als ein „Geschenk der Natur", die für mildes Klima sorgte, und eine „Gunst der Zufälle"[584]. Physische und psychische Bedingungen, wie die äußere Befreiung des Menschen aus existentieller Not aufgrund extremer Klimaverhältnisse, können aber, das hebt Scheler hervor, nie mehr als notwendige Voraussetzungen für menschliche Freiheit sein. Der Schritt des Menschen zu ästhetischem Spiel und ‚interesselosem Wohlgefallen' am schönen Schein ist und bleibt auch für Schiller ein ‚unbegreiflicher'.

---

581 SCHILLER: Ästhetische Briefe (27. Brief), NA 20, S. 405.
582 Ebd. (23. Brief), S. 386, Anm. Vgl. hierzu auch SCHILLER: Fragmente aus Schillers aesthetischen Vorlesungen, NA 21, S. 72. Zur anhängenden Schönheit vgl. KANT: Kritik der Urtheilskraft, AA 5, S. 229.
583 Schillers anthropologische Bewertung des Wilden bleibt, über das Gesamtwerk gesehen, allerdings inkonsistent. Mit der Lektüre der Reisebeschreibungen Carsten Niebuhrs und Constantin François de Volneys stellt er seine weltoffene ästhetische Anthropologie wieder infrage. In einem Brief an Goethe von Januar 1798 zeigt sich Schiller unter Verweis auf seine Lektüre der Reiseberichte dankbar ob der „Wohlthat [...], in Europa gebohren zu seyn". Nicht-Europäern spricht er hier die „menschliche Perfectibilität" sowie alle „moralischen" wie „aesthetischen Anlagen gänzlich" ab; SCHILLER: Brief an Goethe, 26. Januar 1798 (Nr. 196), NA 29, S. 195 f., hier S. 196. Schillers Haltung gegenüber der Kultur und der Kunst nicht-europäischer Völker lässt sich nicht auf einen Nenner bringen: Weder ist er vollkommen offen für die Pluralität kultureller Erscheinungsformen noch ist seine Anthropologie durchweg eurozentrisch, wie Nikolas IMMER: Von der „Wohlthat [...], in Europa geboren zu seyn". Schillers elitärer Eurozentrismus. In: Peter-A. Alt, Marcel Lepper (Hg.): Schillers Europa. Berlin, Boston 2017, S. 275–292, hier S. 291, behauptet.
584 SCHILLER: Ästhetische Briefe (26. Brief), NA 20, S. 398.

6 Spiel der Kunst und Spiel des Lebens: der Mensch als Schöpfer seiner selbst

Seit Erscheinen der *Ästhetischen Briefe* gehört das Spiel zum Kernbestand des anthropologischen Begriffsrepertoires.[585] Seine erste philosophische Betrachtung in der Ästhetik des späten 18. Jahrhunderts, bei Kant und bei Schiller, erklärt Plessner als Reaktion auf die Entstehung einer bürgerlich-industriellen Geisteshaltung. Wo das Leben unter den Aspekten des Ernstes und der Notwendigkeit betrachtet wurde, habe man im Spiel der Kunst eine „Ausnahmeregion"[586] erkannt, die vom Druck des bürgerlichen Alltags mit seiner Arbeit, seinem Nützlichkeitskalkül, aber auch seinen moralischen Wertvorstellungen entlastet sei. Aus dieser Perspektive wird verständlich, warum sich die Betrachtung des Spiels als Nichtarbeit und Unernst im 19. Jahrhundert, wo die industrielle Entwicklung voranschreitet, fortsetzt. Der Begriff gewinnt an Bedeutung.

Trotz der Vorstellung einer allgemeinen Heiterkeit im Spiel haben, so Plessner, viele Theorien das Spiel indirekt aber doch auf der „Basis des Ernstes" begreiflich zu machen versucht. Vor allem jüngere Spieltheorien bauen auf der evolutionistischen Prämisse einer Zweckhaftigkeit aller Vitalphänomene auf. Selten seien die Versuche, „das Spiel zur Basis zu nehmen", um „die Gedrücktheit des Daseins" als einen „Verlust seiner ursprünglichen Leichtigkeit, einer im Grunde immer noch möglichen Spielfreiheit aufzufassen"[587]. – Nicht nur Plessners Anthropologie des Schauspielers und Gehlens kleine Theorie des Spiels, auch Schillers ästhetische Anthropologie gehören zu diesen seltenen Versuchen, das Dasein des Menschen unter dem Aspekt freien Spielens zu denken. Insofern steht Schillers Spielbegriff der Philosophischen Anthropologie sehr viel näher, als Plessner behauptet.

---

585 Vgl. Norbert MEUTER: Spielen. In: Eike Bohlken, Christian Thies (Hg.): Handbuch Anthropologie. Der Mensch zwischen Natur, Kultur und Technik. Stuttgart, Weimar 2009, S. 423–426, hier S. 423. Dabei wird vor allem die Funktion des Spiels im Rahmen des menschlichen wie tierischen Lebensprozesses kontrovers diskutiert. Zentrale Werke sind: *Die Spiele der Menschen* (1899) von Karl Groos, *Wesen und Sinn des Spiels. Das Spielen des Menschen und der Tiere als Erscheinungsform der Lebenstriebe* (1933) von Frederik Jacobus Johannes Buytendijk sowie *Homo Ludens. Versuch einer Bestimmung des Spielelementes der Kultur* (1939) von Johan Huizinga. Einen Überblick zum Begriff und zur Theorie des Spiels geben Angelika CORBINEAU-HOFFMANN: Art. ‚Spiel'. In: HWPh, Bd. 9, Sp. 1383–1390; und Michael KOLB: Spiel als Phänomen – Das Phänomen Spiel. Studien zu phänomenologisch-anthropologischen Spieltheorien. St. Augustin 1990. Auch PLESSNER: Das Geheimnis des Spielens (1934). In: Geistige Arbeit. Zeitung aus der wissenschaftlichen Welt 17 (1934), S. 8, gibt einen knappen systematischen Überblick und stellt vor allem Buytendijks Theorie vor.
586 PLESSNER: Der Mensch im Spiel, GS 8, S. 307. Zum Zusammenhang von Bürgertum und Spielbegriff vgl. auch HEINZ: Spiel, S. 1375f.
587 PLESSNER: Das Geheimnis des Spiels, S. 8.

Denn obgleich Schiller die reale Welt von ihrem schönen Schein trennt, stellt das menschliche Spiel mit dem Schein für ihn keine echte „Gegenregion"[588] zur Wirklichkeit dar, wie es Plessner annimmt. In den *Ästhetischen Briefen* sind Kunst und Schönheit gerade keine Rückzugs- oder gar Fluchtorte, um dem beschränkten bürgerlichen Leben in der modernen Gesellschaft oder der politischen Misere in Frankreich für einen Augenblick zu entkommen, sondern Orientierungspunkte und Garanten für ein in Freiheit und Eigenverantwortung gestaltetes Leben innerhalb der gesellschaftlichen Realität. Eskapismusvorwürfe greifen bei Schiller nicht.[589] Indem er das Postulat der Schönheit auf das menschliche Leben überträgt und seine ästhetischen Überlegungen auf die Gesellschaft ausbreitet, hebt er die Grenze zwischen Kunst und Leben auf. Dabei will er weder die Kunst den Gesetzen des Lebens unterwerfen noch will er die beengte Wirklichkeit des Menschen durch das Spiel mit dem schönen Schein ersetzen. Was er will, ist: die Wirklichkeit durch den Schein transformieren. So wie es ein Spiel der Kunst gibt, so soll es auch ein Spiel des Lebens geben, in dem der Mensch zum Schöpfer seiner selbst, seiner gesellschaftlichen und kulturellen Lebenswelt und seiner Geschichte wird. Aus der Ästhetik wird am Ende der *Ästhetischen Briefe* Lebenskunstphilosophie. Getragen zeigen sich beide Diskurse von Schillers Anthropologie der Freiheit.

6.1 Im Spannungsfeld von Individualität und Persönlichkeit

Sein Konzept ästhetischer Erziehung, die den Menschen bilden soll, indem sie ihn in Freiheit setzt, sieht Schiller durch „achtungswürdige Stimmen"[590] infrage gestellt. Vor allem Rousseaus *Discours sur les sciences et les arts* hat den Zusammenhang ästhetischer Kultur mit einem Verlust gesellschaftlicher Freiheiten und bürgerlicher Tugenden aufgedeckt. Die historischen Erfahrungen, auf die Rousseau verweist, widersprechen der These, dass mit der Entwicklung von Schönheit menschliche und politische Freiheit einhergehen. Darum will Schiller ab dem elften seiner *Ästhetischen Briefe* einen „transcendentale[n] Weg" einschlagen, um philosophisch zu erweisen, dass Schönheit

---

588 PLESSNER: Der Mensch im Spiel, GS 8, S. 307.
589 Darum erscheint die Kritik von GADAMER: Wahrheit und Methode, S. 88, für den die Sphäre der Kunst bei Schiller eine Gegenwelt zur gesellschaftlichen und praktischen Realität bildet, unberechtigt. Zurückgewiesen wird die These vom Scheitern des Erziehungsprogramms und einem Eskapismus der *Ästhetischen Briefe* von BÜSSGEN: Abbruch – Fragment – Scheitern?, bes. S. 192–194.
590 SCHILLER: Ästhetische Briefe (10. Brief), NA 20, S. 338.

tatsächlich „nothwendige Bedingung der Menschheit"[591] ist. Er entwickelt hier die anthropologische Grundlage seiner Spieltheorie. Inspiriert durch Kants Transzendentalphilosophie sowie die Trieblehren Reinholds und Fichtes bestimmt Schiller die zwei Aspekte des Menschen – seinen „Zustand" als absolute, in Abhängigkeit der mannigfaltigen Umwelteinflüsse sich stetig wandelnde Realität im Bereich des sinnlichen Lebens und die „Person" als einheitliches, beständiges Selbstsein und reine Potenzialität im Gebiet des Geistigen – über die Begriffe „Stofftrieb" und „Formtrieb"[592]. Das Zusammenwirken der komplementären Triebe bestimmt bei Schiller das spezifische Verhältnis des Menschen zu sich und seiner Welt.

Die beiden Triebe bringen den doppelten Anspruch der gemischten menschlichen Natur zum Ausdruck. Wenn Schiller hier auch die Lehren der Jenaer Kantianer Reinhold (*Briefe über die Kantische Philosophie*, 1792) und Fichte (*Wissenschaftslehre*, 1794) aufgreift, so leiten die Begriffspaare Zustand/Person und Stoff-/Formtrieb innerhalb seiner *Ästhetischen Briefe* doch keinen von außen angeregten Neuansatz ein. Sie dienen als alternative, aus Sicht der universitären Philosophie womöglich seriösere Darstellungsform seiner im Rahmen der ersten zehn Briefe entfalteten Anthropologie, die den Menschen über die Dichotomie Leben/Geist beziehungsweise Sinnlichkeit/Sittlichkeit und die gegenseitige Verschränkung der konträren Aspekte zu bestimmen sucht. Das zeigt sich insbesondere dort, wo Schiller von seinen Quellen abweicht: Während Reinhold dem auf persönliche Selbsttätigkeit gründenden Trieb gegenüber dem sinnlichen Priorität einräumt und Fichtes Identitätsphilosophie letztlich auf der unbedingten Freiheit des setzenden Ich basiert, gesteht Schiller dem durch den Stofftrieb bestimmten Zustand des Menschen die gleiche objektive Geltung und Wertigkeit für das Dasein des Menschen zu

---

591 Ebd., S. 341 u. 340. Vgl. hierzu Rainer SCHÄFER: Ich-Welten. Erkenntnis, Urteil und Identität aus der egologischen Differenz von Leibniz bis Davidson. Münster 2012, S. 131: „Der ‚transzendentale Weg' ist notwendig, weil es sich bei den Bestimmungen ‚Freiheit' und ‚Schönheit' um Vernunftideen handelt, die für den Menschen konstitutiv sind."
592 SCHILLER: Ästhetische Briefe (10. Brief), NA 20, S. 341 u. 349. Statt von ‚Stofftrieb' spricht Schiller auch vom ‚sinnlichen Trieb', im Erstdruck steht ‚Sachtrieb'. Dass sich der Begriff des Triebs, der in der Semantik des 18. Jahrhunderts synonym zu ‚Instinkt' genutzt wird, nicht nur der organischen Natur des Menschen zuordnen, sondern auch auf eine Vernunftnatur übertragen lässt, reflektiert Schiller in der *Horen*-Fassung seiner Briefe; vgl. SCHILLER: Ästhetische Briefe [Lesarten], NA 21, S. 234 f.: „Ich trage kein Bedenken, diesen Ausdruck sowohl von demjenigen, was nach Befolgung eines Gesetzes als von dem, was nach Befriedigung eines Bedürfnisses strebt, gemeinschaftlich zu gebrauchen, wiewohl man ihn sonst nur auf das letztere einzuschränken pflegt. So wie nehmlich Vernunftideen zu Imperativen oder Pflichten werden, sobald man sie überhaupt in die Schranken der Zeit setzt, so werden aus diesen Pflichten Triebe, sobald sie auf etwas bestimmtes und wirkliches bezogen werden." Zu Schillers Trieblehre und ihren Hintergründen bei Reinhold und Fichte vgl. ALT: Schiller, Bd. 2, S. 132–138; und ZELLE: *Über die ästhetische Erziehung des Menschen in einer Reihe von Briefen*, S. 427–429.

wie Person und Formtrieb. In seinem anthropologischen Ordnungsschema besteht keine Hierarchie zwischen dem Lebe- und dem Geistwesen; Sinnlichkeit und Sittlichkeit bilden einen unauflösbaren Komplex. Wenn auch die Person im Menschen für Schiller einheits- und damit identitätsstiftend ist, geht die Identität des real existierenden Menschen keineswegs in ihr auf, weil er als offenes Wesen erst wirklich werden muss, um zu sein: „Daß der Mensch erst wird, ist kein Einwurf, denn der Mensch ist nicht blos Person überhaupt, sondern Person, die sich in einem bestimmten Zustand befindet."[593] Erst im Wandel seiner Zustände gewinnt der Mensch Realität. Sie macht seine konkrete Identität aus und verbirgt sie, mit Plessner gesprochen, zugleich, weil die Person in der unendlichen Fülle ihrer Möglichkeiten über den aktualen Zustand immer schon hinaus ist.

Wäre der Mensch nur Zustand, wäre er bloß ein „erfüllter Moment der Zeit"[594]. Er wäre nichts mehr als „Welt"[595] und würde in den wechselnden Inhalten seines Empfindens, Denkens und Wollens aufgehen wie das zentrisch positionierte Tier bei Plessner. ‚Welt', damit meint Schiller an dieser Stelle den „formlosen Inhalt der Zeit", also jene amorphe, sich wandelnde Masse von Umweltreizen und Bewusstseinsinhalten, die er bereits in den *Künstlern* zur Bestimmung des tierischen Naturmenschen thematisiert hat. Ich und Welt, Subjekt und Objekt, wären nicht getrennt und der Mensch wäre weder in der Lage, äußere Formen und Gegenstände unabhängig vom Zustand der eigenen Empfindungen zu erfassen, noch, sein Ich getrennt von der Außenwelt zu betrachten, weil Empfindung, Begierde und Verhalten – und damit ‚Merkwelt' und ‚Wirkwelt' im uexküllschen Sinne – eine Einheit bildeten. Ein Mensch, der nur durch den Stofftrieb Bestimmung erführe, wäre für Schiller als reines Lebewesen ein Geschöpf höchster Passivität, dem es an selbstständiger Identität mangelte.

Dem Formtrieb hingegen, der darauf drängt, das geistige Subjekt gegenüber der physischen Außenwelt und dem durch sie bestimmten Bewusstsein zu behaupten, ist es um die Freiheit der Person und die Wahrung ihrer Anlagen, um allgemeine Gesetze und Erkenntnis statt bloßer Empfindung zu tun. Ein Mensch unter der alleinigen Macht des Formtriebs wäre als reiner Geist zwar ein Wesen äußerster Selbstständigkeit, allerdings fehlte es ihm an Realität – mit Scheler: „[Z]*u verwirklichen vermag das Leben allein*", weshalb Geist und Leben immer „aufeinander angewiesen"[596] sind. Im konkreten Dasein des geistbegabten Lebewesens Mensch sind der Formtrieb, der für die

---

593 SCHILLER: Ästhetische Briefe (11. Brief), NA 20, S. 342.
594 Ebd. (12. Brief), S. 345.
595 Ebd. (11. Brief), S. 343: „Solange er bloß empfindet, bloß begehrt, und aus bloßer Begierde wirkt, ist er noch weiter nichts als *Welt* [...]"
596 SCHELER: Die Stellung des Menschen im Kosmos, GW 9, S. 62.

Einheit der Person im Wandel ihrer Zustände sorgt, und der Sachtrieb, der für die konkrete Verwirklichung einzelner Anlagen im Lebensprozess des Menschen zuständig ist, unauflöslich miteinander verschränkt: „Nur indem er sich verändert, *existirt* er; nur indem er unveränderlich bleibt, existirt *er*."[597] Bloß bei einem Wesen, in dem *Individualität* als „Erfahrung des Lebens" und *Persönlichkeit* als „Erfahrung des Gesetzes" zusammen existieren, kann von „Menschheit"[598] die Rede sein.

Wie steht Schillers Trias ‚Zustand – Person – gemischter Mensch' zum Denken der Philosophischen Anthropologie? Im Folgenden soll sie den drei Existenzformen nach Plessner: der zentrischen Positionalität des Tiers, einer hypothetischen von der Positionalität des Lebewesens abstrahierten, reinen Exzentrizität (die von Plessner so nicht besprochen wird) und der exzentrischen Positionalität des Menschen gegenübergestellt werden. Vorab: Die Triaden sind nicht deckungsgleich – vor allem gehen mit dem exzentrischen Standpunkt bei Plessner, der dem Bereich des Organischen ebenso entzogen ist wie die Persönlichkeit bei Schiller, selbst keine alternativen Bestimmungen und Forderungen, etwa nach Selbsttätigkeit oder Moral, einher. Geistigkeit wird in der Philosophischen Anthropologie nicht an die Gesetze der praktischen Vernunft gebunden!

Während Schiller die Doppelaspektivität des Menschen vor allem auf Basis einer temporalen Logik entwickelt (Wechsel/Beharren), arbeitet Plessner mit einem topologischen Modell (Zentrizität/Exzentrizität).[599] Wo Schiller seine Theorie aus der zeitlichen Dimension in die Ebene des Raumes überträgt, stößt er auf die Redewendungen *„ausser sich seyn"* und *„in sich gehen"*. An ihrer impliziten Topologie tritt eine Differenz zwischen Schillers Triebtheorie und Plessners Modell der Positionalität zutage: Plessners Konzept kennt eine Außenwelt, die den menschlichen Körper umfasst, eine leibsee-

---

597 SCHILLER: Ästhetische Briefe (11. Brief), NA 20, S. 343.
598 Ebd. (19. Brief), S. 373.
599 Aus dem Wechselspiel von Werden und Beharren ergibt sich bei PLESSNER: Die Stufen des Organischen und der Mensch, GS 4, S. 187–192, nicht die Existenzform des menschlichen Daseins, sondern der Prozesscharakter des lebendigen Seins überhaupt. Dabei räumt Plessner dem zentrisch positionierten Lebewesen, das nicht nur an äußere Umstände angepasst ist, sondern sich zugleich aktiv anpassen kann, insgesamt sehr viel mehr Selbstständigkeit und Handlungsspielraum ein, als Schiller dem sinnlich bestimmten tierischen Menschen zugesteht, dessen Bewusstseinsinhalte mit dem Stoff der Außenwelt gegeben sind, dessen Verhalten rein instinktiv bestimmt ist und das so zu einem passiven Glied seiner Umwelt wird; vgl. etwa PLESSNER: Die Stufen des Organischen und der Mensch, GS 4, S. 268: „Die synthetische Vereinigung gleichsinniger und gegensinniger Stellung im Positionsfeld gelingt dadurch, daß der Organismus in Stoff und Gestalt mit dem Medium in gewissen Grenzen *harmoniert, ohne durch diese Harmonie eine absolute Bindung einzugehen.* Er muß ins Medium passen und zugleich Spielraum in ihm haben, um nicht nur innerhalb der festen Harmonieformen, sondern mit ihnen Gefahren zu bestehen."

lische Innenwelt als Bewusstseinszentrum und einen exzentrischen Blickpunkt, von dem aus dem Menschen Außen- und Innenwelt gegenständlich gegeben sind. Schillers Theorie hingegen, die die kantische Transzendentalphilosophie anthropologisch ummünzt, verortet gegenüber einer Welt außerhalb des Menschen und den von ihr abhängigen Zuständen einen konstanten Persönlichkeitskern im menschlichen Zentrum, der eine Einheit der von außen gegebenen Bewusstseinsinhalte garantiert. Während der Mensch bei Plessner im geistigen Akt *außer sich* tritt, kehrt der Mensch bei Schiller im Moment der Besonnenheit *in sich* zurück. Ein Mensch, von dem man behauptet, er sei *außer sich*, befindet sich nach Schiller in einem „Zustand der Selbstlosigkeit unter der Herrschaft der Empfindung"[600] – für Plessner die Situation des Tiers, das ist, aber sich nicht hat, das „aus seiner Mitte heraus, in seine Mitte hinein, aber [...] nicht als Mitte lebt"[601].

Die topologische Differenz der Denkfiguren ist anthropologisch betrachtet allerdings nebensächlich: Zwar nimmt Schiller mit der Person einen inneren Identitätskern des Menschen an – ein solches Selbst kennt Plessners Theorie nicht –, allerdings bestimmt auch Schiller den Menschen nicht über seine personale Identität, sondern über das ‚Wechselspiel' von Zustand und Person. Bei Schiller findet also keine, wie Plessner es nennt und ablehnt, „Binnenlokalisation"[602] des Ich im Körper statt. Das Ich existiert für ihn nur im Spannungsfeld zwischen Individualität und Persönlichkeit. Definitionen und auf die menschliche Identität zielende essenzialistische Festschreibungen werden damit unmöglich gemacht, weil mit der Vorstellung des ‚Wechselspiels' bloß formal ein Selbstverhältnis des Menschen beschrieben wird, nicht aber eine inhaltliche Bestimmung des menschlichen Wesens erfolgt. Forderungen nach authentischem Selbstsein werden damit schon bei Schiller ihrer Grundlage beraubt. Auch wenn die Prämissen und die impliziten Topologien der anthropologischen Modelle im 18. und im 20. Jahrhundert differieren, so gründet sowohl Plessners Annahme eines reflexiven Ausgangs des Menschen aus seinem Vitalzentrum als auch Schillers Vorstellung eines besinnenden Rückzugs ins personale Zentrum auf der Idee, dass der Mensch qua Menschsein geistigen Abstand von psychischer Innen- wie physischer Außenwelt und damit Freiheit gewinnen kann, ohne – das betonen beide Anthropologen gleichermaßen – dabei dem Lebensprozess und seiner konkreten Wirklichkeit je enthoben zu sein. Und Schiller ergänzt: auch ohne anstelle der organischen eine absolute alternative, etwa moralische Bestimmung zu erfahren!

---

600 SCHILLER: Ästhetische Briefe (12. Brief), NA 20, S. 345, Anm.
601 PLESSNER: Die Stufen des Organischen und der Mensch, GS 4, S. 360.
602 Ebd., S. 94.

Auf systematischer Ebene lassen sich zwischen den beiden Denkfiguren der exzentrischen Positionalität und der sinnlich-geistigen Doppelnatur also durchaus Parallelen erkennen: Wie bei Schiller ist auch bei Plessner der Mensch ein gemischtes Wesen, in dem das *Lebewesen*, das Körper als Ding der Außenwelt wie im Körper als leibseelischem Zentrum ist, und das *Geistwesen*, das sich als Blickpunkt in Distanz zu seinem Vitalzentrum, also außer seinem Körper befindet, aufeinander bezogen sind. Anders als Schiller, der den geistigen Fixpunkt gegenüber dem menschlichen Lebensprozess ‚Person' nennt, nutzt Plessner diesen Begriff aber, um das gesamte menschliche Individuum in seiner dreifachen Positionalität zu bezeichnen.[603]

Schillers komplementäre Begriffspaare sind Konstruktionen, die um der Klarheit der Darstellung willen trennen, was im realen Dasein des Menschen zusammenwirkt. Form- und Stofftrieb befinden sich in einer spannungsvollen Verschränkung und sind in ihrer „Wechselwirkung"[604] notwendig aufeinander bezogen. Die beiden „Fundamentalgesetze der sinnlichvernünftigen Natur"[605], die Schiller am Schluss seines elften Briefes aufstellt, fordern darum sowohl die Formung der gestaltlosen (Um-)Welt als auch die Verweltlichung der Form, also die Verwirklichung der menschlichen Möglichkeiten.[606]

---

603 Vgl. ebd., S. 365.
604 SCHILLER: Ästhetische Briefe (13. Brief), NA 20, S. 347, Anm.: „Beyde Principien sind einander also zugleich so subordiniert und coordiniert, d.h. sie stehen in Wechselwirkung; ohne Form keine Materie, ohne Materie keine Form."
605 Ebd. (11. Brief), S. 344.
606 Schiller greift mit diesem ganzheitlichen Modell, das seiner doppelten Frontstellung gerecht wird, nicht nur die Systematik seiner frühen Anthropologie wieder auf, die den Zusammenhang der tierischen und der geistigen Natur des Menschen zum Thema macht; er transformiert auch die Grundlagen der kantischen Transzendentalphilosophie aus der *Kritik der reinen Vernunft* in anthropologische Gesetzmäßigkeiten: So wie Erkenntnis nach Kant entsteht, wenn Empfindungen als Affizierung des Gemüts durch äußere Gegenstände mithilfe der reinen Anschauungsformen (Raum und Zeit) sowie der Verstandesbegriffe (Kategorien) geformt und geordnet werden, wie also im Akt menschlicher Erkenntnis die Welt als Objekt und der Mensch als Subjekt, Sinnlichkeit und Denkvermögen interagieren, so *er*- und *be*greift der Mensch nach Schiller im Wechselspiel von Stoff- und Formtrieb die Welt, so hängt die äußere Realität von seiner inneren ab – und umgekehrt: „Er soll sich eine Welt gegenüber stellen, weil er Person ist, und soll Person seyn, weil ihm eine Welt gegenüber steht"; SCHILLER: Ästhetische Briefe (14. Brief), NA 20, S. 353. Vgl. hierzu Klaus L. BERGHAHN: Nachwort: Ästhetische Utopie und schöner Stil. In: Friedrich Schiller: Über die ästhetische Erziehung des Menschen in einer Reihe von Briefen. Mit den Augustenburger Briefen, hg. v. Klaus L. Berghahn. Stuttgart 2009, S. 226: „Durch den Stofftrieb bemächtigt sich der Mensch der Welt, durch den Formtrieb begreift er sie." Der Vorwurf von SCHILLER: Ästhetische Briefe (13. Brief), NA 20, S. 347, Anm., Kants Transzendentalphilosophie neige dazu, „das Materielle sich bloß als Hinderniß zu denken, und die Sinnlichkeit, weil sie gerade bei *diesem* Geschäfte im Wege steht, in einem nothwendigen Widerspruch mit der Vernunft vorzustellen", ist mit Blick auf Kants theoretische Philosophie nicht gerechtfertigt. Es scheint, als habe Schiller hier seine Kritik an Kants imperativer, sinnenfeindlicher Moralphilosophie auf dessen Epistemologie ausgeweitet.

Die konkrete Bedeutung der Triebforderungen, die zwischen theoretischer und praktischer Philosophie oszillieren und in denen transzendentalphilosophische Überlegungen mit moralphilosophischen Begriffen sowie Ansätzen einer Philosophie der Lebenskunst vermengt sind, hält Schiller bewusst offen.[607] Diese semantische Unbestimmtheit des anthropologischen Konzepts, die in den *Ästhetischen Briefen* eine Fülle an Sinndimensionen eröffnet, macht seinen Entwurf so fruchtbar für Vergleiche.

Schillers Trieblehre gipfelt schließlich in einer ästhetischen Spieltheorie. Ihr Fundament bilden die Kulturkritik der ersten Briefe und die Beobachtung, dass der moderne Mensch der doppelten Forderung der anthropologischen ‚Fundamentalgesetze' oftmals nur einseitig nachkommt und damit die Erfüllung seines menschheitlichen Bestimmungsideals versäumt. Die Vorstellung, dass sich der Mensch verfehlen kann, findet in der Philosophischen Anthropologie so keinen Platz. Auch Schillers medizinischer Anthropologie aus der Karlsschulzeit und dem anthropogenetischen Ursprungsmythos *Etwas über die erste Menschengesellschaft* ist sie noch fremd. Was also ist in der Zwischenzeit geschehen? – Mit den Revolutionsereignissen in Frankreich sind Schiller die Widersprüche seiner Gattung so offenkundig ins Bewusstsein getreten, dass er, um nicht einem von Grund auf pessimistischen Menschenbild zu verfallen, seine ganzheitliche Anthropologie zu einem dualen Erziehungskonzept umrüstet, in dem das, was ihm als Lebensform des Kulturwesens Mensch gilt – ein Dasein, in dem sinnliche Vitalität mit geistiger Freiheit verwoben ist –, nun durch das Vermittlungspostulat seiner ästhetischen Anthropologie gefordert wird.

Was aus der Perspektive des 20. Jahrhunderts befremdet, ist das mit diesem Postulat einhergehende Ideal einer inneren menschlichen Balance. Harmonieforderungen passen nicht ins anthropologische Denken Schelers, Plessners und Gehlens. Zum einen, weil für sie die Spannungen zwischen Vitalität und Geistigkeit zum menschlichen Leben dazugehören – die Verschränkung von organischer und geistiger Natur wird im 20. Jahrhundert nicht als ruhige Eintracht, sondern als dynamische Beziehung betrachtet. Und zum anderen, weil ihre Theorien die Möglichkeit nicht vorsehen, dass der Mensch einseitig seiner sinnlich-vitalen oder seiner sittlich-geistigen Natur verfällt. Wohl gesteht Plessner ein, dass „Homanitas" nicht gleich „Humanitas" bedeute und der Mensch „tierischer als jedes Tier" sein kann; dass

---

607 Zur theoretischen wie praktischen Dimension der Trieblehre vgl. SCHILLER: Ästhetische Briefe (15. Brief), NA 20, S. 357: „Dem Stofftrieb wie dem Formtrieb ist es mit ihren Forderungen *ernst*, weil der eine sich, beym Erkennen, auf die Wirklichkeit, der andre auf die Nothwendigkeit der Dinge bezieht; weil, beym Handeln, der erste auf Erhaltung des Lebens, der zweyte auf Bewahrung der Würde, beyde also auf Wahrheit und Vollkommenheit gerichtet sind."

also „die Tatsache Homo sapiens" nicht gleich eine „Sicherung der Humanität", sondern eine „Aufgabe"[608] sei; dass Menschsein eine „Chance" des Menschen darstellt, „die jeder ergreifen oder verfehlen kann"[609]. Das aber heißt nicht, dass der Mensch jemals seine Doppelaspektivität verlieren oder seine exzentrische Positionalität verlassen könnte. Weder kann der weltoffene, exzentrisch positionierte, mangelhaft festgestellte Mensch der Philosophischen Anthropologie zum Tier verwildern noch ist er in der Lage, die in seiner organischen Natur wurzelnden vitalen Energien und Empfindungen im Keime zu ersticken. Der Mensch kann in den Theorien des 20. Jahrhunderts nicht aus einer Balance geraten, weil seine Dysbalance und die Differenz zu sich selbst bereits konstitutiver Bestandteil ihrer Menschenbilder sind, sodass die Idee menschlicher Degeneration hier grundlos bleibt. Wo es aber keine anthropologischen Fehlentwicklungen geben kann (allenfalls humanitäre), bedarf es auch keines normativen Ideals zur Korrektur und zur Ausbalancierung eines menschlichen Ungleichgewichts.

Allerdings setzt bereits Schillers Ideal ein Bewusstsein von der Realität des Menschen voraus, eine Kenntnis seiner in sich widersprüchlichen Lebensform als Kulturwesen. Die schöne Balance der Triebe, die er zum höchsten Postulat erhebt, bleibt bloße Idee, der sich der einzelne Mensch und die Menschheit zwar stetig strebend anzunähern versuchen, die sie aber nie erfüllen können.[610] Selbst der ästhetische Zustand, in den das reale Spiel mit der Schönheit versetzt, ist keine Situation harmonischer Ruhe: Er ist erfüllt von der spannungsvoll-dynamischen Wechselwirkung zwischen Leben und Geist, in der sich (ganz im schelerschen Sinne) eine Vergeistigung des Lebens und eine Verlebendigung des Geistes vollzieht. Mangelnder Einklang mit sich und der Welt ist auch bei Schiller ein integrativer Teil seines modernen Menschenbildes.[611] Aus seinem Festhalten am Ideal, aller Realität zum

---

608 PLESSNER: Über einige Motive der Philosophischen Anthropologie, GS 8, S. 134.
609 PLESSNER: Die Frage nach der Conditio humana, GS 8, S. 140.
610 Vgl. hierzu etwa SCHILLER: Ueber Anmuth und Würde, NA 20, S. 289: „Es ist dem Menschen zwar aufgegeben, eine innige Übereinstimmung zwischen seinen beyden Naturen zu stiften, immer ein harmonirendes Ganze zu seyn, und mit seiner vollstimmigen ganzen Menschheit zu handeln. Aber diese Charakterschönheit, die reifste Frucht seiner Humanität, ist bloß eine Idee, welcher gemäß zu werden, er mit anhaltender Wachsamkeit streben, aber die er bey aller Anstrengung nie ganz erreichen kann." Vgl. hierzu auch Wilfried NOETZEL: Mit Anmut und Würde. Professor Dr. Schillers Anthropologie und Lebenskunstphilosophie. In: Aufklärung und Kritik 12/2 (2005), S. 165–176, hier S. 168. Insofern Schiller die Unerreichbarkeit des Ideals bewusst bleibt, kann die „Sehnsucht nach einer neuen Einfachheit und Unmittelbarkeit" kein essenzielles Differenzkriterium zwischen den Anthropologien Plessners und Schillers bilden, so angenommen von HAUCKE: Plessners Kritik der radikalen Gesellschaftsideologie, S. 125.
611 Auch Sibylle KRÄMER: Ist Schillers Spielkonzept unzeitgemäß? Zum Zusammenhang von Spiel und Differenz in den Briefen „Über die ästhetische Erziehung des Menschen". In: Jan Bürger (Hg.): Friedrich Schiller. Dichter, Denker, Vor- und Gegenbild. Göttingen 2007,

Trotz, ergibt sich die tragische Lebensform des Menschen. Der sentimentalische Habitus wird so zur menschlichen Grundhaltung schlechthin. Wer das Menschenbild hinter Schillers Harmoniepostulat als ‚fromm' bezeichnet, der blendet den Realitätssinn des Anthropologen aus, der die paradiesische Eintracht von Sinnlichkeit und Sittlichkeit aus der Region des Wirklichen in die Sphäre regulativer Ideen verlegt – der übersieht, dass sich bei Schiller im Kreisen um das Ideal einer ungebrochenen, quasi tierischen Einheit gerade jene Widersprüche und Abgründe menschlichen Lebens auftun, die einer allzu optimistischen Bewertung des Totalitätsanspruchs entgegenstehen.[612]

6.2 Das Spiel der Kunst

Auf dem ‚transzendentalen Weg' hat Schiller den Boden geebnet für die Frage nach der Möglichkeit ganzheitlichen Menschseins. Mit ihr steht die Erfolgsaussicht seines Erziehungsmodells auf dem Prüfstand: Kann es überhaupt Momente geben, in denen der Mensch zugleich Person wie Zustand ist und in denen er sich der ihm wesenstypischen Freiheit unter den Bedingungen seiner Lebendigkeit bewusst wird? Schillers Überlegungen setzen hypothetisch ein, im Modus des Konjunktivs:

> Gäbe es aber Fälle, wo er diese doppelte Erfahrung *zugleich* machte, wo er sich zugleich seiner Freyheit bewußt würde, und sein Daseyn empfände, wo er sich zugleich als Materie fühlte, und als Geist kennen lernte, so hätte er in diesen Fällen, und schlechterdings nur in diesen, eine vollständige Anschauung seiner Menschheit, und der Gegenstand, der diese Anschauung ihm verschaffte, würde ihm zu einem Symbol seiner *ausgeführten Bestimmung*, folglich [...] zu einer Darstellung des Unendlichen dienen.[613]

Dieses Gedankenexperiment führt Schiller zu einer dritten Kategorie, dem ‚Spieltrieb', in dem Stoff- und Formtrieb dialektisch zusammenfinden. Indem er seinen Namen nennt, wechselt der Modus der Darstellung in den

---

S. 158–171, hier S. 165, betont, dass die menschliche Gebrochenheit in Schillers *Ästhetischen Briefen* kein „Betriebsunfall einer entarteten Aufklärungsepoche", sondern „Erkennungsmal unserer kulturell geformten Natur" ist.

612 Zum ‚frommen' Menschenbild der Schönheitsphilosophie vgl. Carsten ZELLE: Die Notstandsgesetzgebung im ästhetischen Staat. Anthropologische Aporien in Schillers philosophischen Schriften. In: Hans-J. Schings (Hg.): Der ganze Mensch. Anthropologie und Literatur im 18. Jahrhundert. DFG-Symposion 1992. Stuttgart, Weimar 1994, S. 440–468, hier S. 441. Eine Reduktion von Schillers Menschenbild auf dessen Harmonieideal findet sich bei HAUCKE: Plessners Kritik der radikalen Gesellschaftsideologie, S. 125; und MÜLLER: Künstliche Natur, S. 98 u. 100.

613 SCHILLER: Ästhetische Briefe (14. Brief), NA 20, S. 353.

Indikativ – der Spieltrieb, als Vereinigung des Unvereinbaren zunächst ein „undenkbarer Begriff"[614], dann als bloß hypothetisches Zugleich der gegenläufigen Triebkräfte eingeführt, ist gesetzt:

> Der Spieltrieb also, als in welchem beyde verbunden wirken, wird das Gemüth zugleich moralisch und physisch nöthigen; er wird also, weil er alle Zufälligkeit aufhebt, auch alle Nöthigung aufheben, und den Menschen, sowohl physisch als moralisch, in Freyheit setzen.[615]

Der Schlüssel zum Menschen liegt bei Schiller im Spiel. Was aber ist mit ‚Spieltrieb' und ‚Spiel' hier gemeint?[616] Aufgegriffen hat Schiller den Begriff des Spiels in Kants *Kritik der Urtheilskraft*. Der Ausdruck ‚Spiel' erscheint ihm dort so relevant, dass er ihn bei seiner Lektüre des 14. Paragrafen gleich doppelt unterstreicht.[617] Nach Kant befinden sich im ästhetischen Wohlgefallen die menschlichen Erkenntniskräfte, die Einbildungskraft und der Verstand, in einem „freien Spiele"[618]. Schiller greift diese Vorstellung einer Interaktion von Sinnlichkeit und Intellekt in seiner Ästhetik auf, weitet die Bestimmung allerdings auf sein anthropologisches Modell aus. Spiel sei alles, so definiert er im 15. Brief, „was weder subjektiv noch objektiv zufällig ist, und doch weder äußerlich noch innerlich nöthigt". In der interesselosen Betrachtung des schönen Scheins, zunächst und vor allem in der Begegnung des Menschen mit der Kunst, befinde sich das Gemüt gerade „in einer glücklichen Mitte zwischen dem Gesetz und Bedürfniß". Durch diese sinnlich-sittliche Doppelbestimmung heben sich die konträren Forderungen von Stoff- und

---

614 Ebd. (13. Brief), S. 347.
615 Ebd. (14. Brief), S. 354.
616 Zu Schillers Spielbegriff besteht bis heute die bereits von Irmgard KOWATZKI: Der Begriff des Spiels als ästhetisches Phänomen. Von Schiller bis Benn. Bern, Frankfurt/Main 1973, S. 7, konstatierte ‚verwirrende Vieldeutigkeit' unterschiedlichster Untersuchungsansätze. Einen Überblick der Deutungen bis 1973 inklusive eines eigenen Ansatzes gibt KOWATZKI: ebd., S. 11–68. Neuere Forschungsansätze finden sich bei KRÄMER: Ist Schillers Spielbegriff unzeitgemäß?; Jörg NEUENFELD: Alles ist Spiel. Zur Geschichte der Auseinandersetzung mit einer Utopie der Moderne. Würzburg 2005, darin Kap. „Friedrich Schiller: Menschwerdung im Spiel", S. 32–49; FUHRMANN: Zur poetischen und philosophischen Anthropologie Schillers, S. 111–139; Stefan MATUSCHEK: Literarische Spieltheorie. Von Petrarca bis zu den Brüdern Schlegel. Heidelberg 1998, darin Kap. „Coincidentia oppositorum und transzendentale Muße. Spiel als ästhetische Autonomie bei Kant und Schiller", S. 183–214; Jan PAPIÓR: Friedrich Schillers Spielbegriff als symbolische Form. In: Norbert Honsza (Hg.): Beobachtungen und Überlieferungen. Germanistische Beiträge. Breslau 1998, S. 45–61; und Reingard NETHERSOLE: „… die Triebe zu leben, zu schaffen, zu spielen": Schillers Spielkonzeption aus gegenwärtiger Sicht. In: Hans-J. Knobloch, Helmut Koopmann (Hg.): Schiller heute. Tübingen 1996, S. 167–188.
617 Vgl. hierzu den Kommentar in SCHILLER: NA 21, S. 172.
618 KANT: Kritik der Urtheilskraft, AA 5, S. 217. Kants Spielbegriff untersucht Alexander WACHTER: Das Spiel in der Ästhetik. Systematische Überlegungen zu Kants *Kritik der Urteilskraft*. Berlin, New York 2006.

Formtrieb auf und der Mensch fühlt sich „dem Zwange sowohl des einen als des andern entzogen"[619]. Der Dreh- und Angelpunkt von Schillers ästhetischer Anthropologie ist weniger seine Vorstellung einer harmonischen Totalität des Menschen, die auf Kants dualistisches Menschenbild antwortet, als die sich daraus ergebende Idee einer ihm wesenseigenen Urfreiheit, auf die Schillers gesamtes Konzept ästhetischer Erziehung hinausläuft.

Dass sich der Mensch im Spiel in seiner natürlichen Nichtfestgestelltheit erleben kann, ist auch der Grundgedanke in Gehlens Spieltheorie: Der Mensch, dessen Charakter sich in der „Unstabilität" des Spiels spiegelt, erfreut sich mit der Variabilität seiner Antriebe „von durchaus wechselnder Inhaltlichkeit und Bestimmtheit: ohne Bedürfnisse!"[620] der Grundstruktur seiner Lebensform, bildet hier in entlastetem Verhalten Interessen probeweise aus und verwirft sie wieder. Wie die Anthropologen im 20. Jahrhundert, die essenzialistische Festschreibungen des Menschen scheuen und (wie Plessner im Namen des *homo absconditus*) auf die Unergründlichkeit und Offenheit der menschlichen Natur setzen, erkennt auch Schiller die Selbsterfahrung des Menschen im Spiel an – und zwar deshalb, weil ihm das Spiel selbst als unbestimmt und inhaltlos, als bloß „symbolische Form"[621] gilt. Schillers „nicht-essentialistische[s] Spielkonzept", in dessen Zentrum keine konkreten Inhalte, Tätigkeiten oder Gegenstände stehen, sondern eine „Bewegungsfigur"[622] (die dynamische Vermittlung zwischen den Extremen, die beide Aspekte des Menschseins zur Geltung bringt), entspricht seiner nicht-essenzialistischen Anthropologie, die den Menschen, paradoxerweise, über seine Unbestimmtheit und die daraus resultierende Bestimmung zur Selbstbestimmung definiert. Strukturell teilt das Spiel mit der menschlichen Situation die Offenheit und krisenhafte Unentschiedenheit, die Gestaltungsfreiheit und die in seiner Selbstzweckhaftigkeit verbürgte Fülle der Möglichkeiten.

Wie dem Stofftrieb, dessen Gegenstand das ‚Leben' ist, so ist es auch dem Formtrieb, der auf die ‚Gestalt' zielt, mit seinen theoretischen wie praktischen Forderungen „*ernst*": Drängt der erste auf Wirklichkeit im Erken-

---

619 SCHILLER: Ästhetische Briefe (15. Brief), NA 20, S. 357.
620 GEHLEN: Der Mensch, GA 3, S. 241. Zu Schillers Spiel als ‚entlastetem Verhalten' im Sinne Gehlens vgl. auch RIEDEL: Philosophie des Schönen als politische Anthropologie, S. 120.
621 PAPIÓR: Friedrich Schillers Spielbegriff als symbolische Form, S. 55. Insofern trifft die These von PETERSDORFF: Auch eine Perspektive der Moderne, S. 286, dass Schillers spekulative Idee, der Mensch komme nur im Spiel zu sich selbst, wo er sich als ganz und eigentlich erfährt, bei Plessner keinen Platz finde, weil dieser vor einer Bestimmung des ‚wahren' Menschen zurückschrecke, nicht den Kern des Spielkonzepts bei Schiller. Ebenso verkennt HAUCKE: Plessners Kritik der radikalen Gemeinschaftsideologie, S. 125, der Schiller gegenüber Plessners Beharren auf Zweideutigkeit auf ein Streben nach Einfachheit und Unmittelbarkeit reduziert, Schillers Realismus
622 KRÄMER: Ist Schillers Spielkonzept unzeitgemäß?, S. 162.

nen und auf Wohl- beziehungsweise Überleben im Handeln, so fordert der zweite unbedingte Notwendigkeit und Würde. Dass Schiller die Strenge des aufklärerischen Rationalismus wie den Rigorismus der kantischen Moralphilosophie hinsichtlich der ursprünglichen Spielfreiheit des menschlichen Wesens als ebenso beengend wertet wie dumpfe Empfindungen und natürliche Triebe, ist als Reaktion auf die Missstände seines logozentrischen Zeitalters und als Bewusstsein für die ‚Dialektik der Aufklärung' zu verstehen. Im ausgleichenden Spiel mit der ‚lebenden Gestalt', der Schönheit (im weitesten Sinne), soll der Ernst aisthetischer und sinnlicher, logischer und sittlicher Bestimmungen gebrochen werden. Für trockene Theoretiker, verspannte Moralapostel und genusssüchtige Egozentriker ist im Reich der Schönheit kein Platz. Hier erscheinen Wahrnehmungen weniger aufreizend, vitale Bedürfnisse gleichgültiger, abstrakte Erkenntnisse anschaulicher und moralische Forderungen sanfter. „Mit einem Wort: indem es mit Ideen in Gemeinschaft kommt, verliert alles Wirkliche seinen Ernst, weil es *klein* wird, und indem es mit der Empfindung zusammen trifft, legt das Notwendige den seinigen ab, weil es *leicht* wird."[623]

Die Annahme, dass das ästhetische Spiel frei von inneren wie äußeren Zwängen macht, indem es in einen „mittleren Zustand"[624] zwischen passiver Empfindung und aktiver Denktätigkeit, zwischen sinnlichem Trieb und sittlichem Gesetz, zwischen Individualität und Persönlichkeit versetzt, verfolgt Schiller auch im Folgenden. Seiner Selbsteinschätzung zufolge liefern die Untersuchungen im 19. bis 23. der *Ästhetischen Briefe* den „Nervus der Sache"[625]. Im mittleren Zustand, heißt es dort, verhält sich der Wille, der eine „vollkommene Freyheit" zwischen der doppelten Nötigung behauptet, gegen Stoff- und Formtrieb als „Macht"[626]. (Gemeint ist hier nicht der aus der Abhandlung *Ueber Anmuth und Würde* bekannte ‚moralische', sondern der dort eingeführte ‚bloße Wille', der zu vitalen Trieben bewusst Ja, im Sinne des Moralgesetzes aber auch Nein sagen kann – der also dem Vernunftgesetz trotz gegenläufiger sinnlicher Bedürfnisse Folge leisten, der sich aber ebenso gut zugunsten privater Neigungen gegen das Gebot stellen kann.[627]) Um den Menschen in eine solche „freye Stimmung" zu versetzen, muss er allen Bestimmungen gegenüber gleichgültig werden – nicht, weil sich alle sinnlichen wie sittlichen Forderungen an ihn auflösen (damit würde der Mensch in seiner Doppelaspektivität selbst aufgelöst), sondern indem alle sich ihm

---

623 SCHILLER: Ästhetische Briefe (15. Brief), NA 20, S. 357.
624 Ebd. (18. Brief), S. 366.
625 SCHILLER: Briefentwurf an Johann G. Fichte vom 3. August 1795, NA 28, S. 359–361, hier S. 360.
626 SCHILLER: Ästhetische Briefe (19. Brief), NA 20, S. 371.
627 Vgl. hierzu Kap. III.4.3.

eröffnenden Verhaltensoptionen die gleiche Wertung erfahren: „Die Schalen einer Wage stehen gleich, wenn sie leer sind; sie stehen aber auch gleich, wenn sie gleiche Gewichte erhalten."[628]

Hier kommen Schönheit und Kunst ins Spiel: Sie können den Menschen in einen solchen Zustand der Willensfreiheit versetzen, und zwar deshalb, weil in ihrem Reich grundsätzlich alles möglich, nichts aber nötig ist – sowohl in der durch den Spieltrieb bestimmten *Rezeption* als auch in der durch den daran gekoppelten „Bildungstrieb"[629] ermöglichten *Produktion* von Kunst, wo der Schein als selbstständig betrachtet beziehungsweise behandelt wird. Der ästhetische Schein von Kunstdingen schafft eine Wirklichkeit, die von der realen Existenz der Dinge abstrahiert und die damit das Andere des Wirklichen nicht grundsätzlich unmöglich macht. Oder anders: Im fiktiven Daseinsmodus des Als-ob bleibt die Fülle der Möglichkeiten gewahrt, auch wo konkrete Formen künstlerisch realisiert sind. Weder erfährt der Mensch im ästhetischen Zustand ausschließlich passive oder aktive Bestimmung durch Natur oder Vernunft noch ist er leer und bestimmungslos. Ästhetischer Genuss schafft einen Augenblick „aktive[r] Bestimmbarkeit"[630], in dem sich dem Menschen die unendlichen Möglichkeiten auftun, sich, sein Leben und seine Welt zu gestalten. Es ist ein Zustand ästhetischer Freiheit.[631] Weil die Schönheit den Menschen nicht nur am Anfang der Geschichte, sondern in jedem Moment der Gegenwart frei machen kann, ist sie bei Schiller der Menschheit „zweyte Schöpferin"[632].

Innerhalb des anthropologischen Freiheitsdiskurses im ausgehenden 18. Jahrhundert nimmt Schillers späte Anthropologie eine Sonderstellung ein, weil dort die Ideen der natürlichen Nichtfestgestelltheit und Weltoffenheit des Menschen ästhetisch weitergedacht werden: Wenn die spezifische Daseinsform des geistbegabten Lebewesens Mensch in seiner Freiheit besteht und in der ästhetischen Betrachtung gerade die beiden zentralen Aspekte des Menschseins, Leben und Geist, gleichberechtigt zum Tragen kommen, dann muss die Begegnung des Menschen mit der Schönheit jene wesenseigene Urfreiheit in ihm wachrufen, die er als Mensch von Natur aus zwar in sich trägt, die aber im Ernst eines am Nutzen orientierten bürgerlichen Alltags, auch angesichts politischer und moralischer Forderungen der Epoche untergehen kann. Schönheit und Kunst (sofern sie Schillers Autonomieideal ent-

---

628 SCHILLER: Ästhetische Briefe (20. Brief), NA 20, S. 375.
629 Ebd. (26. Brief), S. 400.
630 Ebd. (19. Brief), S. 368.
631 Einen ganz ähnlichen Begriff ästhetischer Freiheit entwirft, ohne Schiller zu erwähnen, Martin SEEL: Active Passivity: On the Aesthetic Variant of Freedom. In: Estetika 51/2 (2014), S. 269–281.
632 SCHILLER: Ästhetische Briefe (21. Brief), NA 20, S. 378.

spricht[633]) eröffnen Räume, in denen sich der Mensch, mit Plessners Worten, „in jeder Hinsicht als offene Frage verstehen"[634] kann. Dass Schillers Anthropologie nicht wie Kant auf die praktische Vernunft setzt, die den Menschen zwar ins Reich der Geister erheben würde, deren Freiheitsversprechen aber immer problematisch bleibt, sondern auf das ästhetische Dasein des Menschen, zeugt von der Priorität der Anthropologie vor der Moralphilosophie in seinem Denken. Für Schiller ist die ästhetische Stimmung „die höchste aller Schenkungen", weil sie „die Schenkung der Menschheit"[635] ist. Allein im ästhetischen Zustand äußere sich die Menschheit „mit einer Reinheit und *Integrität*"[636], wie der Mensch sie im Ernst der alltäglichen Wirklichkeit nie erfahren könnte. Gerade weil das Spiel der Kunst kein Ernst ist, ist es Schiller mit ihm so ernst.

6.3 Das Spiel des Lebens

Behält Plessner damit aber nicht doch recht? Bilden Schönheit und Spiel bei Schiller also einen abgezäunten Flucht- und Sehnsuchtsort fernab einer durch Ernst geprägten Wirklichkeit?[637] Immerhin betont Schiller ja, der Mensch solle nicht mit Realität, Wahrheit oder Moral, sondern *„nur mit der Schönheit* spielen"[638]. Liegt also auf der einen Seite menschlichen In-der-Welt-Seins eine spezifische Spielsphäre, die Kunst, und auf der anderen der Bereich des individuellen und gesellschaftlichen Lebens, der prinzipiell spielfreie Zone ist – ganz im Sinne des *Wallenstein*-Mottos „Ernst ist das Leben, heiter ist die Kunst"[639]? Freiheit und damit Menschheit wären dann nur in der Begegnung des Menschen mit Musik und Literatur, bildender und darstellender Kunst gegeben, nicht aber im alltäglichen Lebensvollzug und in der gesellschaftlichen Praxis. – Allein mit Blick auf Schillers politisch motiviertes Programm einer ästhetischen Erziehung des Menschen erscheint diese Lesart unschlüssig. Die Grenze zwischen schönem Schein und ernster Wirklichkeit, die Schiller in seinen *Ästhetischen Briefen* zieht und die er in seinem Gedicht

---

633 Vgl. Kap. III.5.4.
634 PLESSNER: Über einige Motive der philosophischen Anthropologie, GS 8, S. 134.
635 SCHILLER: Ästhetische Briefe (21. Brief), NA 20, S. 378.
636 Ebd. (22. Brief), S. 379.
637 So gedeutet bei FUHRMANN: Zur poetischen und philosophischen Anthropologie Schillers, S. 138; NEUENFELD: Alles ist Spiel, S. 48; und von Koopmann und von Wiese im Kommentar in SCHILLER: NA 21, S. 263. Dagegen: WIESE: Friedrich Schiller, S. 493. Zu Plessners Deutung von Schillers Spielbegriff vgl. Kap. III.6, einleitende Bemerkungen.
638 SCHILLER: Ästhetische Briefe (15. Brief), NA 20, S. 359.
639 SCHILLER: Prolog zu Wallensteins Lager (1798), NA 2i, S. 61–64, hier S. 64.

Das Ideal und das Leben wieder aufgreift, muss anders verlaufen als zwischen Kunst und menschlichem Lebensvollzug.

Dass Schillers Spielbegriff kein essenzialistischer ist, der inhaltlich bestimmte Praktiken oder Gegenstände umschließt, sondern bloß formal eine innere Verfassung, ein Selbst- und Weltverhältnis des Menschen ausdrückt, macht ihn offen, auch für Phänomene außerhalb der Kunst im engeren Sinne. In dieser Hinsicht kann nach Schiller – von der Dekoration des Wehrgehänges bis zur höflichen Geste – grundsätzlich alles zum Spiel werden, sofern nur der Spielcharakter bewusst bleibt. Im weitesten Sinne spricht Schiller in seiner Schrift *Etwas über die erste Menschengesellschaft* sogar von einem „wilde[n] Spiel des Lebens"[640], in das der in Freiheit und Selbstbewusstsein entlassene Mensch eintritt. Umgekehrt verdienen Phänomene, die im Alltag als Spiel bezeichnet werden, diesen Namen nicht, wenn sie nicht ästhetisch sind, das heißt: wenn sie die Grenze zum Ernst missachten. So entsprechen die meisten Spiele im „wirklichen Leben"[641] nach Schiller nicht dem Ideal, sondern basieren entweder bloß auf dem „Gefühle der freyen Ideenfolge"[642] oder richten sich in anderer Form auf „materielle Gegenstände"[643]. Dabei nimmt Schiller eine Hierarchisierung ihres Spielwertes vor: Gegenüber den Gladiatorenspielen der Römer, in denen es um Leben und Tod geht, zeugen etwa die olympischen Wettkämpfe der Griechen aus seiner Sicht von einer höheren Gemütsfreiheit. Auch bei den modernen Spielen des gemeinen Volkes (spanischen Stierkämpfen, venezianischen Gondelrennen oder Wiener Tierhatzen zum Beispiel) und solchen der gehobenen Gesellschaftsschichten können Abstufungen aufgestellt werden.[644] Den Kommentar, dass das Kartenspiel – ausgerechnet im Vergleich zum Trauerspiel! – zu ernst sei, um überhaupt den Namen ‚Spiel' zu tragen, streicht er in der Zweitfassung der *Ästhetischen Briefe*. Schillers Beispiele zum Spiel mit dem Schein machen deutlich, dass es unnötig ist, „daß der Gegenstand, an dem wir den schönen Schein finden, ohne Realität sey", wenn nur „unser Urtheil darüber auf diese Realität keine Rücksicht"[645] nimmt.

Auf dieser Bedingung baut Schillers gesamtes Konzept vom „ästhetischen Schein" auf, der sich vom „logischen"[646] Schein darin unterscheidet, dass er nicht Wirklichkeit oder Wahrheit für sich beansprucht. Ästhetischer Schein meint bewusste Fiktionalität. Seine Schätzung erfolgt im Modus der Interesselosigkeit. Wer ästhetisch genießt, will den genossenen Gegenstand

---

640 SCHILLER: Etwas über die erste Menschengesellschaft, NA 17, S. 399.
641 SCHILLER: Ästhetische Briefe (15. Brief), NA 20, S. 358.
642 Ebd. (27. Brief), S. 407, Anm.
643 Ebd. (15. Brief), NA 20, S. 358.
644 Vgl. ebd., Anm.
645 Ebd. (26. Brief), S. 402.
646 Ebd., S. 399.

nicht besitzen oder sich einverleiben, er will ihn nicht nutzen, weder zur Stillung vitaler Bedürfnisse noch zu Handlungs- oder Erkenntniszwecken. So verweist das Interesse am Schein nicht nur auf eine vorübergehende „äußer[e] Freiheit" von existenziellen Nöten, es zeigt auch eine „inner[e] Freiheit" und grundsätzliche Distanz zur eigenen organischen Natur und zur Außenwelt an. Mit der Unterscheidung von ästhetischem und logischem Schein wappnet sich Schiller gegen Einwände seitens der platonisch-rousseauschen Kunstkritik, die den Schein zu einem bloß sekundären und gegenüber der Wirklichkeit trügerischen Phänomen degradiert. Während der logische Schein auch für Schiller Missbilligung verdient, weil er heuchlerisch ist, kann der ästhetische Schein aufgrund seiner freiheitsfördernden und menschenbildenden Wirkung gar nicht hoch genug geschätzt werden. Im Sinne des freien Spiels mit den Möglichkeiten gilt es darum, die Grenze zwischen Sein und Schein zu wahren. Dazu muss der ästhetische Schein „*aufrichtig*" bleiben, er darf also nicht vortäuschen, etwas über die wahre Existenz des Erscheinenden auszusagen, und er muss „*selbständig*"[647] wirken, darf also nicht von praktischen Absichten in der Wirklichkeit abhängen. Der schöne Schein, der der Freiheit des Menschen entspringt und sie zugleich schützt (so wie das Spiel mit der Maske in Plessners Anthropologie die Freiheit der Schauspielerpersönlichkeit schützt), ist gegenüber der Realität autonom. Das bedeutet aber nicht, dass keine realen Gegenstände oder gesellschaftlichen Verhaltensweisen in seinem Modus betrachtet oder gestaltet werden können. Nicht nur in der Sphäre der Kunst, auch in der „*moralischen Welt*" kann, darf und soll Schein sein – freilich nur, „*in so weit es ästhetischer Schein ist*"[648].

Wer spielen kann, beweist eine Gemütsfreiheit und Gelassenheit, die auf einer „Gleichgültigkeit gegen Realität"[649] gründet. Diese Idee prägt auch die Spielkonzepte bei Gehlen und Plessner, die den Versuchscharakter des menschlichen Spielverhaltens und die Maskenhaftigkeit spielerisch erzeugter Selbstentwürfe des Menschen betonen. In der menschlichen Lebenspraxis äußert sie sich nach Schiller etwa in Form eines „schönen Umgang[s]"[650] mit

---

647 Ebd., S. 402.
648 Ebd., S. 403. Vgl. hierzu auch Schillers Schrift *Ueber die nothwendigen Grenzen beim Gebrauch schöner Formen* (1795).
649 Ebd., S. 399.
650 Ebd., S. 403. Zur ästhetischen Dimension der gesellschaftlichen Lebenspraxis bei Schiller vgl. Birgit SANDKAULEN: Schönheit und Freiheit. Schillers politische Philosophie. In: Klaus Manger, Gottfried Willems (Hg.): Schiller im Gespräch der Wissenschaften. Heidelberg 2005, S. 37–55, bes. S. 40 f.; Hans-G. POTT: Pragmatische Anthropologie bei Kant, Schiller und Wilhelm von Humboldt. In: Hans Feger, Hans R. Brittnacher (Hg.): Die Realität der Idealisten. Friedrich Schiller – Wilhelm von Humboldt – Alexander von Humboldt. Köln, Weimar, Wien 2008, S. 203–213, hier S. 207 f.; sowie Wilfried NOETZEL: Friedrich Schillers Philosophie der Lebenskunst. Zur *Ästhetischen Erziehung* als einem Projekt der Moderne. London 2006, S. 136–154.

den Mitmenschen. Dass sich die Schätzung des schönen Scheins oft nur „in einigen wenigen auserlesenen Zirkeln"[651] findet, wie Schiller bemerkt, kann nicht an einer grundsätzlichen Unfähigkeit breiter Gesellschaftsschichten zum Spiel liegen. Denn es gehört zur Natur des Menschen, der bereits als Wilder eine ‚Neigung zum Putz und zum Spiel' hat, gefallen zu wollen – zunächst durch schönen Besitz, dann durch geschmackvollen Körperschmuck und schließlich durch eine ästhetische Haltung, die sich in Tanz, Gesang, Gestik und im alltäglichen Betragen kundtut.[652] Ist es ihm ernst mit den Regeln des Scheins, dann nimmt er nicht nur für sich selbst in Anspruch, sich Möglichkeiten offen zu halten und mit einem gefälligen Auftreten zu spielen, sondern er gewährt diese Freiheit auch anderen.[653] Die Idee des Spiels ist bei Schiller wie bei Plessner von einer zutiefst humanistischen Grundhaltung geprägt, die sich vor den je aktuellen sozialen Missständen ihrer Epochen versteht.

Im 26. und abschließenden 27. Brief werden die sozialästhetischen Dimensionen von Schillers Erziehungsmodell sichtbar: Aus der Transformation des gesellschaftlichen Lebens durch die ‚Freude am Schein' erwächst in Schillers Konzept der „*ästhetische*[] Staat" – kein politisches, sondern ein gesellschaftliches Gebilde, dessen Grundsatz lautet: „*Freyheit zu geben durch Freyheit*"[654]. Bereits Kant weist in seiner *Kritik der Urtheilskraft* auf die gesellschaftliche Dimension des Schönen hin.[655] Bei Schiller erhält sie aber einen deutlich höheren Stellenwert. Während die politische Ordnung (zunächst) bleibt, wie sie ist, entsteht unter dem Grundgesetz des ästhetischen Staates ein „dritte[s] fröhliche[s] Reiche des Spiels und des Scheins, worin er dem Menschen die Fesseln aller Verhältnisse [sic!] abnimmt und ihn von allem, was Zwang heißt, sowohl im physischen als im moralischen entbindet"[656]. Wer äußere Gepflogenheiten zu einem zivilisierten Umgang miteinander respektiert und selbst zum gesellschaftlichen Rollenspieler wird, wer Höflichkeit an den Tag legt und ein taktvoll-distanziertes Verhalten anderer schätzt, der zwingt weder sich selbst noch sein Gegenüber dazu, die eigene Person auf ein fest definiertes Wesen oder einen aktualen Zustand festzulegen und diesen nach außen zu kehren. Er achtet mit dem ästhetischen Schein zugleich die menschliche Würde, indem er die Urfreiheit und Offenheit des Menschen unangetastet lässt.

---

651 SCHILLER: Ästhetische Briefe (27. Brief), NA 20, S. 412.
652 Vgl. hierzu auch SCHILLER: Augustenburger Briefe (21. November 1793), NA 26, S. 315 f.
653 Zur Anerkennung des anderen über die Achtung von Putz und Schein vgl. RIEDEL: Philosophie des Schönen und politische Anthropologie, S. 91–95.
654 SCHILLER: Ästhetische Briefe (27. Brief), NA 20, S. 410.
655 Vgl. Kap. III.E.4.
656 SCHILLER: Ästhetische Briefe (27. Brief), NA 20, S. 410.

Im Grunde entspricht Schillers Modell des ästhetischen Staats damit dem auf spielerische Distanz, Diplomatie und Takt setzenden Gesellschaftsideal, das Plessner in seiner Schrift *Grenzen der Gemeinschaft* entwickelt.[657] Auch für Schiller sichert höfliches Benehmen auf gesellschaftlicher Ebene eigene wie fremde Freiräume, indem es das unbestimmte und unergründliche Wesen des Menschen wahrt. So bleibt das Werk, das der menschlichen Selbstschöpfung entspringt, stets wandelbar, der Mensch ein *work in progress*. Der schöne Schein bedeutet also keine Gefahr, sondern eine Chance für die menschliche Gesellschaft. Die Klage „von gewissen trivialen Critikern des Zeitalters" (zu vernehmen etwa vom sonst so verehrten Rousseau in seinem *Discours sur les sciences et les arts*), dass Schönheit und Schein die Sitten verderben, weist Schiller entsprechend bestimmt zurück. Nur ein „Fremdling" oder ein „Stümper im schönen Umgang"[658] können Höflichkeit als ernste Zuneigung missverstehen oder sie nutzen wollen, um eine solche zu erwirken. Beiden ist der Unterschied von ästhetischem und logischem Schein nicht bewusst. Sie sind nicht in der Lage, den Schein von der Realität zu abstrahieren und begreifen nicht, dass sie es im gesellschaftlichen Leben mit Schauspielern zu tun haben.

Das Ideal eines bewusst auf Spiel setzenden gesellschaftlichen Zusammenlebens korrespondiert mit Schillers antinaturalistischem Theaterkonzept, das die Künstlichkeit des Schauspiels sichtbar machen will, statt sie hinter realistischen Darstellungsformen zu verbergen. In der Vorrede zu seinem Drama *Die Braut von Messina oder die feindlichen Brüder. Ein Trauerspiel mit Chören* (1803), die den Titel *Ueber den Gebrauch des Chors in der Tragödie* trägt, führt er diese Idee aus: Wahre Kunst, die es „nicht bloß auf ein vorübergehendes Spiel abgesehen" habe, sondern der es „ernst" damit sei, „den Menschen nicht bloß in einen augenblicklichen Traum von Freiheit zu versetzen, sondern ihn wirklich und in der That frei zu *machen*", müsse (etwa durch Elemente wie den Chor in der Tragödie) „dem Naturalism in der Kunst offen und ehrlich den Krieg [...] erklären"[659]. Auch auf Ebene des gesellschaftlichen Umgangs erklärt Schiller ‚naturalistischen Forderungen' nach einem scheinfreien Selbstsein den Krieg. Den Menschen auf Natürlichkeit und Authentizität festzuschreiben, bedeutet für ihn gerade nicht, ihn seiner Natur näherzubringen, sondern ihn von ihr zu entfernen – weil seine Natur eine offene und künstliche ist, die erfordert, dass der Mensch mit sei-

---

657 Auf Parallelen wie Unterschiede zwischen Schillers und Plessners Theorien verweisen PETERSDORFF: Auch eine Perspektive auf die Moderne, S. 285–287; und MÜLLER: Künstliche Natur, S. 108f. Zu Plessners Gesellschaftstheorie vgl. DIETZE: Nachgeholtes Leben, S. 52–57; sowie den Sammelband, hg. von Wolfgang ESSBACH, Joachim FISCHER, Helmut LETHEN: Plessners „Grenzen der Gemeinschaft". Eine Debatte. Frankfurt/Main 2002.
658 SCHILLER: Ästhetische Briefe (26. Brief), NA 20, S. 403.
659 SCHILLER: Die Braut von Messina oder die feindlichen Brüder. Ein Trauerspiel mit Chören (1803): Ueber den Gebrauch des Chors in der Tragödie, NA 10, S. 7–15, hier S. 8 u. 11.

ner Selbstgestaltung und den Formen gesellschaftlichen Lebens wie mit der Kunst spielt, ohne sich und sein Wesen festlegen zu müssen. Das Theorem der Selbstentfremdung lässt sich darum nur in einem sehr eingeschränkten Sinne auf Schillers Theorie übertragen.[660]

Im gesellschaftlichen Spiel mit dem schönen Schein ist Schillers Mensch, ganz im Sinne Plessners, ein Schauspieler, der eine Rolle darstellt, in der er sich zeigt, in er aber nicht aufgeht. Diese schauspielerische Dimension des sozialen Miteinanders betont auch Kant in seiner *Anthropologie in pragmatischer Hinsicht*:

> Die Menschen sind insgesammt, je civilisirter, desto mehr Schauspieler; sie nehmen den Schein der Zuneigung, der Achtung vor Anderen, der Sittsamkeit, der Uneigennützigkeit an, ohne irgend jemand dadurch zu betrügen, weil ein jeder Andere, daß es hiemit eben nicht herzlich gemeint sei, dabei einverständigt ist, und es ist auch sehr gut, daß es so in der Welt zugeht.[661]

Von Wert ist dieser „*erlaubte*[] *moralische*[] *Schein*"[662] für Kant allerdings nicht an sich, sondern nur, weil er am Schluss wahre Tugenden und ehrliche Gesinnungen hervorzurufen vermag. Demgegenüber schätzt Schiller den Schein als solchen – weil er als Objekt des Spiels Freiheit garantiert.

Betrachtet man unter diesem Blickwinkel noch einmal seine Gesellschaftsanalyse der ersten Briefe, lassen sich die von ihm kritisierten Missstände im späten 18. Jahrhundert auf einen Mangel an Spielfreiheit zurückführen: Während der Wilde aufgrund fehlender Selbstreflexion nie gelernt oder aber verlernt hat zu spielen, ist der Barbar ein verkümmerter Spieler, weil es ihm an Energie fehlt, eine bewusst gewählte Rolle lebhaft zu verkörpern, auch weil er, im Namen der Moral, zu sehr auf eine einzige Rolle eingespielt ist. Kann und *muss* der Mensch bei Plessner aufgrund seiner exzentrischen Positionalität spielen, so kann und *soll* er es bei Schiller. Hier ist das Spiel nicht nur anthropologische Kategorie im Sinne gelebter Realität, sondern angesichts des eigeschränkten bürgerlichen Lebensstils zugleich auch „utopische[r] Appell".[663]

---

660 Das übersehen PETERSDORFF: Auch eine Perspektive auf die Moderne, S. 286f., nach dem Schillers Modell auf „Eigentlichkeit" und eine „Bestimmung des ‚wahren' Menschen" aus ist, und HAUCKE: Plessners Kritik der radikalen Gemeinschaftsideologie, S. 125, der Schillers „Sehnsucht nach einer neuen Einfachheit und Unmittelbarkeit" betont. Zum Selbstentfremdungstheorem in der Philosophischen Anthropologie vgl. PLESSNER: Selbstentfremdung, ein anthropologisches Theorem? (1969), GS 10, S. 285–293, und PLESSNER: Homo absconditus, GS 8, S. 363–366.
661 KANT: Anthropologie in pragmatischer Hinsicht, AA 7, S. 151.
662 Ebd. Vgl. dazu auch PLESSNER : Der Mensch im Spiel, GS 8, S. 312.
663 Zum Spiel zwischen ‚anthropologischer Kategorie' und ‚utopischem Appell' vgl. Rudolf HEINZ: Art. ‚Spiel'. In: Hermann Krings, Hans M. Baumgartner, Christoph Wild (Hg.):

Hier zeigt sich der fundamentale Unterschied zwischen Schillers Theorie und der Philosophischen Anthropologie: Weil sich das menschliche Individuum in der spannungsvollen Verschränkung von Leben und Geist nach Schiller verfehlen kann (und muss), wo sich seine Ganzheitlichkeit und Freiheit zugunsten reiner Biologie oder einer allgemeinverbindlichen Moral aufheben, braucht es korrektiver Ideale und utopischer Synthesekategorien, die eine ausbalancierte Ganzheit und einen harmonischen Einklang von Neigung und Plicht postulieren (wenn auch niemals verwirklichen). In den Modellen des 20. Jahrhunderts dagegen kann nicht der Mensch selbst fehlgehen in seinem Menschsein; allenfalls können einseitige Menschenbilder, politische Ideologien oder radikale Vorstellungen von Gesellschaft seinem offenen Wesen nicht gerecht werden. So setzt Schiller in erster Linie auf ein individuelles Erziehungsprogramm, während Scheler, Plessner und Gehlen vermehrt soziologischen Fragestellungen ihr Interesse entgegenbringen.

6.4 Philosophie der Lebenskunst

Schillers Theorie des Spiels gipfelt in der berühmten Sentenz: „Denn, um es endlich auf einmal herauszusagen, der Mensch spielt nur, wo er in voller Bedeutung des Worts Mensch ist, und *er ist nur da ganz Mensch, wo er spielt.*" Für Schiller ein Satz, der nicht nur „das ganze Gebäude der ästhetischen Kunst", sondern auch das „der noch schwürigern Lebenskunst"[664] trägt. Seine ästhetische Anthropologie der Freiheit mündet am Ende der Briefe also in eine Philosophie der Lebenskunst, die um die Idee aktiver Selbstgestaltung und bewusster Lebensführung kreist.[665] Damit gibt sich Schiller zeitgemäß. Neben Christan Garve, Christoph Meiners und Christoph Wilhelm Hufeland leisten in der deutschen Aufklärung und Romantik Friedrich Schleiermacher, Friedrich Schlegel, Novalis und vor allem Kant mit seiner *Anthropologie in pragmatischer Hinsicht* einen wesentlichen Beitrag zum florierenden Lebenskunstdiskurs.[666]

Schillers philosophische Hinwendung zur Lebenskunst ergibt sich konsequent aus seiner Freiheitsanthropologie: Erst wo der Mensch als nicht festgeschrieben und sein Leben als offen betrachtet wird, stellt sich die Frage nach der Gestaltung seiner selbst und seines Lebens. Auch in der Philoso-

---

Handbuch philosophischer Grundbegriffe. 6 Bde. München 1973f. Bd. 3, S. 1375–1383, hier S. 1376f.
664 SCHILLER: Ästhetische Briefe (15. Brief), NA 20, S. 359.
665 Zu Schillers Philosophie der Lebenskunst vgl. NOETZEL: Friedrich Schillers Philosophie der Lebenskunst; FUHRMANN: Zur poetischen und philosophischen Anthropologie Schillers, S. 131; und ROBERT: Vor der Klassik, S. 29.
666 Vgl. SCHMID: Philosophie der Lebenskunst, S. 34–36.

phischen Anthropologie lässt sich eine Verbindung von Freiheitstheorie und Lebenskunstphilosophie beobachten, wobei die anthropologischen Modelle mit ihrem spezifischen Menschenbild stets die Grundlage schaffen für ein weiteres Nachdenken über Lebenskunst, das sie selbst nur streifen. So reflektiert Plessner im Rahmen seiner drei anthropologischen Grundgesetze, wie der Mensch angesichts seiner gebrochenen Existenz sein Leben führen kann. Und Gehlens Anthropologie, die auf das Prinzip der Handlung setzt, betont die radikale Selbstformung des Menschen, seiner Weltwahrnehmung und Bewegungen schon im Bereich grundlegender Vitalvollzüge. Mit der Idee, dass das Leben des Menschen kein natürlich ablaufender Prozess, sondern Werk der eigenen Schöpfung ist, wenden die Anthropologen das Krisennarrativ ihrer Menschenbilder positiv und deuten es produktiv um.

Geht es in der Anthropologie des 20. Jahrhunderts um die Vorstellung, dass der Mensch sein Leben aktiv und bewusst führen muss, steht im Fokus von Schillers philosophischer Anthropologie zunächst die allgemeinmenschliche Bestimmung, „sich als Menschen auszubilden"[667], wie es in seiner Jenaer Antrittsvorlesung heißt. Die *Ästhetischen Briefe* greifen diesen Gedanken in abgewandelter Form wieder auf: Den freien Menschen hat „die Hand der *Natur*" verlassen „und es ist *seine* Sache, die Menschheit zu behaupten, welche jene in ihm anlegte und eröffnete"[668].

Schillers Anthropologie steht in der Tradition der Bestimmungsphilosophie, die in der zweiten Hälfte des 18. Jahrhunderts mit Spaldings *Betrachtung über die Bestimmung des Menschen* an Bedeutung gewinnt. An die Stelle der Debatte, wie das menschliche Wesen beschaffen ist, rückt hier die Frage, wozu der Mensch bestimmt ist.[669] Schiller kennt darauf grundsätzlich zwei Antworten. Die eine gibt er als *Moralphilosoph*: Die höchste „Bestimmung des Menschen, als einer Intelligenz"[670], ist seine „moralische[] Bestimmung"[671], die in der Achtung und Umsetzung des vernunftgegebenen Sittengesetzes besteht, entgegen allen natürlichen Neigungen und Beschränkungen. Die andere entstammt dem Mund des *Anthropologen*: Nur wo Leben und Geist kooperieren, wo sinnliche wie sittliche Forderungen vom Menschen gleichermaßen wertgeschätzt werden und er die Wahl zwischen Handlungsalternativen hat, ist seine Freiheit, die ihm als gemischtem Wesen zukommt, garantiert. Ganz in diesem Sinne besteht für Scheler im Ausgleich der Spannungen zwischen Leben und Geist, Realität und Idee, „die wahre *Bestimmung*

---

667 SCHILLER: Was heißt Universalgeschichte?, NA 17, S. 360. Zur Idee historischer Persönlichkeitsbildung bei Schiller vgl. PRÜFER: Die Bildung der Geschichte.
668 SCHILLER: Ästhetische Briefe (19. Brief), NA 20, S. 373.
669 Zur Bestimmungsphilosophie in der zweiten Hälfte des 18. Jahrhunderts vgl. BRANDT: Die Bestimmung des Menschen bei Kant, S. 61–102.
670 SCHILLER: Ueber Anmuth und Würde, NA 20, S. 258.
671 SCHILLER: Vom Erhabenen, NA 20, S. 191.

des Menschen"[672]. Es ist die unsere Aufgabe, dieser doppelten Bestimmtheit in seiner Lebensführung gerecht zu werden. Nach Schiller kann der Mensch seine Bestimmung als geistbegabtes Lebewesen „auf zwey entgegen gesetzten Wegen"[673] verfehlen: indem er als *Wilder* unreflektiert den sinnlichen Verlockungen des Augenblicks nachgibt und mit der distanzierten Reflexion auch eine aktive Lebensgestaltung verspielt oder indem er als *Barbar* Gefühle und vitale Bedürfnisse ignoriert und sich, statt sich dem Leben zuzuwenden, bloßen Ideen hingibt – womit er seiner moralischen Bestimmung womöglich gerecht wird.

Dass Schiller als Anthropologe kritisiert, was er moralphilosophisch fordert, führt das Modell in die aporetische Grundsituation seiner ‚doppelten Ästhetik': Beide Ansätze erwachsen aus der Idee einer Bestimmung des Menschen zur freien Selbstbestimmung, die Schiller Kants praktischer Philosophie sowie Fichtes *Vorlesungen über die Bestimmung des Gelehrten* (1794) entnimmt, wo der Mensch als Selbstzweck betrachtet wird, der „sich selbst bestimmen und nie durch etwas fremdes sich bestimmen lassen"[674] soll. Während aber das moralphilosophische Modell die Selbstbestimmung allein über das vernunftgegebene Sittengesetz garantiert sieht, wertet der anthropologische Ansatz die prinzipielle Verpflichtung gegenüber dem moralischen Gesetz als selbst auferlegten Zwang, der die ursprüngliche Freiheit des menschlichen Willens einschränkt. Folgt man dieser zweiten Argumentationslinie, kann die Grundlage für wahre Selbstbestimmung im Falle des Menschen nur eine gegenüber sinnlichen wie sittlichen Forderungen neutrale Verfassung ‚aktiver Bestimmbarkeit' schaffen, wie sie im ästhetischen Zustand erfahren wird. Der Mensch wird dieser Bestimmung gerecht, wenn er sich in Zustände des Spiels, der Gelassenheit und der Distanz begibt.

Greift Schiller in seinen *Ästhetischen Briefen* den Begriff der Lebenskunst explizit im Zusammenhang mit der Anthropologie des freien Spiels auf, so ist er im Epigramm *Schön und erhaben*, das 1795 in den *Horen* erscheint und das an die Seite des schönen Spiels die erhabene Haltung rückt, implizit enthalten. Den beiden Phänomenen seiner ‚doppelten Ästhetik' entspricht hier eine „[d]oppelte Lebenskunst"[675]:

---

672 SCHELER: Die Stellung des Menschen im Kosmos, GW 9, S. 44.
673 SCHILLER: Ästhetische Briefe (10. Brief), NA 20, S. 336.
674 Johann G. FICHTE: Einige Vorlesungen über die Bestimmung des Gelehrten (1794). In: Ders.: Gesamtausgabe der Bayerischen Akademie der Wissenschaften. Hg. v. Reinhard Lauth u. a. Stuttgart-Bad Cannstatt 1962ff., Bd. I.3, S. 23–68, hier S. 39; vgl. hierzu SCHILLER: Ästhetische Briefe (4. Brief), NA 20, S. 316, Anm.
675 Wilfried NOETZEL: Schillers Sozialästhetik. Zur Republikfähigkeit erziehen. London 2008, S. 46.

> Zweyerley *Genien* sinds, die durch das Leben dich leiten,
> Wohl dir, wenn sie vereint helfend zur Seite dir gehn!
> Mit erheiterndem Spiel verkürzt dir der Eine die Reise,
> Leichter an seinem Arm werden dir Schicksal und Pflicht.
> Unter Scherz und Gespräch begleitet er biß an die Kluft dich,
> Wo an der Ewigkeit Meer schaudernd der Sterbliche steht.
> Hier empfängt dich entschlossen und ernst und schweigend der Andre,
> Trägt mit gigantischem Arm über die Tiefe dich hin.
> Nimmer widme dich Einem allein. Vertraue dem ersten
> Deine *Würde* nicht an, nimmer dem andern dein *Glück*.[676]

Die Aporie seiner dualen Bestimmungsphilosophie löst Schiller hier auf, indem er die widersprüchlichen Ideale des Schönen und des Erhabenen verschiedenen Lebenssituationen zuweist: Dient der Genuss des Schönen, der das Leben im ‚Scherz und Gespräch' leicht und heiter macht, glücklichen Spielern als Orientierungspunkt in den „Normallagen des Lebens"[677], so soll das Erhabene unglückliche, aber würdige Heroen in existentiellen Lebenskrisen und schweren Schicksalszeiten ‚über die Tiefe' hinwegführen. Mit der grundsätzlichen Krisenhaftigkeit des menschlichen Lebens, die aus der gebrochenen menschlichen Natur resultiert und die den aus dem Paradies verstoßenen Menschen in sentimentalische Stimmung versetzt, kann er, je nach Ernst der Lage und existentiellem Ausmaß der Krise, also auf zwei Arten umgehen: Entweder spielt der Mensch mit den Formen seines Lebens, das von Natur aus unbestimmt bleibt, indem er seinem Leben Gestalt und den Gestalten seines Geistes Leben gibt[678] – oder er wird ernst und kalt, erhebt sich auf dem Wege der Vernunft über natürliche Grenzen und Zwänge des Lebens und orientiert sich am Ideal des Wahren und Guten, unabhängig von der eigenen Glückseligkeit. Die beiden Lebensformen, die den Menschen wie persönliche Schutzgötter in seinem Lebenskunstprojekt begleiten sollen, stellen Ideale dar, die in der Realität eine Orientierungsfunktion haben. Wollte man den Begriff der Lebenskunst, wie Schiller es in den *Ästhetischen Briefen* tut, auf das schöne ‚Lebensspiel' beschränken, ließe sich der heroisch-stoizistische Lebensvollzug auch als ‚Lebenskampf' bezeichnen – nicht im Sinne eines Kampfes *ums* Überleben, sondern umgekehrt: als Kampf der Intelligenz *gegen* das Leben, das unberechenbare Katastrophen, Egoismus, Leid und Verzweiflung mit sich bringen kann. Schiller, der große Zeit seines Lebens von körperlichen Beschwerden und Krankheit geplagt wird, spricht aus Erfahrung.

---

[676] SCHILLER: Schön und erhaben (1795), NA 1, S. 272.
[677] RIEDEL: „Der Spaziergang", S. 97, Anm. 3.
[678] Vgl. SCHILLER: Ästhetische Briefe (15. Brief), NA 20, S. 355.

Der abschließende Rat seines Epigramms, sich niemals nur einem der beiden Lebensführer zu verschreiben, resultiert aus der Einsicht, dass es im Leben Höhen und Tiefen gibt. Um im Alltag Freiheit und Glück zu erfahren, bedarf es der Haltung des Spielers; um in schweren Stunden aber Autonomie und Würde zu wahren, braucht es eines heroischen Habitus. Die Theorie des Erhabenen will, wie Riedel bemerkt, keine „Zurücknahme der Utopie des Schönen"[679] sein, sondern ihre flankierende Ergänzung. Schillers *Ästhetische Briefe*, die Fragment geblieben sind, insofern sie die im 16. Brief angekündigte Ästhetik des Erhabenen nicht mehr ausführen,[680] thematisieren allein die schöne Lebenskunst und kritisieren in diesem Zusammenhang ein Menschenbild, das über die Moral die Bedeutung schöner Umgangsformen für die menschliche Freiheit vergisst. Ihre Lebenskunstphilosophie ist eine Theorie für unbekümmerte Lebensphasen, in denen Freiheit mit Glückseligkeit korreliert.[681]

„Die Schönheit allein beglückt alle Welt"[682], beschließt Schiller im 27. Brief seine Theorie des Spiels, ohne zu erwähnen, dass das Glück der Schönheit ein fragiles ist. Denn nur „so lang es ihren Zauber erfährt", kann das menschliche Wesen „seiner Schranken [vergessen]"[683] und sich und seinem Leben spielerisch Gestalt geben, wie die Künstler ihrem Stoff. Nachdem Schiller im gleichnamigen Gedicht von 1789 den Künstler zum humanen Prototyp erklärt hat, wird auch in den *Ästhetischen Briefen* Künstlertum zum Inbegriff des Menschseins.[684] Dabei ist der Lebenskünstler zwar Schöpfer seiner selbst, nicht aber seines Glückes Schmied. Es gibt nach Schiller Momente im Leben, in denen der Mensch tun soll, was die Pflicht von ihm verlangt.[685]

---

679 RIEDEL: „Der Spaziergang", S. 97, Anm. 3.
680 Zum Fragmentcharakter der *Ästhetischen Briefe* vgl. ZELLE: *Über die ästhetische Erziehung des Menschen in einer Reihe von Briefen*, S. 411.
681 Vgl. Jeffrey L. HIGH: *An die Freude* oder *An die Freiheit*? Glückseligkeit durch Selbstbestimmung für Wilde und Barbaren. In: Jörg Robert, Friederike F. Günther (Hg.): Poetik des Wilden. Festschrift für Wolfgang Riedel. Würzburg 2012, S. 287–301, hier S. 291, der aufzeigt, dass Freiheit und Glück in Schillers Philosophie oftmals „austauschbare innere Zustände" sind; außerdem RIEDEL: Philosophie des Schönen als politische Anthropologie, S. 122, der im Zusammenhang der *Ästhetischen Briefe* von einer „Theorie des Glücks" spricht; sowie MATUSCHEK: Literarische Spieltheorie, S. 206, der Schillers Ästhetik als „Elementarlehre des Glücks" bezeichnet.
682 SCHILLER: Ästhetische Briefe (27. Brief), NA 20, S. 411.
683 Ebd.
684 Die Analogie von Kunst und Lebenskunst, über die Schiller seine Ästhetik im engeren Sinne auf die menschliche Lebenswelt ausweitet, ist festes Element in der Debatte um ein gut geführtes Leben seit der Antike; vgl. SCHMID: Philosophie der Lebenskunst, S. 70–80.
685 Vgl. SCHILLER: Ueber das Erhabene (1801), NA 21, S. 38–54, hier S. 50f.: „Das höchste Ideal, wornach wir ringen, ist, mit der physischen Welt, als der Bewahrerinn unserer Glückseligkeit, in gutem Vernehmen zu bleiben, ohne darum genöthigt zu seyn, mit der moralischen zu brechen, die unsre Würde bestimmt. Nun geht es aber bekanntermaßen nicht immer an,

In solchen Phasen, in denen das Schicksal dem Menschen nicht wohlgesonnen ist, braucht es einer erhabenen Haltung, in der die Vernunft sich vom Beistand des Lebens lossagt. Die Feststellung, dass der reine Geist gegenüber dem Leben machtlos ist, was nicht nur die Philosophischen Anthropologen betonen, sondern bereits der junge Schiller erkennt, gerät in Schillers idealistischer Theorie des Erhabenen in Vergessenheit.

6.5 Das Spiel der Geschichte

Dass der anthropologische Freiheitsdiskurs im 18. Jahrhundert auf dem Feld der Geschichtsphilosophie geführt wird, ist kein Zufall: Umweltfreiheit und Weltoffenheit, das sind nicht nur im 20. Jahrhundert, sondern auch in den Menschheitsgeschichten der Spätaufklärung Grundbedingungen für die Kulturhaftigkeit und Geschichtsoffenheit des Menschen, also für dessen Fähigkeit und letztlich Notwendigkeit, der natürlichen Unbestimmtheit im Laufe des individuellen Lebens und der Gattungsgeschichte eine Gestaltung des Selbst und der kulturellen Welt entgegenzusetzen. Das Tier, dessen Verhalten instinktiv gesteuert wird, kennt in diesem Sinne keine Veränderung oder Entwicklung. Es lebt dahin in ewig sich wiederholenden Handlungsmustern. Aus diesem „thierische[n] Kreis", so Schiller, tritt der Mensch im Moment der Anthropogenese heraus in eine „Bahn, die nicht endet"[686], in seine Geschichte. Auch Rousseau, Herder und Kant entwickeln philosophische Modelle, die vom Ausgang des Menschen aus dem Naturzustand unter der Herrschaft des Instinkts in einen geschichtlich offenen Kulturzustand berichten. Der anthropologische Mythos der Menschwerdung bildet die Grundlage ihrer kultur- und menschheitsgeschichtlichen Ausführungen.

---

beyden Herren zu dienen, und wenn auch (ein fast unmöglicher Fall) die Pflicht mit dem Bedürfnisse nie in Streit gerathen sollte; so geht doch die Naturnothwendigkeit keinen Vertrag mit dem Menschen ein, und weder seine Kraft noch seine Geschicklichkeit kann ihn gegen die Tücke der Verhängnisse sicher stellen. Wohl ihm also, wenn er gelernt hat zu ertragen, was er nicht ändern kann und Preiß zu geben mit Würde, was er nicht retten kann! Fälle können eintreten, wo das Schicksal alle Aussenwerke ersteigt, auf die er seine Sicherheit gründete, und ihm nichts weiter übrig bleibt, als sich in die heilige Freyheit der Geister zu flüchten – wo es kein andres Mittel gibt, den Lebenstrieb zu beruhigen, als es zu wollen – und kein andres Mittel, der Macht der Natur zu widerstehen, als ihr zuvorzukommen und durch eine freye Aufhebung alles sinnlichen Interesse ehe noch eine physische Macht es thut, sich moralisch zu entleiben." – Schillers Lebenskunstphilosophie ist eine Lehre auf Leben und Tod.

686 SCHILLER: Ästhetische Briefe (27. Brief), NA 20, S. 405. Plessner dagegen überträgt die Idee des Werdens im Sinne eines linear-zyklischen Fortschreitens auf den Vitalprozess des lebendigen Dings überhaupt; vgl. PLESSNER: Die Stufen des Organischen und der Mensch, GS 4, S. 194: „Das Ding wird wirklich etwas, das es im Ausgang nicht war. [...] Das Bild des Prozesses als eines Fortgangs ist nicht der Kreis, welcher das Stehen ausdrückt, sondern die gerade Linie."

Als Schiller im Mai 1789 seine Professur an der Universität Jena antritt, ist er mit den Geschichtstheorien der Aufklärung vertraut. Das universalhistorische Programm seiner Antrittsvorlesung, das auf eine systematische Darstellung der menschheitlichen Entwicklung abzielt, spielt mit der doppelten Bedeutung des Geschichtsbegriffs: Geschichte als vergangenes Geschehen und Geschichte als dessen dokumentarische Darstellung. Der Historiker, der aus der „lange[n] Kette von Begebenheiten von dem gegenwärtigen Augenblicke bis zum Anfange des Menschengeschlechts"[687] eine einheitliche Geschichtserzählung aus eigener Perspektive konstruiert, indem er die Menschheit als singuläre Totalität auffasst und einzelne historische Ereignisse mithilfe eines ‚teleologischen Prinzips' in eine sinnvolle Ordnung bringt, soll Licht in die Dynamik der Menschheitsgeschichte bringen.[688] Dabei zeigt sich der Universalhistoriker nicht an einzelnen Individuen oder Kulturen und der Fülle ihrer Lebensformen interessiert, sondern am Allgemeinmenschlichen, das die Einheit der Geschichte garantieren soll:

> Der Mensch verwandelt sich und flieht von der Bühne; seine Meynungen fliehen und verwandeln sich mit ihm: die Geschichte allein bleibt unausgesetzt auf dem Schauplatz, eine unsterbliche Bürgerin aller Nationen und Zeiten.[689]

Trotz „manche[r] barbarische[r] Ueberreste"[690] hebt der junge Professor 1789 vor allem die „Schätze" seiner Gegenwart hervor: Wahrheit, Sittlichkeit und Freiheit, die „Fleiß und Genie, Vernunft und Erfahrung im langen Alter der Welt endlich heimgebracht haben"[691]. Wo Schiller die Fortschrittlichkeit des Zeitalters im Blick hat, beginnt das teleologische Prinzip der Universalgeschichte seinen methodologisch-heuristischen Status zu verlieren; es erfährt eine zunehmende Ontologisierung. Vergangene Jahrhunderte werden unter diesem fortschrittsoptimistischen Blickwinkel zu bloßen Vorstadien nachfolgender menschheitlicher Entwicklungsstufen degradiert und einem übergeordneten Gattungsziel unterstellt. Fragen nach dem Eigenwert individueller Lebenskunst sind in diesem Denkmodell nicht vorgesehen, weil die Lebensgestaltung des Einzelnen letztlich an die großen Ziele der Gattungsgeschichte (die Erkenntnis der Wahrheit und die Umsetzung der Moral) gebunden bleibt.

---

687 SCHILLER: Was heißt Universalgeschichte?, NA 17, S. 370.
688 Zu Schillers Programm der Universalgeschichte vgl. Kap. III.1.4. Zur Konstruktion des Kollektivs Menschheit und der Einheit ihrer Geschichte, vgl. FRICK: Der ‚Maler der Menschheit', S. 89–93. Zur sinnstiftenden Konstruktionsarbeit des Historikers bei Schiller vgl. ALT: Schiller, Bd. 1, S. 610.
689 SCHILLER: Was heißt Universalgeschichte?, NA 17, S. 375.
690 Ebd., S. 366.
691 Ebd., S. 376.

Mit dem Individualismus im Geschichtsdenken Herders verträgt sich das universalistische Programm der schillerschen Antrittsvorlesung nicht. In seinen *Briefen zur Beförderung der Humanität* (1793–97) gesteht Herder, dass ihn angesichts homogener Charakterisierungen ganzer Kulturen oder Zeitalter immer eine „Furcht" überkomme, „denn welch eine ungeheure Menge von Verschiedenheiten fasset das Wort *Nation*, oder die *mittleren Jahrhunderte*, oder die *alte und neue Zeit* in sich!"[692] Im ausgehenden 18. und 19. Jahrhundert mehren sich die kritischen Stimmen gegen die vereinheitlichenden Tendenzen und optimistischen Zukunftsvisionen der aufklärerischen Geschichtsphilosophie. Anstelle teleologischer Allerklärungen und universalhistorischer Generalisierungen, die das menschliche Individuum, einzelne Kulturkreise und Epochen als Teile eines übergeordneten Gattungsfortschritts festschreiben, betonen vor allem die Vertreter des Historismus die Individualität, Mehrdeutigkeit und Vielfalt historischer Ereignisse.

Die Philosophische Anthropologie im 20. Jahrhundert befindet sich diesseits des Bruchs mit der idealistischen Geschichtsphilosophie.[693] In seinem Aufsatz *Die Frage nach der Conditio humana* zeigt Plessner auf, wie der Historismus das Konzept der Universalhistorie, auch Schillers Modell der *einen* Menschheitsgeschichte, aufgelöst hat zu einem bloß „szenischen Rahmen, in den die unvergleichlichen Geschichten der Völker und Kulturen durch den gelehrten Berichterstatter hineingestellt werden"[694]. Und doch fragt Plessner, ob sich nicht an Schillers Idee festhalten lasse, dass die Geschichte „das Individuum unvermerkt in die Gattung hinüber[führt]"[695]. Was bleibt von der Vorstellung, dass sich der individuelle Mensch in der Auseinandersetzung mit der Geschichte als Teil der Menschheit erfährt, wenn man die Idee einer Einheit der Geschichte relativiert?

In den Theorien der Philosophischen Anthropologie resultiert aus der natürlichen Freistellung und der damit einhergehenden gebrochenen Seinsweise des Menschen dessen Möglichkeit und Notwendigkeit, den Lebensvollzug selbst zu vermitteln und die eigene kulturelle Lebenswelt zu gestalten. Aus der zeitlichen Folge menschlicher Gestaltungsformen ergibt sich bei Scheler und Plessner die Geschichte. Der weltoffene ist hier zugleich ein geschichtsoffener Mensch. Vor dem Hintergrund seiner exzentrischen Positionalität „muß"[696] er nach Plessner eine Geschichte haben – keine

---

[692] HERDER: Briefe zur Beförderung der Humanität (1793–97), SW 18, S. 1–356, hier S. 56 f.
[693] Dabei nimmt Gehlen mit seiner geschichtsphilosophischen These zur Post-Histoire eine Sonderstellung im Dreigestirn der Anthropologen ein und wird darum aus den folgenden Überlegungen ausgeklammert.
[694] PLESSNER: Die Frage nach der Conditio humana, GS 8, S. 137.
[695] SCHILLER: Was heißt Universalgeschichte?, NA 17, S. 375; vgl. PLESSNER: Die Frage nach der Conditio humana, GS 8, S. 139 f.
[696] PLESSNER: Homo absconditus, GS 8, S. 357.

Fortschrittsgeschichte im Sinne einer vorherbestimmten Vervollkommnung des Menschengeschlechts, sondern „ein Kontinuum diskontinuierlich sich absetzender, auskristallisierender Ereignisse"[697]. Betont Plessner gegenüber dem Universalhistoriker Schiller auch die Diskontinuität der menschlichen Geschichte, so erkennt er mit ihm doch an, dass es einer Konstanz im Wandel bedarf, um den Wandel als solchen zu fassen: Die „Erfahrung der Vielfalt und des Wandels der Menschen und ihrer Schicksale" könne nur vor dem „einfachen und bleibenden Hintergrund der menschlichen Gattung" zustande kommen, „weil Variabilität Konstanz in sich schließt". Dieses „Bedürfnis nach Einheit" lasse sich allerdings nicht mit einer „generalisierenden Synthese" befriedigen, sondern nur „im Rückgriff auf die Bedingungen der Möglichkeit verwirrender Vielfalt"[698].

Wer die Menschheitsgeschichtsschreiber der Spätaufklärung, Rousseau und Herder, Kant und Schiller, vorschnell und pauschal als *terribles simplificateurs* abtut, verkennt, dass genau darin das Projekt ihrer anthropogenetischen Ursprungserzählungen besteht: mit der Idee einer natürlichen Freistellung des Menschen die Möglichkeitsbedingung menschlicher Geschichtlichkeit zu klären. Erst die daran anschließende Interpretation des Geschichtsverlaufs – als Degenerations- oder Fortschrittsgeschichte oder als brüchiges Kontinuum, das durch die Individualität historischer Ereignisse und die Heterogenität verschiedener Kulturformen geprägt ist – lässt erkennen, ob die anthropologisch begründete Idee menschlicher Urfreiheit auch im geschichtsphilosophischen Rahmen gewahrt oder in eine gattungsgeschichtliche Festschreibung überführt wird.

Erste Zweifel am universalistischen Anspruch der Geschichtsphilosophie kommen dem Historiker Schiller während der eigenen historiografischen Projekte. Das reiche, oft heterogene Quellenmaterial, das seinen Arbeiten zugrunde liegt, droht das universalhistorische Unternehmen zu sprengen.[699] Statt des menschheitlichen Kollektivs und einer übergeordneten historischen Zweckmäßigkeit rücken konkrete Individuen[700], kontingente Ereignisse und historische Details in den Fokus des Geschichtsforschers. So zeigt bereits Schillers Untersuchung zur *Geschichte des Abfalls der vereinigten Niederlande von der Spanischen Regierung* (1788) nach eigenem Ermessen keinen von innerer Notwendigkeit bestimmten, einheitlichen Geschichtsverlauf, sondern ein „Gemählde [...], wo die Noth das Genie erschuf, und die Zufälle Helden

---

697 PLESSNER: Die Stufen des Organischen und der Mensch, GS 4, S. 416.
698 PLESSNER: Die Frage nach der Conditio humana, GS 8, S. 140.
699 Vgl. RIEDEL: „Die Weltgeschichte ein erhabenes Object", bes. S. 203.
700 Zu Schillers „*historische[r] Porträtkunst*" in der *Geschichte des Abfalls der vereinigten Niederlande von der Spanischen Regierung* vgl. ALT: Schiller, Bd. 1, S. 620–628.

machten"[701]. Auch sein Versuch, dem chaotischen Geschichtsverlauf der ersten Hälfte des 17. Jahrhunderts in seiner *Geschichte des Dreyßigjährigen Kriegs* (1791–93) mithilfe eines teleologischen Prinzips eine sinnvolle Struktur zu geben, wirkt mehr bemüht, als überzeugend.[702] Das auf Systematik setzende Programm seiner Antrittsvorlesung scheint der Unregelmäßigkeiten des realen Geschichtsprozesses nicht Herr zu werden.[703]

Vor allem im nachhistorischen Werk wandelt sich Schillers Geschichtsbild mehr und mehr in Richtung einer a-teleologischen Konzeption.[704] Sein durch Rousseau geschärfter kritischer Blick auf die moderne Gesellschaft deckt die Dialektik der menschheitlichen Entwicklung auf, die durch einen zivilisatorischen Fortgang zwar einen „Vortheil der Gattung" mit sich gebracht, in den Individuen mit der „Zerstückelung ihres Wesens" aber ein „nachtheilige[s] Verhältniß"[705] bewirkt habe. Das geschichtsphilosophische Fortschrittsparadigma greift nicht mehr. Die desillusionierenden Erfahrungen der Französischen Revolution tun das ihre. Schillers Fokus verschiebt sich in seiner ästhetischen Anthropologie von der Idee einer Vervollkommnung der Gattung auf das Ideal einer Totalität des Individuums: „Kann aber wohl der Mensch dazu bestimmt seyn", fragt Schiller am Schluss des sechsten seiner *Ästhetischen Briefe*, „über irgend einem Zwecke sich selbst zu versäumen?"[706] Ein Individualismus, wie ihn Herders geschichtsphilosophisches Denken prägt, hält in Schillers Modell Einzug. Die einzige menschliche Universalie, die hier noch normative Geltung hat, ist die Idee einer Freiheit und Offenheit des menschlichen Wesens, die Schiller biologischen, moralischen und gesellschaftlichen Festschreibungen aller Art entgegenhält.

Die Menschheitsgeschichte bei Schiller lässt sich, mit Plessner, als ein Spiel verstehen, dessen Varianz und Vielfalt die Konstante der offenen, unbestimmten menschlichen Natur zugrunde liegt – nicht, wie Plessner in *Die Frage nach der Conditio humana* betont, im Sinne eines „Rollenspiel[s]" vor dem Hintergrund einer außerspielerischen Wirklichkeit (die Menschheit, so

---

701 SCHILLER: Geschichte des Abfalls der vereinigten Niederlande von der Spanischen Regierung (1788), NA 17, S. 7–289, hier S. 11.
702 Vgl. HOFMANN: Schiller, S. 84–91.
703 In der Forschung wird darum immer wieder Schillers Schwellenposition zwischen Aufklärungshistorie und Historismus sowie seine Bedeutung für die Begründung der modernen Geschichtswissenschaft betont. Einen umfassenden wissenschaftsgeschichtlichen Überblick sowie eine Problematisierung dieses Denkmodells gibt PRÜFER: Die Bildung der Geschichte, S. 10–18.
704 Zu den „Akzentverschiebungen im nachhistorischen Œuvre" vgl. auch FRICK: Der ‚Maler der Menschheit', S. 101–107, hier S. 101. Vgl. außerdem HOFMANN: Schiller, S. 78, und BÜSSGEN: Abbruch – Fragment – Scheitern?, S. 210.
705 SCHILLER: Ästhetische Briefe (6. Brief), NA 20, S. 322 u. 326.
706 Ebd. (6. Brief), S. 328.

wendet Plessner sich an den Universalhistoriker Schiller, bleibt „in Wahrheit unausgesetzt auf der Bühne" und tritt nie anders als in ihren „Verkörperungen" auf, die sie „nicht wie Masken von sich abtun"[707] kann); sondern als ein allumfassendes Geschichtsspiel, das kein Außerhalb kennt. Dabei besitzt die menschliche Gattung als Geschichtsspieler wie das menschliche Individuum als Schauspieler kein natürlich definiertes Wesen unabhängig von ihren mannigfaltigen historisch-kulturellen Erscheinungsformen. In dieser Hinsicht behält Schiller mit seiner These, dass die Kenntnis der Weltgeschichte das menschliche Individuum in seine Gattung hinüberführe, für Plessner also auch dann Recht, wenn man von universalgeschichtlichen Prämissen wie der Einheit der Geschichte Abstand nimmt.

Immer wieder greift Schiller in seinen historischen Schriften die Metaphern des Spiels und des Schauspiels auf, um den Charakter der Geschichte und die Rolle des Menschen in ihr zu fassen. In der Darstellung zum *Abfall der vereinigten Niederlande* ist noch die Rede von einem „unsichtbaren Wesen, das die Weltgeschichte lenkt" und dem es „zuweilen [gefällt], mit dem Uebermuth des Menschen zu spielen"[708]. Solche Rückgriffe auf eine transzendente Geschichtsmacht unternimmt der Historiker Schiller selten. Die im Zuge der Säkularisierung „*vakant*" gewordene Stelle Gottes als eines „Weltregisseurs"[709], der die Geschicke des Menschen lenkt, wird im 18. Jahrhundert durch die Geschichtsphilosophie neu besetzt. Mit zunehmender Emanzipation steigt der Mensch aus seiner Position als Objekt der Schöpfung zum geschichtlichen Akteur auf. Den Verlust heilsgeschichtlicher Ordnung soll die sinnstiftende Geschichtsphilosophie kompensieren.[710] So erklärt Schiller es in der Antrittsvorlesung zur Aufgabe der Universalgeschichte, im „verworrenen Spiele" des „regellos"[711] handelnden, freien Menschen eine notwendige Zweckmäßigkeit des Geschichtsverlaufs zu erkennen. In seiner Vorrede zu den *Merkwürdigen Rechtsfällen als ein Beitrag zur Geschichte der Menschheit* (1792) hingegen traut er eher der Kriminalfall- als der „vollständigste[n] Geschichtserzählung" zu, Klarheit über einzelne „Motive der handelnden Spieler"[712]

---

707 PLESSNER: Die Frage nach der Conditio humana, GS 8, S. 140.
708 SCHILLER: Geschichte des Abfalls der vereinigten Niederlande, NA 17, S. 50.
709 Christiane LEITERITZ: Revolution als Schauspiel. Beiträge zur Geschichte einer Metapher innerhalb der europäisch-amerikanischen Literatur des 19. und 20. Jahrhunderts. Berlin, New York 1994, S. 5.
710 Vgl. SOMMER: Sinnstiftung durch Geschichte, der das enge Beziehungsgeflecht zwischen Geschichtstheologie und Geschichtsphilosophie im 17. und 18. Jahrhundert untersucht – allerdings unter Umgehung der Säkularisierungsthese.
711 SCHILLER: Was heißt Universalgeschichte?, NA 17, S. 375.
712 SCHILLER: Vorrede. In: Merkwürdige Rechtsfälle als ein Beitrag zur Geschichte der Menschheit. Nach dem Französischen Werk des Pitaval durch mehrere Verfasser ausgearbeitet und mit einer Vorrede begleitet herausgegeben von Schiller. 4 Tle. Jena 1792–1795. Tl. 1, o. S. [gez. S. 4].

zu schaffen. Auch in der *Geschichte des Dreyßigjährigen Kriegs* nutzt Schiller den Metaphernkomplex des (Schau-)Spiels, spricht von einer „Kriegesbühne"[713] und einem „kriegerischen Drama[]", dem die „Einheit der Handlung" abgehe, nachdem seine „Helden", Gustav Adolph und Wallenstein, „von der Bühne verschwunden" seien und sich „die Handlung unter mehrere Spieler"[714] verteilt habe. Mit Schillers schwindendem Glauben an die Einheit und umfassende Fortschrittlichkeit des Geschichtsverlaufs und dem Rückgang übergreifender Deutungsansätze gewinnt die der Antrittsvorlesung zugrunde liegende Idee eines ‚regellosen Spiels' der Menschheit an Bedeutung. In seiner Schrift *Ueber das Erhabene* erklärt Schiller schließlich alle universalhistorischen Bemühungen für nichtig, weil „die Natur im Großen angesehen, aller Regeln, die wir durch unsern Verstand ihr vorschreiben, spottet"[715].

Schillers Vorstellung von der Geschichte als Spiel lässt sich vor dem Traditionshintergrund der *Theatrum-mundi*-Metapher verstehen, die in der frühen Neuzeit eine Hochkonjunktur bis zur Klischeehaftigkeit erlebt.[716] Sowohl in ihrer „darstellungsbezogenen" als auch in ihrer „gegenstandsbezogenen Verwendungsweise"[717] geht die *Theatrum*-Metapher in Schillers Werk ein: So wird der Mensch als Rezipient historischer Schriften einerseits zum *Zuschauer* eines menschheitlichen Geschichtsspiels, das in seiner durch den Historiker narrativ aufbereiteten Darbietungsform einem Theaterstück gleicht – die Geschichte wird nicht wie die Schaubühne zu einer moralischen, sondern zu einer anthropologischen Anstalt erklärt, in der der Mensch sich mit seiner Natur bekannt machen kann.[718] Zugleich erscheint der Geschichtsverlauf selbst

---

713 SCHILLER: Geschichte des Dreyßigjährigen Kriegs (1791–1793), NA 18, NA 17, S. 233.
714 Ebd., S. 329 f.
715 SCHILLER: Ueber das Erhabene, NA 21, S. 49 f.: „Nähert man sich nur der Geschichte mit großen Erwartungen von Licht und Erkenntniß – wie sehr findet man sich da getäuscht! Alle wohlgemeynte Versuche der Philosophie, das, was die moralische Welt *fordert*, mit dem, was die wirkliche *leistet*, in Uebereinstimmung zu bringen, werden durch die Aussagen der Erfahrungen widerlegt, und so gefällig die Natur in ihrem *Organischen Reich* sich nach den regulativen Grundsätzen der Beurtheilung richtet oder zu richten scheint, so unbändig reißt sie im Reich der Freyheit den Zügel ab, woran der Spekulations-Geist sie gern gefangen führen möchte."
716 Zur Tradition der Metapher, vor allem in der frühen Neuzeit und bis ins späte 18. Jahrhundert vgl. LEITERITZ: Revolution als Schauspiel, S. 3–43; und Christian WEBER: *Theatrum* Mundi. Zur Konjunktur der Theatrum-Metapher im 16. und 17. Jahrhundert als Ort der Wissenskompilation und zu ihrer literarischen Umsetzung im *Großen Welttheater*. In: metaphorik.de 14 (2008), S. 333–360.
717 Markus FRIEDRICH: Das Buch als Theater. Überlegungen zu Signifikanz und Dimensionen der Theatrum-Metapher als frühneuzeitlichem Buchtitel. In: Theo Stammen, Wolfgang E. J. Weber (Hg.): Wissenssicherung, Wissensordnung, Wissensverarbeitung. Das europäische Modell der Enzyklopädien. Berlin 2004, S. 205–232, hier S. 207.
718 Angelehnt an Schillers frühe Schaubühnenrede *Was kann eine gute stehende Schaubühne eigentlich wirken?*; vgl. PRÜFER: Die Bildung der Geschichte, S. 105–110, der die Rolle der Geschichte für die Generierung und Vermittlung anthropologischen Wissens hervorhebt.

als Theaterstück, in dem der in Freiheit entlassene Mensch als *Akteur* mitspielt. Die Verschränkung dieser doppelten Position des Menschen zur Geschichte, zwischen „Betrachtungsraum" und „Handlungsraum"[719], entspricht strukturell Plessners Stellung des exzentrisch positionierten Menschen, der sich aus der Distanz zu seiner positionalen Mitte in „Gegenstandsstellung"[720] selbst betrachten kann, der seine schauspielerischen Verkörperungen und gesellschaftlichen Masken reflektieren und zugleich aktiv mit ihnen spielen kann.

Schillers Bild vom Spiel der Geschichte, das er nicht mit der Ordnung und Einheit eines stringenten Handlungsverlaufs assoziiert, sondern vor allem mit der chaotischen Vielfalt und regellosen Wandelbarkeit des menschlichen Wesens (der der Universalhistoriker in seiner Geschichtserzählung noch Herr zu werden versuchte), findet eine Grundlage in seiner Anthropologie der Freiheit, in deren Zentrum das ästhetische Spiel steht. Nicht nur in der Begegnung mit Kunst und Schönheit wird sich das menschliche Individuum im Sinne der ästhetischen Erziehung seiner natürlichen Freiheit bewusst, auch in der Geschichte seiner Gattung, die ihm die Fülle der Möglichkeiten, sich als Mensch auszubilden, vor Augen führt, kann es das wahre Wesen des Menschen erkennen: seine natürliche Nichtfestgestelltheit und Wandelbarkeit. Gegenüber dem verbreiteten Begriffsverständnis im 18. Jahrhundert, nach dem Spiel etwas dem Ernst des Lebens Nachgeordnetes ist, und der barocken Tradition, in der die *Theatrum-mundi*-Metapher vor allem dazu dient, die Eitelkeit und Scheinhaftigkeit der Welt zu betonen, erfährt der Begriff ‚Spiel' (analog zur Melioration der Begriffe ‚Schein' und ‚Putz') in Schillers Ästhetik und Geschichtsphilosophie eine Aufwertung. Dabei hat die Idee des menschlichen Geschichtsspiels, die weder einem theozentrischen Weltbild verpflichtet ist noch sich in teleologische Banden legen lässt, bei Schiller immer zwei Seiten – mit Plessner: eine „Nachtansicht" und eine „Tagesansicht"[721]. Erscheint die Geschichte dem Menschen bei Nacht als bedrohliches, weil regelloses Chaos kontingenter Ereignisse, dem er sich fatalistisch ergeben fühlt und das ihn in eine tiefe Sinnkrise stürzt, so vermag

---

719 Zum Zusammenhang von Schillers Spielkonzept und seinem Geschichtsideal vgl. Christiaan L. HART-NIBBRIG: „Die Weltgeschichte ist das Weltgericht". Zur Aktualität von Schillers ästhetischer Geschichtsdeutung. In: Jahrbuch der deutschen Schillergesellschaft 20 (1976), S. 255–277, hier S. 276, der Schiller das „kritische Bewußtsein" zuschreibt, „daß Weltgeschichte so lange im fatalistischen Sinn das Weltgericht bleiben wird, als sie sich in der Trennung von Handlungsraum einerseits und Betrachtungsraum andrerseits darstellt. Hinter alledem erheben sich, überlebensgroß, wortlos ausgespart, die Umrisse des Ideals eines ästhetischen Geschichts-Spiels, in dem das Handeln nicht den Überblick ausschließt und das Zuschauen nicht das Handeln."
720 PLESSNER: Die Stufen des Organischen und der Mensch, GS 4, S. 371.
721 PLESSNER: Homo absconditus, GS 8, S. 357.

er bei Tage diese Krise produktiv zu wenden, indem er sich seiner spielerischen Freiheit und Gestaltungsmacht bewusst wird. In diesem Sinne bedeutet neues Spiel bei Schiller im wahrsten Sinne neues Glück.

Schluss

Die Dezennien um die Jahrhundertwenden 1800 und 1900 sind – das hat sich gezeigt – ideengeschichtlich in mancher Hinsicht vergleichbar. Die gedankliche Konfliktsituation, in der Schillers ästhetische Anthropologie der Freiheit entsteht, und der Hintergrund der Philosophischen Anthropologie weisen fundamentale Analogien auf und stehen wissenschafts- wie mentalitätshistorisch in einem engen Zusammenhang. Es sind spezifische Konstellationen der Moderne, die jeweils moderne Anthropologien hervorrufen. Auf die neuen Denkmuster und Entdeckungen in Naturgeschichte und Ethnologie, die Strömungen des Materialismus und des Vitalismus sowie die medizinische Anthropologie im 18. folgen im 19. Jahrhundert Darwins Evolutionstheorie, Freuds Tiefenpsychologie, die Entstehung der biologischen Disziplin und eine Konjunktur der Lebensphilosophie – allesamt Entwicklungen, die das traditionsreiche idealistische Menschenbild untergraben. Mögen die naturalistischen Tendenzen der Aufklärung auf den ersten Blick auch weniger radikal erscheinen als der schlagkräftige Naturalisierungsschub, der die Philosophische Anthropologie im frühen 20. Jahrhundert motiviert, weil die Wucht ihrer Konsequenzen von Buffon, Platner, Rousseau und Herder, in besonderem Maße auch von Schiller und Kant noch mit normativen Leitbildern und regulativen Ideen zur Bestimmung des Menschengeschlechts ab- und aufgefangen werden – tiefenstrukturell stehen die Ausgangslagen in einem engmaschigen Beziehungsgeflecht. Angesichts der gesellschaftlichen Umbrüche und politischen Großereignisse der beiden Epochen – der Ausbildung der modernen bürgerlichen Gesellschaft mit ihren Licht- und Schattenseiten, der Terreur in Frankreich 1793/94 und der instabilen Lage in Deutschland in der Zeit um den Ersten Weltkrieg – befinden sich die Anthropologen in einer Lage zwischen Kritik und Krise auf der einen Seite sowie einem Bewusstsein für die menschliche Gestaltungsmacht und die Formbarkeit des individuellen wie gesellschaftlichen Lebens auf der anderen.

In zweifacher Hinsicht ist das Krisennarrativ der Moderne für ihre Modelle konstitutiv: Auf Diskursebene bildet die These einer Menschenbildkrise den Ausgangspunkt ihres anthropologischen Denkens. So postulieren vor allem Rousseau und Schiller, später dann Scheler, Plessner und Gehlen eine fundamentale Problematik traditioneller Menschenbilder und sie wirken selbst mit rhetorischer Finesse an der Erschütterung des menschlichen Selbstverständnisses mit, indem sie die kontradiktorischen idealistischen und naturalistischen Standpunkte, die Spannungen der zeitgenössischen Humanwissenschaften sowie die sozialen Umbrüche und menschlichen Miseren ihres Zeitalters vor Augen führen. Auf diese Weise verschaffen die Anthropologen ihrem Denkprojekt Legitimation und eine existenzielle Brisanz. Auf Modellebene wird das Krisennarrativ im Rahmen der Vorstellung natürlicher Nichtfestgestelltheit außerdem in die Theorie vom Menschen integriert. Der Grundgedanke hier: Nicht nur sein Selbstbild, sondern auch der Mensch als solcher ist, ob seiner Freiheit, eine krisenhafte Erscheinung. Dabei geht mit der Riskiertheit des Menschen immer die Möglichkeit einer eigenständigen, aktiven Gestaltung seiner selbst und seiner Welt einher, in der die eigentliche Leistung des menschlichen Daseins besteht. Nur weil der Mensch von Natur aus ein problematisches Wesen ist, kann er Lebenskünstler sein. – Angesichts dieser Analogie der Konfliktsituationen sowie der Argumentationsstrategien Schillers und der Philosophischen Anthropologen bietet sich eine vergleichende Perspektivierung von Schillers ästhetischer Freiheitsphilosophie durch die Modelle des 20. Jahrhunderts zu heuristischen Zwecken an.

Scheler mit seiner Verschränkung der dichotomischen Prinzipien Leben und Geist, Plessner mit dem Konzept exzentrischer Positionalität sowie Gehlen mit seiner Theorie vom Menschen als einem auf ‚Umkehr der Antriebsrichtung' und Handlung angewiesenen biologischen Mängelwesen – sie alle verfolgen ein auf den ersten Blick paradoxes Projekt: den Menschen als Lebewesen in die Natur einzugliedern und ihn zugleich als Geistwesen der Natur und ihren Bestimmungen zu entheben. Es geht ihnen um eine Stabilisation des Geistes im Leben. Rückhalt findet ihre Philosophie dabei in den empirischen Humanwissenschaften. Auf dem anthropologischen Fundament basieren auch die ästhetischen und spieltheoretischen Denkansätze der Philosophischen Anthropologen: Schelers Schlüsselkategorie der Weltoffenheit wird von diesem in ein rezeptionsästhetisches Modell ‚interesselosen Wohlgefallens' am Schönen überführt, das er einem instinktgestützten Umweltmodell im Sinne von Uexkülls entgegensetzt. Auch für Gehlen bildet die Instinktreduktion des Menschen eine Grundbedingung für die ästhetische Kontemplation. Außerdem erklären Gehlen und in besonderem Maße auch Plessner das Phänomen des Spiels zu einer wichtigen ästhetisch-anthropologischen Kategorie. So bedeutet die Existenz des Schauspielers für Plessner den Inbegriff des Menschseins, insofern er, der mittels seines eigenen Leibes Rollen verkörpert und auf diesem Wege Kunst schafft, die aktive Wandelbarkeit und Schöpfungskraft des menschlichen Wesens zum Ausdruck bringt. Er ist Lebenskünstler im wahrsten Sinne. Bilden Schönheit, Kunst und Spiel in den Werken des 20. Jahrhunderts auch nur Epiphänomene einer anthropologischen Grundkonstellation, so lässt sich an ihnen doch die Sonderstellung des Menschen ablesen.

Explizit im Mittelpunkt stehen ästhetische Momente dagegen in Schillers später Freiheitsphilosophie. Wie die Philosophischen Anthropologen so antwortet auch er auf die sich durchsetzende Vorstellung vom Menschen als *homo natura* in doppelter Weise: Seine Theorie von der ‚tierischen Natur des Menschen' stimmt in den naturalistischen Tenor seiner Zeit ein und zeigt die grundlegende Naturgebundenheit des Menschen auf, dessen spezifische Daseinsform über die auf den νους konzentrierte Geistphilosophie der idealistischen Denktradition gar nicht zu fassen ist. – Die Sonderstellung des Menschen im Naturganzen gibt Schiller dennoch nicht preis, sondern erklärt sie über die Idee der Freiheit unter den Bedingungen menschlicher Lebendigkeit, die schließlich auch seine Ästhetik begründet. Die Denkfiguren der Instinktfreiheit, der Umweltentbundenheit und Weltoffenheit des Menschen, die seinen Ansatz prägen, entnimmt er dem anthropologischen Freiheitsdiskurs der Spätaufklärung, der in dieser Zeit vor allem im Rahmen der Geschichtsphilosophie geführt wird. Die Kernfrage nach dem Wesen des Menschen (im Vergleich zum Tier) wird hier in menschheitsgeschichtlichen Ursprungsmythen und Naturzustandserzählungen verhandelt, in denen der Typus des Wilden zur Projektionsfigur für die problematische anthropologische Differenzierung wird. Rousseau, der einer Vernunft- eine Freiheitsanthropologie vorzieht und der aus der natürlichen Unbestimmtheit auch die Geschichtlichkeit des menschlichen Wesens ableitet, wird zum Begründer eines Diskurses, der mit Herders naturgeschichtlich-anthropologischem Modell vom ‚ersten Freigelassenen der Schöpfung' einen Höhepunkt erreicht und mit Kant, der die Anthropologie nicht nur mit seiner Ästhetik kurzschließt, sondern sie auch in einen moralphilosophischen Idealismus überführt, ein vorläufiges Ende findet.

Mit der Philosophie der Aufklärung macht sich Schiller während seines Medizinstudiums an der Hohen Karlsschule vertraut, wo er ein elementares Verständnis von der menschlichen Leiblichkeit ausbildet. Bis in sein spätes Werk hinein wird ihm das Bewusstsein von der körperlich-vitalen Bedingtheit menschlichen Daseins erhalten bleiben. In seinen Abschlussschriften, der *Philosophie der Physiologie* und dem *Versuch über den Zusammenhang*, positioniert sich der junge Mediziner zwischen den Extremen des Naturalismus beziehungsweise Materialismus sowie des Idealismus beziehungsweise Animismus und findet so zu einer eigenen Position im zeitgenössischen anthropologischen Diskurs, die dem Standpunkt der Philosophischen Anthropologie vergleichbar ist. Um das Wechselspiel von ‚tierischer Natur' und ‚geistiger Natur' des Menschen besser verstehen zu können, plädiert Schiller für eine Kooperation der Disziplinen: Ganz im Sinne der ‚philosophischen Ärzte' sollen spekulative Philosophie und empirische Physiologie Hand in Hand gehen. Noch dem menschheitsgeschichtlichen Modell seiner Universalgeschichte, das die historische Entwicklung vom tierischen Wilden zum vernunftbegabten Menschen der Aufklärung nachverfolgt, ist diese doppelte Frontstellung gegen naturalistische wie idealistische Reduktionismen eingeschrieben – auch wenn Schiller hier zeitweilig in den fortschrittsoptimistischen Hymnus seines Jahrhunderts einstimmt, das die Leib- und Lebensgebundenheit des vernunftbegabten Menschen zu vergessen droht. Vor allem mit seinem engagierten Konzept einer ästhetischen Erziehung des Menschen gibt er sich als ein Denker zu erkennen, der bei allem Glauben an die Freiheit und Geistigkeit des Menschen die Macht sinnlich-vitaler Phänomene, von Wahrnehmungen und Empfindungen, nicht aus dem Blick verliert.

Grundlegend wird für Schiller der Begriff des Lebens, den er bereits als Medizinstudent, obgleich noch mit unscharfen Konturen, einem anthropologischen Dualismus cartesianischer Provenienz entgegensetzt. In spekulativen Modellen, die eine ‚Mittelkraft' oder eine nicht näher bestimmte ‚Sympathie' zwischen Körper und Bewusstsein annehmen, zeigt Schiller, dass sich diverse Erscheinungen im menschlichen Dasein nur verstehen lassen, wenn psychische und physische Phänomene in ihrer Wechselwirkung als Doppelaspekt ein und desselben Lebensprozesses betrachtet werden. Vor allem die von ihm genutzte Begrifflichkeit zur Beschreibung medizinisch-anthropologischer Sachverhalte, die Rede von einer ‚belebenden' Wirkung der ‚Mittelkraft', von ‚organischen Kräften' und ‚Organismen', markiert Schillers Position diesseits des Bruchs zwischen mechanistisch-materialistischem Körperverständnis der frühen und vitalistischer Körpertheorie der späten Aufklärung. An die Stelle des Körper-Seele-Dualismus tritt bei Schiller schließlich die Dichotomie von Leben und Geist, die es ihm ermöglicht, ein ganzheitliches Modell des menschlichen Leibes zu vertreten, ohne die Freiheit des Menschen leugnen zu müssen.

Schiller setzt seine Anthropologie zunächst von unten an. Er entwickelt in seiner dritten Dissertation eine Stufenleiter der Lebensformen, deren Hierarchie, von der mechanischen über die pflanzliche bis zur tierischen Ebene, auch im menschlichen Körper präsent ist. Wesentlich hier, ähnlich wie in der Anthropologie des 20. Jahrhunderts: der Gedanke der Schichtung. Hierarchiehöhere Prozesse und Leistungen bauen auf basalen Vitalschichten auf. Die Macht des Organischen, die das Tier bestimmt, hat über das Empfindungsvermögen auch Einfluss auf den Menschen. Allerdings übersteigt dessen Dasein das tierische Leben aufgrund seiner Geistigkeit, die Schiller wie Gehlen über eine ‚Umkehr der Antriebsrichtung' erklärt: Vernünftige Akte stehen beim Menschen nicht mehr notwendig in einer Mittel-Zweck-Beziehung zum Leben, sondern können mit seiner Entbindung vom Instinkt eine selbstzweckhafte Existenz erlangen. Bereits in der medizinischen Abschlussschrift transformiert Schiller sein anthropologisches Schichtenkonzept schließlich in ein onto- wie phylogenetisches Entwicklungsmodell, das er in seinen nachfolgenden menschheitshistorischen Ausführungen, in denen sich auch die Einflüsse des geschichtsphilosophischen Freiheitsdiskurses niederschlagen, wieder aufgreift. Eine besondere Herausforderung bedeutet für diese ganzheitliche Anthropologie Schillers Begegnung mit der kantischen Philosophie, deren moralphilosophisch ausgelegten idealistischen Dualismus zu überwinden einen zentralen Impuls seiner späten Ästhetik bildet.

Die Idee menschlicher Geistigkeit und Freiheit, die in Schillers medizinischen Schriften nur eine Randposition einnimmt, erlangt im geschichtsphilosophischen und ästhetischen Werk eine Zentralstellung. In seinem Ursprungsmythos *Etwas über die erste Menschengesellschaft* zeichnet Schiller den transhistorischen Schritt des Menschen aus dem instinktbestimmten Naturzustand des Tiers in ein selbstbestimmtes Dasein unter Leitung der eigenen Vernunft nach und zeigt dessen Licht- wie Schattenseiten auf: So bringt die Emanzipation nicht nur eine Entscheidungs- und Gestaltungsfreiheit mit sich, sondern auch eine Unabgeschlossenheit und radikale Riskiertheit des menschlichen Wesens, für dessen Leben nun nicht mehr Natur oder Instinkt, sondern der Mensch selbst verantwortlich ist. Diese ambivalente Haltung gegenüber der menschlichen Nichtfestgestelltheit wird auch für Schillers Konzept des Sentimentalischen bestimmend, das zwischen schmerzlicher Sehnsucht nach dem ungebrochenen paradiesischen Dasein des Tiers auf der einen und beglückendem Stolz auf die Eigenleistungen des Menschen auf der anderen Seite pendelt – Leistungen, die aus dem Zwang zur Selbsttätigkeit erwachsen, zur willentlich geführten Handlung eines ‚Wesens, das sich selbst noch Aufgabe ist', wie es in Gehlens *Der Mensch* später heißt, wo auch auf Schillers Handlungstheorie verwiesen wird.

Scheler macht auf die Bedeutung, die die Freiheit bei Schiller für die kontemplative Haltung des weltoffenen Menschen hat, aufmerksam, wo er das Gedicht *Das Ideal und das Leben* im Rahmen seiner Theorie der Ideierung zitiert. Während das bloße Leben bei Schiller von einem dumpfen Vitaldrang durchströmt wird und auf die bloße Existenz des Wahrgenommenen zielt, bildet das Reich der Schönheit – die Welt als Schein im Betrachtungsmodus des ‚interesselosen Wohlgefallens' – die Sphäre eines organisch entbundenen Weltverhältnisses. Auf dieser Vorstellung basiert Schillers gesamte ästhetische Freiheitsphilosophie, in der sich die aisthetische Unterscheidung von triebbestimmter Umweltwahrnehmung und freier, sachlicher Weltwahrnehmung, wie sie die Philosophischen Anthropologen entwickeln, vorformuliert findet. Im Gedicht *Die Künstler* münzt Schiller sein rezeptionsästhetisches Modell zudem zu einem praktischen Erziehungsprogramm um: Weil der Mensch in der triebentbundenen Betrachtung von Kunst und Schönheit seine ihm wesentliche Urfreiheit erfährt, können Künstler in anthropogenetischer Perspektive als Geburts- und Entwicklungshelfer der Menschheit betrachtet werden.

In den *Ästhetischen Briefen* schließlich, in denen die verschiedenen Diskursstränge seines Werks zusammenlaufen, erreicht Schillers Ästhetik der Weltoffenheit ihren Höhepunkt. Nicht (wie bei Kant) eine moralische Bestimmung, auch keine logische Begabung, sondern die Befähigung des Menschen zur freien Betrachtung der Welt und seine Schätzung des schönen Scheins bilden hier die anthropologische Differenz zum Tier. Dabei weist Schillers Darstellung vom Übergang des Menschen aus dem physischen in den ästhetischen Zustand – bis in die Begrifflichkeit hinein – eine frappierende Nähe zu Schelers *Stellung des Menschen im Kosmos* auf. Schiller setzt auf den ‚ganzen Menschen' in seiner Doppelaspektivität von Sinnlichkeit und Geistigkeit, wie sie in der ästhetischen Kontemplation zum Tragen kommt. Als Implikation seiner ästhetischen Freiheitsanthropologie lässt sich das Autonomiepostulat verstehen, das auf eine Auflösung jeglicher Tendenz in der Kunst zielt und dazu auch eine Aufhebung der Gattungsgrenzen fordert – die Plessner angesichts der avantgardistischen Kunst im frühen 20. Jahrhundert kritisiert.

Auch wenn Schiller in seiner Naturgeschichte des Überflusses am Schluss seiner *Ästhetischen Briefe* in der anorganischen Natur sowie im Pflanzen- und Tierreich Erscheinungen ausmacht, die ihm als Vorspiel menschlicher Freiheit gelten, muss der Schritt vom tierischen zum menschlichen Daseinsmodus letztlich als Sprung verstanden werden. Schiller schreibt eine anti-evolutionäre Ästhetik. Ihre ethnologischen Dimensionen lotet er durch eine Beschäftigung mit den Werken des Wilden aus, wie sie nach ihm auch Gehlen unternimmt. Dass Schiller der ‚primitiven Kunst' naturnaher Völker sowie dem in der ästhetischen Debatte bis dato vernachlässigten Phänomen des Putzes aus anthropologischer Sicht eine der europäischen Kunst ebenbürtige Stellung zugesteht, mithin den Wilden als vollwertiges menschliches Wesen betrachtet, zeugt von einer kühnen weltoffenen Einstellung, zumal sich Schiller mit diesem Urteil gegen Kants eurozentrische Ästhetik des Wilden stellt.

Ganz im Sinne der Forderung Plessners nimmt bereits Schiller in seiner Anthropologie das Spiel zur Basis, um die Gedrücktheit des menschlichen Daseins und die menschheitlichen Verfehlungen seiner Epoche als ‚Verlust einer ursprünglichen Leichtigkeit, einer im Grunde noch möglichen Spielfreiheit' zu verstehen. Ausgangspunkt bildet hier seine doppelte Bestimmung des Menschen zwischen Individualität und Persönlichkeit über die Begriffe ‚Stofftrieb' und ‚Formtrieb'. Ein Vergleich mit Plessners Konzept exzentrischer Positionalität, das im Gegensatz zu Schillers temporalem Modell einer topologischen Ordnung erwächst, deckt bei allen Unterschieden im Detail die tiefenstrukturelle Analogie ihrer Denksysteme auf, die um den geistig-vitalen Doppelaspekt des Menschen kreisen. Bei Schiller ergibt sich aus seiner dualen Konstellation der ‚Spieltrieb', der in der Begegnung des Menschen mit Kunst und Schönheit in Erscheinung tritt, in dem sich die alternativen, durchaus ernsten Forderungen der gegenläufigen menschlichen Grundtriebe aufheben und der so in einen Zustand ‚aktiver Bestimmbarkeit' versetzt. Insofern sich im Spiel, von dem Schiller einen nicht-essenzialistischen Begriff entwickelt, die Offenheit der menschlichen Antriebsstruktur spiegelt, begegnet sich der Mensch im ‚ästhetischen Zustand' selbst. Er erlebt sich hier als freies, selbstbestimmtes Wesen, das aus sich machen kann, was es *will*, und nicht instinktiv *muss* oder moralisch bestimmt *soll*.

Noch größer als für das Verhältnis des Menschen zur Kunst im engeren Sinne schätzt Schiller die Bedeutung von Spiel und Schein für das gesellschaftliche Zusammenleben und die individuelle Lebenskunst ein. Unter der Bedingung, dass die Grenzen zwischen ‚ästhetischem' und ‚moralischem Schein' geachtet werden, fordert er eine radikale Ästhetisierung des menschlichen Lebens. Seine Sozialtheorie des ‚ästhetischen Staates', die auf schöne Umgangsformen zum Schutz eigener wie fremder Freiräume setzt, erinnert an Plessners Theorie des Schauspielers und vor allem an dessen auf Distanz, Diplomatie und Takt setzendes Gesellschaftsideal. Indem Schiller die Konzepte des Schönen und des Erhabenen endlich auch auf den Bereich der individuellen Lebenskunst überträgt, bindet er seine Ästhetik abermals an den anthropologischen Freiheitsdiskurs zurück, dessen Idee einer menschlichen Nichtfestgestelltheit die Frage nach der Form aktiver Selbstgestaltung und bewusster Lebensführung aufwirft. Neben der glücklichen Haltung des Spielers kennt Schillers Lebenskunstphilosophie, wie die Philosophische Anthropologie, den heroischen Habitus, der immer dann gefordert ist, wenn existenzielle Abgründe drohen.

Wie im Freiheitsdiskurs der Spätaufklärung üblich, so sind auch bei Schiller anthropologisches und geschichtsphilosophisches Denken aufs Engste miteinander verschränkt: Geschichtsoffenheit setzt hier Instinktfreiheit voraus, und aus der Idee einer natürlichen Unbestimmtheit folgt ein zeitlich dynamisches Menschenbild. Schillers anthropologische Schriften geben Ausblicke auf historische Dimensionen des Menschseins und seine geschichtlichen Werke greifen Grundkategorien der Anthropologie auf, so den Begriff des Spiels, der sich als Schlüsselkategorie durch sein historiografisches und geschichtsphilosophisches Werk zieht. Ursprünglich dem Metaphernkomplex des *theatrum mundi* entstammend, nutzt Schiller die Vorstellung des Geschichtsspiels, um die freie, zuweilen chaotische Wandelbarkeit des menschlichen Wesens und die Heterogenität seiner historischen Erscheinungsformen zu fassen. Dabei kann der einzelne Mensch in der Geschichte seiner Gattung grundsätzlich zwei Positionen einnehmen: die des Betrachters und die des Akteurs – so wie er zugleich ästhetischer Rezipient und Produzent sein kann. Der Rückgriff auf die Kategorie des Spiels kennzeichnet Schillers zunehmende Distanzierung von einem teleologisch-idealistischen

Geschichtsdenken – in ihr manifestiert sich sein anthropologisches Freiheitsmodell auf geschichtsphilosophischer Ebene.

Schillers Anthropologie der Nichtfestgestelltheit und Riskiertheit, seine Ästhetik der Weltoffenheit und seine Geschichts- und Lebenskunstphilosophie, die um die Idee des Spiels kreisen, sind Reaktionen auf die Menschenbildkrise der späten Aufklärung. Deren Ursachen, den naturalistischen Paradigmenwechsel der zeitgenössischen Humanwissenschaften und die inner- wie außereuropäische gesellschaftliche Realität der Menschheit, nimmt Schiller dabei ernst, ohne ihre anthropologische Schlussfolgerung, der Mensch sei ein Tier unter Tieren, mitzutragen. Mit besonderer Klarheit lässt sich Schillers Anthropologie der Freiheit – so das heuristische Projekt dieser Studie – über die Schlüsselbegriffe und zentralen Denkfiguren Schelers, Plessners und Gehlens darstellen: als eine Theorie der fundamentalen Lebensgebundenheit des Menschen, seiner instinktiven Mangelhaftigkeit und Umweltfreiheit, seiner Fähigkeit zur Selbst- und Weltdistanzierung. Es ist eine Theorie, in der mit der Unabgeschlossenheit des Menschen eine Gestaltbarkeit seines Wesens und mit seiner Welt- eine Geschichtsoffenheit korreliert.

Wie alle Vergleiche stößt aber auch der ideengeschichtliche Vergleich zwischen Schillers Anthropologie und der Philosophischen Anthropologie an seine Grenzen, und zwar immer dort, wo Schillers deskriptiv-realistisches Modell vom Menschen durch normativ-idealistisches Denken, das sich zweifelsfrei bei ihm findet, durchkreuzt wird – sei es in seinem ästhetisch-anthropologischen Konzept des Sublimen, das als Reaktion auf die Eingliederung des Menschen ins Tierreich eine selbstmächtige Erhebung der menschlichen Vernunft- über die Sinnennatur fordert, oder in dessen kallistischem Gegenmodell einer harmonischen Balance von Geist und Leben, Pflicht und Neigung, das aus Schillers Bewusstsein für die real existierenden Spannungen der menschlichen Natur erwächst. Die starke Präsenz moralphilosophischer Überlegungen und Schillers Rückbindung des Geistes an die reine praktische Vernunft im Anschluss an Kants kritische Philosophie versperren seiner Anthropologie vielerorts den Weg zu einer konsequenten Entfaltung. Auch die Idee, dass sich der Mensch als solcher verfehlen kann, sowie die daraus erwachsende triadische Geschichtsphilosophie, die auf eine dialektische Überwindung der konstitutiven Konflikthaftigkeit und Wurzellosigkeit des menschlichen Wesens abzielt und von der sich Schillers Anthropologie nie komplett löst, muss aus der Perspektive Schelers, Plessners und Gehlens gestrig idealistisch erscheinen. Schillers anthropologischer Realismus sowie seine humanen und moralischen Ideale driften auseinander – und sie bedingen sich zugleich. Dabei verleihen das Festhalten am Ideal und das gleichzeitige Wissen um dessen Unterreichbarkeit seiner Philosophie vom Menschen eine Tragik und unterschwellige Heroik, die auch die Anthropologie im frühen 20. Jahrhundert latent durchzieht.

Als fruchtbringend hat sich die Betrachtung Schillers über Denkfiguren der Philosophischen Anthropologie vor allem deshalb erwiesen, weil sie neues Licht auf eine bereits zu jener Zeit als überholt geltende Philosophie wirft: Schiller, Zeitzeuge des Deutschen Idealismus und in mancher Hinsicht selbst paradigmatischer Idealist, ist diesem als Anthropologe oftmals weit voraus, weil er – einen substanziellen Dualismus überwindend, die Forschungsergebnisse der empirischen Humanwissenschaften ernst nehmend – den Menschen im Kontext seiner vitalen Bedingungen betrachtet und weil er der Vielgestaltigkeit und Unbestimmbarkeit des *homo absconditus* mit einem offenen Menschenbild gerecht zu werden sucht.

Am Schluss der Betrachtung, die Perspektive des 20. und den Untersuchungsgegenstand des 18. Jahrhunderts verlassend, stellt sich die Frage: Was bleibt? – Die Jahrhundertwende 2000 liegt, gesellschafts- wie mentalitätsgeschichtlich gesehen, nicht lang zurück. Fast inflationär und wie selbstverständlich bedienen sich die öffentlichen Medien heute des traditionsreichen Krisennarrativs: Von ‚Finanzkrise', ‚Wirtschaftskrise' und ‚Globalisierungskrise' ist in den letzten Jahren die Rede gewesen, von weltweiten ‚politischen' und ‚ökologischen Krisen', einer ‚Identitäts- und Handlungskrise' der westlichen Gesellschaft angesichts kultureller Konflikte und des internationalen Terrorismus, von einer ‚Flüchtlingskrise' in der jüngsten Vergangenheit. Das ‚digitale Zeitalter' verändert alltägliche Gewohnheiten zudem auf eine derart rasante und radikale Weise, dass elementare Stabilisationsfaktoren des menschlichen Daseins, persönliche Lebensweisen und gesellschaftliche Umgangsformen, ihre stützende Funktion einbüßen. Rundfunk und Presse vermitteln dem Menschen des frühen 21. Jahrhunderts das Gefühl, in einer gesellschaftsübergreifenden epochalen Umbruchssituation zu stecken. Und wieder werden die Forderung einer grundlegenden Revision bestehender Wertsysteme und die Frage nach Realität und Möglichkeit des Menschseins laut. Anthropologie ist – das zeigt sich heute, wie es sich um 1800 und um 1900 zeigte – eine Philosophie der Krisenzeiten menschlichen Selbstverständnisses.[1] Mit Blick auf die aktuellen Entwicklungen wirkt Foucaults „philosophisches Lachen" über das von ihm 1966 diagnostizierte Erwachen des Zeitalters aus seinem „anthropologische[n] Schlaf"[2] voreilig; seine Begrüßung der Auflösung anthropologischen Denkens so fehl am Platz wie lang nicht mehr. Das problemgeschichtliche Band, das die Anthropologien

---

1   Zum aktuellen Interesse an anthropologischen Fragestellungen vgl. Hans-P. KRÜGER, Gesa LINDEMANN: Vorwort zur Reihe. In: Dies. (Hg.): Philosophische Anthropologie im 21. Jahrhundert (Eröffnungsband). Berlin 2006, S. 7–9, hier S. 7f.
2   Michel FOUCAULT: Die Ordnung der Dinge. Eine Archäologie der Humanwissenschaften (im Original: Les mots et les choses. Une archéologie des sciences humaines). Frankfurt/Main 1974 (¹1966), S. 410 u. 412.

der Moderne – in der Spätaufklärung wie im frühen 20. Jahrhundert – verbindet, scheint hier und heute seinen nächsten Anknüpfungspunkt zu finden. Ob sich angesichts dieser Beobachtung das Konstrukt ‚Postmoderne' in anthropologischer Hinsicht aufrechterhalten lässt und worin das Spezifikum einer postmodernen Theorie vom Menschen bestehen kann, welche sich von Schillers, Schelers, Plessners und Gehlens modernen Modellen absetzt, die ja bereits auf essenzielle Festschreibungen verzichten und das Spiel mit der Vielfalt und der menschlichen Heterogenität zum Kernbestand ihrer Menschenbilder machen, müsste diskutiert werden.

Die Auseinandersetzung mit den anthropologischen Konsequenzen jener Naturalisierung des Menschen, die sich seit ihren Anfängen im späten 18. und ihrer Hochphase im 19. Jahrhundert ungebremst fortgesetzt hat, ist jedenfalls bis heute nicht abgeschlossen. Das in den empirischen Humanwissenschaften wachsende Wissen zur menschlichen Natur, auf den Gebieten der Hirnforschung, der Genetik und der Evolutionsbiologie, und ihre Vorstellung vom *homo natura* birgt nach wie vor Provokationspotential. Die aktuellen philosophischen Debatten um die Willensfreiheit, angeregt durch neurophysiologische Versuche wie die Experimente Benjamin Libets Ende der 1970er Jahre, und die heftigen Diskussionen zur Bedeutung und zum Umgang mit den Erkenntnissen der Humangenetik lassen erahnen, dass weder das anthropologische Denken selbst noch seine traditionellen Kategorien wie die Freiheit, Geistigkeit und Unergründlichkeit des Menschen *ad acta* gelegt sind.

In der zunehmenden Erklär- und Manipulierbarkeit der menschlichen Biologie durch den naturwissenschaftlichen und technischen Fortgang spiegelt sich eine ambivalente Haltung des Menschen zu sich selbst. Schrumpfen seine Individualität und Geistigkeit auch mehr und mehr auf einen materiell gebundenen Vitalkomplex genetischer und neuronaler Strukturen zusammen, so nimmt seine Handlungs- und Gestaltungsmacht gegenüber seiner äußeren wie inneren Natur mit den neuen Technologien und digitalen Innovationen der letzten Jahrzehnte doch ungeahnte Dimensionen an. Bestes und aktuelles Beispiel sind hier die Aktivitäten von Google Life Science, wo biologisch-medizinisches Fachwissen auf technologische Erfindungen und digitale Visionen trifft und so Entwicklungen vorangetrieben werden, die die Fehleranfälligkeit des menschlichen Körpers kompensieren sollen. Auch die Absichten auf dem Forschungs- und Entwicklungsfeld von KI und Robotik, deren letztes, visionäres Ziel die Schaffung einer der menschlichen Intelligenz vergleichbaren künstlichen Intelligenz ist (ganz im Sinne des *homme machine*) und die sich an menschlichen Leistungen und Funktionen wie dem Zusammenspiel von Sensorik und Motorik, den Problemlösungs- und Lernstrategien des Menschen, seiner Sprache und seinem emotionalen Verhalten orientieren, erscheinen realistischer denn je. Viele Vorstellungen, einst als

Utopien (oder Dystopien) im Science-Fiction-Genre populär geworden, haben heute im Silicon Valley eine neue Heimat gefunden.

In seinem Jahresrückblick 2014 in der ZEIT hat Jens Jessen den ‚neuen Menschen' ausgerufen: als höchste Erfüllung seiner Emanzipations- und Selbstoptimierungsphantasien – und seine endgültige Versklavung im Dienste des wirtschaftlichen Fortschritts. Mit medizinischen Methoden wie dem Social Freezing, der In-vitro-Fertilisation und der Präimplantationsdiagnostik, mit dem Wandel gesellschaftlicher Einstellungen zu einst natürlichen Kategorien und Prozessen wie Geschlecht (Gender-Debatte) und Herkunft (transkulturelle Biografien), Geburt (Leihmutterschaft) und Tod (aktive Sterbehilfe) sowie der technischen und digitalen Kompensation körperlicher Mangelhaftigkeit erhebe sich der Mensch zwar zum Herrscher, ja zum Schöpfer seiner eigenen organischen Natur. Die freie Verfügbarkeit und Gestaltbarkeit seiner Biologie aber folgt – so Jessen – heute allein der Logik der Ökonomie, untersteht ihrem Effizienz- und Nutzenkalkül:

> Das heute allein diskutierte Unglück ist seine körperliche Gebundenheit. Der neue Mensch, den das Jahr 2014 gefeiert hat, darf oder soll aus allen natürlichen oder ähnlich unhintergehbaren Bindungen gelöst werden – aus Erbgut, Familie, Geschlecht, er wird im Reagenzglas gezeugt, in gekauften Mutterkörpern ausgetragen, nach Bedarf und Ermessen getötet. Nur eines darf mit ihm augenscheinlich nicht geschehen: Er darf nicht aus den Arbeits- und Produktionsbedingungen herausgelöst werden, in denen er, nach Lage der Dinge im westlichen Wirtschaftsleben, vornehmlich als Angestellter tätig ist.[3]

Das ist moderne Kulturkritik ganz im Sinne Schillers, der schon am Ausgang des 18. Jahrhunderts feststellt, dass der „Nutzen [...] das große Idol der Zeit [ist], dem alle Kräfte frohnen und alle Talente huldigen sollen"[4] – und der auf die zeitgenössische Kritik und Menschheitskrise mit einer ästhetischen Anthropologie der Freiheit antwortet. Wenn Schiller also eines nicht ist, dann verstaubt. Offen bleiben muss hier die Frage, welche Bedeutung seine Ideen vom Menschen, seine Theorie der Lebensgebundenheit, der Weltoffenheit und des ästhetischen Spiels mit den Möglichkeiten heute noch haben können, da sich Mensch und Maschine, so das in den Medien vermittelte menschliche Selbstbild, näher stehen denn je, da dem Individuum der Gestaltungsspielraum angesichts seiner Einbindung in globale Zusammenhänge verschwindend gering erscheint und ‚Global Player' alles andere als Spieler sind, weil ihr ökonomisch interessiertes ‚Spiel' allein auf der Basis

---

3 Jens JESSEN: Der neue Mensch. In: Die Zeit, Nr. 52 (17. Dezember 2014), zugänglich unter http://www.zeit.de/2014/52/jahresrueckblick-2014-social-freezing-gendertheorie-sterbehilfe (18. Dezember 2015).
4 SCHILLER: Ästhetische Briefe (2. Brief), NA 20, S. 311.

des Ernstes zu verstehen ist. In einer Zeit, in der große Systeme und Ideen ausgedient haben, kann Schillers Stärke nicht darin bestehen, zeitlose Antworten zu geben, sondern nur darin, universelle Fragen zu stellen: Wo liegen die menschlichen Freiräume für selbstzweckhaftes Verhalten? Wo zeigt sich, mit Nietzsche, die Üppigkeit eines verschwenderischen Formenspiels? Wo ist heute der Platz für den Menschen?

Literatur

Ausgaben und Siglen

Die Quellentexte der Hauptautoren werden, soweit darin vorhanden, aus den gängigen Gesamtausgaben zitiert

Friedrich Schiller: Werke. Nationalausgabe. 54 Bde. Hg. v. Julius Petersen u.a. Weimar 1943 ff.
Zitate und Verweise werden mit dem Kürzel „NA" unter Angabe der Bandnummer und Seitenzahl belegt.

Max Scheler: Gesammelte Werke. 15 Bde. Hg. v. Maria Scheler, Manfred S. Frings. Bern, München 1954 ff.
Zitate und Verweise werden mit dem Kürzel „GW" unter Angabe der Bandnummer und Seitenzahl belegt.

Helmuth Plessner: Gesammelte Schriften. 10 Bde. Hg. v. Günter Dux, Odo Marquard, Elisabeth Ströker. Frankfurt/Main 1980 ff.
Zitate und Verweise werden mit dem Kürzel „GS" unter Angabe der Bandnummer und Seitenzahl belegt.

Arnold Gehlen: Gesamtausgabe. 10 Bde. Hg. v. Karl-S. Rehberg. Frankfurt/Main 1978 ff.
Zitate und Verweise werden mit dem Kürzel „GA" unter Angabe der Bandnummer und Seitenzahl belegt.

Jean-Jacques Rousseau: Œuvres complètes. 5 Bde. Hg. v. Bernard Gagnebin, Marcel Raymond. Paris 1959 ff.
Zitate und Verweise werden mit dem Kürzel „OC" unter Angabe der Bandnummer und Seitenzahl belegt.

Johann Gottfried Herder: Sämmtliche Werke. 33 Bde. Hg. v. Bernhard Suphan. Berlin 1877 ff.
Zitate und Verweise werden mit dem Kürzel „SW" unter Angabe der Bandnummer und Seitenzahl belegt.

Immanuel Kant: Gesammelte Schriften. 29 Bde. Hg. v. d. Königlich-Preußischen Akademie der Wissenschaften, Berlin 1900 ff.
Zitate und Verweise werden mit dem Kürzel „AA" (Akademieausgabe) unter Angabe der Bandnummer und Seitenzahl belegt.

Quellen

ABEL, Jakob F.: Eine Quellenedition zum Philosophieunterricht an der Stuttgarter Karlsschule (1773–1782). Mit Einleitung, Übersetzung, Kommentar und Bibliographie hg. v. Wolfgang Riedel. Würzburg 1995.

ABEL, Jakob F.: Rede, über die Entstehung und die Kennzeichen grosser Geister (1776), S. 181–218.

ANONYM: Art. ‚Organismus'. In: Johann H. Zedler (Hg.): Grosses vollständiges Universal-Lexicon aller Wissenschaften und Künste, welche bishero durch menschlichen Verstand und Witz erfunden und verbessert worden. 64 Bde. u. 4 Suppl.-Bde. Leipzig, Halle 1731–1754. Bd. 25, Sp. 1868.

ANONYM: Art. ‚Künste; Schöne Künste'. In: Johann G. Sulzer (Hg.): Allgemeine Theorie der Schönen Künste, in einzeln, nach alphabetischer Ordnung der Kunstwörter auf einander folgenden, Artikeln. 2 Bde. Leipzig 1771 u. 1774. Bd. 2, S. 609–625.

ANONYM: Art. ‚Schön'. In: Johann G. Sulzer (Hg.): Allgemeine Theorie der Schönen Künste, in einzeln, nach alphabetischer Ordnung der Kunstwörter auf einander folgenden, Artikeln. 2 Bde. Leipzig 1771 u. 1774. Bd. 2, S. 1037–1039.

ANONYM: Art. ‚Wild'. In: Johann C. Adelung (Hg.): Grammatisch-kritisches Wörterbuch der Hochdeutschen Mundart mit beständiger Vergleichung der übrigen Mundarten, besonders aber der oberdeutschen. Zweyte, vermehrte und verbesserte Ausgabe. 4 Bde. Leipzig 1793–1801. Bd. 4, Sp. 1542–1544.

BERGSON, Henri: Schöpferische Entwicklung (im Original: L'Évolution créatrice). Jena 1912 (1907).

BUBER, Martin: Urdistanz und Beziehung (1950). In: Ders.: Werke. 3 Bde. München, Heidelberg 1962 ff. Bd. 1, S. 411–423.

BUFFON, Georges-L. Leclerc de: Histoire naturelle, générale et particulière, avec la description du Cabinet du Roi. 36 Bde. Paris 1749 ff.

BUFFON, Georges-L. Leclerc de: Allgemeine Naturgeschichte. Frankfurt/Main 2008 (= orth. angep. Lizenzausgabe der ‚Berliner Ausgabe', 1771–1774, übers. v. Friedrich H. W. Martini).

CASSIRER, Ernst: Zur Metaphysik der symbolischen Formen (1928). In: Ders.: Nachgelassene Manuskripte und Texte. Hg. v. John M. Krois, Oswald Schwemmer. 18 Bde. Hamburg 1995 ff. Bd. 1, S. 3–112.

CASSIRER, Ernst: Zur Logik der Kulturwissenschaften. Fünf Studien (1942). Mit einem Anhang: Naturalistische und humanistische Begründung der Kulturphilosophie (1939). Hamburg 2011.

CASSIRER, Ernst: Versuch über den Menschen. Einführung in eine Philosophie der Kultur (1944). Hamburg 1990.

DARWIN, Charles: On the origin of species by means of natural selection, or the preservation of favoured races in the struggle for life. London 1859.

DARWIN, Charles: Brief Asa Gray, 3. April 1860 (Nr. 2743). In: Darwin Correspondence Project, http://www.darwinproject.ac.uk/entry-2743 (9. Dezember 2015).

DARWIN, Charles: The descent of man, and selection in relation to sex. London ^{2}1874 (^{1}1871).

DARWIN, Charles: Brief an Alpheus Hyatt, 4. Dezember 1872 (Nr. 8658). In: Darwin Correspondence Project, http://www.darwinproject.ac.uk/entry-8658 (9. Dezember 2015).

DILTHEY, Wilhelm: Einleitung in die Geisteswissenschaften. Versuch einer Grundlegung für das Studium der Gesellschaft und der Geschichte (1883). In: Ders.: Gesammelte Schriften. Hg. v. Bernhard Groethuysen u. a. 26 Bde. Stuttgart, Göttingen 1957 ff. Bd. 1.
EUCKEN, Rudolf: Geschichte und Kritik der Grundbegriffe der Gegenwart. Leipzig 1878.
FICHTE, Johann G.: Einige Vorlesungen über die Bestimmung des Gelehrten (1794). In: Ders.: Gesamtausgabe der Bayerischen Akademie der Wissenschaften. Hg. v. Reinhard Lauth u. a. Stuttgart-Bad Cannstatt 1962 ff., Bd. I.3, S. 23–68.
FOUCAULT, Michel: Die Ordnung der Dinge. Eine Archäologie der Humanwissenschaften (im Original: Les mots et les choses. Une archéologie des sciences humaines). Frankfurt/Main 1974 (1966).
FREUD, Sigmund: Eine Schwierigkeit der Psychoanalyse. In: Ders.: Gesammelte Werke. 18 Bde. Hg. v. Anna Freud u. a. Frankfurt/Main. Bd. 12, S. 1–12.
GEHLEN, Arnold: Der Mensch. Seine Natur und seine Stellung in der Welt (1940). In: Ders.: Gesamtausgabe [GA]. 10 Bde. Hg. v. Karl-S. Rehberg. Frankfurt/Main 1978 ff. Bd. 3.
GEHLEN, Arnold: Ueber einige Kategorien des entlasteten, zumal ästhetischen Verhaltens. In: Studium Generale 3/1 (1950), S. 54–60.
GEHLEN, Arnold: Über instinktives Ansprechen auf Wahrnehmungen (1961). In: GA, Bd. 4, S. 175–202.
GOETHE, Johann W.: Brief an Johann G. Herder, 27. März 1784 (Nr. 1903). In: Ders.: Werke. Weimarer Ausgabe [WA]. 143 Bde. Hg. v. Hermann Böhlau u. a. Weimar 1887–1919. Abt. IV, Bd. 6, S. 258.
GOETHE, Johann W.: Inwiefern die Idee: Schönheit sei Vollkommenheit mit Freiheit, auf organische Naturen angewendet werden könne (1794). In: Ders.: Werke. Hamburger Ausgabe. 14 Bde. Hg. v. Erich Trunz. Hamburg 1948 ff. Bd. 13, S. 21–23.
GOETHE, Johann W.: Gespräch mit Johann P. Eckermann, 18. Januar 1827 (Nr. 1074). In: WA, Abt. V, Bd. 6, S. 21–30.
HAECKEL, Ernst: Die Welträtsel. Gemeinverständliche Studien über monistische Philosophie (1899). In: Ders.: Gemeinverständliche Werke. 6 Bde. Hg. v. Heinrich Schmidt-Jena. Leipzig, Berlin 1924. Bd. 3.
HEIDEGGER, Martin: Metaphysische Anfangsgründe der Logik im Ausgang von Leibniz (1928). In: Ders.: Gesamtausgabe. Hg. v. Klaus Held u. a. Frankfurt/Main 1975 ff. Bd. 26.
HERDER, Johann G.: Brief an Johann G. Hamann (Nr. 18), Ende April 1768. In: Ders.: Briefe an Joh. Georg Hamann. Hg. v. Otto Hoffmann. Berlin 1889, S. 39–46.
HERDER, Johann G.: Abhandlung über den Ursprung der Sprache (1772). In: Ders.: Sämmtliche Werke [SW]. 33 Bde. Hg. v. Bernhard Suphan. Berlin 1877 ff. Bd. 5, S. 1–154.
HERDER, Johann G.: Auch eine Philosophie der Geschichte zur Bildung der Menschheit (1774). In: SW, Bd. 5, S. 475–593.
HERDER, Johann G.: Ideen zur Philosophie der Geschichte der Menschheit, 4 Tle. (1784–1791). In: SW, Bd. 13/14.
HERDER, Johann G.: Briefe zur Beförderung der Humanität (1793–1797). In: SW, Bd. 18, S. 1–356.
HERDER, Johann G.: Kalligone, 3 Tle. (1800). In: SW, Bd. 22.

Iselin, Isaak: Über die Geschichte der Menschheit. 2 Bde. Basel ⁵1786 (¹1964: Philosophische Muthmassungen ueber die Geschichte der Menschheit).

Jessen, Jens: Der neue Mensch. In: Die Zeit, Nr. 52 (17. Dezember 2014), zugänglich unter http://www.zeit.de/2014/52/jahresrueckblick-2014-social-freezing-gender-theorie-sterbehilfe (18. Dezember 2015).

Kant, Immanuel: Entwürfe zu dem Colleg über Anthropologie aus den 70er und 80er Jahren, Handschriftlicher Nachlaß. In: Ders.: Gesammelte Schriften [Akademieausgabe: AA]. 29 Bde. Hg. v. d. Königlich-Preußischen Akademie der Wissenschaften, Berlin 1900 ff., Bd. 15, S. 655–899.

Kant, Immanuel: Brief an Marcus Herz, gegen Ende 1773 (Nr. 79). In: AA, Bd. 10, S. 136–139.

Kant, Immanuel: Kritik der reinen Vernunft (1781). In: AA, Bd. 4, S. 1–252.

Kant, Immanuel: Idee zu einer allgemeinen Geschichte in weltbürgerlicher Absicht (1784). In: AA, Bd. 8, S. 15–31.

Kant, Immanuel: Recensionen von J. G. Herders Ideen zur Philosophie der Geschichte der Menschheit, 2 Tle. (1785) [Recensionen von J. G. Herders Ideen]. In: AA, Bd. 8, S. 43–66.

Kant, Immanuel: Grundlegung zur Metaphysik der Sitten (1785). In: AA, Bd. 4, S. 385–463.

Kant, Immanuel: Muthmaßlicher Anfang der Menschengeschichte (1786). In: AA, Bd. 8, S. 107–123.

Kant, Immanuel: Kritik der praktischen Vernunft (1788). In: AA, Bd. 5, S. 1–163.

Kant, Immanuel: Kritik der Urtheilskraft (1790). In: AA, Bd. 5, S. 165–485.

Kant, Immanuel: Streit der Fakultäten (1798). In: AA, Bd. 7, S. 1–116.

Kant, Immanuel: Anthropologie in pragmatischer Hinsicht (1798). In: AA, Bd. 7, S. 117–333.

La Mettrie, Julien O. de: L'homme machine/Die Maschine Mensch. Übers. u. hg. v. Claudia Becker. Hamburg 1990.

Linné, Carl von: Fauna Svecica. Hg. altera auctior. Stockholm 1761 (¹1746).

Moritz, Karl P.: Über den Begriff des in sich selbst Vollendeten. In: Ders.: Werke. 2 Bde. Berlin, Weimar 1973. Bd. 1, S. 203–211.

Nietzsche, Friedrich: Götzen-Dämmerung. Oder: Wie man mit dem Hammer philosophiert (1889). In: Ders.: Werke. Kritische Gesamtausgabe. Ca. 40 Bde. in 9 Abt. Hg. v. Giorgio Colli u. a. Berlin, New York 1967 ff. Abt. 6, Bd. 3, S. 49–147.

Pico della Mirandola, Giovanni: De hominis dignitate/Über die Würde des Menschen. Übers. v. Norbert Baumgarten, hg. v. August Buck. Hamburg 1990.

Platner, Ernst: Anthropologie für Aerzte und Weltweise. Erster Theil. Leipzig 1772.

Plessner, Helmuth: Die Einheit der Sinne. Grundlinien einer Ästhesiologie des Geistes (1923). In: Ders.: Gesammelte Schriften [GS]. 10 Bde. Hg. v. Günter Dux, Odo Marquard, Elisabeth Ströker. Frankfurt/Main 1980 ff. Bd. 3, S. 7–315.

Plessner, Helmuth: Grenzen der Gemeinschaft. Eine Kritik des sozialen Radikalismus (1924). In: GS, Bd. 5, S. 7–133.

Plessner, Helmuth: Brief an Josef König, 28. Mai 1924. In: Dies.: Briefwechsel, 1923–1933. Hg. v. Hans-U. Lessing, Almut Mutzenbecher. Freiburg, München 1994, S. 45–47.

Plessner, Helmuth: Über die Möglichkeit einer Ästhetik (1925). In: GS, Bd. 7, S. 53–57.

Plessner, Helmuth: Die Stufen des Organischen und der Mensch. Einleitung in die philosophische Anthropologie (1928). In: GS, Bd. 4.

PLESSNER, Helmuth: Macht und menschliche Natur. Ein Versuch zur Anthropologie der geschichtlichen Weltansicht (1931). In: GS, Bd. 5, S. 135–234.
PLESSNER, Helmuth: Das Geheimnis des Spielens (1934). In: Geistige Arbeit. Zeitung aus der wissenschaftlichen Welt 17 (1934), S. 8.
PLESSNER, Helmuth: Mensch und Tier (1946). In: GS, Bd. 8, S. 52–65.
PLESSNER, Helmuth: Zur Anthropologie des Schauspielers (1948). In: GS, Bd. 7, S. 399–418.
PLESSNER, Helmuth: Über Menschenverachtung (1953). In: GS, Bd. 8, S. 105–116.
PLESSNER, Helmuth: Über einige Motive der Philosophischen Anthropologie (1956). In: GS, Bd. 8, S. 117–135.
PLESSNER, Helmuth: Die Frage nach der Conditio humana (1961). In: GS, Bd. 8, S. 136–217.
PLESSNER, Helmuth: Der Mensch im Spiel (1967). In: GS, Bd. 8, S. 307–313.
PLESSNER, Helmuth: Das Problem der Unmenschlichkeit (1967). In: GS, Bd. 8, S. 328–337.
PLESSNER, Helmuth: Homo absconditus (1969). In: GS, Bd. 8, S. 353–366.
PLESSNER, Helmuth: Selbstentfremdung, ein anthropologisches Theorem? (1969). In: GS, Bd. 10, S. 285–293.
PLESSNER, Helmuth: Anthropologie der Sinne (1970). In: GS, Bd. 3, S. 317–393.
REIMAUS, Hermann S.: Allgemeine Betrachtungen über die Triebe der Thiere, hauptsächlich über ihre Kunsttriebe. Zum Erkenntniß des Zusammenhanges der Welt, des Schöpfers und unser selbst. Hamburg ³1773 (¹1760).
RIEDEL, Friedrich J.: Theorie der schönen Künste und Wissenschaften. Neue Aufl. Wien, Jena 1774 (¹1767).
ROUSSEAU, Jean-J.: Discours sur l'origine et les fondements de l'inégalité (1755). In: Ders.: Œuvres complètes [OC]. 5 Bde. Hg. v. Bernard Gagnebin, Marcel Raymond. Paris 1959 ff. Bd. 3, S. 109–237.
ROUSSEAU, Jean-J.: Abhandlung über den Ursprung und die Ungleichheit unter den Menschen (1755). Übers. u. hg. v. Philipp Rippel. Stuttgart 2010.
SCHELER, Max: I. Kant und die moderne Kultur (1904). In: Ders.: Gesammelte Werke [GW]. 15 Bde. Hg. v. Maria Scheler, Manfred S. Frings. Bern, München 1954 ff. Bd. 1, S. 354–370.
SCHELER, Max: Vorbilder und Führer (1911–1921). In: GW, Bd. 10, S. 55–344.
SCHELER, Max: Versuche einer Philosophie des Lebens. Nietzsche – Dilthey – Bergson (1913). In: GW, Bd. 3, S. 311–339.
SCHELER, Max: Zur Idee des Menschen (1913). In: GW, Bd. 3, S. 171–195.
SCHELER, Max: Die Zukunft des Kapitalismus (1914). In: GW, Bd. 3, S. 382–395.
SCHELER, Max: Vom Umsturz der Werte (1915). In: GW, Bd. 3.
SCHELER, Max: Umschwung im Menschen. „Geist" im Menschen" (1922). In: GW, Bd. 12, S. 127–132.
SCHELER, Max: Die Formen des Wissens und die Bildung (1925). In: GW, Bd. 9, S. 85–119.
SCHELER, Max: Probleme einer Soziologie des Wissens (1926). In: GW, Bd. 8, S. 15–190.
SCHELER, Max: Mensch und Geschichte (1926). In: GW, Bd. 9, S. 120–144.
SCHELER, Max: Ursprung des Menschen (1926). In: GW, Bd. 12, S. 98–100.
SCHELER, Max: [Vorlesung:] Leib und Seele (1926). In: GW, Bd. 12, S. 133–150.
SCHELER, Max: Der Mensch im Weltalter des Ausgleichs (1927). In: GW, Bd. 9, S. 145–170.

Scheler, Max: Ursprung und Zukunft des Menschen (1927). In: GW, Bd. 12, S. 89–97.
Scheler, Max: Ursprung des Menschen und Metaphysik (1927). In: GW, Bd. 12, S. 112–114.
Scheler, Max: Sprache (1927). In: GW, Bd. 12, S. 192–195.
Scheler, Max: [Zu: Kunst] Leistungen (1927). In: GW, Bd. 12, S. 198f.
Scheler, Max: Metaphysische Sonderstellung des Menschen (1927). In: GW, Bd. 12, S. 207–228.
Scheler, Max: Ursprünglichkeit des „Homo eroticus ecstaticus" neben dem „homo sapiens" (1927). In: GW, Bd. 12, S. 229–231.
Scheler, Max: Die Stellung des Menschen im Kosmos (1928). In: GW, Bd. 9, S. 7–71.
Schiller, Friedrich: Philosophie der Physiologie (1779). In: Ders.: Werke. Nationalausgabe [NA]. 54 Bde. Hg. v. Julius Petersen u. a. Weimar 1943 ff. Bd. 20, S. 10–29.
Schiller, Friedrich: Über die Krankheit des Eleven Grammont (1780). In: NA, Bd. 22, S. 19–30.
Schiller, Friedrich: Die Tugend, in ihren Folgen betrachtet (1780). In: NA, Bd. 20, S. 30–36.
Schiller, Friedrich: Versuch über den Zusammenhang der thierischen Natur des Menschen mit seiner geistigen (1780) [Versuch über den Zusammenhang]. In: NA, Bd. 20, S. 37–75.
Schiller, Friedrich: Roußeau (1782). In: NA, Bd. 1, S. 61–63.
Schiller, Friedrich: Philosophische Briefe (1786). In: NA, Bd. 20, S. 107–129.
Schiller, Friedrich: Geschichte des Abfalls der vereinigten Niederlande von der Spanischen Regierung (1788). In: NA, Bd. 17, S. 7–289.
Schiller, Friedrich: Was heißt und zu welchem Ende studiert man Universalgeschichte? (1789) [Was heißt Universalgeschichte?]. In: NA, Bd. 17, S. 359–376.
Schiller, Friedrich: Die Künstler (1789). In: NA, Bd. 20, S. 201–214.
Schiller, Friedrich: Etwas über die erste Menschengesellschaft nach dem Leitfaden der mosaischen Urkunde (1790) [Etwas über die erste Menschengesellschaft]. In: NA, Bd. 17, S. 398–413.
Schiller, Friedrich: Geschichte des Dreyßigjährigen Kriegs (1791–1793). In: NA, Bd. 18.
Schiller, Friedrich: Wohlgefallen am Schönen (vermutl. 1792/93). In: NA, Bd. 21, S. 89.
Schiller, Friedrich: Fragmente aus Schillers aesthetischen Vorlesungen (1792/93). In: NA, Bd. 21, S. 66–88.
Schiller, Friedrich: Vorrede (1792). In: Ders. (Hg.): Merkwürdige Rechtsfälle als ein Beitrag zur Geschichte der Menschheit. Nach dem Französischen Werk des Pitaval durch mehrere Verfasser ausgearbeitet und mit einer Vorrede begleitet. 4 Tle. Jena 1792–1795. Tl. 1, o. S.
Schiller, Friedrich: Vom Erhabenen (Zur weitern Ausführung einiger Kantischen Ideen) (1793). In: NA, Bd. 20, S. 171–195.
Schiller, Friedrich: Ueber Anmuth und Würde (1793). In: NA, Bd. 20, S. 251–308.
Schiller, Friedrich: Ankündigung. Die Horen (1794). In: NA, Bd. 22, S. 106–109.
Schiller, Friedrich: Elegie (1795). In: NA, Bd. 1, S. 260–266.
Schiller, Friedrich: Schön und erhaben (1795). In: NA, Bd. 1, S. 272.
Schiller, Friedrich: Ueber die ästhetische Erziehung des Menschen in einer Reihe von Briefen (1795) [Ästhetische Briefe]. In: NA, Bd. 20, S. 309–412.
Schiller, Friedrich: Ueber naive und sentimentalische Dichtung (1795/96). In: NA, Bd. 20, S. 413–503.

SCHILLER, Friedrich: Prolog zu Wallensteins Lager (1798). In: NA, Bd. 2i, S. 61–64.
SCHILLER, Friedrich: Der Spaziergang (1800). In: NA, Bd. 2i, S. 308–314.
SCHILLER, Friedrich: Ueber das Erhabene (1801). In: NA, Bd. 21, S. 38–54.
SCHILLER, Friedrich: Ueber den Gebrauch des Chors in der Tragödie. In: Ders.: Die Braut von Messina oder die feindlichen Brüder. Ein Trauerspiel mit Chören (1803). In: NA, Bd. 10, S. 7–15.
SCHILLER, Friedrich: Das Ideal und das Leben (1804, ^{1}1795: Das Reich der Schatten, ^{2}1800: Das Reich der Formen). In: NA, Bd. 2i, S. 396–400.
SCHILLER, Friedrich: Briefe.
- Brief an Christian G. Körner, 7. Mai 1785 (Nr. 3). In: NA, Bd. 24, S. 4–7.
- Brief an Christian G. Körner, 11. Juli 1785 (Nr. 5). In: NA, Bd. 24, S. 12–14.
- Brief an Christian G. Körner, 29. August 1787 (Nr. 97). In: NA, Bd. 24, S. 142–150.
- Brief an Christian G. Körner, 17. [15.] Mai 1788 (Nr. 39). In: NA, Bd. 25, S. 57–59.
- Brief von Charlotte von Lengefeld, 30. Mai 1788 (Nr. 162). In: NA, Bd. 33.1, S. 191.
- Brief von Charlotte von Lengefeld, 15. [u. 17.] November 1788 (Nr. 242). In: NA, Bd. 33.1, S. 248–250.
- Brief an Caroline von Beulwitz, 10. [u. 11.] Dezember 1788 (Nr. 120). In: NA, Bd. 25, S. 154f.
- Brief von Caroline von Beulwitz, 10. Februar 1789 (Nr. 270). In: NA, Bd. 33.1, S. 300f.
- Brief an Siegfried L. Crusius, 9. März 1789 (Nr. 157). In: NA, Bd. 25, S. 219f.
- Brief an Christian G. Körner, 30. März 1789 (Nr. 167). In: NA, Bd. 25, S. 236–240.
- Brief an Georg J. Göschen, 28. November 1791 (Nr. 92). In: NA, Bd. 26, S. 111f.
- Brief an Christian G. Körner, 8. Februar 1793 (Nr. 151). In: NA, Bd. 26, S. 177–183.
- Brief an Friedrich Christian, Herzog von Schleswig-Holstein-Sonderburg-Augustenburg [Augustenburger Briefe], 13. Juli 1793 (Nr. 184). In: NA, Bd. 26, S. 257–258.
- Brief an Friedrich Christian, Herzog von Schleswig-Holstein-Sonderburg-Augustenburg [Augustenburger Briefe], 11. November 1793 (Nr. 208). In: NA, Bd. 26, S. 295–314.
- Brief an Friedrich Christian, Herzog von Schleswig-Holstein-Sonderburg-Augustenburg [Augustenburger Briefe], 21. November 1793 (Nr. 209). In: NA, Bd. 26, S. 314–321.
- Brief an Christian G. Körner, 3. Februar 1794 (Nr. 216). In: NA, Bd. 26, S. 341–346.
- Brief an Johann F. Cotta, 2. Oktober 1794 (Nr. 45). In: NA, Bd. 27, S. 58–62.
- Brief an Christian G. Körner, 25. Oktober 1794 (Nr. 54). In: NA, Bd. 27, S. 69–71.
- Brief an Johann G. Fichte, 3. August 1795 (Entwurf zu Brief Nr. 20, 4. August 1795). In: NA, Bd. 28, S. 359–361.
- Brief an Christian G. Körner, 21. September 1795 (Nr. 49). In: NA, Bd. 28, S. 60f.
- Brief an Johann W. Goethe, 26. Januar 1798 (Nr. 196). In: NA, Bd. 29, S. 195f.

SCHILLER, Friedrich: Gespräch mit Caroline von Wolzogen, Frühjahr 1805 (Nr. 978). In: NA, Bd. 42, S. 425.
SCHILLER, Friedrich: Methode. In: Notizen aus dem Nachlass, NA, Bd. 21, S. 90.
UEXKÜLL, Jakob J. von: Umwelt und Innenwelt der Tiere. Berlin, Heidelberg ^{2}1921 (^{1}1909).

Forschung

ADLER, Hans: Autonomie versus Anthropologie: Schiller und Herder. In: Monatshefte für deutschsprachige Literatur und Kultur 97/3 (2005), S. 408–416.

AGARD, Olivier: L'anthropologie des jeux de pouvoir chez Helmuth Plessner. In: Mechthild Coustillac, Françoise Knopper (Hg.): Jeu, compétition et pouvoir dans l'espace germanique. Paris 2012, S. 43–61.

ALT, Peter-A.: Schiller. Leben – Werk – Zeit. 2 Bde. München 2000.

ALT, Peter-A.: Natur, Zivilisation und Narratio. Zur triadischen Strukturierung von Schillers Geschichtskonzept. In: Zeitschrift für Germanistik, Neue Folge 18/3 (2008), S. 530–545.

ANDRESEN, Sabine; TRÖHLER, Daniel: Die Analogie von Menschheits- und Individualentwicklung. Attraktivität, Karriere und Zerfall eines Denkmodells. In: Vierteljahresschrift für wissenschaftliche Pädagogik 77 (2001), S. 145–172.

ARLT, Gerhart: Philosophische Anthropologie. Stuttgart, Weimar 2001.

BARNER, Wilfried: Anachronistische Klassizität. Zu Schillers Abhandlung *Über naive und sentimentalische Dichtung*. In: Wilhelm Voßkamp (Hg.): Klassik im Vergleich. Normativität und Historizität europäischer Klassik. Stuttgart, Weimar 1993, S. 62–80.

BAUMGARTNER, Hans: Art. ‚Lebensphilosophie'. In: UTB-Online-Wörterbuch Philosophie, http://www.philosophie-woerterbuch.de/ (7. November 2015).

BAYERTZ, Kurt: Der aufrechte Gang: Ursprung der Kultur und des Denkens? Eine anthropologische Debatte im Anschluß an Helvétius' *De l'Esprit*. In: Jörn Garber, Heinz Thoma (Hg.): Zwischen Empirisierung und Konstruktionsleistung: Anthropologie im 18. Jahrhundert. Tübingen 2004, S. 59–75.

BECKER, Hans J.: Der erste große Wurf. Die Entdeckung des Zwischenkieferknochens beim Menschen. In: Goethes Biologie. Die wissenschaftlichen und die autobiographischen Texte. Eingel. u. komment. v. Hans J. Becker. Würzburg 1999, S. 23 f.

BECKER, Wolfgang: Kants pragmatische Anthropologie. In: Immanuel Kant: Anthropologie in pragmatischer Hinsicht. Hg. v. Wolfgang Becker. Stuttgart 2008, S. 9–26.

BEISER, Frederick: Schiller as Philosopher. A Re-Examination. Oxford 2008.

BENNETT, Benjamin: Trinitarische Humanität: Dichtung und Geschichte bei Schiller. In: Wolfgang Wittkowski (Hg.): Friedrich Schiller. Kunst, Humanität und Politik in der späten Aufklärung. Ein Symposium. Tübingen 1982, S. 164–180.

BERGHAHN, Klaus L.: Schillers philosophischer Stil. In: Helmut Koopmann (Hg.): Schiller-Handbuch. Stuttgart ²2011 (¹1998), S. 304–318.

BERGHAHN, Klaus L.: Nachwort: Ästhetische Utopie und schöner Stil. In: Friedrich Schiller: Über die ästhetische Erziehung des Menschen in einer Reihe von Briefen. Mit den Augustenburger Briefen, hg. v. Klaus L. Berghahn. Stuttgart 2009.

BIALAS, Wolfgang: Politischer Humanismus und „Verspätete Nation". Helmuth Plessners Auseinandersetzung mit Deutschland und dem Nationalsozialismus. Göttingen 2010.

BINDER, Wolfgang: Die Begriffe „naiv" und „sentimentalisch" und Schillers Drama. In: Jahrbuch der deutschen Schillergesellschaft 4 (1960), S. 140–157.

BITTERLI, Urs: Die ‚Wilden' und die ‚Zivilisierten'. Grundzüge einer Geistes- und Kulturgeschichte der europäisch-überseeischen Begegnung. München 1976.

BÖDEKER, Hans E.: Art. ‚Menschheit, Humanität, Humanismus'. In: Otto Brunner, Werner Conze, Reinhart Koselleck (Hg.): Geschichtliche Grundbegriffe. Historisches

Lexikon zur politisch-sozialen Sprache in Deutschland. 8 Bde. Stuttgart 1972–1997. Bd. 3, S. 1063–1128.
BOJARZIN, Katrin; MERTENS, Marina (Hg.): Hypochondrie an der Stuttgarter Hohen Karlsschule. Der Fall des Eleven Grammont (1780). Gutachten und Protokolle. Hannover 2012.
BOLLACHER, Martin: Herders „Ideen zur Philosophie der Geschichte der Menschheit". In: Johann G. Herder: Werke. Hg. v. Martin Bollacher. 10 Bde. Frankfurt/Main 1984–2000. Bd. 6, S. 901–942.
BOLLE, Rainer: Jean-Jacques Rousseau. Das Prinzip der Vervollkommnung des Menschen durch Erziehung und die Frage nach dem Zusammenhang von Freiheit, Glück und Identität. Münster, New York 1995.
BOLLENBECK, Georg: Die konstitutive Funktion der Kulturkritik für Schillers Briefe *Über die ästhetische Erziehung*. In: Euphorion 99 (2005), S. 213–241.
BOLLENBECK, Georg: Eine Geschichte der Kulturkritik. Von J. J. Rousseau bis G. Anders. München 2007.
BOLLENBECK, Georg: Von der Universalgeschichte zur Kulturkritik. In: Georg Bollenbeck, Lothar Ehrlich (Hg.): Friedrich Schiller. Der unterschätzte Theoretiker. Köln, Weimar, Wien 2007, S. 11–26.
BORGARDS, Roland: Affen. Von Aristoteles bis Soemmerring. In: Günter Oesterle, Roland Borgards, Christiane Holm (Hg.): Monster. Zur ästhetischen Verfasstheit eines Grenzbewohners. Würzburg 2009, S. 239–253.
BORGARDS, Roland: Affenmenschen/Menschenaffen. Kreuzungsversuche bei Rousseau und Bretonne. In: Michael Gamper (Hg.): „Es ist nun einmal zum Versuch gekommen". Experiment und Literatur, 1580–1790. Göttingen 2009, S. 293–308.
BORGARDS, Roland: Der Affe als Mensch und der Europäer als Ureinwohner. Ethnozoographie um 1800 (Cornelis de Pauw, Wilhelm Hauff, Friedrich Tiedemann). In: David E. Wellbery (Hg.): Kultur-Schreiben als romantisches Projekt. Romantische Ethnographie im Spannungsfeld zwischen Imagination und Wissenschaft. Würzburg 2012, S. 17–42.
BORNSCHEUER, Lothar: Zum Bedarf an einem anthropologiegeschichtlichen Interpretationshorizont. In: Georg Stötzel (Hg.): Germanistik – Forschungsgegenstand und Perspektiven. Berlin, New York 1985, S. 410–438.
BORSCHE, Tilman; SPECHT, Rainer; RENTSCH, Thomas: Art. ‚Leib-Seele-Verhältnis'. In: Joachim Ritter, Karlfried Gründer, Gottfried Gabriel (Hg.): Historisches Wörterbuch der Philosophie [HWPh]. 12 Bde. u. 1 Reg.-Bd. Basel, Stuttgart 1971–2007. Bd. 5, Sp. 185–206.
BÖSMANN, Holger: ProjektMensch. Anthropologischer Diskurs und Moderneproblematik bei Friedrich Schiller. Würzburg 2005.
BRANDT, Reinhard: Ausgewählte Probleme der Kantischen Anthropologie. In: Hans J. Schings (Hg.): Der ganze Mensch. Anthropologie und Literatur im 18. Jahrhundert. DFG-Symposion 1992. Stuttgart, Weimar 1994, S. 14–32.
BRANDT, Reinhard: Die Bestimmung des Menschen bei Kant. Hamburg 2007.
BROKOFF, Jürgen: *Die Künstler* (1789). In: Matthias Luserke-Jaqui (Hg.): Schiller-Handbuch. Leben – Werk – Wirkung. Stuttgart, Weimar 2005, S. 265–267.
BURROW, John W.: Die Krise der Vernunft. Europäisches Denken 1848–1914. München 2003.
BÜSSGEN, Antje: Abbruch – Fragment – Scheitern? Schillers „erster Versuch" über eine ästhetische Konstitution des Menschen. In: Jörg Robert (Hg.): „Ein Aggregat von

Bruchstücken". Fragment und Fragmentarismus im Werk Friedrich Schillers. Würzburg 2013, S. 183–215.
CADETE, Teresa: Schillers Ästhetik als Synchronisierung seiner anthropologischen und historischen Erkenntnisse. In: Weimarer Beiträge 37/6 (1991), S. 839–852.
CASSIRER, Ernst: Idee und Gestalt. Goethe – Schiller – Hölderlin – Kleist (1921). In: Ders.: Gesammelte Werke. Hamburger Ausgabe [HA]. 25 Bde. u. 1 Reg.-Bd. Hg. v. Birgit Recki. Hamburg 1998 ff., Bd. 9, S. 241–435.
CASSIRER, Ernst: Die Philosophie der Aufklärung (1932). In: HA, Bd. 15.
CASSIRER, Ernst: Das Problem Jean-Jacques Rousseau (1932). In: HA, Bd. 18, S. 3–82.
CHEUNG, Tobias: Die Organisation des Lebendigen. Die Entstehung des biologischen Organismusbegriffs bei Cuvier, Leibniz und Kant. Frankfurt/Main, New York 2000.
CHEUNG, Tobias: Außenwelt und Organismus. Überlegungen zu einer begriffsgeschichtlichen Konstellation um 1800. In: Forum Interdisziplinäre Begriffsgeschichte. E-Journal 1/2 (2012), S. 8–15.
CORBINEAU-HOFFMANN, Angelika: Art. ‚Spiel'. In: Joachim Ritter, Karlfried Gründer, Gottfried Gabriel (Hg.): Historisches Wörterbuch der Philosophie [HWPh]. 12 Bde. u. 1 Reg.-Bd. Basel, Stuttgart 1971–2007. Bd. 9, Sp. 1383–1390.
CRANSTON, Maurice: Rousseau's theory of liberty. In: Robert Wokler (Hg.): Rousseau and liberty. Manchester, New York 1995, S. 231–243.
DANN, Otto; OELLERS, Norbert; OSTERKAMP, Ernst (Hg.): Schiller als Historiker. Stuttgart, Weimar 1995.
DANN, Otto: *Was heißt und zu welchem Ende studiert man Universalgeschichte?* (1789). In: Matthias Luserke-Jaqui (Hg.): Schiller-Handbuch. Leben – Werk – Wirkung. Stuttgart, Weimar 2005, S. 323–330.
DIERAUER, Urs; ECKART, Wolfgang U.; LÜHE, Astrid von der: Art. ‚Tier, Tierseele'. In: Joachim Ritter, Karlfried Gründer, Gottfried Gabriel (Hg.): Historisches Wörterbuch der Philosophie [HWPh]. 12 Bde. u. 1 Reg.-Bd. Basel, Stuttgart 1971–2007. Bd. 10, Sp. 1195–1217.
DIERSE, Ulrich u.a.: Art. ‚Leben'. In: Joachim Ritter, Karlfried Gründer, Gottfried Gabriel (Hg.): Historisches Wörterbuch der Philosophie [HWPh]. 12 Bde. u. 1 Reg.-Bd. Basel, Stuttgart 1971–2007. Bd. 5, Sp. 52–103.
DIETZE, Carola: Nachgeholtes Leben. Helmuth Plessner, 1892–1985. Göttingen ^{2}2007 (^{1}2006).
DILTHEY, Wilhelm: Weltanschauung und Analyse des Menschen seit Renaissance und Reformation (1891–1904). In: Ders.: Gesammelte Schriften. Hg. v. Bernhard Groethuysen u.a. 26 Bde. Stuttgart, Göttingen 1957 ff. Bd. 2.
DISSANAYAKE, Ellen: Homo Aestheticus. Where Art Comes From and Why. Washington 1995.
DORSCHEL, Andreas: Ideengeschichte. Göttingen 2010.
DÜRBECK, Gabriele: Einbildungskraft und Aufklärung. Perspektiven der Philosophie, Anthropologie und Ästhetik um 1750. Tübingen 1998.
DURIŠIN, Dionýs: Die wichtigsten Typen literarischer Beziehungen und Zusammenhänge. In: Gerhard Ziegengeist (Hg.): Aktuelle Probleme der Vergleichenden Literaturforschung. Berlin 1968, S. 47–57.
DÜSING, Klaus: Ästhetische Freiheit und menschliche Natur bei Kant und Schiller. In: Rolf Füllmann u.a. (Hg.): Der Mensch als Konstrukt. Festschrift für Rudolf Drux zum 60. Geburtstag. Bielefeld 2008, S. 199–210.

EDER, Jürgen: Schiller als Historiker. In: Helmut Koopmann (Hg.): Schiller-Handbuch. Stuttgart ²2011 (¹1998), S. 695–742.
EHRENSPECK, Yvonne: Schiller und die Realisierung von Freiheit und Sittlichkeit im Medium ästhetischer Bildung. In: Hans Feger (Hg.): Friedrich Schiller. Die Realität des Idealisten. Heidelberg 2006, S. 305–341.
EIBL, Karl: Animal Poeta. Bausteine einer biologischen Kultur- und Literaturtheorie. Paderborn 2004.
EIBL, Karl: Evolutionäre Ästhetik. Doppel-Rez. zu Winfried Menninghaus: Das Versprechen der Schönheit. Frankfurt/Main 2003; Eckart Voland, Karl Grammer (Hg.): Evolutionary Aesthetics. Berlin, Heidelberg 2003. In: literaturkritik.de, 12/2005, http://www.literaturkritik.de/public/rezension.php?rez_id=8698 (27. November 2015).
ENGELS, Eve-M.: Art. ‚Lebenskraft'. In: Joachim Ritter, Karlfried Gründer, Gottfried Gabriel (Hg.): Historisches Wörterbuch der Philosophie [HWPh]. 12 Bde. u. 1 Reg.-Bd. Basel, Stuttgart 1971–2007. Bd. 5, Sp. 122–128.
ESSBACH, Wolfgang; FISCHER, Joachim; LETHEN, Helmut (Hg.): Plessners „Grenzen der Gemeinschaft". Eine Debatte. Frankfurt/Main 2002.
EULER, Werner: Commercium mentis et corporis? Ernst Platners medizinische Anthropologie in der Kritik von Marcus Herz und Immanuel Kant. In: Aufklärung 19 (2007), S. 21–68.
FEGER, Hans: Die Macht der Einbildungskraft in der Ästhetik Kants und Schillers. Heidelberg 1995.
FELDMAN, Gerald D.: The Great Disorder. Politics, Economics, and Society in the German Inflation, 1914–1924. New York 1993.
FELLMANN, Ferdinand: Lebensphilosophie. Elemente einer Theorie der Selbsterfahrung. Reinbek bei Hamburg 1993.
FENSKE, Uta; HÜLK, Walburga; SCHUHEN, Gregor: (Hg.): Die Krise als Erzählung. Transdisziplinäre Perspektiven auf ein Narrativ der Moderne. Bielefeld 2013.
FENSKE, Uta; HÜLK, Walburga; SCHUHEN, Gregor: Vorwort. In: Dies. (Hg.): Die Krise als Erzählung. Transdisziplinäre Perspektiven auf ein Narrativ der Moderne. Bielefeld 2013, S. 7f.
FERRY, Luc: Homo Aetheticus. L'invention du goût à l'âge démocratique. Paris 1990.
FINK, Gonthier-L.: Klima- und Kulturtheorien der Aufklärung. In: Horst Dippel, Helmut Scheuer (Hg.): Georg-Forster-Studien II. Berlin 1998, S. 25–55.
FINK-EITEL, Hinrich: Die Philosophie und die Wilden. Über die Bedeutung des Fremden für die europäische Geistesgeschichte. Hamburg 1994.
FISCHER, Joachim: Ästhetische Anthropologie und Anthropologische Ästhetik. Plessners „Kunst der Extreme" im 20. Jahrhundert. In: Josef Früchtl, Maria Moog-Grünewald (Hg.): Ästhetik in metaphysikkritischen Zeiten. 100 Jahre ‚Zeitschrift für Ästhetik und Allgemeine Kulturwissenschaft'. Hamburg 2007, S. 241–267.
FISCHER, Joachim: Philosophische Anthropologie. Eine Denkrichtung des 20. Jahrhunderts. Freiburg, München 2008.
FLASCH, Kurt: Vertreibung aus dem Paradies bei Schiller und Kant. In: Jan Bürger (Hg.): Friedrich Schiller. Dichter, Denker, Vor- und Gegenbild. Göttingen 2007, S. 172–185.
FLASCH, Kurt: Kampfplätze der Philosophie. Große Kontroversen von Augustin bis Voltaire. Frankfurt/Main ²2009 (¹2008).

FÖLLMER, Moritz; GRAF, Rüdiger; LEO, Per: Einleitung: Die Kultur der Krise in der Weimarer Republik. In: Moritz Föllmer, Rüdiger Graf (Hg.): Die „Krise" der Weimarer Republik. Zur Kritik eines Deutungsmusters. Frankfurt/Main, New York 2005, S. 9–41.

FRICK, Werner: Der ‚Maler der Menschheit'. Philosophische und poetische Konstruktionen der Gattungsgeschichte bei Schiller. In: Otto Dann, Norbert Oellers, Ernst Osterkamp (Hg.): Schiller als Historiker. Stuttgart 1995, S. 77–107.

FRIEDRICH, Alexander: Bericht zur Tagung „Was sind Denkfiguren? Figurationen unbegrifflichen Denkens in Metaphern, Diagrammen und Kritzeleien". In: KULT_online 27 (2011), zugänglich unter http://kult-online.uni-giessen.de/archiv/veranstaltungsberichte/bericht-zur-tagung-was-sind-denkfiguren-figurationen-unbegrifflichen-denkens-in-metaphern-diagrammen-und-kritzeleien (3. Dezember 2015).

FRIEDRICH, Markus: Das Buch als Theater. Überlegungen zu Signifikanz und Dimensionen der Theatrum-Metapher als frühneuzeitlichem Buchtitel. In: Theo Stammen, Wolfgang E. J. Weber (Hg.): Wissenssicherung, Wissensordnung, Wissensverarbeitung. Das europäische Modell der Enzyklopädien. Berlin 2004, S. 205–232.

FUHRMANN, Helmut: Zur poetischen und philosophischen Anthropologie Schillers. Vier Versuche. Würzburg 2001.

FULDA, Daniel: Wissenschaft aus Kunst. Die Entstehung der modernen deutschen Geschichtsschreibung, 1760–1860. Berlin, New York 1996.

FULDA, Daniel: Schiller als Denker und Schreiber der Geschichte. Historische Gründungsleistung und aktuelle Geltung. In: Hans Feger (Hg.): Schiller. Die Realität des Idealisten. Heidelberg 2006, S. 121–150.

FUNKE, Gerhard; ROHDE, Klaus: Art. ‚Instinkt'. In: Joachim Ritter, Karlfried Gründer, Gottfried Gabriel (Hg.): Historisches Wörterbuch der Philosophie [HWPh]. 12 Bde. u. 1 Reg.-Bd. Basel, Stuttgart 1971–2007. Bd. 4, Sp. 408–417.

GADAMER, Hans-G.: Wahrheit und Methode (1960). Grundzüge einer philosophischen Hermeneutik. In: Ders.: Gesammelte Werke. Tübingen 1985 ff., Bd. 1.

GARBER, Jörn: Von der „Geschichte des Menschen" zur „Geschichte der Menschheit". Anthropologie, Pädagogik und Zivilisationstheorie in der deutschen Spätaufklärung. In: Christa Berg u. a. (Hg.): Jahrbuch für historische Bildungsforschung 5. Bad Heilbrunn 1999, S. 31–54.

GARBER, Jörn: Selbstreferenz und Objektivität. Organisationsmodelle von Menschheits- und Weltgeschichte in der deutschen Spätaufklärung. In: Hans E. Bödeker, Peter H. Reill, Jürgen Schlumbohm (Hg.): Wissenschaft als kulturelle Praxis, 1750–1900. Göttingen 1999, S. 137–185.

GERHARDT, Volker: *Mutmaßlicher Anfang der Menschengeschichte*. In: Ottfried Höffe (Hg.): Immanuel Kant. Schriften zur Geschichtsphilosophie. Berlin 2011, S. 175–196.

GESCHE, Astrid: Johann Gottfried Herder: Sprache und die Natur des Menschen. Würzburg 1993.

GIAMMUSSO, Salvatore: „Der ganze Mensch". Das Problem einer philosophischen Lehre vom Menschen bei Dilthey und Plessner. In: Frithjof Rodi (Hg.): Dilthey Jahrbuch für Philosophie und Geschichte der Geisteswissenschaften. Bd. 7. Göttingen 1990/91, S. 112–138.

GISI, Lucas M.: Einbildungskraft und Mythologie. Die Verschränkung von Anthropologie und Geschichte im 18. Jahrhundert. Berlin, New York 2007.

GISI, Lucas M.: Die Parallelisierung von Ontogenese und Phylogenese als Basis einer ‚anthropologischen Historie' im 18. Jahrhundert. In: Thomas Bach, Mario Marino (Hg.): Naturforschung und menschliche Geschichte. Heidelberg 2011, S. 41–59.
GISI, Lucas M.: Die anthropologische Basis von Iselins Geschichtsphilosophie. In: Lucas M. Gisi, Wolfgang Rother (Hg.): Isaak Iselin und die Geschichtsphilosophie der europäischen Aufklärung. Basel 2011, S. 124–152.
GOOD, Paul: Max Scheler. Eine Einführung. Düsseldorf, Bonn 1998.
GRAMMER, Karl; VOLAND, Eckart (Hg.): Evolutionary Aesthetics. Berlin, Heidelberg 2003.
GRAWE, Christian: Herders Kulturanthropologie. Die Philosophie der Geschichte der Menschheit im Lichte der modernen Kulturanthropologie. Bonn 1967.
GRAWE, Christian u.a.: Art. ‚Mensch'. In: Joachim Ritter, Karlfried Gründer, Gottfried Gabriel (Hg.): Historisches Wörterbuch der Philosophie [HWPh]. 12 Bde. u. 1 Reg.-Bd. Basel, Stuttgart 1971–2007. Bd. 5, Sp. 1059–1105.
GROSCURTH, Steffen: Geschichtsphilosophie als Basis für Kulturkritik? Herder, Schiller, Adorno. Strukturelle und inhaltliche Untersuchungen für eine neue Beschäftigung mit der Geschichtsphilosophie. Berlin u. a. 2005.
GUTHKE, Karl S.: Zwischen „Wilden" in Übersee und „Barbaren" in Europa. Schillers Ethno-Anthropologie. In: Reto L. Fetz, Roland Hagenbüchle, Peter Schulz (Hg.): Geschichte und Vorgeschichte der modernen Subjektivität. 2 Bde. Berlin, New York 1998. Bd. 2, S. 844–871.
GUYER, Paul: Kant. London, New York 2006.
HAGNER, Michael: Aufklärung über das Menschenhirn. Neue Wege der Neuroanatomie im späten 18. Jahrhundert. In: Hans-J. Schings (Hg.): Der ganze Mensch. Anthropologie und Literatur im 18. Jahrhundert. DFG-Symposion 1992. Stuttgart u. a. 1994, S. 145–161.
HARDTWIG, Wolfgang: Einleitung. In: Ders. (Hg.): Ordnungen in der Krise. Zur politischen Kulturgeschichte Deutschlands 1900–1933. München 2007, S. 11–18.
HARTMANN, Nicolai: Neue Anthropologie in Deutschland. Betrachtungen zu Arnold Gehlens Werk „Der Mensch, seine Natur und seine Stellung in der Welt". In: Blätter für Deutsche Philosophie 15 (1941), S. 159–177.
HART-NIBBRIG, Christiaan L.: „Die Weltgeschichte ist das Weltgericht". Zur Aktualität von Schillers ästhetischer Geschichtsdeutung. In: Jahrbuch der deutschen Schillergesellschaft 20 (1976), S. 255–277.
HARTUNG, Gerald: Philosophische Anthropologie. Stuttgart 2008.
HAUCKE, Kai: Plessners Kritik der radikalen Gesellschaftsideologie und die Grenzen des deutschen Idealismus. In: Wolfgang Eßbach, Joachim Fischer, Helmut Lethen (Hg.): Plessners „Grenzen der Gemeinschaft". Eine Debatte. Frankfurt/Main 2002, S. 103–130.
HEINZ, Jutta: Wissen vom Menschen und Erzählen vom Einzelfall. Untersuchungen zum anthropologischen Roman der Spätaufklärung. Berlin, New York 1996.
HEINZ, Jutta: Literarische oder historische Anthropologie? Zur Möglichkeit interdisziplinären Arbeitens am Beispiel von Literatur und Anthropologie. In: Walter Schmitz, Carsten Zelle (Hg.): Innovation und Transfer. Naturwissenschaften, Anthropologie und Literatur im 18. Jahrhundert. Dresden 2004, S. 195–207.
HEINZ, Rudolf: Art. ‚Spiel'. In: Hermann Krings, Hans M. Baumgartner, Christoph Wild (Hg.): Handbuch philosophischer Grundbegriffe. 6 Bde. München 1973 f. Bd. 3, S. 1375–1383.

HENCKMANN, Wolfhart: Max Scheler. München 1998.
HERMES, Stefan; KAUFMANN, Sebastian (Hg.): Der ganze Mensch – die ganze Menschheit. Völkerkundliche Anthropologie, Literatur und Ästhetik um 1800. Berlin, Boston 2014.
HEUSS, Alfred: Gehlens Anthropologie und der „Ursprung" der Geschichte. In: Helmut Klages, Helmut Quaritsch (Hg.): Zur geisteswissenschaftlichen Bedeutung Arnold Gehlens. Vorträge und Diskussionsbeiträge des Sonderseminars 1989 der Hochschule für Verwaltungswissenschaften Speyer. Berlin 1994, S. 235–363.
HIGH, Jeffrey L.: *An die Freude* oder *An die Freiheit?* Glückseligkeit durch Selbstbestimmung für Wilde und Barbaren. In: Jörg Robert, Friederike F. Günther (Hg.): Poetik des Wilden. Festschrift für Wolfgang Riedel. Würzburg 2012, S. 287–301.
HINDERER, Walter: Von der Idee des Menschen. Über Friedrich Schiller. Würzburg 1998.
HINDERER, Walter: Schillers philosophisch-ästhetische Anthropologie. In: Studi Germanici 43/3 (2005/06), S. 295–316.
HÖFFE, Ottfried: Einführung. In: Ders. (Hg.): Immanuel Kant. Schriften zur Geschichtsphilosophie. Berlin 2011, S. 1–27.
HOFMANN, Michael: Schiller. Epoche – Werk – Wirkung. München 2003.
HOFMANN, Michael; RÜSEN, Jörn; SPRINGER, Mirjam (Hg.): Schiller und die Geschichte. München 2006.
HOFMANN, Michael: Arkadien oder Elysium? Kulturkritik und ästhetische Erziehung in der Rousseau-Rezeption Friedrich Schillers. In: Simon Bunke, Katerina Mihaylova, Antonio Roselli (Hg.): Rousseaus Welten. Würzburg 2014, S. 265–278.
HORN, Anita: Einleitung. In: Anton Hügli (Hg.): Die anthropologische Wende/Le tournant anthropologique (Studia philosophica 72/2013). Basel 2014, S. 13–28.
HOROWITZ, Asher: Rousseau, Nature, and History. Toronto u. a. 1987.
HÜLK, Walburga: Narrative der Krise. In: Uta Fenske, Walburga Hülk, Gregor Schuhen (Hg.): Die Krise als Erzählung. Transdisziplinäre Perspektiven auf ein Narrativ der Moderne. Bielefeld 2013, S. 113–131.
IM HOF, Ulrich: Isaak Iselin. Sein Leben und die Entwicklung seines Denkens bis zur Abfassung der „Geschichte der Menschheit" von 1764. Basel 1947.
IM HOF, Ulrich: Isaak Iselin und die Spätaufklärung. Bern 1967.
IMMER, Nikolas: Von der „Wohlthat […], in Europa geboren zu seyn". Schillers elitärer Eurozentrismus. In: Peter-A. Alt, Marcel Lepper (Hg.): Schillers Europa. Berlin, Boston 2017, S. 275–292.
INGENSIEP, Hans W.: Geschichte der Pflanzenseele. Philosophische und biologische Entwürfe von der Antike bis zur Gegenwart. Stuttgart 2001.
INGENSIEP, Hans W.: Der aufgeklärte Affe. Zur Wahrnehmung von Menschenaffen im 18. Jahrhundert im Spannungsfeld zwischen Natur und Kultur. In: Jörn Garber, Heinz Thoma (Hg.): Zwischen Empirisierung und Konstruktionsleistung. Anthropologie im 18. Jahrhundert. Tübingen 2004, S. 31–57.
IRMSCHER, Hans D.: Nachwort. In: Johann G. Herder: Abhandlung über den Ursprung der Sprache. Hg. v. Hans D. Irmscher. Stuttgart 2001, S. 137–175.
IRRLITZ, Gerd: Kant-Handbuch. Leben und Werk. Weimar, Stuttgart 2002.
JAHN, Ilse: Grundzüge der Biologiegeschichte. Jena 1990.
JANZ, Rolf-P.: Über die ästhetische Erziehung des Menschen in einer Reihe von Briefen. In: Helmut Koopmann (Hg.): Schiller-Handbuch. Stuttgart 1998, S. 610–626.
JESSEN, Jens: Spieler mit Ideen. In: Die Zeit, Nr. 2 (4. Januar 2005), zugänglich unter http://www.zeit.de/2005/02/Schilleraktuell (29. November 2015).

JØRGENSEN, Sven-A.: Vermischte Anmerkungen zu Schillers Gedicht *Die Künstler.* Text & Kontext 6 (1978), S. 86–100.
JUNKER, Thomas, HOSSFELD, Uwe: Die Entdeckung der Evolution. Eine revolutionäre Theorie und ihre Geschichte. Darmstadt 2001.
KÄMPF, Heike: Helmuth Plessner. Eine Einführung. Düsseldorf 2001.
KANZ, Kai T.: Von der BIOLOGIA zur Biologie. Zur Begriffsentwicklung und Disziplingenese vom 17. bis zum 20. Jahrhundert. In: Uwe Hoßfeld, Thomas Junker (Hg.): Die Entstehung biologischer Disziplinen II. Beiträge zur 10. Jahrestagung der DGGTB in Berlin 2001, Bd. 9. Berlin 2002, S. 9–30.
KATHER, Regine: Von der ‚Kette der Wesen' zur Evolution der Lebensformen. Unterschiede und Gemeinsamkeiten. Beitrag zur Tagung „Darwins Zufall und die Übel der Natur". Tagungshaus Weingarten 19.–21. Juni 2009, http://www.akademiers.de/fileadmin/user_upload/download_archive/naturwissenschaft-theologie/ 090619_kather_kette.pdf (17. November 2015).
KAUFMANN, Sebastian: Der ‚Wilde' und die Kunst. Ethno-Anthropologie und Ästhetik in Goethes Aufsatz *Von deutscher Baukunst* (1772) und Schillers philosophischen Schriften der 1790er Jahre. In: Zeitschrift für interkulturelle Germanistik 4/1 (2013), S. 29–57.
KAUFMANN, Sebastian: „Was ist der Mensch, ehe die Schönheit die freie Lust ihm entlockt?" Völkerkundliche Anthropologie und ästhetische Theorie in Kants *Kritik der Urteilskraft* und Schillers Briefen *Über die ästhetische Erziehung des Menschen.* In: Stefan Hermes, Sebastian Kaufmann (Hg.): Der ganze Mensch – die ganze Menschheit. Völkerkundliche Anthropologie, Literatur und Ästhetik um 1800. Berlin, Boston 2014, S. 183–211.
KELLY, Christopher; MASTERS, Roger D.: Human nature, liberty and progress: Rousseau's dialogue with the critics of the *Discours sur l'inégalité.* In: Robert Wokler (Hg.): Rousseau and liberty. Manchester, New York 1995, S. 53–69.
KELLY, Eugene: Vom Ursprung des Menschen bei Max Scheler. In: Christian Bermes, Wolfhart Henckmann, Heinz Leonardy (Hg.): Person und Wert. Schelers „Formalismus" – Perspektiven und Wirkungen. Freiburg, München 2000, S. 252–271.
KENNAN, George F.: The Decline of Bismarck's European Order. Franco-Russian Relations, 1875–1890, Princeton 1979.
KLEINGELD, Pauline: Fortschritt und Vernunft. Zur Geschichtsphilosophie Kants. Würzburg 1995.
KLEMME, Heiner F.: Immanuel Kant. In: Eike Bohlken, Christian Thies (Hg.): Handbuch Anthropologie. Der Mensch zwischen Natur, Kultur und Technik. Stuttgart, Weimar 2009, S. 11–16.
KOLB, Michael: Spiel als Phänomen – Das Phänomen Spiel. Studien zu phänomenologisch-anthropologischen Spieltheorien. St. Augustin 1990.
KONDYLIS, Panajotis: Die Aufklärung im Rahmen des neuzeitlichen Rationalismus. Stuttgart 1981.
KOOPMANN, Helmut: Denken in Bildern. Zu Schillers philosophischem Stil. In: Jahrbuch der deutschen Schillergesellschaft 30 (1986), S. 218–251.
KOOPMANN, Helmut: Schiller und das Ende der aufgeklärten Geschichtsphilosophie. In: Hans-J. Knobloch, Helmut Koopmann (Hg.): Schiller heute. Tübingen 1996, S. 11–25.
KOOPMANN, Helmut: Über naive und sentimentalische Dichtung. In: Ders. (Hg.): Schiller-Handbuch. Stuttgart 1998, S. 627–638.

KOOPMANN, Helmut: Forschungsgeschichte. In: Ders. (Hg.): Schiller-Handbuch. Stuttgart ²2011 (¹1998), S. 864–1076.
KORFF, Hermann A.: Geist der Goethezeit. Versuch einer idealen Entwicklung der klassisch-romantischen Literaturgeschichte. 4 Bde. Leipzig 1923–1957. Bd. 1 (⁶1962).
KOSELLECK, Reinhart: Einleitung. In: Otto Brunner, Werner Conze, Reinhart Koselleck (Hg.): Geschichtliche Grundbegriffe. Historisches Lexikon zur politisch-sozialen Sprache in Deutschland. 8 Bde. Stuttgart 1972–1997. Bd. 1, S. XIII–XXVII.
KOSELLECK, Reinhart: Art. ‚Geschichte, Historie'. In: Otto Brunner, Werner Conze, Reinhart Koselleck (Hg.): Geschichtliche Grundbegriffe. Historisches Lexikon zur politisch-sozialen Sprache in Deutschland. 8 Bde. Stuttgart 1972–1997. Bd. 2, S. 593–717.
KOSELLECK, Reinhart: Art. ‚Krise'. In: Otto Brunner, Werner Conze, Reinhart Koselleck (Hg.): Geschichtliche Grundbegriffe. Historisches Lexikon zur politisch-sozialen Sprache in Deutschland. 8 Bde. Stuttgart 1972–1997. Bd. 3, S. 617–650.
KOSELLECK, Reinhart; MEIER, Christian: Art. ‚Fortschritt'. In: Otto Brunner, Werner Conze, Reinhart Koselleck (Hg.): Geschichtliche Grundbegriffe. Historisches Lexikon zur politisch-sozialen Sprache in Deutschland. 8 Bde. Stuttgart 1972–1997. Bd. 2, S. 351–423.
KOSELLECK, Reinhart; TSOUYOPOULOS, Nelly; SCHÖNPFLUG, Ute: Art. ‚Krise'. In: Joachim Ritter, Karlfried Gründer, Gottfried Gabriel (Hg.): Historisches Wörterbuch der Philosophie [HWPh]. 12 Bde. u. 1 Reg.-Bd. Basel, Stuttgart 1971–2007. Bd. 4, Sp. 1235–1105.
KOŠENINA, Alexander: Karl Philipp Moritz. Literarische Experimente auf dem Weg zum psychologischen Roman. Göttingen 2006.
KOUKOU, Kalliope: Schillers Kant-Kritik in seiner Schrift *Ueber Anmuth und Würde*. In: Cordula Burtscher, Markus Hien (Hg.): Schiller im philosophischen Kontext. Würzburg 2011, S. 40–49.
KOWATZKI, Irmgard: Der Begriff des Spiels als ästhetisches Phänomen. Von Schiller bis Benn. Bern, Frankfurt/Main 1973.
KOZLJANIČ, Robert J.: Lebensphilosophie. Eine Einführung. Stuttgart 2004.
KRAUSS, Werner: Zur Anthropologie des 18. Jahrhunderts. Die Frühgeschichte der Menschheit im Blickpunkt der Aufklärung. Hg. v. Hans Kortum, Christa Gohrisch. München, Wien 1979.
KRÄMER, Sibylle: Ist Schillers Spielkonzept unzeitgemäß? Zum Zusammenhang von Spiel und Differenz in den Briefen „Über die ästhetische Erziehung des Menschen". In: Jan Bürger (Hg.): Friedrich Schiller. Dichter, Denker, Vor- und Gegenbild. Göttingen 2007, S. 158–171.
KRONAUER, Ulrich: Gegenwelten der Aufklärung. Heidelberg 2003.
KRÜGER, Hans-P.; LINDEMANN, Gesa: Vorwort zur Reihe. In: Dies. (Hg.): Philosophische Anthropologie im 21. Jahrhundert (Eröffnungsband). Berlin 2006, S. 7–9.
KÜBEL, Paul: Metamorphosen der Paradieserzählung. Fribourg, Göttingen 2007.
LANDMANN, Michael: Philosophische Anthropologie. Menschliche Selbstdarstellung in Geschichte und Gegenwart. Berlin, New York ⁵1982 (¹1955).
LANDMANN, Michael: Was ist Philosophie? Bonn ³1977 (¹1972: Philosophie – ihr Auftrag und ihre Gebiete).
LEHMANN, Johannes F.: Vom Fall des Menschen. Sexualität und Ästhetik bei J. M. R. Lenz und J. G. Herder. In: Maximilian Bergengruen, Roland Borgards, Johannes

F. Lehmann (Hg.): Die Grenzen des Menschen. Anthropologie und Ästhetik um 1800. Würzburg 2001, S. 15–36.
LEITERITZ, Christiane: Revolution als Schauspiel. Beiträge zur Geschichte einer Metapher innerhalb der europäisch-amerikanischen Literatur des 19. und 20. Jahrhunderts. Berlin, New York 1994.
LEPENIES, Wolf: Das Ende der Naturgeschichte. Wandel kultureller Selbstverständlichkeiten in den Wissenschaften des 18. und 19. Jahrhunderts. München, Wien 1976.
LEPENIES, Wolf: Naturgeschichte und Anthropologie im 18. Jahrhundert. In: Historische Zeitschrift 231 (1980), S. 21–41.
LESCHKE, Rainer: Medientheorie und Krise. In: Uta Fenske, Walburga Hülk, Gregor Schuhen (Hg.): Die Krise als Erzählung. Transdisziplinäre Perspektiven auf ein Narrativ der Moderne. Bielefeld 2013, S. 9–31.
LESSING, Hans-U.: „Hermeneutik der Sinne". Eine Untersuchung zu Plessners Projekt einer „Ästhesiologie des Geistes" nebst einem Plessner-Ineditum. Freiburg 1998.
LETHEN, Helmut: „Weltoffenheit" als Habitus der heroischen Moderne. Jakob Uexkülls Umweltlehre im Spiegel von Arnold Gehlen. In: Thomas Keller, Wolfgang Eßbach (Hg.): Leben und Geschichte. Anthropologische und ethnologische Diskurse der Zwischenkriegszeit. München 2006, S. 113–127.
LÖCHTE, Anne: Johann Gottfried Herder. Kulturtheorie und Humanitätsidee der *Ideen*, *Humanitätsbriefe* und *Adrastea*. Würzburg 2005.
LOUDEN, Robert B.: General Introduction. In: Günter Zöller, Robert Louden (Hg.): The Cambridge Edition of the Works of Immanuel Kant. Anthropology, History and Education. Cambridge 2007, S. 1–17.
LOVEJOY, Arthur O.: Die große Kette der Wesen. Geschichte eines Gedankens (im Original: The Great Chain of Being. A Study of the History of an Idea). Frankfurt/Main 1993 (1936).
MACOR, Laura A.: Die Bestimmung des Menschen (1748–1800). Eine Begriffsgeschichte. Stuttgart-Bad Cannstatt 2013.
MADER, Wilhelm: Max Scheler. Die Geisteshaltung einer Philosophie und eines Philosophen. Innsbruck 1968 (Diss.).
MALLES, Hans-J.: Fortschrittsglaube und Ästhetik. In: Norbert Oellers (Hg.): Interpretationen. Gedichte von Friedrich Schiller. Stuttgart 1996, S. 98–111.
MALTER, Rudolf: Schiller und Kant. In: Otto Dann, Norbert Oellers, Ernst Osterkamp (Hg.): Schiller als Historiker. Stuttgart 1995, S. 281–291.
MARQUARD, Odo: Art. ‚Anthropologie'. In: Joachim Ritter, Karlfried Gründer, Gottfried Gabriel (Hg.): Historisches Wörterbuch der Philosophie [HWPh]. 12 Bde. u. 1 Reg.-Bd. Basel, Stuttgart 1971–2007. Bd. 1, Sp. 362–374.
MARQUARD, Odo: Schwierigkeiten mit der Geschichtsphilosophie. Frankfurt/Main 1973.
MATUSCHEK, Stefan: Literarische Spieltheorie. Von Petrarca bis zu den Brüdern Schlegel. Heidelberg 1998.
MATUSCHEK, Stefan: Kommentar. In: Friedrich Schiller: Über die ästhetische Erziehung des Menschen in einer Reihe von Briefen. Hg. v. Stefan Matuschek. Frankfurt/Main 2009, S. 125–283.
MAYR, Ernst: Die Entwicklung der biologischen Gedankenwelt. Vielfalt, Evolution und Vererbung (im Original: The Growth of Biological Thought. Diversity, Evolution and Inheritance). Übers. v. Karin de Sousa Ferreira. Berlin u.a.: Springer 1984 (1982).

McCarthy, John A.: Energy and Schiller's Aesthetics from the "Philosophical" to the Aesthetic Letters. In: Jeffrey L. High, Nicholas Martin, Norbert Oellers (Hg.): Who Is This Schiller Now? Essays on His Reception and Significance. New York 2011, S. 165–186.

Meier, Lars: Kantische Grundsätze? Schillers Selbstinszenierung als Kant-Nachfolger in seinen Briefen *Ueber die ästhetische Erziehung des Menschen*. In: Cordula Burtscher, Markus Hien (Hg.): Schiller im philosophischen Kontext. Würzburg 2011, S. 50–63.

Menninghaus, Winfried: Das Versprechen der Schönheit. Frankfurt/Main 2003.

Mensching, Günther: Rousseau zur Einführung. Hamburg ²2003 (¹2000).

Mertens, Martina: Anthropoetik und Anthropoiesis. Zur Eigenleistung von Darstellungsformen anthropologischen Wissens bei Friedrich Schiller. Hannover 2014.

Messelken, Karlheinz: Der Reiz des Schönen. Zu Gehlens ästhetischer Theorie. In: Helmut Klages, Helmut Quaritsch (Hg.): Zur geisteswissenschaftlichen Bedeutung Arnold Gehlens. Vorträge und Diskussionsbeiträge des Sonderseminars 1989 der Hochschule für Verwaltungswissenschaften Speyer. Berlin 1994, S. 639–670.

Metzger, Stefan: Über organische und fruchtbare Unterscheidung. Organismus und Konjektur bei Schiller. In: Maximilian Bergengruen, Johannes F. Lehmann, Hubert Thüring (Hg.): Sexualität – Recht – Leben. Die Entstehung eines Dispositivs um 1800. München 2005, S. 153–177.

Meuter, Norbert: Spielen. In: Eike Bohlken, Christian Thies (Hg.): Handbuch Anthropologie. Der Mensch zwischen Natur, Kultur und Technik. Stuttgart, Weimar 2009, S. 423–426.

Möller, Joseph: Die Bedeutung einer anthropologischen Ästhetik. In: Helmut Koopmann, Winfried Woesler (Hg.): Literatur und Religion. Freiburg, Basel, Wien 1984, S. 22–33.

Moravia, Sergio: Beobachtende Vernunft. Philosophie und Anthropologie in der Aufklärung (im Original: La Scienza dell'Uomo nel Settecento). Übers. v. Elisabeth Piras. Frankfurt/Main 1989 (1970).

Müller, Armin: Art. ‚Lebensalter'. In: Joachim Ritter, Karlfried Gründer, Gottfried Gabriel (Hg.): Historisches Wörterbuch der Philosophie [HWPh]. 12 Bde. u. 1 Reg.-Bd. Basel, Stuttgart 1971–2007. Bd. 5, Sp. 112–114.

Müller, Hans-R.: Künstliche Natur. Bildungsanthropologische Aspekte bei Schiller und Plessner. In: Birgitta Fuchs, Lutz Koch (Hg.): Schillers ästhetisch-politischer Humanismus. Die ästhetische Erziehung des Menschen. Würzburg 2006, S. 95–114.

Müller, Irmgard: „Die Wahrheit von dem ... Krankenbett aus beweisen". Zu Schillers medizinischen Schriften und Bestrebungen. In: Dirk Grathoff, Erwin Leibfried (Hg.): Schiller. Vorträge aus Anlaß seines 225. Geburtstages. Frankfurt/Main 1991, S. 112–132.

Müller-Seidel, Walter: Friedrich Schiller und die Politik. „Nicht das Große, nur das Menschliche geschehe". München 2009.

Nethersole, Reingard: „... die Triebe zu leben, zu schaffen, zu spielen": Schillers Spielkonzeption aus gegenwärtiger Sicht. In: Hans-J. Knobloch, Helmut Koopmann (Hg.): Schiller heute. Tübingen 1996, S. 167–188.

Neuenfeld, Jörg: Alles ist Spiel. Zur Geschichte der Auseinandersetzung mit einer Utopie der Moderne. Würzburg 2005.

Neumeyer, Harald: Literarische Anthropologie. In: Eike Bohlken, Christian Thies (Hg.): Handbuch Anthropologie. Der Mensch zwischen Natur, Kultur und Technik. Stuttgart, Weimar 2009, S. 177–182.

NISBET, Hugh B.: Herder and the Philosophy and History of Science. Cambridge 1970.
NISBET, Hugh B.: Herders anthropologische Anschauungen in den „Ideen zur Philosophie der Geschichte der Menschheit". In: Jürgen Barkhoff, Eda Sagarra (Hg.): Anthropologie und Literatur um 1800. München 1992, S. 1–23.
NISBET, Hugh B.: Historisierung. Naturgeschichte und Humangeschichte bei Goethe, Herder und Kant. In: Peter Matussek (Hg.): Goethe und die Verzeitlichung der Natur. München 1998, S. 15–43.
NOETZEL, Wilfried: Mit Anmut *und* Würde. Professor Dr. Schillers Anthropologie und Lebenskunstphilosophie. In: Aufklärung und Kritik 12/2 (2005), S. 165–176.
NOETZEL, Wilfried: Friedrich Schillers Philosophie der Lebenskunst. Zur *Ästhetischen Erziehung* als einem Projekt der Moderne. London 2006.
NOETZEL, Wilfried: Schillers Sozialästhetik. Zur Republikfähigkeit erziehen. London 2008.
NOWITZKI, Hans-P.: Der wohltemperierte Mensch. Aufklärungsanthropologien im Widerstreit. Berlin, New York 2003.
OBERPARLEITER-LORKE, Elke: Der Freiheitsbegriff bei Rousseau. Rousseaus praktisches System der Freiheit im Kontext der deutschen Transzendentalphilosophie und eines modernen, interpersonalen Freiheitsbegriffs. Würzburg 1997.
OTTMANN, Henning: Gehlens Anthropologie als kulturalistische Theorie. In: Helmut Klages, Helmut Quaritsch (Hg.): Zur geisteswissenschaftlichen Bedeutung Arnold Gehlens. Vorträge und Diskussionsbeiträge des Sonderseminars 1989 der Hochschule für Verwaltungswissenschaften Speyer. Berlin 1994, S. 467–490.
PAPIÓR, Jan: Friedrich Schillers Spielbegriff als symbolische Form. In: Norbert Honsza (Hg.): Beobachtungen und Überlieferungen. Germanistische Beiträge. Breslau 1998, S. 45–61.
PESTALOZZI, Karl: Die Entstehung des lyrischen Ich. Studien zum Motiv der Erhebung in der Lyrik. Berlin 1970.
PETERSDORFF, Dirk von: Auch eine Perspektive auf die Moderne: Helmuth Plessners ‚Spiel‘-Begriff. In: Carsten Dutt, Roman Luckscheiter (Hg.): Figurationen der literarischen Moderne. Helmuth Kiesel zum 60. Geburtstag. Heidelberg 2007, S. 277–292.
PEUKERT, Detlev J. K.: Die Weimarer Republik. Krisenjahre der Klassischen Moderne. Frankfurt/Main 1987.
PFOTENHAUER, Helmut: Literarische Anthropologie. Selbstbiographien und ihre Geschichte – am Leitfaden des Leibes. Stuttgart 1987.
PFOTENHAUER, Helmut: Anthropologie, Transzendentalphilosophie, Klassizismus. Begründungen des Ästhetischen bei Schiller, Herder und Kant. In: Jürgen Barkhoff, Eda Sagarra (Hg.): Anthropologie und Literatur um 1800. München 1992, S. 72–97.
PIEPER, Heike: Schillers Projekt eines ‚menschlichen Menschen‘. Eine Interpretation der „Briefe über die ästhetische Erziehung des Menschen" von Friedrich Schiller. Lage 1995.
PIETROWICZ, Stephan: Helmuth Plessner. Genese und System seines philosophisch-anthropologischen Denkens. Freiburg, München 1992.
POTT, Hans-G.: Pragmatische Anthropologie bei Kant, Schiller und Wilhelm von Humboldt. In: Hans Feger, Hans R. Brittnacher (Hg.): Die Realität der Idealisten. Friedrich Schiller – Wilhelm von Humboldt – Alexander von Humboldt. Köln, Weimar, Wien 2008, S. 203–213.

PROBST, Peter: Art. ‚Weltoffenheit'. In: Joachim Ritter, Karlfried Gründer, Gottfried Gabriel (Hg.): Historisches Wörterbuch der Philosophie [HWPh]. 12 Bde. u. 1 Reg.-Bd. Basel, Stuttgart 1971–2007. Bd. 12, Sp. 496–498.

PROSS, Wolfgang: „Ein Reich unsichtbarer Kräfte". Was kritisiert Kant an Herder? In: Scientia Poetica 1 (1997), S. 62–119.

PROSS, Wolfgang: Die Begründung der Geschichte aus der Natur. Herders Konzept von „Gesetzen" in der Geschichte. In: Hans E. Bödeker, Peter H. Reill, Jürgen Schlumbohm (Hg.): Wissenschaft als kulturelle Praxis, 1750–1900. Göttingen 1999, S. 187–225.

PRÜFER, Thomas: Der Fortschritt der Menschheitsgeschichte am Ende des 18. Jahrhunderts. In: Storia della Storiografia 39 (2001), S. 109–118.

PRÜFER, Thomas: Die Bildung der Geschichte. Friedrich Schiller und die Anfänge der modernen Geschichtswissenschaft. Köln, Weimar, Wien 2002.

RANG, Martin: Rousseaus Lehre vom Menschen. Göttingen ²1965 (¹1959).

RASCH, Wolfdietrich: Schillers Aufsatz über die Anfänge der Menschheitsgeschichte. In: Wolfgang Wittkowski (Hg.): Friedrich Schiller. Kunst, Humanität und Politik in der späten Aufklärung. Ein Symposium. Tübingen 1982, S. 220–228.

RATH, Norbert: Zweite Natur. Konzepte einer Vermittlung von Natur und Kultur in Anthropologie und Ästhetik um 1800. Münster u.a. 1996.

REHBERG, Karl-S.: Nachwort des Herausgebers. In: Arnold Gehlen: Gesamtausgabe. 10 Bde. Hg. v. Karl-S. Rehberg. Frankfurt/Main 1978ff. Bd. 3 (Der Mensch. Seine Natur und seine Stellung in der Welt), S. 751–786.

REHBERG, Karl-S.: Philosophische Anthropologie und die „Soziologisierung" des Wissens vom Menschen. In: Kölner Zeitschrift für Soziologie und Sozialpsychologie, SH 23 (1981): Soziologie in Deutschland und Österreich, 1918–1945, hg. v. Mario R. Lepsius, S. 160–198.

REHBERG, Karl-S.: Natur und Sachhingabe. Jean-Jacques Rousseau, die Anthropologie und ‚das Politische' im Deutschland des 20. Jahrhunderts. In: Herbert Jaumann (Hg.): Rousseau in Deutschland. Neue Beiträge zur Erforschung seiner Rezeption. Berlin, New York 1995, S. 221–265.

REHBERG, Karl-S.: Anthropologie der Plastizität und Ordnungstheorie. Einführung in die 14. Aufl. von Arnold Gehlens *Der Mensch*. In: Arnold Gehlen: Der Mensch. Seine Natur und seine Stellung in der Welt. Wiebelsheim ¹⁴2004 (¹1950), o. S.

REICHHOLF, Josef H.: Der Ursprung der Schönheit. Darwins größtes Dilemma. München 2011.

REILL, Peter H.: Die Historisierung von Natur und Mensch. Der Zusammenhang von Naturwissenschaften und historischem Denken im Entstehungsprozeß der modernen Naturwissenschaften. In: Wolfgang Küttler, Jörn Rüsen, Ernst Schulin (Hg.): Geschichtsdiskurs. 5 Bde. Frankfurt/Main 1993–1999. Bd. 2, S. 48–61.

REILL, Peter H.: Anthropology, Nature and History in the late Enlightenment. The Case of Friedrich Schiller. In: Otto Dann, Norbert Oellers, Ernst Osterkamp (Hg.): Schiller als Historiker. Stuttgart, Weimar 1995, S. 243–265.

REILL, Peter H.: Vitalizing Nature in the Enlightenment. Berkeley u.a. 2005.

REIMANN, Aribert: Der Erste Weltkrieg – Urkatastrophe oder Katalysator? In: Aus Politik und Zeitgeschichte B 29–30 (2004), S. 30–38.

RIEDEL, Wolfgang: Die Anthropologie des jungen Schiller. Zur Ideengeschichte der medizinischen Schriften und der „Philosophischen Briefe". Würzburg 1985.

RIEDEL, Wolfgang: „Der Spaziergang". Ästhetik der Landschaft und Geschichtsphilosophie der Natur bei Schiller. Würzburg 1989.
RIEDEL, Wolfgang: Anthropologie und Literatur in der deutschen Spätaufklärung. Skizze einer Forschungslandschaft. In: Internationales Archiv für Sozialgeschichte der deutschen Literatur, SH 6, Forschungsreferate 3 (1994), S. 93–157.
RIEDEL, Wolfgang: Erkennen und Empfinden. Anthropologische Achsendrehung und Wende zur Ästhetik bei Johann Georg Sulzer. In: Hans-J. Schings (Hg.): Der ganze Mensch. Anthropologie und Literatur im 18. Jahrhundert. DFG-Symposion 1992. Stuttgart, Weimar 1994, S. 410–439.
RIEDEL, Wolfgang: „Homo natura". Literarische Anthropologie um 1900. Berlin, New York 1996.
RIEDEL, Wolfgang: Schiller und die popularphilosophische Tradition. In: Helmut Koopmann (Hg.): Schiller-Handbuch. Stuttgart ²2011 (¹1998), S. 162–174.
RIEDEL, Wolfgang: „Die Weltgeschichte ein erhabenes Object". Zur Modernität von Schillers Geschichtsdenken. In: Peter-A. Alt u.a. (Hg.): Prägnanter Moment. Studien zur deutschen Literatur und Klassik. Festschrift für Hans-J. Schings. Würzburg 2002, S. 193–214.
RIEDEL, Wolfgang: Literarische Anthropologie. Eine Unterscheidung. In: Wolfgang Braungart, Klaus Ridder, Friedmar Apel (Hg.): Wahrnehmen und Handeln. Perspektiven einer Literaturanthropologie. Bielefeld 2004, S. 337–366.
RIEDEL, Wolfgang (Hg.): Erzählungen, Theoretische Schriften. In: Friedrich Schiller: Sämtliche Werke. 5 Bde. Hg. v. Peter-A. Alt, Albert Meier, Wolfgang Riedel. München 2004, Bd. 5.
RIEDEL, Wolfgang: Die anthropologische Wende: Schillers Modernität. In: Jörg Robert (Hg.): Würzburger Schiller-Vorträge 2005. Würzburg 2007, S. 1–24.
RIEDEL, Wolfgang: Philosophie des Schönen als politische Anthropologie. Schillers Augustenburger Briefe und die Briefe über die ästhetische Erziehung des Menschen. In: Olivier Agard, Françoise Lartillot (Hg.): L'éducation esthétique selon Schiller. Entre anthropologie, politique et théorie du beau. Paris 2013, S. 67–125.
ROBERT, Jörg: Vor der Klassik. Die Ästhetik Schillers zwischen Karlsschule und Kant-Rezeption. Berlin, Boston 2011.
ROBERT, Jörg: Ethnofiktion und Klassizismus. Poetik des Wilden und Ästhetik der ‚Sattelzeit'. In: Jörg Robert, Friederike F. Günther (Hg.): Poetik des Wilden. Festschrift für Wolfgang Riedel. Würzburg 2012, S. 3–39.
ROHBECK, Johannes: Historisierung des Menschen. Zum Verhältnis von Naturgeschichte und Geschichtsphilosophie. In: Walter Schmitz, Carsten Zelle (Hg.): Innovation und Transfer. Naturwissenschaften, Anthropologie und Literatur im 18. Jahrhundert. Dresden 2004, S. 121–130.
RÜGEMER, Werner: Philosophische Anthropologie und Epochenkrise. Studie über den Zusammenhang von allgemeiner Krise des Kapitalismus und anthropologischer Grundlegung der Philosophie am Beispiel Arnold Gehlens. Köln 1979.
SAMSON, Lothar: Naturteleologie und Freiheit bei Arnold Gehlen. Systematisch-historische Untersuchungen. Freiburg, München 1976.
SANDER, Angelika: Askese und Weltbejahung: Zum Problem des Dualismus in der Anthropologie und Metaphysik Max Schelers. In: Gerhard Pfafferott (Hg.): Vom Umsturz der Werte in der modernen Gesellschaft. II. Internationales Kolloquium der Max-Scheler-Gesellschaft e. V. Bonn 1997, S. 34–52.
SANDKAULEN, Birgit: Schönheit und Freiheit. Schillers politische Philosophie. In: Klaus

Manger, Gottfried Willems (Hg.): Schiller im Gespräch der Wissenschaften. Heidelberg 2005, S. 37–55.
SAYCE, Oliver: Das Problem der Vieldeutigkeit in Schillers ästhetischer Terminologie. In: Jahrbuch der deutschen Schillergesellschaft 6 (1962), S. 149–177.
SCHAEFER, Ulfried: Philosophie und Essayistik bei Friedrich Schiller. Subordination – Koordination – Synthese: Philosophische Begründung und begriffliche Praxis der philosophischen Essayistik Friedrich Schillers. Würzburg 1996.
SCHÄFER, Rainer: Ich-Welten. Erkenntnis, Urteil und Identität aus der egologischen Differenz von Leibniz bis Davidson. Münster 2012.
SCHINGS, Hans-J.: Melancholie und Aufklärung. Melancholiker und Kritiker in Erfahrungsseelenkunde und Literatur des 18. Jahrhunderts. Stuttgart 1977.
SCHINGS, Hans-J. (Hg.): Der ganze Mensch. Anthropologie und Literatur im 18. Jahrhundert. DFG-Symposion 1992. Stuttgart, Weimar 1994.
SCHINGS, Hans-J.: Revolutionsetüden. Schiller – Goethe – Kleist. Würzburg 2012.
SCHMELING, Manfred: Einleitung. Allgemeine und Vergleichende Literaturwissenschaft. Aspekte einer komparatistischen Methodologie. In: Ders. (Hg.): Vergleichende Literaturwissenschaft. Theorie und Praxis. Wiesbaden 1981, S. 1–24.
SCHMID, Wilhelm: Philosophie der Lebenskunst. Eine Grundlegung. Frankfurt/Main 1998.
SCHMIDINGER, Heinrich: Mängelwesen – krankes Tier – Sackgasse der Natur. Bemerkungen zur Geschichte einer normativen Anthropologie. In: Heinrich Schmidinger, Clemens Sedmak (Hg.): Der Mensch – ein Mängelwesen? Endlichkeit – Kompensation – Entwicklung. Darmstadt 2009, S. 7–27.
SCHMIDT, Gerhart: Der Begriff des Menschen in der Geschichts- und Sprachphilosophie Herders. In: Zeitschrift für philosophische Forschung 8 (1954), S. 499–534.
SCHMIDT, Volker: Ist das ästhetische Verhalten ‚entlastet'? Bemerkungen zum Ansatz einer anthropologischen Ästhetik bei Arnold Gehlen. In: Clemens Bellut, Ulrich Müller-Schöll (Hg.): Mensch und Moderne. Beiträge zur philosophischen Anthropologie und Gesellschaftskritik. Würzburg 1989, S. 389–410.
SCHMIDT-BIGGEMANN, Wilhelm: Theodizee und Tatsachen. Das philosophische Profil der deutschen Aufklärung. Frankfurt/Main 1988.
SCHMIDT-BIGGEMANN, Wilhelm: Geschichtsentwurf und Erziehungskonzept. In: Otto Dann, Norbert Oellers, Ernst Osterkamp (Hg.): Schiller als Historiker. Stuttgart, Weimar 1995, S. 267–280.
SCHMIDT-BIGGEMANN, Wilhelm; HÄFNER, Ralph: Richtungen und Tendenzen in der deutschen Aufklärungsforschung. In: Das achtzehnte Jahrhundert 19 (1995), S. 163–171.
SCHNÄDELBACH, Herbert: Philosophie in Deutschland 1831–1933. Frankfurt/Main 1983.
SCHNYDER, Peter: „Am Rande der Vernunft". Der Orang-Utan als monströse Figur des Dritten von Herder bis Hauff und Flaubert. In: Günter Oesterle, Roland Borgards, Christiane Holm (Hg.): Monster. Zur ästhetischen Verfasstheit eines Grenzbewohners. Würzburg 2009, S. 255–272.
SCHÜRMANN, Volker: Heitere Gelassenheit. Grundriß einer parteilichen Skepsis. Magdeburg 2002.
SEEBA, Hinrich C.: Historiographischer Idealismus? Fragen zu Schillers Geschichtsbild. In: Wolfgang Wittkowski (Hg.): Friedrich Schiller. Kunst, Humanität und Politik in der späten Aufklärung. Ein Symposium. Tübingen 1982, S. 229–251.

SEEL, Martin: Active Passivity: On the Aesthetic Variant of Freedom. In: Estetika 51/2 (2014), S. 269–281.
SEIFERT, Arno: Von der heiligen zur philosophischen Geschichte. Die Rationalisierung der universalhistorischen Erkenntnis im Zeitalter der Aufklärung. In: Archiv für Kunstgeschichte 68 (1986), S. 81–117.
SHARPE, Lesley: Concerning Aesthetic Education. In: Steven D. Martinson (Hg.): A Companion to the Works of Friedrich Schiller. Rochester 2005, S. 147–167.
SIMPSON, Matthew: Rousseau's Theory of Freedom. London, New York 2006.
SOMMER, Andreas U.: Sinnstiftung durch Geschichte? Zur Entstehung spekulativ-universalistischer Geschichtsphilosophie zwischen Bayle und Kant. Basel 2006.
SPAEMANN, Robert; WARNACH, Walter; PESCH, Otto H.: Art. ‚Freiheit'. In: Joachim Ritter, Karlfried Gründer, Gottfried Gabriel (Hg.): Historisches Wörterbuch der Philosophie [HWPh]. 12 Bde. u. 1 Reg.-Bd. Basel, Stuttgart 1971–2007. Bd. 2, Sp. 1064–1098.
STAROBINSKI, Jean: Rousseau. Eine Welt von Widerständen (im Original: La transparence et l'obstacle). Übers. a.d. Frz. v. Ulrich Raulff. Frankfurt/Main 1993 (frz. ¹1971, dt. ¹1988).
STIENING, Gideon: Rez. zu Jörn Garber, Heinz Thoma (Hg.): Zwischen Empirisierung und Konstruktionsleistung. Anthropologie im 18. Jahrhundert. Tübingen 2004. In: Das achtzehnte Jahrhundert 29 (2005), S. 244–254.
STOCKINGER, Ludwig: „Es ist der Geist, der sich den Körper baut". Schillers philosophische und medizinische Anfänge im anthropologiegeschichtlichen Kontext. In: Georg Braungart, Bernhard Greiner (Hg.): Schillers Natur. Leben, Denken und literarisches Schaffen. Hamburg 2005, S. 75–86.
STURMA, Dieter: Jean-Jacques Rousseau. München 2001.
SÜSSMANN, Johannes: Geschichtsschreibung oder Roman? Zur Konstitutionslogik von Geschichtserzählungen zwischen Schiller und Ranke, 1780–1824. Stuttgart 2000.
THIES, Christian: Die Krise des Individuums. Zur Kritik der Moderne bei Adorno und Gehlen. Reinbek bei Hamburg 1997.
THIES, Christian: Arnold Gehlen zur Einführung. Hamburg ²2007 (¹2000).
THIES, Christian: Einführung in die philosophische Anthropologie. Darmstadt 2004.
TOEPFER, Georg: Art. ‚Leben'. In: Ders. (Hg.): Historisches Wörterbuch der Biologie. Geschichte und Theorie der biologischen Grundbegriffe. 3 Bde. Stuttgart, Weimar 2011. Bd. 2, S. 420–483.
TSCHIERSKE, Ulrich: Vernunftkritik und ästhetische Subjektivität. Studien zur Anthropologie Friedrich Schillers. Tübingen 1988.
VAIHINGER, Hans: Die Philosophie des Als Ob. System der theoretischen, praktischen und religiösen Fiktionen der Menschheit auf Grund eines idealistischen Positivismus. Mit einem Anhang über Kant und Nietzsche. Berlin 1911.
VELKLEY, Richard L.: Freedom, Teleology, and Justification of Reason. On the Philosophical Importance of Kant's Rousseauian Turn. In: Herbert Jaumann (Hg.): Rousseau in Deutschland. Neue Beiträge zur Erforschung seiner Rezeption. Berlin, New York 1995, S. 181–195.
WACHTER, Alexander: Das Spiel in der Ästhetik. Systematische Überlegungen zu Kants *Kritik der Urteilskraft*. Berlin, New York 2006.
WEBER, Christian: *Theatrum* Mundi. Zur Konjunktur der Theatrum-Metapher im 16. und 17. Jahrhundert als Ort der Wissenskompilation und zu ihrer literarischen Umsetzung im *Großen Welttheater*. In: metaphorik.de 14 (2008), S. 333–360.

WEISS, Johannes: Erlösung vom „chaotischen Leben der Tage". Max Schelers Suche nach Weltanschauung. In: Klaus-M. Kodalle (Hg.): Angst vor der Moderne. Philosophische Antworten auf Krisenerfahrungen. Der Mikrokosmos Jena, 1900–1940. Würzburg 2000, S. 125–134.

WENZEL, Manfred: Art. ‚Zwischenkieferknochen'. In: Bernd Witte u.a. (Hg.): Goethe Handbuch. 4 Bde. Stuttgart 2004. Bd. 4.2, S. 1216–1218.

WIESE, Benno von: Friedrich Schiller. Stuttgart ³1963 (¹1959).

WILKINSON, Elizabeth M.: Zur Sprache und Struktur der ästhetischen Briefe. Betrachtungen beim Abschluß einer mühevoll verfertigten Übersetzung ins Englische. In: Akzente 6 (1959), S. 389–418.

WILLEMS, Gottfried: „Vom Zusammenhang der tierischen Natur des Menschen mit seiner geistigen". Das medizinische Wissen des 18. Jahrhunderts und der Menschenbildner Schiller. In: Klaus Manger, Gottfried Willems (Hg.): Schiller im Gespräch der Wissenschaften. Heidelberg 2005, S. 57–77.

WÖLFEL, Kurt: Art. ‚Interesse/interessant'. In: Karlheinz Barck u.a. (Hg.): Ästhetische Grundbegriffe. Historisches Wörterbuch in sieben Bänden. Stuttgart, Weimar 2000–2005. Bd. 3, S. 138–174.

WÜBBEN, Yvonne: Aufklärungsanthropologien im Widerstreit. Probleme und Perspektiven der Anthropologieforschung am Beispiel von Hans-Peter Nowitzkis „Der wohltemperierte Mensch". In: Archiv für das Studium der neueren Sprachen und Literaturen 1 (2007), S. 2–29.

ZEDELMAIER, Helmut: Zur Idee einer *Geschichte der Menschheit* in der zweiten Hälfte des 18. Jahrhunderts. Eine Skizze. In: Winfried Müller, Wolfgang J. Smolka, Helmut Zedelmaier (Hg.): Universität und Bildung. Festschrift Laetitia Boehm zum 60. Geburtstag. München 1991, S. 277–299.

ZEDELMAIER, Helmut: Der Anfang der Geschichte. Studien zur Ursprungsdebatte im 18. Jahrhundert. Hamburg 2003.

ZELLE, Carsten: Die Notstandsgesetzgebung im ästhetischen Staat. Anthropologische Aporien in Schillers philosophischen Schriften. In: Hans-J. Schings (Hg.): Der ganze Mensch. Anthropologie und Literatur im 18. Jahrhundert. DFG-Symposion 1992. Stuttgart, Weimar 1994, S. 440–468.

ZELLE, Carsten: Die doppelte Ästhetik der Moderne. Revision des Schönen von Boileau bis Nietzsche. Stuttgart, Weimar 1995.

ZELLE, Carsten (Hg.): „Vernünftige Ärzte". Hallesche Psychomediziner und die Anfänge der Anthropologie in der deutschsprachigen Frühaufklärung. Tübingen 2001.

ZELLE, Carsten: Sinnlichkeit und Therapie. Zur Gleichursprünglichkeit von Ästhetik und Anthropologie um 1750. In: Ders. (Hg.): ‚Vernünftige Ärzte'. Hallesche Psychomediziner und die Anfänge der Anthropologie in der deutschsprachigen Frühaufklärung. Tübingen 2001, S. 5–24.

ZELLE, Carsten: ‚Vernünftige Ärzte'. Hallesche Psychomediziner und Ästhetiker in der anthropologischen Wende der Frühaufklärung. In: Walter Schmitz, Carsten Zelle (Hg.): Innovation und Transfer. Naturwissenschaften, Anthropologie und Literatur im 18. Jahrhundert. Dresden 2004, S. 47–62.

ZELLE, Carsten: Komparatistik und *comparatio* – der Vergleich in der Vergleichenden Literaturwissenschaft. Skizze einer Bestandsaufnahme. In: Komparatistik (2004/2005), S. 13–33.

ZELLE, Carsten: *Über die ästhetische Erziehung des Menschen in einer Reihe von Briefen* (1795).

In: Matthias Luserke-Jaqui (Hg.): Schiller-Handbuch. Leben – Werk – Wirkung. Stuttgart, Weimar 2005, S. 409–445.

ZELLE, Carsten: *Über naive und sentimentalische Dichtung* (1795/96). In: Matthias Luserke-Jaqui (Hg.): Schiller-Handbuch. Leben – Werk – Wirkung. Stuttgart, Weimar 2005, S. 451–478.

ZELLE, Carsten: Ästhetischer Enzyklopädismus. Johann Georg Sulzers europäische Dimension. In: Ursula Goldenbaum, Alexander Košenina (Hg.): Berliner Aufklärung 4. Hannover 2011, S. 62–93.

ZELLE, Carsten: Friedrich Schiller. In: Ralf Konersmann (Hg.): Handbuch Kulturphilosophie. Stuttgart, Weimar 2012, S. 85–90.

ZELLE, Carsten: Anthropologisches Wissen in der Aufklärung. In: Michael Hofmann (Hg.): Aufklärung. Epochen – Autoren – Werke. Darmstadt 2013, S. 191–207.

ZELTNER, Hermann: Art. ‚Idealismus'. In: Joachim Ritter, Karlfried Gründer, Gottfried Gabriel (Hg.): Historisches Wörterbuch der Philosophie [HWPh]. 12 Bde. u. 1 Reg.-Bd. Basel, Stuttgart 1971–2007. Bd. 4, Sp. 30–33.

Register

Abel, Jakob Friedrich 39, 42, 126, 186f., 207, 227
Aristoteles 25, 52, 119, 191, 221
Arouet, François-Marie s. *Voltaire*
Augustinus 25
Bergson, Henri-Louis 33, 89
Beulwitz, Caroline von s. *Wolzogen, Caroline von*
Blumenbach, Johann Friedrich 39, 48, 152, 208, 213
Boerhaave, Hermann 187
Bolk, Louis 105, 118
Bonnet, Charles 152
Buber, Martin Mordechai 138, 149f.
Buffon, Georges-Louis Leclerc, Comte de 45–47, 50, 52, 140, 152, 313
Buytendijk, Frederik Jacobus Johannes 279
Camper, Peter 48, 152, 154
Carl Eugen, Herzog von Württemberg 185, 190f.
Cassirer, Ernst Alfred 42, 126, 143, 160, 170, 266
Consbruch, Johann Friedrich 187, 210
Cook, James 264
Crusius, Siegfried Leberecht 197
Cuvier, Georges Léopold Chrétien Frédéric Dagobert, Baron de 213
Darwin, Charles Robert 5, 29, 45, 53, 80, 118, 274, 313
Descartes, René 18–20, 25f., 35, 37f., 40f., 46f., 75, 79, 88, 90, 107, 118, 132, 144, 187, 204–206, 208, 210f., 213, 215f., 218, 316
Diderot, Denis 37, 50
Dilthey, Wilhelm 26, 33f.
Driesch, Hans Adolf Eduard 35, 39, 90f., 117
Eckermann, Johann Peter 125
Epikur 188, 205
Ferguson, Adam 186, 228

Fichte, Johann Gottlieb 27, 234, 281, 301
Forster, Johann Georg Adam 264
Forster, Johann Reinhold 264
Foucault, Paul-Michel 321
Freud, Sigmund 29, 115, 313
Friedrich Christian II., Herzog von Schleswig-Holstein-Sonderburg-Augustenburg 16, 61, 262, 276
Gadamer, Hans-Georg 264, 280
Garve, Christian 228, 299
Gehlen, Arnold Karl Franz 2–4, 7f., 10f., 15–19, 24f., 32, 35, 55, 57f., 64–66, 68, 70, 73f., 80, 102, 115–123, 129f., 140f., 147, 150f., 153, 160, 166, 178, 192f., 212, 215f., 224–229, 237, 241, 246–249, 251f., 259f., 271–274, 279, 286, 290, 295, 299f., 306, 313f., 316–318, 320, 322
Gerstenberg, Heinrich Wilhelm von 194
Goethe, Johann Wolfgang von 29, 48, 125f., 152, 154, 194, 273, 277f.
Göschen, Georg Joachim 230
Grammont, Joseph Friedrich 190
Groos, Karl 279
Haeckel, Ernst Heinrich Philipp August 32
Haller, Albrecht von 39f., 43, 152, 187, 207, 213
Hamann, Johann Georg 151
Hardenberg, Georg Philipp Friedrich von s. *Novalis*
Hartmann, Nicolai 17, 78, 83, 102–104, 108
Hegel, Georg Wilhelm Friedrich 27, 36
Heidegger, Martin 65, 75, 167
Heinroth, Oskar August 28
Helvétius, Claude Adrien 37, 187
Herder, Johann Gottfried 4f., 8, 13f., 19, 48f., 51, 69, 106, 109, 130, 133, 137, 151, 164–169, 176, 180–184, 196f.,

199, 213, 218, 223, 226, 230, 233, 237f., 245, 247, 250, 256f., 266, 304, 306–308, 313, 315
Herz, Marcus 167
Hesiod 138
Hobbes, Thomas 130
Holbach, Paul-Henri Thiry d' 37, 50, 187
Hufeland, Christoph Wilhelm 299
Huizinga, Johan 279
Hume, David 34, 186
Hutcheson, Francis 186
Iselin, Isaak 13f., 51, 133, 136, 173, 256, 275f.
Jacobi, Johann Georg 196
Jessen, Jens 2, 323
Kant, Immanuel 4f., 13–16, 19f., 26f., 29, 34, 49–51, 69, 105, 125, 130, 133, 136, 145, 158, 164, 182–185, 196f., 200, 202f., 213, 217f., 229–234, 237–239, 246, 248, 250f., 253f., 256f., 259, 261f., 266, 271, 277–279, 281, 284f., 289–291, 293, 296, 298f., 301, 304, 307, 313, 315, 317f., 320
Klages, Friedrich Konrad Eduard Wilhelm Ludwig 33, 35, 84
Kleist, Bernd Heinrich Wilhelm von 100
Köhler, Wolfgang 77, 94, 118
Kondylis, Panajotis 23f., 26, 37f., 40, 42
König, Josef 88
Körner, Christian Gottfried 196f., 214f., 253, 261, 267
Krüger, Johann Gottlob 40
Lamarck, Jean-Baptiste Pierre Antoine de Monet, Chevalier de 52
La Mettrie, Julien Offray de 37–39, 187, 213
Le Cat, Claude-Nicolas 207
Leibniz, Gottfried Wilhelm 50, 205, 213
Lengefeld, Charlotte Luise Antoinette s. *Schiller, Charlotte Luise Antoinette*
Lengefeld, Sophie Caronline Auguste von s. *Wolzogen, Caroline von*
Linné, Carl von 43–46, 48
Locke, John 34, 130, 186
Lorenz, Konrad Zacharias 28, 31, 105, 108, 112, 118, 121, 272

Ludwig XVI., König von Frankreich 61
Malebranche, Nicolas 205
Marquard, Odo 11, 87, 98, 134, 170
Martini, Friedrich Heinrich Wilhelm 47
Marx, Karl Heinrich 27, 57, 86
Maupertuis, Pierre-Louis Moreau de 50
Meiners, Christoph 299
Mendel, Gregor Johann 28
Michaelis, Christian Friedrich 276
Misch, Georg 89
Montesquieu, Charles-Louis de Secondat, Baron de la Brède et de 51, 196
Moritz, Karl Philipp 40, 42
Newton, Isaac 213
Nicolai, Ernst Anton 40
Niebuhr, Carsten 278
Nietzsche, Friedrich Wilhelm 1f., 106, 324
Novalis 299
Ovid 235
Palágyi, Menyhért 109
Pauw, Cornelis de 48
Pico della Mirandola, Giovanni 130
Platner, Ernst 11f., 41, 167, 186f., 209, 221, 226, 313
Platon 25, 188, 295
Plessner, Helmuth 2–4, 7f., 10, 11, 16–19, 24f., 27f., 32, 35f., 55–57, 62, 64, 66, 68–70, 73f., 80, 87, 102, 115–120, 122f., 129, 137, 147f., 153, 160f., 185, 189, 192, 202–204, 206, 208f., 212, 215f., 220, 222–224, 226, 228f., 235, 237, 241–244, 247f., 258–260, 268–270, 279f., 282–287, 290, 293, 295–300, 304, 306–309, 311, 313f., 318–320, 322
Portmann, Adolf 3, 74
Reil, Johann Christian 213
Reimarus, Hermann Samuel 48, 132, 152
Reinhold, Carl Leonhard 164, 197, 281
Reuß, Christian Gottlieb 210
Riedel, Friedrich Justus 254
Rothacker, Erich 3, 74
Rousseau, Jean-Jacques 4f., 18f., 48f., 51, 59f., 69, 130, 133, 136, 138, 151, 154, 157, 161f., 165, 168–170, 180–184, 196, 201, 218, 230, 233, 235, 237, 239, 246f., 257,

266, 277, 280, 295, 297, 304, 307 f., 313, 315
Scheler, Max Ferdinand 2–4, 7 f., 10 f., 17–19, 24 f., 32 f., 35, 55, 57, 59, 64–66, 68, 73 f., 87, 90 f., 93–96, 98, 102–105, 107, 111, 115–121, 123, 129, 133, 136, 141, 147, 149, 151, 155, 160, 167, 181, 185, 192, 202, 206, 208, 210, 215–217, 222, 224 f., 227–229, 237 f., 241, 248 f., 251–255, 258, 260 f., 265–268, 271, 273 f., 278, 282, 286 f., 299–301, 306, 313 f., 317 f., 320, 322
Schelling, Friedrich Wilhelm Joseph 27
Schiller, Charlotte Luise Antoinette 45
Schiller, Johann Christoph Friedrich
 Aesthetische Vorlesungen 276, 278
 Ankündigung der Horen 67
 Briefe an den Herzog Friedrich Christian von Augustenburg 16, 61 f., 262 f., 266, 271, 276 f., 296
 Das Ideal und das Leben 6, 83, 251 f., 259, 294, 317
 Der Spaziergang 257
 Die Götter Griechenlandes 246
 Die Horen 67, 252, 281, 301
 Die Künstler 6, 60, 63, 174, 255, 263, 265 f., 272, 275, 282, 303, 317
 Die Räuber 194
 Die Tugend, in ihren Folgen betrachtet 39
 Elegie 257
 Etwas über die erste Menschengesellschaft nach dem Leitfaden der mosaischen Urkunde 6, 69, 217, 230, 236, 257, 286, 294, 317
 Geschichte des Abfalls der vereinigten Niederlande von der Spanischen Regierung 307–309
 Geschichte des Dreyßigjährigen Kriegs 308, 310
 Philosophie der Physiologie 6, 20, 39, 188, 192, 206 f., 210, 212, 214, 218, 220, 315
 Philosophische Briefe 39
 Roußeau 196
 Schön und erhaben 301
 Thalia 236
 Über die Krankheit des Eleven Grammont 190
 Ueber Anmuth und Würde 6, 130, 218, 230, 247, 262, 287, 291, 300
 Ueber das Erhabene 201, 250, 303, 310
 Ueber den Gebrauch des Chors in der Tragödie 297
 Ueber die ästhetische Erziehung des Menschen in einer Reihe von Briefen 6, 15 f., 29, 54, 60–63, 67, 126, 128, 174, 195 f., 201, 218 f., 230, 234 f., 242, 248–253, 256, 260, 262, 302–304, 308, 318, 323
 Ueber die nothwendigen Grenzen beim Gebrauch schöner Formen 295
 Ueber naive und sentimentalische Dichtung 6, 145, 189, 239, 248
 Versuch über den Zusammenhang der thierischen Natur des Menschen mit seiner geistigen 6, 20, 40, 43, 51, 66 f., 188, 190–193, 195, 197, 199, 204–207, 210, 212, 214–216, 221, 230–232, 234 f., 246, 248, 250, 315 f.
 Vom Erhabenen 228, 300
 Vorrede zu den Merkwürdigen Rechtsfällen nach Pitaval 309
 Wallenstein 293
 Was heißt und zu welchem Ende studiert man Universalgeschichte? 6, 60, 191, 197, 201, 217, 236, 255 f., 276, 300, 305 f., 308–310
 Was kann eine gute stehende Schaubühne eigentlich wirken? 310
 Wohlgefallen am Schönen 271, 276
Schlegel, Karl Wilhelm Friedrich von 299
Schleiermacher, Friedrich Daniel Ernst 299
Schlözer, August Ludwig von 136, 196
Schopenhauer, Arthur 33, 81
Seidel, Alfred 115
Shakespeare, William 194
Simmel, Georg 33
Soemmerring, Samuel Thomas von 40, 48, 167
Spalding, Johann Joachim 131, 300
Spengler, Oswald Arnold Gottfried 89
Stahl, Georg Ernst 214

Storch, Otto 109
Sulzer, Johann Georg 42, 174, 186f., 202
Thukydides 263
Tyson, Edward 154
Uexküll, Jakob Johann, Baron von 77, 92, 105, 117, 119–121, 142, 156f., 160, 184, 208, 249, 258, 265, 282, 314
Unzer, Johann August 40
Vicq d'Azyr, Félix 48
Volkelt, Hans 93
Volney, Constantin François Chasseboeuf Boisgirais, Comte de 278
Voltaire 130, 144, 196
Weikard, Melchior Adam 41
White, Hayden 200
Winckelmann, Johann Joachim 277
Wolff, Christian 37, 213
Wolzogen, Caroline von 45, 191, 197
Zedler, Johann Heinrich 214
Zimmermann, Johann Georg 40, 187

www.ingramcontent.com/pod-product-compliance
Lightning Source LLC
Chambersburg PA
CBHW031722230426
43669CB00007B/207